TE VOY A CONTAR
TU HISTORIA

José Javier Esparza

TE VOY A CONTAR TU HISTORIA

LA GRAN EPOPEYA DE ESPAÑA

la esfera de los libros

Primera edición: abril de 2023

Avenida de San Luis, 25
28033 Madrid
Tel.: 91 443 50 00
www.esferalibros.com

Mapas de interior: Jesús Sanz
ISBN: 978-84-1384-521-0
Depósito legal: M. 30.512-2022
Fotocomposición: J. A. Diseño Editorial, S.L.
Impresión y encuadernación: Unigraf
Impreso en España-*Printed in Spain*

ÍNDICE

TERCERA PARTE
LA HEGEMONÍA

CUARTA PARTE
EL TRAUMA DE LA MODERNIZACIÓN

QUINTA PARTE
LA ENCRUCIJADA

A mi madre, que fue mi primera maestra.
In memoriam

PRÓLOGO

Este es un libro de Historia de España. Es un libro escrito por un español y desde el punto de vista de esa realidad histórica que se llama España. Porque España existe, aunque puede dejar de existir. El objetivo de este libro es contar nuestra historia colectiva a una generación a la que ya nadie se la enseña o, aún peor, se la enseñan al revés de como fue. También es una forma de intentar que España siga viva: pronunciar una vez más su nombre.

España es, efectivamente, una realidad histórica y sólo desde esa perspectiva puede entenderse. Hay naciones que surgen por un acto administrativo o por un arreglo diplomático o por el derrumbe de alguna construcción anterior. Otras nacen como producto decantado de un camino histórico. España pertenece a esta última categoría. Es el curso de la historia lo que ha creado a nuestra nación. España podría no haber existido. Habría bastado con que los cartagineses vencieran a los romanos en la segunda guerra púnica, o que los vándalos hubieran podido con los visigodos en el siglo v, o que don Pelayo hubiera sido derrotado y decapitado en Covadonga, o que las armas cristianas naufragaran frente a los almohades en Las Navas de Tolosa, o que Isabel de Castilla se hubiera casado con cualquier otro que no fuera Fernando de Aragón. Incluso habría sido suficiente con que el primer romano que nos puso nombre hubiera optado por otro topónimo, y entonces todos nos llamaríamos de distinta manera. Pero no. Las cosas ocurrieron como ocurrieron. Y porque ocurrieron así, existe España. Por eso el relato de este libro empieza cuando España aún no era España.

En el curso de esa enorme construcción colectiva que es España, la gente de este suelo, tan diversa de un tiempo a otro, de un espacio a otro, hizo cosas que han pasado a formar parte imprescindible de la historia universal. Empezando por el propio concepto de «universal», que debe a los españoles su completa definición geográfica. En los años más siniestros de nuestro camino, cuando todo parecía hundido, hubo quien dio en considerar la Historia de España como una suerte de enfermedad nacional (una «sífilis», decía Azaña). Es una perspectiva que suscribe buena parte de la actual elite del poder. Pero la realidad es exactamente la contraria: lejos de ser una enfermedad, la historia puede constituir precisamente un remedio sanador cuando uno deja de saber qué tiene alrededor y quién está ahí al lado.

Por supuesto que la Historia puede contarse de muchas maneras. La que este libro ofrece es una entre otras posibles. Ante los hechos caben muchas interpretaciones. Lo que no cabe es deformar los propios hechos, porque son ellos los que, como en un esquema de puntos, nos permiten completar el dibujo. Este libro es, ante todo, un libro de hechos. Y el lector, a buen seguro, sabrá componer el conjunto del retrato con su propia interpretación.

¿Y nuestra interpretación? Bueno: digamos que, reconstruido el cuadro de nuestra historia desde el principio, hoy, en el momento presente, es como si se nos acumularan de golpe, bajo otros ropajes, todos los desafíos a los que España ha tenido que hacer frente a lo largo de su camino. La progresiva desaparición de la identidad colectiva bajo la influencia de fuerzas externas. La paulatina disgregación del tejido común por efecto de los particularismos locales. La incapacidad de las elites políticas —pero no sólo de ellas— para estar a la altura de su misión. Hay una especie de decorado de pesadilla donde parecen volver, todos a la vez, el caballo de Almanzor y los «nobles bandoleros del siglo XV», los cantones de la I República y los egoístas oligarcas de la Restauración, el populacho alienado que mataba frailes en 1835 y los caciques del XIX que manipulaban en su propio provecho la palabra «libertad». Es tan oscuro ese decorado, que muchas mentes brillantes han dado en vaticinar la muerte inminente de España como realidad histórica. Puede ser. Después de todo, en ninguna parte está escrito que una nación haya de vivir para siempre. Al final, siempre hay un acto de voluntad. España puede desaparecer si los españoles lo permiten. Pero, por lo mismo, puede sobrevivir si los españoles así lo deciden.

Este libro, modestamente, está escrito para interpelar al español que mira alrededor y quiere saber quién es y por qué está aquí. Y para que, sabiendo todo eso, llegue a la conclusión de que España merece sobrevivir. Ése es, en realidad, el reto fundamental de nuestro tiempo.

PRIMERA PARTE

LA ESPAÑA ANTIGUA

1
ANTES DE QUE ESPAÑA SE LLAMARA ESPAÑA

Sierra de Burgos, hace un millón de años: un pequeño grupo de homínidos cruza los campos en busca de alimento. No sabemos cómo son ni quiénes eran: sólo tenemos una mandíbula que los investigadores de Atapuerca han clasificado con el muy pudoroso nombre de *Homo sp.* Es el primer homo del que tenemos constancia en nuestras tierras.

DE ATAPUERCA A ALTAMIRA

Los hallazgos de Atapuerca, sobre todo a partir de 1990, revolucionaron todas las hipótesis sobre los primeros pobladores de Europa. Allí aparecieron restos de un tipo de homo hasta entonces desconocido, el Homo Antecessor, que vivió hace 800.000 años. Después vivieron los heidelbergenses (300.000 años) y los neandertales (60.000 años), antes de que apareciera el *homo sapiens* hace 40.000 años. Todo eso aquí, en nuestro suelo, mucho antes de que España se llamara así.

La paleontología (el estudio de los seres más antiguos, que eso quiere decir el término) es una ciencia fascinante, pero sumamente delicada. Es como completar un puzle a partir de muy pocas piezas y colocarlo sobre una línea de tiempo de la que apenas tenemos unos escasos puntos: basta con que aparezca una nueva pieza, un nuevo punto, para que todo el dibujo se venga abajo y obligue a empezarlo otra vez. Aun así, y por lo poco que tenemos en la mano, podemos recomponer el gran cuadro: a lo largo de la quinta glaciación, varios grupos humanos cruzan la península ibérica buscando sobrevivir. La quinta glaciación es la llamada «cuaternaria»: cuatro periodos de grandes hielos sucedidos por otros tantos periodos cálidos llamados «interglaciares»; hoy, y desde hace 14.000 años, vivimos en un periodo interglaciar en espera de que los hielos vuelvan a cubrirlo todo. Son ciclos de tiempo extensísimos, que exceden con mucho la observación del ser humano común. Lo esencial es que a lo largo de esa sucesión de fríos y calores, y según la teoría más extendida, el género homo cambia hasta convertirse en lo que somos hoy. Y en nuestras tierras hay vestigios de todos esos grandes cambios.

Grandes mamuts, rinocerontes lanudos, leones, leopardos, bisontes… De todo eso, y mucho más, ha aparecido en nuestros yacimientos. Cuando el frío crece, las mesetas se cubren de hielo, las aguas se congelan y el nivel del mar baja; Mallorca y Menorca, por ejemplo, quedan unidas por tierra. Cuando los hielos se retiran, el nivel del mar sube y el calor cubre un suelo erosionado donde no faltan los desiertos. Cambia la fauna y también cambia la flora. Es sugestivo pensar que a lo largo de todo este tiempo pudiera haber una presencia humana continuada, una especie de españoles paleolíticos, pero parece poco probable: la supervivencia de los grupos humanos depende siempre de su capacidad para adaptarse al medio y controlarlo, pero, con herramientas tan rudimentarias como las del paleolítico, es el medio el que controla al humano. Por tanto, podemos imaginarnos a nuestros antepasados de la edad de piedra como comunidades errantes, nómadas, de unas pocas personas (treinta, cuarenta) que llegan a un lugar, cazan, pescan y recolectan lo que pueden hasta que ya no hay nada que cazar, pescar ni recolectar, y entonces cambian de paisaje. Pero en algún momento, cuando la última ola de hielo empezó a remitir, nuestros antepasados decidieron habitar cuevas. Más precisamente: no sólo habitar en ellas, cosa que seguramente hicieron siempre, sino decorarlas. Y esto fue una innovación radical.

Empezó a ocurrir hace 40.000 años, según la mayoría de las dataciones: las comunidades humanas inventan el arte. En los yacimientos aparecen por primera vez huesos tallados, paredes pintadas, piedras y huesos grabados… Es interesante tratar de ponerse en la cabeza de cualquiera de aquellos antepasados nuestros: ¿qué estarían pensando cuando pintaban un bisonte o una mujer recolectando miel? ¿Por qué lo hicieron? Tal vez lo hicieron, simplemente, porque eran humanos. En España hay dos grandes áreas de pinturas rupestres: la cantábrica, muy similar a sus hermanas del sur de Francia, aunque con cumbres de belleza inigualables como las de Altamira, y la levantina, absolutamente original, distinta a cualesquiera otras pinturas de Europa o del norte de África.

El arte rupestre abarca decenas de miles de años. Las muestras conocidas (Altamira, por ejemplo) suelen datarse hacia el año 12 000 a.C. y las levantinas aún más tarde. Es un quebradero de cabeza para los investigadores, porque no siempre es fácil discernir etapas. Las cuevas del norte parecen pintadas por cazadores nómadas, pues animales de caza es lo que se ve en sus paredes. Las levantinas (en un área que se extiende hasta Andalucía y Aragón) contienen escenas de caza, pero también otras que parecen más propias de culturas ganaderas. Esto es importante porque significa un paso adelante en la progresiva sedentarización de nuestros antepasados: las comunidades errantes se instalan en lugares concretos y aprenden a dominar su entorno. La vida se hace sedentaria. Y la muerte también, porque aparecen los primeros enterramientos. La necrópolis más antigua de la península ibérica está en Oliva, Valencia, y se ha datado alrededor del año 7000 a.C.

ESA GENTE QUE LEVANTABA MEGALITOS

¿Quién era esa gente que ya estaba aquí, que iba a construir aquí sus vidas y que aquí iba a enterrar a sus muertos? ¿Eran pueblos singulares, con conciencia de sí mismos, o eran el mismo tipo humano que poblaba otros lugares de Europa? Estas preguntas son tan fascinantes como, inevitablemente, decepcionantes, porque no hay respuestas sólidas. Pero hay un dato material que nos permite vislumbrar algo en la oscuridad, y es que, a la altura del año 4000 a.C., en toda la fachada atlántica europea, y hasta el sureste de nuestra península, la gente empieza a levantar megalitos, es decir, grandes construcciones de enormes bloques de piedra. Es realmente asombroso que, prácticamente al mismo tiempo, los humanos rompieran a levantar megalitos desde Escocia hasta Málaga.

El megalitismo no es un fenómeno solo europeo, sino que encontramos las mismas construcciones (menhires, dólmenes, etc.) en otros muchos puntos, desde Asia Menor hasta Egipto. Es como si los seres humanos, en este preciso instante, hubieran sentido a la vez el mismo impulso de levantar monumentos capaces de permanecer para siempre. En todo caso, y en lo que a la península ibérica concierne, lo más decisivo es lo que esas piedras nos dicen: estamos hablando de gentes de hábitat fundamentalmente sedentario, lo suficientemente numerosas como para reunir la mano de obra precisa y lo bastante jerarquizadas como para organizar eficientemente el trabajo. También tienen una idea trascendente de sí mismos tanto en lo individual como en lo colectivo. Algunas de esas construcciones megalíticas son tumbas; otras parecen tener una función de tipo ceremonial o litúrgico. Se trata, en fin, de comunidades que aspiran a permanecer con su propia identidad.

El periodo megalítico cubre varias etapas fundamentales para los prehistoriadores: bajo esas grandes construcciones se ve cómo nuestros antepasados pasan del mundo de la piedra al de los metales, del neolítico al calcolítico, que es el periodo que comienza cuando se aprende a dominar el cobre. Primero, a martillazos de piedra sobre el metal frío; después, fundiendo el metal y dándole forma. Y en este mundo calcolítico aparece uno de los grandes tesoros de la prehistoria española: el poblado de Los Millares, en la sierra de Gádor, en Almería, que es la mayor concentración urbana de la Europa de su tiempo.

DE LOS MILLARES A EL ARGAR

La primera ciudad de la Historia de España. Eso es Los Millares. Un ancho conjunto de necrópolis y poblado, con casi 20 hectáreas de extensión, que empezó a construirse hacia el 3200 a.C. y se mantendría vivo durante un milenio. Los Millares se alza sobre una elevación del terreno entre el río Andarax y la rambla de Huéchar, en una especie de espolón con forma de meseta. Primero se emplazó allí la necrópolis. Después, a su lado, un primer asentamiento, la ciudadela. Este primer asentamiento fue rodeado por una muralla. El lugar creció extramuros hasta hacer necesaria la construcción de una segunda muralla, y así hasta cuatro veces, porque cuatro son las líneas de muros que protegían el lugar. En su interior, cabañas redondas de diferentes tamaños. Piedra, barro y cañizo. Los arqueólogos han encontrado allí no sólo viviendas, sino también talleres de alfarería, metalurgia y molienda, y huellas de espacios para el ganado: ovejas, cabras, cerdos... Algo grave debió de ocurrir hacia el año 2400 a.C.: consta que entonces la mayor parte de la ciudad quedó deshabitada; sólo permaneció poblada la ciudadela y, dato importante, en ese momento se elevaron alrededor del conjunto seis fortines a modo de protección. Los Millares terminó siendo abandonada un par de siglos más tarde.

El grado de desarrollo de Los Millares es tan sorprendente que su mera existencia despierta mil preguntas. ¿Quiénes lo levantaron? ¿Cómo surgió aquello? ¿Fue un hecho aislado o hubo más «millares»? Durante algún tiempo se pensó que nos hallábamos ante el eco de alguna civilización extranjera más desarrollada, pero los objetos foráneos más antiguos allí encontrados son muy posteriores a la fundación del sitio. Por consiguiente, hay que concluir que Los Millares es una producción cultural esencialmente autóctona. Tampoco fue un mundo aislado: las excavaciones en áreas cercanas han sacado a la luz poblados claramente tributarios de éste en las comarcas limítrofes. Además, en toda la región sur española han aparecido unas figurillas típicas también de Los Millares: los «ídolos oculados», representaciones antropomorfas idealizadas con ojos marcados. Eso quiere decir que la cultura que dio lugar a Los Millares no era exclusiva de esta zona, sino que se extendía por todo el sur de la península. En Vila Nova, Portugal, se han encontrado yacimientos de esta misma época y con muchas características comunes. Por otro lado, entre los restos de Los Millares hay cosas tan exóticas como huevos de avestruz o piezas de marfil, lo cual nos indica claramente que estamos ante centros comerciales de importancia, donde se recibían objetos incluso del norte de África. ¿No es fascinante?

Es imposible saber por qué Los Millares quedó abandonado, pero sí sabemos lo que ocurrió justo en esos mismos años, hacia el 2200 a.C.: que el tiempo del cobre terminaba y empezaba la Edad del Bronce. Y pocos kilómetros al noreste de Los Millares, a día y medio de marcha, irrumpía una cultura nueva: la de El Argar, donde hoy está la localidad almeriense de Antas. Si Los Millares es la primera ciudad de nuestra historia, El Argar es el asentamiento más importante del Bronce en toda Europa. Se trata de un poblado encaramado en una meseta que se eleva treinta y cinco metros sobre el río Antas. No hay razones para pensar que lo construyeran gentes distintas a las de Los Millares: hablamos sin duda de una producción autóctona, no de una colonia de gentes venidas de fuera. Y sin embargo, hay en El Argar elementos que lo diferencian intensamente.

Por supuesto, seguimos hablando de poblados fortificados, defendidos por líneas sucesivas de murallas, entregados a la ganadería y la agricultura y, naturalmente, a la elaboración de productos de metal. Pero a vista de pájaro ya hay una primera novedad: aquí las construcciones ya no son redondas, sino cuadradas o trapezoidales, dispuestas de tal modo que unas se apoyan en otras, o formando terrazas, y dejando entre sí espacios a modo de calles. En El Argar descubrimos también una sociedad fuertemente militarizada y jerarquizada, como demuestra la panoplia de armas halladas en las tumbas. Hay claramente una elite rectora que se hace enterrar con sus mejores armas y, en el caso de las mujeres, con puñales y punzones, además de joyas. En las tumbas se comprueba además la clara existencia de una clase guerrera. Y la de otro estrato social dedicado esencialmente a las labores agropecuarias, gentes que marchan a la otra vida (porque, en efecto, todos creían en otra vida) acompañadas de sus azuelas u otros instrumentos del campo. Aún por debajo de éstas, las tumbas nos hablan de una clase de esclavos o siervos, individuos que son enterrados sin objeto alguno. Una sociedad, en fin, muy compleja, que permite pensar en una forma primitiva de Estado.

¿Se puede hablar de un primer Estado a partir de la cultura de El Argar? En cierto modo, sí. Porque las huellas de este mundo del Bronce no se limitan al área de Antas, sino que se extienden por todas las regiones limítrofes. Por eso se utiliza el término de «cultura argárica». Hablamos de centros urbanos relativamente grandes, con unos quinientos o seiscientos habitantes, que actúan como centros de poblados más pequeños, dispuestos de tal manera que parecen tener una función comercial, como de etapas en la ruta, y al mismo tiempo militar, de puestos avanzados. La red se extendía desde lo que hoy es el sur de Alicante hasta Murcia y el interior de Granada. En el interior de ese mundo se agitaba un intenso tráfico de cereal, ganado y, por supuesto, metales. No parece, sin embargo, que hubiera una única cabeza, algo así como un rey, para el mundo argárico; más bien podemos pensar en áreas interrelacionadas por el comercio y algún tipo de parentesco (étnico, lingüístico, etc.), lideradas por castas militares que, no cabe descartarlo, alguna vez debieron de entrar en conflicto.

El mundo de El Argar todavía nos dirige muchas preguntas que no sabemos contestar. Pero, a cambio, nos ha dejado un testimonio fascinante: un ser humano. Se trata del Hombre de Galera, aparecido en el yacimiento de El Castellón Alto, en Galera, Granada. Los argáricos, a diferencia de sus predecesores, solían ser enterrados en el interior de las propias viviendas, dentro de tinajas o cisternas, o envueltos en lanas y sepultados en cavidades protegidas con madera y tierra. Y así, en la tumba 121 de Galera, apareció el cadáver de un hombre excelentemente momificado: el Hombre de Galera. Moreno, de unos veintiocho años, 1,60 de estatura y complexión grácil, fibrosa. Murió por causas naturales, posiblemente una neumonía. Por el polen hallado en sus ropas sabemos que la muerte debió de ser muy rápida. Lo enterraron con su azuela, una pernera de esparto y un gorro de cuero. Peinaba unos largos cabellos negros cuidadosamente dispuestos en tres trenzas, dos laterales, cortas, y otra trasera, tan larga que se enrollaba sobre uno de sus brazos. A su lado se encontró el cadáver de un niño de cuatro años, sin duda un pariente, muy verosímilmente hijo suyo, fallecido con anterioridad y que fue sacado de su tumba para que durmiera con su padre. La fecha del fallecimiento se ha datado en torno al año 1400 a.C. Es nuestro antepasado mejor conservado.

YAMNAS E IBEROS

Una y otra vez salta la pregunta de quién era aquella gente. La cultura de El Argar difiere demasiado de la de Los Millares como para no pensar en cambios de calado. Y no sólo cambios culturales y materiales, sino también humanos. En particular, llama la atención el cambio tan acusado en la estructura social, con ese paso a un sistema que bien podríamos llamar de castas y que, hasta ese momento, no había aparecido en la península. ¿Qué ocurrió en la península ibérica en aquellos años, hacia el

2000 a.C.? Entre otras cosas, una de la mayor importancia: la entrada de nuevos grupos humanos. Y aunque no es posible establecer una relación de causa-efecto entre la llegada de pueblos nuevos y el nacimiento de la cultura argárica, porque nos faltan datos, es necesario decir algo sobre la cuestión.

Para empezar: hoy, gracias a la genética, sabemos que hacia el 2500 a.C. penetró en la península un pueblo al que se denomina «Yamna» o «Yamnaya». ¿Quiénes eran? La palabra «yamna» significa «hoyo» en ruso, y a este pueblo se le llama así por su costumbre de enterrar a sus muertos en hoyos que luego cubrían con tierra hasta formar un túmulo. Todo indica que eran los primeros indoeuropeos. Recordemos: los indoeuropeos son el pueblo, o grupo de pueblos, que a partir de algún lugar al norte del Cáucaso se extendió por occidente hasta el Atlántico y por oriente hasta la India. Todos los pueblos europeos antiguos (celtas, germanos, griegos aqueos, latinos, indoiranios, etc.) proceden de ese tronco común. Lo que han demostrado los estudios genéticos es que la extensión de los yamna entre los años 3300 a.C. y 1700 a.C. se corresponde muy exactamente con la difusión de los indoeuropeos. En el caso de España, los análisis genéticos indican que hacia el 2500 a.C. hubo una entrada de población yamna que difundió el ADN del cromosoma Y masculino; tanto lo difundió que, al cabo de algunas generaciones, era absolutamente predominante entre los varones del país. ¿Tiene algo que ver esa entrada de población con los grandes cambios de principios de la Edad del Bronce? Nadie puede asegurarlo, pero el dato tiene importancia.

La otra cuestión clave, en materia de población, es la incógnita de los iberos, grupo humano cuya extensión se superpone con toda precisión sobre el área de Los Millares y El Argar, el sureste peninsular. ¿De dónde vienen los iberos? Su singularización como pueblo o pueblos con cultura propia es tardía, en torno al siglo VI a.C. Sin embargo, no parece que hayan venido de ninguna parte, sino que más bien ofrecen el aspecto de una población autóctona, es decir, que ya estaban aquí. En términos genéticos, el único parentesco conocido de los iberos es el de los pastores de Anatolia (la actual Turquía), pero hablamos de una migración que tuvo lugar en el año 4000 a.C. Hoy se tiende a pensar que lo que llamamos «cultura ibérica» es en realidad la evolución de poblaciones que llevaban largos siglos arraigadas en la península. ¿Eran estos iberos, o más bien protoiberos, los hombres que crearon las culturas de Los Millares y El Argar? Tal vez algún día lo sepamos.

MOTILLAS Y COGOTAS

La cultura de El Argar terminó entrando en colapso a la altura del año 1400 a.C. por razones que desconocemos. Quizá, simplemente, los suelos dejaron de ser fértiles. Mientras tanto, en otros lugares de la península se habían ido desarrollando otros núcleos de población del máximo interés. Por ejemplo, las Motillas o Morras, características del Bronce en La Mancha a partir del 2000 a.C., si no antes. La más famosa es la Motilla del Azuer, en Daimiel. Las Motillas son interesantísimas: una suerte de granjas fortificadas de carácter tribal o de clan. Se llaman así porque parecían exactamente eso: motas, montículos, pequeñas colinas que se elevan intempestivamente sobre el llano; cuando se excavaron, se descubrió que el montículo ocultaba en realidad los restos de estas construcciones, desplomados sobre sí mismos y cubiertos por el paso de los siglos con densas capas de tierra y vegetación. Se trata de estructuras circulares, rodeadas de una alta muralla (hasta ocho o diez metros de alto) cuyo diámetro puede alcanzar los 50 metros y en cuyo interior se distribuyen distintos espacios, desde depósitos hasta viviendas. Con frecuencia se alza en su centro una torre; se ha verificado que se trata en realidad de pozos para captar el agua freática. La Mancha era en esta época más árida que hoy. El agua escaseaba y era preciso asegurar su suministro con pozos.

¿Quiénes elevaron las Motillas? Los exámenes de los enterramientos han arrojado datos muy reveladores: individuos de alta estatura para la época (1,69 de media para los varones, 1,60 para las mujeres), de complexión generalmente robusta y, en el caso de los varones, con abundantes signos de actividad violenta. Así que las Motillas eran, fundamentalmente, centros de control de la actividad agraria y del agua. Pero los enterramientos demuestran que no eran meros depósitos, sino que varias generaciones se sucedieron en estas construcciones, generalmente en poblados de chozas dispersas alrededor de los muros. Eran auténticos pueblos. Había muchas Motillas, extendidas a distancias regulares de entre cuatro y cinco kilómetros, a lo largo del llano manchego. Luego, a la altura del 1300 a.C., el régimen de lluvias cambió, el clima se hizo más húmedo y las Motillas perdieron utilidad. Pero sus restos permanecieron como vigías mudos en el gran llano.

En la meseta norte también aparecía por este tiempo un tipo de hábitat particular: las Cogotas, así llamadas por el yacimiento de las Cogotas en Cardeñosa, Ávila. La cultura de las Cogotas arranca en torno al 2000 a.C. en el alto Ebro y a partir de ahí va extendiéndose hacia el sur, por los valles del Duero y el Tajo. Por la cerámica y los trabajos de bronce encontrados, se cree que su expansión está vinculada a la entrada de pueblos de origen europeo. Lamentablemente, no hay cadáveres para examinar: aquella gente incineraba a sus muertos. Pero podemos imaginarnos pequeños poblados levantados en defensas naturales del terreno (cerros, riscos, barrancos), con unas cuantas chozas circulares y los imprescindibles fosos para cisterna y silo. Es una imagen que asociamos necesariamente con lo que luego se contará sobre los celtíberos, y en verdad parece que el elemento humano era muy semejante, si no el mismo. La cultura de las Cogotas perdurará mucho tiempo en los poblados del interior peninsular y está muy relacionada con la posterior cultura de los castros, tan vinculada al mundo céltico. Pero eso sería bastante después.

Ahora debemos volver al sur porque en este preciso instante, a la altura del año 1000 a.C., estaba ocurriendo algo trascendental: en la cuenca del Guadalquivir empezaba a florecer una cultura nueva, la de Tartessos. Y al mismo tiempo, a nuestras costas arribaban navegantes de otras tierras, fenicios y griegos. Con ellos entraríamos en la Historia.

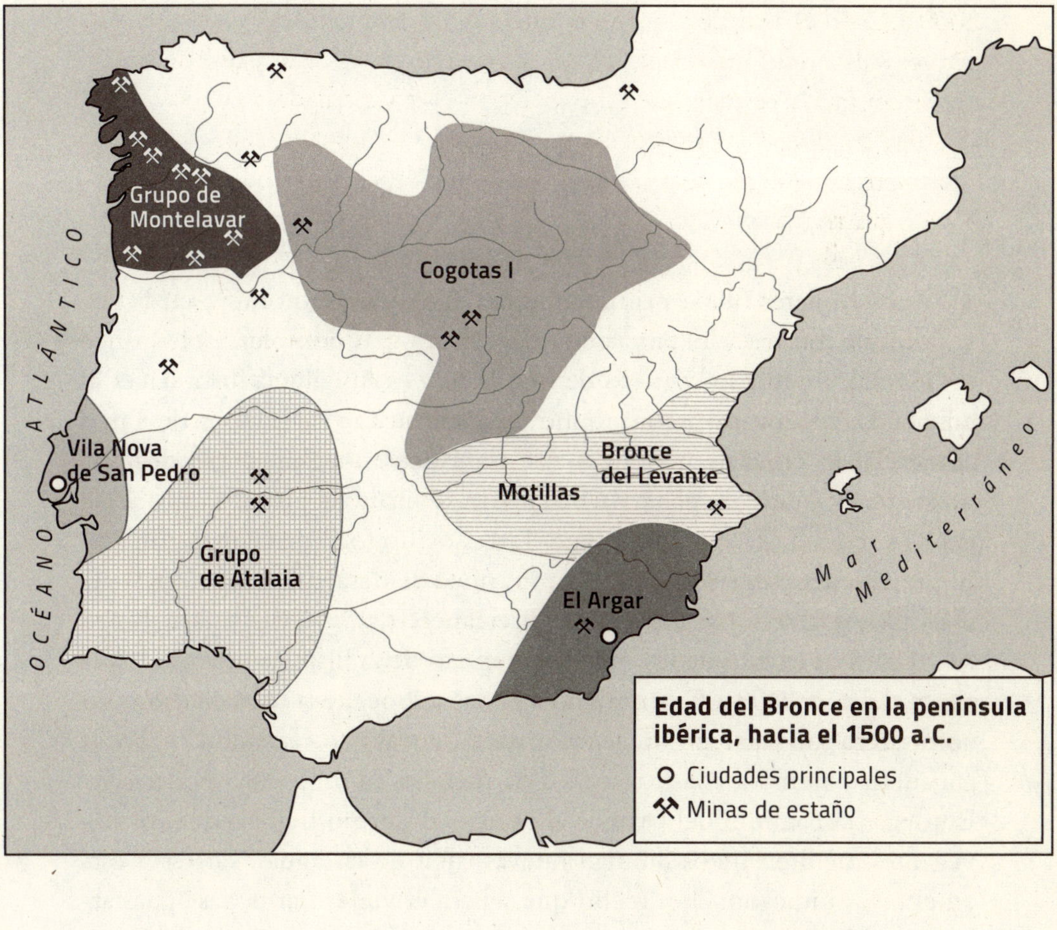
Grupo de Montelavar
Cogotas I
OCÉANO ATLÁNTICO
Vila Nova de San Pedro
Grupo de Atalaia
Motillas
Bronce del Levante
El Argar
Mar Mediterráneo
Edad del Bronce en la península ibérica, hacia el 1500 a.C.
Ciudades principales
Minas de estaño

2

EL MILAGRO DE TARTESSOS

Si Los Millares fue la primera ciudad digna de ese nombre en la península ibérica y El Argar creó la cultura más compleja del Bronce occidental, en el lado opuesto de lo que hoy es Andalucía iba a nacer el primer Estado propiamente dicho de España: Tartessos. «Los de Tarsis comerciaban contigo, henchían tus mercados con gran copia de toda suerte de riquezas: de plata, de hierro, de estaño y de plomo», dice en la Biblia Ezequiel (27, 12-13). Eso era Tartessos: un foco de civilización con su propia estructura política y con un nivel de desarrollo comercial que iba a proyectarse sobre todo el Mediterráneo.

Tartessos es uno de los grandes enigmas de la historia universal. A la altura del año 1200 a.C., en torno a la desembocadura del Guadalquivir comenzó a formarse un núcleo comercial y político sustentado sobre la ganadería extensiva y la extracción de metales. El momento es decisivo: Europa está pasando del Bronce al Hierro al mismo tiempo que los navegantes mediterráneos dibujan nuevas rutas en las aguas. Tartessos está en el lugar indicado: el estrecho que separa el viejo mar de las aguas atlánticas. El núcleo inicial crece en torno a las desembocaduras del Tinto y el Odiel, lo que hoy es la ría de Huelva; a medida que crece la riqueza, se expande también la influencia del mundo tartésico Guadalquivir arriba y hasta la cuenca del Guadiana, por el norte, y el Algarve por el oeste. Por su situación privilegiada, el lugar se convierte en foco de atracción para los navegantes que surcan la ruta de los metales bordeando el litoral atlántico hacia el norte. Y para metales, los nuestros: «Un mercado muy próspero, la llamada Tartessos, ciudad ilustre, regada por un río que lleva gran cantidad de estaño, oro y cobre de Céltica», dice el griego Éforo de Cime en el siglo IV a.C. (sí, llama «Céltica» a la península ibérica). Con el comercio crece la riqueza y con ésta crece a su vez la influencia política de Tartessos.

REYES DE LEYENDA... Y ALGO MÁS

¿Cómo era Tartessos? Es imposible contestar a esta pregunta. La mayor parte de su historia pertenece a la leyenda. Más precisamente, a las leyendas griegas. Ahí están los viejos reyes: Gerión, Nórax, Gárgoris y Habis. Gerión figura entre los trabajos de Hércules: era aquel gigante con tres cuerpos al que el forzudo semidiós robó el ganado. Nórax es una figura algo menos fantástica, pero igualmente mítica: un rey de Tartessos que llevó a los iberos hasta Cerdeña y allí fundó la ciudad de Nora en compañía del dios Hermes. Gárgoris era rey de los cunetes o cinetes o conios, uno de los pueblos que componían Tartessos: de él se cuenta que dejó a su hija preñada y trató de matar al retoño, pero éste, haciendo frente a mil peligros, logró sobrevivir; por el camino, Gárgoris inventó la apicultura. El retoño en cuestión fue el cuarto rey, Habis, que en este linaje, y siempre según fuentes más mitológicas que históricas, adopta el perfil del estadista: somete a los pueblos bárbaros vecinos, dicta las leyes de Tartessos, inventa la agricultura con arado, distribuye a la población en siete ciudades y divide a los tartesios según su clase prohibiendo a los ciudadanos el trabajo servil, lo cual significa que dio carta legal a la esclavitud. Sólo después, mucho después, aparece el primer rey histórico, Argantonio, del cual nos cuenta el griego Heródoto que reinó ochenta años (entre 630 y 550 a.C.) y vivió hasta la edad de ciento veinte. Argantonio fue el último rey; con él desapareció Tartessos.

¿Qué nos podemos quedar de todas estas leyendas? Muchas cosas, ciertamente. Para empezar, nos queda clara la imagen de Tartessos como potencia ganadera, con grandes rebaños pastando en los verdes valles del Guadalquivir y el Guadiana. Cabe señalar que, en la época, la boca del Guadalquivir llegaba hasta más allá de donde hoy está Coria del Río. Aprendemos, además, que en el país se practicaba una agricultura avanzada (por el uso del arado) y también artes más complejas como la apicultura. La interacción con los fenicios debió de ser lo suficientemente intensa como para que los griegos atribuyan a los tartesios la fundación de Nora en Cerdeña (enseguida hablaremos de los fenicios). Además, los relatos nos dejan entender que la población, o al menos el estrato dominante, era de origen indoeuropeo: ahí están esos cunetes o conios, que van a pervivir como un pueblo diferenciado hasta la invasión romana y que probablemente eran indoeuropeos preceltas (recordemos que Éforo de Cime llamaba «céltica» al país). Hoy de los conios nos queda el pueblo de Conil de la Frontera, que no es poca cosa. En el mismo sentido, el nombre de Argantonio es de raíz claramente indoeuropea con el significado de «hombre de plata». Sobre la asombrosa longevidad de este rey, muchos piensan que en realidad se trata no de un hombre, sino de una dinastía, lo cual parece bastante verosímil. Y todo ello en un reino organizado en torno a una rígida estructura social, con economía de base esclavista y una legislación eficiente, lo cual exige a su vez una fuerza pública capaz de imponer la ley, es decir, un ejército. Eso era Tartessos.

Por desgracia, apenas quedan restos físicos de aquella civilización. Por su localización geográfica, el tiempo y la erosión han borrado casi todo vestigio en la boca del Guadalquivir y en la ría de Huelva, que fue el centro de aquel mundo. Pero lo que en los últimos años ha aparecido ríos arriba, hacia el interior del mundo tartésico, es altamente sugestivo. Los yacimientos de Cancho Roano y el Turuñuelo, en Badajoz, o de Alisada, en Cáceres, nos hablan de grandes construcciones de técnica muy depurada, con un dominio admirable de los volúmenes y un profundo sentido estético de la arquitectura ceremonial. Es verdad, no obstante, que algunas de estas construcciones fueron reutilizadas posteriormente, de manera que no siempre es fácil saber cuál fue su perfil original. Pero Tartessos nos dejó otras huellas que sí son inequívocas, y éstas, aunque relativamente escasas, dan la medida de la riqueza de aquella civilización: los tesoros.

El tesoro del Carambolo. El tesoro de Aliseda. La diadema de Ébora. El bronce de Carriazo. Una metalurgia finísima y un evidente gusto por la ostentación. Los trabajos de oro son excelentes. Han aparecido diademas, brazaletes, collares, pectorales. El análisis de los objetos demuestra un trabajo muy elaborado del metal: laminados, troquelados, fundidos a la cera perdida, soldados... También se observa claramente que en su interior debieron de albergar, engastadas, piedras de calidad. Y sobre todo: la gran mayoría de las joyas muestra un estilo inequívocamente fenicio. Aún más: una de las piezas del Carambolo es una diosa Astarté, fenicia, que contiene una inscripción igualmente fenicia. Esa inscripción dice así: «Este trono hizo Baal-yatón, hijo de Damilku y Abd-Baal, hijo de Danmilku, hijo de Yishal, para Astarté de la Gruta, nuestra señora, cuando ella escuchó el sonido de sus plegarias». Fenicios, en efecto. Tartessos tiene un origen claramente autóctono, pero su desarrollo habría sido imposible sin la aportación foránea, y aquí es preciso hablar de las dos grandes influencias que en aquel momento entran en la península: los fenicios y los griegos.

ENTRE FENICIOS Y GRIEGOS

Los fenicios son los cananeos de la Biblia y los púnicos de los romanos: un pueblo asentado en el litoral mediterráneo de Asia, desde el sur de la actual Siria hasta el Líbano y el norte de Israel. No eran exactamente un Estado, sino más bien una sociedad mercantil: una confederación de ciudades (Tiro, Biblos, Sidón) cuyos reyes eran elegidos por los clanes comerciales más poderosos. Porque el comercio era, en efecto, su fuerte: herederos de las culturas del medio oriente y grandes navegantes, se las arreglaron para construir un imperio sobre la base de la exportación y la importación y aupados en la superioridad material de su civilización. A los fenicios se les atribuye la expansión por toda la cuenca mediterránea del laboreo de la sal, la conserva del pescado en salazón, la industria de la púrpura, el torno de alfarero y la escritura alfabética, entre otras cosas. Una pieza clave del comercio en la época eran los metales, y cuando descubrieron la riqueza minera peninsular debieron de ver el cielo abierto. Eso ocurrió hacia el año 1000 a.C., aproximadamente. Se cree que el nombre de España proviene precisamente de aquí: «I-span-ya», que en lengua fenicia significa «tierra de metales» (y no «tierra de conejos», como creyeron los romanos).

En sus correrías, los fenicios habían abierto ya rutas por todo el norte de África, el sur de Italia y hasta las islas Baleares. En el litoral sur español fundaron asentamientos en Cádiz (Gadir), Málaga (Malaca), Almuñécar (Sexi) y Adra (Abdera). El más importante, con diferencia, fue Cádiz: vecina de Tartessos y excelentemente situada de cara a las rutas marítimas, la base fenicia de Cádiz permitía controlar el comercio de metales tanto de las rutas atlánticas, con el estaño que venía desde Galicia y Britania, como de las explotaciones de cobre de Riotinto. La interacción de los fenicios con Tartessos debió de ser intensísima, a juzgar por los estilos arqueológicos. Pero los fenicios no eran conquistadores: no tenían los medios ni el espíritu. Eran comerciantes. De manera que sus colonias no eran propiamente tales, con la correspondiente dependencia política, sino más bien enclaves de mercado. Lugares donde, eso sí, dejaban honda huella por su perfección técnica.

El único límite que tenían los navegantes fenicios, bien a su pesar, eran otros navegantes: los griegos, que muy pronto se convirtieron en competidores de los cananeos. Si los fenicios establecieron rutas en el litoral sur del Mediterráneo, los griegos hicieron lo propio en el litoral norte: la península itálica, Sicilia, la Costa Azul y la costa de lo que hoy es Cataluña y Valencia. Los primeros asentamientos que fundaron en nuestro suelo fueron Rosas (Rhodas), Ampurias (Emporion), Denia (Hemeroskopeion) y Alicante (Akra Leuke). A los griegos se les atribuye la introducción de la moneda, el olivo y la vid, el asno y la gallina, entre otras aportaciones. Como sus competidores del sur, los griegos tampoco estaban interesados en formar un imperio. Los griegos que llegan aquí proceden en su mayoría de Focea, en la actual Turquía, que era una de las grandes ciudades comerciales del mundo heleno. Lo que les interesaba era crear puestos comerciales rentables. Fue así como llegaron hasta Tartessos. Heródoto lo cuenta en su *Historia*: «Era entonces Tartessos para los griegos un imperio virgen y reciente que acababan de descubrir. Allí negociaron también con sus géneros, que ninguno les igualó jamás en la ganancia del viaje (...). Habiendo llegado a Tartessos, supieron ganarse toda la confianza y amistad del rey de los tartesios, Argantonio». Nuestro viejo Argantonio, en efecto, invitó a los griegos a instalarse en su reino. No era consciente de que con ello iba a desencadenar una catástrofe.

LA BATALLA DE ALALIA

Viajemos al otro extremo del Mediterráneo, donde las tierras de los fenicios están viviendo tiempos oscuros. Desde tiempo atrás, los asirios intentan someter a las ricas ciudades de Sidón, Tiro y Biblos. En el año 677 a.C., el rey asirio Asarhaddón destruye Sidón. Tampoco Tiro tardará en caer bajo el poder de los babilonios. La vida se ha hecho difícil en el viejo país. Así las cosas, los fenicios ponen sus ojos en una joven colonia fundada en el occidente del mar: Cartago.

Qart Hadast, «Ciudad nueva»: un asentamiento fundado por los fenicios alrededor del año 820 a.C. en el actual Túnez. Ahora, a la altura del siglo VI a.C., Cartago ofrece una nueva vida en un entorno mucho más tranquilo. Numerosos fenicios buscan cobijo allá. La «Ciudad nueva» no tarda en reemplazar a los viejos centros en el liderazgo de la red comercial. Nuevas familias de oligarcas comerciales se hacen con el control del tráfico. Las viejas colonias —Cádiz, Útica, Tánger— pasan a depender de Cartago. Y naturalmente, los cartagineses quieren también controlar Tartessos.

Argantonio sabe lo que está pasando en Fenicia, donde se cierran los mercados, y ve también cómo Cartago se está convirtiendo en un poder temible. Si no quiere caer bajo la bota cartaginesa, nuestro viejo rey no tiene otra opción que apostar por los griegos. Tal vez por eso les ofrece instalarse en sus tierras; tal vez por eso les regala 1.500 kilos de plata, como dicen las fuentes griegas. Los cartagineses, por su parte, tampoco ignoran lo que hay en juego: si pierden la fuente española de los metales, si los griegos ganan la partida, Cartago recibirá un golpe atroz. La guerra es inevitable.

La guerra fue naval, evidentemente. Los griegos se acababan de instalar en Córcega; desde su base en la ciudad de Alalia hostigaban las rutas de los cartagineses en el Mediterráneo occidental. A ese punto preciso acudirán los de Cartago, y no lo harán solos: buenos negociantes, han obtenido la alianza de los etruscos, también interesados en expulsar a los griegos de aquellas aguas. Heródoto nos lo cuenta. Corre el año 537 a.C. Los griegos, bien curtidos en la guerra naval, cuentan con sesenta naves. Cartagineses y etruscos alinean casi el doble. La batalla se libra al sur de Alalia, en las aguas que separan Córcega de Cerdeña. La victoria es para los griegos, excelentes tácticos, pero a costa de pérdidas tan graves que nada les queda para defender sus posiciones. Después de la batalla, los barcos griegos supervivientes recogen a las familias asentadas en Alalia y abandonan el lugar. Cartago queda como única dueña del Mediterráneo occidental. Argantonio está perdido.

No sabemos qué pasó después: al marcharse los griegos, desaparecieron las pocas fuentes que nos dan noticia de Tartessos. Lo único cierto es que, a partir de ese momento, Tartessos entró en rápida decadencia y quedó borrada de la historia. Tal vez los fenicios de Cartago, al verse dueños del mar y sin ningún competidor que les hiciera sombra, impusieron a los tartesios unas condiciones tan abusivas que redujeron drásticamente los beneficios del viejo reino de Argantonio. O tal vez, simplemente, los cartagineses pensaron que para qué necesitaban a la incómoda Tartessos si ya controlaban completamente Cádiz. El hecho, en todo caso, es que Tartessos se borró. Ni siquiera sabemos cómo murió Argantonio.

El Estado tartésico se descompuso. En su lugar aparecieron pequeños reinos sobre la base de los pueblos que habían formado aquel prodigio: los turdetanos, los túrdulos, los conios. Siguieron comerciando con los cartagineses. Siguieron practicando la minería de metales y la agricultura a gran escala. Siguieron siendo una sociedad altamente desarrollada, como constataron los romanos cuando llegaron aquí. Pero aquello ya no era Tartessos.

LA REGIÓN DE TARTESSOS
Tajo
La Aliseda
Guadiana
Cancho Roano
Júcar
Área de influencia
de Tartessos
Akra Leuke
Segura
Setefila
Guadalquivir
Carmona
Tejeda
La Joya
El Carambolo
Los Alcores
Genil
Cartago Nova
San Bartolomé
Asta Regia
Mikane
Sexi
Gadir
(Cádiz)
Malacca
(Málaga)
Abdera
Carteia
Mare Nostrum
(Mar Mediterráneo)
La región de Tartesos
Yacimiento tartésico
Asentamientos griegos
Asentamientos fenicios

3
IBEROS, CELTAS Y CELTÍBEROS

Siglo V antes de Cristo. España ya tiene nombre: el que le han puesto los fenicios. Pero poco importa, porque, más allá de lo geográfico, no hay una realidad común: la península es un agregado de pueblos raramente conectados entre sí y, desde luego, sin ninguna conciencia de unidad. España no es el único nombre que se da a nuestras tierras. Los griegos las llaman Iberia, por el río Íber, que es el Ebro. Y algún autor heleno, como antes veíamos, no termina de separar bien la Iberia y la Céltica. Iberos y celtas son los dos grandes grupos culturales de esta España naciente. Y se trata, una vez más, de nombres puestos desde fuera, por extranjeros, porque nuestros iberos y nuestros celtas no se llamaban a sí mismos con esas etiquetas.

LOS IBEROS

¿De qué hablamos cuando decimos «iberos»? De un grupo de pueblos que comparte ciertos rasgos culturales comunes, sea en lengua, sea en enterramientos o en hábitat. ¿De dónde vienen? Probablemente, de los habitantes autóctonos de la península desde la época de Los Millares (si no antes), probablemente mestizados con alguna aportación externa. Esto último puede explicar que los iberos compartan patrones genéticos con los pastores de Anatolia y con los aquitanos. Los iberos se extienden desde el suroccidente de España, a través de todo el litoral mediterráneo, hasta el sur de Francia. Ellos, por supuesto, no se refieren a sí mismos como «iberos», sino con los gentilicios de sus respectivos pueblos: turdetanos, oretanos, bastetanos, edetanos, jacetanos, etc. Entre un jacetano del Pirineo (de la actual Jaca, precisamente) y un turdetano de la ría de Huelva no hay más parentesco que, tal vez, un lejano origen común. Pero comparten estructuras lingüísticas, alfabeto (allá donde se utiliza) y ciertos usos culturales comunes. Eso es todo.

¿Cuáles son esos rasgos comunes de los pueblos iberos? Ante todo, ya se ha dicho, el origen: son pueblos preindoeuropeos. Su lengua, aun con variaciones internas, responde a patrones comunes. Hay una escritura ibérica (en realidad, tres escrituras diferentes) y un alfabeto, seguramente elaborado con influencias fenicias. Podemos leerlo y sabemos cómo suena, pero, en general, es imposible traducirlo. Las sociedades ibéricas no son en absoluto primitivas: hablamos de pequeñas unidades políticas de carácter territorial con una estratificación en clases rígidamente marcada y una cultura religiosa evolucionada, con sacerdotes (muy frecuentemente, mujeres) dedicados exclusivamente al culto. Parte fundamental de esta estructura social es la clase guerrera, lo cual permite pensar en abundantes conflictos entre unos pueblos y otros. El objeto que mejor atestigua ese perfil guerrero es la característica espada curva llamada falcata. Los griegos cantarán después sin medida el arrojo casi demente de los guerreros iberos, que se lanzan al combate sin miedo. Seguramente este arrojo hay que vincularlo a la práctica de la famosa *devotio ibérica*, el compromiso del guerrero que ofrece su vida por el jefe.

Los iberos desarrollaron una cultura urbana importante. En general, el control del territorio se articula a partir de una capital (así las denomina Estrabón), un gran poblado que los arqueólogos llaman *oppida:* son las ciudades de los iberos, habitualmente situadas en lugares estratégicos, protegidas por muros de cierta entidad que en su interior albergan decenas de casas de estructura rectangular. La construcción emplea piedra para los zócalos y adobe para las paredes; la techumbre es de madera con cobertura vegetal. Además de estas ciudades, en los territorios de los iberos encontramos pequeños asentamientos fortificados en lugares poco accesibles e, inversamente, poblados en lugares llanos, sin protección, que probablemente corresponden a centros de producción agraria. Los iberos daban gran importancia a los caballos, pero como instrumento de guerra y caza. En general, son más agricultores que ganaderos: trabajan el cereal, el olivo, la vid, las leguminosas y los frutales. Se han encontrado testimonios fehacientes de una intensa exportación de vid y también de una industria bastante avanzada del lino y el esparto. ¿Qué más decir? Que poseían una industria cerámica y metalúrgica de gran calidad. Que incineraban a sus muertos. Y que, en determinadas áreas, elaboraron obras de arte de perfección asombrosa, como las archiconocidas Dama de Elche y Dama de Baza, de muy claras influencias orientalizantes.

Por su situación geográfica, a lo largo del litoral mediterráneo y hasta el suroeste peninsular, los iberos conocieron numerosas influencias externas, tanto fenicias como griegas. Esas influencias, cruzadas con los desarrollos culturales propios, llegaron a ser intensísimas: en el caso de los turdetanos, por ejemplo, la huella de Tartessos es absolutamente crucial y marca una identidad muy distinta a la de los iberos del Levante peninsular, por ejemplo. Tal vez esas influencias exteriores permitan explicar procesos que aún se nos escapan, como la destrucción masiva de estatuas en el siglo V a.C., fenómeno vinculado quizá a profundas alteraciones sociales o culturales. No podemos saberlo. Lo que sí nos consta es que los iberos carecían de cualquier conciencia de comunidad, de identidad común. De hecho, tardaremos muy poco en ver a unos iberos entregados a la tarea de matar a otros.

LOS CELTAS

Además de los iberos, el otro grupo cultural decisivo en la península en estos momentos es el de los celtas. Aclarémonos: cuando decimos «celta», hoy, tendemos a imaginarnos a un guerrero de trenzas pelirrojas con un casco adornado con plumas en la cabeza, según la iconografía popularizada en el siglo XIX, pero nuestros celtas son otra cosa. En la península ibérica se llama celtas a los pueblos de origen indoeuropeo que fueron asentándose aquí a partir del año 2500 a.C., pueblos que después conocieron diferentes desarrollos culturales, y que no eran celtas propiamente dichos. Sobre esa migración inicial, se produjeron a su vez sucesivas entradas de población procedente del continente europeo, más o menos emparentados con la cultura de Hallstatt, en la edad del Bronce final, que suele considerarse, ésta sí, como el momento de diferenciación de los celtas. Pero el movimiento no se produjo sólo de este a oeste, sino que, gracias a la genética, ahora sabemos que a principios de la Edad del Bronce también hubo un movimiento desde la península ibérica hacia la fachada atlántica y Europa central.

Quedémonos con esto: a la altura de los siglos IV y V a.C., en la mayor parte de la península hay un sustrato de población indoeuropea, protocelta y celta, que ocupa un ancho espacio desde las fachadas atlántica y cantábrica hasta las dos mesetas. Naturalmente, tampoco ellos se llaman a sí mismos celtas: ésta es una etiqueta aplicada por los observadores foráneos. Nuestros celtas, como nuestros iberos, no reconocen ningún lazo particularmente estrecho entre sí, sino que se identifican a partir de los pueblos de los que forman parte: vacceos, astures, carpetanos, etc.

Como su origen responde a momentos culturales distintos, también su grado de desarrollo es muy dispar. Las crónicas de los historiadores romanos no dejan de señalar el primitivismo de algunos de estos pueblos, por contraste con otros que, siendo igualmente celtas, parecen mucho más evolucionados. Es posible, sin embargo, sentar algunos rasgos generales: se trata de gentes que viven en poblados de pequeño tamaño, instalados en lugares de fácil defensa y ligeramente amurallados, con viviendas de traza redonda en piedra y techumbre vegetal. Los castros y las cogotas son ejemplos de este tipo de hábitat. Su economía es fundamentalmente agraria, con explotaciones ganaderas de cierto tamaño y, con frecuencia, de carácter trashumante. Dominan bien la metalurgia, con abundancia de objetos de excelente factura, lo mismo ornamentales (pulseras, brazaletes, torques) que bélicos, como las famosas «espadas de antenas» que encontramos en toda la Europa céltica. La guerra parece haber jugado un papel importante en sus vidas. Pero, además de armas, sus manos elaboraban tejidos de muy buena calidad.

Se cree que estos pueblos se agrupaban en confederaciones de tipo tribal dirigidas por las aristocracias locales. También que esas confederaciones entraban con alguna frecuencia en guerra entre sí, y que el saqueo sobre el vecino formaba parte de sus hábitos de subsistencia. Y en todo lo demás, sólo podemos guiarnos por comparación con los otros pueblos celtas de Europa, porque no hay más fuentes: como carecían de escritura, tenemos que fiarnos de lo que nos cuenten los cronistas romanos. Los únicos que tenían escritura eran los lusitanos, pero éstos no eran exactamente celtas, sino otros indoeuropeos que llegaron antes, y no somos capaces de descifrar las escasas inscripciones que nos dejaron.

Y LOS CELTÍBEROS

Además de celtas e iberos, en nuestra península hay un tercer grupo que son los celtíberos. Durante mucho tiempo se pensó que eran una mezcla (étnica) de celtas e iberos. Hoy sabemos que, en realidad, eran pueblos celtas que habían adoptado determinados rasgos culturales de los iberos, como el alfabeto, que aplicaron a su propia lengua céltica. O sea que los celtíberos (en fin, algunos de ellos) escribían en lengua celta utilizando el alfabeto ibérico. Lo cual significa que la relación de estos celtas con sus vecinos era lo suficientemente intensa como para tomarles prestados ciertos elementos culturales, pero no tanto como para perder su identidad céltica. ¿Quiénes eran, dónde estaban? Los celtíberos ocupan el oeste de las dos mesetas, desde La Rioja y Soria por el norte hasta Cuenca y las sierras de Teruel por el sur. Son los arévacos, los pelendones, los titos, los lusones, los belos...

El perfil histórico de los celtíberos se conoce bastante bien. Sociedades agrícolas y ganaderas regidas por aristocracias guerreras, organizadas en torno a ciudades que se convierten en centro de una red de asentamientos más pequeños de carácter rural. La base de su estructura social es la familia extensa, es decir, la gente que procede de un mismo antepasado. Estos grupos familiares lo hacen prácticamente todo en común, desde comer hasta dormir, y las casas halladas en las ciudades, con sus grandes bancos corridos en torno al hogar, dan testimonio de ello. ¿Qué ciudades? Numancia, Segóbriga, Segeda, Secontia (Sigüenza), Bílbilis (Calatayud), Botorrita. Cada una de ellas actuaba como capital de un conjunto político, aunque nos faltan datos para conocer su estructura exacta. Lo que sí sabemos es que las ciudades de la Celtiberia fueron el foco de un desarrollo económico muy notable, tanto por la organización de la explotación agraria como por la minería del metal, especialmente del hierro. Las descripciones de los romanos sobre los guerreros celtíberos son muy elocuentes, porque no hablan sólo del valor de los combatientes y de su capacidad de resistencia, sino también de la perfección técnica de sus armas y hasta del procedimiento de forja.

Así que tenemos a los iberos, que en el suroeste se transforman por la herencia tartésica de los turdetanos. Tenemos a los celtas, que con frecuencia son preceltas o incluso indoeuropeos procedentes de migraciones anteriores, como los lusitanos. Tenemos también a los celtíberos. En lo cultural, lenguas indoeuropeas en todo el centro peninsular y en la fachada atlántica, y lenguas ibéricas en toda la fachada mediterránea y hasta el suroeste peninsular. Habría que añadir, evidentemente, a los vascones y aquitanos, que en esta época se asentaban sobre el área pirenaica de lo que hoy es Navarra y norte de Aragón. Y para completar el cuadro, es preciso mencionar a los habitantes de las Baleares, que desde siglos atrás habían desarrollado una cultura megalítica propia sobre la base de sus navetas y sus talayots, y que en esta época empezaban a ser conocidos por la calidad militar de sus honderos, abundantemente reclutados por los cartagineses.

Todo eso era la España de los siglos V, IV y III a.C. Un conjunto de pueblos fragmentario, cuyo concepto de unidad se limitaba a las eventuales alianzas entre tribus o ciudades de un mismo pueblo, generalmente en conflicto con el pueblo vecino. La Ispanya de los fenicios o la Iberia de los griegos sólo son conceptos geográficos. Y así podría haber seguido el paisaje, con nuestros antepasados envueltos en sus propias vidas, de no ser porque, a la altura del año 264 a.C., una guerra extranjera los metió violentamente en la historia. Fue la primera guerra púnica. Y a partir de ese momento, todo cambió.

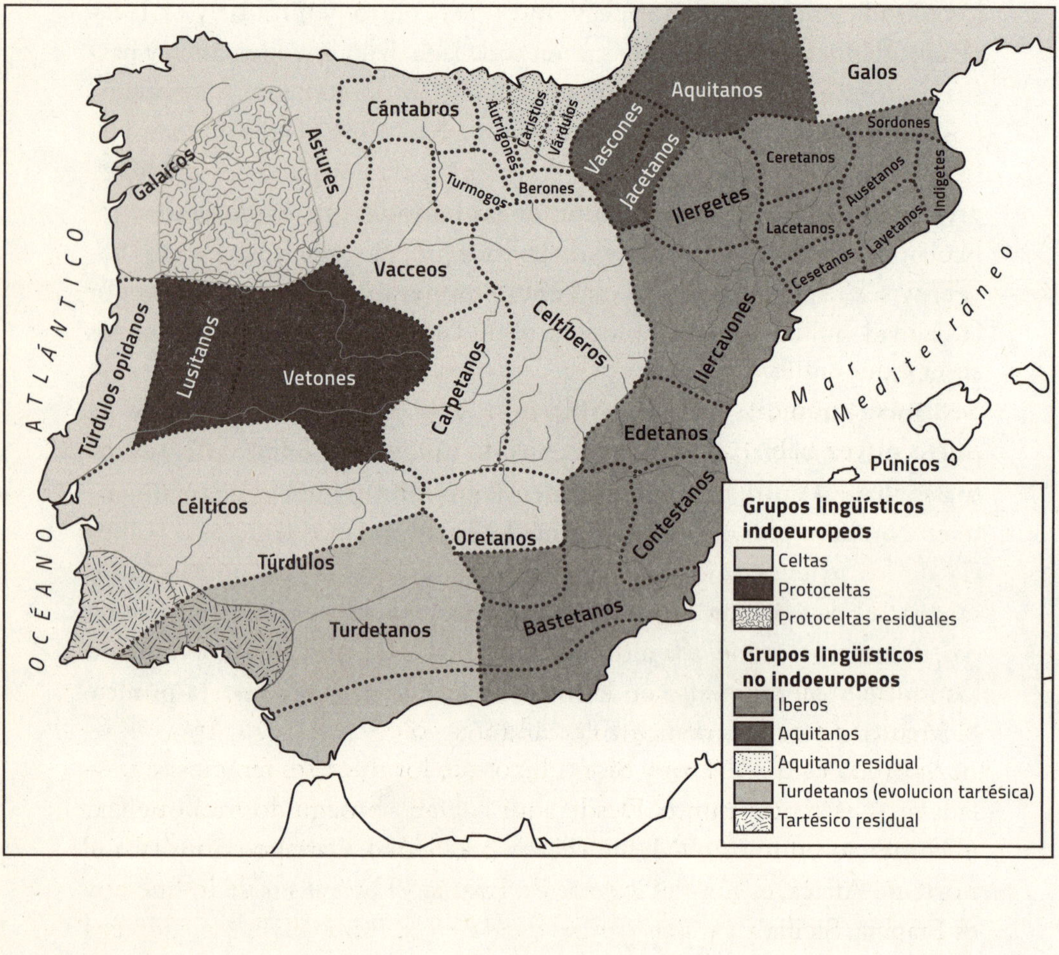
Galos
Aquitanos
Cántabros
Autrigones
Caristios
Várdulos
Vascones
Jacetanos
Sordones
Ceretanos
Galaicos
Astures
Turmogos
Berones
Ilergetes
Ausetanos
Indigetes
Lacetanos
Layetanos
Cesetanos
Vacceos
Túrdulos opidanos
Lusitanos
Vetones
Carpetanos
Celtíberos
Ilercavones
Edetanos
Contestanos
Oretanos
Célticos
Túrdulos
Turdetanos
Bastetanos
Púnicos
OCÉANO ATLÁNTICO
Mar Mediterráneo
Grupos lingüísticos indoeuropeos
Celtas
Protoceltas
Protoceltas residuales
Grupos lingüísticos no indoeuropeos
Iberos
Aquitanos
Aquitano residual
Turdetanos (evolucion tartésica)
Tartésico residual

4
CUANDO CARTAGO QUISO DOMINAR ESPAÑA

En el año 264 a.C. Roma y Cartago se declararon la guerra. Así comenzaron las guerras púnicas, que se extenderían durante casi un siglo y que significarían la entrada de Hispania, de España, en la historia. Se llaman «púnicas» porque los romanos denominaban así a los fenicios, que a su vez hablaban de sí mismos como «cananeos». Fenicio, cananeo y púnico son términos equivalentes. Los cartagineses eran sus hijos.

ROMA Y CARTAGO, DOS MUNDOS INCONCILIABLES

De Cartago ya hemos hablado: la heredera directa del poder fenicio en el Mediterráneo. Inicialmente era sólo una colonia en lo que hoy es Túnez, pero la caída de Tiro y Sidón hizo que los intereses fenicios se trasladaran a este otro punto. Desde aquí habían conseguido monopolizar el comercio en todo el Mediterráneo occidental. Cartago controlaba el norte de África, el sur y el levante de España, el litoral sur de lo que hoy es Francia, Sicilia y las islas centrales: Mallorca, Ibiza, Menorca, Córcega y Cerdeña. Todo el tráfico comercial tenía que pasar necesariamente por aguas controladas por los cartagineses. Al calor del comercio, Cartago se convirtió en una potencia temible.

Cartago no era un imperio. Más bien podemos definirlo como una vasta red comercial regida por una casta de terratenientes y mercaderes, y asentada sobre una potentísima flota. El centro absoluto de ese mundo era la capital, Cartago, que daba nombre a todo el conjunto. Para dar una idea de su prosperidad, baste señalar que sólo la capital contaba casi un millón de habitantes. El resto era territorio tributario: ciudades y regiones enteras que habían pactado con la gran potencia púnica y que, a cambio de beneficios comerciales, aportaban impuestos, víveres y hasta hombres en armas. Los cartagineses no tenían ejército propio, sino que operaban con grandes contingentes mercenarios reclutados en los inmensos espacios que controlaban. Pero ahora acababa de surgir un rival inesperado: Roma.

Roma había sido fundada hacia el 753 a.C. por los latinos, es decir, las gentes del Lazio, un pueblo itálico, indoeuropeo, junto con los sabinos y los etruscos. Desde 509 a.C. había adoptado la forma de una república que progresivamente lograría dominar y federar a los pueblos colindantes. No cabe imaginar un mundo más alejado del cartaginés que el mundo romano. Una sociedad aristocrática con rígida división entre nobles y plebeyos, pero con un acendrado concepto de ciudadanía. Una economía agraria y comercial expansiva, que por definición necesitaba dominar políticamente más y más territorios. Un ejército regular formado por ciudadanos, no por mercenarios. Y todo bajo la presidencia de un panteón religioso politeísta de tipo indoeuropeo con evidentes influencias griegas. Por decirlo en dos palabras, Roma era occidente y Cartago era oriente.

Llegó un momento en el que Roma, dentro de su dinámica expansiva, saltó de la península itálica a Sicilia. En Cartago sonaron todas las alarmas: Sicilia dista de la capital cartaginesa poco más de 300 kilómetros a través del canal de Sicilia; en la época, poco más de un día de navegación. La isla, por otra parte, era un verdadero emporio agrícola. Estalló la guerra. Pasará a la historia como la primera guerra púnica.

Fue un conflicto largo, larguísimo: veintitrés años, con episodios de crueldad cada vez más aterradores a medida que aquello se prolongaba. Se combatió mucho en tierra, pero, sobre todo, en la mar. De hecho, fue una auténtica guerra de desgaste naval en la que ambos contendientes vieron sus flotas destruidas una y otra vez. Al final, ganaron los que mayor capacidad de adaptación mostraron: los romanos, que lograron reconstruir su flota continuamente y, además, supieron inventar tácticas nuevas a cada ocasión. El coste para Roma fue enorme, pero para Cartago fue simplemente terrible: su flota quedó desmantelada, los cartagineses perdieron el control sobre Sicilia, Córcega y Cerdeña y, para colmo, Roma les impuso unas cuantiosísimas reparaciones de guerra. Las arcas de Cartago quedaron vacías. Como no había dinero para pagar a los mercenarios, éstos se rebelaron. No hablamos de una sublevación menor: se calcula que las tropas mercenarias de Cartago se elevaban a noventa mil hombres con abundante material de guerra y centenares de elefantes. Y entonces comenzó otra guerra.

La guerra de los mercenarios duró tres años. Fue mucho más que una mera insurrección de soldados sin paga: como el poder de Cartago no era particularmente amable, muchas de las ciudades tributarias vieron una espléndida ocasión para poner distancia con la metrópoli. Así la «guerra de los mercenarios» se convirtió en algo parecido a una guerra civil. ¿Quiénes eran aquellos mercenarios? Fundamentalmente, africanos de Libia y de Numidia (el norte de la actual Argelia), pero también itálicos y hasta galos. El hecho, en todo caso, es que Cartago se quedó sola. Los cartagineses, desesperados, acudieron a su rito predilecto: el sacrificio masivo de niños primogénitos al dios Moloch-Baal. Adecuado procedimiento para una guerra que, por su crueldad sin límites, fue llamada «guerra inexpiable». Todo ello mientras, en lo político, se intentaba recuperar la sumisión de las ciudades desafectas y, en lo militar, se reclutaba a toda prisa un nuevo ejército entre los propios cartagineses y otros mercenarios para frenar la insurrección. Y aquí aparece un personaje que iba a ser decisivo para la Historia de España: Amílcar Barca.

CARTAGO PONE SUS OJOS EN ESPAÑA

Amílcar Barca era la cabeza de uno de los clanes dominantes de Cartago, los Barca o Bárcidas. De entre todos los generales cartagineses de la primera guerra púnica, había sido el único que combatió con éxito a los romanos y supo mantener a su ejército prácticamente intacto. En el trance de la rebelión de los mercenarios, el senado de Cartago lo escogió como jefe militar. Con una mezcla de talento guerrero, astucia y crueldad, Amílcar supo aplastar a sus enemigos. La hazaña le convirtió en uno de los personajes más influyentes del mundo púnico. Un mundo, sin embargo, que estaba deshecho después de veintitrés años de guerra con Roma y otros tres de guerra civil. ¿Qué hacer? Reconstruirlo.

Amílcar, quede claro, no era «el rey de los cartagineses». Era, y seguiría siendo, la cabeza de una de las familias más poderosas de aquella república de oligarcas comerciales, pero tenía enfrente a otros oligarcas movidos por intereses distintos, y tampoco le faltaban los enemigos en la cúpula de un poder que funcionaba con criterios económicos más que según directrices políticas. Hay que subrayar esto para entender lo que Amílcar Barca tenía en la cabeza: ante todo, el poder de su propia familia, un poder que sus rivales en Cartago no veían con buenos ojos. El hecho es que Amílcar reclutó un nuevo ejército y se propuso compensar las pérdidas con nuevos territorios. Cartago —y los Barca— necesitaban más tierras, más puertos, más minas y, sobre todo, una buena base desde la que hostigar a Roma para vengar aquella derrota. ¿Cuál podía ser esa base? Nuestra península, rica en metales y otros recursos naturales que ahora iban a convertirse en objeto de la ambición cartaginesa.

Es el año 236 a.C. Amílcar Barca desembarca en España con un gran ejército, incluidos los consabidos elefantes de los cartagineses. Nadie es capaz de pararle. Primero ocupa todo el litoral mediterráneo. Luego cruza el Ebro hacia el norte. En tierra de los layetanos funda una ciudad a la que pone su nombre: si él es Barca, su ciudad será Barcino, hoy Barcelona. Dominada la costa, decide ocupar aquellas regiones del interior que sabe más desarrolladas, donde hay minas de metales y campos bien trabajados. Así el cartaginés pone sus ojos en la Turdetania, la Andalucía occidental, que era la región más avanzada de la península. Cuenta Estrabón que los turdetanos eran «los más cultos de los iberos, ya que conocen la escritura y, según sus tradiciones ancestrales, incluso tienen crónicas históricas, poemas y leyes en verso que ellos dicen de seis mil años de antigüedad». Nosotros ya sabemos por qué: eran los herederos directos de Tartessos.

Organizados como conjunto de ciudades independientes, los turdetanos tenían todo lo que Cartago necesitaba. Conocían el arado y el trillo. Cultivaban la vid, el olivo, los cereales. Criaban bueyes, ovejas, caballos. Mantenían una notable industria de la lana. Trabajaban con intensidad la minería de la plata y el cobre, que explotaban en un conjunto de factorías situadas entre Cádiz, Huelva y Sevilla. Los turdetanos estaban acostumbrados a negociar con los cartagineses, pero lo que ahora tenían que afrontar era diferente: una invasión en toda regla.

LA RESISTENCIA CELTÍBERA

Los turdetanos se saben inferiores al ejército de Amílcar, pero el deseo de independencia puede más. Resueltos a ofrecer resistencia, organizan a toda prisa un ejército con ayuda de las tribus celtíberas de Sierra Morena. Atención: es la primera vez que nuestros antepasados (en fin, parte de ellos) deciden aliarse y hacer causa común contra un enemigo extranjero. Aquí es cuando aparece nuestro primer héroe, Istolacio. ¿Quién era? No lo sabemos a ciencia cierta. Para unos, era rey de alguna ciudad turdetana; para otros, un guerrero celta puesto al frente de aquel ejército improvisado. El hecho es que en este Istolacio, que comparece en la batalla junto a su hermano Indortes, recae la grave responsabilidad de frenar al mayor ejército que hasta entonces había penetrado en España.

La historia sólo nos ha legado el final de la batalla: un desastre. Nada podía oponerse al ejército de Amílcar, con sus elefantes, sus máquinas de guerra y sus masas de caballos. Cartago aniquiló a los turdetanos. Arrasó sus campos. La represalia fue feroz. Istolacio afrontó su suerte: Amílcar lo mandó torturar y crucificar.

A pesar de la severa derrota, aquella gente decidió seguir resistiendo. El hermano de Istolacio, Indortes, que había escapado a la matanza, se retiró hacia el noroeste. Reunió a lusitanos y vetones, probablemente entre Cáceres y Salamanca. Pudo organizar un nuevo contingente y repitió la locura: hacer frente al ejército más poderoso de su tiempo. Amílcar volvió a ganar. Indortes fue capturado y, como su hermano, torturado y crucificado. Los vencidos, más de 3.000, pasaron a engrosar el ejército del Barca. Pero el cartaginés se replanteó su ofensiva. No era posible seguir avanzando para encontrarse a cada paso con un ejército hostil. Así que cambió de planes y, en vez de internarse en la meseta, retornó al Mediterráneo, que consideraba territorio seguro. Sin embargo, allí le llegaría el primer gran descalabro.

Estamos en el año 228 a.C. Hemos de trasladarnos a algún lugar entre la costa valenciana y el interior de Aragón. Amílcar tiene sus bases en Akra Leuke (el «Promontorio blanco»), en Alicante. Desde allí amenaza a todas las tribus celtíberas del interior. Un caudillo celtíbero, Orissón, siente su orgullo herido. No sabemos si Orissón había vivido los desastres de Istolacio e Indortes. Lo que nos consta es que reunió un fuerte ejército con los pueblos del área y que, sabedor de la potencia cartaginesa, trató de derrotar a Amílcar con una mezcla de astucia, bravura y sorpresa. Orissón se presentó en el campo cartaginés con un pequeño contingente, haciendo creer al enemigo que le estaba ofreciendo sus servicios como tropa mercenaria. Mientras tanto, los celtíberos disponían su fuerza con una singular vanguardia: toros bravos. Fue esa manada de toros bravos, con teas ardiendo en sus astas, la que embistió contra los elefantes de Cartago. El ejército invencible de Amílcar se vio sorprendido por aquellos toros de fuego que desordenaron sus filas, por los celtíberos que avanzaban tras los astados y, para colmo, por Orissón, que en el momento oportuno, y desde el propio campo cartaginés, cargó contra las tropas enemigas. Fue la primera derrota de Cartago en la península ibérica.

La venganza de Amílcar fue terrible. Orissón terminó cayendo en manos cartaginesas y su suerte fue atroz. Pero Amílcar vio frustrada por segunda vez su ambición de penetrar en el interior de la península. Aún lo intentaría una vez más, y en ese envite moriría: el gran jefe de Cartago perdió la vida en combate contra los celtíberos vetones, ahogado en el río Júcar. Le sustituiría su yerno Asdrúbal. Este Asdrúbal cambia su política, busca asentar una buena red de intereses, traza alianzas con los distintos pueblos ibéricos y funda una ciudad: Cartagena. En su expansión hacia el interior, emprende campaña contra los olcades, un pequeño pueblo celtíbero que vivía donde hoy está Cuenca; los derrota y hace crucificar a su rey, un tal Tagus. Poco después, un fiel de este Tagus, en venganza, asesinará a Asdrúbal. Sin duda el asesino sabía bien la suerte que le esperaba, porque de inmediato fue ejecutado, pero el sentido del deber podía más: *devotio* ibérica. Corre el año 221 a.C. Cartago elige un nuevo jefe para sus tropas en España: el primogénito de Amílcar. Se llama Aníbal Barca.

Aníbal era en aquel momento un joven de veintiséis años. Dice la tradición que se había criado con un tutor espartano y que, a la edad de once años, le había pedido a su padre, Amílcar, que le dejara acompañarle en sus campañas en Sicilia. Siempre según la tradición, Amílcar le habría respondido que sí, pero con la condición de que jurara odio eterno a Roma. Lo del juramento será verdad o no, pero lo que resulta indudable es que a Aníbal le movía una animosidad sin límites contra los romanos. Había crecido en el ambiente extremadamente traumático de la primera guerra púnica y la posterior guerra de los mercenarios. Había asistido de primera mano a multitud de enfrentamientos bélicos. Y además era un tipo sumamente inteligente. Todo eso hizo de él un general implacable.

Lo primero que hizo Aníbal fue vengar el asesinato de Asdrúbal: se dirigió a Althia, la capital de los olcades, y la arrasó. Después emprendió una profunda campaña contra los celtíberos de las mesetas: los vacceos de Helmantiké (Salamanca) y Arbucala (Toro), que fueron asediadas y conquistadas. ¿Qué buscaba Aníbal tan al norte de sus bases? Probablemente, cereal para avituallar a sus tropas y mercenarios a los que reclutar. En este momento el ejército de los Barca en España ascendía a 60.000 infantes, 8.000 jinetes y 200 elefantes. Los cartagineses vuelven hacia el sur y cruzan la sierra de Guadarrama. Y en ese momento los exploradores de Aníbal le cuentan algo inconcebible: un ejército celtíbero se está organizando para hacerle frente en el cauce del Tajo.

¿Quién se atrevía a desafiar a Aníbal? Los carpetanos: un pueblo celta que habitaba en lo que hoy es Madrid y las provincias limítrofes. Y junto a ellos comparecen grupos de olcades y vacceos, que acaban de sufrir el paso de los cartagineses. Los carpetanos logran reunir una auténtica muchedumbre armada: decenas de miles de guerreros dispuestos a frenar a los elefantes de Aníbal. Otra vez la conciencia de tener un enemigo común hace que los nuestros se unan. Ahora bien, una muchedumbre armada no es un ejército. Los carpetanos no eran un reino, sino una pluralidad de clanes en sus pequeños poblados, y sus guerreros combatían como auténticas «bandas de hermanos» en torno a sus respectivos jefes de hueste, es decir, con ardor y entrega, pero sin estrategia ni coordinación algunas. De hecho, la historia no nos ha legado el nombre de ninguno de sus jefes de guerra. Por el contrario, lo de Aníbal sí era un ejército y él era un excelente general, de manera que al cartaginés le bastó con aprovechar el terreno en un vado del Tajo para meter a los carpetanos, tan valientes como desorganizados, en una ratonera de la que no supieron salir. Viéndose copados, celtas y celtíberos rompieron sus filas y se dieron a la fuga. La batalla del Tajo fue la primera gran victoria de Aníbal a campo abierto. Era el año 220 a.C. Eso sí: a partir de aquel día, los carpetanos hostigarán una y otra vez a las huestes de Cartago.

LA TRAGEDIA DE SAGUNTO

En cuanto a Aníbal, fue en aquel momento cuando el joven general mostró sus verdaderas intenciones, que iban mucho más allá de asentar el poder de los Barca en la península. Y se fijó un objetivo mayor: Sagunto.

Lo que hoy es Sagunto, cerca de Valencia, era la vieja ciudad ibera de Arse. Había nacido al calor del comercio con los griegos. Sagunto creció en prosperidad y riqueza; tanto que no tardó en suscitar el recelo y la envidia de las ciudades vecinas. Cuando Roma empezó a proyectar su pujanza hacia el Mediterráneo occidental, fijó su atención en Sagunto. Los saguntinos pactaron con los romanos: se hicieron socios y aliados. La de Roma era una buena alianza. O al menos lo fue hasta que llegó Aníbal. Los tratados que romanos y cartagineses habían firmado después de la primera guerra púnica prescribían que ningún contendiente atacaría las posiciones del otro, ni en su propio territorio ni en los de sus aliados. Aquello, teóricamente, ponía a salvo a los saguntinos. Pero los tratados no contemplaban, evidentemente, que alguien quisiera romperlos. Y eso exactamente era lo que Aníbal se proponía: romper la paz e invadir Roma.

Para eso era el gigantesco ejército formado por Aníbal: quiere invadir todo el litoral español y francés, pasar a Roma y atacar a la república latina en su mismo corazón. Sueña con una campaña victoriosa que le permita humillar a Roma, obtener riquezas para mantener a su numeroso ejército y volver a Cartago convertido en caudillo indiscutible de su pueblo. Los de Sagunto lo entendieron. Pidieron socorro a Roma. Los romanos mandaron embajadores: primero, al propio Aníbal, y después, viendo que no había nada que hacer, a Cartago. Pero el joven Barca ya iba solo: en el año 219 a.C, Aníbal se plantó ante Sagunto.

Los saguntinos pidieron ayuda a las poblaciones vecinas, pero éstas, celosas de la vieja Arse, no movieron un dedo. Pese a ello, los saguntinos no rompieron su pacto con Roma. ¿Por qué Sagunto osó retar a Aníbal? Primero, por sus murallas, tan fuertes que ningún ejército podía traspasarlas sin gran coste de tiempo y hombres; después, por la alianza con Roma, que obligaba a ésta a acudir en socorro si Sagunto era atacada. Pero Roma no acudió. ¿Por qué? Quizá porque le resultaba más urgente sofocar la revuelta de los ilirios, en el Adriático; quizá porque no creía que Aníbal se atreviera a tanto; quizá, en fin, porque deseaba que algún incidente —tal vez Sagunto— desencadenara la guerra.

Sola, sin amigos, desasistida de sus aliados, Sagunto no podía confiar más que en sus murallas, pero todos sabían que incluso éstas terminarían cediendo: sólo era cuestión de tiempo. Y sin embargo, Sagunto no se rindió. Durante ocho meses, los saguntinos resistieron. La leyenda dice que, antes que rendirse, prefirieron encender una gigantesca hoguera y arrojarse a ella. Finalmente, Aníbal entró en la ciudad. Sólo encontró muerte y ruina. Pero había conseguido su objetivo: privar a los romanos de una base en la península. Así comenzó la segunda guerra púnica.

Y ANÍBAL ABRIÓ A ROMA LA PUERTA DE ESPAÑA

La caída de Sagunto significó el comienzo de una nueva guerra entre Roma y Cartago. Esta vez los cartagineses habían conseguido algo insólito: estaban en condiciones de atacar a Roma por tierra desde el norte. El ejército de Aníbal se vio engrosado con miles de mercenarios iberos. Vale la pena citar cifras para calibrar la magnitud de aquella fuerza: más de 60.000 infantes, alrededor de 10.000 jinetes, 8.000 honderos baleares, medio centenar de elefantes... Y a la cabeza, un general de extraordinario talento militar. Aníbal hace exactamente lo que el enemigo no espera que haga. Toma rumbo norte, cruza los Pirineos y los Alpes, se enfrenta a los romanos en inferioridad numérica pero logra hacerse con la victoria gracias a un repertorio táctico inagotable. Vence en el río Trebia, en el lago Trasimeno, en Cannas... Con él habrá siempre miles de guerreros iberos y celtíberos, que aquí escribieron sus propias hazañas. Pero lo que más nos interesa en este momento es otra cosa. Porque, aprovechando la situación, un ejército romano entra en España.

En realidad fue por casualidad. Los romanos no creían que Aníbal fuera a cruzar los Alpes, de manera que mandaron hacia Massilia (Marsella) un ejército mandado por Publio Cornelio Escipión y su hermano

Cneo. Cuando los romanos llegaron a su destino, comprobaron con asombro que Aníbal ya había pasado por allí. Publio tomó entonces una decisión: él volvería a Italia para hacer frente al cartaginés, pero su hermano Cneo aprovecharía el ejército que llevaban consigo (unos 20.000 hombres) para penetrar en Hispania. ¿Con qué objetivo? Fundamentalmente, cerrarle la espalda a Aníbal e impedir que recibiera refuerzos desde la península. Pero la aventura iba a ir mucho más allá.

Cneo Cornelio Escipión era un militar eficaz, pero, además, era un excelente político. En 218 a.C. desembarcó en Ampurias y lo primero que hizo fue ganarse la amistad de los jefes territoriales iberos en la zona, lo cual no fue difícil por el estrago que los cartagineses habían dejado a su paso. Ya había allí una ciudad llamada Tarakon que ahora será Tarraco, Tarragona, y que se convertirá en la principal base romana. En 217 a.C. llega el otro hermano, Publio, el jefe, con refuerzos. Los romanos, respaldados ahora por las ciudades iberas aliadas, se dedican a tejer una densa red de influencias. Los cartagineses, evidentemente, ven el peligro y reaccionan: mandan un ejército al mando de uno de los hombres de confianza de Aníbal, Hannón. El choque va a ser en la ciudad ibera de Cissa, cerca de Tarragona. El cartaginés descubre con horror que los romanos le doblan en número. La victoria de los hermanos Cornelio Escipión será completa. El ejército que Aníbal había dejado para guarnecer España queda desarbolado. El propio Hannón es capturado y ejecutado. Los romanos toman sin oposición Cissa y allí encuentran un tesoro: los bagajes del ejército de Aníbal y dos mil cautivos, rehenes del caudillo cartaginés que ahora, en manos romanas, van a convertirse en una excelente tarjeta de presentación ante los pueblos de Hispania. Uno de esos rehenes, Indíbil, de los iberos ilergetes, daría luego mucho que hablar.

Las victorias romanas en España cambian de un plumazo el mapa. No sólo Aníbal, que sigue sus batallas en territorio romano, se ha quedado sin retaguardia, sino que, además, los Escipiones se ven de repente dueños de todo el cuadrante noreste, hasta el Ebro. El hermano menor de Aníbal, Asdrúbal, intenta hacerles frente, pero sin éxito. Aún más, en 217 a.C. Cneo Cornelio destroza a la flota cartaginesa en la desembocadura del Ebro. Publio y Cneo ven que el mundo se les abre ante los pies.

De inmediato se encaminan hacia Sagunto, o lo que queda de ella. Aparte de su valor estratégico, la vieja Arse presenta un enorme valor político porque allí hay centenares de rehenes de Aníbal. Gracias a un intrigante saguntino llamado Abelox, que se fingía amigo de los púnicos pero en realidad trabajaba para su propio interés, los rehenes son entregados a los romanos, que los devolverán a sus respectivos pueblos en prenda de amistad. De esta manera los Escipiones verán engrosados sus ejércitos con grandes contingentes de hispanos. Con ellos logran derrotar a Asdrúbal en Dertosa (Tortosa) en 216 a.C. y después en Iliturgi (Mengíbar, Jaén). Al ver lo que está pasando, numerosos pueblos sometidos a los púnicos se levantan, especialmente en la Turdetania. El poder de Cartago en España está a punto de naufragar.

La carrera de los Escipiones en España parecía imparable. Lo habría sido si los cartagineses no hubieran mandado dos enormes ejércitos desde África. En el año 211 a.C. hubo una larga batalla en el cauce del Guadalquivir (la batalla del Betis Superior), con dos escenarios: Cástulo (Linares, Jaén) e Ilorca. Publio murió en la primera y Cneo en la segunda, con muy pocos días de diferencia. En ambos bandos hubo millares de guerreros iberos y celtíberos. Su comportamiento en la batalla fue sorprendente: tan pronto atacaban con furia como abandonaban el campo. ¿Por miedo? Probablemente, no, sino más bien por interés: entre dos extranjeros desconocidos, ¿por cuál apostar? Los nuestros estaban amaneciendo brutalmente a un mundo nuevo: dos enormes potencias se disputaban un territorio que seguramente ninguno de nuestros combatientes había imaginado nunca que pudiera ser tan grande. Hispania empezaba a parecer ya una realidad… entre los dolores de parto de la guerra.

Los Escipiones murieron a orillas del Guadalquivir, no lejos de donde muchos siglos después veríamos las batallas de Las Navas de Tolosa y de Bailén. Pero la muerte de los romanos no significó que los cartagineses pudieran recuperar lo perdido. Seguramente los púnicos tuvieron que dedicarse a someter a los revoltosos iberos y celtíberos. Al mismo tiempo, las ciudades ganadas por Roma mantuvieron su fidelidad. Y muy poco después de que perecieran aquellos Escipiones que empezaron a hacer romana a España, apareció un tercer Escipión: el hijo de Publio Cornelio, llamado también Publio Cornelio y que más tarde pasará a la historia como Escipión el Africano. Un joven de veinticuatro años que iba a convertirse en uno de los mayores talentos políticos y militares de la historia universal. Y cuya primera misión fue, precisamente, España.

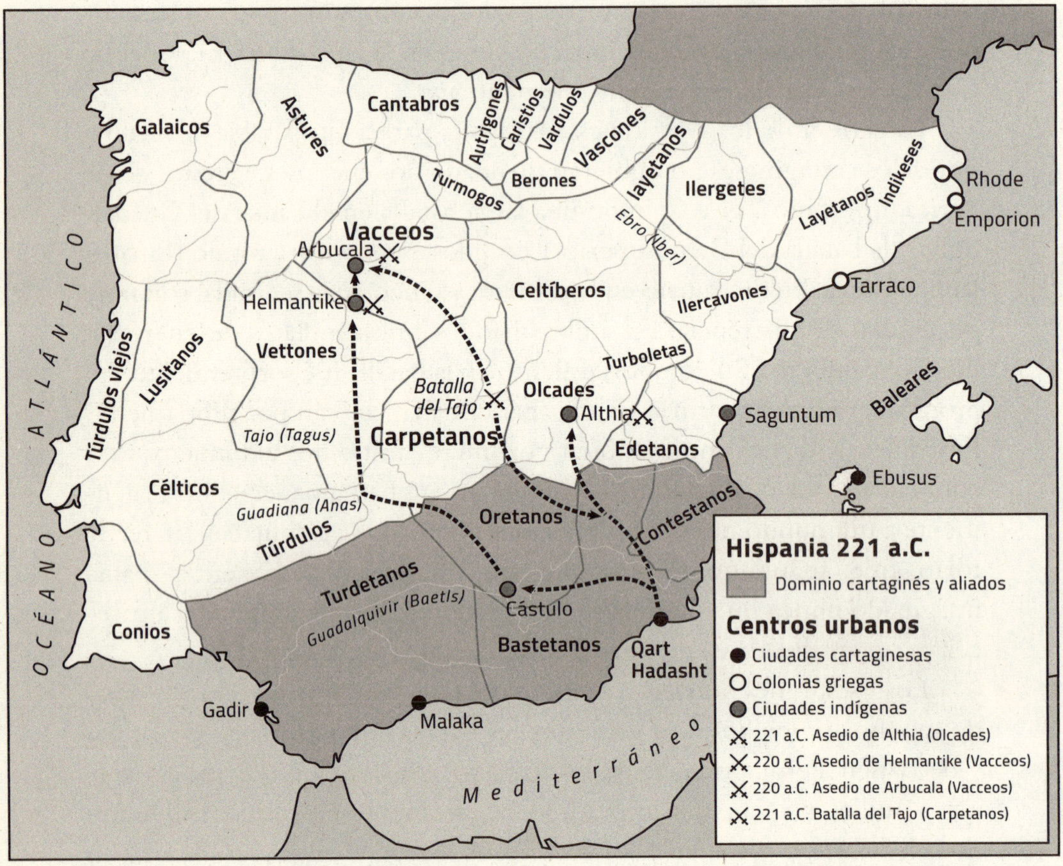
Galaicos
Astures
Cantabros
Autrigones
Caristios
Vardulos
Vascones
Iayetanos
Ilergetes
Indikeses
Layetanos
Rhode
Emporion
Turmogos
Berones
Ebro (Iber)
Vacceos
Arbucala
Helmantike
Celtíberos
Ilercavones
Tarraco
Vettones
Lusitanos
Túrdulos viejos
Turboletas
Batalla del Tajo
Olcades
Althia
Saguntum
Baleares
Tajo (Tagus)
Carpetanos
Edetanos
Ebusus
Célticos
Guadiana (Anas)
Oretanos
Contestanos
Túrdulos
Turdetanos
Cástulo
Guadalquivir (Baetis)
Conios
Bastetanos
Qart Hadasht
Gadir
Malaka
OCÉANO ATLÁNTICO
Mediterráneo
Hispania 221 a.C.
Dominio cartaginés y aliados
Centros urbanos
Ciudades cartaginesas
Colonias griegas
Ciudades indígenas
221 a.C. Asedio de Althia (Olcades)
220 a.C. Asedio de Helmantike (Vacceos)
220 a.C. Asedio de Arbucala (Vacceos)
221 a.C. Batalla del Tajo (Carpetanos)

5
ROMA CONQUISTA HISPANIA

Nuestro nuevo Escipión era muy joven, pero venía de hacerle la guerra a Aníbal en Italia, lo cual era una muy dura escuela. Y no era sólo un general excelente, sino, además, un político sagaz y enérgico. Lo primero que hizo nada más poner el pie en España fue sorprender a todo el mundo: en vez de marchar contra las posiciones cartaginesas en el centro y sur de la península, se marchó derecho a la principal ciudad del enemigo, Cartagena (Cartago Nova), y la tomó. Era el año 209 a.C. Naturalmente, liberó a los numerosos rehenes que allí había, familiares de los jefes indígenas, con lo cual se aseguró la amistad de una importante porción de cabecillas locales. Conocemos los nombres de algunos de estos caudillos iberos que se unieron a las filas romanas: el edetano Adecón, el ilergete Indíbil (ya lo hemos visto antes en Tarragona), el ausetano Mandonio. Tan agradecidos le quedaron que los iberos proclamaron rey a Escipión en 208 a.C. El romano no podía aceptar el cargo porque era magistrado de Roma, del mismo modo que no aceptó la entrega de una princesa ibera como recompensa por su victoria, sino que liberó a la joven; pero tales renuncias no hicieron sino agigantar la imagen del general entre los hispanos.

EL NAUFRAGIO DE CARTAGO

Los cartagineses, mientras tanto, tenían otras cosas en la cabeza: ante todo, cruzar la península para enviar refuerzos a Aníbal, que seguía en Italia. En 208 a.C., Escipión ha de hacer frente a un ejército dirigido por Asdrúbal, el hermano menor de Aníbal, que busca atravesar España para llegar a los Pirineos. Fue la batalla de Baecula (Santo Tomé, Jaén). Ganó Escipión, aunque Asdrúbal, en su retirada, logró marchar hacia el norte. Moriría poco después en Italia. Escipión, con su victoria en la mano, incorporó a su hueste a miles de iberos del ejército vencido. Su poder crecía al mismo tiempo que se descomponía la estructura creada por los Barca en España. Ahora no sólo controlaba el norte del Ebro y la cuenca mediterránea, sino que además se le abría el sur.

El momento culminante llegó en 206 a.C., cuando Escipión decidió dar el golpe de gracia a los púnicos con una batalla decisiva. Será en Ilipa (Alcalá del Río, Sevilla). Con los heridos y veteranos de esta batalla fundará Escipión la ciudad de Itálica (en Santiponce, Sevilla), así llamada porque sus habitantes eran fundamentalmente itálicos. Vendrán luego muchos más. En cuanto a los cartagineses, derrotados, terminarán refugiándose en Cádiz antes de abandonar definitivamente el país. La hegemonía púnica en España había terminado. Ahora mandaba Roma.

¿De verdad mandaba Roma? En realidad, no. A partir de este momento, lo que vamos a ver es una sucesión ininterrumpida de levantamientos de iberos, primero, y celtíberos después. Cuando Publio Cornelio Escipión se marche, muchos caudillos considerarán que sus pactos con los romanos quedaban sin vigor. Porque Escipión se marchó, en efecto: volvió a Italia, le hicieron procónsul y de inmediato partió a la guerra contra Aníbal, al que derrotó en la batalla de Zama. Fue el final de la segunda guerra púnica y desde entonces se conocerá a nuestro hombre como Escipión el Africano. Pero en Hispania todo estaba manga por hombro.

LAS REVUELTAS IBERAS

¿Por qué se levantaban los mismos que habían pactado con los romanos? En la mentalidad de aquellos pueblos, es comprensible. Durante su campaña por la península, Escipión había ido suscribiendo pactos con los pueblos que encontraba por el camino, de tal manera que su ejército pronto estuvo compuesto por un nutrido contingente de hispanos. Muchas ciudades pasaron a la esfera política de Roma por propia iniciativa.

Y los romanos, por su parte, establecieron su sistema de poder pactando siempre que fue posible con las oligarquías locales. Pero, a los ojos de los jefes locales, ellos no habían pactado con algo llamado «Roma», sino con un hombre, nuestro Escipión, al que incluso quisieron otorgar la cualidad de rey. Ahora, con éste fuera de la escena, aquellos pactos perdían valor. Los primeros en levantarse fueron los citados Indíbil y Mandonio. Acabaron de mala manera, pero abrían un camino que iba a prolongarse durante siglos: el de la resistencia.

La primera resistencia fue la ibérica, porque iberas eran las primeras regiones sometidas. Fue entre los años 197 y 194 a.C. Roma había dividido sus territorios hispanos en dos grandes regiones: la citerior, con capital en Tarraco, y la ulterior, con capital en Córdoba. Las dos se levantaron. En la citerior, los ilergetes; en la ulterior, los turdetanos. Roma tuvo que mandar nada menos que a su cónsul Marco Catón, el mismo que pasará a la historia como Catón el Viejo, para poner orden. Sojuzgar a las ciudades de la vieja y rica Turdetania era relativamente fácil, pero otra cosa eran los pueblos celtíberos que servían de fuerza armada a los turdetanos. Catón necesitó una larga —y cruel— campaña contra ellos para derrotarlos. No faltaron las matanzas masivas de población autóctona; tampoco faltaron los autóctonos entre los verdugos. El cónsul volvió a Roma cargado de tesoros. En el botín, entre otras cosas, 600 kilos de oro, 11.000 kilos de plata, 540.000 monedas de plata...

En este momento la Hispania romana comprendía, aproximadamente, las actuales regiones de Cataluña, Aragón, Valencia, Murcia, parte de La Mancha y Andalucía. Pacificado el territorio, Roma penetró en el interior peninsular buscando las grandes vegas y las explotaciones mineras. Pero la España interior iba a ofrecer una fuerte resistencia. Comienzan así las guerras celtíberas, que iban a prolongarse durante medio siglo, desde el 181 hasta el 133 a.C.

LAS GUERRAS CELTÍBERAS

¿Por qué se levantaban los celtíberos? Por muy diversas causas. Para empezar, el modelo romano de dominación no era especialmente amable: cuando había pacto con una ciudad, ésta quedaba como tributaria, y cuando no, entonces se le hacía la guerra como enemiga. En ambos casos, el único horizonte era el de la sumisión. Por otra parte, los procónsules, que eran los gobernadores provinciales, con frecuencia cedían a la tentación de enriquecer sus arcas personales con los tributos impuestos a los hispanos, lo cual aumentaba la exacción y, con ella, la humillación. Consta que hacia el año 171 a.C. hubo una embajada de administradores romanos de Hispania que acudió al Senado para protestar por estos abusos, lo cual es un dato elocuente. Para pueblos que nunca habían estado sometidos a nadie, aquello debió de ser insoportable.

El momento culminante de la resistencia celtíbera tuvo lugar en Numancia, vieja y respetable ciudad arévaca aupada sobre el cerro de la Muela de Garray (Soria), a orillas del Duero. Cerrada entre dos valles, era un lugar seguro para protegerse de cualquier enemigo; por ejemplo, de los romanos. Numancia era un quebradero de cabeza para los romanos desde el 196 a.C., desde la campaña de Catón. Durante medio siglo se alternaron los periodos de paz con los de guerra y Numancia permaneció siempre invicta. Pero ahora se avecinaba una tragedia.

El drama final empieza no lejos de allí, en la ciudad celtíbera de Segeda, en la actual provincia de Zaragoza. Los segedanos se levantan contra los romanos. Los romanos atacan la ciudad. Los de Segeda huyen y se refugian en Numancia. Cuando las legiones romanas salen en su persecución, caen en una emboscada de los arévacos. Así Numancia vuelve a convertirse en escenario de guerra. Los romanos sitian durante dos años Numancia; emplean incluso elefantes en su ataque, pero finalmente tienen que retirarse, vencidos. Se firma una paz precaria que durará hasta que el levantamiento de Viriato, en la Lusitania (enseguida hablaremos de él), se contagie a toda la celtiberia. Los romanos intentarán una y otra vez tomar Numancia, sin éxito. Ante ella fracasan Quinto Pompeyo y Claudio Marcelo, Mancino y Lépido. La ciudad llega a convertirse para Roma en una humillante obsesión.

Visto que la ciudad parece inexpugnable, Roma tiene que echar mano de su mejor hombre: Escipión Emiliano, que acaba de arrasar Cartago en la tercera guerra púnica. Otro Escipión, en efecto: nieto (por vía adoptiva) de Escipión el Africano. Nuestro Emiliano era, ante todo, un hombre inteligente. Sin ser un gran guerrero, había vencido donde otros habían fracasado y ello, precisamente, por su inteligencia. Hay que decir que los propios romanos no se lo pusieron fácil: hartos de aquella áspera ciudad celtíbera, Roma no le dio a Escipión ni los hombres que pedía, ni el dinero para pagar la campaña. Pero el general era un romano de la vieja escuela: puso dinero de su bolsillo para la empresa, organizó su propia tropa y a las legiones que encontró en Hispania, desmoralizadas y degradadas, las sometió a un feroz correctivo disciplinario para volver a ponerlas en forma. Hecho esto, se concentró en su objetivo: Numancia.

En Cartago, Emiliano había aplicado un bloqueo drástico que terminó derrotando para siempre a los púnicos. En Numancia empleará el mismo procedimiento: no intenta asaltar la ciudad, donde tantos generales se habían estrellado antes, sino que se propone bloquearla por hambre. Construye una barrera con foso de más de nueve kilómetros de perímetro y cuatro metros de grosor, salpicada de torres de vigilancia, y dispone a su alrededor distintos campamentos. Mientras tanto, el grueso de sus tropas se dedica a cortar cualquier posible abastecimiento para los numantinos: castiga a los pueblos de los alrededores, tala los bosques, confisca los campos de cereal, incluso se apodera de los ríos cercanos. De este modo Numancia queda aislada del mundo.

Sin posibilidad de recibir ayuda exterior, los numantinos se enfrentan a un destino inevitable: la muerte. Pese a ello, no se rendirán. Primero intentan romper el poderoso cerco. Manda la ofensiva un jefe legendario por sus anteriores hazañas: Megara. Pero la salida fracasa y Megara muere en combate. Después buscan otra solución: que alguien traspase el cerco en solitario y acuda a pedir ayuda a las ciudades vecinas. La arriesgada operación la lleva a cabo el propio caudillo de la ciudad, Retógenes el Caraunio. Retógenes pasa las líneas romanas: en la noche, provisto de escalas, logra vencer el asedio. Pero su misión tampoco tendrá éxito. Las ciudades de Uxama y Termancia habían negado ayuda a Numancia por temor a las represalias romanas. Otra ciudad celtíbera, Lutia, sí accede a la petición, pero los romanos descubren el plan. La venganza de Escipión será terrible: ordena cortar la mano derecha a 400 jóvenes de Lutia. Al parecer, el propio Retógenes fue capturado y muerto. Numancia queda, en fin, sola.

Quince meses soportaron los numantinos aquellas condiciones. En el verano del 133 a.C., desesperados, incendian la ciudad. Se suicidan en masa antes que entregarse a los romanos y convertirse en esclavos.

Cuando las tropas de Escipión entran en Numancia, encuentran una ciudad fantasma. Apenas hay supervivientes. Sólo cincuenta numantinos podrá llevar el general a Roma como prueba de su triunfo. Escipión, en todo caso, ha vencido. A partir de ese momento se le llamará Escipión el Numantino.

LA INSURRECCIÓN LUSITANA

Unos pocos años antes de la inmolación de Numancia, en el 139 a.C., había muerto asesinado otro caudillo que escribió páginas inmortales de resistencia: el lusitano Viriato. Los lusitanos, recordémoslo, eran un pueblo de origen indoeuropeo, previo a los celtas, que habitaba en lo que hoy son las provincias de Salamanca y Cáceres más el este de Portugal, aproximadamente. Desde muy pronto, los lusitanos, como sus vecinos, los celtas vetones, se habían opuesto ferozmente a la entrada de los romanos en sus tierras. Habrá sucesivas campañas de Roma contra ellos entre los años 194 y 179 a.C. Y lo cierto es que Roma logró en aquel último año un tratado de paz bastante duradero. Pero en 155 a.C., por razones que se desconocen, un caudillo lusitano llamado Púnico (seguramente porque traía experiencia militar del norte de África) se levanta. No es la insurrección de una ciudad ni la rebelión de una partida de bandoleros: es un auténtico ejército que surge como de ninguna parte y que se planta ante los romanos. Junto a los lusitanos comparecen grandes contingentes de vetones y celtíberos. Una tormenta de fuego se extiende por Hispania.

Las fuerzas de Púnico son una suerte de ejército errante que se mueve sin otro objetivo que el saqueo. Cuando Roma manda un ejército de 15.000 hombres, los de Púnico se las arreglan para liquidar a 6.000 legionarios, nada menos. Los lusitanos llegan a Córdoba, saquean los campos, alcanzan el litoral mediterráneo y multiplican sus estragos. Púnico muere en 153 a.C., pero la tropa tiene nuevo jefe: Caisaro o Césaro. Con él vuelven los lusitanos a derrotar a los romanos y ocupan Sexi (Almuñécar). En ese momento, para mayor quebranto de los romanos, aparece otro caudillo lusitano, Cauceno, con su propio ejército, que va a hacer algo asombroso: se dirige al suroeste peninsular, toma barcos, cruza hasta el norte de África y sitia Ocile (Arcila, hoy Marruecos). Allí se acabó la aventura, porque Roma movilizó un fuerte ejército que, esta vez sí, logró derrotar a los insurrectos.

Después de tan traumática experiencia, Roma envió a dos legados, el pretor Servio Sulpicio Galba y el procónsul Lucio Licinio Lúculo. Sus tropas fueron rechazadas por los lusitanos. Entonces los romanos ofrecieron un tratado de paz e invitaron a los lusitanos a acudir a un punto neutral. Era una trampa: Galba y Lúculo ordenaron exterminar a todos cuantos encontraran a mano. Dice la crónica que más de 25.000 lusitanos, desarmados, perecieron en aquella masacre. Era el año 150 a.C.

Después de semejante matanza, sólo era cuestión de tiempo que la Lusitania volviera a levantarse. Es aquí cuando aparece Viriato, un guerrero al que los lusitanos eligen como líder y que a partir del 146 a.C. va a sostener la resistencia durante casi ocho años. Viriato supo reunir a los suyos y además se ganó la alianza de otros caudillos celtíberos. Y ante todo, aquel hombre demostró un genio militar descomunal: con una estrategia sostenida de guerra de guerrillas, derrotó una y otra vez a legiones enteras, penetró en el territorio controlado por Roma e incluso, en 140 a.C., estuvo en condiciones de imponer a los romanos un tratado de paz de igual a igual. Incapaces de derrotarle en el campo de batalla, los romanos recurrieron al soborno: tres compañeros de Viriato, llamados Audax, Ditalco y Minuro, asesinaron al caudillo lusitano mientras dormía. Después, como es sabido, «Roma no pagó traidores». Pero el hecho es que allí acabó la carrera de Viriato. Con todo, la Lusitania no quedaría enteramente sometida hasta el año 60 a.C. El hombre que lo logró se llamaba Cayo Julio César.

EL ACTO FINAL

El último acto de la conquista romana de Hispania fueron las guerras cántabras, la conquista del norte peninsular. Ocurrió mucho más tarde, a partir del 29 a.C., en época de Octavio Augusto, cuando Roma ya era formalmente un imperio.

Al otro lado de la cornisa cantábrica permanecían, irreductibles, los astures y los cántabros, pueblos de origen celta y precelta que no conformaban una unidad política: divididos según afinidades de clan, habitaban en pequeños poblados con un nivel de desarrollo más primitivo que el de los celtas del resto de la península. Nada pudieron hacer cuando Roma puso allí sus ojos, salvo ofrecer una heroica resistencia. Heroica y feroz: tanto que el propio Octavio Augusto tuvo que acudir personalmente y poner campamento en Sasamón. Por lo demás, la crónica de estas guerras se parece más a una partida de caza que a una campaña militar. En el 25 a.C. los romanos toman Lancia frente a los astures. Ese mismo año ponen sitio a Monte Vindio (tal vez en la vega de Liébana). Viene después la derrota de los cántabros en el cerco de Aracilum. Un nuevo cerco, en Monte Medulio, en el 22 a.C. será el último episodio digno de mención en esta campaña. El cerco se cerrará con el suicidio masivo de los cántabros. Los que no pudieron suicidarse porque habían sido apresados, impresionarán a los romanos por su determinación: «Se cuenta también de los cántabros —relata Estrabón— este rasgo de loco heroísmo: que habiendo sido crucificados ciertos prisioneros, murieron entonando himnos de victoria».

La ocupación completa de la península por los romanos tendrá lugar en el año 19 a.C. Para entonces, ya había regiones enteras de España que llevaban dos siglos siendo romanas. Y esto es fundamental para entender el proceso: los protagonistas de todas esas heroicas resistencias eran, con frecuencia, gente igual que la que formaba en el campo contrario.

Cuando Roma lanzaba a sus legiones contra Viriato y sus celtíberos, lo hacía con miles de otros celtíberos (bellos y titos) que formaban junto a los romanos. Cuando Escipión sitiaba Numancia, llevaba consigo miles de auxiliares iberos. Cuando César pacifica la Lusitania, le acompañaba un destacado gaditano, Balbo el Mayor, sumamente influyente en la propia Roma. Cuando Roma viva sus guerras civiles, Hispania será campo de batalla porque Hispania, a todos los efectos, ya era Roma. Sertorio hallará campo amigo en Hispania en su guerra contra Sila. Los hispanos apoyarán a Pompeyo frente a César antes de que éste consiga vencer definitivamente a los partidarios de su rival, y lo hará precisamente en España: en la batalla de Munda, al sur de Córdoba, sobre el cauce del río Genil. Para entonces, los hispanos ya podían empezar a verse a sí mismos con un cierto sentido de unidad: la que les había dado Roma.

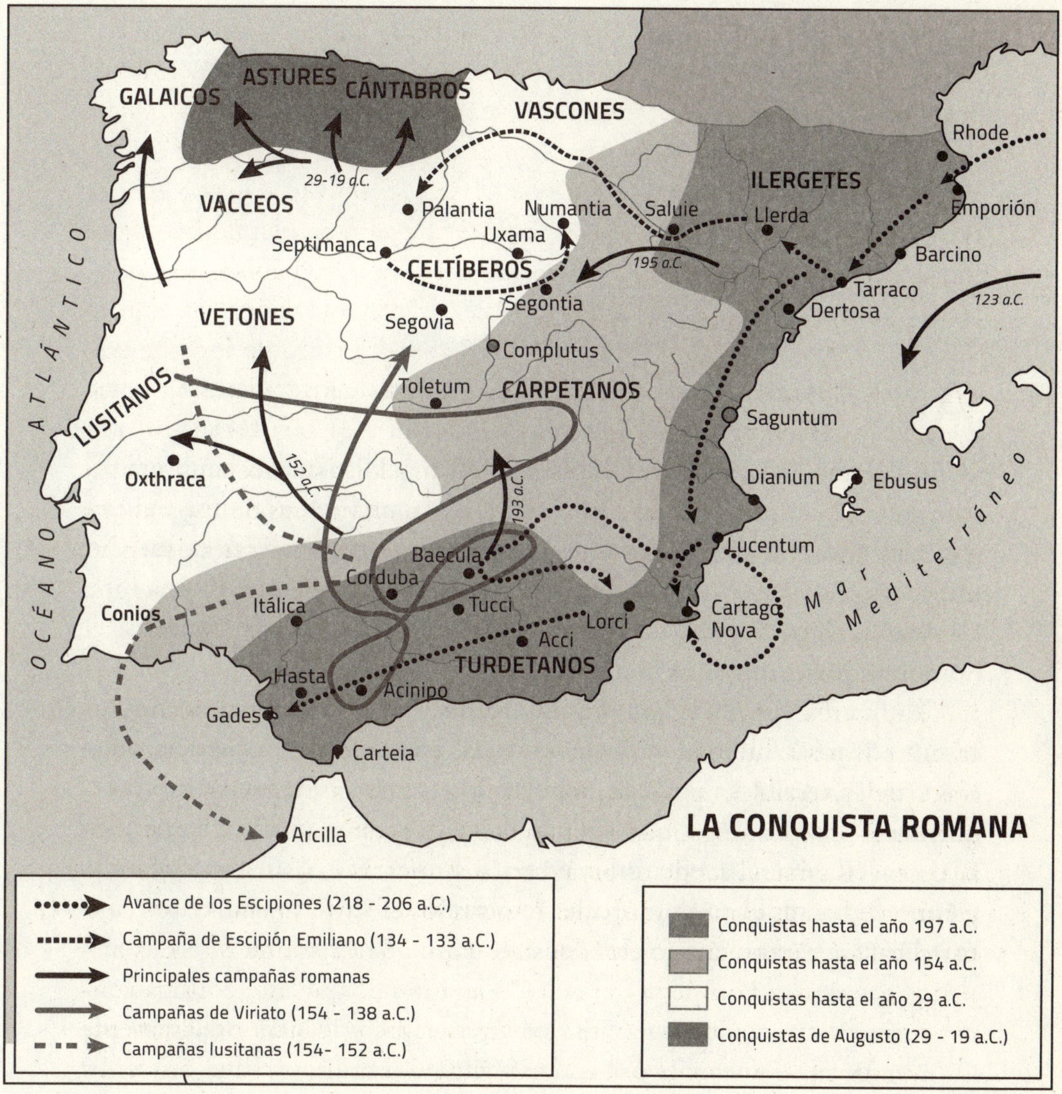
GALAICOS
ASTURES
CÁNTABROS
VASCONES
29-19 a.C.
VACCEOS
Palantia
Numantia
Saluie
ILERGETES
Llerda
Rhode
Emporión
Septimanca
Uxama
CELTÍBEROS
195 a.C.
Barcino
Tarraco
Dertosa
123 a.C.
Segontia
VETONES
Segovia
Complutus
OCÉANO ATLÁNTICO
LUSITANOS
Toletum
CARPETANOS
Saguntum
Oxthraca
152 a.C.
193 a.C.
Dianium
Ebusus
Lucentum
Baecula
Corduba
Conios
Itálica
Tucci
Lorci
Cartago Nova
Mar Mediterráneo
Acci
TURDETANOS
Hasta
Acinipo
Gades
Carteia
Arcilla
LA CONQUISTA ROMANA
Avance de los Escipiones (218 - 206 a.C.)
Campaña de Escipión Emiliano (134 - 133 a.C.)
Principales campañas romanas
Campañas de Viriato (154 - 138 a.C.)
Campañas lusitanas (154- 152 a.C.)
Conquistas hasta el año 197 a.C.
Conquistas hasta el año 154 a.C.
Conquistas hasta el año 29 a.C.
Conquistas de Augusto (29 - 19 a.C.)

6

LA ROMANIZACIÓN

Antes de Roma, la palabra España (la Ispanya de los fenicios, la Iberia de los griegos) no designaba más que un área territorial sin otra identidad que la geográfica. Después de Roma, Hispania, España, era un conjunto que podía definirse por una lengua, una religión, una cultura material y unas instituciones comunes. Fue la romanización la que dio una identidad común a Hispania. Por eso puede decirse que Roma hizo a Hispania. Hoy España es, con Italia, la única nación que conserva el nombre que los romanos le dieron.

Ya hemos visto que la conquista romana de la península no fue un camino de rosas: hubo resistencias en todas partes y, con frecuencia, guerras crueles, terribles matanzas, deportaciones masivas de esclavos, etc. Lo que llama la atención es que los pueblos autóctonos, una vez sometidos a Roma, en general aceptaron la nueva atmósfera sin el menor problema y con mucha rapidez. En un célebre párrafo de su *Geografía*, el romano Estrabón, que escribía a finales del siglo I a.C., lo explicó así:

> Los turdetanos, sobre todo los que viven en las orillas del Betis, han adquirido enteramente la manera de vivir de los romanos, hasta olvidar su idioma propio. Además, la mayoría se han hecho latinos, han tomado colonos romanos y falta poco para que todos se hagan romanos. Las ciudades ahora colonizadas muestran bien claro el cambio que se ha operado en su constitución política. Llámanse «togados» a los iberos que han adoptado

este régimen de vida. Los celtíberos mismos están hoy día entre ellos, aunque hayan tenido fama en otro tiempo de ser más feroces.

De hecho, durante los cuatro siglos siguientes, hasta la caída del imperio, lo más común en Hispania serán los largos periodos de paz.

Es un fenómeno muy común en la historia: una civilización se impone cuando aporta soluciones objetivamente mejores a los desafíos comunes de la vida. Y las soluciones que los romanos aportaban eran, sin duda, las más evolucionadas de su tiempo. Más aún: Roma era, esencialmente, una civilización, es decir, un conjunto cohesionado de respuestas materiales e intelectuales para organizar la vida individual y colectiva. Su poder, ciertamente, se imponía por las armas, pero su forma de vida se imponía, simplemente, porque era mejor. Lo mismo hará España, muchos siglos más tarde, en América.

CIUDADES Y CARRETERAS

El proceso de la romanización se traduce en aspectos muy concretos que es posible enumerar y describir. Ante todo, la ciudad. La romana es una civilización urbana y Roma es la Ciudad por antonomasia. A imagen de la urbe central, el mundo romano descansa sobre una amplia red de ciudades que de algún modo hacen eco, con diferentes grados de intensidad, a la ciudad madre. A los súbditos del imperio no se los clasificaba por su provincia (Hispania citerior, por ejemplo) o su etnia (turdetanos, vacceos, etc.), sino por la ciudad a la que pertenecían.

Había varios tipos de ciudad según su condición jurídica. Ciudades federadas eran las ciudades indígenas que existían antes de la conquista y que habían suscrito un pacto con Roma. Es el caso de Tarraco, Malaka y Gades, por ejemplo. Estas ciudades gozaban de un amplio régimen de autonomía. Cuando una ciudad había combatido junto a Roma sin necesidad de pacto previo, entonces adquiría el estatuto de «ciudad libre e inmune», aún más ventajoso. Parece que Julio César otorgó este estatuto a Tarraco en algún momento. Además estaban las colonias, que eran las ciudades de nueva planta construidas o reconstruidas por los romanos y repobladas con itálicos; es el caso de Itálica, Cartago Nova, Emérita Augusta (Mérida), Valencia o Palma de Mallorca. Menos grata era la vida en las ciudades que habían sido en algún momento enemigas. Las «estipendiarias», por ejemplo, que eran aquellas que, siendo inicialmente enemigas, habían terminado sometidas a Roma, y que quedaban sujetas a las condiciones impuestas por el vencedor. Estas condiciones solían ser especialmente duras en las ciudades que habían sido conquistadas por la fuerza, las llamadas *dediticiae*: las ciudades dediticias perdían toda libertad, dejaban de ser dueñas de su territorio y quedaban a expensas de lo que Roma quisiera hacer con ellas y con sus habitantes.

Esta multitud de ciudades estaba conectada a través de una red extremadamente densa: las famosas calzadas. Las calzadas son las arterias del mundo romano: enlazan las ciudades, canalizan el tráfico comercial, permiten el paso de los ejércitos y facilitan el control del territorio. Muchas de estas calzadas existen todavía hoy y pasman por la calidad de su construcción y la eficacia topográfica de su trazado. El dibujo de las modernas redes de carreteras no se aleja mucho de esos caminos. El concepto de red viaria como columna vertebral del territorio, con su doble función de comunicación y control político, nace con Roma.

Las calzadas son sólo una manifestación de la aportación más genuinamente romana en términos de civilización: la ingeniería. Otras civilizaciones anteriores habían desarrollado niveles de ingeniería sobresalientes, desde los egipcios hasta los persas, pero ninguna otra antes había extendido las construcciones a todo su territorio. La ingeniería romana se vincula directamente con el modo de vida urbano: puentes, viaductos, acueductos, alcantarillados, termas, infraestructuras civiles, grandes construcciones… Pero también se aplicó de manera destacada a la minería. Si una civilización es, como se ha dicho, la alianza del ingeniero y el historiador, los romanos cultivaron esa alianza de manera eminente.

LA CIUDADANÍA

¿Cómo se organizaba la población con tantos y tan variados territorios, y tan complejo mapa de ciudades con distinto estatuto? Se organizaba a partir del concepto de ciudadanía, que no era uniforme, sino que se adaptaba a cada caso concreto.

La ciudadanía representa el estatus jurídico superior de la sociedad romana. Verticalmente, organiza la jerarquía social, y horizontalmente, distingue a unos territorios («romanos») de otros (sometidos). En la cúspide del edificio están los ciudadanos romanos, tanto las personas como las ciudades en su conjunto, que se rigen por el derecho romano propiamente dicho. Por debajo, en un escalón inferior, están los ciudadanos latinos, vinculados con Roma por los pactos suscritos por sus ciudades, pero que no son ciudadanos romanos, pues éste es un privilegio particular de Roma y de aquellos a los que la ciudad madre reconoce como hijos. Los latinos se rigen por otro código, el «derecho latino». No hace falta decir que la aspiración natural de cualquier ciudadano latino era ascender a la condición de ciudadano romano. Además de romanos y latinos, en la base del edificio conceptual de la ciudadanía estaban los no ciudadanos, los «peregrinos», a los que no se reconocía derecho alguno; los esclavos, por ejemplo.

La condición de romano o latino formaba parte de la organización del enorme mundo romano. La primera ciudad «latina» fuera de Italia fue española: Carteia (San Roque, Cádiz), en el 171 a.C. Mucho más tarde, en el 74 d.C., el emperador Vespasiano otorgó el derecho latino a todas las provincias de Hispania, lo cual da fe de hasta qué punto España se había convertido en un mundo enteramente romano. La incorporación de las elites políticas a la ciudadanía romana fue un instrumento para dar cohesión a un imperio que crecía sin pausa. En el año 123 d.C., el emperador Adriano resolvió conceder la ciudadanía romana a todos los consejeros de un determinado municipio. Y en 212 d.C. el emperador Caracalla concedió la ciudadanía romana a todos los hombres libres del imperio (excepto los dediticios), lo cual fue una revolución, porque eliminaba la supremacía jurídica (aunque no la política) de la vieja capital.

Roma concedía frecuentemente la ciudadanía romana a las elites locales de sus distintas posesiones, ya se tratara de autóctonos o de colonos itálicos. Este procedimiento permitió una implicación completa de las elites locales en la vida imperial y, tras el preceptivo *cursus honorum* (la carrera institucional), abría el acceso a las más altas magistraturas. Las elites hispanas gozaron de un peso notable en la vida romana a partir del siglo I a.C., normalmente como representación de grupos de interés económico; es el caso de los Balbos de Cádiz, por ejemplo. Hispania dio a Roma tres emperadores: Trajano (98-117), Adriano (117-138) y Teodosio (379-395).

EL DERECHO

La complejidad del edificio necesitaba un buen manual de instrucciones, y eso básicamente es el derecho romano. Si la red de ciudades y calzadas es el esqueleto material de Roma, el derecho es el instrumento de organización interior de su civilización, que tenía vigencia en el conjunto de los dominios romanos y creaba así un marco de pertenencia común. Ya hemos visto que el derecho contemplaba tanto a los ciudadanos romanos como a los latinos y a los no-ciudadanos. Su principio general era el clásico lema griego de «dar a cada uno lo suyo». No respondía a un origen de carácter religioso o de otro tipo (como el derecho islámico, por ejemplo), sino que nació con una finalidad puramente práctica: resolver conflictos sociales codificando en leyes la tradición común.

Como la realidad práctica de la vida suscita mil contenciosos, el derecho romano terminó extendiéndose a todos los campos: derecho público y privado, penal y civil, administrativo y tributario, leyes sobre propiedad, comercio, matrimonio, circulación, etc. A lo largo del tiempo, la acumulación de leyes hizo necesaria la aparición de un cuerpo de jurisconsultos que simplificara y sistematizara la jurisprudencia. La codificación y reactualización de los principios del derecho romano serán determinantes en la evolución posterior de España a través de los visigodos. Hoy el derecho romano es la raíz del ordenamiento jurídico en casi todo el mundo, incluidos los países de tradición anglosajona.

NUESTROS LEGIONARIOS... ROMANOS

Un instrumento decisivo de romanización fueron los ejércitos. Ya hemos visto que nuestros antepasados aportaron fuerza armada desde los tiempos más remotos tanto a cartagineses como a romanos y, con frecuencia, enfrentándose unos a otros. En principio, las legiones estaban formadas por ciudadanos romanos, pero los ejércitos incluían además un número muy elevado de tropas auxiliares procedentes de los distintos territorios. Servir en las tropas auxiliares era una forma de acceder a la ciudadanía romana y en ese sentido representaba una vía de ascenso social. Entre los siglos I y III nacieron unidades de «auxiliares permanentes» (esto es, no reclutados para una campaña en concreto, sino que servían en filas todo el tiempo) cuya fuente principal fueron los hispanos: unidades étnicamente homogéneas de arévacos, lusitanos, vacceos, etc. Los historiadores romanos dejaron allí constancia de las virtudes tradicionales del soldado hispano: sobriedad, capacidad de resistencia, acometividad... Llegó a haber hasta 80 unidades hispanas de entre 500 y 1.000 hombres cada una sirviendo simultáneamente en las legiones.

Un caso particularmente bien conocido es el de un escuadrón de caballería íntegramente hispano y, más precisamente, del valle medio del Ebro: la *Turma Salluitana*, reclutada en Salduia, la ciudad ibera donde enseguida crecerá Zaragoza, y compuesta por iberos y celtíberos. *La Turma Salluitana* combatió en Áscoli, en Italia, en el 89 a.C., y tan bien lo hizo que sus miembros obtuvieron en recompensa la ciudadanía romana. Una placa de bronce inmortalizó algunos nombres de aquella gente: Sanibelser, Ilurtibas, Estopeles, Belennes, Bastugitas, Balciadin, Nalbeaden, Gurtarno, Urgidar, Agirnes... Así se llamaban nuestros lejanos tatarabuelos. Los de la *turma* zaragozana fueron los primeros cuyo nombre consta, pero habrá más. Cuando comiencen las guerras civiles romanas, todos los contendientes buscarán reclutas en Hispania. Habrá incluso una legión enteramente hispana: la Legio Vernácula, que tomará parte en la guerra entre Pompeyo y César... alternativamente en cada uno de los dos bandos.

Después de la ocupación completa de la península, las legiones se convertirán en una buena opción vital para decenas de miles de jóvenes cántabros o astures. Se calcula que el cómputo de jóvenes norteños que se enrolaron bajo las águilas asciende a 7.000 anuales durante un largo periodo de más de veinte años. Fueron célebres las legiones VI Victrix, X Gémina y I Adiutrix, que participarían tanto en las guerras civiles del imperio como en los combates en las más lejanas fronteras: las tres marcharán a la línea del Rin, entre Flandes (curiosamente) y la actual Düsseldorf. La Legio IX Hispana, de muy ajetreada historia, estuvo en la Galia con César, combatió contra Pompeyo, participó en la conquista de Britania, se acantonó en Bélgica y, sucesivas veces disuelta y reconstituida, terminó desapareciendo para siempre en algún momento del siglo II, quizá disuelta, quizá derrotada o quizá, simplemente, aniquilada. También habrá unidades auxiliares hispanas en la Mauritania, el norte de África.

EL LATÍN, POR EL QUE TODOS SOMOS ROMANOS

Y si se habla de romanización, necesariamente hay que hablar del idioma: el latín. Hoy los españoles, como cientos de millones de personas en todo el mundo, hablamos lenguas que proceden directamente de ahí. El latín fue la lengua oficial y única de la civilización romana. Pero es importante subrayar que el latín nunca se impuso por ley, ni lo necesitó: era la lengua no sólo del poder, sino de toda la estructura social, institucional y económica del imperio, de manera que fue imponiéndose por su propio peso en todas partes. ¿Qué latín? Según los investigadores, el latín que llega a España es aún el preclásico, formado en torno al siglo III a.C.

Las poblaciones hispanas adoptaron el latín paulatinamente, en perjuicio de las lenguas autóctonas, que acabaron desapareciendo (salvo el vasco, que sobrevivió amparada por condicionantes geográficos y porque los vascones pactaron con Roma). La latinización completa de Hispania culmina relativamente pronto, en los siglos II y III. Esto no quiere decir que todo el mundo hablara latín, sino que el latín se hablaba en todas partes. Por el camino, Hispania aportará a la cultura romana una buena pléyade de figuras. Retóricos como Porcio Latrón (de Córdoba o Tarragona), Marco Anneo Séneca (Séneca el Viejo, de Córdoba) y el pedagogo Quintiliano (de Calahorra). Escritores como Lucio Anneo Séneca (Séneca el Joven, de Córdoba), Lucano (también de Córdoba, nieto de Séneca el Viejo) y Marcial (de Bílbilis, Calatayud). ¿Eran hispanos o eran romanos? Eran lo mismo, porque Hispania era Roma y Roma era también Hispania.

LA CRISTIANIZACIÓN

Otro elemento absolutamente central que deriva de la romanización de España, y que iba a ser decisivo en nuestra historia posterior, es la cristianización. España se hizo cristiana porque era romana.

Tradicionalmente, el origen de la cristianización de nuestras tierras se remonta a la predicación de Santiago el Mayor, discípulo directo de Jesucristo: Santiago habría difundido el mensaje evangélico por España y en un momento determinado, a la altura de Cesaraugusta (Zaragoza), se le apareció la Virgen María sobre un pilar a orillas del Ebro. Después Santiago habría vuelto a Jerusalén, donde murió mártir en el año 44 d.C. Años más tarde, sus discípulos recogerán sus restos y los enterrarán cerca del Finisterre español, en Galicia. La tradición habla también de la muy temprana predicación de San Pablo en Tarragona; consta que Pablo de Tarso tenía intención de viajar a Hispania porque él mismo lo escribió, aunque no hay datos que corroboren el viaje. En todo caso, de Tarragona son las dos primeras conversas hispanas: Xantipa y Polixena, esposa y cuñada respectivamente de un prefecto romano. Y por cerrar las fuentes tradicionales, señalemos también el relato de los siete varones apostólicos enviados por San Pedro para evangelizar España, y que eran Torcuato, Tesifonte, Indalecio, Segundo, Cecilio, Eufrasio y Esiquio. Entre otras cosas, obtuvieron la conversión de la ciudad de Guadix.

Las fuentes tradicionales suelen ser muy contestadas por los historiadores, porque no hay prueba material que date de aquel tiempo y que venga a demostrar la veracidad de los hechos. De todas formas, si nos atenemos a las pruebas documentales, la cristianización de España también parece muy temprana. ¿Cómo llegó el cristianismo a España? Parece que la vía inicial de entrada fue la trayectoria de la Legio VII Gémina. Otros apuntan a los grandes centros urbanos más romanizados en el sur y el este de la península. Sea como fuere, el cristianismo ya es una realidad en España desde el siglo II. Ireneo de Lyon, en su tratado *Contra los herejes*, escrito entre 180 y 185, menciona expresamente a las iglesias de «las Iberias». Muy poco más tarde, Tertuliano, en su escrito *Contra los judíos*, que data de los años 198 o 208, explica que Cristo ha llegado y la generalidad de los pueblos ya cree en Él, y cita a «los varios pueblos de los gétulos, amplios confines de los mauros, todas las fronteras de las Hispanias»... Citemos por último a San Cipriano y los obispos del África Proconsular, que hacia el año 250 escriben una carta sinodal en respuesta a la que les habían enviado las iglesias de León-Astorga y Mérida. Esa carta demuestra la presencia en Hispania de comunidades plenamente organizadas, con diáconos, presbíteros y obispos, al menos desde finales del siglo II.

La jovencísima Iglesia española no tardó en probar las amarguras de la persecución. El primer martirio del que tenemos constancia documental tuvo lugar en el anfiteatro de Tarragona el 21 de enero del año 259: fueron quemados vivos el obispo Fructuoso y los diáconos Augurio y Eulogio. Pronto se les sumarían otros mártires: los niños Justo y Pastor en Alcalá de Henares, Santa Justa y Santa Rufina en Sevilla, San Vicente en Valencia... Hubo más persecuciones, pero la Iglesia hispana ya era una realidad muy consolidada. A principios del siglo IV celebra su primer concilio, el de Iliberis (Elvira, Granada), que en ochenta y un cánones despliega la ley eclesiástica más antigua que conocemos sobre el celibato del clero y la institución de las vírgenes consagradas a Dios. Y en Roma, al mismo tiempo, es proclamado emperador Constantino I el Grande, cuyo Edicto de Milán, en 313, legaliza la religión cristiana. Constantino convoca además, ya en 325, el primer concilio de Nicea, que otorgó al cristianismo plena legitimidad. En este concilio de Nicea, un obispo español, Osio de Córdoba, consejero de Constantino, preside la primera definición doctrinal del Credo:

> Creo en un sólo Dios, padre omnipotente, creador del cielo y de la tierra, de todo lo visible y lo invisible. Y creo en un único Señor, Jesucristo, hijo unigénito de Dios, y nacido del Padre antes de todos los siglos. Dios de Dios, Luz de Luz, Dios verdadero de Dios verdadero, engendrado, no creado, de la misma sustancia que el Padre, por quien todo fue hecho.

El primer emperador cristiano fue Teodosio, un hispano cuya cuna se disputan Sevilla y Segovia. Un tipo de carácter muy vehemente, buen soldado y muy puntilloso con sus deberes, al que tocó lidiar con un imperio ya caótico y en descomposición. Teodosio hizo del cristianismo la religión oficial del imperio, Hispania incluida. El cristianismo se convertirá muy pronto en una seña de identidad esencial de los hispanos, y lo será durante muchos siglos.

LA CAÍDA DEL IMPERIO

El enorme edificio del imperio romano empezó a mostrar signos de debilidad a mediados del siglo III: la larga y agotadora guerra con Persia coincidió con la «peste cipriana» (249-269), sometiendo a una prueba durísima la capacidad de resistencia de Roma. Vino un áspero periodo de luchas civiles. La máquina política que había sido Roma ya no funcionaba adecuadamente. A lo largo del siglo IV, todo se fue viniendo abajo.

La decadencia del imperio romano es un proceso complejísimo que mal se podría explicar en unas pocas líneas, pero sí podemos repasar algunas de sus causas fundamentales: el imperio se hace demasiado grande, los peligros aumentan por todas partes, los distintos territorios del vastísimo mundo romano van adquiriendo personalidad propia sobre la base de los intereses de las oligarquías locales, el ejército deja de funcionar como una máquina homogénea, Roma reacciona concentrando el poder y aumentando las exigencias fiscales para hacer frente a los desafíos externos, la presión fiscal conduce a la depauperación de las ciudades y al malestar de las oligarquías urbanas, en el río revuelto aparecen líderes políticos y militares que se sublevan contra Roma... La división del imperio en dos (Occidente y Oriente, Roma y Bizancio), que inicialmente fue una idea práctica para hacer más fácil la administración del conjunto, terminó revelándose como una fuente de debilidad política. El Estado entró en colapso al mismo tiempo que los poderes locales se veían fortalecidos. Y todo ello mientras, en el interior, tenían lugar grandes cambios culturales, como el que supuso la aparición del cristianismo, y en el exterior se dejaba sentir la presión de otros pueblos, los denominados «bárbaros», que poco a poco empezaban a asentarse en tierras del imperio.

El imperio romano se hundió por todas esas causas a la vez, y seguramente algunas otras más. En lo que a la España romana concierne, los efectos fueron los mismos que en todas partes: precarización de la seguridad en general, mayor protagonismo de los poderes locales, depauperación de las ciudades... El colapso económico y social hace que la vida se traslade desde las ciudades hacia el campo. Desde tiempo atrás, la ocupación romana del territorio se había traducido en la fundación de villas como grandes centros de posesión rural. Las villas eran al mismo tiempo centros familiares y económicos, y elemento del control del territorio. Ahora, con la ruralización de la vida, estas villas aumentarán su número e importancia. Las haciendas de los terratenientes van a convertirse en núcleos de poder que llegan a contar con sus propios ejércitos. El paisaje romano cambia de manera decisiva.

Y entonces llegaron los bárbaros.

7

LA INVASIÓN DE LOS BÁRBAROS

Hubo un momento en que España pudo convertirse súbitamente en otra cosa, algo distinto a lo que somos hoy. Fue en la primera mitad del siglo V, cuando llegaron las invasiones bárbaras. Suevos, vándalos y alanos invadieron la Hispana romana, la cruzaron a sangre y fuego y se adueñaron del territorio. ¿Cómo habría sido España si esta gente hubiera permanecido aquí, consolidando reinos propios? No lo sabemos; los godos acabaron con ellos. Lo que sí sabemos es lo que pasó durante aquel medio siglo, crucial, en que el imperio romano se hundió sobre sí mismo.

¿QUIÉNES ERAN LOS «BÁRBAROS»?

Primero, dibujemos el paisaje. Pongámonos entre mediados y finales del siglo IV. Roma gobierna el mundo, pero ya no lo domina. En la periferia del imperio, en sus fronteras oriental y septentrional, han ido acumulándose pueblos que vienen de muy lejos: los bárbaros, palabra que en su origen griego significa «extranjero», con la connotación de gente sin civilizar. Tendemos a imaginar a los bárbaros como una sola realidad, pero lo cierto es que había pueblos muy distintos y de muy diverso origen. Los había de linaje turco-mongol como los ávaros y los hunos; había pueblos de cultura eslava como los sármatas; otros eran indoarios (es decir, los hermanos orientales de los indoeuropeos), como los alanos, y los había de origen germánico como los godos, los vándalos, los francos o los suevos.

¿Cómo habían llegado hasta allí, hasta las fronteras mismas de Roma? Unos, empujados desde oriente por la presión demográfica de turcos y mongoles, desplazados a su vez por los chinos. Otros, como consecuencia de cambios climáticos. Otros, en fin, buscando tierras donde instalarse. Lo que todos tenían en común era esto: querían riqueza. Y Roma la poseía a manos llenas. Estos grandes movimientos de pueblos no fueron algo súbito; venían produciéndose desde el siglo I de nuestra era. Mientras el imperio romano fue fuerte, las legiones pudieron mantener las fronteras. Pero cuando Roma empezó a quebrarse, los bárbaros entraron en los territorios del imperio: a veces de forma violenta, en expediciones de saqueo, y a veces de forma pacífica, federándose con los romanos, combatiendo para ellos contra otros bárbaros o dentro de las propias guerras civiles romanas, cada vez más frecuentes. El hecho es que, a partir del siglo IV, la presencia de los bárbaros ya formaba parte del paisaje romano y su caótica decadencia.

Entre esos pueblos, hubo uno que estaba llamado a jugar un papel de gran importancia en los destinos de Roma y, en particular, en Hispania: los godos. De ellos hablaremos en detalle más tarde, porque fueron absolutamente fundamentales en nuestra historia. Fijémonos ahora en los otros: alanos, vándalos, suevos. Unas décadas antes, todos ellos habían llegado juntos, empujados por mongoles y turcos, hasta la orilla del Rin, la frontera natural del mundo romano con Germania. La cruzaron en 406, aprovechando que el río se había helado. Muy poco después los tendremos en Hispania.

ALANOS, VÁNDALOS Y SUEVOS

Los pueblos que entraron en el imperio cuando se congeló el Rin se llevaron por delante todo lo que hallaron a su paso, pero su objetivo no era rapiñar, sino encontrar un lugar donde establecerse. Y resulta que en el imperio, en aquel momento, había fuerzas muy interesadas en ponerles fáciles las cosas: con el poder político descompuesto, con las oligarquías territoriales buscando afirmar su autonomía frente a la lejana capital, muchos verán en aquellas mesnadas bárbaras una oportunidad: una estupenda masa de maniobra a la que emplear como brazo armado. Se llegó así a una caótica situación en la que había romanos que peleaban contra bárbaros, romanos que peleaban contra romanos y bárbaros que peleaban contra bárbaros. La palabra anarquía no es exagerada. Cuando la ola humana se movió hacia el sur, empujada a su vez por otras olas, lo hizo con el apoyo de fuerzas romanas interesadas en desestabilizar el paisaje. Así cruzaron los Pirineos cuatro pueblos: alanos, vándalos asdingos, vándalos silingos y suevos. Y así entraron los bárbaros en nuestras vidas. Veamos quiénes eran.

Alanos. Un pueblo indoario —o sea, indoeuropeo del este— que se había instalado en las llanuras sármatas o escitas, en torno al Mar Negro, que fue desalojado por los hunos y que desde entonces vagaba hacia el oeste buscando dónde parar. Algunos se unieron a los visigodos. Estos que llegan a España son hermanos de aquellos: en vez de caminar hacia el sur, se internaron hacia el oeste, en lo que hoy es Alemania, y terminaron en la orilla del Rin. Después atravesaron la Galia hasta cruzar los Pirineos. Su rey al entrar en España se llamaba Adax.

Vándalos. Originarios de Escandinavia, como los godos, y emigrados en fechas muy semejantes, desde principios del siglo I a.C. Los vándalos buscaron infructuosamente un hogar en el centro de Europa, terminaron agolpándose en la frontera del imperio romano y entraron en contacto (generalmente bélico) al mismo tiempo con Roma y con otros germanos. Los vándalos se dividían en varias tribus. Dos de ellas llegan a España: los silingos, cuyo nombre se relaciona con la Silesia germana, dirigidos por Fridibaldo, y los asdingos, nombre que en realidad corresponde al linaje que gobernaba la tribu de los victovales y que hace referencia a su larga cabellera, liderados en Hispania por Gunderico.

Y además están los suevos: uno más de los pueblos germánicos que entran en el imperio empujados por los hunos o, por mejor decir, un nombre genérico para designar a varios pueblos germánicos. Suevos, en efecto, llaman los autores romanos al conjunto de tribus que ocupaba el suroeste de la actual Alemania. También se les llama con frecuencia «alamanes», palabra que quiere decir «todos los hombres» (*Alle Mannen*) y que igualmente es un nombre genérico para englobar tribus diversas. Los suevos cruzaron el Rin en 406, cuando la gran travesía, y tres años después entraron en Hispania junto a vándalos y alanos. La región histórica de Suabia, en Alemania, les debe su nombre. Su rey al entrar en suelo ibérico era Hermerico.

Esta gente llega en un momento en el que en Hispania se ha levantado un usurpador: Máximo, que se proclama emperador. Los bárbaros saquean cuanto encuentran en su camino. Es célebre el testimonio de Hidacio, obispo e historiador de la Galicia romana, en su *Cronicón*:

> Desparramándose furiosos los bárbaros por las Españas, y recrudeciéndose al igual el azote de la peste, el tiránico exactor roba y el soldado saquea las riquezas y los mantenimientos guardados en las ciudades; reina un hambre tan espantosa, que obligado por ella, el género humano devora carne humana, y hasta las madres matan a sus hijos y cuecen sus cuerpos, para alimentarse con ellos. Las fieras, aficionadas a los cadáveres de los muertos por la espada, por el hambre y por la peste, destrozan hasta a los hombres más fuertes, y cebándose en sus miembros, se encarnizan cada vez más para destrucción del género humano. De esta suerte, exacerbadas en todo el orbe las cuatro plagas: el hierro, el hambre, la peste y las fieras, cúmplense las predicciones que hizo el Señor por boca de sus Profetas.

Las predicciones eran, evidentemente, el hundimiento de Roma por sus pecados. A Hidacio se le ha reprochado falta de objetividad, porque no dejaba de ser una voz afecta a los grandes terratenientes locales, pero los hechos no debieron de ser muy diferentes de lo que él cuenta. La cuestión es que, así las cosas, Máximo, el usurpador, decidió emplear la fuerza de los bárbaros en provecho propio y negoció con ellos un tratado de federación (un *foedus*) que implicaba un reparto proporcionado de tierras. No un «sorteo», como se ha dicho erróneamente, sino una distribución de *sortes,* es decir, lotes de tierra. A los alanos, que no eran el pueblo más numeroso, pero sí el más fuerte militarmente, les correspondieron tierras en la Lusitania y la Cartaginense, la meseta central desde Portugal hasta el Mediterráneo. Los vándalos asdingos se instalaron en la Bética, en torno al rico valle del Guadalquivir. Los vándalos silingos, en el noroeste de la península, en las actuales Galicia y Asturias. Y los suevos, de los que sabemos que eran unos 30.000, se establecieron en torno a Braga, entre lo que hoy es el norte de Portugal y el sur de Galicia. Naturalmente, el territorio de la Tarraconense, que era el solar propio de Máximo, quedó fuera del reparto.

La naturaleza del pacto parece clara: los bárbaros obtenían tierras y manutención (la mano de obra la ponían los locales); a cambio de ello, aseguraban la titularidad imperial de Máximo en tierras de Hispania. Para pagar el precio, Máximo reforzó la exigencia de tributos; de ahí esa imprecación de Hidacio contra el «tiránico exactor». Ahora bien, la presión militar de Roma obligó al usurpador Máximo a refugiarse entre sus aliados bárbaros allá por el año 412. Para entonces, el estatuto de suevos, vándalos y alanos ya no tenía nada que ver con la legalidad romana. Y naturalmente, el imperio romano de Occidente quería recuperar el control de Hispania.

ROMA LLAMA A LOS VISIGODOS

Fue entonces cuando Roma llamó en su ayuda a los visigodos, para que hicieran el trabajo. Los visigodos también buscaban un lugar donde asentarse y lo habían encontrado en el sur de Francia. Su rey en aquel momento era Walia, que puso manos a la obra de inmediato. Será un ciclón. El ejército visigodo era una máquina temible: una combinación espontánea de las tácticas romanas y los usos bélicos germanos y escitas, con abundancia de caballería. Lo que tenían enfrente no era moco de pavo, pero ni vándalos, ni alanos ni suevos, por mucho que amaran la existencia guerrera, estaban en condiciones de construir ejércitos eficaces. «Walia lleva a cabo grandes matanzas de bárbaros en España», dirá el *Cronicón* de Hidacio. De entrada se dirige hacia la Cartaginense, el centro del país, y hace retroceder a los alanos. Enfila hacia la Bética, el valle del Guadalquivir, y acomete a los vándalos silingos, a los que —en palabras de Hidacio— «destroza por completo». El rey silingo, Fredebaldo, es capturado y enviado a Rávena, donde se pierde su rastro; seguramente murió ejecutado allí. Era el año 417.

Acto seguido, Walia y sus visigodos se internan en la Lusitania, donde se han hecho fuertes los alanos. Pero lo de «fuertes» es un decir, porque ningún pueblo bárbaro tenía recursos para oponerse a un ejército como aquél. Lo que pasó nos lo cuenta Hidacio:

> Los alanos, que dominaban a los vándalos y los suevos, fueron destrozados de tal suerte por los godos, que muerto su rey Adax, y destruido el reino, los pocos que quedaron se acogieron a la protección de Gunderico, rey de los vándalos, que residía en Galicia.

Adax (o Ataces, que así se escribe también su nombre) trató de resistir en Mérida, su capital. Fue inútil. Murió en combate. Y en efecto, los escasos alanos supervivientes, con lo que quedaba de los igualmente aniquilados vándalos silingos, marcharon hacia el norte, a buscar refugio entre los vándalos asdingos de Gunderico, en Galicia.

Walia era hombre metódico. El siguiente paso estaba claro: aplastados los silingos y los alanos, que eran los más fuertes, sólo quedaba marchar contra los asdingos y los suevos, que eran los más débiles. Negro era el panorama para los bárbaros de Galicia. Pero cuando Walia se dirigía contra ellos, recibió una noticia que le frenó en seco: Constancio, el hombre fuerte del imperio, le ordenaba parar y regresar a la Galia para cerrar un pacto definitivo. Era ya el año 418. ¿Por qué Constancio salvó a los suevos y a los asdingos?

Se ha dicho que en Roma (o, más bien, en Rávena, que era donde estaba ya la capital del imperio) no se veía con buenos ojos que se aniquilara a un monarca avalado por los terratenientes católicos del lugar, cual era el caso de Hermerico, el rey suevo. Otros conjeturan que al imperio le interesaba mantener allí un reino bárbaro federado, y obligado con Roma, para que los visigodos no fueran la única fuerza en presencia; de hecho, Hermerico firmará de inmediato un tratado con el imperio. De este modo, si otro usurpador se levantaba en Hispania, siempre habría aliados de los que echar mano. Y también puede pensarse que, resuelto el problema mayor, que era el de los alanos y los silingos, Roma prefería encargarse directamente del problema menor, en vez de dejarlo en otras manos. Sea por lo que fuere, el hecho es que Constancio salvó literalmente la vida a aquella gente. Y aunque esta historia estaba lejos de terminar, de momento los suevos y los asdingos podían respirar aliviados. También los visigodos: el emperador Honorio entregó a Walia la Aquitania francesa. Seguramente prefería tener a los godos quietos en un sitio antes que dueños de toda Hispania.

Finalmente, los vándalos terminaron dirigiendo sus pasos hacia el sur. Gunderico devasta Cartagena, toma varios puertos del Mediterráneo, organiza una flota y ataca las Baleares y el norte de África. En 426 toma Sevilla e instala allí su corte, pero sólo durará dos años: muere en oscuras circunstancias. Le sucede su hermanastro Genserico que hará lo imposible: convertir a un pueblo guerrero errante en una auténtica potencia en el Mediterráneo. Genserico examina la situación: como la vida en la Bética es difícil, porque la amenaza visigoda y romana es demasiado fuerte, decide dejar Hispania a sus rivales y utilizar aquella flota creada por Gunderico para apoderarse del norte de África, prosperísima provincia romana.

Unos 80.000 vándalos (los asdingos más toda la gente que se había unido a ellos) cruzan el estrecho de Gibraltar desde Tarifa en 429, desembarcan en Ceuta y derrotan a unos romanos incapaces de oponer resistencia. Genserico pronto controla toda la Mauritania, el actual Magreb. Los combates más duros se desarrollan en la ciudad de Hipona; en el asedio muere el obispo local, San Agustín. Entonces el rey vándalo presenta a Roma una propuesta radical: que el emperador le reconozca como soberano de todos aquellos territorios. Lo consigue, pero Genserico quiere más: llegará incluso a saquear Roma. Morirá en 477, tras medio siglo de reinado. Su herencia, sin embargo, no sobrevivirá: los vándalos terminarán siendo borrados de la historia sesenta años después, cuando sucumban frente al imperio bizantino.

En España, mientras tanto, los suevos consolidaban su reino como fedatarios del imperio. Toda su historia será un permanente intento de expandirse desde su base en Galicia hacia el centro y el sur. En una de estas ofensivas, hacia 456, caerán ante los visigodos, que les obligan a recluirse en el noroeste. Tras la derrota, el reino suevo de Galicia vivirá un progresivo debilitamiento, con prácticamente un siglo sin referencias históricas, verosímilmente marcado por las luchas intestinas. Aguantarán allí más de un siglo, sin embargo. Conocemos los nombres de sus últimos reyes: Miro, Eborico, Andeca, Malarico... Este Malarico fue capturado por las tropas del rey visigodo Leovigildo en 586. Para entonces ya había en España un poder unificador: el de la monarquía goda. A ella iremos de inmediato, porque con los visigodos España se convirtió por primera vez en una realidad política. Y así, en fin, los bárbaros se disolvieron en nuestra historia nacional.

LA INVASIÓN DE LOS BÁRBAROS
Lucus Augusti
(Lugo)
Asturica Augusta
(Astorga)
Bracara Augusta
(Braga)
Clunia
(Coruña del Conde)
Caesaraugusta
(Zaragoza)
Tarraco
(Tarragona)
Scallabis
(Santarém)
Augusta Emerita
(Mérida)
Pax Iulia
(Beja)
Corduba
(Córdoba)
Hispalis
(Sevilla)
Astigi
(Écija)
Carthago Nova
(Cartagena)
Gades
(Cádiz)
OCÉANO ATLÁNTICO
Mar Mediterráneo
Áreas aproximadas de asentamientos (409- 429)
Vándalos asdingos
Vándalos silingos
Suevos
Alanos
Hispania romana
Capital de provincia
Capital de conventus

8
POR QUÉ LOS VISIGODOS VINIERON A ESPAÑA

La primera vez que España vio a un visigodo fue a principios del siglo v, tal vez hacia el año 411. Eran las gentes del rey Ataulfo y su esposa, la romana Gala Placidia, que buscaban un lugar donde asentarse. Creyeron hallarlo en Barcelona, que entonces se llamaba Barcino, pero aquello no salió bien. Muerto Ataulfo (más precisamente, asesinado), los godos terminaron poniendo capital en la Galia, y allí aguantaron casi un siglo, hasta que los francos los echaron. Fue entonces cuando el pueblo visigodo pasó definitivamente a España. Aquí harían algo absolutamente decisivo para nuestra historia: crear por primera vez una realidad política singular, independiente. Hasta entonces, la única Hispania existente había sido la provincia del imperio romano; rica, sí, eminente, pero sólo una provincia. Pero ahora, con ellos, con los godos, España fue por vez primera un reino con personalidad propia. Por eso puede decirse que la España de los visigodos fue la primera España.

LA LARGA MARCHA DE LOS GODOS

¿Quiénes eran los visigodos? ¿De dónde venían? ¿Y por qué terminaron haciendo de la Hispania romana su hogar? Para contestar a estas preguntas hemos de remontarnos a principios de nuestra era y viajar a la península escandinava, en el norte de Europa. Allí, probablemente a principios del siglo I, un legendario caudillo tribal llamado Berig se ve obligado a abandonar sus tierras con un tercio de su pueblo. Ese pueblo son los godos. Se marchan porque no hay comida para todos. Se instalan primero en la orilla sur del Báltico, en lo que hoy es Polonia y Bielorrusia. La arqueología ha descubierto su huella en la denominada «cultura de Wielbark». Viajan después más al sur, hasta las actuales Ucrania y Rumanía, entre los ríos Dniéper y Dniéster, a orillas del Mar Negro. Allí se dividen: al este quedan los ostrogodos, al oeste los visigodos.

El pueblo errante parece haber hallado un buen lugar para vivir. En el área florece la cultura de Cherniajov, de identidad inequívocamente goda. Hay al suroeste un vecino incómodo: el imperio romano. La frontera del Danubio se convierte en un lugar conflictivo. Roma y los godos se encuentran, se rozan, se hacen la guerra, ocasionalmente también la paz. La vecindad del imperio, en todo caso, hace que los godos empiecen a romanizarse. Suscriben acuerdos con el imperio y aún más: en torno al año 340, bajo las prédicas del obispo Ulfilas, empiezan a convertirse al cristianismo. Y atención a esto, que va a ser decisivo en los años posteriores: el cristianismo al que los godos se convierten no es el que finalmente predominará en Roma, sino el de la herejía de moda en aquel momento, el arrianismo. ¿Qué es el arrianismo? Por decirlo en dos palabras, la doctrina que predicaba Arrio y según la cual Jesús es hijo de Dios, pero no es Dios en sí mismo. Enseguida Roma fijará la Trinidad en Padre, Hijo y Espíritu Santo, tres personas distintas y un solo Dios verdadero, pero los godos permanecerán arrianos. Era más una cuestión política que teológica, pero en todo caso resultará determinante. De momento, guardemos el dato.

Llegó entonces la catástrofe. A la altura del año 375, por el este apareció la marea formidable de los hunos arrasándolo todo a su paso. Incapaces de frenar la ola, los godos pidieron auxilio a Roma: querían que les dejaran instalarse dentro del imperio, al otro lado del Danubio. Y Roma accedió, pero en condiciones extraordinariamente crueles: hambre, explotación, esclavitud. Demasiado para una gente que siempre había vivido libre. Los godos se rebelaron. El oriente del imperio romano ardió.

Los visigodos, hasta entonces desunidos, terminaron eligiendo a un caudillo: Alarico. Con éste al frente estuvieron en condiciones de saquear Roma en 410. Siguió una época de pactos y desencuentros, de guerras y treguas. Alarico murió de disentería cuando trataba de conducir a su pueblo hacia el norte de África, que en la época era el granero del imperio. Le sucedió su pariente Ataulfo, que por el camino había desposado a una rehén de campanillas: Gala Placidia, hermana del emperador Honorio. Ambos se instalaron en Barcelona. Ataulfo soñaba con un reino a la vez godo y romano, fruto de su unión con Gala. No pudo ser. Tuvieron un hijo, pero murió pronto. Y enseguida un puñal asesino acabó con la vida de Ataulfo. Pero al fin los visigodos obtuvieron de Roma lo que buscaban: una tierra donde instalarse. Fue en el sur de la Galia, es decir, lo que hoy es Francia. Allí prosperó el reino visigodo de Toulouse.

ENTRE FRANCIA Y ESPAÑA

A estas alturas, los visigodos ya eran el pueblo germánico más romanizado de todos cuantos habían asaltado las fronteras del imperio. Quizá por eso el servicio que Roma les encargó fue frenar a los otros pueblos germánicos que habían entrado en España: vándalos asdingos y silingos, suevos, alanos… Así los visigodos, legitimados por el acuerdo que firmaron con Roma en el año 418, extendieron su influencia a buena parte de la península ibérica, aunque siempre desde su capital en Toulouse. El reino visigodo de Tolosa crece, prospera, se consolida; mientras el imperio romano empieza su lenta descomposición, los visigodos parecen tener el viento de popa. En el año 451 escriben una gesta formidable, decisiva para Occidente: en alianza con Roma, logran detener a los hunos de Atila en la batalla de los Campos Cataláunicos. Allí muere en combate el rey godo Teodorico I.

¿Qué está pasando mientras tanto en España? Aparentemente, nada: expulsados los últimos bárbaros, a excepción del reino suevo de Galicia, Hispania sigue siendo un mundo romano donde, eso sí, los visigodos vienen de vez en cuando a poner orden. Toda la atención del viejo mundo romano está puesta en otro punto: Italia. Allí, en el año 476, otro germano, Odoacro, ha depuesto al último emperador de Occidente, Rómulo Augústulo. El viejo imperio ha muerto y ya sólo queda su mitad oriental, Bizancio. Otros godos sacarán ventaja de la situación: los ostrogodos, que a la altura del año 493 están en condiciones de acabar con el tal

Odoacro y adueñarse de la península italiana. El líder ostrogodo que consiguió tal proeza se llamaba Teodorico (como el visigodo de los Campos Cataláunicos) y pasará a la historia como Teodorico el Grande. En este momento los godos se convierten en los amos de Europa occidental: entre los visigodos de la Galia, que además controlan nominalmente Hispania, y los ostrogodos de Italia, que extienden su dominio hasta los Balcanes y las fronteras mismas de los germanos, ellos son de hecho el nuevo imperio.

Y así podría haber permanecido el mapa de no ser porque, en el año 507, otros germanos que se habían instalado en el norte de la Galia, los francos, echaron de allí a nuestros visigodos. Los francos se habían asentado al norte del Loira y, después de la conversión de su rey Clodoveo al catolicismo, eran los germanos predilectos de la Iglesia, pues los visigodos, por el contrario, seguían manteniendo su enojosa singularidad arriana. Los francos querían expandirse hacia el sur. ¿Quién se lo impedía? Nuestros visigodos. Con el aval de la Iglesia, los francos cruzarán la línea. Fue la batalla de Vouillé. Los francos ganaron y los visigodos perdieron. Por eso Francia se llaman así. Ya no había sitio en la vieja Galia para los visigodos: sólo conservarán una pequeña parte del sur del país, en torno a Narbona, que mantendrán hasta el final. Y ahora necesitaban otra tierra. ¿Cuál? Hispania, España. Y así, cambiando su historia, cambiaron la nuestra.

UN MUNDO DUAL

Los visigodos, que ya habían ido entrando en la península en los decenios anteriores, empezarán a llegar ahora en masa. Primero los guerreros; después, sus familias y el conjunto de sus clanes. ¿Cuántos? Se cree que, en total, el número de visigodos que se estableció en España, en sucesivas oleadas, podría rondar los 200.000. No se extendieron de forma homogénea: se instalaron sobre todo en la meseta, dentro del triángulo Palencia-Toledo-Sigüenza (lo que más tarde se llamará Campos Góticos), y también en el entorno de La Rioja y La Bureba. El resto de la península iba a seguir siendo netamente hispanorromano.

Imaginemos el paisaje: un pequeño grupo humano compuesto fundamentalmente por guerreros y campesinos libres aterriza sobre un país donde no hay otro orden que el de los señores de la tierra y las aristocracias locales, aquellos que han recogido el poder tras la descomposición de las estructuras del imperio romano. Los hispanorromanos controlan los campos, los recursos naturales y la vida de las ciudades. Los visigodos, por su lado, aportan sobre todo el poder militar. El contrato está claro: los godos asegurarán el orden político y militar en un país donde las viejas oligarquías hispanas van a seguir llevando la voz cantante en lo económico y lo social. A partir de 531, con el rey Teudis, su capital se fija definitivamente en Toledo. Nace así un reino singular, con dos caras: una mayoría de población (alrededor de cuatro millones de personas) hispanorromana, de religión católica, que además controla la administración heredada del imperio, y una minoría germánica, de religión cristiana arriana, que representa sólo un 5 por ciento de la población y a la que sin embargo corresponde el poder regio y la fuerza militar.

Es en realidad un mundo dual. La distinción es tan neta que cada comunidad, la goda y la hispanorromana, se rige por su propio derecho. Vendrán años de extrema turbulencia. El rey Teudis muere asesinado en 548. Le sucede Teudiselo, asesinado a su vez en 549. Y después de éste viene Agila I, asesinado en 555. Tras el cual reinó Atanagildo, que, esta vez, murió por causas naturales en 567. La sucesión de reyes y de crímenes nos dice poco. Lo sustancial es esto otro: la precaria España visigoda ha de hacer frente al mismo tiempo a los francos en el norte y a los bizantinos en el sur; junto a eso, hay conflictos con los suevos en el noroeste, con las tribus vasconas en el norte y, sobre todo, con las aristocracias terratenientes que han impuesto su propio orden en amplias áreas del país y no ven por qué tienen que aceptar a un poder extranjero.

¿Falta algo? Sí: las frecuentes querellas entre los propios visigodos, que conducirán a una guerra civil a mediados del siglo VI y a una feroz crisis económica. Hay que señalar que los visigodos funcionaban tradicionalmente por el sistema de monarquía electiva, es decir, que la corona no se transmitía de padre a hijo, sino que, muerto el rey, eran los nobles del reino los que elegían al nuevo monarca de entre sus pares. Puede parecer un procedimiento más democrático, pero, en la práctica, era una fuente permanente de conflictos, porque cada candidato representaba a un clan o a un grupo de ellos, normalmente alineados en torno a intereses de poder, dinero o linaje, y el bando que perdía rara vez aceptaba de buen grado la derrota. Así que, entre unas cosas y otras, la España visigoda a mediados del siglo VI es un completo caos. Nada que ver con un reino unificado.

Recompongamos el paisaje. Para empezar, el territorio de la península está ostensiblemente fragmentado. En el noroeste se ha consolidado el reino de los suevos, uno de los pueblos germánicos que había irrumpido en Hispania un siglo atrás. En el sureste manda de hecho el imperio bizantino, que controla una extensa región desde Elche hasta Cádiz. Para colmo, en el interior hay anchos territorios que viven en un estatuto de independencia de hecho: Sabaria en Zamora, Córdoba, Orospeda entre Jaén y Albacete… Por no hablar de las áreas nunca controladas al norte de la cordillera cantábrica. Así que a la fragmentación social, cultural, religiosa, jurídica y política del país hay que sumar esta otra fragmentación territorial. Pero muy pronto eso va a cambiar.

9

GODOS: LA CONSTRUCCIÓN DE UN REINO INDEPENDIENTE

Lo que le faltaba al reino de los visigodos para ser un conjunto cohesionado era poder unir a las dos comunidades —la hispanogoda y la hispanorromana— y controlar todo el territorio, y este es el proceso que van a promover una serie de figuras fundamentales.

LA GRAN UNIFICACIÓN

Primero, el rey Leovigildo, entre 572 y 586. Leovigildo instala la capital del reino en Toledo, pacifica la península derrotando a sus enemigos y es el primer rey que usa corona y cetro. Esto es muy importante porque, hasta este momento, los reyes visigodos todavía eran, sobre el papel, tributarios del imperio romano: de él les venía su legitimidad. Por el contrario, usar corona y cetro equivale a mandar a Roma un mensaje inequívoco de independencia. Para dejar todo bien claro, Leovigildo asocia a sus hijos al trono, lo cual era tanto como nombrar heredero: se acabó (por el momento) el sistema de monarquía electiva. Con Leovigildo, España, Hispania, se convierte por vez primera en su historia en una unidad política independiente. Pero además y quizá sobre todo, Leovigildo va a promulgar la primera ley sobre matrimonios mixtos, entre godos e hispanorromanos. Esto fue una revolución para aquel momento, porque hasta entonces ambas comunidades seguían jurídicamente separadas.

Ahora comenzaba realmente la fusión. Así aquel reino independiente iba a tener su propio pueblo.

Aún persistía un fuerte elemento de separación que era el religioso: la distinción entre católicos y arrianos. Recordemos que los visigodos, cuando se convirtieron al cristianismo, lo habían hecho según la doctrina de Arrio, doctrina que en aquel momento era tolerada en Roma, pero que enseguida fue declarada herética. ¿Por qué los visigodos siguieron siendo arrianos, a pesar de ello? Por razones fundamentalmente políticas: todos los pactos suscritos por los visigodos con Roma otorgaban beneficios en la medida en que eran, precisamente, visigodos, y la singularidad religiosa formaba parte fundamental de su identidad de grupo. Ahora bien, esta singularidad, una vez llegados a España y puestos en la tesitura de construir un reino sobre una población muy mayoritariamente católica, se convirtió en un problema de enorme dimensión. El asunto creará un conflicto atroz entre Leovigildo, arriano, y uno de sus hijos, Hermenegildo, convertido al catolicismo; tan atroz que el episodio terminará con la ejecución de Hermenegildo, que será beatificado después. Pero el paso decisivo lo dará otro hijo de Leovigildo, Recaredo, el heredero del trono, cuando decida convertirse al catolicismo. Ocurrió el 6 de mayo de 589 en el III Concilio de Toledo. Y fue otra revolución, porque el mapa político de aquella España cambió un plumazo.

Aquí hay que hablar de un gran godo que estaba en aquel Concilio, San Isidoro de Sevilla, personaje fundamental que muestra hasta qué punto los visigodos habían recogido el legado de Roma. San Isidoro (560-636) fue uno de los mayores sabios universales de su tiempo: el último de los grandes filósofos antiguos y el último gran padre de la Iglesia. Dominaba el latín, el griego y el hebreo. Enseñaba filosofía aristotélica en Sevilla mucho antes de que llegaran a España los árabes, a los que abusivamente se atribuye el redescubrimiento de Aristóteles. Su obra cumbre, las *Etimologías* (veinte libros de los que las *Etimologías* propiamente dichas son solamente el décimo), fue la más reproducida en la Edad Media, después de la Biblia. Cuando se invente la imprenta, hacia 1450, las *Etimologías* conocerán diez reimpresiones, diez, en el gozne de los siglos XV y XVI.

San Isidoro es un perfecto ejemplo de hasta qué punto los godos habían llegado a identificarse con España. Fue uno de los primeros en darse cuenta de que esta España ya no era la Hispania romana, sino que había nacido algo distinto. Algo a lo que él se propuso contribuir reuniendo el gran legado cultural de Roma y dando forma doctrinal a la monarquía visigótica, con la Iglesia como poder moderador y los concilios como cortes que debían aprobar la legislación del reino. A la pluma de San Isidoro debemos, precisamente, la primera alabanza escrita de España. Lo hizo con ese mismo título, *Laus Hispaniae*, a principios del siglo VII:

> De todas las tierras existentes desde el Occidente hasta la India tú eres, España, piadosa y madre siempre feliz de príncipes y de pueblos, la más hermosa. Con razón tú eres ahora la reina de todas las provincias, de ti no sólo el ocaso sino también el Oriente reciben su fulgor (...) Y, además, eres rica en hijos, en gemas y en púrpura, a la par que fértil en gobernantes y genios de imperios, y eres tan opulenta en realzar príncipes como dichosa en engendrarlos.

El sabio Isidoro tenía razones para mostrarse tan exultante. En aquel tiempo, finales del siglo VI, toda Europa caminaba fatalmente hacia la fragmentación de lo que un día fue el imperio romano y la dispersión del poder público. Francia eran tres reinos (Austrasia, Neustria y Burgundia), Inglaterra eran siete (Mercia, Wessex, Northumbria, etc.), Italia se había roto antes de quedar subsumida en el imperio bizantino y Alemania no era todavía un nombre. Pero en España ya había un reino que se llamaba así, un estado independiente que se reconocía a sí mismo en la palabra Hispania, ocupaba todo el solar de la península ibérica y buscaba conscientemente la unificación de todos sus súbditos en lo político, lo jurídico y lo religioso. Los visigodos fundaron España como unidad política. Ésa fue su gran obra: el único pueblo germánico que en aquel tiempo logró crear un Estado viable.

El último paso en la gran unificación fue el jurídico, las leyes, porque aún seguía habiendo dos derechos: el romano y el germánico. Y quien cambió eso, en la línea de sus predecesores, fue el rey Chindasvinto, que decidió elaborar un sólo código para todos. ¿Quién le ayudó en la tarea? Braulio de Zaragoza, un sacerdote discípulo de San Isidoro. Así nació el *Liber Iudiciorum,* llamado también Código de Recesvinto, porque fue éste, hijo de Chindasvinto, quien culminó la tarea en el año de Nuestro Señor de 654. Y Recesvinto, de paso, introdujo una novedad fundamental: fijar el tesoro de la corona para que los reyes no pudieran aumentar sus bienes a costa de los súbditos.

ESPLENDOR VISIGODO

Así que en España, en un territorio que era prácticamente el mismo que forman hoy España y Portugal, a mediados del siglo VII teníamos una unidad política que era la monarquía visigótica. El rey visigodo no era un monarca absoluto: su poder venía limitado por su propio carácter electivo, los pactos con unos u otros clanes y, sobre todo, los concilios de obispos en Toledo, que a partir de finales del siglo VI se convierten en algo parecido a un poder legislativo, con presencia no sólo de los obispos, sino también de los cargos políticos más importantes en palacio. Ésta es otra innovación fundamental: al lado del rey hay una suerte de gobierno, el «oficio palatino», y algo semejante a un senado, el «aula regia», que es un órgano a la vez consultivo y representativo, pues en él se dan cita los principales nombres del reino. Esta institucionalización de la unidad política se sustenta sobre la unidad religiosa en torno al catolicismo romano, la unidad cultural sobre la base del legado grecorromano y germánico, y además una unidad jurídica con un código común. Por eso son tan importantes los godos en la historia nacional española.

En el curso de ese proceso de construcción surgen cosas realmente admirables. A despecho de la tópica imagen del rey bárbaro, la realidad del mundo visigodo es de una riqueza cultural admirable si la comparamos con los otros reinos germánicos de su tiempo. Por ejemplo, las pizarras visigóticas, que son planchas de pizarra con anotaciones manuscritas y que recogen transacciones y notas del ámbito agrario y civil, demuestran que el grado de alfabetización entre la gente de condición servil era muy elevado para la época. Otro ejemplo: las excavaciones de la ciudad de Recópolis, mandada elevar por Leovigildo en La Alcarria, ponen de manifiesto un contacto comercial y humano muy intenso con los puntos más lejanos del área mediterránea, además de una calidad muy notable en los procedimientos de construcción.

Hay más, porque una carta como la del rey Sisebuto explicándole a Isidoro de Sevilla la causa de los eclipses, en hexámetros latinos, es una pieza asombrosa: derrumba todos los tópicos sobre la ignorancia de una época supuestamente «oscura», evidencia que la elite del reino sabía que la Tierra es redonda, que las órbitas de los astros son elípticas y que algunos cuerpos celestes tienen luz propia y otros no, además de confirmar que el conocimiento de Aristóteles era relativamente común entre la gente culta de aquella España. Añádase todo eso a las grandes construcciones como San Juan de Baños y tantos otros monumentos, y a las hermosas piezas de orfebrería de los tesoros arqueológicos. No es exagerado hablar de esplendor visigodo. Un esplendor de oro y piedra.

LAS GRIETAS DEL EDIFICIO

Junto a todas esas luces, el reino visigodo de Toledo también condensó sombras, naturalmente. El proyecto político de construcción de un Estado, es decir, de un poder público, visible en Leovigildo, Recaredo, Sisebuto, Chindasvinto y Wamba, por ejemplo, chocó permanentemente con la realidad oligárquica de un sistema donde los señores de la tierra (hispanogodos o hispanorromanos, lo mismo da) imponían sus intereses y sus alianzas. La incapacidad para superar el esquema primitivo de la monarquía electiva hizo imposible configurar un poder público duradero.

En lo social, el reino de Toledo terminó reproduciendo las mismas disfunciones que el imperio romano en su fase tardía, con la acumulación de cada vez más recursos económicos en cada vez menos manos e, inversamente, la multiplicación exponencial de la población desheredada, a la cual no le quedaba otra opción que entregarse a sus señores. Sí: hombres libres empobrecidos que, para salvar a sus familias del hambre, se vendían como esclavos a los amos de la tierra. No es extraño que a partir de este momento se multiplicaran las fugas y rebeliones de esclavos. En una situación así, los lazos de obediencia personal se hicieron mucho más fuertes que los vínculos de carácter político con la corona. Es un claro anuncio del sistema feudal. Y sumemos a todo ello la legislación segregacionista contra los judíos, realmente obsesiva en el último medio siglo de la España visigoda, fruto de la definición política de la corona como guardiana de la fe. El resultado de todo esto fue un paisaje de inestabilidad crónica.

El último gran rey visigodo fue Wamba. Sofocó con éxito las revueltas de los nobles, reformó seriamente la política del reino, suprimió privilegios abusivos, creó un clima de mayor justicia. Pero las facciones de nobles que le eran hostiles se conjuraron contra él, le secuestraron, le drogaron, le raparon la cabeza y le pusieron un hábito, fingiendo que el rey se había hecho monje y, por tanto, debía renunciar al trono. Así fue depuesto Wamba. Sobre esas banderías de facción se superponía —frecuentemente como mero pretexto— la cuestión religiosa, esa añeja oposición entre católicos y arrianos. Si los primeros gozaban del respaldo de la mayoría del pueblo, los segundos mantenían posiciones privilegiadas entre la aristocracia y en las mesnadas de los grandes señores. A partir de este momento, el reino se va a descomponer.

El resto fue una acumulación de desdichas. El reino de Toledo podría haber sobrevivido a la incipiente feudalización del poder, como sobrevivieron los reinos francos o el imperio bizantino, pero no pudo soportar los estragos de la peste. La primera epidemia grave de peste bubónica se declaró en el año 687. Poco después, en 693, reaparece en Narbona, y a partir de ahí explota: rápidamente se extiende hacia el sur y termina afectando a toda la península. Se calcula que más de una cuarta parte de la población hispana murió en aquel trance. Enfermedad, terror, campos abandonados y crisis económica. Muerte, hambre, peleas desesperadas por conservar los menguantes recursos disponibles. Al final, inevitablemente, la guerra civil entre facciones opuestas por hacerse con el trono. Y al otro lado del Estrecho, un poder emergente, el califato Omeya de Damasco, con la ambición de apoderarse de un país deshecho. Guadalete, año 711. Fin de la historia.

EL FINAL DEL MUNDO GODO

¿Cómo fue el final? Cuanto sabemos sobre los últimos años del reino visigodo viene envuelto en una densa nube de oscuridad: faltan datos, faltan documentos, faltan certidumbres. Tan intensa fue la crisis que incluso los cronistas callan. Por lo poco que nos consta, y a título de conjetura, podemos reconstruir los acontecimientos de la siguiente manera. Hacia el año 694, el rey Égica asocia al trono a su hijo Witiza. Éste va a ejercer como jefe militar y territorial (dux) en Galicia y allí, según la tradición, se encaprichó de la mujer de un noble llamado Favila, discutió con él y, en la refriega, lo mató. El tal Favila tenía un hijo llamado Pelayo. Mientras tanto, la peste empieza a hacer estragos en el país. En Córdoba, una facción rival intenta derrocar al rey: la encabeza un noble llamado Teodofredo, que según la tradición era hijo del rey Recesvinto. Égica descubre la conspiración, prende a Teodofredo y ordena sacarle los ojos. El tal Teodofredo tenía un hijo llamado Rodrigo. Los grandes del reino luchan entre sí a dentelladas por los despojos de un país arruinado. Égica muere en 702 y Witiza sube al trono. El nuevo rey intenta coser los muchos rotos del reino. Entre otras cosas, Rodrigo, hijo del represaliado Teodofredo, es nombrado dux de la Bética; podemos suponer que a su lado estaría ya Pelayo, el hijo del asesinado Favila.

En todo caso, a Witiza todo le sale mal: la peste sigue haciendo estragos, hay una hambruna feroz en el año 707 y otra en 709, al tiempo que la Iglesia entra en crisis por una serie de disposiciones que relajan el celibato del clero. Así que no sólo la elite política del reino está dividida y la economía del reino naufraga, sino que también la Iglesia zozobra. Witiza muere al año siguiente, en 710, en circunstancias que desconocemos. Lo único que sabemos es que el dux Rodrigo se hace con el poder con el apoyo de los nobles, pero «tumultuosamente». Rodrigo es rey legítimo, pues cuenta con el apoyo de sus pares, pero enseguida la facción de los fallecidos Égica y Witiza, perjudicada por el cambio de poder, se alza en armas.

Hay dos levantamientos simultáneos. En Sevilla, los witizianos se agrupan en torno a un hermano de Witiza llamado Oppas; es una conjura palaciega que Rodrigo, al parecer, frustra sin gran complicación. Al mismo tiempo, en la Tarraconense, al noreste, se levanta un tal Agila que se proclama rey (Agila II), acuña moneda propia y forma un ejército. Rodrigo forma a los suyos y enfila hacia la Tarraconense. Pero en ese momento recibe noticias alarmantes del sur: un fuerte contingente que viene del norte de África ha desembarcado en Algeciras. ¿Cómo es posible? Según parece, el gobernador de Ceuta, que pasará a la historia como don Julián, les ha facilitado los barcos que necesitaban y así les ha abierto las puertas del reino. Rodrigo corre al sur para hacer frente al invasor.

Podemos imaginar en qué consiste el ejército de Rodrigo: unos pocos miles de guerreros, la elite militar del reino, y tal vez la poca tropa de leva que hubiera podido reclutar en un país deshecho por las hambrunas. Es verdad que en el sur va a recibir el respaldo de los guerreros del bando witiziano, obligados por su condición. Con eso debería bastar para detener a los invasores. Corría el verano del año 711. El choque será en la confluencia de los ríos Guadalete y Majaceite, pocos kilómetros al sur de donde hoy está Arcos de la Frontera. Y allí fue la calamidad.

En plena batalla, los guerreros del bando witiziano, que cubrían los flancos de la tropa visigoda, abandonan el campo y se pasan al lado enemigo. Los de Rodrigo quedan solos, rodeados por los musulmanes. Será una carnicería. No sólo sucumbe la gran mayoría de los guerreros de Rodrigo, sino que los propios witizianos, envueltos en el caos de la batalla, sufren incontables bajas. Cuenta la tradición que el caballo de Rodrigo será encontrado río abajo, cubierto de flechas… y sin su jinete, cuyo cuerpo jamás apareció. El rey había muerto. Pero no sólo el rey: la flor de la caballería visigoda, la elite guerrera del reino, pereció también en Guadalete. Privado de un ejército digno de ese nombre, el reino entero se hundió. Enseguida veremos cómo.

Así, casi trescientos años después del *foedus* suscrito con Roma, desapareció el reino visigodo de Toledo. Para siempre. Pero el Reino de Asturias, a partir de Alfonso II el Casto a finales del siglo VIII, buscará deliberadamente recoger su herencia. Los códigos visigodos, convertidos en *Fuero Juzgo,* sobrevivieron hasta el siglo XIX. El concepto estético visigodo es perceptible en los grandes monumentos del prerrománico asturiano. El modelo municipal de nuestro medievo fue más godo que romano. La religiosidad isidoriana se prolongó mal que bien en la liturgia y en el mundo monástico. Y, mucho más a ras de tierra, la huella germánica sobrevive en apellidos tan comunes como Rodríguez, Ramírez, Ruiz, Gutiérrez, Guzmán, Álvarez o Fernández, por poner sólo unos pocos ejemplos. O sea que los visigodos no murieron: como la energía, se transformaron. Se transformaron en lo que nosotros somos hoy. De algún modo, el fuego de la derrota terminó de fundir su silueta en el suelo común hispano, ese suelo donde ya había yamnas y tartesios e iberos y celtas y romanos. Así concluyó la historia de aquel pueblo que cruzó media Europa buscando una patria. Esa patria era la nuestra.

Lucus
ASTURES
CANTABROS
VASCONES
CAMPI VISIGOTORUM
Brácara
Cesaraugusta
Barcino
Tarraco
OCÉANO ATLÁNTICO
Mar Mediterráneo
Toletum
Olissipo
Emérita
Córduba
Hispalis
Carthago
Áreas aproximadas de asentamientos (409-429)
Capital de provincia
Ciudad hispanovisigoda
Asentamientos visigodos
Visigodos
Reino suevo (hasta 585)
Resistencia cántabro-vasco-astur
Provincia de Bizancio (552 - 624)
Acciones militares de los visigodos
CONSTITUCIÓN DEL ESTADO VISIGODO.
UNIFICACIÓN DEL REINO DE LEOVIGILDO

BIBLIOGRAFÍA BÁSICA PARA SABER MÁS

ÁLVAREZ, Paco, *Romanos de aquí*, La Esfera de los Libros, Madrid, 2021.

BERMÚDEZ DE CASTRO, José María y MÁRQUEZ, Belén, *Hijos de un tiempo perdido: la búsqueda de nuestros orígenes*, Crítica, Barcelona, 2013.

CARRILLO GONZÁLEZ, Raquel, *Breve historia de Tartessos*, Nowtilus, Madrid, 2011.

COLLADO, Benjamín, *Guerreros de Iberia*, La Esfera de los Libros, Madrid, 2018.

ESPARZA, José Javier, *Visigodos. Historia de la primera España*, La Esfera de los Libros, Madrid, 2018.

GÓMEZ ARAGONÉS, Daniel, *Bárbaros en Hispania*, La Esfera de los Libros, Madrid, 2018.

MONTERROSO, Alberto, *Emperadores de Hispania*, La Esfera de los Libros, Madrid, 2022.

NEGRETE, Javier, *La conquista romana de Hispania*, La Esfera de los Libros, Madrid, 2018.

PIMENTEL, Manuel, *Leyendas de Tartessos*, Almuzara, Madrid, 2015.

RUIZ MATA, José, *Megalitismo*, Almuzara, Madrid, 2018.

SEGUNDA PARTE

LA RECONQUISTA

10
LA INVASIÓN MUSULMANA

La invasión árabe de 711 es un hecho absolutamente decisivo en nuestra historia. Hasta aquel momento, y a lo largo de un milenio, España había pasado de ser una realidad geográfica, con los fenicios y los griegos, a ser una realidad social y cultural con Roma, y ahora empezaba a ser una realidad política consciente con los visigodos. Ese camino quedó violentamente truncado con la invasión.

UN PASEO TRIUNFAL

A principios del siglo VIII, las huestes musulmanas se habían apoderado de la península arábiga, la gran Siria, casi toda Palestina, parte de la península de Anatolia —la actual Turquía—, el viejo imperio persa y todo el norte de África hasta el Atlántico. Todo eso en poco más de siglo y medio desde la muerte de Mahoma. ¿Cómo fue posible? Sin duda, por la potencia expansiva del islam como religión política, pero, sobre todo, por la escasísima estructuración del poder en los territorios conquistados: pequeños reinos tribales, imperios hundidos en la guerra civil como el persa, o en una larga crisis política y social como el bizantino, etc. Frente al caos que reinaba en esas regiones, el califato musulmán de Damasco ofrecía una autoridad fuerte, potencia militar y un horizonte de unificación que para muchos debió de resultar el menor de los males posibles. También en España los ejércitos árabes supieron sacar partido del caos.

Pocos meses después de la batalla de Guadalete, el jefe político de los musulmanes en Tánger, Muza ibn Nusair, desembarca con 18.000 hombres de refresco. Su ejército no es enteramente árabe: son árabes los jefes, sin duda, y vienen también cuadros sirios y yemeníes, pero la masa fundamental de maniobra son los contingentes bereberes reclutados en el norte de África. Con esa hueste, Muza se dirige contra los centros neurálgicos del reino visigodo. Junto a él marcha el jefe militar de la región, Tarik ibn Ziyad: el mismo que ha vencido en Guadalete y al que debemos el nombre de Gibraltar (Yab-al-Tarik), entre otras calamidades.

Toman Cádiz y Medina Sidonia. Sitian Sevilla, que aguanta un mes hasta que los patricios locales abren las puertas. Después, Muza envía dos columnas hacia Córdoba y Mérida respectivamente. Es obvio que alguien le está aconsejando muy bien, pues de esas ciudades depende la organización de cualquier eventual resistencia. Córdoba aguanta cuanto puede; una vez rendida, todos sus defensores serán pasados a cuchillo. Más dura es la oposición en Mérida, donde las tropas locales logran parapetarse tras las viejas murallas romanas. Tanto se dilata el sitio de Mérida que Muza, temiendo perder la ventaja de la sorpresa, deja allí una fuerza de asedio y marcha hacia Toledo. Las calzadas romanas se han convertido en auténticas autopistas para la tropa invasora. Muza sabe que conquistar Toledo es tanto como cortar la cabeza del reino: la centralización del poder en la capital, que había sido uno de los grandes logros políticos de los godos, ahora se convertía en una desventaja letal. En Toledo confluyen los ejércitos de Tarik y Muza. La capital termina rindiéndose. Los nobles que se oponen son ejecutados. El tesoro real —se dice que el más rico de la Europa germánica— acabará en las faltriqueras de los moros. Por cierto: la palabra «moro» no es en absoluto peyorativa, sino que viene de los «mauri», que es como se conocía a los habitantes de la Mauritania, el norte de África, desde tiempo inmemorial (y que precisamente por eso se llamaba así, Mauritania).

La campaña fue un paseo triunfal. Los ejércitos godos, simplemente, no existían: o estaban dispersos, o huían hacia el norte o se encerraban en la ciudad más cercana. Muza fue hacia el noroeste. Tomó Clunia, sitió Amaya —sus últimos defensores aguantaron hasta la muerte por inanición— y se apoderó de León y de Astorga. Tarik, mientras tanto, llegaba hasta Zaragoza. Como la ciudad trató de resistir, el moro incendió las casas, degolló a los niños, crucificó a los varones y esclavizó a las mujeres. Pura política de terror. Esto de crucificar a los varones, degollar a los niños y esclavizar a las mujeres no ocurrirá sólo en Zaragoza: los musulmanes harán lo mismo en todas las ciudades donde hallen resistencia. Es, sobre todo, una advertencia para quien ose resistir.

No se detendrá aquí la ola: en los años siguientes, las huestes musulmanas saquean a conciencia las tierras de lo que hoy es Cataluña y la ciudad de Pamplona, llegan hasta Narbona, la incendian y pasan a cuchillo a la escasa guarnición. Los visigodos supervivientes huyen al norte y encuentran refugio entre los francos; a estos fugitivos se los conocerá como «los hispanos». La marea de los ejércitos árabes, enriquecida ahora con millares de bereberes suplementarios, mercenarios reclutados en la propia Hispania y esclavos enrolados a la fuerza, penetrará hasta el reino de los francos. Primero Odón de Aquitania en Tolosa, en 721, y después Carlos Martel en Poiters, en 732, lograrán frenar la avalancha.

POR QUÉ FUE POSIBLE LA CONQUISTA

En este punto es inevitable hacerse una pregunta: ¿cómo fue posible que la estructura política, administrativa e incluso religiosa de la Hispania visigoda se derrumbara como un castillo de naipes ante la fuerza musulmana, que, pese a sus éxitos militares, nunca fue numéricamente superior a la que hubiera podido reunir un enemigo resuelto? La respuesta está en la extrema debilidad que aquejaba al reino de Toledo en aquel momento. La crónica inestabilidad política, la gran mortandad causada por la peste y la depauperación provocada por las sucesivas hambrunas, factores que se alimentaban unos a otros en un círculo sin fin, habían destrozado al reino. Por eso, cuando llegaron los árabes, todo se hundió.

Hay además otros factores que explican muchas cosas. La primera: los visigodos del bando «witiziano», en principio, no podían ver a los musulmanes como a enemigos, sino como a aliados; de hecho, ellos les habían llamado, y no era la primera vez —ni sería la última— que un poder llamaba a una fuerza extranjera para resolver un conflicto interno.

Segunda razón: la penetración musulmana fue bien acogida e incluso estimulada por influyentes sectores de la propia población peninsular. Parece probado que tanto muchos terratenientes hispanorromanos como la población judía, y en particular esta última, consideraban a los moros como salvadores frente a la opresión de la agónica monarquía visigoda.

Hay una tercera causa, de carácter religioso, que es muy importante subrayar, y es que el islam de aquella época, temprano siglo VIII, era todavía un credo ostensiblemente elástico. Las normas del islam, con su conocida rigidez, no empezarán a fijarse hasta entrado el siglo siguiente. Pero en aquel momento, el islam era una fe que se presentaba como prolongación de las religiones del Libro, judía y cristiana, y cuya fundamental novedad era presentar a Jesús no como a un Dios, sino como a un hombre elegido por Dios, lo cual no dejaba de guardar algún parentesco con la herejía arriana, muy extendida entre parte de la elite visigoda.

LOS QUE PACTARON CON EL MORO

Podemos suponer que al principio, y para la mayoría de la población, la llegada de aquellas nuevas gentes no sería muy distinta a lo que supuso la llegada de los propios godos tres siglos antes: una nueva elite guerrera se había hecho con el poder; nada sustancial iba a cambiar. Y sin embargo, todo cambiaría. Porque los nuevos ocupantes no iban a contentarse con ostentar el poder, sino que querían extender su dominio por todas partes y, al cabo, construir un nuevo país a su propia imagen y semejanza.

En los años siguientes, grandes grupos de colonos árabes, bereberes y egipcios van entrando en la península. Parece que no llegarán a ser más de 60.000 en todo el siglo VIII —los godos, por ejemplo, habían sumado la cifra de 200.000, como mínimo—, pero eso era suficiente para hacerse con los principales resortes del poder. En todo el territorio peninsular, los viejos dueños pactan con el nuevo amo, se convierten al islam, le pagan tributos. Una vez invadida la península por los moros, Muza llegará nada menos que hasta Lugo. La vieja Hispania ya era, para los moros, tierra conquistada.

En el islam, la conversión a esta religión no es sólo un acto de fe religiosa; es simultáneamente y sobre todo un acto de sumisión política, porque credo y orden político, en el islam, es lo mismo. Con todo, sólo una minoría de los españoles se convertirá. A los hispanos que se convirtieron al islam se los llama «muladíes»; a los que mantuvieron su fe cristiana bajo el poder musulmán, se los denomina «mozárabes», y se calcula que a la altura del siglo x eran todavía el 70 por ciento de la población de Al-Ándalus. ¿Y no había que matar a los refractarios? No: la sumisión política podía ser bastante. A las poblaciones sometidas de religión cristiana o judía, es decir, descendientes del tronco de Abraham, se les aplica el estatuto de «dimí», que quiere decir «protegido». La tal protección consistía, básicamente, en mantener la vida a cambio de un impuesto. Algo muy necesario para el orden político islámico, donde los musulmanes, por precepto del Corán, no pagan más impuesto que la limosna religiosa (es decir, que alguien tenía que pagar impuestos en su lugar).

Ése fue el sistema empleado en la mayor parte de las ciudades que se rindieron en España: *sulh,* se llama. El pacto de capitulación consistía en que los musulmanes respetaban las vidas y los bienes básicos de los vencidos, pero se quedaban con todos los tesoros públicos, los bienes de las iglesias y, por supuesto, las propiedades de los muertos, incluidos los esclavos. El pacto variaba en grado de rigor según la resistencia que hubiera opuesto la población. Así, en numerosos lugares los antiguos dueños de la tierra pasarán a trabajar como siervos del nuevo amo musulmán. En otros puntos, por el contrario, las autoridades locales mantendrán su posición, al menos durante algún tiempo, como parece haber sido el caso de Sevilla, Toledo o Mérida; algo inevitable, dado que los musulmanes carecían de medios materiales y humanos para poner a sus propios jefes.

Por otra parte, el nuevo poder, allá donde pudo, pactó con los dueños de la tierra, ya fueran hispanorromanos o nobles godos, permitiéndoles conservar sus dominios a cambio de una serie de impuestos, un acto formal de sumisión política al califa y, ocasionalmente, la conversión al islam. Es el caso de Teodomiro, que gobernaba en la región sureste, Aurariola (la actual región de Murcia y parte de Alicante), y que años antes había desarbolado un intento de invasión musulmana. Ahora, en la nueva situación, este mismo Teodomiro aceptará el poder del califato a cambio de seguir gobernando sus territorios. La historia arabizará su nombre: se le llamará Tudmir. También es muy significativo el caso de los Banu Qasi, un clan terrateniente del valle del Ebro, en torno a Arnedo.

Su nombre original era Casio. Eran quizá visigodos o más probablemente romanos. Se islamizaron como Banu Qasi a cambio del control de todo el valle medio del Ebro. Desde allí van a asegurar para Córdoba la defensa de la frontera norte. Durante casi dos siglos serán el poder decisivo en esa región. Hay muchos más ejemplos, como el de los Banu Sabrit de Barbastro.

¿Cómo eran aquellos acuerdos con los nuevos amos? Lo sabemos por el pacto de Teodomiro, cuyo texto se ha conservado. En el acuerdo, los musulmanes se comprometen a que los súbditos de Teodomiro/Tudmir «no serán muertos, ni hechos prisioneros, ni separados de sus esposas e hijos», ni tampoco «se les impedirá la práctica de su religión, y sus iglesias no serán quemadas ni desposeídas de los objetos de culto que hay en ellas». Podemos leerlo también al revés: si los de Tudmir no pactaban, sufrirían todas esas calamidades. ¿Y qué pedían los musulmanes a cambio? La entrega de las principales ciudades (Orihuela, Alicante, Villena, Lorca, etc.) y una completa colaboración política y militar, es decir, la rendición. Y además, los impuestos, claro: «Un tributo anual, cada persona, de un dinar en metálico, cuatro medidas de trigo, cebada, zumo de uva y vinagre, dos de miel y dos de aceite de oliva; para los sirvientes, sólo una medida».

UN NUEVO CAOS AMANECE

A la altura del año 715, puede decirse que prácticamente todo el reino de Toledo ha pasado a convertirse en un dominio más del califato de Damasco. Sin embargo, a partir de este momento la España mora va a vivir una especie de locura fratricida. Desde el primer instante surgen conflictos internos en el bando musulmán que invariablemente se resolverán por la vía de la espada y que con frecuencia costarán la cabeza de sus líderes. La causa de semejante torbellino de violencia es fácil de entender: la hueste musulmana era un mal avenido conglomerado de jefes árabes, alguna tropa siria, fuertes contingentes bereberes traídos del norte de África e incluso cristianos de la Mauritania que habían caído esclavos y ahora peleaban forzados en las mesnadas de Alá. El reparto de las tierras conquistadas, cuyos mejores lotes fueron para los jefes árabes, abrió las disensiones. El único modo de calmar a los descontentos era acometer nuevas campañas para obtener más botín. Pero entonces comenzará la pugna entre los jefes de cada una de estas campañas, los cuales, además, van a estar estrechamente vigilados por los enviados de Damasco.

En cuanto a los capitanes de la conquista, el destino no iba a ser amable con ellos. Muza fue llamado a Damasco para rendir cuentas de su conquista. Al califa, Soleimán, no le gustó nada el reparto del botín y condenó a Muza a la pena de muerte. Le fue conmutada por una severa multa, pero Muza ya no volvería a España: fue asesinado en una mezquita de Damasco en 716. Antes de viajar a Damasco, Muza había dejado como gobernador de Sevilla a su hijo Abd-al-Aziz. Éste se casó con la viuda de Rodrigo, Egilona, la cual, al parecer, ejerció tal influencia sobre su nuevo marido que le llevó a convertirse al catolicismo y coronarse rey de España. Abd-al-Aziz también fue asesinado, se cree que por orden del propio califa Soleimán, y su cabeza enviada a Damasco. En cuanto a Tarik, el lugarteniente de Muza, aquel que dio nombre a Gibraltar, tampoco tendría un futuro brillante. Se cree que fue él, Tarik, el principal acusador de Muza. Pero Tarik murió también muy pronto, en 720, igualmente en Damasco, olvidado de todos.

El nuevo poder musulmán aún tardaría muchos años en conseguir algo parecido a un orden estable. Pero, mientras tanto, algo estaba ocurriendo en las montañas de Asturias.

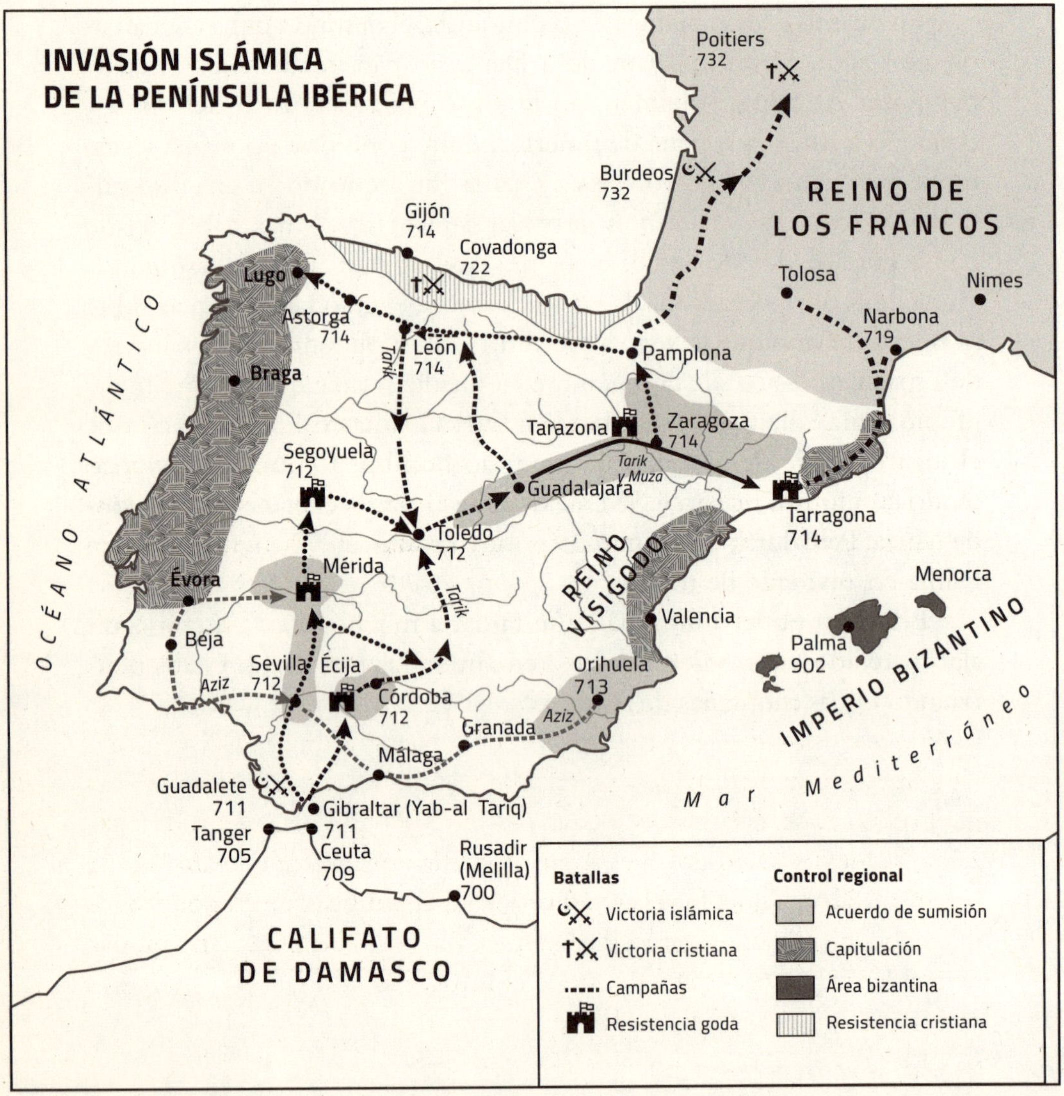
INVASIÓN ISLÁMICA
DE LA PENÍNSULA IBÉRICA
Poitiers
732
Burdeos
732
REINO DE
LOS FRANCOS
Gijón
714
Covadonga
722
Lugo
Astorga
714
León
714
Tarik
Tolosa
Nimes
Narbona
719
Pamplona
Braga
OCÉANO ATLÁNTICO
Tarazona
Zaragoza
714
Segoyuela
712
Tarik
y Muza
Guadalajara
Tarragona
714
Toledo
712
Tarik
Mérida
Évora
REINO VISIGODO
Valencia
Menorca
Beja
Palma
902
IMPERIO BIZANTINO
Sevilla
712
Écija
Orihuela
713
Aziz
Córdoba
712
Aziz
Granada
Málaga
Mar Mediterráneo
Guadalete
711
Gibraltar (Yab-al Tariq)
711
Tanger
705
Ceuta
709
Rusadir
(Melilla)
700
CALIFATO
DE DAMASCO
Batallas
Victoria islámica
Victoria cristiana
Campañas
Resistencia goda
Control regional
Acuerdo de sumisión
Capitulación
Área bizantina
Resistencia cristiana

11
RESISTENCIA, DE COVADONGA A LA MARCA HISPÁNICA

En el año 722 los musulmanes sufrieron su primer revés militar en España. Fue en un rincón de las montañas asturianas: Covadonga. Tanto las crónicas cristianas como las musulmanas cuentan la misma historia y con el mismo protagonista, luego es razonable pensar que el hecho es enteramente verídico. Bien es cierto que cada cual lo cuenta a su manera: para las fuentes cristianas, en Covadonga hubo una batalla donde las huestes de la cruz, bajo el mando de Pelayo, infligieron una severa derrota a los islámicos y los expulsaron del norte peninsular; para las fuentes musulmanas, que igualmente citan al caudillo «Belay» (Pelayo), los árabes decidieron abandonar el lugar porque —pensaron— «¿qué daño pueden hacernos esos treinta asnos salvajes?». El hecho, en todo caso, es que aquellos «asnos salvajes» obligaron a los musulmanes a abandonar la región. Sobre aquel lugar creció una unidad política que en pocos años iba a convertirse en el reino de Asturias. Y a partir de éste, a su vez, nacerá el largo proceso que se conoce como Reconquista.

PELAYO Y COVADONGA

Todo lo que sabemos de Covadonga es lo poco que nos cuentan las crónicas más antiguas, lo mucho que luego reconstruyó la tradición y todo lo que después se ha conjeturado a partir de la arqueología y el contraste de fuentes. Sabemos, por ejemplo, que el control político de los musulmanes llegó hasta Asturias y que ocuparon el principal centro urbano de la región, que era la vieja Gigia romana, o sea, Gijón, y que allí se instaló un gobernador llamado Munuza, obediente a Córdoba. Sabemos que este Munuza aplicó en la zona el mismo sistema de dominación que se había aplicado en el resto de España, con sus exigencias de plena sumisión. Y sabemos que algo debió de calcular mal Munuza, porque a la altura del año 718 surgen las primeras sublevaciones locales.

Es aquí donde aparece Pelayo, probablemente un guerrero visigodo, espatario (esto es, guardia de corps) del rey Rodrigo. En una región poco habituada a servir tributos al poder y, además, difícil de controlar por lo áspero del territorio, el levantamiento fue tomando cuerpo y se extendió a otros territorios vecinos. Aquí hay que hablar de otro personaje que será fundamental en nuestra historia: el dux (jefe militar) Pedro de Cantabria, otro guerrero visigodo que tras la caída de Amaya se había refugiado al otro lado de la cordillera. El levantamiento inicial de Pelayo no logró derrocar a Munuza, pero fue lo suficientemente amplio como para que éste pidiera refuerzos a Córdoba. Los musulmanes enviaron a un general, Al-Qama, con una hueste armada y un embajador político: el obispo Oppas, seguramente el mismo Oppas, arriano y «witiziano», que hemos visto páginas atrás en Toledo. El ejército de Al-Qama persiguió a Pelayo y los suyos y les forzó a refugiarse en las montañas. Así llegaron a una gruta donde se rendía culto a la Virgen María: la Cova Dominica, Covadonga.

Lo que pasó en Covadonga, según la versión convencionalmente aceptada, fue que las tropas musulmanas llegaron al pie de aquella peña, hostigaron a los de Pelayo para sacarlos de allí y no pudieron. En un momento del acoso, el obispo Oppas se dirigió a Pelayo ofreciéndole tierras y privilegios a cambio de la rendición (cosa perfectamente verosímil), pero Pelayo se negó. Como los musulmanes estaban peor situados, expuestos a los proyectiles que los rebeldes les lanzaban desde las peñas, terminaron marchándose de allí con algún quebranto y las manos vacías. Pero lo peor estaba por llegar para Al-Qama y los suyos, porque, en el camino de vuelta, la tropa musulmana fue emboscada y prácticamente aniquilada en un desfiladero que tradicionalmente se ha situado cerca de Cosgaya, en la comarca de Liébana. Hay quien atribuye esta emboscada al dux Pedro de Cantabria. El gobernador Munuza, viéndose indefenso, abandonó Gijón a toda prisa. Y así terminó la dominación musulmana en el norte.

Lo que nació en aquel momento no era exactamente un reino. De hecho, Pelayo nunca fue formalmente coronado como rey. Podemos imaginárnoslo más bien como una asamblea de clanes que afirma su propio poder bajo un solo liderazgo. Ese liderazgo fue el de Pelayo, elevado sobre el pavés y aclamado por los suyos. Pelayo puso capital en Cangas de Onís y desde allí gobernó, pero su trono, como se ha dicho, no era en realidad más que una silla de montar. Además estaba el otro clan, el del duque Pedro, que iba a desempeñar un papel eminente como enseguida veremos. Pelayo estaba casado con una mujer llamada Gaudiosa. Tuvieron al menos dos hijos: un varón, Favila, y una mujer, Ermesinda. Pedro de Cantabria, por su parte, tuvo al menos dos hijos, ambos varones: Alfonso y Fruela. Para sellar el pacto entre los dos clanes familiares, Alfonso se casó con Ermesinda. Pelayo falleció en el año 737. Le sucedió su hijo Favila. Pero éste, al cabo de apenas dos años, murió bajo las garras de un oso. La corona pasó entonces (año 739) a Alfonso, yerno de Pelayo e hijo de Pedro. Y este Alfonso, que pasará a la historia como «el Católico», asumirá la tarea de construir algo que ya se parecerá mucho más a un reino.

EL REINO DE ASTURIAS

Todo empezó con un acontecimiento imprevisible: hacia el año 741 estalló una gigantesca revuelta en los dominios musulmanes en España y el norte de África. Sus protagonistas: los bereberes, que habían sido la masa de maniobra de los ejércitos invasores y que ahora se sentían perjudicados por la minoría rectora árabe. ¿Por qué se sublevaban? Porque los árabes se habían quedado con las mejores tierras y los puestos de gobierno. Iba a ser una más de las largas y sangrientas pugnas internas de los musulmanes. La mayor parte de las huestes bereberes estaba en el norte, desde Galicia hasta el alto Tajo, bajo el mando de unos pocos jefes árabes. Cuando comenzó la rebelión, los bereberes abandonaron sus guarniciones para luchar contra los árabes. Inmensos territorios quedaron prácticamente desprotegidos. Alfonso vio la oportunidad y la aprovechó.

El naciente reino de Asturias no tenía un gran ejército, pero tampoco hacía falta. Alfonso y su hermano Fruela (un nombre que hay que retener) se ponen al frente de sus mesnadas y emprenden una sistemática campaña de ofensivas al otro lado de la cordillera cantábrica. En Galicia expulsan a los escasos ocupantes musulmanes y anexionan al reino Lugo, Tuy, Oporto y Braga. Los señores locales de la tierra reconocen a Alfonso como monarca. Después, se lanzan sobre el valle del Duero, lo cruzan y llegan hasta la sierra de Guadarrama por el sur y hasta La Rioja por el este: León, Zamora, Salamanca, Simancas, Ávila, Revenga (Segovia), Amaya, Cenicero, Alesanco... No se proponen conquistar territorios —no tienen con qué hacerlo—, sino, más bien, vaciarlos. Los de Asturias llegan a esas localidades, derrotan a los musulmanes que allí permanecían y se llevan a los cristianos hacia el norte. El reino se llena así de nuevas gentes. Nacen nuevos pueblos y aldeas en Galicia, en Asturias, en Cantabria, en Álava. También la hueste militar se engrosa con nuevos brazos. En términos políticos y culturales, Asturias adquiere una identidad nueva: ya no es un pequeño reino local, sino que ahora representa a la cruz, la cristiandad, frente al islam. Y en términos estratégicos, toda la franja entre el Duero y la cordillera cantábrica queda prácticamente despoblada o, al menos, desarticulada, creando así una suerte de desierto (el «desierto del Duero») entre el norte cristiano y el sur musulmán.

Cuando muera Alfonso en el año 757, el reino de Asturias será una realidad política que abarca todo el norte peninsular desde las costas gallegas hasta las tierras de los vascones, enriquecido con nueva población para el campo y para las armas, y protegido por las montañas y por un desierto estratégico que dificultará cualquier penetración enemiga. Alfonso afirmó la identidad de sus territorios y marcó sus fronteras. Fue el primer rey de Asturias consciente de tener un reino en las manos. Pero no todos tenían tal conciencia, como enseguida iba a verse.

Alfonso y Ermesinda habían tenido tres hijos: Fruela, Vimarano y Adosinda. Además, Alfonso había engendrado otro hijo fuera del matrimonio: Mauregato. Todos ellos desempeñarán un papel muy importante en los quebrantos que a partir de ahora padecería el país. A Alfonso le sucedió en el trono su hijo Fruela, un tipo duro, un guerrero. Fruela I va a afrontar con éxito los desafíos exteriores: desmantelará un intento de invasión musulmana, repoblará la frontera del Miño y sofocará las correrías de bandas de vascones en los llanos de Álava y las áreas repobladas de Cantabria. De hecho, desposará a una vascona, Munia. No era exactamente una rehén: para ella levantará Fruela la ciudad de Oviedo, que convertirá en su capital. Por el contrario, mucho peor le iban a ir las cosas en los desafíos internos. Su reforma del clero, que acentuaba la prohibición del celibato, le granjeó la hostilidad de una parte no desdeñable de los clérigos. Y sobre todo, el rey tendrá que hacer frente a una rebelión de terratenientes en Galicia que sofocará con éxito, pero a su manera, es decir, muy expeditivamente, lo cual le valdrá la hostilidad permanente de los aristócratas, los señores de la tierra, en buena parte del reino. Demasiados enemigos y demasiado poderosos. A partir de aquí se empieza a trenzar la tragedia que a punto estuvo de llevar al reino a su desaparición.

Alguien convenció a Fruela de que su hermano Vimarano, a la cabeza de un cierto grupo de nobles, conspiraba contra él. O tal vez alguien convenció a Vimarano para conspirar contra Fruela. O tal vez ambas cosas al mismo tiempo. El hecho es que en el año 765 Fruela asesina a su hermano. Será un crimen irreparable. Tres años más tarde, una nueva conjura nobiliaria termina con el asesinato del propio Fruela. La viuda, Munia, tiene que huir con su hijo, un niño de ocho años llamado Alfonso. Hallarán refugio en el monasterio de Samos. Sobre el cadáver de Fruela, los conjurados proclaman a un nuevo rey: Aurelio, hijo de aquel Fruela de Cantabria que acompañó en sus correrías a Alfonso I. Es el año 768. Vendrán tiempos muy oscuros. El reinado de Aurelio estará marcado por las revueltas campesinas y por el recrudecimiento de la amenaza musulmana (enseguida veremos por qué). No es difícil imaginar lo que estaba pasando: con un poder regio débil, los señores de la tierra buscaban aumentar su propio poder frente al de la corona. Aurelio muere en 774. Se ignora si dejó descendencia. Los nobles del reino buscan entonces nuevo rey: lo hallarán en Silo, un patricio de Pravia cuyo principal mérito era haber desposado a Adosinda, hermana del rey Fruela I, hija del rey Alfonso I, nieta de don Pelayo.

Adosinda, con linaje regio por todas partes, debía de ser una mujer de excepcional influencia. De hecho, lo primero que hace es rescatar de su destierro al pequeño Alfonso (quince años en este momento), el hijo del asesinado rey Fruela, e introducirlo en el gobierno de palacio. Se trata de reivindicar la primacía de la corona a través del linaje directo de

Pelayo. Resultado: los nobles se revuelven, y será otra vez en Galicia, donde mayor era el poder de los terratenientes. Silo sofocó la revuelta, pero sería por poco tiempo. Cuando murió Silo, después de ocho años de reinado, la viuda Adosinda logró coronar a su sobrino Alfonso. Vino entonces una nueva revuelta palaciega: Alfonso tuvo que huir (hallará refugio en las tierras vasconas de su madre, Munia) y Adosinda acabará en un convento. La corona irá a parar a las sienes que los nobles del reino han escogido: Mauregato, el hijo extramarital de Alfonso I.

Una vez más, es la aristocracia la que marca el destino del reino. Mauregato vivirá sometido a las exigencias de Córdoba, cuyo poder es cada vez más incontestable. Reinará seis años, hasta su muerte. Los nobles seguirán marcando el paso: eligen rey a Bermudo el diácono, otro hijo de Fruela de Cantabria. Es el año 789. Un hombre bondadoso y piadoso, este Bermudo, pero poco capacitado para reinar. Después de dos serias derrotas ante las tropas musulmanas, el reino naufraga. Sólo es cuestión de tiempo que Asturias acabe convirtiéndose en un vasallo más de Córdoba. Bermudo abdica en 791. Hace falta un rey más joven y enérgico. ¿Quién? Sólo hay un hombre con la legitimidad precisa: Alfonso, el hijo de Fruela, el mismo que había sido ya coronado y enseguida derrocado por los nobles, y que permanecía desterrado en algún lugar de Álava. Son los guerreros del reino los que van a buscar a Alfonso. Reinará como Alfonso II y pasará a la historia como «el Casto». Y con él todo iba a cambiar.

EL EMIRATO INDEPENDIENTE DE CÓRDOBA

También todo estaba cambiando en el sur, en Al-Ándalus, la España dominada por los musulmanes. El primer medio siglo de ocupación islámica fue una orgía de sangre: los bereberes del norte de África —ya lo hemos visto— se levantaron contra los árabes, éstos se enfrentaron entre sí al calor de sus viejas disputas tribales y, para colmo, apareció un ejército sirio que teóricamente venía a poner orden y acabó multiplicando el caos. Pero los problemas no estaban sólo en Córdoba: todo el mundo islámico ardía.

La formidable expansión del islam en el siglo anterior había construido un mundo tan heterogéneo que enseguida estallaron los conflictos étnicos, tribales o de clan. Y el mayor conflicto de todos estaba en la propia

Damasco, la capital del califato, donde la dinastía dominante, los omeyas, vio su poder desafiado por otro clan, los abasíes o abasidas, así llamados por su líder, Abu-al-Abbas, descendiente de un tío de Mahoma. No fue una revuelta palaciega ni tampoco una pugna religiosa, sino una auténtica guerra civil. Finalmente, los abasidas derrotaron a los omeyas y se hicieron con el califato, es decir, el liderazgo simultáneamente político y religioso de todo el mundo musulmán, la herencia directa de Mahoma. Era el 25 de enero del año 750. Dispuestos a extinguir hasta el último recuerdo de sus enemigos, los abasidas convocaron a los omeyas a un encuentro —con banquete incluido— en Abú-Futrus, en Palestina. Supuestamente, se trata de hablar de paz. Toda la familia Omeya acudió. Y en un cierto momento del banquete, una ola de cuchillos desnudos se abalanzó sobre los omeyas. Todos fueron pasados por las armas: hombres, mujeres, jóvenes, viejos, sin distinción. Así se consolidó el poder abasida. Pero los asesinos no completaron su trabajo: habían dejado a alguien vivo.

Los que quedaron con vida fueron el joven príncipe Abderramán y su hermano Yahya. Milagrosamente, habían logrado escapar. Al joven Abderramán —unos veinte años en aquel momento— le esperaba un largo periplo de cinco años. Primero se dirigió a Damasco, donde pudo confundirse con los miles de fugitivos que escapaban de la furia abasida. Los enemigos lograron localizar a su hermano Yahya y le dieron muerte. Entonces Abderramán emprendió una larga fuga: Palestina, las tribus beduinas del desierto, el norte de África... Siempre perseguido, terminó en la Mauritania, entre la tribu de los bereberes Nafza, que era el pueblo de su madre. Desde allí pudo ganar Ceuta, donde se escondió.

Abderramán no carecía de carisma. Nieto del décimo califa omeya e hijo de un príncipe y una concubina berebere, había nacido en un monasterio de Damasco. Un tío abuelo suyo, Maslama, le había profetizado que restablecería el esplendor de los Omeya. Al parecer, varios centenares de partidarios de los omeyas le habían seguido en su fuga o se habían unido después a él. Abderramán soñaba con establecer en el norte de África un territorio propio para los Omeya. Pero el norte de África, desde el Atlántico hasta Egipto, estaba escindido en innumerables facciones: cada gobernador o valí o emir trataba de marcar su propia zona de poder. Entonces le contaron que en Elvira, Granada, había amigos de los Omeya dispuestos a seguirle. Y esos amigos, por cierto, no eran sólo musulmanes: también hablaban las comunidades mozárabes, cristianas, hartas del salvaje caos impuesto por la guerra entre bereberes, árabes, sirios y demás, y que sólo deseaban la llegada de alguien que pudiera poner orden. ¿Y quién mejor para eso que un príncipe Omeya?

Abderramán desembarca en Nerja en septiembre del 755. Pronto reunirá un ejército con yemeníes, sirios y bereberes. Con él enfila hacia Córdoba, ciudad que toma en la primavera del año 756 (y de inmediato ordena ejecutar al viejo emir). Dicen que lo primero que hizo Abderramán fue liberar a una esclava visigoda conversa al islam y desposarla. De ella nacería su heredero, Hisham I. También plantó una palmera de la cual —dice la tradición— descienden todas las palmeras de España. Pero seguramente lo primero que hizo no fue nada de eso, sino tratar de poner un poco de orden en el inmenso caos de Al-Ándalus. A tal fin, definió con claridad cuál era exactamente su estatuto: emir independiente. Es decir: el nuevo emirato se erigía en poder propio, sin dependencia política ni administrativa de Damasco, pero reconocía la autoridad espiritual del califa, y por eso Abderramán no se proclamó califa, sino sólo emir. Después le tocó la parte más áspera del programa: aniquilar cualquier resistencia de los antiguos dueños de Al-Ándalus, que, evidentemente, no iban a dejarse dominar con facilidad. Fueron treinta largos y feroces años de guerras contra sus rivales musulmanes: los hijos del viejo emir, los partidarios de los abasidas —recordemos, la dinastía reinante en Damasco—, los rebeldes bereberes... Abderramán se mostrará inflexible: a los líderes del partido abasida en España les cortó las cabezas, las envolvió en sal y alcanfor y las mandó al califa, que ya no estaba en Damasco, sino en Bagdad, donde había trasladado su capital.

LA MARCA HISPÁNICA

Todos aquellos que habían podido construirse un espacio de poder propio en Al-Ándalus —y eran muchos, en numerosas áreas del país— sintieron que la tierra se les abría bajo los pies. Una de esas áreas era la de Zaragoza, clave para el control del valle del Ebro, que resolvió mantenerse independiente. ¿Eran musulmanes? Sí, pero el que los lideraba era un guerrero cristiano arabizado al que la corte de Bagdad había enviado para frenar a Abderramán.

¿Cómo parar al Omeya? Pidiendo ayuda externa. ¿A quién? Al vecino del norte, Carlomagno, rey de los francos, que en aquel momento estaba acumulando un enorme poder. Carlomagno recibió a los embajadores de Zaragoza. Éstos le ofrecieron rendirle tributo si les ayudaba a mantener su independencia: los de Zaragoza preferían los pactos feudales del reino de los francos antes que el centralismo que Abderramán había impuesto en Córdoba. Carlomagno descubrió que se le abría una excelente oportunidad para ampliar sus dominios al sur de los Pirineos. Y la aprovechó.

En el año 778, Carlomagno reúne a su ejército y entra en España por el oeste de los Pirineos. Llega a Pamplona y la somete. Sigue camino hacia el sur. Se planta ante Zaragoza. Espera que la ciudad le abra las puertas. Pero nadie abre. En uno de los innumerables giros políticos de la época, los dueños de Zaragoza habían preferido cambiar de bando. Carlomagno piensa en rendir la ciudad por asedio, pero en ese momento le cuentan que los sajones se han sublevado en el otro extremo de sus dominios. El rey de los francos resuelve volver grupas. Se dirige nuevamente por Pamplona, cuyas murallas arrasa hasta los cimientos, y abandona España. Al pasar por Roncesvalles, su retaguardia es aniquilada por los vascones. El episodio pasará a la historia como la batalla de Roncesvalles. En cuanto a Zaragoza, acabará sometiéndose a Abderramán.

Carlomagno debió de sacar las enseñanzas oportunas de este lance. Ante todo, resolvió cambiar de estrategia: ya no volverá a penetrar en la península, sino que irá construyendo un cordón defensivo a partir de los territorios cristianos de los Pirineos. Éste es el momento en el que nace lo que se llamará «Marca Hispánica»: una densa frontera militar desde el Atlántico hasta el Mediterráneo que en breve plazo abarcará los territorios de Pamplona, Aragón, Sobrarbe, Ribagorza, Pallars, Urgel, Cerdaña, Rosellón, Ampurias y Barcelona. Las fronteras o «marcas» del imperio carolingio eran habitualmente puestas bajo el mando de un duque directamente dependiente del rey de los francos. Aquí no será así: por lo general, serán los señores locales los que aseguren la defensa. Aparecen así los Galindo, Velasco, Aznar y tantos otros nombres que a partir de ahora serán determinantes en la vida de estas tierras, pero también habrá condes de origen franco como Aureolo (Oriol). En 785 se libera Gerona. En 801, Barcelona. Pamplona es condado independiente desde 799. Así se consolidará, al pie de los Pirineos, el otro polo de la Reconquista cristiana.

De tal modo que a finales del siglo VIII ya se habían configurado en sus líneas básicas el reino de Asturias y la Marca Hispánica, pero también Al-Ándalus, porque Abderramán, a costa de largos años de guerra, terminará logrando su objetivo. El emir independiente de Córdoba organizó su territorio con el claro propósito de convertirlo en un Estado puramente musulmán. Los abasidas habían acusado a los omeyas de no islamizar suficientemente los territorios conquistados. Ahora Abderramán, el único Omeya con poder territorial, iba a demostrar a los nuevos amos del califato que era capaz de islamizar, y a fondo. Y para que nadie lo dudara, utilizó la vieja basílica hispanogoda de Córdoba, San Vicente, ya profanada por los moros, para construir sobre ella una mezquita que sería el monumento mayor de la España musulmana.

Abderramán dividió el territorio en siete provincias. Al frente de cada una de ellas puso a un gobernador de su absoluta confianza. Pero, para no depender sino de sí mismo, constituyó un numeroso ejército con todo lo que encontró a mano: bereberes, árabes, andalusíes, cristianos y los llamados «eslavos», que eran el nombre genérico con el que se conocía a los esclavos cristianos europeos (España incluida) que terminaban en las huestes moras. Asimismo, creó un aparato judicial propio para aplicar la ley islámica (la *sharia*) y estableció un consejo coránico. Privilegió a los musulmanes de origen y a los muladíes —cristianos conversos al islam—, y en cuanto a los mozárabes, es decir, a los que querían seguir siendo cristianos, les hizo pagar un impuesto extraordinario por permanecer en sus tierras. Se proclamó príncipe de los creyentes y acuñó moneda propia. El paisaje general iba a seguir siendo el de la guerra, tanto interna como frente a enemigos exteriores. Pero en Al-Ándalus ya había un solo poder.

La figura de Abderramán —alto, rubio, barbilampiño, tuerto, según nos lo pintan las crónicas moras—, iba a acompañarnos durante casi el resto del siglo VIII. De no ser por él, lo más probable es que a la altura del 750 Al-Ándalus se hubiera descompuesto, pero sobrevivió. Abderramán murió en 788. Dejó once varones y nueve hembras. Escogió como sucesor a su hijo Hisham, el retoño de la goda conversa, porque era el que más se le parecía. La dinastía Omeya quedaba asegurada en España. Duraría dos siglos y medio más. Pero, mientras tanto, una idea empezaba a tomar forma en la España cristiana: la de «recuperar la España perdida».

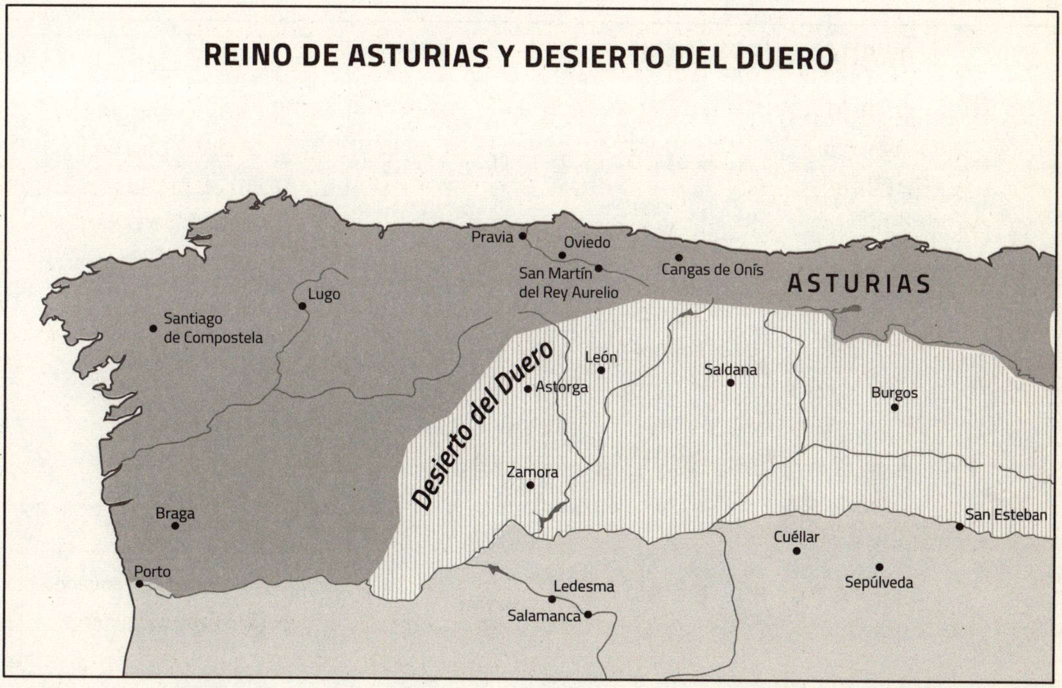
REINO DE ASTURIAS Y DESIERTO DEL DUERO
Pravia
Oviedo
San Martín del Rey Aurelio
Cangas de Onís
ASTURIAS
Lugo
Santiago de Compostela
Desierto del Duero
León
Astorga
Saldana
Burgos
Zamora
Braga
Porto
Ledesma
Salamanca
Cuéllar
Sepúlveda
San Esteban

MARCA HISPÁNICA
Reino de Pamplona
Condados aragoneses
Condados catalanes
PIRINEOS
Roncesvalles
Somport
REINO DE PAMPLONA
Pamplona
Jaca
ARAGÓN
SOBRARBE
RIBAGORZA
PALLARS
URGEL
CERDAÑA
ROSELLÓN
BESALÚ
AMPURIAS
Gerona
BARCELONA
Barcelona
Calahorra
Tudela
Huesca
Zaragoza
Lérida
Río Ebro
Calatayud
Tarragona
Tortosa
CALIFATO DE CÓRDOBA
Reino de Pamplona
Centros militares musulmanes

12
RECONQUISTA Y REPOBLACIÓN

A la altura del año 754, un anónimo monje cristiano escribió en algún lugar de Al-Ándalus una crónica que desde el punto de vista histórico es una joya. Se trata de la llamada *Crónica mozárabe*. ¿Por qué es tan importante? Porque es el primer documento conocido en el que alguien se lamenta de la «pérdida» o «ruina» de España tras el hundimiento visigodo y la invasión musulmana.

QUÉ QUIERE DECIR «RECONQUISTA»

Una de las grandes cuestiones que se plantean siempre cuando se habla de la Reconquista es a partir de qué momento alguien pensó que había algo que «reconquistar», qué era eso que debía reconquistarse y con qué derecho. Pues bien: esa conciencia de reconquista aparece lentamente, pero muy temprano, en las elites intelectuales de España, que eran los monasterios, y no en términos de restauración política, sino en clave religiosa. Al principio es sólo un sentimiento de pérdida que se interpreta con colores apocalípticos, como en la *Crónica mozárabe*: España se condena por sus pecados y el castigo es la invasión musulmana, la ruina del orden político, las matanzas y la esclavitud. Y entonces... ¿todo ha terminado? ¿Ha llegado el fin? No. En un segundo momento aparecerá un rayo de luz en ese sombrío panorama porque, en efecto, España se ha «perdido», pero la defensa de la fe verdadera frente al islam ofrece una posibilidad de salvación. Aquí es donde empieza a fraguarse la noción de «reconquista».

¿Cuándo surge esa convicción? Hacia el año 790 en los monasterios del reino de Asturias. Seguimos moviéndonos en términos mucho más religiosos que políticos, y es natural que así sea: el motor cultural de la época es la religión, es en los monasterios donde se ha custodiado el conocimiento, son los clérigos los que difunden ideas, los que predican a las gentes, los que forman las conciencias. Ahora bien, hay un problema no menor: las diócesis más importantes —Toledo, Sevilla, Mérida, Zaragoza— se hallan bajo control musulmán y los obispos se encuentran en la tesitura de mantener su posición en un entorno muy hostil. ¿Cómo convertir la fe en bandera cuando esa bandera se halla en territorio enemigo? Pero un acontecimiento inesperado vendrá a cambiar las cosas. En torno al año 790, el obispo de Toledo, Elipando, defiende públicamente que Jesús no es Dios, sino un hombre adoptado como hijo por Dios. Es la tesis del «adopcionismo». Una tesis que entroncaba con la vieja herejía arriana tan característica del mundo visigodo y que, por otra parte, acercaba posiciones con el islam, pues en éste Jesús figura como uno de los grandes profetas antes de la llegada de Mahoma. La diócesis de Toledo seguía siendo la más importante de España. No era poca cosa, pues, que su obispo mantuviera posiciones tan heterodoxas. Y fue entonces cuando la Iglesia del norte reaccionó.

Dos monjes del monasterio de San Martín de Turieno, Beato de Liébana y Eterio de Osma, encabezan la reacción. «Testículo del Anticristo», llaman estos monjes al obispo de Toledo. «Fetidísimo doctor Beato», responde Elipando al asturiano. La polémica es feroz. Lo que está en juego es la continuidad de la cristiandad romana en España. Beato y Eterio, probablemente mozárabes ambos, fugados al norte en los años anteriores, sienten la ruina de España, como en la *Crónica*, y están dispuestos a plantar cara. La disputa se extiende y llega al imperio carolingio. Carlomagno, el emperador, convoca un sínodo en Fráncfort. Es ya el año 794. Allí se reúnen los nombres más eminentes de la Iglesia: Alcuino de York, Teodulfo de Orleans, Paulino de Aquilea. El sínodo respalda a Beato y condena a Elipando. La decisión tiene un gran alcance teológico, pero, además, trae importantísimas consecuencias políticas: la Iglesia de Asturias se convierte en la verdadera cabeza de la cristiandad española, frente a las viejas sedes del sur. Y con la bendición del papa Adriano I y el emperador Carlomagno.

¿Y estaba el reino de Asturias en condiciones de liderar nada menos que a la cristiandad española frente al todopoderoso enemigo andalusí, que Abderramán I había convertido en una potencia temible? Ya hemos visto los quebrantos que flagelaron a la precaria corte asturiana desde la muerte de Fruela hasta las derrotas de Bermudo. Pero entonces aparecerá un hombre que iba a cambiar radicalmente el mapa: Alfonso II el Casto. Recordemos: Alfonso, hijo del rey Fruela, coronado por su tía Adosinda en 783, derrocado enseguida por los aristócratas del reino y refugiado desde entonces en las tierras vasconas de su madre, doña Munia. Cuando las huestes asturianas fueron derrotadas por los musulmanes en el río Burbia, el rey Bermudo, viéndose incapaz de afrontar el reto, abdicó. Así los guerreros del reino acudieron a buscar a Alfonso a su destierro. Era el año 791. Y esta vez el nuevo rey traía una idea en la cabeza.

Dicen las crónicas que lo primero que hizo Alfonso II fue «restaurar el orden gótico en palacio». Detrás de esa frase, que a primera vista podría parecer una mera decisión administrativa, hay sin embargo algo trascendental: la voluntad de reivindicar la herencia de la monarquía hispanogoda. Alfonso fue coronado con todo el boato de los antiguos reyes: unción sacra, corona, cetro y manto. Era tanto como decir que Toledo, a partir de ahora, estaba en Oviedo. Y por tanto, que Oviedo reclamaba el derecho a recuperar todos los territorios del viejo reino godo. La idea de la pérdida de España expresada en la *Crónica mozárabe*, que ya se había transformado en voluntad de resistencia con el episodio de Beato de Liébana frente a Toledo, se convertía ahora en realidad política con un monarca que reclamaba aquella España perdida. ¿Y tenía derecho Alfonso a reclamar nada? Por linaje, no: realmente no había continuidad dinástica con los reyes godos. Pero eso, en la presente situación, era lo de menos. Lo importante era la voluntad de restaurar una corona cristiana y, en consecuencia, reconquistar lo perdido. A partir de este momento empieza a tomar forma la idea de «reconquista» en la corte asturiana.

El reinado de Alfonso II, asombrosamente largo (medio siglo), se vio salpicado por innumerables sobresaltos. Dos veces destruyeron los musulmanes Oviedo, y dos veces fue reconstruida. En varias ocasiones se levantaron los aristócratas, y en una de ellos incluso llegaron a secuestrar al rey, pero Alfonso salió con bien del trance. Del mismo modo, las armas de Asturias frustraron varios intentos de invasión musulmana y, aún más, en una serie de fulgurantes campañas llegaron a saquear la Lisboa musulmana y el valle alto del Tajo. Simultáneamente, el rey convertía Oviedo en una capital digna de sus ambiciones, llena de iglesias y palacios, y establecía relaciones permanentes con Carlomagno. De esta época data, por ejemplo, la reintroducción de la moneda en la España cristiana. Pero tal vez lo más importante, desde el punto de vista de la Reconquista, es que comienza la repoblación de territorios al sur de la cordillera cantábrica. Porque eso, la repoblación, es la Reconquista propiamente dicha: no una operación política y militar decidida por el poder, sino la lenta y sistemática ocupación de territorios por miles de familias campesinas que acuden a la frontera buscando una vida nueva y recuperando así regiones enteras para la cruz.

LA GRAN AVENTURA DE LOS COLONOS

Conocemos bien los primeros pasos de esta inmensa gesta escrita por gentes de a pie. A finales del siglo VIII aparecen en el valle de Mena, en el noreste de Burgos, los primeros colonos. El movimiento se extiende enseguida a los valles colindantes de Losa y Tobalina, por el este, y a la actual Espinosa de los Monteros por el oeste. Los colonos roturan campos, recuperan molinos, construyen o reconstruyen aldeas. En el valle de Mena, una familia formada por Lebato y Muniadona y sus hijos Vítulo y Ervigio firman una donación «en estas tierras de Castilla». Es el 15 de septiembre del año 800 y es la primera vez que la palabra Castilla aparece en la historia. Algo más tarde, siempre bajo el reinado de Alfonso II, se constituye el primer municipio conocido de nuestra historia: Brañosera, en la montaña de Palencia, poblado con gentes que vienen de las Mazcuerras, en la actual Cantabria. Es el año 824. La aventura de los colonos proseguirá sin pausa. También en el este de España, donde, aunque la presión militar musulmana es más fuerte, no faltarán los ejemplos de repoblación, como la del «miles» (soldado, guerrero) Juan en la Plana de Vic.

Es muy importante explicar cómo se llevaba a cabo esta repoblación, porque en el proceso va a ir construyéndose una mentalidad que luego será decisiva para nuestra historia posterior. La repoblación es esencialmente una empresa privada: las familias de campesinos llegan a un lugar despoblado y toman tierras. Lo hacen libremente y por propia iniciativa.

Esa toma de tierras se llama «presura». Para que nadie acapare indebidamente, a la presura debe seguirle el «escalio», esto es, la preparación de la tierra para ser cultivada, y a nadie se le reconoce una presura si no ha hecho el escalio correspondiente. Quienes hacen presuras son campesinos libres, dueños de su tierra. Podemos imaginar hasta qué punto aquello podía motivar a la gente en un orden social como el de este tiempo, donde la norma era la servidumbre hacia los dueños de la tierra. Acudir a la frontera era sinónimo de propiedad, libertad y ascenso en la escala social. Libertad, eso sí, que también conllevaba grandes riesgos: los colonos no tienen tras de sí un ejército que les apoye, sino que han de garantizar por sí mismos su propia seguridad. Al sur, al otro lado, hay un enorme poder —el de Córdoba— con huestes armadas que viven del saqueo y de la captura de esclavos. De tal forma que el colono ha de ser al mismo tiempo campesino y soldado, defenderse si es posible y, si no, resignarse a verlo todo destruido para comenzar nuevamente desde cero.

¿Y qué hace la corona mientras tanto? Tratar de amparar el proceso. En unos lugares, reconoce los derechos que los campesinos han conquistado por sí mismos, otorga fueros y a cambio pide ciertas prestaciones: servicio de armas, servicio de vigilancia, trabajo en la construcción de castillos, etc. En otros puntos, como Brañosera, el rey toma la iniciativa para conceder derechos de explotación del territorio (montes, pastos, ríos, etc.) y asume la protección del sitio. Protección que, en todo caso, depende siempre de unos ejércitos escasos y distantes. La paulatina construcción de castillos en la frontera sirve para eso: son pivotes de defensa en un espacio que, no obstante, siempre resultará demasiado grande para ser eficazmente protegido.

Los monarcas de este tiempo no tienen más ejército propio que su guardia personal (los *fideles regis* de Alfonso II, por ejemplo). Las huestes en armas dependen en realidad de los señores locales, que son los que se encargan de la movilización de los ejércitos cuando el rey llama. Fuera de eso, la nobleza de armas, los caballeros, los guerreros, conforman una clase social singular que presta su brazo al rey cuando éste lo ordena, pero su lugar natural es su propio territorio. ¿Y quién defiende a los colonos? Ellos se defienden a sí mismos. La vida en la frontera es un perpetuo riesgo. Lo cual, por otra parte, pone a los colonos en condiciones de exigir a cambio ciertos derechos. Y esto es crucial, porque implica cambios sociales de gran calado.

El orden social en la España cristiana de la época, como en el resto de Europa, obedece a la vieja tripartición estamental que se remonta a Sócrates: *oratores*, *bellatores* y *laboratores*; los que rezan, los que combaten y los que trabajan, que son respectivamente la cabeza, el pecho y el vientre en el orden político ideal socrático. Las tres funciones configuran clases sociales o estamentos generalmente muy cerrados. El uso de las armas está reservado a los *bellatores*, la nobleza guerrera. Pero en la España de la Alta Edad Media, con esas vastísimas fronteras expuestas al enemigo, hacen falta más brazos. Por eso los campesinos que acuden a la tierra extrema, a la «Extremadura», como enseguida se la llamará (y habrá varias «extremaduras» a medida que la frontera avance), pueden ser también guerreros, lo cual supone un ascenso implícito en la escala social, añadido al que ya representaba poseer su propia tierra. Y también en esto, por cierto, es imprescindible subrayar el papel de la Iglesia: a lo largo y ancho de la frontera, los monasterios actúan como un elemento de vertebración del territorio, una suerte de instancia administrativa informal. Son también centros de repoblación que trabajan sus propias tierras y ocasionalmente acogen a otros colonos. Los *oratores* son también *laboratores*.

EL ROSTRO DE UN PAÍS NUEVO

Con estos ingredientes, la repoblación avanza rápidamente en la meseta norte y va adquiriendo nuevas formas a medida que el proceso se intensifica. A las tierras colonizadas por pioneros privados se sumarán, más al sur, los concejos, asambleas de vecinos a las que la corona otorga fueros, esto es, derechos propios, que regulan sus libertades locales y también sus obligaciones con el rey. Y enseguida, según la frontera desciende hacia el sur, aparecerá una forma más elaborada de organización que son las comunidades de villa y tierra, donde una ciudad principal actúa como pivote de la colonización en un área mucho más extensa, con sus pueblos y aldeas. El avance hasta la frontera del Duero es vertiginoso entre los siglos IX y X. A partir de León, reconquistado en 856 y convertido en nueva capital del reino de Asturias, se proyecta la repoblación hacia Toro, Simancas y Zamora antes del año 900, y después, ya al otro lado del Duero, Ledesma y Salamanca entre 900 y 940. Por el oeste, la repoblación llega a Tuy en 854, Oporto en 868 y Coimbra en 878. Por el este, los colonos llegan a Miranda de Ebro en 804, Haro en 854, Oca en 860, Osma en 912, Sepúlveda y Cuéllar en 940. Entre 850 y 912 el espacio de Castilla se amplía sucesivamente con Amaya, Burgos, Roa y Peñafiel hasta pasar el Duero y asomarse a la sierra de Guadarrama.

El motor de ese vasto movimiento es fundamentalmente el pueblo. En ese sentido, la Reconquista no es propiamente un proyecto político, sino que tiene mucho de fenómeno social y cultural. La corona lo respalda jurídicamente con los fueros y militarmente allá donde puede, pero los protagonistas son los colonos y sus ciudades, y los monasterios y sus monjes. Un buen ejemplo lo ofrece la tradición de los «Jueces de Castilla», Laín Calvo y Nuño Rasura, cuya existencia real es dudosa, pero que dan carne a una tradición de independencia muy arraigada: ante las exigencias de la corona, los jueces reivindican los derechos del pueblo reflejados en los fueros. Esos derechos llegan a equiparar la condición social del «villano», el habitante de la villa, con los de la baja nobleza en caso de litigio. A esta nueva realidad social corresponden las figuras del «caballero villano» y del «infanzón»: campesinos que acceden al estatuto de la nobleza si pueden costearse un caballo y una lanza para la batalla. Ellos son el auténtico brazo armado de la Reconquista.

Este carácter fundamentalmente popular de la repoblación hará que la Edad Media española, en esta primera etapa de la Reconquista, presente rasgos muy diferentes respecto al resto de Europa. La norma en la Europa medieval es la organización feudal, es decir, una cadena de relaciones de vasallaje mediante la cual el rey concede o reconoce a un hombre libre la propiedad de un territorio a cambio de que le preste obediencia y le rinda tributo, y el señor de esa tierra, a su vez, establece relaciones semejantes con otros hombres libres para que trabajen la tierra a cambio de ofrecerles protección armada. España no será una excepción, pero el modelo feudal tendrá muchas variantes. Sólo en las tierras de Cataluña y Aragón se dará un modelo feudal puro. En las áreas de León y Castilla, la existencia de numerosas ciudades con fuero propio y de una abundante clase de pequeños propietarios cambiará radicalmente el paisaje. Sólo mucho más tarde se asistirá a un proceso de concentración de la propiedad, y ello en regiones muy concretas del país. Aun así, entre nosotros surgirá una curiosísima institución llamada «behetría» que concedía al siervo el derecho a cambiar de señor, cosa impensable en el resto de Europa.

El gran proceso de repoblación continuará sin pausa. El emirato de Córdoba tratará una y otra vez de desmantelar la frontera con continuas expediciones de saqueo (las llamadas «aceifas»), pero sin éxito. El camino abierto bajo el cetro de Alfonso II continuará bajo sus sucesores. Esos sucesores no serán descendientes directos suyos, y también en esto Alfonso mostrará una gran visión política: como no tenía hijos, prohijó desde muy pronto a un hijo del rey Bermudo, Ramiro, con lo cual la corona volvía al linaje de Pedro de Cantabria. A este Ramiro I (que, por cierto, tendrá que hacer frente a un golpe palaciego nada más llegar al trono) le sucederá su hijo Ordoño, y a éste a su vez su hijo, Alfonso III.

El tercer Alfonso será un personaje igualmente fundamental. Con él se asentará la frontera del Duero a la altura del año 890. Con él llegarán al norte miles de mozárabes, cristianos andalusíes, que huían del mundo musulmán para repoblar tierra cristiana. Con él se convertirá el reino de Asturias en reino de León. Con él los ejércitos de Córdoba se verán tan impotentes que llegarán a pedir una tregua. Y con Alfonso III, en fin, tomará forma escrita la idea de Reconquista en las llamadas *Crónicas asturianas*, que son tres: la Rotense, la Sebastianense y la Albeldense, redactadas a finales del siglo IX bajo el impulso del propio rey.

En poco más de dos siglos, el minúsculo asentamiento de Cangas de Onís que levantó Pelayo y heredó Alfonso I se había convertido en un extenso reino que ocupaba todo el norte peninsular desde el río Duero hasta el mar Cantábrico, repoblando territorios, construyendo o reconstruyendo ciudades y creando una conciencia de «reconquista» que iba a convertirse en motor de todos los reinos cristianos.

Esa conciencia arraigará también, aunque de manera más precaria, en los reinos que iban tomando forma al pie de los Pirineos, sobre la Marca Hispánica, desde Navarra hasta el condado de Barcelona. Pero aquí los problemas eran otros. La evolución política de estos núcleos era distinta. El territorio era más estrecho. Y sobre todo, la presión militar del emirato de Córdoba taponaba literalmente cualquier posibilidad de expansión territorial para los cristianos. Porque Córdoba, evidentemente, no se había quedado quieta mientras todo eso pasaba. Y esto hay que verlo en capítulo aparte.

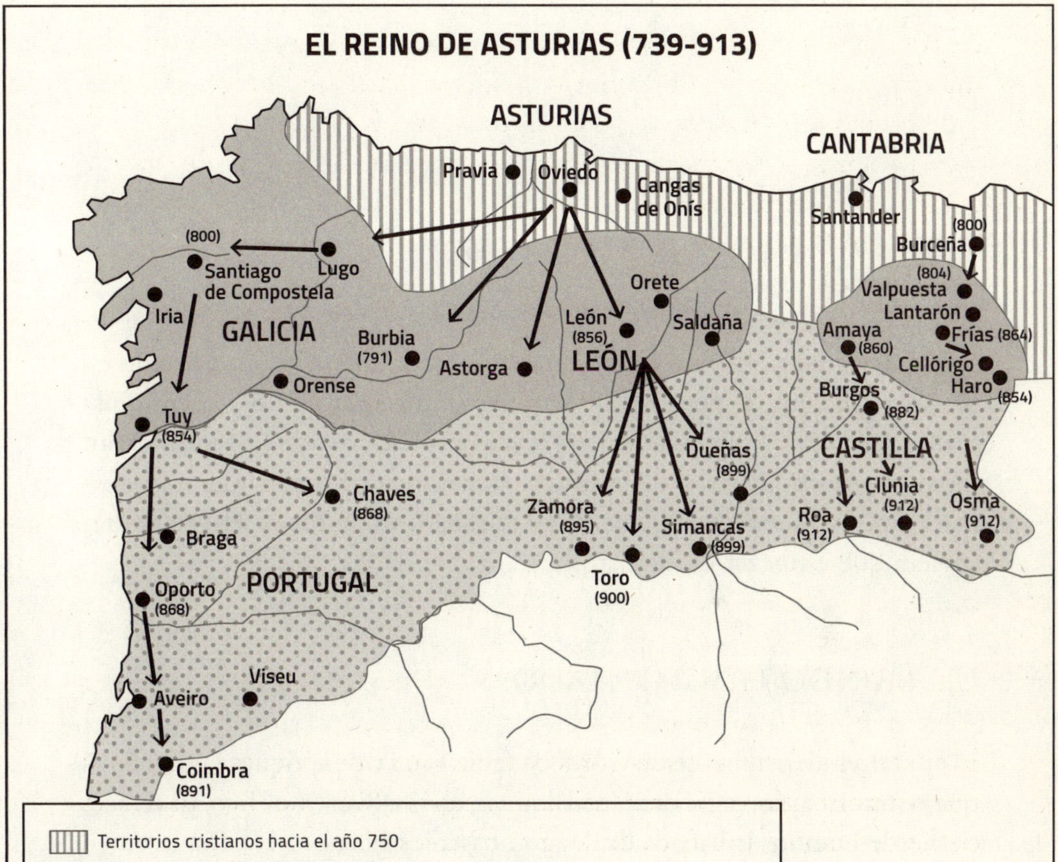
EL REINO DE ASTURIAS (739-913)
ASTURIAS
CANTABRIA
Pravia
Oviedo
Cangas de Onís
Santander
(800) Burceña
(804) Valpuesta
Lantarón
Amaya (860)
Frías (864)
Cellórigo
Haro (854)
Burgos (882)
CASTILLA
Clunia (912)
Osma (912)
Roa (912)
(800) Santiago de Compostela
Lugo
Iria
GALICIA
Burbia (791)
Astorga
Orete
León (856)
LEÓN
Saldaña
Orense
Tuy (854)
Dueñas (899)
Chaves (868)
Zamora (895)
Simancas (899)
Toro (900)
Braga
Oporto (868)
PORTUGAL
Viseu
Aveiro
Coimbra (891)
Territorios cristianos hacia el año 750
Territorios repoblados por los reyes de Asturias (754-866)
Territorios repoblados por Alfonso III (866-910) y García (910-913)
Líneas de repoblación cristiana y fecha de la misma

13

ESPLENDOR Y RUINA DEL CALIFATO DE CÓRDOBA

Abderramán I había logrado construir algo semejante a un Estado en Al-Ándalus después del interminable caos que siguió a la conquista. Sus sucesores, sin embargo, iban a encontrarse con que carecían de los instrumentos políticos y económicos necesarios para asegurar esa construcción. En cierto modo, era como si cada uno de los sucesivos emires tuviera que empezar desde cero.

UN MUNDO FRAGMENTADO

El emirato independiente de Córdoba tenía a su favor la riqueza de las áreas que controlaba: las vegas del Guadalquivir, el Guadiana y el Tajo, las feraces tierras de Levante, la llanada de Aragón hasta los Pirineos, etc. Era también la España más y mejor organizada desde tiempos de los romanos, con centros de población bien comunicados por calzadas que facilitaban el control militar del territorio y la vitalidad del tejido comercial. Un tejido, por cierto, que no se limitaba a la península, sino que se extendía al norte de África. Sobre esta base, todo el proyecto de los omeyas había consistido en construir un Estado lo más centralizado posible, con un poder fuerte en Córdoba y una administración eficiente en las coras o provincias. El problema era que nada en Al-Ándalus se parecía a eso, al revés: el mundo andalusí, tal y como quedó después de la invasión mora, estaba extremadamente fragmentado.

Al-Ándalus estaba fragmentado, primero, por las divisiones étnicas entre los nuevos amos: yemeníes, árabes, bereberes, etc., cada cual con su propia fuerza armada. Estaba fragmentado, además, territorialmente, porque los grupos que se habían apoderado de cada provincia aspiraban al mayor grado posible de autonomía y no tenían el menor interés en financiar con sus tributos a la corte cordobesa. Estaba fragmentado, también, funcionalmente, porque las grandes ciudades hispanas (Toledo, Mérida, Córdoba, Sevilla), que se habían rendido bajo diversas condiciones, quedaron gobernadas de hecho por las viejas aristocracias locales, y éstas, aunque ahora convertidas al islam, no querían dejar de mandar. Estaba fragmentado socialmente, porque los invasores, que se habían adueñado de los resortes del poder, marcaban claras distancias con las poblaciones locales. Estaba fragmentado económicamente, porque enseguida apareció una notable tensión entre los nuevos terratenientes musulmanes, lógicamente interesados en mantener sus explotaciones rurales, y el poder de los centros urbanos. Y estaba fragmentado, en fin, desde el punto de vista religioso, porque los musulmanes eran una minoría respecto a la gran masa de la población, que seguía siendo cristiana.

Con semejante paisaje, los sucesivos emires se encontrarán con que, en realidad, su poder se limitaba a la ciudad de Córdoba y sus alrededores. Por eso la tarea fundamental de los primeros emires (Abderramán I, Hisham I, Alhakén I) consistirá en tratar de imponerse sobre sus rivales musulmanes en todo el territorio andalusí. Para empezar, tuvieron que construirse su propio ejército, y lo hicieron incorporando masivamente reclutas de aquí y allá, preferiblemente extranjeros, para que no se mezclaran con la población local y permanecieran fieles a la mano que les pagaba. Muchos de esos soldados eran los llamados «eslavos» (*saqaliba*), esclavos cristianos traídos de cualquier parte de Europa (también de la propia España) y enrolados en filas. Simultáneamente, los emires estimularon la islamización completa de la vida pública, en primer lugar porque esto les confería cierta legitimidad política y religiosa, y además porque, así, conseguían imprimir alguna homogeneidad al conjunto social que gobernaban. Pero nada de eso se logrará sin violencia. Mucha violencia.

El problema político fundamental de los emires era garantizarse recursos suficientes para mantener su poder, pero los recursos en cuestión estaban en manos de las oligarquías tribales que en los decenios anteriores se habían adueñado de las distintas provincias del emirato. Cada una de ellas se veía a sí misma como propietaria del territorio conquistado, de manera que no se sentía en la obligación de ceder sus tributos a Córdoba. Esto empujará a los emires a enzarzarse en continuas campañas militares contra sus propias provincias.

Un perfecto ejemplo es lo que sucedió con la cora de Tudmir, aquel territorio del sureste peninsular que había mantenido su autonomía desde la conquista de 711. El pacto inicial con Córdoba había permitido que buena parte del poder económico se mantuviera en manos de la elite local, hispanogoda, pero progresivamente islamizada. En la región acabaron instalándose como terratenientes distintos grupos de yemeníes y muradíes, dos tribus de la península arábiga. Yemeníes y muradíes disputaban entre sí, y ambos disputaban con la elite local, pero todos estaban de acuerdo en escapar lo más posible al poder de Córdoba. Finalmente, en 825, el emir Abderramán II decidió solucionar el problema por la vía más expeditiva posible, que fue cargar con un ejército, masacrar a yemeníes y muradíes, someter a la elite nativa, arrasar hasta los cimientos la ciudad más importante de la comarca (Eio, probablemente en la actual Hellín) y en su lugar edificar una nueva capital, Madina Mursiya, es decir, Murcia.

QUIÉNES ERAN LOS MULADÍES

No debe sorprender el papel protagonista de la elite local, hispana, en estos sucesos. Hay que olvidar la idea de que Al-Ándalus era un mundo masivamente arabizado. El elemento árabe, aunque determinante en los puestos de poder, era muy minoritario en el conjunto de la población. Algo más numeroso era el elemento bereber, pero igualmente minoritario. La gran mayoría de la población era autóctona, hispana. Una parte de ella se había islamizado por conveniencia o por necesidad, adoptando la religión islámica y arabizando su cultura, su lengua y sus nombres, pero eran hispanos. Hay numerosísimos ejemplos. El poeta Ibn Qutman era en realidad Guzmán, el jurista Ibn Bashkuwal era Pascual, el origen del apellido Ibn Martin (un famoso general) es transparente, como el del visir Ibn Gundisalb (el Gundisalvo germánico), Ibn Lubb quiere decir «hijo de Lope» y las numerosas familias apellidadas al-Quti son arabización de «el

Godo». Un caso célebre es el del cronista Ibn al-Qutiyya, nieto de Sara la Goda, que a su vez era hija del godo Alamundo y nieta del rey Witiza.

A estos hispanos que se convierten al islam se los denomina «muladíes», que es como se llama en árabe a los hijos de madre no árabe y que, por cierto, es la palabra que parece estar en el origen de la expresión «mulato». Es fácil recorrer el camino: el hispano —normalmente, al principio, los mejor situados socialmente— se convierte al islam o entrega a su hija a un musulmán; los hijos de los musulmanes, por ley, han de ser también musulmanes; la poligamia propia de las sociedades islámicas hace el resto y en tres o cuatro generaciones hay una abundante población musulmana… de linaje hispano. Eso es lo que pasó en buena parte de Al-Ándalus. Pero convertirse al islam no quiere decir necesariamente obedecer sin condiciones al emir, sobre todo cuando uno ha sido amo de una tierra desde varias generaciones atrás. En muchos lugares los muladíes tratarán de formar su propio espacio de poder.

Un claro ejemplo de clan muladí que construyó su propio espacio de poder (y fue un poder enorme) es el de los Banu Qasi del valle del Ebro, aquella familia de origen godo, los Casio, que se convirtió al islam para mantener sus posesiones en los primeros años de la conquista. Los Banu Qasi controlaban un territorio de altísimo valor estratégico en la marca o frontera superior del emirato, contiguo al reino de Pamplona y a las demarcaciones de Zaragoza y Huesca. Mediante una acertada política, trabajando a veces para Córdoba y otras veces contra ella, y siempre en estrecha relación con el reino de Pamplona (cristiano), el clan llegará a hacerse imprescindible para el emirato. A la altura del año 850, las posesiones de los Banu Qasi, a caballo del cauce del Ebro, abarcaban aproximadamente la mitad sur de la actual Navarra, toda La Rioja, el oeste de Aragón y el este de Burgos. El jefe del clan, Musa ibn Musa, se hacía llamar «tercer rey de España» (los otros dos eran el emir de Córdoba y el rey de Asturias). Hasta bien entrada la década de 920 los Banu Qasi jugarán un papel decisivo.

QUIÉNES ERAN LOS MOZÁRABES

Otros muchos hispanos, la gran mayoría de la población andalusí, permanecieron cristianos: son los mozárabes. Hay que insistir en que la situación social del mozárabe era de abierta discriminación: súbditos de segunda, por así decirlo, condenados a practicar su religión sólo en el ámbito privado, excluidos de la vida pública. Nunca hubo una pacífica convivencia de religiones en Al-Ándalus: eso es una construcción imaginaria de los tiempos modernos. El estatuto de dimmíes («protegidos») dispensado a los cristianos y a los judíos implicaba una sumisión completa. Los dimmíes tenían que pagar anualmente un doble impuesto: uno de carácter personal llamado «yizia» y otro llamado «harag» por la tierra que cultivaban. Los musulmanes y los conversos al islam estaban exentos de estos tributos.

Además de la explotación económica, los dimmíes tenían que soportar el acoso de los alfaquíes, los doctores de la ley coránica, en los que el emirato había depositado de hecho la tarea de islamizar el país. Es un proceso que se vive en todo el mundo musulmán a la vez: la doctrina se hace más rigorista para ordenar unos conjuntos políticos muy diversos, aparecen las escuelas de jurisprudencia de la ley islámica que fijan la sharia y la vida de los no musulmanes se hace cada vez más difícil. No puede extrañar que, al cabo de poco tiempo, empezara a producirse una continua migración de mozárabes hacia el norte cristiano, que los acogía con los brazos abiertos porque iban a contribuir decisivamente al proceso de repoblación. En España hay muchos pueblos que conservan en su nombre la huella de este origen mozárabe: Moarves de Ojeda y San Pedro de Moarves en Palencia, Mozárvez y Mozarvitos en Salamanca, etc. No tenemos un censo de los mozárabes que migraron al norte, pero debieron de ser muchos miles, porque la opresión en Al-Ándalus llegó a ser insoportable.

Vale la pena mencionar algunas de las insurrecciones más importantes de los hispanos contra el nuevo amo extranjero. En algún momento entre finales del siglo VIII y principios del siglo IX se subleva Toledo; Córdoba aplastará el conflicto asesinando a la aristocracia local (cuatrocientas víctimas según las fuentes tradicionales). En 798 se levanta en Zaragoza y Huesca el muladí Bahlul ibn Marzuk ibn Uskara; «hijo del vasco», dicen que significaba su nombre. Por su parte, Mérida se subleva continuamente entre los años 805 y 835. Los protagonistas de las sublevaciones son los mozárabes, los cristianos, respaldados por la aristocracia muladí de la ciudad. En 818 se produce la revuelta del arrabal de Córdoba, una insurrección de carácter social que el emir sofoca a sangre y fuego crucificando a trescientos vecinos de entre los más notables y deportando nada menos que a 20.000 familias. Sevilla también vive en perpetua insurrección, hasta el punto de que el emirato decide desmantelar las defensas de la ciudad.

En Córdoba, entre 850 y 859, tiene lugar el episodio de los «mártires de Córdoba»: cristianos que, hartos de la opresión musulmana, deciden entregarse voluntariamente al martirio desafiando a la ley islámica. Hacia el año 870, nuevamente en Mérida, se subleva Ibn Marwan al-Yiliqi. Al-Yiliqi quiere decir literalmente «el gallego». Era de una familia muladí y él mismo se sentía más cristiano que musulmán, hasta el punto de aliarse con el reino de Asturias. Ibn Marwan tendrá éxito en su levantamiento, puso capital en Badajoz y allí construyó un reino que duró decenios. En 880 se levanta en Málaga Omar ben Hafsun. Ese «Hafsun» es la arabización del germánico Hafs: una familia goda conversa al islam. Omar se hará bautizar como Samuel, pondrá su sede en el castillo de Bobastro y llegará a gobernar con plena independencia todo el territorio de las actuales provincias de Málaga y Granada hasta bien entrado el siglo siguiente.

Estos levantamientos, en general, no obedecían a razones, digamos, «nacionales» (por ejemplo, restaurar el viejo reino godo frente al nuevo reino musulmán), sino a una combinación de diferentes motivos: las elites locales reivindican sus derechos frente al poder central, la población autóctona (cristiana o ya musulmana por igual) se rebela contra los dominadores extranjeros, los cristianos se levantan contra la opresión impuesta por los musulmanes, las ciudades se hacen fuertes ante los nuevos señores árabes y bereberes del campo, etc.

Una causa habitual de descontento fue la política fiscal de Córdoba: como la única manera de afianzar el poder central frente a las provincias era proveerse de un gran ejército, y eso cuesta dinero, los emires impusieron tributos que sembraron malestar por todas partes. También costaba dinero la pretensión de los Omeya de rodearse de una corte digna de un gran reino: un emir como Abderramán II, que quería traer a Córdoba los lujos de oriente (ciencias incluidas) y que gustaba de construir mezquitas y palacios, necesitaba unos ingresos muy por encima de sus posibilidades. Para los cristianos y los judíos, que soportaban la mayor presión fiscal, la carga resultaba inasumible, y para los musulmanes, que por ley no debían pagar más impuestos que la limosna del culto religioso (la sadaqa), cada tributo suplementario era una afrenta.

DE EMIRATO A CALIFATO

En realidad el emirato no se consolidó hasta bien entrado el siglo X, y fue con su transformación en califato. En el mundo musulmán, el poder supremo de la *umma,* la comunidad de los creyentes, corresponde al califa, heredero de Mahoma. Por debajo del califa, sólo hay emires, gobernadores de territorios. Los Omeya habían construido en España un emirato independiente, es decir, un Estado que no rendía obediencia política al califa de Bagdad, pero que sí estaba sujeto a su autoridad religiosa. Eso fue precisamente lo que cambió, y el protagonista del gran cambio fue Abderramán III (891-961).

Abderramán era un monarca de gran estilo, lo que podríamos llamar un «hombre de Estado», muy inteligente y sagaz, y al mismo tiempo un tipo de una crueldad patológica. Tal vez esa crueldad se explique por su propia vida: había visto cómo su padre era asesinado por un hermano, y cómo luego el abuelo mandaba matar al asesino. Así se convirtió él en heredero. Abderramán era también un producto típico de Al-Ándalus, hijo y nieto de concubinas vasconas entregadas a los emires como prendas de pactos políticos (porque los vascones, lejos de resistir, también aquí pactaron), de manera que tenía más sangre hispana que árabe. Hablaba con la misma fluidez la lengua árabe que el romance andalusí, la evolución del latín que hablaba el pueblo en el sur de España. Precisamente una de las primeras cosas que hizo Abderramán III fue «desarabizar» su corte: como una de las principales fuentes de inestabilidad del emirato eran las perpetuas querellas entre los distintos linajes árabes, yemeníes, bereberes, etc., el emir resolvió llenar su gobierno de extranjeros, en particular de «eslavos», es decir, europeos que habían llegado al emirato como esclavos.

Pero el gran paso de Abderramán III fue proclamarse califa, esto es, sucesor de Mahoma. Fue en el año 929. Es importante explicar el contexto: en aquel momento el califato de Bagdad atravesaba graves problemas e incluso había aparecido un califato alternativo, de línea chií (la rama del islam opuesta a la suní), en Túnez. Damasco estaba muy lejos, pero Túnez estaba muy cerca de los dominios magrebíes de Abderramán. Por otro lado, convertirse en califa significaba subir un grado en la escala político-religiosa: ya no sería sólo un emir entre otros posibles, sino que ahora él encarnaba la autoridad suprema. Uno de los atributos reservados al califa era, por ejemplo, la acuñación de moneda de oro. Así volvieron las monedas de oro a España. Lo cual, por cierto, contribuyó no poco a paliar la crónica crisis financiera de las arcas cordobesas.

El esplendor Omeya comienza realmente aquí, con este soberano tan inteligente como cruel, que logró someter a las fuerzas centrífugas de Al-Ándalus con una aguda mezcla de tacto negociador y fuerza militar. Al mismo tiempo, Abderramán III tuvo que hacer frente a unos reinos cristianos que ya habían desbordado la línea del Duero en su proceso reconquistador. Habrá muchas aceifas contra tierras cristianas y muchos ataques a la frontera para desmantelar los núcleos de colonos, y también grandes batallas contra las tropas leonesas y castellanas, pero Abderramán no logrará detener la repoblación. Lo que sí logró, prevaliéndose de su linaje hispano, fue intervenir en la política de los reinos del norte, tanto en León como, sobre todo, en Navarra. Los reinos cristianos —enseguida lo veremos— habían empezado a padecer serias fracturas internas, y Abderramán III, que era un político astuto, aprovechó la circunstancia con esa calculada combinación de diplomacia y guerra que siempre caracterizó al personaje.

Abderramán III murió en 961, tras casi medio siglo de reinado. Le sucedió su hijo Alhakén II, un caballero que llegaba al trono con cuarenta y seis años y después de que su padre le hubiera mantenido prácticamente enclaustrado toda su vida en palacio, seguramente para evitar puñales. Alhakén, criado en los asuntos de gobierno desde muy niño, siguió el camino que había aprendido de Abderramán: fuerte poder central, escrupuloso control del tesoro, intervención política en las querellas internas de los reinos cristianos, etc. Pero Alhakén II, además, era un tipo ilustrado, de manera que estimuló intensamente la vida cultural de su corte con gente traída de todas partes, y especialmente de Oriente. En esta época el califato de Bagdad estaba viviendo una feroz crisis interna y el número de los exiliados se contaba por miles; Córdoba acogerá a muchos de ellos. El volumen y calidad de la biblioteca de Alhakén fueron legendarios. Asimismo, Alhakén, como su padre, tampoco sentía la menor inclinación hacia el fanatismo religioso y era perfectamente consciente del carácter de sus súbditos, de modo que la presión social de la religión islámica cedió un tanto, para gran descontento de los alfaquíes. Alhakén reinó sólo quince años. Dejó el mundo de los vivos en 976. Y con él se llevó el sueño del esplendor cultural Omeya, porque lo que vendría después sería una larga noche de terror.

LA DICTADURA DE ALMANZOR

El califa Alhakén II dejaba como heredero a un niño de once años, Hisham II, el hijo que había tenido con la vascona (otra vascona) Subh, llamada también Aurora. Es decir que el califato carecía de califa con capacidad real de mando. El poder pasaba a palacio, o sea, a los ministros y a la viuda, y en ese contexto aparecerá un personaje absolutamente crucial: Abu Amir Muhammad ben Amir, llamado al-Mansur, que quiere decir «el victorioso». Pasará a la historia como Almanzor.

Almanzor llevó al califato de Córdoba a su máxima expresión de poder. Fue también él quien sentó las bases para su hundimiento. Almanzor no era un rey ni un guerrero, sino un funcionario extremadamente dotado para la intriga política, enormemente ambicioso y carente por completo de cualquier escrúpulo. Aprovechó la minoría de edad del heredero Hisham para construirse una posición determinante en Córdoba mediante el control de la policía y del tesoro. Se ganó la protección de la viuda del califa. Pactó con unos y con otros, y luego asesinaría a la mayor parte de ellos. Logró que los alfaquíes islámicos le apoyaran, para lo cual no dudó en quemar la biblioteca del difunto Alhakén a modo de demostración de piedad. Mientras hacía todo eso, iba reclutando un inmenso ejército compuesto en su mayor parte por decenas de miles de bereberes traídos del norte de África. Para dotarse de legitimidad política y religiosa, declaró la yihad contra los enemigos interiores y exteriores. A la altura del año 987, todo el califato era suyo. Y se convirtió en dictador.

Con tales armas en la mano, Almanzor supo sacar todo el partido posible de la debilidad de sus enemigos, tanto musulmanes como cristianos. El imperio carolingio había dejado de existir, de modo que los condados del Pirineo no tenían respaldo alguno más allá de sus propias (y escasas) fuerzas. El reino de León, por su parte, se debatía en interminables querellas internas. Tampoco el reino de Navarra podía oponer nada a la potencia formidable de los ejércitos de Córdoba. Así Almanzor, siempre en nombre de la yihad, desmantela la frontera del Duero, obliga a la corona leonesa a pagarle tributo, arrasa después Barcelona y Pamplona, llega hasta Santiago de Compostela y la arrasa también. Por el camino captura a decenas de miles de esclavos que acaban en los mercados andalusíes. Entre ellos, por cierto, también habrá hijas de los reyes y nobles sometidos, que terminarán en el harén del caudillo. Una auténtica tormenta de fuego.

El gran inconveniente del poder de Almanzor era que en realidad sólo descansaba sobre el propio Almanzor. No creó instituciones que le sobrevivieran, ni un proyecto político específico ni nada parecido. De manera que cuando murió, en el año 1002, todo se vino abajo. Las muy diversas facciones que antes habían obedecido al dictador por miedo, por ansia de botín o por convicción político-religiosa comenzaron a conspirar. Todos contra todos. ¿Y el califa Hisham II? Apartado del poder y entregado a los placeres de la vida, que tal había sido su destino desde que Almanzor se hizo con el poder. El dictador había dejado como sucesor a su hijo Abd al Malik al-Muzaffar, tan sanguinario como su padre. Pero al-Muzaffar, después de seis años de gobierno y al menos tres intentos de asesinato, falleció, nadie sabe si envenenado o de muerte natural. Llegó después su otro hijo, Abderramán ibn-Sanchul, llamado «Sanchuelo» porque era hijo de Urraca Sánchez de Pamplona, hija a su vez del rey de Pamplona Sancho Garcés II; una de aquellas princesas entregadas a Almanzor como prenda de sumisión. Pero Sanchuelo carecía de cualidades políticas o militares, y su único apoyo real era el inoperante califa, con el que compartía aficiones. Tan bien se llevaban que Sanchuelo se proclamó heredero de Hisham. Era el mal paso que muchos esperaban para levantarse. Todo estalló.

Sanchuelo acabó decapitado, arrastrado su cadáver por las calles de Córdoba y finalmente crucificado en las puertas de la ciudad. Corría el año 1009. Fue sólo uno de los miles de muertos que siguieron. Los árabes se levantaron contra los bereberes, matando a miles de ellos y vendiendo a sus mujeres como esclavas. Los bereberes supervivientes proclamaron a su propio califa y marcharon en guerra. Los eslavos también se organizaron y se alzaron en armas allá donde pudieron. Empezó la «fitna», que es como se llama en el mundo musulmán a las guerras civiles en el interior de la comunidad de los creyentes. Veintidós años de guerra civil. Diez califas que subieron y bajaron del trono cordobés. Y al norte, la cristiandad que vio el cielo abierto.

Cada facción que se levantaba en el mundo andalusí se veía sola. Necesitaba aliados. ¿Dónde encontrarlos? Sólo había un lugar: el norte cristiano. Así los reinos cristianos ganan un protagonismo político y militar inesperado. Lo utilizarán, por supuesto, en su propio beneficio. En 1009 el conde Sancho García de Castilla saquea Córdoba, nada menos. Un año después será el conde de Barcelona Ramón Borrell quien haga lo mismo. Ambos tenían cuentas pendientes con Almanzor; ahora quedaban saldadas. Lo más importante es que estas penetraciones cristianas hasta el mismo corazón del mundo andalusí no son operaciones de invasión, sino que se ejecutan de acuerdo con cualquiera de las facciones musulmanas enfrentadas entre sí. Los reinos cristianos se habían convertido en árbitros de la convulsa vida política andalusí. Las tornas habían cambiado.

Así, tres siglos después de la batalla de Guadalete, desapareció el califato de Córdoba. En su lugar nacerán diversos reinos musulmanes, los llamados «reinos de taifas», que cambiarán radicalmente el paisaje. Y en el norte, los reinos cristianos inauguraban un tiempo nuevo.

REINO FRANCO OCCIDENTAL
REINO DE PAMPLONA
Pamplona
REINO DE LEÓN
Santiago de Compostela
León
Burgos
Nájera
Calahorra
Viguera
Tudela
Tarazona
Boltaña
Barbastro
Huesca
Zaragoza
Balaguer
Fraga
Lérida
Girona
CONDADO DE BARCELONA
Barcelona
Tarraco
Dertosa
Tortosa
Simancas
Zamora
Osma
San Esteban
Atienza
Viseo
Coimbra
Molina
Guadalajara
Madrid
Zorita
Albarracín
Talavera
Toledo
Uclés
CALIFATO DE CÓRDOBA
Valencia
Alcira
Játiva
Chinchilla
Calatrava
Santarém
Lisboa
Bdajoz
Mérida
Évora
Alcacer do Sal
Beja
Silves
Niebla
Sevilla
Carmona
Córdoba
Écija
Alicante
Orihuela
Pechina / Almería
Málaga
Algeciras
Tánger
Ceuta
Melilla
Nekor
OCÉANO ATLÁNTICO
Mar Mediterráneo
EL CALIFATO DE CÓRDOBA EN SU APOGEO

14
UNA ESPAÑA Y CINCO REINOS

Sobre el eje del año 1000, y al mismo tiempo que el viejo mundo Omeya se deshace en los reinos de taifas, van tomando forma en la España cristiana nuestros reinos medievales. Con el califato hundido, son los cristianos los que ahora toman la iniciativa hasta el punto de forzar a los fragmentados reinos musulmanes a pagarles tributo (las «parias», se llamaban). Han pasado tres siglos desde el hundimiento del reino visigodo de Toledo. Pero lo que emerge ahora en la península es algo totalmente distinto. Hay una España cristiana que recoge la vieja herencia, pero no es exactamente una, sino que en realidad son cinco: nuestros cinco reinos.

EL REINO DE LEÓN

Empecemos por el reino de Asturias (reino de Oviedo, se le llamaba), que se convirtió en reino de León cuando Alfonso III trasplantó a esta ciudad su capital. A partir del año 910, la vieja ciudad romana vuelve a la vida y proyecta su expansión hacia la línea del Duero y aún más allá. La aparición de la tumba de Santiago Apóstol en 813, bajo el reinado de Alfonso II, había hecho del reino un foco fundamental de la cristiandad. La política sostenida de repoblación permitió a León controlar grandes espacios. Miles de mozárabes dejaron Al-Ándalus para instalarse en el norte. En torno a su corona se forjó una cultura propia y también un concepto político singular. En el reino de León aparecieron los fueros como sistema de organización política y los municipios como instrumento de organización territorial. En León nació la primera ciudad libre en relación directa con la corona (la propia ciudad de León, cuyo fuero data de 1017) y después las primeras cortes de Europa con representación popular, en 1188, cuando el rey abrió la institución a los representantes electos de las ciudades. También en el reino de León nacerá en 1218 la primera universidad española: el Estudio General de Salamanca.

Tanto el fuero de León como las cortes leonesas surgen en un contexto muy concreto: la corona tiene que proveerse de apoyos económicos y militares que le permitan no depender de los señores feudales, los dueños de la tierra. Porque el reino de León, entretanto, se había feudalizado. Al mismo tiempo que crece en extensión, el reino se fragmenta. Los últimos días de Alfonso III (hacia 910) se vieron marcados por una conjura en la que intervinieron sus propios hijos y el reino se dividió en los territorios de León, Asturias y Galicia. Pronto volvería a unificarse, pero la semilla de la división ya estaba plantada. En esa atmósfera de querellas territoriales, los grandes del reino verán multiplicada su influencia sobre la base de su poder feudal y muchos de ellos no tardarán en hacer su propia política, cosa que los musulmanes, como ya hemos visto, aprovecharán en su propio beneficio. No obstante, y después de la explosión del califato de Córdoba, el reino de León volverá a ser determinante y con Alfonso VI, en 1091, llegará a controlar la mayor parte de la península ibérica.

LOS HIJOS DE LEÓN: CASTILLA Y PORTUGAL

Uno de los territorios que empezó a cobrar vida propia a partir del reino de León fue Castilla, primero como condado leonés, después como condado independiente y, finalmente, como reino. Es el segundo de nuestros cinco reinos cristianos. Castilla nació de la repoblación bajo el primer impulso de la Reconquista y enseguida iba a adquirir personalidad propia, muy distinta del solar original leonés. Hacia 931 empieza a funcionar como un condado autónomo bajo la dirección de Fernán

González. Los condes castellanos van cobrando cada vez mayor independencia, aunque siempre, nominalmente, bajo el cetro de la corona leonesa. En 1065, a la muerte del rey Fernando I de León, el reino se reparte entre los hijos del monarca y Castilla se convierte por primera vez en corona independiente bajo Sancho II. Este Sancho morirá en 1072 intentado arrebatarle la corona de León a su hermano Alfonso VI. Es la época del Cid Campeador. Así Castilla volverá a formar parte de León hasta el siglo siguiente, cuando el reino vuelva a dividirse. Para entonces Castilla ya abarcará desde Toledo y Cuenca por el sur hasta Santander y las provincias vascas por el norte.

Entretanto se había desgajado del solar leonés otro reino distinto, nuestro tercer reino: Portugal. El primer Portugal había nacido como condado Portucalense (por el Portus Cale romano, donde hoy está Oporto) en el siglo IX, bajo la corona asturiana, cuando la frontera estaba en el río Duero. Todos los esfuerzos de la repoblación se focalizaron en descender hasta el cauce del río Voga, primero, y del Mondego después, en sucesivos avances hacia el sur. La capital de aquel primer condado estaba en Braga, ciudad que enseguida contó con arzobispo propio, y de las disputas entre este arzobispado y el de Santiago nació la primera configuración del espacio portugués como territorio autónomo. Dos siglos después, en 1095, Alfonso VI de León dio el condado Portucalense a su hija Teresa y a su esposo, Enrique de Borgoña. El hijo de ambos, Alfonso Enríquez, se sublevó contra su madre y terminó proclamándose rey de Portugal en 1139. Alfonso VII de León reconoció su condición de rey, pero en calidad de vasallo suyo, en 1143. A partir de este momento, los sucesivos reyes de Portugal buscarán construir su propio espacio en lucha con los musulmanes, en el sur, y en competencia con el reino de León en el este. Pero la política matrimonial de la corona mantendrá los vínculos con el resto de la cristiandad española a través de enlaces con las casas de León, Castilla y Aragón.

EL REINO DE NAVARRA

El cuarto reino de nuestra lista, aunque en realidad es el segundo por antigüedad, es el de Navarra. El núcleo político navarro empezó a tomar forma hacia finales del siglo VIII en torno a la ciudad de Pamplona, en un momento en el que el poder en la región basculaba entre la presión militar del emirato de Córdoba, la influencia territorial del clan Banu Qasi y los intentos carolingios por asentar una frontera estable en el Pirineo occidental. En este contexto aparece un oscuro personaje, Jimeno el Fuerte, al que se tiene por origen de una dinastía que acabaría construyendo una entidad política de contornos inciertos. Este núcleo de poder local convive —y pugna— con otro igualmente autóctono, pero protegido por el imperio carolingio, que descansa en el clan de los Velasco. Jimenos, Velascos, Galindos, Aznares y Garcías, entre otros, son los clanes que se disputan el poder en el Pirineo navarro y aragonés. El primer rey o, al menos, caudillo del territorio pamplonés fue Íñigo Arista, en torno al año 815. Íñigo provenía del clan Jimeno pero, sobre todo, había trabado sólidas alianzas —también familiares— con los Banu Qasi; musulmanes, en efecto, pero paisanos, vecinos, parientes y socios. A partir de aquí, la dinastía Arista o Íñiga establece un complejísimo equilibrio que entre paces y guerras le lleva a emparentar con todas las casas reales y condales de España, emirato de Córdoba incluido.

En 905, el último Arista, Fortún Garcés, es depuesto por la nobleza navarra y sube al trono Sancho Garcés I, el primero de la dinastía Jimena, linaje que ocupará el trono de Pamplona durante trescientos años. El cambio de dinastía significará el fin de la política de compromiso con los musulmanes y una decidida orientación hacia la reconquista de nuevos territorios. Pero, sobre todo, el arma principal de la casa real navarra será la política matrimonial. Un personaje clave en esta política será la reina Toda de Navarra (876-958), nieta del rey de Pamplona Fortún Garcés, esposa del rey de Pamplona Sancho Garcés I, tía del califa Abderramán III, suegra de los reyes Ramiro II, Alfonso IV y Ordoño II de León, y del conde de Castilla Fernán González, suegra también de los condes de Aragón y de Álava, y abuela del rey Sancho el Craso de León, y… Esta política matrimonial llevará a Pamplona a controlar La Rioja, Álava y Aragón, y a proyectar su influencia sobre Castilla y León. El reino llegará a su apogeo con Sancho Garcés III el Mayor (992-1035), del que enseguida hablaremos.

LA CORONA DE ARAGÓN

Y el quinto reino de nuestra España medieval es el de Aragón, una entidad política muy compleja que empezó su andadura siendo un pequeño condado en un rincón del Pirineo y terminó dominando todo el tercio oriental peninsular y las islas del Mediterráneo hasta el sur de Italia. Lo que a partir del siglo XII se conocerá como corona de Aragón es en realidad la fusión de dos líneas diferentes. Una es la del reino de Aragón propiamente dicho, que arranca del condado pirenaico establecido en época carolingia, siempre vinculado al reino de Pamplona. En 1035, a la muerte del rey navarro Sancho III el Mayor, un hijo de éste, Ramiro, que ostentaba el condado de Aragón, lo convierte en reino. Incorpora los territorios de Sobrabe y Ribagorza y busca proyectarse sobre la llanada de Huesca. En aquel momento el califato ya ha explotado, pero el poder musulmán se mantiene en la vecina taifa de Zaragoza, que tapona las ansias reconquistadoras de los aragoneses.

Simultáneamente —y ésta es la otra línea que se fundirá con la anterior—, otros condados de origen carolingio, los del Pirineo occidental, es decir, la actual Cataluña, empezaban a construir su propio camino: Urgel, Pallars, Besalú, Ampurias, Cerdaña, Osona, Gerona, Barcelona, etc. Desde mediados del siglo IX, son hispanogodos como Sunifredo o Wifredo el Velloso los que dirigen un proceso que convierte a Barcelona en centro de un núcleo político siempre vinculado al reino de los francos, pero cada vez más independiente. Son tres procesos simultáneos: unificación de los condados en torno al de Barcelona, paulatina pérdida de influencia de los francos y progresiva repoblación de territorios hacia Lérida y Tarragona, a medida que el poder musulmán mengüe.

Las líneas del reino de Aragón y del condado de Barcelona terminan confluyendo en el año 1150. El rey de Aragón Alfonso I el Batallador, que ha reconquistado amplísimos espacios en el sur (Tudela, Tarazona, Zaragoza, Calatayud, Daroca, etc.), muere sin descendencia. Sube al trono su hermano Ramiro II el Monje (pues de un monasterio lo tuvieron que sacar). Éste engendra una sola hija: Petronila. Para asegurar la continuidad del reino, se concierta la boda de esta Petronila con el conde de Barcelona Ramón Berenguer IV. Así nace la corona de Aragón. Un siglo después, Jaime I el Conquistador extenderá sus dominios a los reinos de Mallorca y Valencia.

León, Castilla, Portugal, Navarra, corona de Aragón: nuestros cinco reinos. ¿Y estos reinos se sentían llamados a unirse, a configurar una unidad mayor, o más bien cada cual aspiraba a construir su propio espacio al margen de los demás? Es una pregunta que tiene muy difícil respuesta, porque nos obliga a situarnos en la mentalidad de los siglos medievales, cuando las nociones de comunidad política, nación, estado, etc., eran completamente diferentes de las que nacieron en el mundo moderno. ¿Qué era España para un rey de los siglos XI o XII? Ante todo, una unidad de carácter histórico identificada esencialmente con la cristiandad. En el fondo, es la misma idea que flotaba en el ambiente desde la *Crónica mozárabe* de 754. Ahora bien, esa España estaba literalmente perdida, arruinada; ya no existía una unidad política que respondiera a esa realidad. En su lugar habían nacido varias entidades políticas igualmente legítimas.

¿Y QUÉ ERA ENTONCES ESPAÑA?

Los reinos cristianos de la península van a trabar lazos muy estrechos por vía matrimonial: todas las casas reales se casan unas con otras. Pero, con la misma frecuencia, entran en conflicto entre sí. En el caso de León y Castilla, territorios desgajados de la misma corona, el telón de fondo de esos conflictos suele ser el intento de tal o cual rey de reconstituir la unidad de ambos; otras veces será la disputa por territorios especialmente apetecidos por su riqueza agraria, como la Tierra de Campos. Del mismo modo, los conflictos entre Navarra, Castilla y Aragón tendrán por objetivo el control de regiones particularmente valiosas. Rarísima vez veremos que un rey intenta apoderarse del reino de otro: en general, todos reconocen que hay varios reyes. Y sin embargo, es constante el anhelo de recuperar de una u otra forma la unidad.

Los reyes de León empiezan a emplear el título de «emperador» desde el año 910. ¿Qué significa eso? Significa que los monarcas leoneses reconocen la realidad de hecho de que existen varios reinos, pero reclaman para sí una suerte de vaga primogenitura sobre todos ellos. ¿Cómo se ejerce esa primogenitura? Ante todo, tratando de establecer vínculos matrimoniales o por vía de vasallaje con los demás territorios cristianos. Es el procedimiento típicamente medieval de hacer las cosas, y no sólo León recurrirá a él. En 1034, Sancho III el Mayor de Pamplona controla directamente o por vía de parentesco, además de Navarra, también Castilla y los todavía condados de Aragón, Sobrarbe y Ribagorza, y ejerce una influencia determinante sobre León. A Sancho se referirán sus contemporáneos como «rey ibérico», «rey de Navarra de España», «rey de las Españas» y «emperador de toda España». Parece indiscutible que Sancho aspiraba a lograr la unificación de los reinos cristianos, pero no mediante la absorción de todos ellos bajo un mismo cetro, sino a través de una política de pactos y relaciones de vasallaje, conforme a la cultura política de la época.

La misma idea recogerá muy poco más tarde Alfonso VI de León cuando se titule expresamente como «rex Spanie», en 1072, e «Imperator totius Hispaniae» en 1077. León controla en ese momento no sólo el territorio leonés y castellano, sino también, por vía de vasallaje, Navarra y Aragón. Cuando Alfonso VI conquiste Toledo, en 1085, se titulará además «emperador de las dos religiones», reivindicando así la primacía también sobre la España aún musulmana. En 1135, Alfonso VII de León, nieto del anterior, será coronado igualmente emperador; entre los que le rinden homenaje como tal están los reyes de Aragón, Navarra y Portugal, el conde de Barcelona e incluso varios reyes de taifas musulmanas.

Mención aparte merece el caso de la madre de este Alfonso VII, Urraca I de León, y de su esposo Alfonso I de Aragón el Batallador, porque su matrimonio pudo suponer la unificación de la mayor parte de la cristiandad española bajo un solo cetro. Corría el año 1109. Urraca, viuda en aquel momento, traía un hijo de su matrimonio anterior: precisamente el que más tarde sería el mencionado Alfonso VII. El matrimonio de Urraca y Alfonso de Aragón no suponía exactamente una unificación de reinos: cada cónyuge mantenía el suyo de origen, y el pacto de esponsales contemplaba todas las casuísticas posibles. Pero si el matrimonio hubiera tenido un hijo, éste habría sido rey de León (Castilla y Portugal incluidos), de Aragón y también de Navarra, pues en aquel momento El Batallador ostentaba también la corona de Pamplona. Ahora bien, nada de todo eso pasó.

El matrimonio de Alfonso y Urraca fue un fracaso absoluto. En la mente del padre de Urraca, Alfonso VI, sin duda estaba la idea de unificar a la cristiandad española, y tal vez también en el ánimo de El Batallador, que no tardó en adoptar el título de «emperador», pero el proyecto se enfrentaba a obstáculos insalvables. El matrimonio se convirtió enseguida en hostilidad recíproca y muy pronto en guerra abierta entre los cónyuges, con batallas campales y asedios en todo el país que se parecieron mucho a una guerra civil. A los cinco años, el enlace fue anulado por el papa. ¿Por qué fracasó aquello? En primer lugar, porque Alfonso y Urraca no se soportaban. Pero, quizá sobre todo, porque las circunstancias políticas de la época eran incompatibles con un proyecto unitario. Los reinos del siglo XIII no funcionaban como estados modernos, sino que el poder de los monarcas dependía en buena medida de sus obligaciones para con sus vasallos, los señores de la tierra, que eran los que gestionaban la riqueza y también los que reclutaban los ejércitos. La feudalización del reino de León, en particular, había hecho nacer poderosos clanes nobiliarios que veían peligrar su posición con un monarca como Alfonso. Del mismo modo, el aragonés había construido su política sobre la base de las ciudades, lo cual contravenía los intereses de los señoríos tanto civiles como eclesiásticos. En definitiva, fue el peso de los poderes privados frente al poder público de la corona lo que frustró la posibilidad de que León y Aragón quedaran bajo un solo cetro.

Después de estos intentos, la idea de la unificación seguirá flotando en el ambiente, pero de forma mucho más difusa. Y no por razones teóricas, sino por necesidades mucho más prácticas: desde finales del siglo XI, un imperio norteafricano, el de los almorávides, había empezado a apoderarse de los reinos musulmanes de la península. Y eso marca una nueva fase en la historia de la Reconquista.

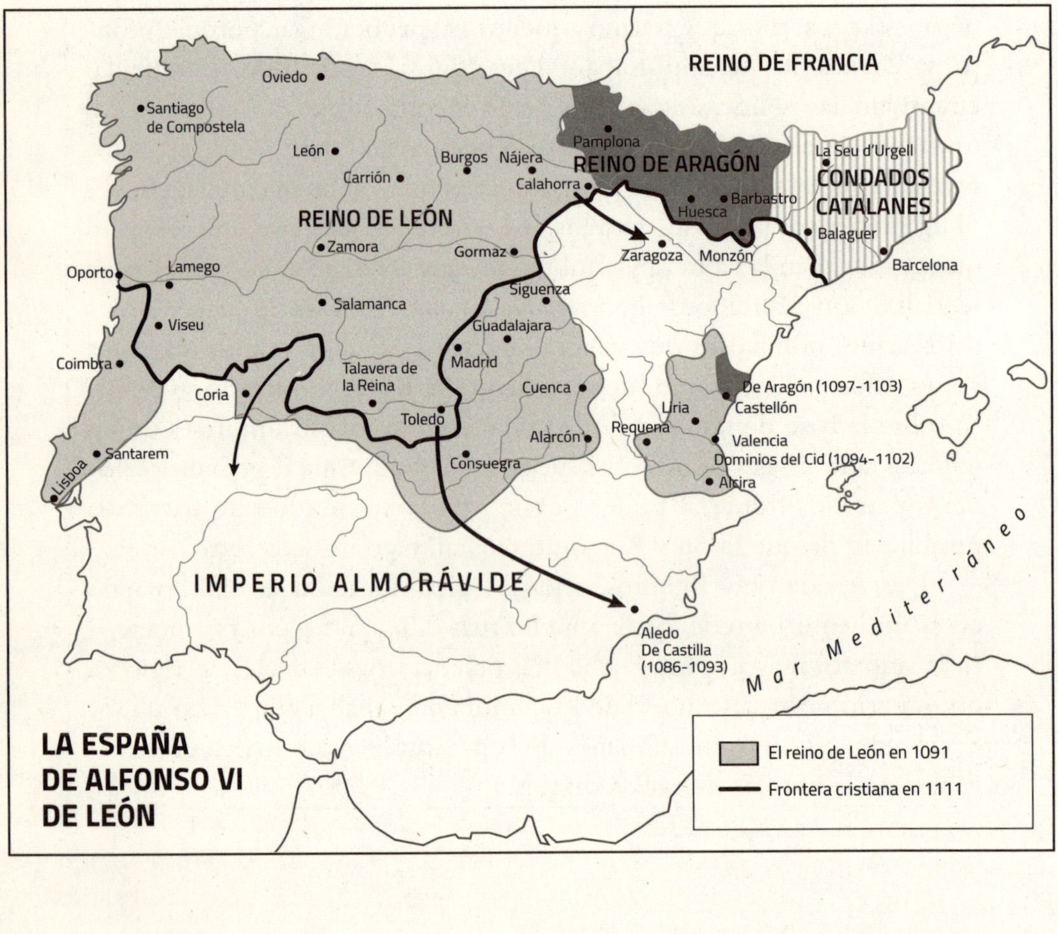
REINO DE FRANCIA
Oviedo
Santiago de Compostela
León
Carrión
Burgos
Nájera
Pamplona
REINO DE ARAGÓN
La Seu d'Urgell
CONDADOS CATALANES
Calahorra
Huesca
Barbastro
REINO DE LEÓN
Zamora
Gormaz
Zaragoza
Monzón
Balaguer
Barcelona
Oporto
Lamego
Siguenza
Salamanca
Viseu
Guadalajara
Madrid
Coimbra
Talavera de la Reina
Cuenca
De Aragón (1097-1103)
Coria
Toledo
Liria
Castellón
Requena
Valencia
Alarcón
Santarem
Consuegra
Dominios del Cid (1094-1102)
Lisboa
Alcira
IMPERIO ALMORÁVIDE
Aledo De Castilla (1086-1093)
Mar Mediterráneo
LA ESPAÑA DE ALFONSO VI DE LEÓN
El reino de León en 1091
Frontera cristiana en 1111

REINO DE FRANCIA
REINO DE LEÓN
REINO DE NAVARRA
REINO DE CASTILLA
CORONA DE ARAGÓN
REINO DE PORTUGAL
AL-ÁNDALUS (SEGUNDOS TAIFAS)
Mar Mediterráneo
LA ESPAÑA DE LOS CINCO REINOS

15

LA ESPAÑA DEL CID

En los dos siglos que van de 1009 a 1212 se sustancia lo esencial de la Edad Media española. La primera fecha corresponde al hundimiento efectivo del califato; la segunda, a la batalla decisiva de Las Navas de Tolosa. Y entre una y otra veremos no sólo la consolidación de los cinco reinos españoles, sino también el florecimiento y rápida extinción de los reinos moros de taifas, dos invasiones norteafricanas de carácter yihadista, el nacimiento de las primeras cortes con representación popular de Europa (las de León), la creación de las órdenes militares y la aparición de la llamada Escuela de traductores de Toledo. Es también el tiempo en el que se escribe el poema épico medieval español por antonomasia: la historia del Cid Campeador. Y precisamente la peripecia del Cid, Rodrigo Díaz de Vivar, puede servirnos de guía para contar muchos de estos episodios.

QUÉ ERAN LOS REINOS DE TAIFAS

Los reinos de taifas (taifa significa «facción» o «bando» en árabe) son las unidades políticas que surgieron en Al-Ándalus a medida que el califato de Córdoba se hundía. En líneas generales, la fragmentación del mundo andalusí recuperó las viejas divisiones tribales o étnicas que venían de muchos años atrás. Así veremos a árabes, yemeníes o bereberes arabizados afianzándose en el control de unos territorios que ya gobernaban, antes como delegados del poder califal y ahora en su propio nombre. Pero veremos también a nuevos grupos de poder como los «eslavos», que habían crecido al calor de la guerra durante la época de Almanzor y ahora pasaban a gobernar por su cuenta territorios tan ricos como Valencia o Denia. Hubo muchas taifas, algunas muy pequeñas, pero la tendencia general fue que las más grandes (Toledo, Sevilla, Badajoz, Zaragoza, etc.) terminaran absorbiendo a las de menor entidad. Aun así, ninguna de ellas tenía recursos suficientes para defenderse por sí misma. Y ésta fue la gran novedad.

Los reinos moros van a pagar a los cristianos para que les protejan. ¿De quién? De los reinos moros vecinos, pues cada uno de ellos aspira a hacerse con tierras del otro. Al-Ándalus sigue siendo un mundo rico, con vegas muy fértiles y caminos abiertos al comercio, pero ya no hay ejércitos poderosos. La fuerza militar está en el mundo cristiano, económicamente más pobre, pero mejor preparado para la guerra. Así se establecerá un sistema de pago de un impuesto (las «parias») basado en la superioridad militar cristiana: los reinos de taifas pagan a León o Aragón y a cambio obtienen garantías de defensa ante cualquier enemigo, moro o cristiano. ¿Y los reyes cristianos no aprovecharon la oportunidad para reconquistar aquellos pequeños reinos musulmanes? No: no tenían con qué. Ni demográfica ni económicamente hubieran podido sostener una campaña de conquista, ocupación, repoblación y organización de tan extensas regiones. Lo que sí podían hacer era afirmar su supremacía. Y lo hicieron.

Exonerados (relativamente) de obligaciones militares, los reinos de taifas dedicaron buena parte de sus recursos a competir entre sí en riqueza cortesana. Por todas partes florecieron las artes. Los reyes moros rivalizaban en la construcción de espléndidos palacios como la Aljafería de Zaragoza. Es verdad que eso costaba mucho dinero y la presión fiscal sobre la población terminó volviéndose abusiva, pero, a cambio, el rigor de la ley islámica se relajó ostensiblemente. Al mismo tiempo, las relaciones políticas con los reinos cristianos se estrechaban hasta el punto de que, por ejemplo, la taifa mora de Toledo cobijó a Alfonso VI de León en los tiempos en que peleaba por el trono. Ya no había un «enemigo musulmán» que amenazara la supervivencia de la España cristiana. Sencillamente, el islam había dejado de ser para la cristiandad peninsular un problema existencial.

LA ESPAÑA DEL CID

Vayamos ahora al Cid. ¿Quién es? Un guerrero que presta obediencia al rey de Castilla, Sancho II el Fuerte. A la muerte del rey Fernando I de León, el reino se había dividido entre sus hijos: a Sancho le correspondió Castilla, Alfonso se quedó con León y García con Galicia. La dinámica política natural era que el reino tendiera a su reunificación, pero eso exigía que los hermanos pelearan entre sí. Lo harán, por supuesto. Alfonso y Sancho se alían contra García y después pelean uno contra otro. Sancho muere en acción (en el asedio de Zamora) y entonces el Cid, Rodrigo Díaz de Vivar, pasa con toda naturalidad al servicio de Alfonso VI.

Veamos su hoja de servicios: las primeras armas de Rodrigo no han sido contra «los musulmanes»; en las circunstancias de ese momento, ese término no significa gran cosa. No, las primeras acciones de Rodrigo han sido contra el aún pequeño reino cristiano de Aragón y para defender a la taifa mora de Zaragoza. ¿Por qué? Porque Zaragoza paga tributo a Castilla y, a cambio, los de Castilla se han comprometido a defenderla de cualquier enemigo, ya sea moro o cristiano. Rodrigo, por supuesto, pelea también contra los musulmanes: en 1080 su hueste repele una incursión andalusí en tierras de Soria; en su avance, los del Cid llegan a la frontera de la taifa mora de Toledo y la saquean, y aquí empieza la desdicha del personaje, porque esa tierra —musulmana— era tributaria del rey Alfonso y no se podía tocar.

Desterrado por este episodio y seguramente algunos otros más, Rodrigo queda convertido en caballero sin señor. Él y su hueste deben buscar nuevo jefe. Pero no puede ser cualquiera: sólo vale alguien que no sea enemigo del rey Alfonso (otra cosa le convertiría en un traidor). ¿Quién reúne esas características? El ya mentado rey taifa de Zaragoza, que es vasallo y aliado de León. Por eso Rodrigo entra al servicio del reino moro zaragozano. Su primera misión aquí no será atacar a «los cristianos», sino a otros musulmanes: los de la taifa de Lérida, cuyo rey era, por otra parte, hermano del rey de Zaragoza. Ello, de paso, opondrá al Cid a otros cristianos: los de Aragón y Barcelona, aliados de la taifa mora de Lérida.

Más adelante, el Cid se reconciliará y se volverá a pelear con el rey de León, penetrará en tierras valencianas combatiendo contra las fuerzas de los reinos enemigos (cristianos o musulmanes indistintamente), tomará la ciudad de Valencia y construirá allí un señorío propio. Lo hará protegiendo a los señoríos musulmanes que le pagaban parias y en alianza con Aragón y Barcelona, que antes habían sido sus enemigos; incluso Alfonso VI de León volverá a reconciliarse con el Campeador. Allí, en Valencia, morirá Rodrigo Díaz de Vivar en el año 1099. Dicho quede todo esto para hacer ver hasta qué punto era intrincado el paisaje político de la época, por qué en este momento no tiene sentido dividir los bandos en «moros y cristianos» y por qué, en fin, es absurdo calificar al Cid como un mercenario. Las cosas eran muchísimo más complejas.

LA INVASIÓN ALMORÁVIDE

Todo cambió con la invasión almorávide, que volvió a convertir al poder musulmán en un desafío existencial para la cristiandad española. Los almorávides eran originalmente una secta de carácter fundamentalista que había nacido en el Sahara occidental, al sur del actual Marruecos. Su doctrina proponía, entre otras cosas, una visión rigorista del islam y la exención de otros impuestos que no fueran estrictamente la limosna islámica que prescribe el Corán. Una cosa y la otra los hicieron muy populares tanto entre los alfaquíes musulmanes como a ojos del pueblo. Los bereberes de las tribus zeneguíes adoptaron este credo. Aprovechando el extremadamente fragmentado paisaje del Magreb, los almorávides fueron conquistado tribus y territorios hasta dominar toda la región. A la altura de 1080, después de veinte años de campañas, eran los amos indiscutidos del norte de África. Su líder, Yusuf ben Tasufin, fundó una ciudad para hacer de ella su capital: Marrakech.

Los éxitos almorávides en el sur tardaron poco en conocerse en Al-Ándalus. Los alfaquíes, guardianes de la ortodoxia musulmana, pronto se hicieron lenguas de aquel nuevo poder que anunciaba el retorno del verdadero islam. Los reyes de las taifas, por su parte, descubrieron que podían tener un aliado. Alfonso VI había reconquistado Toledo en 1085. Todas las taifas corrían peligro. No había manera de quitarse de encima la supremacía cristiana. Pero sí, ahora sí había una manera: llamar a esos almorávides del sur. Ellos podrían aportar la fuerza militar que a las taifas les faltaba. Al-Mutamid, rey de Sevilla, de acuerdo con las taifas de Badajoz y Granada, se dirigió a los almorávides y les ofreció oro y la ciudad de Algeciras a cambio de ayuda militar para frenar a los cristianos. En junio de 1086 el emir almorávide, Yusuf ben Tasufin, desembarcaba con sus tropas en Algeciras.

Los almorávides traían ejércitos numerosos y bien entrenados. Para completar sus huestes, Yusuf ben Tasufin proclamaba la yihad por doquiera, de tal forma que sus filas se llenaban de inmediato de voluntarios dispuestos a morir por la causa. Con esos contingentes, los almorávides enfilan hacia el norte y logran derrotar a Alfonso VI en la batalla de Sagrajas (también llamada de Zalaca) en 1086. Es verdad que fue a costa de enormes bajas, y que después los almorávides fallarían ante Aledo y Toledo, pero aquello fue suficiente para que las taifas dejaran de pagar parias a los cristianos. Era lo que los reyes moros querían. Pero Yusuf ben Tasufin tenía otra cosa en la cabeza.

El caudillo almorávide abandonó España para resolver ciertos problemas en el Magreb y, cuando retornó, mostró sus verdaderas intenciones: apoderarse de los ricos reinos de taifas, a cuyos reyes acusó de impiedad. Ben Tasufin tenía a su favor las prédicas incesantes de los alfaquíes, que veían en él al brazo más virtuoso del islam. Gozaba además de amplias simpatías populares, porque denunciaba los excesivos impuestos de las taifas. Y sobre todo, tenía la fuerza militar que a los reyes de Al-Ándalus les faltaba. Una tras otra, las taifas irán cayendo en poder de los almorávides. Aquello tuvo mucho de revolución política y religiosa a la vez. El rey taifa de Sevilla, Al-Mutamid, el mismo que había llamado por primera vez a los almorávides, se vio depuesto, apresado y desterrado a África, donde murió cautivo. El rey taifa de Granada, Abd-Alá ibn Buluggin, sufrió la misma suerte. El rey taifa de Badajoz, Al-Mutawákkil, fue asesinado junto a dos de sus hijos. No fueron los únicos. A la altura del año 1094, todo el mundo andalusí formaba ya parte del imperio almorávide.

La hegemonía almorávide en Al-Ándalus durará medio siglo. Durante ese periodo, la España musulmana se vio sometida al mismo sistema que regía en el resto del imperio, a saber, la rígida aplicación de la ley islámica. Los soberanos almorávides no se proclamaron califas (pues reconocían al califa de Bagdad), sino que se atribuyeron el título de «amir al-muslimin», que significa príncipe de los musulmanes. Se acabó el efímero esplendor cultural de las taifas. Se acabó también la relativa libertad de la que gozaban los no musulmanes. Ahora mandaban los alfaquíes, en los que el nuevo orden buscó una y otra vez una fuente de legitimidad religiosa. Pero se acabó también, y esto fue decisivo, la promesa de eliminar impuestos, porque mantener aquel heteróclito edificio que se extendía desde la actual Mauritania hasta el centro de la península ibérica exigía una ingente cantidad de recursos. En el sur del imperio bullían los conflictos. En España, los reinos cristianos reactivaban la presión militar (enseguida veremos en qué términos). El imperio almorávide necesitaba más tropas y, por tanto, más dinero, de manera que la presión fiscal aumentó. El malestar por la subida de impuestos se sumó al enojo que provocaba el despotismo de los alfaquíes. Así empezó a cavarse la fosa donde perecería el imperio almorávide. Pero antes iban a pasar muchas cosas.

GUERREROS, MONJES Y TRADUCTORES

La llegada de los almorávides sorprendió a los reinos cristianos envueltos en sus propias querellas. Sobre todo: ahora el islam se unificaba en torno a un solo poder, mientras que la cristiandad permanecía política y militarmente dividida. Yusuf ben Tasufin supo sacar provecho de su ventaja y en una contundente sucesión de campañas desmanteló parte importante de la frontera en el Tajo. De nuevo surgía una amenaza existencial para los reinos cristianos. Y en los años siguientes esa amenaza no haría sino crecer.

Los almorávides nunca intentaron recuperar el terreno perdido en España ni lanzar una ofensiva hacia el corazón de la península; sobradamente sabían que no tenían recursos suficientes para semejante empresa. Su objetivo era fundamentalmente estratégico: recuperar el control sobre la calzada Córdoba-Toledo-Zaragoza, que era la columna vertebral de las comunicaciones en Al-Ándalus. Los acontecimientos iban a obrar a su favor. En 1109 muere Alfonso VI de León, el rey emperador. Deja una única heredera que es Urraca. La misma que va a casarse con Alfonso I el Batallador de Aragón, como hemos visto páginas atrás. La muerte de Alfonso VI dará lugar a una seria crisis política en todo el reino que los almorávides sabrán aprovechar en su propio beneficio. Lograrán controlar la calzada, en efecto. Sólo permanecía un obstáculo: la ciudad de Toledo. Al frente de la defensa de la ciudad se hallaba un personaje legendario: Álvar Fáñez, lugarteniente del Cid. Reiteradas veces intentarán los almorávides tomar Toledo; otras tantas veces fracasarán.

Detengámonos brevemente en Toledo, que había vuelto a la cristiandad en 1085. Esa ciudad, cabeza histórica de España, estaba siendo protagonista de un singular movimiento cultural que iba a influir en toda Europa: la Escuela de Traductores de Toledo. Con ese nombre se denomina al conjunto del trabajo de traducción que allí comenzó después de su reconquista y bajo la iniciativa de su nuevo arzobispo, el borgoñón Raimundo de Sauvetat. En Toledo había una abundante población arabizada y una porción igualmente importante de población judía, además de mozárabes. Entre sus muros se hablaba árabe, hebreo, romance castellano y latín. Y además se conservaban valiosas bibliotecas venidas un poco de todas partes, con textos fundamentales de la sabiduría griega incorporados al acervo árabe a través del siriaco. El arzobispo Raimundo sabía bien que la ciencia es poder. Traducir aquellos textos era tanto como hacerse con un tesoro. Y allí, en Toledo, estaban las personas adecuadas para hacerlo. Un ejemplo prototípico: el judío converso Juan Hispalense traducía al castellano desde el árabe los *Comentarios* de Aristóteles, que el sacerdote castellano Domingo Gundisalvo traducía después al latín. Nunca hubo una escuela propiamente dicha, es decir, un lugar donde se reunieran los traductores para trabajar. La tarea se prolongará hasta bien entrado el siglo XIII.

El esfuerzo de Toledo hay que entenderlo en el contexto de la rica vida cultural que vive la cristiandad en este momento. Desde algunos decenios atrás había penetrado en España la Orden de Cluny, muy bien relacionada con las cortes de Pamplona y, sobre todo, de León, y que trajo consigo una reforma a fondo de la Iglesia. Son también los años en que se expande por Europa el arte románico, que en nuestro país entra por Cataluña y será particularmente rico en Castilla y en León. Ambos fenómenos están estrechamente vinculados: son los cluniacenses quienes convierten el estilo románico en la nueva estética de la cristiandad. Por cierto: Raimundo de Sauvetat, el de Toledo, era cluniacense.

No, los almorávides nunca tomaron Toledo. Ni ninguna otra ciudad de importancia decisiva. La razón fundamental fue la reacción militar de los reinos cristianos y, en particular, de Aragón, donde Alfonso el Batallador iba a protagonizar una asombrosa cadena de conquistas: Zaragoza y Belchite en 1118, Tudela y Soria en 1119, Calatayud y Daroca en 1120, Sigüenza en 1123, Medinaceli en 1124. En ese año se pone al frente de una campaña no menos asombrosa: requerido por los mozárabes de Granada, que no podían soportar más la opresión almorávide, accede a socorrerlos. Pero el rey guerrero no marcha directamente a Granada, sino que traza una ofensiva de extraordinaria audacia que le lleva a Teruel, Valencia, Denia, Murcia, el valle del Almanzora en Almería, Guadix, Córdoba, Málaga —donde llegó hasta el mar— y finalmente, sí, Granada. Desde allí regresó a Aragón después de dos años de campaña. Llevaba consigo miles de mozárabes rescatados de tierra musulmana y que ahora iban a repoblar los extensos espacios reconquistados por el Batallador. Porque Alfonso, además de conquistar, repoblaba y organizaba. De esta época datan las «comunidades de aldea» de Aragón, según el modelo de repoblación castellano. El Batallador morirá en 1134, con sesenta años y, por supuesto, en combate, a consecuencia de las heridas recibidas durante el asedio de Fraga, en Lérida. Dejaba un reino de Aragón que había multiplicado por tres su tamaño. Nadie como él supo mostrar las debilidades del poderoso imperio almorávide.

Alfonso murió sin descendencia. En su testamento decidió legar el reino a las órdenes militares, de las que pronto hablaremos. Típica actitud de un cruzado. No es preciso decir que nadie aceptó la decisión. Al final se buscó sucesor en su hermano Ramiro. Un clérigo al que hubo que exclaustrar y casar con una dama, Inés de Aquitania, para buscar descendencia. La hubo: una mujer, Petronila. Enseguida fue prometida en matrimonio al conde de Barcelona. Ya hemos visto que de la fusión de ambas casas nacerá la corona de Aragón.

LA INVASIÓN ALMOHADE

Alfonso el Batallador fue el más señero, pero no el único de los caudillos cristianos que mermó el poderío almorávide. También Portugal y León arrancaron tierras al imperio africano. Con todo, lo que llevó a los almorávides al colapso fue la conjunción de estas derrotas militares con otros dos procesos simultáneos: en Al-Ándalus, las frecuentes insurrecciones de la población, harta de la insoportable presión fiscal, y en el Magreb, el ascenso de una nueva ola fundamentalista que fue la de los almohades.

Los almohades eran una nueva escuela religioso-política fundada en Marruecos por un tal Abu Abdala Muhammad Ibn Tumart. En principio, sólo era una corriente fundamentalista entre las muchas que el islam iba generando. Su doctrina: condena radical de cualquier interpretación personal de la fe, acatamiento sin fisuras de la tradición y de los principios validados por los intérpretes del islam, persecución radical de la heterodoxia y prohibición de toda muestra de relajación de costumbres. De ahí viene la palabra «almohade», que significa «los que reconocen la unidad de Dios». Pero este Ibn Tumart no era un visionario más: contaba con el respaldo unánime de su pueblo, los masmuda de la cordillera del Atlas, y fundó una orden de fieles que actuaba como vanguardia del movimiento, los Hargha. Todos los que estaban contra los almorávides —y eran muchos— se acogieron al partido almohade. Fue una auténtica rebelión. Las prédicas almohades llegaron a Al-Ándalus, donde el terreno era propicio para la subversión. El emir almorávide, que era entonces Alí ibn Yusuf, decidió zanjar el problema con una campaña militar contra las bases almohades en el Atlas, pero salió derrotado. Todo el Magreb empezó a desangrarse en una larga guerra civil. Murió el emir almorávide Alí ibn Yusuf y le sucedió su hijo Tashfin. Murió el líder almohade Ibn Tumart y le sucedió Abd al-Mumín. Los almohades crecían y los almorávides menguaban. En el año 1143, los almorávides lanzaron una gran ofensiva en Argelia. Quedaron despedazados. Los almohades se hicieron con todo el norte de África. Abd al-Mumín se proclamó califa.

Al compás de los acontecimientos en África, Al-Ándalus estalló. Las oligarquías locales de la España mora se levantaron. Veremos aparecer reyes como Zafadola e Ibn Mardanish (llamado el «Rey Lobo») que tratarán de afianzar su poder personal sobre los restos del imperio almorávide; no les faltará el apoyo de los reyes cristianos en su empresa. Aparecerán también líderes de la época almorávide que intentan mantenerse a flote como Ibn Ganiya en Córdoba; la situación les abocará a buscar igualmente la protección de los reyes cristianos. Y aparecerán, en fin, líderes islamistas autóctonos como Abencasi, en el Algarve portugués, que funda el movimiento de los almoradín, esto es, «los adeptos». Así nacieron los segundos reinos de taifas. Un periodo de absoluto caos. Las facciones más fundamentalistas de esa guerra intestina andalusí terminaron mirando a Marruecos en busca de ayuda. Y los almohades, que ambicionaban las riquezas de Al-Ándalus como antes las ambicionaron los almorávides, no tardarán en hacer acto de presencia.

Mar Cantábrico
Aquitania
(Anglaterra)
REINO DE LOS FRANCOS
Toulousse
Albi
Tolosa
Bearn
Comenge
Fois
Narbona
(Aragón)
Rosselló
Pallars
Empúries
Urgel
Oviedo
Santiago
Lugo
REINO DE LEÓN
León
REINO DE NAVARRA
Burgos
Palencia
REINO DE CASTILLA
CORONA DE ARAGÓN
Zaragoza
Barcelona
Barcelona
Aragón
Tarragona
Bragança
Lamego
Salamanca
Madrid
Cuenca
RZ.
Coimbra
REINO DE PORTUGAL
Toledo
Belisa
Denia
IMĀRAT BANŪ GĀNIYA
Lisboa
Al Merida
Al Lekant
Murcija
Mar Mediterráneo
Kurtuba
Oueskhas
Lagos
Huelva
Ischblya?
Granata
Manjanl Gharb
Malaka
Al Mariya
Al Jazair
ESPAÑA EN EL MOMENTO DE LA INVASIÓN ALMOHADE
Kades
AL - KHILAFAT AL-MUWAHHIDUN
(Imperio almohade)
Tanjah
Septa
Tianes

16

LAS NAVAS DE TOLOSA, LA BATALLA DECISIVA

Los almohades empiezan a mover piezas en Al-Ándalus a partir de 1146. Su objetivo no es atacar a la España cristiana, sino hacerse con el poder en la España musulmana. Al calor del caos interno logran poner una primera base estable en la taifa de Sevilla, que se convierte en su capital en la península. Enseguida se produce una rebelión en el suroeste andalusí, desde Roda hasta Badajoz. Los almohades la sofocarán a sangre y fuego: 30.000 muertos. El califa Abd al-Mumín pisó España por primera vez en 1160. Afianzó su poder en Sevilla y acto seguido lanzó a sus tropas contra Badajoz: 18.000 jinetes, nada menos. Otros 20.000 le harán falta para ocupar Granada.

El secreto de la potencia almohade residía ahí: en el número aplastante de sus ejércitos. Son esas muchedumbres impresionantes las que se extienden por todas las regiones de Al-Ándalus. Para los almohades era una yihad, una guerra por la fe, pero en realidad era una fitna, una nueva guerra entre musulmanes. En Granada, los musulmanes y los judíos de la ciudad piden socorro a un cuerpo mixto de musulmanes del sureste y caballeros cristianos. Los almohades logran vencerles después de un asedio de un año y no tendrán piedad con los vencidos: todo el partido andalusí fue pasado por las armas. Es una atmósfera de puro terror. Cuando los líderes almohades acudan a Córdoba para trasladar allí su capital, descubrirán que en la ciudad quedaban sólo… ¡ochenta y dos habitantes! El miedo entre la población era tan intenso que la inmensa mayoría de la gente había huido al campo.

El califa Abd al-Mumín murió en mayo de 1163. Le sucedió su hijo Abu Yakub, que tenía exactamente las mismas intenciones que su padre y que su abuelo: aplicar una yihad sin paños calientes sobre las tierras de Al-Ándalus, cuyos gobernantes, a ojos almohades, no eran otra cosa que un hatajo de *kafires*, de malos musulmanes. A partir de marzo de 1165, los inmensos contingentes almohades empiezan a desembarcar en la península. La consolidación del poder almohade desató sobre Al-Ándalus una nueva ola de fundamentalismo, y esta vez de un rigor nunca antes visto. Desde algunos años antes los sabios menos ortodoxos ya habían tenido que soportar la presión de los alfaquíes. Averroes, musulmán, cadí de Sevilla, filósofo y médico, se ve expulsado de Córdoba y confinado en Cabra y Lucena. Termina escondido en casa de su discípulo Maimónides, judío, filósofo y médico, igualmente forzado a refugiarse en Almería. Maimónides, obligado a convertirse al islam y juzgado después por haber vuelto a practicar el judaísmo, tendrá que huir a Fez, pero por poco tiempo, porque el acoso de los integristas almohades le hará la vida imposible. Acabará en Egipto.

CONTRA YIHAD, CRUZADA

Los reinos cristianos españoles no esperaban el yihadismo de los almohades. Hacía mucho tiempo que León, Castilla, Portugal o Aragón se habían habituado a una sinuosa política de pactos y guerras alternativas con los musulmanes. El nuevo califa almohade, Abu Yakub, no tenía por qué ser diferente de los anteriores. De hecho, Abu Yakub, buen político, había firmado acuerdos temporales prácticamente con todo el mundo. Nadie quiso ver que detrás de esa política se ocultaba la determinación de aniquilar a la cristiandad; todos esperaban sacar tajada de lo que juzgaban un avatar más en la descomposición de Al-Ándalus. Pero hubo alguien que sí lo vio: la Iglesia.

En el verano de 1173, el legado del papa en España, el cardenal Jacinto, convoca a los reyes cristianos en Soria. Acuden Fernando II de León, Alfonso VIII de Castilla (porque León y Castilla han vuelto a separarse tras la muerte de Alfonso VII) y Alfonso II de Aragón, hijo de Petronila de Aragón y Ramón Berenguer IV de Barcelona. Punto único del orden del día: cómo hacer para que los reyes cristianos se unan frente al enemigo musulmán. Jacinto está convencido de que los almohades preparan una gran ofensiva. Eso fue lo que transmitió a los monarcas españoles. Al parecer, los reyes de León, Aragón y Castilla tomaron las advertencias de Jacinto a beneficio de inventario. Todos se sentían relativamente seguros en sus posiciones, fortalecidas en los últimos años al calor del caos andalusí; la corona de Aragón, por ejemplo, había recuperado Lérida y Tortosa. En realidad nuestros reyes desconfiaban más del vecino cristiano que del enemigo musulmán, que, al fin y al cabo, estaba muy lejos. Y sin embargo...

A partir de septiembre de aquel mismo año de 1173, el califa Abu Yakub lanzó un poderoso ataque sobre las posiciones leonesas. Cayeron Alcántara y Cáceres. Todos los territorios del sur del Tajo fueron violentamente saqueados. Los almohades llegaron hasta Ciudad Rodrigo. Allí fueron derrotados, pero el balance de la campaña era espectacular. Abu Yakub regresó a África con los deberes cumplidos: toda la España musulmana le pertenecía y la frontera cristiana volvía a estar en precario. Los reyes cristianos entendieron el mensaje: el cardenal Jacinto tenía razón, era preciso unirse para hacer frente a la amenaza almohade. A la altura del año 1177, los reyes de León, Castilla y Aragón se reúnen en Tarazona. Hay un primer objetivo: Cuenca, ciudad desde la que los almohades pueden amenazar tanto a Castilla como a Aragón. Será sólo el primer paso. El viento sopla a favor: los almohades han de hacer frente no sólo a la coalición cristiana, sino también a revueltas en las Baleares y en Argelia. Vendrán años difíciles para el imperio africano de Abu Yakub. El propio califa encontró la muerte bajo las armas cristianas, en Santarem, tratando de detener el avance de una coalición de León y Portugal. Era 1184 y al trono almohade llegaba un nuevo inquilino: Abu Yakub Yusuf II. Y éste vio rápidamente el problema que asfixiaba a su imperio.

Lo que vio el nuevo califa fue que la única política posible era trocear al enemigo: pactar con unos y guerrear con otros. Y eso es lo que Yusuf II, hombre práctico, hizo a la altura de 1190. Yusuf renueva la tregua con León mientras sus embajadores negocian la paz con Castilla. Objetivo: tener las manos libres para mandar un poderoso ejército contra Portugal. La yihad sobre Portugal duró más de un año. Fue una campaña durísima. Pocos años antes, los reinos cristianos habían explotado al máximo los conflictos internos andalusíes. Ahora eran los almohades, guiados por la inteligencia política de Yusuf II, los que sacaban el máximo provecho de una cristiandad desunida. Quedaban muy lejos los propósitos de alianza bajo las recomendaciones del legado Jacinto. Cegados por el propio interés, enfrentados por disputas territoriales en el norte, enredados en pugnas interminables por ver quién reconquistaba qué hacia el sur, los reinos cristianos se paralizaron.

LAS CORTES DE LEÓN

Pero no era sólo egoísmo de reyes lo que tenía tan paralizados a los reinos cristianos. Todos ellos estaban viviendo un agudo proceso de transformación del poder. La tendencia a la feudalización, ya muy visible desde tiempo atrás en reinos como León, ahora se aceleraba. El descenso de la frontera hacia el sur había incorporado al mapa mucha tierra nueva. Organizarla, explotarla y defenderla era una tarea que ya no podía realizarse con pequeñas villas de campesinos libres. Tampoco la corona tenía los medios para asumir el control directo. El papel de los señores feudales se estaba haciendo cada vez más indispensable. Sólo ellos podían garantizar el cultivo ordenado de los campos, la recaudación de tributos, el reclutamiento de ejércitos. Así el poder privado de los señores de la tierra multiplicará su peso respecto al poder público de la corona. Y de inmediato se plantea un problema vital para el rey: el gobierno de hecho está en manos de poderes que en cualquier momento pueden empezar a actuar por su propia cuenta y la corona no tiene los instrumentos materiales (económicos, militares, administrativos) para imponer su voluntad.

El reino de León, por razones históricas y también por la propia configuración de su territorio, es el lugar donde con más claridad se plantea el problema. Para Alfonso IX se trata de un dilema sin aparente solución. Su reino está amenazado, pero para hacer frente a la amenaza almohade necesita el concurso de una nobleza que, naturalmente, pedirá a cambio más privilegios. Cada nueva concesión mermará el poder del rey y aumentará aún más el de los nobles, lo cual hará a la corona cada vez más dependiente. ¿Cómo salir de ese círculo vicioso? La solución estará en las ciudades. Las ciudades son una tercera instancia entre los nobles y la corona: lugares con su propio fuero, con sus propios derechos adquiridos, incluso cuando dependen de algún señorío. Lugares, también, con su dinámica económica propia y que, por tanto, pueden contribuir eficazmente al Tesoro de la corona. Si el rey recaba el apoyo de las ciudades, será mucho más fuerte. ¿Qué piden las ciudades a cambio? Justicia. Que se oiga su voz. No depender del arbitrio de tal o cual señor. El rey se lo puede dar. Así las ciudades lograrán tener sus propios representantes ante la corona.

Las cortes de León de 1188 se consideran como el primer parlamento democrático de la historia porque allí acudieron los representantes de las ciudades, elegidos de entre los vecinos, y pudieron hablar en pie de igualdad con la nobleza y con el alto clero, que hasta entonces eran la única voz ante el rey. Esos representantes eran los «personeros» u «hombres buenos». Acudieron procuradores de León, Oviedo, Salamanca, Ciudad Rodrigo, Zamora, Astorga, Toro, Benavente, Ledesma… De aquellas primeras cortes deriva el derecho de todos los súbditos a pedir justicia directamente al rey, sin pasar por la intermediación de los señores feudales. Además se trató sobre asuntos como la inviolabilidad del domicilio y la obligación de convocar cortes para declarar la guerra y la paz. Estas medidas se convirtieron en guía para todas las leyes de los decenios siguientes.

Todos los parlamentos europeos (también el inglés) son posteriores al leonés. Los otros reinos españoles reprodujeron el mismo modelo: Castilla en 1250, Portugal en 1254, Navarra en 1274, Aragón en 1283. Fue una innovación trascendental en nuestra historia política.

LAS ÓRDENES MILITARES

Volvamos al frente de guerra. Ante la desunión de los reinos cristianos, Roma tiene que intervenir de nuevo. El programa del papa está muy claro: paz entre los cristianos, unidad de esfuerzos frente al islam. Sus intensas negociaciones diplomáticas —y el papado era entonces la instancia diplomática por excelencia en el ámbito de la cristiandad— terminan dando fruto. Portugal, León, Castilla, Navarra y Aragón firman paces. Castilla incluso lanza una primera campaña por la cabecera del Guadalquivir. Los gobernadores almohades de Al-Ándalus, alarmados, envían mensajes de socorro al califa. Terminaba el año 1194. Yusuf II maniobrará con rapidez.

Una auténtica muchedumbre en son de yihad: eso era el ejército de Yusuf II. En torno a trescientos mil hombres entre jinetes y tropas de a pie. En sus filas, todo tipo de fuerzas: las tropas personales del califa, guerreros reclutados en las tribus beréberes, huestes regulares de las provincias de Al-Ándalus, mercenarios venidos de todas partes, millares de voluntarios enrolados para morir en la «guerra santa»... La vanguardia desembarca en Tarifa con el propio califa al frente. Después enfila por el habitual camino Sevilla-Córdoba-Toledo. En cada punto recibe nuevas incorporaciones. Yusuf llega a Córdoba el 30 de junio de 1195. Media el mes de julio cuando cruza Despeñaperros. La multitudinaria hueste almohade se dirige contra Alarcos, la llave meridional del frente castellano. En medio, sólo los caballeros de los castillos de la frontera, los guerreros de las órdenes militares: unas siluetas que desde algunos años atrás se habían convertido en la expresión misma de la lucha de la cristiandad frente a sus enemigos.

Las órdenes militares: sociedades de guerreros que han decidido vivir como monjes. Una de las instituciones más características del medievo europeo. Las órdenes militares habían nacido en Tierra Santa con la finalidad de proteger y atender a los peregrinos cristianos. La Orden del Santo Sepulcro de Jerusalén había nacido en 1099. Ese mismo año nace la Orden de Caballeros Hospitalarios. Un poco más tarde, hacia 1118, la Orden del Temple. Todas ellas tienen misiones militares concretas: custodiar el Sepulcro, el Hospital y el Templo de Jerusalén, precisamente. La organización religiosa eleva la misión a un nivel trascendental, pues se entrega la vida a ello. La Milicia de Cristo sintetiza los valores máximos del mundo medieval. En España, el primero en importar el modelo es un rey con alma de cruzado: Alfonso I el Batallador, por supuesto. Las órdenes que nacen en Aragón también tienen una función concreta al paso de la reconquista de territorios: la primera es la Cofradía de Belchite en 1122, después la Orden de Monreal en 1124. Cumplido su objetivo de conquistar, custodiar y defender, ambas serán poco después absorbidas por la Orden del Temple. Portugal, en el mismo impulso, también tendrá sus órdenes: las de Avis (1146) y San Miguel (1147). En Castilla nace la Orden de Calatrava en 1158; en León, la Orden de Santiago en 1170.

Citamos a las órdenes por su lugar de origen, pero no dependen de los reyes, sino —y esto es decisivo— del papa, pues se trata de instituciones religiosas. En tanto que órdenes religiosas, sólo al papa deben obediencia en última instancia y, por así decirlo, están por encima de las querellas políticas entre reinos. En esta fase de la Reconquista, las órdenes se han convertido en un elemento clave de la repoblación: por su carácter militar, pueden defender eficazmente a las gentes de la frontera; al mismo tiempo, por su carácter religioso, ofrecen la garantía de que no trabajarán contra el interés del reino. Ahora, ante la ofensiva almohade, son la primera línea de defensa en las tierras de La Mancha.

DE ALARCOS A LAS NAVAS

En el camino de Alarcos están precisamente los calatravos y los de Santiago. Ellos han sido los primeros en divisar a la muchedumbre almohade. Algunos calatravos intentan entorpecer el avance enemigo, pero la marea humana se los traga. Alfonso VIII de Castilla está en Toledo. Pide auxilio a los reyes de León y de Navarra, cuyas huestes no están lejos. Pero no hay tiempo. El 19 de julio la muchedumbre almohade ya está en Alarcos. Alfonso VIII decide intervenir sin esperar a los refuerzos. Y será una decisión fatal.

La estrategia musulmana siempre era la misma desde muchos años atrás. En primera línea se situaba a la nutrida tropa de los voluntarios de la yihad, carne de cañón cuya función era dar la vida ante las primeras embestidas cristianas, desgastando al enemigo y desorganizando sus líneas. En los flancos solía emplazarse a las fuerzas más ligeras, que debían envolver al enemigo a base de velocidad después del primer choque. Y en la retaguardia, sistemáticamente, se colocaban las unidades más experimentadas, con la misión de intervenir en un tercer momento para dar el golpe final al ejército contrario. Todo ello aderezado con un poderoso cuerpo de arqueros que debía someter al enemigo a una lluvia letal antes del cuerpo a cuerpo. Así se hizo también en Alarcos. Cualquier posibilidad de éxito frente a ese mastodonte bélico dependía de que las primeras cargas arrollaran a las vanguardias moras e impidieran al monstruo moverse a gusto. Pero para eso hacía falta una fuerza mucho más numerosa que la que Alfonso VIII tenía a su disposición. Por eso perdió.

Yusuf venció, pero no siguió adelante: literalmente, no tenía con qué mantener a semejante ejército tan lejos de sus fronteras. Eso salvó a Toledo, pero los daños causados a Castilla fueron atroces. Es verdad que la batalla de Alarcos fue una carnicería para todos, lo mismo cristianos que musulmanes. La gran diferencia estaba en que el imperio almohade podía permitirse un número elevado de bajas porque tenía cómo reponerlas. De hecho, Yusuf volvió a África para reclutar nuevas columnas entre las tribus beréberes del norte y los pueblos negros del sur de su imperio. Por el contrario, los reinos cristianos, que no podían sacar tropas más que de sus propios territorios, tardaban mucho en recomponer su fuerza militar. Un dato: después de Alarcos, los cristianos tardarán nada menos que diecisiete años en estar en condiciones de lanzar nuevas ofensivas, sin más excepción que algunas cabalgadas de las órdenes militares. Diecisiete años: lo que tarda en llegar a la edad adulta una nueva generación.

Yusuf II murió poco después. A su regreso a África tuvo que enfrentarse a la enésima rebelión de los restos de la facción almorávide. La aplastó y, en 1199, falleció; dejaba tras de sí un Al-Ándalus enteramente sometido y una cristiandad nuevamente dividida. Le sucedió su hijo Muhammad an-Nasir. Será él quien escriba el último capítulo de la yihad almohade en España. Un nombre lo dice todo: Las Navas de Tolosa.

LA BATALLA DECISIVA

Muhammad an-Nasir no era un hombre de paz: duro y fanático, había jurado llegar a Roma y que su caballo abrevara en el Tíber. Fue seguramente el más ambicioso de los yihadistas almohades. Sus predecesores, pragmáticos aun dentro de su yihad, habían centrado sus objetivos en el control de Al-Ándalus y el debilitamiento del frente cristiano. Pero Muhammad quería más. África estaba pacificada, los últimos almorávides se habían rendido, Túnez también estaba bajo su control y el imperio almohade gozaba por fin de una estructura política bien organizada y una economía próspera. ¿Qué quedaba por hacer? Conquistar España, y ahí pondrá los ojos Muhammad an-Nasir, al que las crónicas cristianas llaman Miramamolín por la fórmula árabe «Amir-al-muslimin», «emir de los creyentes». No habrá sorpresas: en 1210 expiraban las treguas que, por separado, habían firmado los reinos cristianos con el califa almohade. Todo el mundo sabía que la guerra iba a estallar de nuevo al día siguiente.

Muhammad está seguro de tener el camino abierto: las disensiones entre los reinos cristianos debilitan al infiel. Pero hay una novedad en el horizonte. La política pontificia ha movido a los cristianos a acercar posiciones. Castilla ha pedido a la Santa Sede que avale sus esfuerzos. Roma responde instando a todos los reinos de España a una política común. Muhammad quema etapas: ataca Barcelona —que aguanta el asedio— y ordena tomar la estratégica fortaleza de Salvatierra, lo cual deja La Mancha nuevamente expuesta al moro. El peligro almohade se hace inminente. Alfonso VIII de Castilla y el obispo de Toledo, Jiménez de Rada, piden al papa que declare la cruzada: es el único modo de asegurar que ningún reino cristiano aprovechará el avance musulmán para atacar por la espalda y, por otro lado, eso permitirá a los castellanos contar con apoyo extranjero. Así se llega a la batalla de Las Navas.

Las circunstancias de la batalla son bien conocidas. Los almohades, con sus acostumbradas muchedumbres en armas, cruzaron sus posesiones andaluzas y se detuvieron ante Despeñaperros porque Muhammad no quería penetrar en territorio cristiano sin tener resuelto el avituallamiento. En el campo cristiano, los cruzados llegaron por miles desde toda Europa, pero sirvió de bien poco: a escasas semanas del momento decisivo, la gran mayoría retornó a sus hogares por las escasas perspectivas de botín y por la dureza de las condiciones de la campaña. Al menos, eso sí, Alfonso VIII de Castilla había conseguido el respaldo en el campo de los otros reinos cristianos, y es precisamente eso lo que va a dar a la batalla de Las Navas su trascendental dimensión.

Todos los reinos de España están allí. Está, por supuesto, Castilla con su rey al frente. Pero están también Pedro I de Aragón y Sancho VII el Fuerte de Navarra. El rey de León, Alfonso IX, no acude a Las Navas, pero hay un contingente leonés, y también caballeros portugueses. Y están las órdenes militares: Calatrava, Santiago, el Temple y el Hospital. Está toda España junta y está sola, porque los cruzados europeos se han marchado ya. Ésa es la tropa —unos 12.000 hombres según los cálculos contemporáneos— que el 16 de julio de 1212 va a hacer frente en Las Navas de Tolosa a una fuerza almohade que la doblaba en número. Pese a su inferioridad numérica, las huestes cristianas vencieron.

La batalla de Las Navas fue una catástrofe para los almohades. Muhammad an-Nasir cruzó el estrecho y se refugió en Marruecos. Allí será asesinado por sus propios cortesanos. Dejaba un heredero de corta edad. Todo el imperio almohade se vino abajo. El último gran intento musulmán por invadir el occidente de Europa quedó frustrado. El islam ya nunca más recuperaría la iniciativa. Y para los reinos cristianos se abría la oportunidad de derramarse por Andalucía.

Luego vino la peste. La ofensiva se detuvo. Y después, la muerte se llevó a Pedro de Aragón en 1213 y a Alfonso VIII de Castilla en 1214. Terminaba una época. Se abría el tiempo para una nueva generación.

EXPANSIÓN DE LOS REINOS CRISTIANOS (SIGLO XIII)
OCÉANO ATLÁNTICO
Mar Cantábrico
Mar Mediterráneo
Burdeos 732
Santiago
Oviedo
Tuy
Astorga 714
León
Burgos
Pamplona
CASTILLA
NAVARRA
Braga
Oporto
Zamora
Toro
Calahorra 1045
Jaca
CORONA
Huesca 1096
Osma
Salamanca
Huesca (1120)
DE
Zaragoza 1118
Lleida 1149
Girona
Coimbra 1109
PORTUGAL
Y LEÓN
Medinaceli
Guadalajara
ARAGÓN
Barcelona
Tarragona 1095
Lisboa 1147
Zalaca (1086)
Évora 1165
Badajoz 1228
Toledo 1085
Uclés (1108)
Cuenca 1177
Teruel 1171
Tortosa 1148
Menorca 1285
Alarcos (1185)
VALENCIA
Valencia 1238
Navas de Tolosa (1212)
Alzira 1244
Mallorca 1231
Niebla 1262
Córdoba 1236
Jaén 1246
Ibiza 1235
Faro 1249
Sevilla 1248
Murcia 1243
REINO DE GRANADA
Lorca 1244
Cádiz 1265
Tarifa 1292
Algeciras 1344
Conquistas entre 1150 y 1270
Castilla y León
Corona de Aragón
Portugal
Frontera hacia 1150
Frontera hacia 1270
Victorias cristianas
Victorias musulmanas

17
ARAGÓN Y CASTILLA, VIDAS PARALELAS

La victoria de Las Navas de Tolosa cerró un tiempo y abrió otro nuevo. Se frustró la última amenaza real de invasión islámica en el occidente de Europa. Quedó abierto el camino para extender la Reconquista a toda la península. Los reinos cristianos se vieron consolidados. Los protagonistas fundamentales de la victoria murieron muy pronto, pero sus sucesores iban a saber aprovechar la oportunidad. Esos sucesores fueron sobre todo dos: Fernando III el Santo, en Castilla y León, y Jaime I el Conquistador en Aragón. Dos monarcas casi coetáneos, que en ambos casos llegaron al trono en circunstancias difíciles y cuya obra de gobierno iba a determinar los siguientes decenios de la Historia de España.

FERNANDO III EL SANTO

Empecemos por Fernando III (1199-1252), bajo cuyo cetro iban a terminar unidas para siempre las coronas de Castilla y León. Vale la pena detenerse en las circunstancias familiares, porque son la clave de la política de la época y, además, en este caso iban a resultar decisivas. Fernando era hijo del rey Alfonso IX de León y de Berenguela de Castilla, hija de Alfonso VIII, el de Las Navas. Fernando podría haber sido heredero del trono leonés, pero el matrimonio de sus padres fue anulado por la consanguinidad de los cónyuges (y porque el Alfonso leonés no quería nada con Castilla). Así que Berenguela se vio obligada a volver a tierras castellanas, pero Fernando se quedó en León, vigilado de cerca por su padre. Y allí hubiera permanecido de no ser porque en Castilla todo iba a ponerse cabeza abajo.

¿Qué pasó en Castilla? Veamos: Alfonso VIII, fallecido en 1214, tenía un primogénito llamado también Fernando que murió en campaña en 1211 y dejó otro varón de diez años llamado Enrique. Este Enrique, a pesar de su corta edad, fue coronado rey bajo la tutela de su madre, la reina Leonor de Plantagenet (inglesa, sí, y hermana de Ricardo Corazón de León). Pero Leonor enfermó enseguida, tal vez por las mismas causas que su marido, y en su lecho de muerte encomendó la custodia del pequeño Enrique I a Berenguela, la madre de nuestro Fernando. Nada fue pacífico en aquellos años: las grandes casas nobiliarias, aprovechando el vacío de poder, trataron de sacar tajada, y así veremos a los poderosos Lara en abierto conflicto con otras familias como los Girón, los Téllez o los Haro. Y para complicar más aún las cosas, en 1217 el joven Enrique I, trece años, muere accidentalmente por una pedrada durante un juego infantil. Todos los derechos de la corona pasaron a Berenguela.

Berenguela, que era una mujer de excepcional inteligencia política, vio claramente el peligro: no sólo las grandes casas nobiliarias de Castilla iban a aumentar la presión sobre la corona, sino que, además, Alfonso IX de León, su exmarido, no dejaría pasar la oportunidad de reclamar cuanto pudiera del territorio castellano. Berenguela sólo tenía un seguro: su hijo Fernando, que seguía retenido en León. Había que traerlo a Castilla. Pese a la oposición del rey de León, Fernando pudo escapar. Su madre lo recibió en Autillo de Campos, Palencia, e hizo que allí mismo lo coronaran rey. Era el año 1217. Pero los problemas no habían terminado: en una atmósfera de fragilidad general de la corona castellana, todos los poderes de la época (nobles, obispos, ciudades, etc.) siguieron en pie de guerra, incluido Alfonso IX de León, que aprovechó para crear cuanta inestabilidad pudo. Dos años duró el caos. Al final, Berenguela y Fernando vencieron: con diplomacia unas veces y con guerra otras, negociando aquí y asediando un castillo allá. Fernando portaba la corona y empuñaba la espada, pero era Berenguela quien hacía la política. Con un tacto extraordinario, los castellanos eludieron cualquier conflicto directo con Alfonso IX de León: nunca respondieron militarmente a los ataques del leonés. ¿Asombroso? No, y enseguida veremos por qué.

Mientras Castilla se pacifica, Berenguela y Fernando terminan de consolidar su posición. Primero, un matrimonio: Fernando va a buscar esposa —con la mediación del papa— en la familia imperial, los Hohenstauffen, y la encuentra en Beatriz de Suabia, prima del emperador romano germánico. Es 1219. Acto seguido, el joven rey es armado caballero. Y con todo eso en la mano, Fernando, alma de cruzado, se lanza a la reconquista de nuevos territorios hacia el sur. El hundimiento del imperio almohade ha convertido Al-Ándalus, otra vez, en un mosaico de pequeños reinos y señoríos. Pactando con unos y sometiendo a otros, Fernando extiende su frontera hasta Baeza, Andújar y Martos en Jaén, Loja en Granada y Priego en Córdoba. En 1230 está en condiciones de tomar definitivamente la ciudad de Jaén y abrir la llave para derramarse sobre el valle del Guadalquivir. Pero algo trascendental pasa ese año: muere Alfonso IX de León. Sin herederos varones directos. El heredero más directo es precisamente Fernando. Porque el matrimonio de Alfonso y Berenguela fue anulado, sí, pero el hijo de ambos era enteramente legítimo.

Por eso, en aquellos primeros dos años de reinado, Fernando nunca había contestado a su padre en el campo de batalla: sus planes eran otros. El papa había accedido a proclamarle heredero de León aun con la oposición del propio Alfonso IX. Muerto éste, el reino quedaba en las manos de su viuda, Teresa de Portugal, y de sus hijas Sancha y Dulce. No era nada que la sabia Berenguela no pudiera arreglar. Fue ella la que se reunió con Teresa para hacerle ver lo inevitable. La Concordia de Benavente (1230) formalizó el gran paso: Castilla y León quedaban unidos —ya para siempre— bajo un mismo cetro que era el de Fernando. Lo primero que hizo el nuevo rey fue entablar conversaciones con el rey de Portugal, para eliminar conflictos territoriales y acordar una estrategia común frente a los musulmanes. Los años siguientes fueron de incesantes conquistas. En 1236 se toma por fin Córdoba. En ese mismo momento, otro monarca cristiano está asediando Valencia: Jaime I de Aragón.

JAIME I EL CONQUISTADOR

La vida de Jaime I corre paralela, en muchos aspectos, a la de Fernando III. Si éste era hijo de las casas de León y de Inglaterra, Jaime lo era de la de Aragón por su padre, Pedro II (el de Las Navas), y del imperio bizantino por parte de su madre. Tampoco fue la suya una infancia fácil, y es una historia que vale la pena contar. El padre, Pedro de Aragón, detestaba a su esposa, María de Montpellier, hasta el punto de que no hacían vida conyugal. Como era preciso que engendraran un heredero, ciertos nobles y eclesiásticos decidieron tender una trampa al rey: aprovecharon una noche en la que Pedro debía verse con una amante y, en vez de ésta, fue María, la esposa, la que se metió a oscuras en el lecho. De ahí nació Jaime I en 1208. Pedro, furioso, rechazó al niño. Cuando tenía sólo tres años, Jaime fue entregado como prenda de pacto matrimonial a un enemigo del rey, Simón de Montfort. Pero Pedro murió en combate durante la cruzada contra los cátaros en 1213 (precisamente frente a las tropas de Montfort) y Jaime acabó en el castillo de Monzón, donde se crió con los caballeros templarios. ¿Quién gobernaría mientras tanto el reino? El ya muy maduro Sancho Raimúndez, hijo de Petronila de Aragón y Ramón Berenguer IV, que era tío abuelo de Jaime. Años turbios durante los que la nobleza, como había pasado en Castilla, aprovechó para aumentar su poder.

Jaime fue declarado mayor de edad con diez años. A los trece lo casaron con una mujer diecisiete años mayor que él. ¿Quién? Leonor de Castilla, hermana de Berenguela. Eso convirtió al pequeño Jaime en tío de Fernando III. Era el año 1221. Fue un matrimonio político, evidentemente. Por lo demás, en estos años toda la vida del joven rey va a consistir en tratar de imponerse a los continuos levantamientos de nobles aquí y allá. La presión de la aristocracia sobre la corona es brutal. En 1224 una facción de la nobleza llega incluso a secuestrar a Jaime. No es una revuelta de poca entidad: el líder del movimiento es un tío suyo, el infante Fernando, hermano de Pedro II y que aspiraba a hacerse con el trono. ¿Es que la nobleza del reino apoyaba a este Fernando? No necesariamente, pero los señores de los distintos territorios —los Moncada, los Cornel, etc.— aprovechaban el caos para plantear sus propias reivindicaciones.

No hablamos de intrigas de pasillo. En una ocasión, uno de esos nobles, Pedro de Ahonés, llegó a batirse cuerpo a cuerpo con el rey. A Jaime (dieciocho años en aquel momento) debieron de servirle de mucho los largos años pasados con los templarios, porque pudo imponerse a su rival, que huyó. Pero los caballeros del rey persiguieron a Ahonés, que, en la refriega, cayó mortalmente herido. Así comenzó una nueva revuelta nobiliaria. Era 1226. Hubo que recurrir a la intervención del papado, que en la época era la instancia diplomática por excelencia, para resolver el conflicto. Se hizo en la Concordia de Alcalá del Obispo, Huesca, el 22 de marzo de 1227. Ese día los nobles reconocieron la primacía de la corona. Sólo entonces pudo pensar Jaime I en conquistar los territorios que se abrían al sur de Aragón.

La proyección de Aragón hacia el sur es tan vertiginosa como la de Castilla en aquellos mismos años. El poder almohade se había hecho extremadamente frágil. En 1229 se acomete la conquista de Mallorca, que se convertirá en reino singular bajo la corona de Aragón. En 1231 los musulmanes de Menorca prestan vasallaje a Jaime I y aceptan su soberanía. En 1235 los caballeros de Jaime reconquistan Ibiza y Formentera. Mientras tanto han comenzado ya las operaciones para la conquista de Valencia, ejecutada fundamentalmente con contingentes del reino de Aragón: Morella cae en 1233; al año siguiente, Burriana, Peñíscola y Castellón. La ciudad de Valencia se rinde en 1238. Jaime I ya era el Conquistador.

NACE EL REINO DE GRANADA

Hablemos ahora de lo que estaba pasando en el mundo musulmán. Cuando el imperio almohade se desmoronó, en Al-Ándalus surgieron dos caudillos dispuestos a gobernar el naufragio: Abu Abdala ibn Hud, del linaje de los hudíes de Zaragoza, y Muhammad ibn Nasr. Ibn Hud se había hecho fuerte en Murcia y había llegado a controlar un extenso territorio que incluía Jaén, Almería y Córdoba. El otro, Ibn Nasr, se habia proclamado sultán de Arjona, primero, y emir de Al-Ándalus después, y su partido había encontrado numerosos seguidores en Granada. Inevitablemente, los dos caudillos entraron en conflicto entre sí. Entonces Fernando III, político sagaz, decidió meter la cuchara y apoyar a uno de los dos rivales. ¿A cuál? Al más débil: Ibn Nasr. Con ello obligaba al otro, Ibn Hud, a combatir en dos frentes, es decir, contra los castellanos y contra sus rivales musulmanes de Granada.

El de Granada, Muhammad ibn Yusuf ibn Nasr, venía de familia terrateniente. No era un guerrero, sino un campesino rico. Pero las algaradas cristianas en la frontera le llevaron a combatir, y lo hizo con la suficiente fortuna como para convertirse en un caudillo local. Aquí empezó su carrera. Al otro lado de la raya, Fernando III vio en él un estupendo instrumento para frenar al peligroso y ambicioso Ibn Hud. Muhammad Ibn Nasr aprovechó la oportunidad: ocupó cuantos territorios pudo y lo hizo de manera expeditiva. Tampoco renunciará a la traición: en Sevilla pactó con el reyezuelo local, al-Bayi, para derrotar a los partidarios de Ibn Hud y, cuando logró su propósito, mandó asesinar al desdichado al-Bayi. Después Ibn Nasr perderá Sevilla a manos de los partidarios de Ibn Hud, el murciano. Era la época en la que Damasco reconoció a Ibn Hud como emir y Muhammad se vio obligado a rendirle vasallaje. Pero Ibn Hud tenía los días contados, porque Fernando III de Castilla y León estaba dispuesto a segarle la hierba bajo los pies… con la ayuda de Ibn Nasr. Ibn Hud terminará asesinado en Almería por uno de sus gobernadores. Castilla se apresurará a ocupar y repoblar el territorio conquistado. Y en Al-Ándalus ya sólo quedaría un poder digno de ese nombre: el del otro caudillo moro, Ibn Nasr. De él nacerá una dinastía: los nazaríes, es decir, los hijos de Ibn Nasr.

Muhammad ibn Yusuf ibn Nasr entró en Granada el mismo año en que Ibn Hud fue expeditivamente expulsado del reino de los vivos. Acto seguido apareció en el escenario del crimen, Almería, y la anexionó a su reino. El nazarí fue el beneficiario directo de la expansión castellana en Andalucía. A cambio de su complicidad, Muhammad obtendría nada menos que un reino. Porque es aquí y ahora cuando nace el reino de Granada, que en este momento ocupaba aproximadamente las provincias de Granada, Almería y Málaga, además de algunas posiciones en la provincia de Jaén. Muhammad ya es Muhammad I. Siguiendo la costumbre islámica, el nuevo rey se puso un sobrenombre que evocaba de manera rimbombante la guerra santa: al-Galib bi-llah, «el victorioso por Dios». Pero el primer nazarí pasará a la historia por su apodo de al-Ahmar, o sea, «el rojo», por el color de sus barbas. Una de las primeras cosas que ordenó el nuevo rey fue construir un palacio digno de su alcurnia: la Alhambra, que se llama así, «la roja», por las barbas del personaje.

La Granada de este momento, año de 1238, era una ciudad de rango secundario. El lugar había conocido un cierto auge en época ibérica y romana, pero después quedó despoblado. La nueva Granada no se fundaría hasta el año 1031, cuando las revueltas de las taifas auparon a los ziríes (un linaje bereber) al poder en la región. Fue entonces cuando alrededor del barrio del Albaicín se desplegó una ciudad con unas 4.400 casas y que en los dos siglos siguientes no conoció otra modificación que los sucesivos recintos amurallados. Es decir que Granada sólo era una ciudad de importancia menor. Pero en las vegas y sierras cercanas había desde antiguo una intensa actividad agraria, así que los nazaríes tenían por dónde empezar.

Muhammad había conseguido unificar la mayor parte de la España mora bajo un sólo poder. Lo que quedaba fuera de su control —Sevilla, Huelva y parte de Cádiz— no le despertaba el menor apetito: era la zona natural de expansión castellana. Pero había una ciudad que enseguida iba a convertirse en objeto de litigio: Jaén. Esta ciudad seguía en manos musulmanas y formaba parte del reino de Muhammad. Y por su posición geográfica, representaba para Castilla una evidente amenaza: como un vigía adelantado sobre el valle del Guadalquivir desde las peñas de la Sierra Mágina, Jaén controlaba los movimientos cristianos en las recién ganadas llanuras. Si Fernando III quería asentar su hegemonía en la zona, estaba obligado a tomar Jaén… haciéndole la guerra a Ibn-Nasr. Ganó Fernando: después de un cerco atroz que ocupó todo el invierno entre 1245 y 1246, entre mil sufrimientos y penalidades, con frío y hambre, Jaén se rindió. Y así, el 28 de febrero de 1246, el nazarí se resignó: acudió al campamento de Fernando III y le besó la mano. El rey moro de Granada se convertía en vasallo del rey de Castilla.

Las condiciones de la capitulación fueron severas. Los moros quedaban obligados a evacuar y entregar Jaén de manera inmediata; se les autorizó a llevarse sus pertenencias. Muhammad al-Ahmar pagaría un tributo anual de 150.000 maravedíes durante veinte años. El rey nazarí de Granada quedaba como vasallo del castellano, con el deber de servirle tanto en paz como en guerra, y obligado a acudir a las cortes de Castilla, donde se sentaría entre los magnates del reino. Y aceptado todo eso, Muhammad al-Ahmar volvió a Granada. Para Muhammad, después de todo, no había sido un mal negocio. Perdía Jaén, pero tenía en las manos un reino que ahora quedaba protegido tanto frente a los castellanos como frente a los aragoneses. En poco tiempo, el reino moro de Granada conocerá un auge notable. Sobrevivirá dos siglos y medio.

NAVARRA MIRA A FRANCIA

También en el norte de España se estaban produciendo cambios de gran calado. Navarra iba a cambiar radicalmente su trayectoria. Todo empezó alrededor de 1230, cuando el rey Sancho VII (el mismo de Las Navas), que ya llegaba a los ochenta años, empezó a padecer horribles dolores a causa de una úlcera varicosa en una pierna. Tan grave fue la dolencia que Sancho se encerró en su fortaleza de Tudela. Llegaba la hora final. Y era un problema político de primera magnitud porque Sancho iba a morir sin hijos: Navarra estaba sin heredero.

El rey necesitaba una solución y fue a buscarla en un recurso extravagante: un pacto de prohijamiento con Jaime I de Aragón. No era la primera vez que ocurría. El reino de Navarra estaba acostumbrado a que sus territorios fueran objeto de litigio entre Castilla y Aragón: permanentemente amenazados por unos o por otros, los reyes de Navarra entendieron que su única opción era arreglarse con los otros o con los unos. A ese mismo camino recurrió Sancho VII: un pacto de prohijamiento con Jaime I de Aragón. Y según ese pacto, cuando uno de los dos muriera, el superviviente heredaría el reino del difunto. Cuando se firmó el acuerdo (en Tudela, en 1231), Sancho se acercaba a los ochenta años y Jaime tenía poco más de veinte. Estaba claro quién iba a heredar a quién. Que el trono de Pamplona pasara a Jaime de Aragón podía haber cambiado la Historia de España: si las tierras de Navarra caían bajo la órbita de Jaime, Aragón tendría salida a dos mares. Pero nada de eso se hizo realidad.

Las Cortes de Navarra, celosísimas de su independencia, forzaron al rey a una solución algo más convencional: que la corona permaneciera dentro del propio ámbito familiar. ¿En qué cabeza? En la de un sobrino. Sancho VII tenía dos hermanas. La mayor, Berenguela, casada con el inglés Ricardo Corazón de León, había muerto sin descendencia en 1230. La pequeña, Blanca, casada con Teobaldo III de Champaña, había muerto un año antes, pero tenía un hijo llamado también Teobaldo. Esta Blanca había sido persona de enorme peso en el reino; de hecho, ella fue la que aseguró el ejercicio del poder cuando la enfermedad obligó al rey a recluirse en Tudela. Ahora Blanca había muerto también, pero la anciana dama había dejado todo dispuesto para que su hijo subiera al trono. Y así se convirtió en rey de Navarra un francés: Teobaldo, sobrino de Sancho.

A Sancho VII el Fuerte se le fue la vida el 7 de abril de 1234, viernes, en su doloroso lecho de Tudela. Con él moría el último vástago de la dinastía Jimena. Y apenas un mes después aparecía en Pamplona el joven Teobaldo, treinta y tres años, conde de Champaña y Brie, casado con la dama Margarita de Borbón. Los Borbón, en aquella época, sólo eran una rama menor de los capetos que señoreaba el castillo de Bourbon l'Archambault, en el centro de Francia. Mucho más poderosos eran los señores de Champaña, adinerada dinastía del oriente francés, precisamente de la región de Champagne, entre Borgoña y París, epicentro de una intensa actividad comercial y artesana (y donde, por cierto, ya se producía vino, aunque todavía sin burbujas). El viejo Teobaldo había sido un buen partido para Blanca de Navarra, y el joven Teobaldo, este que ahora llegaba a Pamplona, era un adinerado aristócrata al que los nobles navarros recibieron como solución para todos sus males.

¿Qué tenía que ver un francés venido de tan lejos con la vieja y recia tradición navarra? En realidad, nada. Pero Teobaldo juró los fueros y con eso bastó. A partir de ese momento, el nuevo rey se dedicó a hacer su propia política. Para tener tranquilas las espaldas, se apresuró a firmar pactos con sus vecinos de Aragón y Castilla, y también con Inglaterra, que en aquel tiempo controlaba la mitad de Francia. Al mismo tiempo, se trajo de Champaña a un equipo de consejeros a los que encargó la dirección de los asuntos de gobierno. Organizó el reino en distritos encomendados a merinos de su confianza, de manera que la recaudación de impuestos y la administración de justicia pasó a depender directamente de los hombres del rey. La aristocracia navarra no acogió bien las innovaciones, pero ella misma se había metido en el lío al escoger a un monarca como Teobaldo.

No pararon aquí las innovaciones. El flamante rey ordenó compilar sus leyes en el llamado Cartulario Magno, con lo cual dejaba fuera de codificación las viejas leyes navarras, de las que dependían los derechos y fueros de nobles y siervos, de villas e infanzones. Los infanzones navarros reivindicaron sus viejas leyes y entonces Teobaldo, para no herir susceptibilidades, se ocupó de recoger todo el derecho tradicional navarro de los siglos anteriores. Así, a petición de los infanzones, nació el Fuero General o Fuero Antiguo, un documento trascendental que ha llegado hasta nuestros días a través de sucesivas reformas, conocidas como «amejoramientos», en 1330, 1418 y 1973. Está escrito originalmente en una lengua romance donde aún es difícil distinguir el castellano y el aragonés (no en euskera ni francés). El Fuero suponía que el rey vinculaba su autoridad a los intereses de los notables del reino y el respeto de las leyes tradicionales. A partir de este momento, la corona de Pamplona permanecerá en cabezas de origen francés hasta principios del siglo XVI.

CASTILLA Y ARAGÓN SE CASAN

En estos años decisivos Castilla y Aragón dibujan las líneas que van a presidir el futuro desarrollo político de los reinos españoles. Ante todo hay que hablar de la política matrimonial, porque los enlaces de los reyes eran el instrumento fundamental de la diplomacia. Fernando III, como hemos visto, se había casado con Beatriz de Suabia, lo cual era una forma de tender un puente hacia el imperio, el Sacro Imperio Romano Germánico, que a efectos simbólicos e institucionales era la prolongación del imperio romano de Occidente bajo la autoridad espiritual del papa. En cuanto a Jaime I de Aragón, en 1229 consiguió anular su matrimonio con la castellana Leonor —con el permiso de Fernando III, por supuesto— y en 1235 contrajo nuevas nupcias con una novia sorprendente: Violante, hija del rey Andrés II de Hungría. Violante es la latinización del nombre Yolanda. ¿Y por qué de Hungría? Por dos razones: porque Jaime I necesitaba dinero y, además, porque el trono húngaro, en aquel momento, aspiraba a hacerse con el imperio latino de Constantinopla, uno de los grandes feudos creados en oriente después de la quinta cruzada. La verdad es que Violante resultó ser peor partido de lo esperado: ni Hungría tenía el dinero, porque enseguida entró en crisis, ni el rey Andrés pudo hacerse con el imperio latino de Constantinopla. Sin embargo, fue una reina excelente, porque era una mujer inteligente y poseía dotes políticas muy notables. Pero lo que más interesa subrayar es la proyección que ambos reinos, Castilla y Aragón, buscaban en aquel momento: Castilla, el imperio, que era el corazón de la política europea, y Aragón, el Mediterráneo.

Por lo demás, en los años siguientes Fernando y Jaime concluirán la expansión hacia el sur. Fernando, después de tomar Jaén en 1246 y obtener la sumisión del rey nazarí de Granada, puso sus miras en Sevilla. Como para tomar la ciudad era preciso apoderarse del Guadalquivir, el rey ordenó formar una gran flota: es aquí cuando nace la marina de guerra castellana. Las operaciones, en las que tuvo parte importante el heredero de Fernando, Alfonso, duraron cerca de dos años. En 1248 Sevilla volvió a ser cristiana. Acto seguido quedaron sometidos todos los territorios vecinos hasta Jerez de la Frontera, el Puerto de Santa María, Cádiz y Rota. En muchos de estos lugares, y particularmente en Sevilla y su comarca, los habitantes musulmanes prefirieron marcharse al reino nazarí de Granada. Cientos de familias castellanas repoblaron los territorios conquistados. Fernando murió poco después, en 1252. Subió al trono su hijo Alfonso, que seguiría su estela.

Alfonso llegaba al trono con más de treinta años de edad y después de haber brillado con luz propia en numerosos lances políticos y militares. Venía, además, con esposa, y no cualquiera: Violante de Aragón, hija de Jaime I y Violante de Hungría. El enlace entre el heredero de Castilla y León y la primogénita de la corona de Aragón se había pactado muy pronto, en 1240, como manifestación fehaciente de hasta qué punto los dos grandes reinos españoles estaban dispuestos a trabajar juntos. Fue con ocasión de la reconquista de Murcia, un territorio al que se asomaban ya las huestes aragonesas tras la conquista de Valencia pero que, por los tratados entre ambos reinos, correspondía a Castilla. Alfonso reconquistó Murcia en 1243. Al año siguiente ambos reinos firmaron el Tratado de Almizra y entre sus cláusulas figuraba precisamente el matrimonio entre Violante, que entonces era una niña de cuatro años, y Alfonso. Murcia volvería a ser escenario del buen entendimiento entre Castilla y Aragón veinte años después, cuando los musulmanes de la región, ayudados por Granada y los norteafricanos, se rebelaron contra la Castilla de Alfonso. Violante pidió ayuda a su padre, Jaime, y éste envió tropas para sofocar la rebelión. Mandaba aquel ejército el heredero de Jaime, Pedro.

Era el año 1266. Alrededor de diez mil aragoneses repoblaron el territorio murciano, pero bajo el mando de la corona de Castilla.

Alfonso X pasará a la historia como «el Sabio» por su amor a la cultura. Fue, desde luego, un decidido impulsor del conocimiento, pero, además, bajo su reinado se construyeron las bases de algo que iba a ser determinante en la economía castellana: las grandes redes de pastoreo organizadas en la Mesta y el comercio internacional de lana, que enseguida iba a llegar a Flandes con los barcos de las villas marineras del Cantábrico. Castilla miraba decididamente hacia el Atlántico.

ARAGÓN CONQUISTA EL MEDITERRÁNEO

Mientras Castilla se orientaba hacia el Atlántico, Aragón miraba al Mediterráneo. Aquí hay que hablar de Pedro III de Aragón, hijo de Jaime y Violante. Jaime murió en 1276 después de un larguísimo reinado. Su primogénito, Pedro, llegaba al trono con treinta y seis años, buena fama política y militar, el paisaje interior relativamente pacificado y muchos proyectos en el exterior. De hecho, Pedro será el constructor de la gran expansión aragonesa por el Mediterráneo durante los años siguientes.

El origen de esta proyección mediterránea está en un matrimonio: Pedro se había casado en 1262 con Constanza de Hohenstauffen, heredera de la corona de Sicilia. Una herencia problemática, porque Sicilia se hallaba en guerra: el papa no quería bajo ningún concepto que el sur de Italia estuviera en manos de los Hohenstauffen, de modo que invitó a los franceses a invadir el país. Los franceses entraron a sangre y fuego en una guerra crudelísima. Tan cruel que los sicilianos, al poco tiempo, se levantaron, perpetraron una enorme matanza de franceses (conocida como «vísperas sicilianas», porque tuvo lugar cuando las campanas tocaban a vísperas) y llamaron como rey a Pedro de Aragón. Pedro III había organizado una importante flota que contaba con la valiosísima aportación de los exiliados sicilianos, como Roger de Lauria. Con esos barcos, Aragón derrotará una vez tras otra a los franceses hasta expulsarlos de la isla. Pedro será coronado rey de Sicilia en 1282.

A partir de este momento, Aragón va a protagonizar una prodigiosa expansión comercial y política por todo el Mediterráneo. La flota aragonesa controlará las rutas comerciales del Mediterráneo occidental e incluso pondrá bases en el oriente próximo. Para organizar tan intenso tráfico aparece una institución decisiva: los Consulados de Mar, auténticas oficinas comerciales y administrativas que, además, servirán de trampolín político y militar, y que se regirán por su propio código, el Libro del Consulado del Mar. Durante decenios, como dijo Roger de Lauria en célebre frase, «ningún pez se atreverá a asomar el lomo sobre las aguas si no lleva grabadas las barras de Aragón». Nacen también las lonjas en las principales capitales de la corona (Barcelona, Valencia, Palma de Mallorca). La proyección mediterránea de Aragón llegará al extremo de dibujar una aventura asombrosa: la de los almogávares de Roger de Flor, entre 1302 y 1390, llamados como tropa de socorro en la guerra de Bizancio contra los turcos, y que en sus correrías fundarán los ducados de Neopatria y Atenas en suelo griego.

Así pues, al amanecer del siglo XIV, cien años después de la batalla de Las Navas de Tolosa, el paisaje de España era enteramente nuevo. Castilla y León, unificados, se extendían desde Galicia, el Cantábrico y Vizcaya hasta Cádiz, y sus barcos cruzaban el Atlántico hasta Flandes. Aragón había sumado a su corona los reinos de Mallorca y Valencia, controlaba políticamente el tercio sur de la península italiana y su flota se había adueñado del Mediterráneo. Navarra, por su parte, viraba y orientaba su política hacia Francia. Añadamos a Portugal, que había cubierto ya la extensión máxima de su territorio. En cuanto a la presencia musulmana en la península, se reducía al reino nazarí de Granada: independiente, pero vasallo de Castilla. Cada reino aspiraba a construir su propio camino. Pero el siglo que amanecía iba a resultar extremadamente convulso.

18

CAMBIO CLIMÁTICO Y PANDEMIA... EN EL SIGLO XIV

El periodo que académicamente se llama Baja Edad Media, es decir, los siglos XIV y XV, es un tiempo de consolidación de las estructuras sociales y económicas en los reinos españoles y también de progresiva convergencia política entre ellos. Esto es lo que diría un manual de historia convencional. Apresurémonos a añadir que todo eso se hizo a palos y en un contexto extraordinariamente conflictivo que, al cabo, vendría marcado por dos grandes acontecimientos que afectaron a toda Europa: una pandemia y un cambio climático. La pandemia fue la peste negra, que entre 1346 y 1352 se llevó a cerca de la mitad de la población de Europa. En España, se calcula que la corona de Aragón perdió a un tercio de sus habitantes y la de Castilla a algo más de la cuarta parte. Y el cambio climático fue el inicio de lo que se conoce como «pequeña edad de hielo»: un descenso progresivo, pero sensible, de las temperaturas, con un efecto inmediato en la agricultura y, por tanto, en la economía de toda Europa. Sobre la peste, escasez, y sobre la escasez, hambruna. Años muy difíciles.

LA SOCIEDAD BAJOMEDIEVAL

Para dibujar adecuadamente el cuadro, hay que decir que nuestros reinos, hasta ese momento, habían conocido un excepcional florecimiento en todos los órdenes, empezando por el de la cultura. Es la época en la que empiezan a concluirse las obras de las grandes catedrales góticas: Ávila y Cuenca, comenzadas en el siglo XII; Burgos, León y Toledo, iniciadas en el siglo XIII, al igual que la de Palma de Mallorca, o la catedral de Barcelona, que abrió sus obras en 1298. Las catedrales no son sólo imponentes construcciones monumentales, sino que además concentran en torno a sí una intensa actividad religiosa, cultural y social; son el centro del mundo medieval. Ésta es también la época de las universidades, inicialmente llamadas «estudios generales»: Salamanca (1218), Valladolid (1292), Alcalá (1293) o Lérida (1300) entre otras.

Nuestros reinos, además, van acumulando ya una importante producción literaria. En castellano ha aparecido antes de 1200 el *Cantar de Mío Cid*, y poco después se fechan obras como los *Milagros de Nuestra Señora* de Gonzalo de Berceo, el *Libro de Alexandre* y el *Poema de Fernán González*. En el último tercio del siglo XIII aparece, en mallorquín, la obra formidable de Ramón Llull. Al mismo tiempo prolifera la literatura en lengua galaico-portuguesa, cuyo exponente más célebre es la obra de Alfonso X el Sabio.

Todo eso ocurre en una sociedad bastante homogénea. El estudio genético de los haplotipos (es decir, las variantes genómicas que tienden a heredarse juntas), como el realizado por las universidades de Oxford y Santiago, demuestra una extensión uniforme de parentescos en dirección norte-sur siguiendo las líneas de la Reconquista, desde el Cantábrico y los Pirineos hasta Andalucía. Hay que tener en cuenta que la aportación de población berebere o árabe a partir de la invasión de 711 fue comparativamente muy escasa. La base fundamental de la población fue básicamente la misma que en tiempos de los visigodos. Es decir que la inmensa mayoría de los musulmanes hispanos eran, precisamente, hispanos.

Esta población musulmana, a medida que los reinos cristianos iban recuperando territorio, se convertía al cristianismo, o pasaba al reino nazarí de Granada (como parece que ocurrió con buena parte de la población del valle del Guadalquivir) o seguía profesando su fe pero bajo la autoridad política de los reinos cristianos. A esos musulmanes que seguían siendo tales bajo reyes cristianos se los llama «mudéjares». No hay censos en la época, pero se calcula que las comunidades mudéjares representaban alrededor del 10 por ciento de la población tanto en Aragón como en Castilla. Además estaban las comunidades judías, cuyo número tampoco es posible precisar, pero que debieron de ser numerosas a juzgar por el número de aljamas o juderías presentes en nuestras ciudades. Aparte de los que ya existían en España desde época romana, muchos judíos expulsados de Inglaterra y Francia en los siglos XIII y XIV se refugiaron en España. Previamente, el fundamentalismo musulmán de almorávides y almohades había provocado un fuerte éxodo de judíos andalusíes hacia León, Castilla y Aragón. En todo caso, las tres comunidades —la mayoritaria cristiana y las minoritarias mudéjar y judía— vivían existencias completamente separadas. El tópico de la «España de las tres culturas» es una construcción muy posterior.

Los grandes cambios que trajo el siglo XIV afectaron de forma muy intensa a la sociedad española bajomedieval. El enfriamiento de las temperaturas tuvo consecuencias inmediatas en la agricultura y, por tanto, en el abastecimiento y en la supervivencia. Hubo repetidos periodos de malas cosechas en toda Europa, y también en España. Todo el circuito económico se vio alterado y, con él, la estructura social. Sólo los más fuertes pudieron resistir… haciéndose aún más fuertes en detrimento de los más débiles. En el campo, los señores rurales más poderosos absorbieron las propiedades de los menos favorecidos. Se va a producir en todas partes un fenómeno de «refeudalización» que pondrá en manos de los grandes terratenientes más recursos aún de los que antes poseían. De semejante modo, en las ciudades se acentuó la diferencia entre la burguesía rica y la burguesía pobre. Cuando acto seguido llegó la peste, se derramó sobre unas sociedades que ya estaban notablemente debilitadas incluso físicamente. Eso acentuó la ferocidad de la pandemia. En la corona de Aragón, donde murió un tercio de la población, fue irreparable.

EL ENEMIGO INTERIOR

Hay que tener en cuenta todo esto para entender el clima de permanentes guerras internas que a partir de este momento van a vivir todos los reinos europeos y que, en España, marcarán todo el siglo XIV y parte del siguiente. El poder público —la corona—, debilitado, necesita cada vez más el apoyo de los poderes privados —los grandes señores—, que a su vez aprovechan la situación para exigir más concesiones todavía, con lo cual aumentan su poder y provocan nuevos conflictos.

En Castilla los problemas comenzaron aún antes, en tiempos de Alfonso X el Sabio. El rey había intentado reforzar el poder de la corona creando villas de realengo, es decir, ciudades directamente dependientes del rey, y aumentando los impuestos sobre los nobles. Eso dio lugar a una rebelión nobiliaria en 1272. Habrá otra en 1277. Vendrán después las convulsiones provocadas por el conflicto sucesorio: el heredero de Alfonso, Fernando de la Cerda, había muerto en 1275; según el derecho tradicional, la herencia debía pasar al segundo hijo, Sancho, pero el propio Alfonso había introducido en su reforma jurídica (las famosas *Siete Partidas*) elementos del derecho romano que hacían recaer la corona sobre los hijos del difunto Fernando. Alfonso se inclinó por éstos y el otro, Sancho, se rebeló. Era 1282. La mayor parte de los nobles tomó partido por Sancho. Hubo guerra entre padre e hijo. Alfonso murió en 1284 y Sancho IV quedó en el trono, pero los conflictos no cesaron. Para colmo de males, el nuevo rey falleció prematuramente, en 1295, dejando un heredero de nueve años, Fernando, y un complejo paisaje de disputas entre nobles.

La persona clave a partir de este momento es una mujer, María de Molina, viuda de Sancho, que ejercerá la regencia del reino en guerra abierta con varias facciones de nobles y, además, contra las presiones de Portugal, Aragón y Francia, que aprovecharon la situación para crear aún más inestabilidad. El pequeño Fernando IV llegó al trono con dieciséis años, en 1301, pero murió muy pronto, en 1312, con lo cual María de Molina tuvo que volver a hacerse cargo de la regencia. Quedó un heredero menor de edad que no pudo reinar hasta 1325: Alfonso XI. Y el de Alfonso será un reinado fructífero, aunque no desaparecieron los problemas estructurales de Castilla y León. Este Alfonso XI se casó con María de Portugal y de ellos nació Pedro, que sería rey; pero al mismo tiempo mantuvo una larga relación con Leonor de Guzmán, de la que nació, entre otros, Enrique de Trastámara. Pedro y Enrique, hermanastros, entraron en guerra: fue la primera guerra civil castellana, que asoló el reino entre 1351 y 1369 y que acabó con la muerte de Pedro a manos de Enrique. Así, con este Enrique II, llegó al trono la Casa de Trastámara. Con los siguientes reyes (Juan I, Enrique III, Juan II, Enrique IV) se mantendrá la misma tónica: un duelo continuo entre la corona, que busca reforzar sus prerrogativas, y los grandes señores, que intentan mantener y ampliar su poder.

Idéntica situación se vivía en la corona de Aragón, con el añadido de que, aquí, la estructura feudal era ostensiblemente más fuerte que en el escenario castellano. Pedro III no podrá afrontar su proyecto mediterráneo sin agachar previamente la cabeza ante los nobles jurando un Privilegio General (1283) que, entre otras cosas, sometía toda acción internacional al permiso de la nobleza. Su hijo, Alfonso III, tuvo que hacer lo mismo en 1287 y aún más: aceptó que fueran las Cortes las que nombraran al Consejo del Rey. «Hay en Aragón tantos reyes como ricohombres», dijo Alfonso III. Éste murió muy joven, con sólo veintisiete años, y le sucedió su hermano Jaime II, que optó por reforzar la posición de la corona. ¿Cómo? Declarando indisoluble la unión de los reinos de Aragón y Valencia y el condado de Barcelona y recabando el apoyo de las ciudades para menguar el poder de la nobleza. Pero los problemas continuarían.

El hijo y sucesor de Jaime II de Aragón, Alfonso III, tuvo que lidiar con los efectos de las primeras grandes hambrunas. Uno de ellos fue la depauperación acelerada de Barcelona, cuyo protagonismo en la corona de Aragón pasó a Valencia. Consecuencia inmediata: una ola de reivindicaciones por parte de los nobles de Valencia, que el rey tuvo que aceptar en el año 1333. La peste se desatará sobre Aragón en el reinado siguiente, el de Pedro IV el Ceremonioso, que optará por una política de reforzamiento del poder regio: reorganización de la administración, reforma de la corte, reestructuración de los ejércitos… Resultado: otra sublevación de nobles que acabará resolviéndose en el campo de batalla, en Épila (1348), con victoria para el rey, que aun así tendrá que hacer concesiones aquí y allá. Pedro IV dejó un reino poderoso y relativamente bien estructurado a pesar de la peste y las hambrunas. Un trabajo de hormiga. Por desgracia, su hijo Juan I fue algo así como «el rey cigarra»: amante de la caza, las artes y los fastos, pidió más y más dinero en el peor momento posible, con toda la corona en crisis, hasta el punto de que las Cortes de Aragón terminaron cerrándole el grifo mientras se extendían la pobreza y las enfermedades, y la muchedumbre traducía su desesperación en asaltos a los barrios judíos de toda la corona. Juan I murió en un accidente de caza —no podía ser de otra manera— en 1396. Dejaba tras de sí un importante florecimiento literario, una traducción de Séneca al valenciano y un reino hecho trizas. Tomó la corona su hermano Martín, que pasaría a los libros como Martín I el Humano. El apelativo de «Humano» viene de su afición por las humanidades. Fue seguramente su único consuelo en un paisaje político sencillamente imposible: pertinaz crisis económica, sublevaciones en Sicilia, conflictos en las ciudades y, para colmo, un cisma en la Iglesia, porque ésta fue la época en la que la cristiandad conoció tres papas al mismo tiempo.

Martín reinó entre 1399 y 1410. Se condujo con destreza en el paisaje exterior, pero el interior del reino ardía por las peleas entre grandes clanes nobiliarios. En Aragón luchaban los Luna contra los Urrea; en Valencia, los Centelles contra los Soler y los Vilaragut, y en uno de estos lances terminó asesinado el gobernador de Valencia. Martín murió, según la tradición, de una indigestión y un ataque de risa. No dejaba heredero, pues todos sus hijos habían muerto antes. Vendrán dos años de interminables pugnas por la corona. Finalmente, las cortes de Aragón, Valencia y Barcelona firmarán el llamado Compromiso de Caspe que venía a designar como rey a un sobrino de Martín: el castellano Fernando de Trastámara, hijo de Juan I de Castilla y Leonor de Aragón. Era 1412 y la misma dinastía reinaba en los dos grandes reinos españoles.

¿Por qué era tan extremadamente conflictivo el paisaje bajomedieval? Por la propia naturaleza de la estructura política feudal. El sistema feudal es esencialmente un sistema de pactos. Como la corona carece de instrumentos materiales eficaces —burocracia, ejército, policía, etc.— para controlar el conjunto de la vida del reino, el control lo ejercen los poderes locales (llamémosles poderes privados), que gestionan tierras y recursos, y contribuyen al esfuerzo del reino en tributos y mesnadas para la guerra según los pactos suscritos con la corona. Esos pactos varían enormemente de un territorio a otro, de un señor a otro. No pensemos sólo en un gran señor feudal terrateniente: en el sistema de pactos entran también las ciudades y la Iglesia. Si el rey necesita más recursos de los pactados, ha de revisar el acuerdo; si no lo hace, será él quien está en falta y el vasallo queda legitimado para romper el vínculo. Esa ruptura se llama «desnaturación» y no faltarán los ejemplos tanto en Aragón como en Castilla durante este periodo. Incluso habrá nobles que se acogerán al patrocinio del reino moro de Granada. Naturalmente, si es la corona la que se halla en apuros —por la razón que fuere—, el vasallo aprovechará la oportunidad para plantear una mejora de sus condiciones. Y si esa mejora se obra a costa de otro vasallo, entonces el conflicto está servido. ¿Y no había normas, leyes, reglamentos, protocolos que ordenaran el paisaje? Sí: normas que generalmente variaban según los casos. De ahí el problema.

Con frecuencia las rencillas trascenderán el ámbito de la relación de vasallaje para convertirse en auténticas guerras a muerte entre facciones nobiliarias. La más cruenta y, sin duda, la más larga de esas rencillas fue la que se conoce como «guerra de los Jauntxos» o de los «parientes mayores» en las tierras vascas, así llamada porque opuso a los cabecillas de los mayorazgos y sus respectivos linajes, más sus aliados. También se la conoce como «guerra de los banderizos» porque, en efecto, en su estela se dibujaron bandos irreconciliables cuyo único fin en la vida, generación tras generación, parecía ser la guerra con el bando contrario. Más de dos siglos y medio duraron estos conflictos, sin apenas treguas estables. Fue una guerra a varias bandas: unos linajes contra otros, los señores rurales contra las ciudades, los campesinos contra los señores... Lo que hoy se conoce como País Vasco no constituía en aquel tiempo una unidad jurisdiccional ni política, sino que era un conjunto de señoríos integrado en la corona de Castilla. Las villas tenían sus fueros, pero los señores rurales también. Los fueros de unos y de otros limitaban la capacidad de la corona para poner orden. Así se prolongará en el tiempo una muchedumbre de conflictos entrelazados donde la pelea por los recursos y las distintas obediencias políticas se confunden con la venganza personal. El conflicto no se resolverá hasta bien entrado el siglo XV, y será a base de mano dura.

No sólo el campo, sino también la ciudad será escenario de querellas prácticamente irresolubles. Por ejemplo, la que sacudió Barcelona con la oposición de dos sectores de la burguesía: la Biga, que agrupaba a los grandes patricios urbanos, y la Busca, donde se alineaban los pequeños burgueses, los artesanos y los comerciantes. La Biga actuaba en realidad como un brazo de la nobleza, con sus rentas y sus propiedades rurales, y aspiraba a copar la representación municipal; la Busca, por su parte, intentará por todos los medios entrar en el reparto del poder urbano. Biga quiere decir «viga» en catalán; Busca quiere decir «astilla». No se sabe a ciencia cierta quién puso los nombres a cada bando, pero las protestas y los motines, con sus olas de violencias y venganzas, fueron moneda común durante largos años. El contexto del conflicto fue la gran crisis económica de finales del siglo XIV: se contrae la demanda y los productores, que empiezan a pasar apuros, piden que se limiten las importaciones; ahora bien, las importaciones eran parte fundamental del negocio de los grandes propietarios. La Corona, que desconfiaba del poder acumulado por los grandes patricios urbanos de la Biga, se inclinará más bien hacia la Busca. Andando el siglo XV, la oposición entre unos y otros adquirirá la dimensión de una auténtica guerra.

EL ENEMIGO EXTERIOR

Y mientras tanto, ¿qué pasaba con la Reconquista, es decir, con el permanente impulso de ocupación y repoblación de tierras hacia el sur que había caracterizado a los siglos anteriores? Lo menos que puede decirse es que en este momento, y con el paisaje antes descrito, ningún reino cristiano sentía como una prioridad conquistar el reino moro de Granada. Para empezar, la propia existencia del reino nazarí era consecuencia de las victorias cristianas: aunque con variaciones y altibajos, Granada mantenía lazos de vasallaje con Castilla; lo cual no quiere decir que no hubiera conflictos armados en la frontera, pero, en el tablero político de la época, el reino moro era una pieza más. Por otra parte, lo esencial de la «recuperación de la España perdida» era ya una realidad desde mucho tiempo atrás: todas las grandes sedes de la cristiandad —Toledo, Mérida, Sevilla— habían vuelto a la cruz. Territorialmente, tanto Castilla como Aragón habían cubierto sus máximas expectativas. Los castellanos habían llegado a Cádiz y Huelva por el suroeste y a Murcia por el sureste. ¿Ambicionaba Castilla apoderarse del reino nazarí? Sin duda, pero carecía de recursos suficientes para emprender una campaña tan larga, tan costosa y en un terreno tan intrincado. En cuanto a los aragoneses, que no tenían frontera con Granada, su proyección mediterránea les empujaba más bien a ocupar cuantas plazas pudieran en el litoral norteafricano.

¿Reinaba, pues, la paz entre moros y cristianos? Tampoco. De hecho, en la frontera, la norma va a ser la guerra y no la paz. Pero será una guerra limitada y de intensidad variable, circunscrita a plazas muy concretas y, en todo caso, subordinada siempre a los arreglos políticos y económicos entre las cortes castellana y granadina, las cuales, por su parte, bastante tenían con sus interminables querellas palaciegas.

Hubo un momento, sólo uno, en el que el islam volvió a amenazar seriamente la hegemonía cristiana en el sur de la península. Fue a la altura de 1330, cuando la dinastía dominante en el norte de África, los benimerines, se alió con el reino de Granada. Los benimerines eran un clan bereber (Banu Marin) que se había impuesto en el Magreb sobre las ruinas del viejo poder almohade. Pusieron capital en Fez y desde allí organizaron un auténtico imperio. Como necesitaban controlar el estrecho de Gibraltar, pactaron con el reino moro de Granada, que encontró en esta alianza un auxilio precioso para hacer frente a la pujanza de los reinos cristianos. La coalición de nazaríes y benimerines dio un sinfín de quebraderos de cabeza a Castilla y a Portugal. A punto estuvieron de tomar Tarifa —allí brilló trágicamente Guzmán el Bueno— y se hicieron dueños del campo de Algeciras. En 1333 recuperaron Gibraltar y seis años después desarbolaban a la flota castellana. El control musulmán de Gibraltar abría una peligrosísima puerta a las ambiciones benimerines, que habían puesto sus ojos en el rico valle del Guadalquivir. Una nueva invasión era inminente. El apoyo nazarí la hacía, además, muy viable. Y a los reinos cristianos les cogía en el peor momento posible, con Castilla y Portugal enzarzados en una áspera disputa... familiar.

Ocurre que Alfonso XI, el rey castellano, estaba casado con María de Portugal, hija del rey luso, Alfonso IV, pero había abandonado ostensiblemente a su esposa para entrar en amores con la dama Leonor de Guzmán (la que será madre de la Casa de Trastámara). No era el mejor ambiente para que el castellano pidiera ayuda a su suegro. Y sin embargo, no había otra opción. Alfonso IV de Portugal acabó cediendo —también él necesitaba frenar a los musulmanes— y envió para el combate una flota y un cuerpo de caballería de mil caballos con los mejores guerreros del reino, incluidas las órdenes de Santiago y Avis. También Castilla movilizó lo mejor que tenía: los caballeros de Alcántara y Calatrava, las huestes fronterizas del infante don Pedro, las mesnadas de los principales caudillos del Reino y las milicias de varios concejos castellanos. ¿Era suficiente? Numéricamente, no, pero en el bando cristiano formaba además la gente de la asediada ciudad de Tarifa, reforzada con varias mesnadas y con los ballesteros de la marina.

El 30 de octubre de 1340 se libró la gran batalla. Fue a orillas del arroyo Salado, junto a Tarifa. Las huestes de Castilla y Portugal derrotaron a la coalición musulmana. Será precisamente la intervención de los de Tarifa, saliendo en tromba en medio de la batalla, la que hará huir en desbandada a los musulmanes. Y esa huida será letal, porque dejará a las huestes moras a merced de las espadas cristianas. En El Salado se detuvo una vez más a la media luna. Con esa victoria se frustró el último intento musulmán de penetrar en la península ibérica.

A partir de ese momento, el reino de Granada entró en una suerte de esplendorosa decadencia. Su posición geográfica le permitía actuar como intermediario comercial entre África y Europa. Como el contacto humano con la cristiandad era muy limitado, el reino quedó prácticamente a salvo de la peste. Sus ricas vegas siguieron produciendo a pleno rendimiento. Con un territorio superpoblado y un ejército muy fuerte, compuesto en buena parte por mercenarios cristianos venidos de cualquier lugar (uno de los jefes de su armada, por ejemplo, se llamaba Ibn Salvator), el reino nazarí lo tenía todo para convertirse en una potencia regional. Pero, al mismo tiempo, la corte granadina era un avispero donde la familia real peleaba sin contemplaciones por el trono (asesinatos incluidos) y las diferentes oligarquías territoriales trataban de sacar la mayor tajada posible. O sea que, políticamente, el caos interno en Granada no era menor que en Castilla. Todo ello mientras los castellanos, en cuanto podían, reactivaban el frente militar. En 1410, por ejemplo, Fernando de Trastámara conquista Antequera, lo cual hará que a partir de ese momento se le conozca como Fernando de Antequera. Es el mismo Fernando que, después del compromiso de Caspe de 1412, será coronado rey de Aragón.

Había otros enemigos exteriores además del reino de Granada: este periodo coincide con la guerra de los Cien Años, que opuso a Francia e Inglaterra entre 1337 y 1453. No fue una guerra «nacional», sino una guerra feudal: cuando llegó al trono inglés Enrique II Plantagenet, conde de Anjou, de una dinastía francesa, numerosas tierras de Francia pasaron a depender de un soberano de Inglaterra, cosa que la corona francesa no podía tolerar. El escenario fundamental de aquella guerra fue el suelo francés, pero el conflicto implicó a todas las casas reinantes de Europa y también tuvo sus efectos en España. En principio, y en virtud de pactos matrimoniales previos, Castilla estaba con los ingleses y Aragón con los franceses. Cuando estalló la guerra civil castellana, los franceses apoyaron a los Trastámara, que vencieron, así que la corona castellana pasó a apoyar a Francia. La flota de Castilla infligió severas derrotas a la inglesa en episodios como la batalla de La Rochela (1372). Inglaterra respondió ayudando a Portugal en su guerra con Castilla, y así portugueses e ingleses pudieron derrotar a los castellanos en Aljubarrota (1385). Navarra, por su parte, se alineó con los ingleses porque la casa reinante en Pamplona mantenía reclamaciones sobre territorio francés. De manera que, en realidad, la guerra de los Cien Años, en lo que a los reinos españoles concierne, no fue sino un escenario más para sus propias querellas.

EL COLAPSO DEL ORDEN POLÍTICO

La primera mitad del siglo XV deja en España el aspecto de un conjunto de reinos sumidos en el caos político más completo. En Aragón, Juan II termina haciendo la guerra con su hijo Carlos, príncipe de Viana, mientras Barcelona se subleva; los barceloneses terminarán proclamando rey... al rey de Castilla, Enrique IV. Éste, por su parte, atravesaba un momento complicadísimo, con toda la nobleza sublevada en torno a grandes nombres del reino como el marqués de Villena y el maestre de la Orden de Alcántara, que lograrán doblegar al monarca. Naturalmente, cada uno de los reinos trataba de inmiscuirse en los problemas del otro buscando su propio beneficio. Estas oposiciones políticas se traducían en constantes conflictos armados a varias bandas: nobles contra ciudades, reyes contra nobles, nobles entre sí... Y todo ello al mismo tiempo.

A la altura del año 1465, la corona está en manos de los nobles. En Castilla, son los nobles los que imponen como rey a Alfonso, un hermanastro de Enrique IV. En Aragón, Juan II tiene que lidiar con las consecuencias de la guerra civil catalana y, en especial, con el largo conflicto de los remensas, es decir los campesinos atados al «manso», a la tierra, que quieren sacudirse las durísimas condiciones impuestas por los terratenientes. Todo está cabeza abajo. Y en ese momento a Juan II, ya viejo y prácticamente ciego, se le ocurre una extravagante jugada: proponer el matrimonio de su hijo pequeño, Fernando, con la infanta Isabel, hermanastra de Enrique, hermana de Alfonso, princesa de Asturias. Tal vez el viejo Juan sólo pensaba en aliviar sus problemas internos en Aragón mediante un matrimonio que le garantizara el apoyo de Castilla. Pero aquel matrimonio iba a cambiar radicalmente la historia de España.

19

LA CONSTRUCCIÓN DE UNA POTENCIA

La llegada de Isabel y Fernando a los tronos de Castilla y Aragón, respectivamente, supuso un cambio drástico en nuestra historia. Fue un episodio decisivo; cerró una época y abrió otra. Con Isabel y Fernando, los reinos cristianos españoles volvieron a formar una unidad política, todo ello al tiempo que las estructuras políticas del país cambiaban profundamente. Con Isabel y Fernando, en fin, se inauguró la era de la hegemonía mundial española. El acontecimiento es tan importante que merece ser contado paso a paso.

Situémonos en 1468. Castilla está rota. Hay dos reyes: Enrique IV, que a duras penas puede mantener la corona sobre su cabeza, y su hermanastro Alfonso, un joven de quince años que ha sido coronado por los grandes nobles del reino. Alfonso muere en ese año 1468, posiblemente envenenado. Queda como rey Enrique, pero enteramente en manos de la nobleza. El conflicto pasa entonces a gravitar sobre quién heredará la corona. Hay dos candidatas. Una es Juana, hija formal pero discutida de Enrique, a la que se llamaba «la Beltraneja» por suponerla hija natural de Beltrán de la Cueva, el valido del rey. La otra es Isabel, hermana de Alfonso y hermanastra de Enrique. Juana se convierte en bandera de las grandes casas nobiliarias, que aspiraban a mantener su posición dominante en Castilla. En cuanto a Isabel, buscará sus primeros apoyos en las villas y la baja nobleza. Enrique IV muere en 1474, probablemente de una afección renal. Entonces el conflicto sucesorio se convierte en guerra abierta. Las potencias extranjeras mueven sus piezas: Portugal y Francia optan por la Beltraneja en la certidumbre de que Castilla saldría debilitada con aquella mujer en el trono; Isabel, casada con Fernando de Aragón, también busca sus alianzas.

EL GRAN CAMBIO: LA UNIFICACIÓN

A primera vista, todo se parece demasiado a cualquiera de los conflictos que han venido desgarrando el tejido medieval en el siglo anterior. Pero ahora hay dos novedades importantes. La primera: Isabel y Fernando tienen el propósito de constituir un poder único sobre dos coronas distintas, y ese proyecto unificador enseguida atraerá muchas voluntades. La segunda: la castellana y el aragonés han decidido imprimir un giro decisivo a la estructura política de sus reinos, lo cual iba a cambiar las cosas para siempre. En apenas quince años España pasará de la Edad Media a la modernidad política.

Aquí es preciso hacer un poco de teoría política para saber qué había en la cabeza de aquella gente. La sociedad del siglo XV tenía criterios muy claros sobre en qué consistía un buen gobierno. Desde el siglo anterior estaba muy extendida la idea pactista, teorizada entre otros por el franciscano catalán Francesc Eiximenis, cuya doctrina puede resumirse así: el poder real es fruto de un contrato entre la comunidad y el príncipe, al cual corresponde el gobierno como deber moral impuesto por Dios; en virtud de tal contrato, el príncipe debe gobernar bien y con justicia. No era un contrato abstracto ni tácito: el complejo sistema de fueros y leyes actuaba como guía concreta del pacto.

Esta concepción del poder se mantenía viva tanto en Aragón como en Castilla, y será determinante para formar la imagen de la comunidad política en el Renacimiento español. Una y otra vez las cortes, y en particular las ciudades, esgrimirán esta idea como norte del buen gobierno. La pugna entre el poder público de la corona y el poder privado de los nobles, que es la línea de fuerza mayor de toda la Edad Media europea en el plano político, terminará siempre subordinada a esa idea del pacto, que hará sentir su peso incluso cuando los reyes, para mantenerse en el trono, cedan a la tentación de hipotecar parcelas de poder en beneficio de los nobles. Tal era exactamente la situación tanto en aquel reino de Castilla desgarrado por la guerra civil como en aquella corona de Aragón arruinada por la crisis económica. Sobre semejante paisaje, Isabel y Fernando optarán por un programa muy claro: restaurar el orden político reforzando el poder real. Y las villas y ciudades de todos los reinos entenderán muy pronto que ahí radicaba su propia salvación.

En este proceso juega un papel decisivo la muy personal voluntad unificadora de Isabel y Fernando. Ambos sabían bien qué querían y por qué: no sólo ganar una guerra de sucesión —que la ganaron—, sino construir un Estado de nuevo cuño. El acuerdo político de la Concordia de Segovia, en 1475, recién casados los reyes, fue mucho más que un pacto matrimonial: ahí se dibujaba el embrión de un Estado moderno en la medida en que atribuían un indiscutible lugar central al poder de los reyes. Y en lo que concierne específicamente a España, se constituía una nueva entidad política que iba mucho más allá de la simple unión de reinos. En 1479 muere el viejo Juan II y Fernando hereda la corona de Aragón. De inmediato se firma en las Cortes de Toledo (1480) un documento esencial, la ley 111, que dice así: «Pues por la gracia de Dios los nuestros Reynos de Castilla y de León y de Aragón son unidos, y tenemos esperanza que por su piedad de aquí en adelante estarán unidos, y permanecerán en una corona Real: E así es razón que todos los naturales de ellos traten y comuniquen en sus tratos y facimientos». Cada cónyuge reconocía al otro poderes y competencias en sus respectivos territorios: Isabel era propietaria de Castilla y Fernando lo era de Aragón, pero la una y el otro poseían atribuciones regias en el reino del esposo. No era una simple unión dinástica: era un auténtico proyecto de unificación.

De toda la política de los Reyes Católicos —con tal título les honró Roma en 1496— se deduce con claridad el objetivo de unir definitivamente Aragón y Castilla y, más aún, de hacer lo propio con Portugal en cuanto fuera posible, y de ahí la obstinada política matrimonial portuguesa de Isabel y Fernando, cuyas hijas Isabel y María se casaron con reyes portugueses. Aragón y Castilla mantenían cada cual sus propias instituciones, pero bajo una dirección común y sin que los reyes tuvieran la menor intención de separar lo que ellos mismos habían unido. Quizá la mejor prueba material de esa voluntad política unificadora sea el escudo que los reyes se otorgaron: un sello único, común a ambos, donde los cuarteles de Castilla y León se unían con los de Aragón y Sicilia bajo el águila de San Juan. Nunca antes unos reyes habían hecho nada parecido, ni en España ni en ningún otro lugar. Por eso es posible decir que bajo Isabel y Fernando nace la España moderna.

UN ESTADO NUEVO

¿En qué consistió exactamente esa modernización? ¿Cómo se hizo? Fundamentalmente, dotando a las instituciones de un contenido nuevo. Isabel y Fernando se preocupan por constituir órganos de gobierno independientes de cualquier interés de facción e identificados con el programa político de la corona. Es decir que el poder ya no se reparte en función de los pactos de la corona con tal o cual clan nobiliario, sino que se pone al servicio de la mejor administración del reino.

El mejor ejemplo es la reforma del Consejo Real de Castilla, una institución que databa del siglo anterior. Teóricamente, el Consejo fue concebido para asegurar un gobierno justo por encima de los intereses privados de los estamentos más poderosos. Pero, en la práctica, durante más de cien años había sido escenario de las ambiciones de cada facción, hasta el punto de quedar prácticamente secuestrado por los magnates del reino. Lo que van a hacer Isabel y Fernando es garantizar la eficacia política del Consejo disminuyendo el peso de los estamentos —nobles, prelados, etc.— y aumentando el de los «doctores» o «legistas», es decir, funcionarios de la corona especializados en la gestión y en la administración de Justicia. Desde fecha tan temprana como 1480 —en las cortes de Toledo— el Consejo de Castilla ya es una institución plural y, a la vez, muy profesionalizada, con cinco miembros dedicados cada cual a tareas concretas. Un consejero se encarga de la gobernación ordinaria del reino, una suerte de primer ministro. Otro se hace cargo de supervisar la administración de Justicia. Un tercero, la gestión de la Hacienda. Para garantizar la seguridad en los campos, se crea una institución, la Santa Hermandad, con atribuciones de autoridad por encima de los nobles que hasta entonces hacían y deshacían en sus posesiones. Un quinto y último consejero se dedicará exclusivamente a las cuestiones de Aragón. En definitiva, un gobierno concebido según criterios de eficiencia.

El proceso de profesionalización del gobierno se extenderá a todos los ámbitos. En el de la Justicia, el órgano central, que era la Audiencia, fue haciéndose cada vez más simple en su organización y al mismo tiempo más eficaz en su alcance, con una presencia creciente de doctores y notarios en detrimento de los representantes políticos o estamentales. En el campo de la Hacienda, por su parte, el complejo sistema impositivo de los años anteriores —tercias, alcabalas, etc. — fue dejando paso a un modelo más funcional que atendía en primer lugar a sufragar directamente los gastos de la corona, en detrimento de los magnates. Del mismo modo, los reyes se aseguraron el control directo del territorio a través de la figura del corregidor municipal, que ya existía en Castilla y que ahora se extendía a las ciudades de la corona de Aragón.

Todas estas reformas dibujan ya un tipo de Estado completamente distinto al orden medieval. Los viejos estamentos siguen teniendo un enorme peso político y social, pero el gobierno ejecutivo del reino pasa a ser competencia cada vez más exclusiva de los reyes y su consejo. Las funciones de gobierno se especializan y la autoridad regia se refuerza frente a los poderes privados: éstas son las líneas centrales de un proceso de modernización que pronto iba a vivirse por igual en toda Europa y en el que España, bajo el impulso de Isabel y Fernando, juega un papel precursor. Por eso se dice que la España de los Reyes Católicos fue el primer Estado moderno.

La España de finales del siglo XV ofrece la imagen de una nación dinámica y llena de fuerza que ha construido un orden nuevo. Esto se ve con mayor claridad si miramos al resto de Europa. Por ejemplo, la Inglaterra de aquel momento acababa de cerrar la guerra de las Dos Rosas entre los Lancaster y los York, y la dinastía Tudor se esforzaba por construir algo parecido a un poder centralizado frente a las ambiciones nobiliarias. No era muy distinta la situación en Francia, que trataba de recomponer su mapa político absorbiendo a los territorios vecinos mientras, en su interior, los nobles disputaban el poder al rey. Frente a ese escenario aún feudal, la España de los Reyes Católicos ofrecía un modelo superior de organización.

Sólo así se explica todo lo que pasó inmediatamente después, en una carrera de acontecimientos que convirtió a España en la potencia determinante del mundo cristiano. La unificación territorial con la conquista del reino de Granada, primero, y la integración de Navarra después. La unificación religiosa con la expulsión de los judíos. Incluso la unificación cultural con la publicación de la *Gramática* castellana de Nebrija, que fue la primera gramática del mundo sobre una lengua moderna y que pronto sería copiada en otros países. En la estela de esa política aparecen personajes tan decisivos como el cardenal Cisneros, cuyas medidas de reforma en la Iglesia española erradicaron o, al menos, atemperaron en el catolicismo español los vicios que en Centroeuropa iban a alimentar la reforma protestante. El descubrimiento de América puso la guinda a una época realmente prodigiosa. Todas estas cosas ocurrieron en un ambiente político que empujaba hacia grandes transformaciones y que Isabel y Fernando estimularon de manera perfectamente consciente.

Y ahora, vayamos al lugar donde se estaba escribiendo un capítulo decisivo de nuestra historia: el reino de Granada, el último reducto del islam español. Después de diez años de guerra, el reino moro afrontaba su final.

20
LA TOMA DE GRANADA

Todo en el reinado de Isabel y Fernando respondió a un programa político perfectamente consciente, y también la toma de Granada, que pone formalmente punto final a la Reconquista. En el espacio de Occidente se ha impuesto el ideal de la república cristiana, de la organización política construida en torno a una identidad religiosa, y la columna vertebral de esa organización es la corona. Los predecesores de los Reyes Católicos no sabían nada de todo esto, pero Fernando e Isabel sí; son las ideas que flotan en el ambiente. Además, ha recobrado vigencia la idea-fuerza de la recuperación de la España perdida, aquella idea que habíamos visto nacer en la corte asturiana en el siglo IX, que ocasionalmente había desaparecido para volver a reaparecer, que con el tiempo se fundió con el ideal de la cruzada y que ahora, además, venía a encajar perfectamente con ese otro ideal de la república cristiana. Granada era el último gran desafío en ese camino. Así su conquista se convertirá, para los Reyes Católicos, en una auténtica obsesión.

LA GUERRA

Fernando e Isabel acometen la empresa de Granada en 1482. Puede sorprender que la conquista durara nada menos que diez años, pero es que no fue en modo alguno una guerra fácil. Las fuerzas que los Reyes Católicos tienen a su disposición no son muy numerosas. Algunas crónicas aportan cifras fabulosas, de hasta 80.000 hombres, pero la verdad es que la mayor parte de la gente que se movilizaba eran tropas auxiliares para servicios de intendencia y transporte. La fuerza principal serán las huestes señoriales del territorio andaluz, y éstas estaban compuestas por grupos relativamente pequeños. Sólo con el tiempo irá asentándose un ejército profesional que será, más tarde, el que dará origen a la infantería española y a los tercios. Por otro lado, la geografía del reino de Granada, llena de serranías y quebradas, impedía librar grandes batallas campales. De manera que las batallas de la guerra de Granada serán largos episodios de sitio y asedio de fortalezas, al típico estilo medieval, combinados con correrías en campo enemigo para hacerse con víveres y volver después a las propias líneas. Las tropas se organizan al empezar la primavera y combaten hasta que entra el otoño; se retiran en invierno y, en primavera, otra vez a la pelea. A veces se cobrarán la pieza, como cuando se conquistan Baza o Alhama; otras veces los frentes estarán paralizados durante meses.

En una guerra así, los nazaríes pueden resistir con alguna comodidad. Pero el reino de Granada tenía dentro su propio cáncer: la enemistad a muerte en el interior de la familia real. El sultán Abul-Hasam Alí, llamado Muley Hacén en las crónicas cristianas, está en guerra con su hijo Boabdil. Muley Hacén se apoya en un poderoso clan, los abencerrajes, pero éstos se insubordinan. Así que el sultán tiene que huir junto a su hermano, Muhamad al-Zagal, llamado en las crónicas el Zagal, y se hace fuerte en Málaga. Cuando muere Muley Hacén, el Zagal reclama el trono. Mientras tanto, Boabdil reina en la ciudad de Granada. La situación es caótica: el Zagal combate a los cristianos por su lado, Boabdil hace lo propio por el suyo y, a la vez, ambos bandos moros se enfrentan entre sí.

En uno de estos lances, Boabdil cayó preso de las tropas cristianas. Los Reyes Católicos le impusieron condiciones de vasallaje que dieron la vuelta a la situación. A Fernando el Católico se le ocurrió una idea realmente malévola: utilizaría a Boabdil como punta de lanza contra su tío, el Zagal. Fernando ofreció a Boabdil territorios propios en señorío, a cambio de pelear contra la otra facción mora. Así en la guerra civil nazarí los castellanos pasarán a combatir junto a Boabdil y contra el Zagal. Éste, el Zagal, sucumbe en 1490: entrega a Castilla sus tierras y emigra a Argelia. Los Reyes Católicos anuncian el final de la guerra. Llega el momento de pedir cuentas a Boabdil. Pero Boabdil, al parecer presionado por los partidarios de seguir la guerra, incumple el contrato. Y vuelta a empezar.

A partir de la primavera de 1490, Boabdil intenta pasar a la ofensiva. Sueña con sublevar a los musulmanes de los territorios ya controlados por los Reyes Católicos. Pero fracasa: la población, que no guardaba buen recuerdo del gobierno despótico de Muley Hazán, vuelve la espalda a la dinastía nazarí. Boabdil termina encerrándose en la Alhambra. Fernando e Isabel saben que la ciudad de Granada es inexpugnable, de manera que preparan un largo asedio. Instalan un campamento permanente en Santa Fe y se disponen a rendir la ciudad por hambre.

EL ASEDIO

Lo del hambre no es metáfora. En las semanas anteriores a la rendición, los habitantes de la ciudad se comieron a sus caballos, sus perros, sus gatos y, al final, a 260 cristianos que tenían en prisión. Lo cuenta un manuscrito inglés de la época, redactado por el prior de Leicestershire según las noticias de un cruzado que participó en el asedio; lo descubrió el profesor de Tenerife José Gómez Soliño. Atroz.

Según ese documento, dentro de Granada había en aquel momento 24.000 personas entre doce y veintitrés años, además de viejos y niños más pequeños. Como la población total era de en torno a 30.000 personas, podemos suponer que la defensa de la ciudad no provocó la muerte de demasiada gente. A todo esto, nadie crea que, mientras tanto, Boabdil se dedicaba a guerrear. Más bien se dedicó, en secreto, a negociar y renegociar las condiciones de la rendición. ¿Con quién negociaba? Entre otros, con Gonzalo Fernández de Córdoba, que pasaría después a la historia como el Gran Capitán.

Finalmente, el 25 de noviembre de 1491 Boabdil firmaba unas capitulaciones, bastante generosas, que significaban el final de la resistencia. Aquellas capitulaciones decían, entre otras consideraciones, cosas como las siguientes:

> Es asentado y concordado que sus altezas y sus descendientes, para siempre jamás, dejarán vivir al dicho Rey Muley Baudili, y a los dichos alcaides

y alcaldis y sabios y muftíes, al-faquíes y alguaciles y caballeros y escuderos, y viejos y buenos hombres y comunidad chicos y grandes, estar en su ley y no les mandarán quitar sus aljamas y sumaas y almuédanos y torres de los dichos almuédanos, para que llamen a sus açalaes, y dejarán y mandarán dejar a los dichos aljamas sus propios y rentas como ahora los tienen, y que sean juzgados por su ley sarracena con consejos de sus alcaldis según costumbre de los moros, y les guardarán y mandarán guardar sus buenos usos y costumbres. Ítem es asentado y acordado que no les tomarán ni mandarán tomar sus armas y caballos ni otra cosa alguna, ni en tiempo alguno para siempre jamás, excepto todos los tiros de pólvora grandes y pequeños que han de dar y entregar luego a sus altezas. Ítem es asentado y acordado que ningún judío no sea recaudador ni receptor, ni tenga mando ni jurisdicción sobre ellos. Ítem es asentado y acordado que a ningún moro o mora non haga fuerza a que se torne cristiano ni cristiana.

LA TOMA

El día 2 de enero de 1492 se rendía formalmente la ciudad. El 6 de enero los Reyes Católicos hacían su entrada triunfal en Granada y pisaban la Alhambra. Las crónicas nos han dejado un retrato muy vivo del episodio. Los reyes salieron de su campamento rodeados de gran hueste. Cerca de la Alhambra, en la torre de Comares, salió a recibirles el rey Boabdil, con las llaves de la ciudad en la mano. Boabdil hizo gesto de bajarse del caballo para besar la mano del rey Fernando. Éste no se lo consintió y le hizo mantenerse montado. Entonces Boabdil besó el brazo de Fernando y le tendió las llaves: «Tomad, señor —dijo Boabdil—, las llaves de vuestra ciudad, que yo y los que estamos dentro somos vuestros». Fernando recibió las llaves. Se las dio a su esposa, la reina Isabel. Ésta, a su vez, las pasó a su hijo, el príncipe Juan, el cual las confió al conde de Tendilla. Las llaves terminaron en el bolsillo de Gutierre de Cárdenas, contador mayor del reino y comendador de la Orden de Santiago, hombre de la máxima confianza de Isabel y Fernando desde muchos años atrás. Con las llaves de Granada en su poder, los reyes ordenan al marqués de Villena dirigirse a la Alhambra. Lo hará con 3.000 caballeros y 2.000 peones. Cárdenas será precisamente el primer cristiano que penetró en la Alhambra. Así desaparecía el último reducto de poder musulmán en España desde aquel lejano año de 711. La Reconquista había terminado.

La conquista de Granada fue un acontecimiento de alcance universal. No sólo fue decisiva para la Historia de España. Toda Europa la vivió, en aquel mismo momento, como una noticia formidable, uno de esos sucesos que hoy llenarían horas de radio y televisión, portadas y portadas de periódicos. En Roma se celebraron grandes solemnidades religiosas que culminaron con una gigantesca procesión de tres días, presidida por el papa. En el reino de Nápoles, la victoria cristiana fue conmemorada con una obra teatral cuyos personajes alegóricos eran *la Alegría, el Falso Profeta Mahoma* y *la Fe.* En Londres, en la abadía de Westminster, el canciller de la corona, ante una enorme multitud convocada por las campanas, anunció solemnemente la victoria de los cristianos sobre los musulmanes.

Tan enorme eco tuvo la conquista de Granada, que el papa Julio II no dudó en otorgar a Fernando el Católico el título de Rey de Jerusalén (que aún conserva el rey de España). El papa aspiraba a una nueva cruzada en Tierra Santa. Pero los Reyes Católicos tenían planes más inmediatos. Estaban construyendo una gran unificación y no se apartarían de su proyecto. Por otro lado, las cosas, sobre el terreno, eran menos épicas. Una vez conquistada la ciudad y el reino, había que organizar todo aquello. Y no fue especialmente fácil.

Las capitulaciones, largamente negociadas, incluían un trato muy generoso hacia los vencidos: respeto a la religión islámica de quienes quisieran seguir en ella, ayuda a quienes optaran por emigrar a África, exenciones fiscales a los vencidos durante un cierto plazo —tres años, concretamente—, perdón general de los delitos cometidos en la guerra... A los granadinos sólo se les exigió entregar sus fortalezas y sus armas de fuego. En lo demás, incluidos capítulos tan importantes como la administración de justicia, su vida seguiría siendo igual. Los reyes ya habían demostrado su generosidad cuando cerraron la guerra civil castellana. Aquí actuarían de la misma manera. Entre otras razones, porque era el mejor modo de evitar que sectores descontentos con Boabdil prosiguieran la lucha por su cuenta.

En líneas generales, la vida de los granadinos no cambió en absoluto: siguió siendo un territorio de carácter agrario en régimen señorial. La diferencia es que ahora el señorío pasaba a los vencedores de la guerra. Por supuesto, pasaba a los nobles, caballeros y clérigos cristianos que habían participado en la conquista, pero también a los musulmanes que habían formado frente con los reyes católicos. Es el caso, por ejemplo, de Mohamed el Pequeñí, cristianado después como Fernando Enríquez Pequeñí. Y es el caso también de la familia Abén Humeya, convertida al cristianismo y recompensada con el señorío de Válor. Para organizar la repoblación se designó al secretario real Fernando de Zafra. Y para pastorear la conversión de los mudéjares, que a partir de ahora se llamarían moriscos, se nombró al confesor de la reina, fray Hernando de Talavera. Sólo más tarde se plantearía el problema de la difícil conversión de los moriscos.

¿Y qué fue de Boabdil? Leyendas románticas aparte, Boabdil se retiró a las Alpujarras y se dedicó a cazar, que era lo que le gustaba. Pero en 1493, deprimido por la muerte de su esposa, Moraima, decidió cambiar sus tierras a los Reyes Católicos por una fuerte suma de dinero, y se instaló en el reino de Fez. Allí viviría hasta 1533, cuando los españoles ya estaban en Cartagena de Indias y Perú. Aquellos españoles a los que los Reyes Católicos, con la conquista de Granada, dieron una única bandera.

Mientras tanto, un hombre con un proyecto descomunal aguardaba entre los testigos del gran acontecimiento. Aquel hombre había llegado al campamento regio de Santa Fe con una loca idea. Lo suficientemente prometedora, sin embargo, para que la reina Isabel hubiera considerado interesante apoyarla. La idea consistía en alcanzar las Indias navegando hacia occidente. El hombre que la defendía se llamaba Cristóbal Colón. Se le había hecho esperar hasta que estuviera concluida la campaña de Granada. Ahora el momento había llegado. Pero esto es otra historia.

BIBLIOGRAFÍA BÁSICA PARA SABER MÁS

ANDRÉS MARTÍN, Juan Ramón de, *et alii*, *La gran aventura del Reyno de Navarra*, La Esfera los Libros, Madrid, 2011.

AZCONA, Tarsicio de, *Isabel la Católica, vida y reinado*, La Esfera de los Libros, Madrid, 2014.

ESPARZA, José Javier, *La gran aventura del Reino de Asturias. Así empezó la Reconquista*, La Esfera los Libros, Madrid, 2009.

—, *Moros y cristianos, la gran aventura de la España medieval*, La Esfera de los Libros, Madrid, 2010.

—, *Santiago y cierra, España. El nacimiento de una nación*, La Esfera de los Libros, Madrid, 2013.

FANJUL, Serafín, *La quimera de Al-Ándalus*, Ed. Siglo XXI, Madrid, 2004.

GARCÍA GONZÁLEZ, Juan José, *et alii*, *Historia de Castilla*, La Esfera de los Libros, Madrid, 2008.

GRACIA NORIEGA, José Ignacio, *Don Pelayo, el rey de las montañas*, La Esfera de los Libros, Madrid, 2018.

KAMEN, Henry, *Fernando el Católico*, La Esfera de los Libros, Madrid, 2015.

MINGO LORENTE, Adolfo de, *Alfonso X el Sabio, el primer gran rey,* La Esfera de los Libros, Madrid, 2021.

MOA, Pío, *La Reconquista y España*, La Esfera de los Libros, Madrid, 2018.

RUIZ GONZÁLEZ, David, *Breve historia de la Corona de Aragón*, Nowtilus, 2012.

VÉLEZ, Iván, *Reconquista, la construcción de España*, La Esfera de los Libros, Madrid, 2022.

TERCERA PARTE

LA HEGEMONÍA

21
LA HERENCIA DE LOS REYES CATÓLICOS

Isabel y Fernando construyeron la España que a partir de este momento iba a ascender rápidamente hasta convertirse en la potencia hegemónica de Europa durante casi dos siglos. Con ellos nació en España algo que ya puede considerarse un Estado moderno, adquirió nuestro país su perfil territorial prácticamente definitivo y se sentaron las bases de una política exterior que iba a mantenerse bastante estable durante largo tiempo.

Hay que subrayar la construcción del aparato de gobierno porque es precisamente ese esfuerzo institucional el que va a permitir a España disponer de una forma de organización superior a la del resto de Europa. Con Isabel y Fernando, el peso político de las grandes casas nobiliarias queda ostensiblemente mermado; los reyes prefieren tener a su lado funcionarios escogidos según el mérito. Los reyes controlan también el poder municipal a través de corregidores que actúan en su nombre. La corona se atribuye igualmente la iniciativa legislativa en las cortes; éstas seguirán existiendo, por supuesto, pero dejan de ser un instrumento de presión de las oligarquías sobre el rey.

Los Reyes Católicos reorganizan asimismo la labor ejecutiva de gobierno: desde el punto de vista territorial, mediante consejos específicos para cada reino (Castilla, Aragón, después Navarra, etc.), y desde el punto de vista funcional, con otros consejos para las instituciones dependientes directamente de la corona (Santa Hermandad, Inquisición, órdenes Militares, etc.). Todo ello al tiempo que se centralizan la Hacienda y la

Justicia y se lleva a cabo un notable esfuerzo de pacificación social. La creación de la Santa Hermandad permite a la corona disponer, por primera vez, de una fuerza policial propia. Esto fue decisivo para acabar con el bandolerismo (no pocas veces los bandoleros eran señores rurales). Y en un rasgo de modernidad realmente notable, Fernando se ocupó de solucionar el problema de los remensas de Cataluña suprimiendo por ley los abusos de los señores feudales.

LA EXPULSIÓN DE LOS JUDÍOS

En este contexto de organización y homogeneización del Estado hay que entender un episodio tan traumático como la expulsión de los judíos españoles que no quisieran convertirse al cristianismo. En España, recordémoslo, había una abundante población judía desde muchos siglos atrás. A las comunidades judías preexistentes se habían sumado los que llegaron huyendo de las sucesivas persecuciones desatadas en otros lugares de Europa desde finales del siglo XIII. En general, los judíos gozaban de la protección expresa de la corona y de los nobles. No vivían integrados en el conjunto de la sociedad, sino en sus barrios específicos, donde podían practicar su religión. Pero las cosas empezaron a cambiar a finales del siglo XIV. Especialmente brutal fue la persecución de 1391, cuando hordas de villanos fanatizados destruyeron los barrios judíos y aniquilaron comunidades enteras. Las persecuciones más graves tuvieron lugar en Sevilla. La violencia llegó al extremo de que los nobles tuvieron que movilizar a todos sus hombres para sofocar con las armas el motín. Los promotores acabaron en la cárcel y los sevillanos estuvieron más de diez años pagando indemnizaciones a la corona por aquellos sucesos, pero la judería de Sevilla quedó arruinada para siempre. Las violencias se extendieron a Córdoba y a Valencia, donde sólo el arrojo de San Vicente Ferrer logró contener a los agresores.

¿Por qué había tales revueltas contra los judíos? Por un lado, hay un componente religioso que es fundamental, aunque hoy cueste entenderlo: en unas sociedades que están abandonando la estructura fragmentaria de la Edad Media para transformarse en sociedades cada vez más homogéneas, la diferencia se convierte en algo que despierta hostilidad; como el elemento de unión es precisamente el religioso, la diferencia que más recelos levanta es la diferencia religiosa. Es un fenómeno característico de las capas populares. No faltarán sacerdotes que, desde los púlpitos, alimenten el fuego, pero incluso éstos pertenecen también a las capas populares. Junto a esa razón de carácter sociorreligioso comparece otra que no se puede dejar de lado: la económica. No todos los judíos eran ricos, ni mucho menos, pero sí había muchos ricos que eran judíos, y lo eran sobre la base de las actividades que más irritaban a los pobres, a saber, el préstamo de dinero y la recaudación de impuestos. El cóctel de hostilidad religiosa y resentimiento social terminó siendo letal.

Después de aquellos episodios, miles de judíos se convirtieron al cristianismo, pero muchas de esas conversiones eran puro producto del miedo. La población de origen judío estaba dividida en cuatro grupos: unos, los sinceros, seguían manteniendo su fe tradicional; otros, los llamados «judaizantes», se habían convertido al cristianismo, pero sólo en apariencia, porque mantenían costumbres y cultos judíos; un tercer grupo se había convertido al cristianismo por fe auténtica, y en la Iglesia de aquellos años abundan los ejemplos; un cuarto grupo, en fin, se había convertido al cristianismo por puro interés económico y de ascenso social, y si ya antes eran malos judíos, ahora eran peores cristianos.

La actitud de los Reyes Católicos hacia los judíos, al menos hasta 1480, fue de tolerancia y hasta de simpatía, porque Isabel prestará ayuda para la construcción de sinagogas pese a la oposición de las autoridades locales. Por ejemplo, la reina anuló la orden del concejo de Bilbao que prohibía a los judíos la entrada en la ciudad, concedió protección regia a la aljama de Sevilla, protegió la autonomía judicial de la aljama de Ávila, etc. Sin embargo, existía una creciente presión social contra la minoría judía. Y a esa presión no eran ajenos los judíos conversos. Fueron éstos quienes convencieron a las autoridades de que si había judaizantes, es decir, falsos cristianos, era por la influencia perniciosa de los judíos sinceros, por el proselitismo de los judíos, de modo que había que expulsar a éstos para derrotar a los herejes. En esto tuvo un papel importante Tomás de Torquemada, primer organizador de la Inquisición, que era de origen judío y fue uno de los principales abogados de la expulsión. Los reyes tardaron mucho en ceder a tales presiones, pero había problemas objetivos que estrechaban mucho el margen de maniobra.

Los Reyes Católicos, en su proyecto político, aspiraban a una sociedad unificada. La unidad en la fe católica era el objetivo. Con ese fin introdujeron en España en 1478 la Inquisición (más adelante hablaremos de esta institución). Para ello tenía que lograrse la integración plena de los judíos conversos, pero ésta se veía dificultada porque gran parte del pueblo los consideraba sospechosos. ¿Por qué? Por su proximidad a los judíos observantes. De manera que había que deshacerse de éstos si se aspiraba a una integración total de los conversos. Por otro lado, las sospechas populares se traducían en un estado permanente de tensión civil, y eso era exactamente lo que los reyes querían evitar. Dado que la conversión de aquellos judíos observantes ya era un objetivo inalcanzable, ¿qué hacer? ¿Mantenerlos en el reino bajo protección? Pero eso equivalía a prolongar indefinidamente un factor de trastorno social. La expulsión parecía la única opción posible. Y eso fue lo que finalmente se hizo.

¿Cuáles fueron las cifras exactas de la expulsión? Se estima que sumados Aragón, León y Castilla habría en España entre 200.000 y 250.000 judíos. De ellos, algo más de la mitad aceptó la conversión al cristianismo y otros muchos, entre 80.000 y 100.000, salieron del país. Los judíos, en España como en todas partes, residían en tanto que extranjeros; por eso la expulsión se planteó como una revocación del permiso de residencia. No es verdad que la corona los expulsara para quedarse con sus posesiones: de hecho, el edicto les daba cuatro meses para sacar de España sus bienes (excepto oro, plata y moneda). Para evitar mayores violencias, el 18 de julio de 1492 Isabel la Católica dictó una Real provisión por la que castigaba los abusos y maltratos sobre las personas y haciendas de los judíos expulsados.

Hoy se considera que la expulsión de los judíos fue, además de un acto cruel, una calamidad socioeconómica. En todo caso, en su tiempo no se vio así. La Universidad de la Sorbona (París) felicitó a los Reyes Católicos por el edicto de expulsión. Además, aquí, contra lo que ocurrió en otros lugares, los reyes no expulsaron a los judíos para quedarse con su dinero, lo cual fue unánimemente elogiado. Respecto a los daños económicos, la salida masiva de los judíos no impidió que España fuera la primera potencia del mundo durante el siglo y medio posterior.

LA PRIMERA GRAMÁTICA

Muy poco después de la expulsión de los judíos, en agosto de 1492, se presentó ante la reina Isabel en Salamanca alguien de quien se decía que era de familia judeoconversa y que, en todo caso, poseía muy profundos conocimientos de la lengua hebrea. Se llamaba Elio Antonio de Nebrija y procedía de Sevilla, cuyo arzobispo le había recomendado personalmente; se había formado en el prestigioso Colegio de Bolonia, en Italia, y era profesor de Gramática y Retórica en la Universidad de Salamanca. Nebrija traía bajo el brazo un libro de título insólito: *Gramática de la lengua castellana*.

Que hubiera una gramática del castellano era una revolución. Hasta entonces todas las gramáticas eran del latín y a nadie se le había ocurrido hacer lo mismo con una lengua moderna. La reina abrió el libro. Comprobó que estaba expresamente dedicado a ella. Quedó muy sorprendida. Isabel la Católica preguntó:

> ¿Para qué quiero yo un trabajo como éste, si ya conozco la lengua?

E iba Nebrija a contestar cuando tomó la palabra el obispo de Ávila, allí presente, y dijo:

> Vuestra Alteza ha metido bajo su yugo a muchos pueblos bárbaros y naciones de peregrinas lenguas. Ahora éstos tienen que recibir las leyes que el vencedor pone al vencido, pero no podrá ser si no conocen la lengua. Para eso sirve la Gramática.

Nebrija lo expresó con una fórmula que hizo fortuna: la lengua es el instrumento del imperio. Cuando Nebrija hablaba de «imperio» quería decir mando, autoridad, poder. Ninguno de los presentes en aquella reunión podía imaginar el imperio que en verdad iba a caer sobre la corona pocos meses después, porque faltaba poco para que Cristóbal Colón llegara a lo que resultó ser un continente nuevo. Así la *Gramática* de Nebrija se convirtió en una herramienta preciosa: la primera regla escrita de una lengua que, andando el tiempo, hablarían cientos de millones de personas. Y fue la primera gramática moderna del mundo.

LA POLÍTICA EXTERIOR

Las «naciones de peregrinas lenguas» a las que se refería el obispo de Ávila eran, muy probablemente, las del norte de África, donde tenían puestos sus ojos Isabel y Fernando tras la conquista de Granada. Aragón ya había sentado bases estables en varios puntos de la costa norteafricana. Sicilia y todo el sur de Italia estaba también bajo control español por la herencia aragonesa. Los reyes católicos veían el norte de África, la vieja Mauritania de los romanos, como una extensión natural de su misión: devolver a la cruz los territorios que un día fueron cristianos. Con ese espíritu tomará Melilla en 1497 Pedro de Estopiñán. Pero, entre tanto, había otros frentes que atender, y aquí es donde Isabel y Fernando tejerán una política exterior que iba a ser decisiva para nuestra historia.

En política internacional rige un principio tradicional que explica muchas cosas: tu vecino es tu enemigo, y el vecino de tu vecino, tu amigo. El vecino de España era, evidentemente, Francia. Los vecinos de Francia eran Inglaterra y el Sacro Imperio Romano Germánico, que en la época abarcaba el espacio germano y, además, Flandes y el Franco Condado. Por consiguiente, los reyes católicos buscarán alianzas con el imperio y con Inglaterra. Había además otro vecino al que, por razones de parentesco y de relación histórica, no podía considerarse enemigo: Portugal, cuya corona había nacido del mismo tronco que la de León y Castilla. Por tanto, también con los portugueses había que aliarse.

La política matrimonial de las casas reales seguía siendo el instrumento mayor de la política exterior, y eso explica los enlaces que Isabel y Fernando van a preparar para sus hijos: Portugal, Inglaterra y los Habsburgo, es decir, los Austrias. La primogénita, Isabel, se casará con Manuel, rey de Portugal; cuando fallezca Isabel, su hermana María se desposará con el rey portugués. Juan, que iba a ser el heredero de la corona española, se casó con Margarita de Austria, hija del emperador Maximiliano I. Juana, con Felipe de Austria, llamado «el Hermoso», hijo del mismo Maximiliano. Catalina fue comprometida con el heredero de la corona inglesa, Arturo, y cuando éste muera se casará con su hermano Enrique, que será rey (el famoso Enrique VIII).

Hablemos un poco de los Habsburgo, los Austrias, que al cabo iban a resultar decisivos en la Historia de España. El nombre original de la familia, Habsburgo, usado por los soberanos austriacos, proviene del castillo de Habichtsburg —literalmente, «castillo del halcón»—, en Suabia (hoy es parte de Suiza), que era la casa de la familia desde el siglo XI. El clan Habichtsburg supo acumular poder territorial en Alsacia sobre un vasto espacio que comprendía partes de las actuales Francia, Suiza y Alemania. A partir del siglo XIII ya se sentarán en el trono del Sacro Imperio Romano Germánico. Con Maximiliano I, emperador, la familia emparentó con la Casa de Borgoña, que controlaba los Países Bajos. De ese matrimonio nacerán dos príncipes destinados a casarse en España: los mencionados Margarita y Felipe. El gran drama familiar y político de los Reyes Católicos fue la muerte de Juan, el heredero, en 1497, pocos meses después de contraer matrimonio. Así la línea de sucesión pasó a Juana… y a Felipe el Hermoso, en el que iban a concentrarse los linajes de España y Austria.

Recuperemos el mapa: España controla media Italia y traba alianzas con el imperio e Inglaterra. Con ese paisaje político, Francia quedó rodeada por España y sus aliados. Los franceses buscaron aliviar su situación abriendo el frente en el sur: Nápoles, lo cual les permitiría abrir el cerco en el Mediterráneo. En 1494 un ejército francés invadió Italia y se apoderó del reino de Nápoles, que desde medio siglo atrás formaba parte de la esfera de influencia aragonesa. España respondió enviando a Gonzalo Fernández de Córdoba, el Gran Capitán. De esta manera comenzaron las guerras italianas. Vinieron largas campañas trufadas de arreglos políticos que, al cabo, se resolvieron por las armas. En diciembre de 1503 se libró la decisiva batalla de Garellano, que otorgó a España la victoria definitiva. Esta batalla marca también el principio de la hegemonía militar española. En Garellano combatieron 15.000 españoles frente a 25.000 franceses. Pese a la superioridad numérica del enemigo, Fernández de Córdoba lo aplastó desconcertándole con sus movimientos, velando por la cohesión perfecta de las propias fuerzas, utilizando el terreno como un arma, adelantándose a las reacciones del adversario y envolviéndolo con inteligencia. Los franceses perdieron 8.000 hombres frente a las 900 bajas del Gran Capitán. El sistema de combate y, sobre todo, de organización de los ejércitos que él había diseñado convirtieron a la infantería española en reina indiscutible de los campos de batalla. En cuanto a Nápoles, seguiría formando parte de la corona española durante los dos siglos siguientes.

COMPLETAR EL MAPA: LAS CANARIAS

Bajo los Reyes Católicos se completó también el mapa de lo que desde entonces iba a ser el territorio nacional español. Por el sur, con la conquista de las islas Canarias; por el norte, con la incorporación del reino de Navarra.

La ocupación de las Canarias había comenzado en 1402, cuando dos caballeros normandos bien situados en la corte castellana obtuvieron el derecho de conquistar las islas. Eran Jean de Bethencourt y Gadifer de la Salle. El objetivo de la conquista era, entre otros, la extracción de la orchilla, un liquen del que se extrae colorante. Las Canarias eran conocidas de antiguo: pobladas al menos desde el año 500 a.C. por grupos de origen étnico bereber, sus habitantes, con un nivel de desarrollo bastante primitivo, habían tenido que sufrir reiteradas veces el azote de los buscadores de esclavos. Las islas entraron definitivamente en los mapas de los europeos a principios del siglo XIV gracias al genovés Lanceloto Malocello, que dio su nombre a la isla de Lanzarote. Pero no será hasta aquella expedición de Bethencourt y La Salle cuando alguien se plantee su conquista.

No será un camino de rosas: los normandos se pelean, los aborígenes guanches no siempre son pacíficos, los conquistadores discuten sobre si practicar o no el esclavismo... Finalmente Gadifer se va y Bethencourt queda como único dueño. Dominado Lanzarote, conquista Fuerteventura y después Hierro, que repuebla con colonos normandos y castellanos. Luego cederá sus derechos a un pariente que a su vez los vende en 1418 al conde de Niebla. Las islas van a cambiar de manos sucesivas veces. Una familia, los Peraza, se hará con ellas, tanto las conquistadas como las aún por conquistar. Incorporan La Gomera previo pacto con los aborígenes. Serán los Peraza quienes en 1477 cedan a la corona los derechos sobre las demás islas. Así Isabel y Fernando tomaron en sus manos la colonización.

El primer objetivo de la corona fue la isla de Gran Canaria. En junio de 1478 desembarca allí una expedición mandada por el aragonés Juan Rejón. Pronto surgen los problemas: no tanto por la resistencia de núcleos aborígenes como por las desavenencias entre los conquistadores, que no ahorrarán alguna cabeza. La corona pone orden enviando a un nuevo jefe: Pedro de Vera, que cuenta con refuerzos enviados desde Gomera —entre ellos, numerosos nativos—. En Gran Canaria ocurrirá algo importante: Alonso Fernández de Lugo, que combate a las órdenes de Pedro de Vera, captura al caudillo guanche Tenesor Semidán. Tenesor es enviado a Castilla y bautizado como Fernando Guanarteme. Los propios reyes apadrinan al neófito.

Devuelto a las islas como rey vasallo de la corona española, Fernando se convertirá en uno de los principales aliados de Castilla. La resistencia de los guanches termina reducida a las montañas del interior. Allí son copados por los castellanos. Fernando Guanarteme media en la rendición. Los líderes guanches, para no entregarse a los vencedores, se arrojan al vacío. Eso ocurrió el 29 de abril de 1483. En los diez años siguientes se extenderá el dominio castellano a La Palma y a Tenerife. Así las Canarias entraron a formar parte de la Historia de España.

Y NAVARRA

Mucho más tarde, y en un contexto completamente distinto, tuvo lugar la incorporación del reino de Navarra. El contexto: una larga y cruel pugna entre las casas nobiliarias. Retrocedamos un poco: allá por 1425, Blanca de Navarra, heredera de la corona, casó con Juan II de Aragón (sí, el que después, con otra esposa, será padre de Fernando el Católico). Blanca murió y Juan, en vez de ceder la corona a su hijo Carlos, príncipe de Viana, reclamó el trono para sí. A partir de ese momento, la confrontación de intereses dentro del reino llegó hasta tal punto que estalló una guerra civil. Por un lado están los partidarios de Juan y Blanca, identificados con el bando nobiliario de los agramonteses. Enfrente están los partidarios de Carlos, agrupados en torno al clan de los beamonteses. Será una querella interminable de señores de la tierra que queman las cosechas del otro, arrasan aquí un molino y allá una fragua, en otro lugar sabotean un camino y aun en otro lado queman un bosque. Guerra de «baja intensidad», pero, a la larga, mucho más letal que una guerra convencional, porque en la estela de estos conflictos, prolongados durante más de veinte años, surgieron hostilidades irreconciliables.

Lo que siguió fue un periodo extremadamente turbio donde encontraremos desde obispos asesinados hasta reinas envenenadas, pasando por sucesivos cambios de posición de los grandes clanes nobiliarios. A la altura de 1470, el paisaje es el siguiente: los beamonteses, que antes habían estado contra Juan II, ahora están con su hijo Fernando, rey de Aragón y también de Castilla por su matrimonio con Isabel (los Reyes Católicos), y los agramonteses, que antes habían estado con Juan, ahora están en el lado inverso. La situación es explosiva. Todo el reino es un avispero de banderías enfrentadas a muerte. Navarra conoce una crisis demográfica sin precedentes: la gente se va. Y para colmo de males, los franceses, que se resisten a perder su influencia sobre el viejo solar, acarician distintas hipótesis de intervención entre las que se cuenta, por supuesto, la invasión militar. Navarra se hunde en el colapso.

Nada podrá invertir ya la larga agonía del reino. Navarra era un territorio rico y bien situado, con una organización administrativa y fiscal ejemplar, sólidas instituciones y un eficaz sistema de recaudación. Pero todas esas virtudes, en un paisaje de permanente crisis interna, sólo servían para hacer más apetitoso el bocado a ojos de las potencias exteriores. No parece que los reyes Isabel y Fernando, que en 1492 habían sumado el reino de Granada a su corona, tuvieran intención de acometer una intervención armada. De hecho, pasarán largos años antes de que tal cosa ocurra. Por el camino, los Reyes Católicos habían intentado diversas maniobras, en particular a través de enlaces matrimoniales, para acercar Navarra a su esfera de influencia. Todo eso se irá al traste cuando el heredero del trono, Francisco de Foix, muera con apenas catorce años y su hermana, Catalina, se case con el noble francés Juan de Albret. Fernando de Aragón opta entonces por una política más agresiva, hasta el extremo de obligar a los reyes de Pamplona a aceptar la tutela militar de Castilla y Aragón sobre el territorio navarro. Francia, mientras tanto, reclama sus derechos en razón de los territorios de los Foix. A finales del siglo XV el horizonte estaba claro: o ganaba Francia o ganaba España.

Isabel de Castilla murió en 1504. Fernando quedaba viudo. En aquel momento el principal objetivo estratégico de la corona española era afianzar su posición frente a Francia. Españoles y franceses se hallaban en guerra en Italia. Navarra estaba geográficamente muy lejos, pero, políticamente hablando, estaba en medio. Los agramonteses se alinearon en torno a Juan de Albret, protegido por Francia; al mismo tiempo, la otra mitad de Navarra conspiraba junto a Castilla y Aragón. Lo que hizo Fernando fue desposarse con una Foix, Germana, y al mismo tiempo suscribir un acuerdo con el papa, Venecia, Inglaterra y Alemania para aislar a Francia. Con esa alianza, el problema navarro quedaba visto para sentencia.

Fernando el Católico pidió a Navarra que dejara pasar a sus tropas para prevenir un ataque francés. El rey Juan de Albret contestó que no. Huestes de Castilla y Aragón empezaron a acantonarse en torno a Vitoria al comienzo del verano de 1512. Con ellas formaban distinguidos personajes del bando beamontés. Las tropas de Castilla, mandadas por Fadrique Álvarez de Toledo, duque de Alba, llevaron la iniciativa. El 19 de julio comenzó la invasión. A los ejércitos castellanos se unieron no sólo los beamonteses, sino también algunos nobles del bando agramontés. Al mismo tiempo, hubo resistencias en ciudades que se consideraban amigas. Tampoco puede decirse que hubiera batallas propiamente dichas, sino más bien rendiciones de ciudades a medida que las tropas avanzaban. ¿Y qué hacía Juan de Albret? Esperar el apoyo francés, pero el rey de Francia andaba más preocupado por echar a los ingleses de Aquitania, de modo que el de Albret, sin apoyos, cogió a sus fieles y se retiró a sus posesiones del Bearn, al otro lado del Pirineo. Pamplona se rindió el 25 de julio. Fernando el Católico juró los fueros de Pamplona y de las demás plazas navarras. El viejo reino seguiría manteniendo su identidad, pero dentro de la corona española.

LA ESPINOSA SUCESIÓN DE LOS REYES CATÓLICOS

Volvamos al año 1504. La muerte de Isabel la Católica abría un mapa de completa incertidumbre. El matrimonio de Isabel y Fernando había unido dos reinos, pero no los había fusionado: Castilla seguía siendo Castilla y Aragón, Aragón. Es decir que, a la hora de heredar la corona castellana, los derechos no correspondían a Fernando, sino a su hija Juana (por el fallecimiento del primogénito, Juan). Los reyes eran muy conscientes de las limitaciones de Juana, de manera que Isabel dispuso que Fernando actuara de hecho como corregente del reino. Pero la nobleza castellana vio una oportunidad para recuperar el protagonismo perdido, y en ese propósito encontró un apoyo precioso: Felipe el Hermoso, el marido de Juana, que también ambicionaba desempeñar un papel lo más importante posible.

La jugada de Felipe el Hermoso consistía en hacerse con el poder en Castilla y, acto seguido, pactar con Francia. ¿Para qué? Para repartirse Aragón. Fernando, que era un político de extrema sagacidad, vio la maniobra de lejos, se adelantó a Felipe y pidió en matrimonio a una sobrina del rey de Francia, Germana de Foix. Él tenía cincuenta y tres años y ella dieciocho, pero aquel matrimonio significaba la paz entre la corona española y Francia, de manera que París lo aceptó de muy buen grado. Era marzo de 1506. En el pacto matrimonial figuraba que, de haber un hijo varón, éste heredaría los reinos de Aragón y Castilla, lo cual hizo que Felipe el Hermoso se subiera por las paredes. De hecho, Felipe logró que en el mes de junio los nobles le proclamaran rey de Castilla: fue Felipe I. Pero sería por poco tiempo, porque el 25 de septiembre el joven Felipe, veintiocho años, se murió.

¿De qué murió Felipe el Hermoso? El día 17 empezó a sufrir fiebre muy alta, el día 20 escupió sangre y en la madrugada del día 25 falleció. La versión tradicional achaca su muerte a unas fiebres contraídas por beber agua helada tras una partida de pelota. Otros dijeron que fue envenenado por su suegro, el rey Fernando de Aragón. Los estudios más recientes parecen inclinados a pensar que murió víctima de la peste (y nada, quede claro, acredita la versión del «crimen de Estado»). En cualquier caso, la muerte del joven rey creó un problema político de primera magnitud. La unión de coronas que protagonizaron Isabel y Fernando corría serio peligro. Juana quería reinar en solitario como monarca de Castilla. Ahora bien, ni la muchacha estaba en sus cabales, ni nadie deseaba romper la unión con Aragón. En esas circunstancias, los grandes nombres del reino formaron un consejo de regencia y eligieron presidente al arzobispo de Toledo, Francisco Jiménez de Cisneros. Y de Cisneros hay que hablar, porque es un nombre fundamental en nuestra historia.

Gonzalo Jiménez de Cisneros, sacerdote franciscano, es uno de los mayores talentos de la historia de España. Además de fervoroso hombre de Dios, fue un político de enorme talla. A él se debe, por ejemplo, la reforma de la Iglesia de Castilla. ¿Qué había que reformar? Casi todo: aquella Castilla acababa de salir de una guerra civil y los monasterios estaban abarrotados de gente que buscaba refugio y comida. Era preciso reorganizarlo todo de arriba abajo, empezando por la propia vida regular de los conventos. Ahí Cisneros se manifestó como un organizador excepcional. La tarea reformadora engrandeció su fama. Acto seguido, en 1495, la reina Isabel le propuso como arzobispo para Toledo, primado de España. En calidad de tal se le encomendará una tarea de enorme alcance: evangelizar las tierras recién reconquistadas del reino de Granada. Lo hará con una vehemencia que más tarde le será reprochada por los historiadores, pero conviene situarse en la época. Por otro lado, consiguió su propósito: muchos miles de mudéjares abrazaron la cruz. Y entre unas cosas y otras, afrontó un proyecto que consideraba decisivo: la fundación de una universidad. Un reino como el que estaba naciendo necesitaba el motor de la inteligencia, y a tal fin se aplicó a reorganizar el *Studium General* de Alcalá de Henares, el mismo donde él había estudiado. Se encargó de todo: la financiación, los edificios, el cuadro docente, la biblioteca, el templo, incluso la jubilación de los profesores. Su propósito: crear una auténtica universidad humanista. El 14 de marzo de 1501 ponía la primera piedra. Había nacido la Universidad Complutense, el primer campus universitario del mundo.

Éste era el personaje en el que ahora recaía la regencia de Castilla. Apenas tomó posesión, Cisneros maniobró aquí y allá para conjurar las ambiciones de la reina Juana. Se dirigió al rey Fernando y le propuso traspasarle la regencia. ¿Para qué? Para ganar tiempo y esperar a la mayoría de edad del hijo de Juana y Felipe, el infante Carlos, que mientras tanto crecía en Flandes. Fernando el Católico, sabio, dejó que fuera Cisneros quien de hecho gobernara Castilla. El cardenal fue un gran gobernante y, además, se salió con la suya: las coronas unidas de Castilla y Aragón terminaron en las sienes del joven Carlos, que sería el emperador Carlos I de España y V de Alemania. Bien puede decirse que Cisneros salvó la unidad de España.

Fernando el Católico murió en 1516. Tras de sí dejaba un reino convertido en la primera potencia de Europa, con un Estado organizado, una política exterior bien definida y unos ejércitos poderosos. Ésa fue la herencia de los Reyes Católicos. Y al otro lado del mar, un mundo nuevo que nacía.

LOS REYES CATÓLICOS: UNIFICACIÓN Y EXPANSIÓN

22
POR QUÉ LOS ESPAÑOLES DESCUBRIERON AMÉRICA

El 12 de octubre de 1492 la expedición de Cristóbal Colón descubrió tierra al occidente de Europa, a través del océano Atlántico. Nadie creía entonces que pudiera haber nada allí. Enseguida se vio que aquellas tierras, que al principio parecían sólo un rosario de islas, eran en realidad un nuevo continente que acabaría llamándose América. Aquel descubrimiento cambió literalmente la faz del mundo y fue, se mire como se mire, la aportación más decisiva de España a la historia universal.

EL PROBLEMA

Todo había comenzado en realidad cuarenta años antes, cuando el imperio otomano tomó Constantinopla, el último reducto de Bizancio, es decir, el viejo imperio romano de Oriente. La caída de Constantinopla enseguida tuvo enormes consecuencias: el mar Mediterráneo quedó cerrado al comercio para los europeos, con lo que éstos perdieron una vía esencial de suministro. El cierre afectó muy singularmente a las especias que venían de Oriente (pimienta, clavo, etc.), que no eran sólo artículos de lujo, sino que resultaban imprescindibles para mil actividades cotidianas, desde la conservación de los alimentos hasta el tinte de las ropas. Ahora, con el Mediterráneo cerrado, era vital encontrar nuevas rutas para alcanzar aquellos lejanos mercados. Esas rutas sólo podían partir desde el oeste, desde las costas atlánticas, pero se trataba de aguas desconocidas, apenas exploradas. ¿Quién estaba en condiciones de acometer tal empresa?

Antes de seguir, es preciso desmentir un bulo moderno: no es verdad que la gente del siglo XV creyera que la Tierra era plana. Es muy posible que la gente del común alentara tales o cuales supercherías acerca de una Tierra llana como un plato y en cuyos bordes las aguas, pobladas de monstruos, se precipitaran sobre un negro abismo, pero esto era mera leyenda popular. La verdad es que la gente cultivada del siglo XV sabía perfectamente que la Tierra es redonda como una esfera. Eso se conocía al menos desde tiempos de los griegos: Aristóteles (siglo IV a.C.) sentó la teoría, Eratóstenes midió su circunferencia en el siglo III a.C. (y lo clavó: algo más de 40.000 kilómetros), los romanos lo sabían, como los primeros padres de la Iglesia, y en el siglo VII nuestro rey Sisebuto se lo explicó a san Isidoro de Sevilla en una célebre carta; después, todos los grandes autores de la Edad Media, desde Tomás de Aquino hasta Roger Bacon pasando por Alberto Magno, sostuvieron lo mismo. Así que no, nadie en el siglo XV —nadie culto, al menos— creía que la Tierra fuera plana. Por eso la gente se lanzó a navegar por el Atlántico sin temor a caerse por el otro lado.

En realidad el problema no eran los ficticios abismos de la tierra plana, sino la inexistencia de mapas del Atlántico. Los primeros en abrir rutas fueron los portugueses. Tenían los medios, tenían los conocimientos y, sobre todo, su zona natural de expansión era precisamente ésa. En torno a Enrique el Navegante, tío del rey Alfonso V de Portugal, se organizó un auténtico complejo náutico a la vez militar y comercial. La tradición ha asentado este esfuerzo en la ciudad de Sagres, y por eso se habla de «Escuela de Sagres», aunque en realidad nunca hubo allí escuela alguna. El hecho es que los portugueses concibieron el proyecto, diseñaron un nuevo barco, la carabela, y se lanzaron hacia el oeste y el sur: Cabo Blanco (hoy, norte de Mauritania) en 1441, el río Senegal en 1444, Sierra Leona en 1460, Santo Tomé en 1469... La aportación de los portugueses a la era de los descubrimientos es sencillamente esencial.

APARECE CRISTÓBAL COLÓN

A ese Portugal lanzado al océano llega hacia 1476 un enigmático personaje llamado Cristóbal Colón. Enigmático, sí, porque él mismo se encargó de que así fuera. Y puesto que el propio Colón trabajó concienzudamente para ocultar su procedencia, no tiene mucho sentido entrar aquí en la amplísima literatura sobre la cuestión. Quedémonos con lo esencial: este Cristóbal Colón, buen marino y hombre emprendedor, comienza a navegar para los portugueses, emparenta con las familias más vinculadas con las grandes empresas náuticas y adquiere rápidamente los conocimientos que han hecho de los lusos la primera potencia marítima de Europa.

En sus viajes, desde Islandia hasta la costa centroafricana, Colón escucha las historias —en realidad, sólo fábulas de marineros— que hablan de tierras al oeste, al otro lado del océano, a distancia de carabela. Seguramente se entera también de que el rey Alfonso V de Portugal, interesado en saber si era posible llegar a las Indias por el oeste, había pedido años atrás un mapa al reputado cosmógrafo italiano Toscanelli. Ese mapa dice algo singular: la circunferencia de la Tierra no mide 40.000 kilómetros por el ecuador, como aseguraba Eratóstenes, sino 29.000 kilómetros, según la medición del también griego Posidonio en el siglo I a.C. Con todo eso, una idea va tomando forma en la cabeza de Colón: es posible llegar hasta las Indias y las islas de las especias navegando desde Europa hacia el oeste, sin necesidad de bordear el continente africano.

Colón planteó su idea a la corte portuguesa —reinaba ya Juan II—, que la rechazó. ¿Por qué? Porque, con los datos científicos de la época en la mano, era imposible navegar hasta las Indias sin morir por el camino. La circunferencia de la Tierra no medía 29.000 kilómetros, sino 40.000, y no había embarcación humana capaz de cubrir la distancia entre Europa y Asia sin que los viajeros murieran de hambre y sed, aún más en unas aguas cuyos regímenes de viento y corrientes nadie conocía. Y sin embargo, Colón, por algún motivo, estaba absolutamente seguro de que «el viaje era hacedero», como dice él mismo en sus diarios. ¿Qué motivo? Éste es otro misterio que el navegante se llevó a la tumba. Pero tan convencido estaba que, ante la negativa portuguesa, optó por una solución drástica: pasarse con su proyecto a la potencia rival, es decir, a España. Y así entró Cristóbal Colón en nuestras vidas.

Sería finales del año 1484. Colón llega al monasterio de La Rábida, en la ría de Huelva, en una zona que en aquel momento era un auténtico hervidero de empresas náuticas. Allí traba contacto con fray Antonio de Marchena, un franciscano que a sus cualidades espirituales añade profundos conocimientos sobre cosmografía y astrología. Colón le confía a fray Antonio su proyecto y, probablemente, también sus secretos. Fray Antonio, que es un hombre de fe, es también un hombre de ciencia: nadie iba a colarle datos inexactos sobre las medidas de la Tierra. Por consiguiente, algo muy poderoso debió de contarle Colón; tanto que el «fraile estrellero» hizo suyo el proyecto y lo tomó bajo su responsabilidad. Así pudo llegar el navegante hasta la corte de los reyes Isabel y Fernando.

PALABRA DE REYES

En Castilla se sometió el proyecto de Colón al mismo examen científico que en Portugal, y el veredicto fue idéntico: aquello era imposible, y por las mismas razones, a saber, la distancia, impracticable para un barco. Pero aquí aparece de nuevo el gran secreto del navegante, que no era su propio origen, sino por qué sabía él que hallaría tierra a distancia de carabela. Para los misterios de la historia quedará siempre qué les pudo decir Colón a los reyes cuando le recibieron en 1486. El hecho es que, contra todas las opiniones en contra, Colón permaneció en España, alojado por relevantes personajes de la corte y, finalmente, con la promesa de la reina Isabel de que se ocuparía del asunto en cuanto concluyera la guerra de reconquista que en aquel momento se libraba contra el reino nazarí de Granada. Así fue: en diciembre de 1491, con Granada en la mano, comenzaron las negociaciones entre Colón y la corona. Ásperas negociaciones, por cierto, pues las exigencias del navegante eran altas y los recursos de la corona, escasos. Pero entonces aparecieron el valenciano Luis de Santángel, contable y financiero del rey Fernando, y fray Diego de Deza, dominico de la estricta confianza de los reyes. Ellos allanaron el camino. El 17 de abril de 1492 se firmaban las Capitulaciones de Santa Fe, el contrato que a partir de ese momento regiría la aventura colombina.

A Colón le facilitaron dos barcos que la gente de Palos debía construir por cierta deuda pendiente con la corona. Los barcos existían, pero había un problema mayor: ningún marinero quería enrolarse en la aventura. ¿Por qué? Porque no se fiaban de Colón. Fue necesario que los frailes —otra vez ellos— movieran sus contactos entre las gentes de mar de la región para que aparecieran dos familias providenciales: los Pinzón y los Niño, navegantes de autoridad indiscutida en la comarca, líderes naturales de una gente cuya vida, desde muchos años atrás, consistía precisamente en navegar. Así se botaron la *Pinta* y la *Niña*, dos carabelas construidas según la mejor técnica de la época. Pero alguien más iba a sumarse con un tercer barco: Juan de la Cosa, un personaje trascendental en la epopeya americana, agente de los reyes católicos en mil lances políticos de tipo discreto cuando no secreto, y que ahora comparecía con una nao, la *Santa María*, armada en los astilleros del norte y que en la singladura ejercería de nave capitana.

EL VIAJE

La expedición partió de Palos a comienzos de agosto de 1492. Pocos días más tarde arribaba a las islas Canarias, donde se demoraría casi un mes en reparaciones y avituallamientos. Y después, la travesía del océano: un viaje que nadie antes había hecho jamás. Es posible que otros, en siglos anteriores, hubieran tocado las tierras del continente americano: los vikingos, sin duda, y tal vez los árabes, y seguramente algún portugués. Pero no sabían dónde se hallaban, ni establecieron asentamientos permanentes ni tampoco pudieron trazar rutas de ida y vuelta. El viaje colombino, por el contrario, tenía un propósito consciente: emplear los vientos descubiertos en el Atlántico para navegar hasta aquellas tierras que —Colón estaba seguro de ello— permitirían alcanzar las Indias por occidente. Ahora bien, pasaban los días, pasaban las semanas y la tierra no aparecía por ningún lado. Es fácil ponerse en la mente de aquellos hombres que cruzaban por primera vez aguas que nunca nadie antes había atravesado, sin un litoral que sirviera de referencia ni cambios de viento que permitieran, al menos, dar la vuelta. Hubo mucho miedo. Hubo mucha tensión. Hubo incluso una amenaza cierta de motín. Y hubo, al final, un ultimátum al almirante: si la tierra no aparecía, todos abandonarían la expedición. Pero la tierra apareció.

Fue Rodrigo de Triana, vigía de la *Pinta*, el que dio la voz que tanto se esperaba. Era el 12 de octubre de 1492. Y la tierra en cuestión era la de la isla de Guanahaní, que los nuestros llamaron San Salvador. En la isla hallaron los navegantes abundante vegetación, fuentes de agua y… seres humanos, unos humanos como nadie había visto antes. Bajo la sugestión del momento, Colón, cuyo único conocimiento del Asia bebía en las muy fantasiosas historias de Marco Polo, no lo dudó: aquello eran las Indias y éstos eran los indios. Y sobre todo: él tenía razón y, en efecto, había tierra al otro lado del Atlántico, a distancia de carabela.

Hubo más descubrimientos. Nuestros barcos exploraron parte del litoral de otra isla mayor, Cuba, a la que llamaron Juana por el primogénito de los reyes, y sobre todo La Española, que iba a convertirse en el primer asentamiento español en el nuevo mundo. Allí, en La Española, Colón y los suyos pudieron tomar contacto mucho más estrecho con la realidad de las Indias. Había una numerosa población autóctona, de carácter muy primitivo y escindida en tribus enfrentadas entre sí. Había una naturaleza amable, muy adecuada para sentar bases estables. Y había, además, oro, al que los naturales no parecían conceder gran valor. Colón, es verdad, no había encontrado ni Cipango ni Catay ni las tierras del Gran Kan, como en la época se llamaba a Japón, China y el Asia continental, ni tampoco había rastro de las islas de las especias, pero lo descubierto era sencillamente formidable: tierra habitada donde se ignoraba que la hubiera.

Así comenzó la gran aventura americana de España. Colón volvió a casa, los reyes le recibieron en Barcelona y se le dispensó el tratamiento que merecía: un auténtico héroe. De inmediato se prepararon más viajes. Pero esta vez ya no iba a ser la aventura de un hombre solo, sino que la corona la elevó a cuestión de Estado: un religioso, el aragonés Bernardo Boil, acompañaría a la nueva expedición como vicario apostólico de las Indias, pues la monarquía católica asumió el objetivo de convertir al cristianismo a los indígenas, y otro religioso, el obispo Juan Rodríguez de Fonseca, recibía el encargo de organizar los nuevos viajes y, de paso, vigilar de cerca a Colón. El obispo Fonseca iba a jugar un papel decisivo en estos primeros compases de la empresa de Indias.

A partir de aquí, todo iba a torcerse. La colonización de La Española pronto iba a convertirse en un quebradero de cabeza para el almirante: conflictos entre los indígenas, conflictos entre los propios españoles, acusaciones de maltrato a los nativos, denuncias de corrupción… Cristóbal Colón era sin duda un excepcional navegante y un hombre de numerosos talentos, pero la política no era lo suyo, ni tampoco la administración. Dejó a su hermano Bartolomé la gestión de La Española, pero éste se encontró con que era muy difícil organizar nada si no había instrumentos para ello.

¿Se podía seguir confiando en Colón? Era verdad que las capitulaciones firmadas en su día con los reyes le reconocían una suerte de exclusividad sobre las tierras «descubiertas y por descubrir», pero las tales tierras, a cada nuevo viaje, se hacían más y más extensas. Por otro lado, la idea de colonización que los Colón tenían en la cabeza se parecía bastante poco a lo que los reyes querían: donde los primeros veían unas factorías explotadas al estilo portugués, los monarcas imaginaban una nueva España con su propia organización. Y para colmo de males, el ansiado paso a las Indias, que era la razón original de la empresa, no aparecía por ningún lado. ¿Qué era exactamente lo que había descubierto Colón?

Con todo, la empresa americana ya estaba en marcha, al margen incluso de la voluntad del descubridor. En 1499 se abre la mano y otros navegantes pueden lanzarse a reconocer las tierras recién descubiertas. En 1500 llega a La Española un enviado de los reyes: el caballero calatravo Francisco de Bobadilla, con la misión expresa de poner orden, lo cual incluye el arresto de Cristóbal Colón. Ese mismo año aparece el primer mapa del nuevo mundo: el de Juan de la Cosa, donde, atención, no se refleja que haya ningún paso hacia Asia por poniente. Acto seguido, la corona crea en Sevilla la Casa de la Contratación para organizar y regular el tráfico hacia las Indias. Y en 1504 la reina Isabel, en el codicilo de su testamento, deja claro qué carácter debía tener la colonización: quedaba expresamente prohibido el maltrato a los indígenas. Pero de esto ya hablaremos más adelante.

Cristóbal Colón murió en 1506. No en la pobreza, como fantasiosamente se ha dicho, sino con una cuantiosísima renta anual, propia de un millonario. Pero es verdad que nunca vio plenamente reconocidos los títulos de exclusividad sobre las Indias que en su día pretendió; los llamados «pleitos colombinos» sobre esa materia, planteados por sus sucesores, iban a prolongarse durante decenios. En todo caso, para entonces el hallazgo del almirante había ido mucho más allá de lo que el propio Colón pudo nunca imaginar. Un continente entero se había abierto para los españoles. Y lo que empezaba era la mayor empresa de exploración, conquista y población jamás acometida por pueblo alguno.

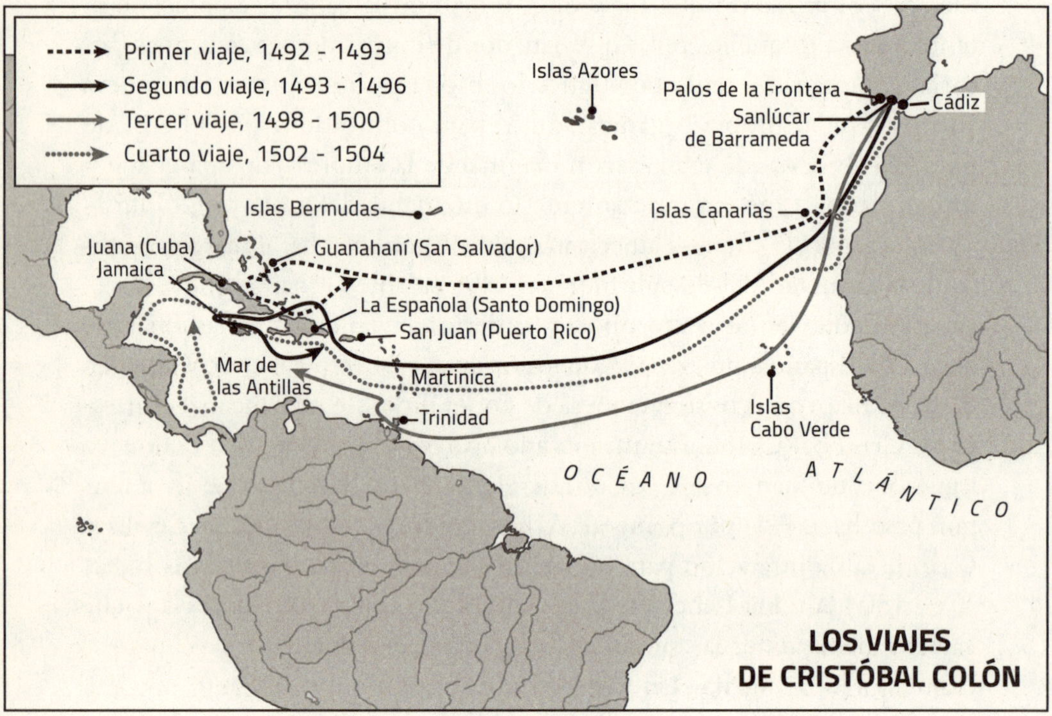
Primer viaje, 1492 - 1493
Segundo viaje, 1493 - 1496
Tercer viaje, 1498 - 1500
Cuarto viaje, 1502 - 1504
Islas Azores
Palos de la Frontera
Cádiz
Sanlúcar
de Barrameda
Islas Bermudas
Islas Canarias
Juana (Cuba)
Jamaica
Guanahaní (San Salvador)
La Española (Santo Domingo)
San Juan (Puerto Rico)
Mar de
las Antillas
Martinica
Trinidad
Islas
Cabo Verde
OCÉANO ATLÁNTICO
LOS VIAJES
DE CRISTÓBAL COLÓN

23
CARLOS I, EMPERADOR

El 13 de marzo de 1516, el joven príncipe Carlos de Austria, hijo de Juana la Loca y Felipe el Hermoso, nieto de los Reyes Católicos, se hacía proclamar rey de Castilla desde su residencia en Gante, en Flandes. Era el primer paso del camino hacia el poder. Fernando el Católico había muerto apenas un mes atrás. En su testamento había dispuesto que el joven Carlos —dieciséis años en aquel momento— ejerciera como gobernador de Castilla y de Aragón en nombre de su madre, Juana, incapacitada por su enfermedad mental. Era una situación delicada: la madre reinaría sin gobernar; el hijo gobernaría sin reinar. Demasiado difícil. De hecho, el 13 de marzo las exequias fúnebres por el difunto rey Fernando habían terminado con gritos de «Vivan los católicos reyes doña Juana y don Carlos su hijo. Vivo es el rey, vivo es el rey, vivo es el rey». El rey, evidentemente, era Carlos, aquel mozo que vivía en Flandes. El joven príncipe tomó la decisión de adoptar el título regio.

A Carlos no le correspondía sólo la herencia de Castilla y León, sino también la de Aragón, Granada, Navarra, Nápoles y Sicilia. Pero antes tenía que jurar las leyes de cada uno de esos reinos. Castilla le reconoció rey en abril de aquel mismo año 1516, aunque todavía quedaba un largo camino por delante. Más fácil fue en Navarra, donde los estamentos del reino le juraron inmediatamente fidelidad. Pero más difícil fue en Aragón, donde el caos institucional provocó un sinfín de dilaciones. Carlos abandonó Flandes y llegó a España a finales de 1517. Un rey extranjero que no hablaba la lengua española y venía rodeado por un séquito de consejeros igualmente extranjeros. El anciano cardenal Cisneros (ochenta y un años) podía haberle servido de guía, pero falleció cuando acudía al encuentro del joven. Carlos tardaría dos años en controlar la situación, y no sin tropiezos.

En febrero de 1518 juró las leyes de Castilla, paso imprescindible para que las cortes castellanas le aceptaran como rey. Contra lo que se cree actualmente, los reyes tradicionales no eran déspotas que hacían su voluntad, sino que estaban obligados a jurar ante las cortes de sus reinos antes de ceñir la corona. Tal jura no era una mera formalidad, sino que implicaba el acatamiento a un orden legal preexistente. Eso fue lo que tuvo que hacer Carlos I para convertirse efectivamente en rey. Las cortes le impusieron una serie de condiciones muy explícitas: que aprendiera a hablar castellano, que cesara el nombramiento de extranjeros en el gobierno, que se prohibiera la salida de metales preciosos y caballos de Castilla y, muy significativamente, que se acordara un trato más respetuoso a su madre, Juana, recluida en Tordesillas. ¿Estaba todo hecho? No, y enseguida veremos por qué.

LA CUESTIÓN IMPERIAL

Por el camino, en 1519 Carlos heredó además los derechos para optar al título de emperador del Sacro Imperio Romano Germánico. Carlos tenía derecho al título imperial por ser nieto del emperador Maximiliano I de Austria, fallecido en 1519. Los Habsburgo venían ostentando el cetro imperial desde más de medio siglo atrás, cuando fue designado Federico III en 1440. ¿Qué significaba ser emperador? Ante todo, la condición de brazo militar de la Iglesia. El título venía de tiempos de Carlomagno, amaneciendo el siglo IX. En principio era un título sin territorialidad, pero, por los derechos dinásticos sobre los territorios alemanes, y por la sede romana del papado, acabó vinculándose al espacio concreto de Alemania y Roma. Por eso el imperio era Sacro Romano Germánico, y el emperador era también «rey de romanos». ¿Y quién podía ser emperador? El príncipe que resultara elegido como tal si tenía derechos de sangre que avalaran su candidatura. Desde la Bula de Oro de Carlos IV, en 1356, el emperador era designado por un colegio compuesto por los arzobispos de Maguncia, Tréveris y Colonia, el rey de Bohemia, el conde palatino del Rin, el duque de Sajonia y el margrave de Brandemburgo. Estos príncipes electores designaban al aspirante y le nombraban rey de romanos; el elegido debía acudir después a Roma, donde el papa le coronaría emperador. Pero antes era preciso cumplir un enojoso trámite: pagar a los príncipes electores. Y no era poco lo que pedían.

¿De dónde podía sacar Carlos el dinero? De Castilla. Y ésta fue la gota que colmó el vaso. El 1 de abril de 1520, los procuradores de León, Valladolid, Murcia, Zamora y Madrid en las cortes de Castilla rehusaron votar el tributo que pedía Carlos I para pagar su coronación imperial en Alemania. Así comenzó la revuelta de las comunidades, auténtico bautismo de fuego político del nuevo rey. No era sólo cuestión de dinero: la guerra de las comunidades fue un fenómeno complejísimo donde se mezclaron el recelo de los nobles castellanos hacia los aristócratas extranjeros que traía Carlos, los intereses de las ciudades de Castilla frente a los propósitos homogeneizadores de la corona y frente a los propios nobles castellanos, la protesta por unas subidas de impuestos que nadie entendía, el localismo de quienes preferían a una reina autóctona como Juana la Loca antes que a un forastero como su hijo Carlos, el temor a que la candidatura imperial de Carlos convirtiera a Castilla en un mero satélite, el malestar social por las malas cosechas, la falta de representatividad de las cortes y, en fin, otros muchos factores de crisis que fueron a explotar todos juntos en aquella primavera de 1520.

COMUNEROS Y GERMANÍAS

Tampoco faltó el elemento eclesiástico, porque fueron precisamente los clérigos de Salamanca los que aportaron la palabra «comunidades»: «Si el rey no tuviera en cuenta a sus súbditos —escribían los monjes salmantinos—, las comunidades deberían defender los intereses del reino». Y eso fue lo que pasó. Aquellas cortes, reunidas en Santiago, fueron un auténtico polvorín. El rey las suspendió para convocarlas de nuevo en La Coruña, pero la situación ya era irreversible. El 16 de abril el pueblo se amotinó en Toledo. El rey se marchó a Alemania dejando como regente a

Adriano de Utrecht y amañando la votación del nuevo tributo en las cortes, pero en Castilla aquellas mañas se pagaban caras: en Segovia se levantaron los ciudadanos, ahorcaron a dos alguaciles y mataron al procurador que, en nombre de la ciudad, había avalado el impuesto. Eso fue el 30 de mayo de 1520.

De inmediato la llama se extiende a Zamora, Guadalajara, Burgos, Ávila... Toledo decide reunir cortes, las ciudades forman milicias, Adriano de Utrecht echa mano de los grandes remedios y se encuentra con que, frente a su ejército, las milicias de las ciudades han formado otro de dimensiones nada desdeñables. Fue la guerra. La revuelta durará un año. Adriano, cardenal al fin y al cabo, cambiará de táctica y aplicará una refinada estrategia de seducción de nobles y ciudades. El bando comunero terminó deshecho por rivalidades internas. Los principales cabecillas, que fueron Juan de Padilla, Juan Bravo y Francisco Maldonado, terminarán ajusticiados después de sufrir una terrible derrota en la decisiva batalla de Villalar, el 23 de abril de 1521. Toledo y Madrid fueron las últimas ciudades en rendirse. Carlos I dictará un perdón general en 1522, pero para entonces ya habrán rodado muchas cabezas.

Igualmente severas fueron las convulsiones en Valencia y Mallorca, y aquí por motivos específicos: la defensa de los derechos gremiales en las ciudades frente a la nobleza y sus intereses. Fueron las rebeliones de las germanías. El nombre «germanías» venía de mucho tiempo atrás, cuando la corona autorizó a las cofradías de ciudadanos a armarse para hacer frente a los piratas berberiscos. Esas hermandades (germanías) de hombres armados se convirtieron en un verdadero ejército popular cuando la nobleza valenciana se hizo con el control municipal y, entre otras cosas, quiso imponer que pudiera trabajarse libremente al margen de los gremios. Por cierto que la virreina de Valencia era Germana de Foix, la viuda de Fernando el Católico. El conflicto estalló en 1519. Dos años después se contagiaba a Mallorca. No fue un movimiento contra Carlos ni contra la monarquía: fue un levantamiento de carácter esencialmente social. ¿Por qué ahora, en este momento? Porque en 1519 hubo un conato de peste, porque el panorama económico se hizo muy sombrío, porque la nobleza quiso acaparar más poder que el que los fueros le permitían y porque los estamentos populares, en un contexto de grandes cambios, vieron peligrar sus derechos y sus libertades urbanas.

Todo eso a la vez. Y por todo eso a la vez, el conflicto se prolongó hasta 1522 en Valencia y hasta 1523 en Mallorca. ¿Qué hizo Carlos ante estos levantamientos? Apoyar a las autoridades, reprimir el movimiento y, pacificado el paisaje (en el caso mallorquín, con un importante número de ejecuciones), dictar un perdón general. Prudente, en todo caso.

Carlos vio todo esto desde cierta distancia, porque en 1520 había sido coronado finalmente emperador: el dinero castellano, más los préstamos de dos clanes bancarios alemanes, los Welser y los Fugger, le franquearon el camino. En aquel momento, las posesiones de Carlos abarcaban ya España, varias plazas en el Magreb, la mitad sur de Italia con Sicilia y Nápoles, el norte de Italia con el Milanesado, el Franco Condado, los Países Bajos y, por supuesto, los territorios propiamente imperiales, que se extendía por las actuales Alemania y Austria hasta los límites de Polonia y Hungría. Eran las posesiones de Carlos, y no las posesiones de España, porque los reinos españoles sólo eran una parte del inmenso conglomerado del emperador. Es verdad, no obstante, que España se convirtió pronto en la cabeza del imperio. El lado sur de este conjunto —Italia y España— era el más rico en recursos y también el más pujante en materia religiosa, científica y cultural. Además, desde 1521, con la conquista del imperio azteca por Hernán Cortés (enseguida hablaremos de la aventura americana), las posesiones americanas de Castilla habían abierto una auténtica ventana de oro al otro lado del mar. Por último, y en el plano estrictamente militar, la infantería española estaba demostrando ser la mejor arma para asentar la autoridad del emperador sobre el campo de batalla.

LA PRIMERA VUELTA AL MUNDO

Los anchos territorios mencionados conformaban las posesiones imperiales por el este. Pero, por el oeste, los dominios de Carlos, éstos ya sí propiamente españoles, habían adquirido dimensiones aún más fabulosas. Pocos años antes de que ascendiera al trono, en 1513, Vasco Núñez de Balboa había descubierto el océano Pacífico, que entonces fue llamado «Mar del Sur». El hallazgo resultaba crucial porque dejaba pensar que podía llegarse a las Indias navegando hacia el oeste, el viejo sueño colombino. Con esa idea se fraguó la expedición del portugués Magallanes, que acudió a la corte de Castilla en busca de patrocinio. Se trataba de llegar a las Molucas, las islas de la especiería. Carlos I aprobó el proyecto en 1518. El 20 de septiembre de 1519 zarparon de Sanlúcar de Barrameda, en Cádiz, cinco barcos. Así comenzó la formidable aventura que terminaría dando por primera vez la vuelta al mundo.

El 5 de septiembre de 1522 se avistaba en el puerto de Sanlúcar la llegada de un barco: era la nao *Victoria*, la única superviviente de la hazaña. Tres años atrás habían zarpado cinco barcos; sólo volvía éste. En ellos viajaban 265 hombres; sólo volvían dieciocho. Estaban enfermos y flacos, vestidos con harapos. Más parecían náufragos que héroes. Y sin embargo, estos dieciocho acababan de rubricar una hazaña extraordinaria: eran los primeros hombres que habían rodeado por completo la esfera terrestre. Los capitaneaba el marino vasco Juan Sebastián de Elcano, de Guetaria. Con él venían otros cuyos nombres rara vez se mencionan, pero es de justicia recordar. Eran Francisco Albo, de Axila, piloto. Miguel de Rodas, piloto. Juan de Acurio, de Bermeo, piloto. El italiano Antonio Lombardo, llamado Pigafetta, que escribiría la historia de la expedición. Martín de Yudícibus, de Génova, marinero. Hernando de Bustamante, de Alcántara, marinero y barbero. Nicolás el Griego, de Nápoles. Miguel Sánchez, de Rodas. Antonio Hernández Colmenero, de Huelva. Francisco Rodrigues, portugués de Sevilla. Juan Rodríguez, de Huelva. Diego Carmena, marinero. Hans de Aquisgrán, cañonero. Juan de Arratia, de Bilbao, grumete. Vasco Gómez Gallego, el Portugués, de Bayona, grumete. Juan de Santandrés, de Cueto, grumete. Juan de Zubileta, de Baracaldo, paje.

Toda esa gente, de todas las tierras del imperio español, había zarpado al mando de Magallanes para buscar un paso más allá de América. Lo habían encontrado, pero no sin grandes penalidades. Los expedicionarios exploraron la Patagonia y cruzaron por primera vez el Pacífico hacia occidente. El propio Magallanes había muerto en las Filipinas, víctima de un ataque indígena. Elcano había tomado el mando y, después de cruzar el océano Índico, había logrado pasar al Atlántico y ascender por la costa africana. Aún deberían arrastrar hambre, cárcel y mil fatalidades, pero el 6 de septiembre la nao *Victoria* atracaba en el puerto de Sanlúcar. Era una hazaña sin precedentes en la historia. Y los barcos españoles demostraron que, en efecto, la tierra es redonda.

Carlos parecía tenerlo todo bajo control. La reforma del gobierno a partir de 1522, estaba devolviendo el orden al país. En el plano personal, su matrimonio en 1526 con Isabel de Portugal abría un periodo de paz en la península. Pero entonces empezaron otros problemas, y éstos iban a marcar todo el reinado de Carlos I y, de paso, la vida de todos los españoles. Guerra con Francia. Guerra con los turcos. Herejía protestante. Y todo a la vez.

EUROPA EN GUERRA: FRANCESES Y PROTESTANTES

La guerra con Francia fue consecuencia directa de la nueva condición imperial de Carlos. El rey francés, Francisco I, había optado también al título y perdió. Muy peligroso debió de ver Francisco el paisaje. Más todavía cuando Carlos dio a conocer su programa como emperador: nuestro Austria no quería limitarse a ser un soberano formal sobre un heteróclito conjunto de territorios, sino que abanderó el ideal humanista de la *Universitas Christiana*, la supremacía de la autoridad imperial sobre todos los reyes de la cristiandad y, por supuesto, la defensa de la religión. Era una idea que había nacido en mentes españolas y que atribuía al emperador la primacía política en todo el ámbito cristiano. La idea no carecía de lógica, pero tenía el inconveniente de que iba a despertar los inmediatos recelos de todos los demás reyes cristianos e incluso del propio papa, porque otorgaba a Carlos una autoridad que iba mucho más allá de lo político. Así empezaron las guerras con Francia, que iban a prolongarse durante más de veinte años.

Hay que decir que en el conflicto con Francia fue decisivo el papado, que en la época ostentaba un poder territorial muy importante en el centro de Italia. ¿Cuál era el principal objetivo político de los papas? Que ni franceses ni españoles se adueñaran del conjunto de la península italiana. En consecuencia, optarán por apoyar alternativamente a España contra Francia, primero, y a Francia contra España, después, persiguiendo únicamente sus intereses políticos. Pese al complejo juego, Carlos terminará manteniendo siempre la superioridad militar sobre los franceses. Incluso cuando, después de la decisiva batalla de Pavía (1525), el papado se alinee con Francia.

Simultáneamente surgió el problema protestante. Alrededor de 1517, el monje agustino alemán Martín Lutero publicó sus «Tesis de Wittenberg». Básicamente se trataba de una requisitoria contra la práctica eclesiástica de cobrar dinero por las indulgencias espirituales. Por extensión, era un ataque a la corrupción en el seno de la Iglesia. Era verdad que en la Iglesia de la época habían crecido lo que hoy se llamaría «malas prácticas». En España, la reforma de Cisneros había limpiado mucho el ambiente, pero no ocurría lo mismo en otros lugares, empezando por la propia Roma. En todo caso, este asunto de las indulgencias fue como la grieta en el dique de una presa: de inmediato se derramó sobre toda la cristiandad una crisis que abarcaba no sólo la reprobación de ciertas conductas, sino también una amplia puesta en cuestión de asuntos esenciales del credo católico. Así empezó la reforma protestante. Y se habría mantenido como un asunto puramente religioso de no ser porque muchos principados alemanes, deseosos de sacudirse el yugo del imperio, vieron aquí una excelente oportunidad para legitimar su posición. A Carlos se le abría otro frente.

El problema protestante incendió Europa. Tras la publicación de las Tesis de Wittenberg, Lutero fue convocado por las autoridades tanto políticas como religiosas. En la Dieta de Worms se negó a retractarse ante el emperador. Carlos intentará reiteradas veces un arreglo pacífico, sin éxito alguno. Mientras tanto, en Suiza, un clérigo llamado Ulrico Zuinglio había comenzado su propia predicación contra la ortodoxia católica. De hecho, la primera guerra de religión que tuvo lugar en Europa fue la de Suiza, entre los protestantes y los cantones que se mantenían católicos. Zuinglio morirá en una de esas batallas.

Para colmo, en 1533 el que se separa de la Iglesia es el rey de Inglaterra, Enrique VIII. Si la reforma protestante fue un asunto religioso que adquirió la forma de un conflicto político, lo de Inglaterra fue un asunto político que adquirió la forma de un conflicto religioso. Enrique necesitaba imperiosamente un hijo varón para consolidar su trono. Su esposa, Catalina de Aragón (hija, recordemos, de los Reyes Católicos), le había dado una niña, María, pero el tiempo pasaba y no venía varón alguno. Por eso Enrique optó por pedir a Roma el divorcio de Catalina. Roma no se lo dio y Enrique decidió crear una suerte de iglesia nacional donde él, el rey, sería además el jefe. Nació la iglesia anglicana. Ahora bien, Inglaterra era aliada de España desde muchos años atrás y a nadie le convenía romper el *statu quo:* ambos necesitaban mantener la sociedad para hacer frente a Francia, de manera que la alianza todavía se mantendría durante algunos años.

En cuanto a los príncipes protestantes alemanes, a la altura de 1531 se unirán en la llamada Liga de Esmalcalda. Los ejércitos imperiales desbaratarán la coalición en la batalla de Mühlberg, en 1547, como antes habían roto al ejército francés en Pavía. La infantería española, que desde la reforma militar de 1536 ya se llamaba oficialmente «tercios», se había convertido en la punta de lanza del imperio: una máquina invencible capaz de imponerse incluso en condiciones de clara inferioridad material.

Y AL OTRO LADO, EL TURCO

Y si faltaban pocos frentes, en torno al año 1526 se abrió otro más: el del imperio otomano, los turcos, los herederos del califato islámico. En los decenios anteriores, el imperio otomano había extendido sus dominios desde Argelia hasta el Golfo Pérsico y desde el Mar Negro y las llanuras húngaras hasta el océano Índico. Dueño ya de los Balcanes, había lanzado a sus ejércitos sobre las planicies de Hungría y en la batalla de Mohács había derrotado a los magiares. En el campo quedó muerto Luis II, rey de los húngaros, y así la corona pasó al archiduque Fernando, hermano menor de Carlos I, nacido en Alcalá de Henares y criado en España. El turco amenazaba directamente al imperio por el Danubio y a Roma desde las costas adriáticas. El sultán Soleimán se había ganado la anuencia del rey de Francia, que, por su parte, veía con alivio cómo a Carlos V se le dibujaba aquella amenaza en el mapa. El muy español Fernando, rey de Hungría y archiduque de Austria, se movió a toda prisa, pero no pudo evitar que, acabando el verano de 1529, una muchedumbre otomana se derramara literalmente sobre Viena. El 27 de septiembre el gigantesco ejército del sultán —en torno a 150.000 hombres, según los cálculos más ajustados— ponía cerco a Viena. Al frente, el sultán Soleimán en persona. En el interior de la ciudad, poco más de 20.000 hombres. Entre ellos, 1.500 lansquenetes alemanes. Y además, 700 arcabuceros españoles de Medina del Campo. El heroísmo e inteligencia de los defensores, y la oportuna llegada de las lluvias, obligaron a los turcos a retirarse.

Pero la guerra del imperio contra la Media Luna tenía otro escenario: el Mediterráneo occidental, porque allí el pirata Barbarroja, de consuno con los otomanos, se apoderará de Túnez en 1534 para lanzar a sus barcos contra los puertos de España e Italia. No eran pequeños ataques piratas: Jeireddín Barbarroja, con su hermano y predecesor Aruj, había creado una auténtica flota corsaria, y el patrocinio del imperio otomano le avalaba no sólo como jefe de guerra, sino también como autoridad política en la región. Carlos I decidió hacer frente a la situación con una demostración suprema de poder: fue la llamada Jornada de Túnez de 1535, una auténtica operación anfibia donde la infantería española derrotó a un enemigo muy diferente al de los campos de batalla europeos.

Carlos I pudo derrotar a sus enemigos por separado, pero todo cambió cuando éstos trazaron alianzas entre sí. Primero, los acuerdos entre Francia y el imperio otomano para combinar acciones. Después, la alianza de los príncipes protestantes con Francia, que condujo a la llamada «guerra de los príncipes» en 1552. El emperador aguantó el tipo, pero al cabo tuvo que ceder. La paz de Augsburgo de 1555 consagró el principio *cuius regio, eius religio*, es decir, que cada territorio adoptaría la religión que su príncipe profesara. Esto, en la práctica, significaba aceptar que el protestantismo se impusiera en buena parte de la Europa central.

Para Carlos, aquello fue el final. Agotado, entre 1555 y 1556 organizó su retirada. Dejó a su hermano Fernando el título imperial y a su hijo Felipe la corona de España (que incluía Flandes e Italia) y las Indias. Él se recluyó en el monasterio de Yuste. Siempre pensó que su gran fracaso en la vida había sido asistir a la ruptura de la cristiandad. En realidad es difícil hacerle ese reproche. Porque al mismo tiempo que Europa se desangraba, al otro lado del mundo la cristiandad se había ensanchado extraordinariamente. Es, por así decirlo, la otra vida del emperador: mientras los tercios luchaban en Francia o en Alemania, otros españoles escribían en las Indias, en América, la mayor hazaña de todos los tiempos.

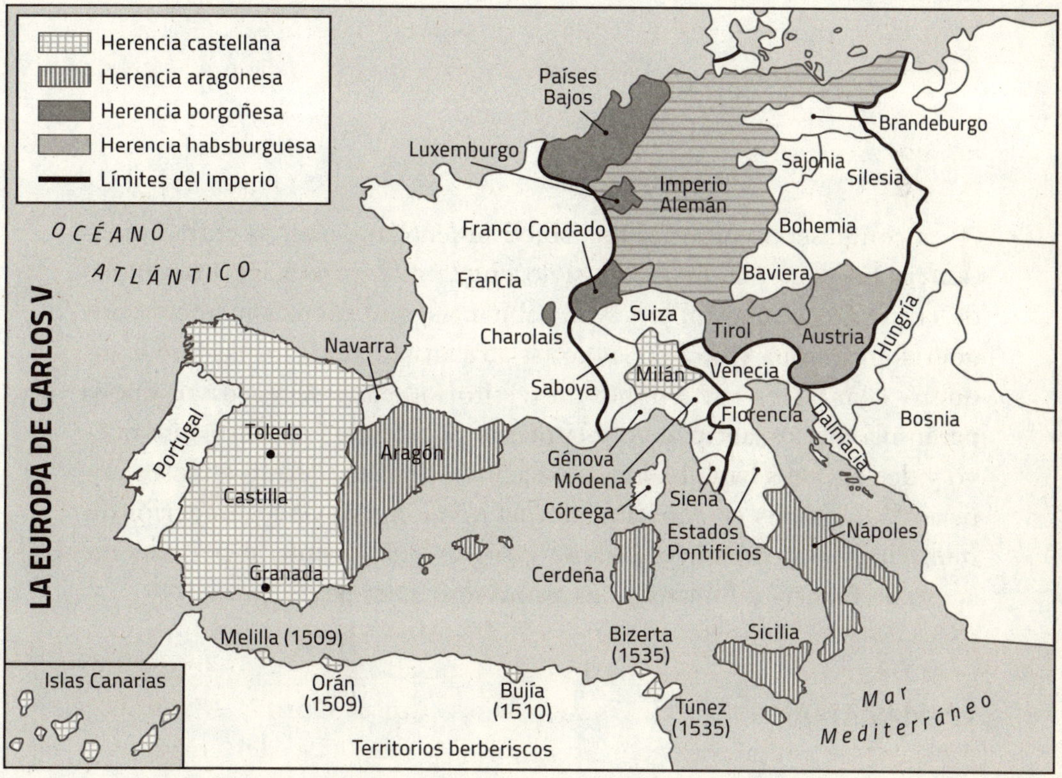
LA EUROPA DE CARLOS V
Herencia castellana
Herencia aragonesa
Herencia borgoñesa
Herencia habsburguesa
Límites del imperio
OCÉANO ATLÁNTICO
Países Bajos
Luxemburgo
Franco Condado
Francia
Charolais
Navarra
Saboya
Imperio Alemán
Brandeburgo
Sajonia
Silesia
Bohemia
Baviera
Suiza
Tirol
Austria
Hungría
Milán
Venecia
Florencia
Dalmacia
Bosnia
Génova
Módena
Córcega
Siena
Estados Pontificios
Nápoles
Cerdeña
Sicilia
Portugal
Toledo
Castilla
Aragón
Granada
Melilla (1509)
Orán (1509)
Bujía (1510)
Bizerta (1535)
Túnez (1535)
Territorios berberiscos
Mar Mediterráneo
Islas Canarias

24
LA CONQUISTA DE AMÉRICA

La conquista de América fue, objetivamente, una hazaña extraordinaria. En poco más de medio siglo, entre 1492 y 1545, España, un país de en torno a cinco millones de habitantes, que además mantenía una guerra en Europa y otra en las costas africanas, descubrió, exploró, conquistó y en buena parte pobló un territorio veinte veces mayor que la península ibérica, abrió al conocimiento occidental un continente nuevo y dos océanos hasta las islas del Pacífico, derrotó a dos poderosos imperios autóctonos en América, creó el más longevo de los imperios ultramarinos y lo mantuvo durante casi tres siglos frente al permanente acoso de Francia e Inglaterra. Es asombroso, pero pasó.

LA HAZAÑA

Para calibrar la dimensión de la proeza basta repasar la secuencia de hechos. En 1492 los primeros barcos españoles llegan a América. En los años siguientes, nuestras carabelas exploran a conciencia todo el litoral de ese mundo desconocido. Tras los desastres de la colonización colombina, la isla de La Española queda sometida y regularmente poblada a la altura de 1498. A partir de 1503, con la guerra de Nápoles resuelta y el paisaje político pacificado, la corona decide impulsar resueltamente la exploración y conquista de aquellos territorios. Los logros se suceden a gran velocidad. Entre 1508 y 1511 se dominan Puerto Rico, Jamaica y Cuba. En 1513, mientras Ponce de León desembarca en Florida, Núñez de Balboa ha controlado una extensa porción en Panamá y descubre, al otro lado, el océano Pacífico, la Mar del Sur.

En 1519 Hernán Cortés emprende la conquista de México, que culmina sólo dos años después con la toma de Tenochtitlán. En 1522 Alvarado completa la conquista de la América central. Es el mismo año en el que Elcano vuelve con los restos de la expedición de Magallanes. En 1524 Pizarro comienza a explorar el litoral de los actuales Ecuador y Chile y descubre la existencia del imperio inca, cuya conquista logrará siete años después junto a Diego de Almagro. Éste parte enseguida a la conquista de Chile. En 1526 la escuadra de García Jofre de Loaisa dobla el cabo de Hornos y enfila hacia las Molucas a través del Pacífico. En 1528 Álvar Núñez Cabeza de Vaca recorre todo el sur de Norteamérica desde Florida hasta Nuevo México. En 1536 Pedro de Mendoza funda por primera vez Buenos Aires. En 1537 Jiménez de Quesada y Belalcázar, cada uno por su lado, exploran y toman los territorios que hoy son Colombia, Ecuador y Venezuela. Ese mismo año Martínez de Irala establece bases fijas en Paraguay. En 1540 Pedro de Valdivia emprende la conquista de Chile. El año siguiente tenemos a Orellana recorriendo el Amazonas hasta su desembocadura y a Hernando de Soto explorando el oeste del Mississippi, en el norte del continente. En ese momento la expedición de Vázquez de Coronado ha llegado hasta el Cañón del Colorado y Kansas.

¿Cómo fueron posibles semejantes proezas en tan poco tiempo? ¿Quiénes fueron sus protagonistas? Esto es tal vez lo más prodigioso, porque en realidad fue muy poca gente. La corona nunca mandó ejércitos a conquistar las Indias; de hecho, no mandará tropas hasta bien entrado el siglo XVII, y ello en muy pequeñas cantidades. La conquista la efectuaron unos pocos miles de hombres y mujeres. Por las listas de pasajeros de la Casa de Contratación de Sevilla y del Consejo de Indias, sabemos que entre 1509 y 1529 —veinte años— marchan allá 3.902 personas. Más tarde, entre 1533 y 1539, cuando la conquista se orienta hacia el hemisferio sur —Perú, Bolivia, Argentina—, salen 8.000 españoles. Siguen siendo muy pocos. En conjunto, los datos más fidedignos aseguran que en todo el siglo XVI no pasaron a las Indias más de 200.000 personas. Es decir, la población de una ciudad actual como Móstoles para controlar un territorio que es veinte veces la superficie de toda España.

Los españoles que pasaron a las Indias venían, en su gran mayoría, de la corona de Castilla. Era lo que habían acordado Fernando e Isabel y lo que dispuso la propia reina en su testamento. ¿Por qué sólo Castilla? Las razones fueron sobre todo de orden práctico: la unión de coronas no implicaba la fusión de las instituciones de cada reino en materias como la Justicia o la Hacienda, de manera que subordinar la organización del nuevo mundo a una sola de las coronas —y Castilla era la corona atlántica por antonomasia— era una forma práctica de asegurar el buen orden. Por supuesto, en esta aventura americana habrá aragoneses, italianos, alemanes y hasta griegos, pero toda su actuación será supervisada siempre por las instituciones del reino de Castilla y, por la misma razón, de esa corona, que además era la más poblada del país, vendrá lo fundamental de los pioneros: Andalucía, Castilla la Vieja, Extremadura, Murcia, Albacete, Galicia, las vascongadas... Con mucha frecuencia se trata de segundones de familias hidalgas sin recursos. La gran mayoría son muy jóvenes. Y el 90 por ciento, nada menos, varones. Muchos de ellos casarán con indias y así comenzará ese fenómeno tan típicamente hispano que es el mestizaje. Pocas españolas cruzaron el mar: entre los años 1509 y 1538, sólo el 10 por ciento del total. Después habrá expediciones compuestas muy mayoritariamente por mujeres con la finalidad expresa de formar allí familias, como la de doña Mencía de Calderón al Paraguay.

EL MUNDO AMERINDIO

Esos pocos cientos de españoles que componen las huestes de los conquistadores debieron de cruzar las selvas y las sierras con la misma impresión que hoy nos embargaría al explorar un mundo extraterrestre. La humanidad que los españoles encuentran en las Indias no se parecía a nada que ningún europeo hubiera visto antes: ni en el aspecto físico, ni en la lengua, ni en las costumbres, ni en la religión. ¿Qué descubren allí nuestros antepasados? Un mundo absolutamente diferente y, además, enormemente fragmentado. Son pueblos muy distintos con diversos grados de desarrollo, culturas dispersas sin conciencia de comunidad «indígena», con frecuencia ferozmente enfrentadas entre sí y con un grado de conocimientos técnicos muy dispar: algunos son capaces de levantar construcciones portentosas, otros se limitan a chozas muy primitivas. El único rasgo común es que desconocen el uso de la rueda y limitan la metalurgia a fines ceremoniales. Tampoco conocen la escritura, con la excepción de los mayas. Se trata, también en todos los casos, de sociedades esclavistas y, en general, rígidamente patriarcales. Y todas, prácticamente sin excepción, recurren a los sacrificios humanos.

En ese continente que los españoles irán abriendo poco a poco hay cuatro grandes focos culturales. El primero con el que se topan, en la península del Yucatán, es el maya o, más precisamente, sus restos, porque la gran cultura maya que se extendió por el sureste de lo que hoy es México desapareció como tal hacia el año 900 después de tres milenios de florecimiento. En la región contigua, en la zona central de Mesoamérica, ha crecido desde pocos años atrás (hacia 1430) el imperio azteca o mexica, en el mismo lugar donde mil años antes había existido la cultura de Teotihuacán. Más al sur, en el centro de la actual Colombia, se asentaba la cultura chibcha, que no conformaba una unidad política. Y en el área central andina se extendía el imperio inca, el Tahuantinsuyo, tan reciente como el azteca y, al igual que él, construido sobre el mismo suelo que medio milenio antes había ocupado una cultura anterior, la de Tiahuanaco.

Un rasgo que es importante señalar, porque ayuda a entender muchas cosas, es el de los sacrificios humanos, común a todas las culturas amerindias. El sacrificio humano obedece, en general, a un principio de compensación cósmica: los dioses nos regalan la comida, el agua, las plantas, los animales y el calor del sol, y nosotros, en correspondencia, les ofrecemos vidas humanas. En el mundo maya y en el mundo azteca, esa dinámica sacrificial se articula sobre la oposición de dos divinidades: por un lado, el Kukulkán maya o el Quetzalcoatl azteca, divinidad benefactora que en un momento dado se retira y cuyo retorno anunciará el fin del mundo, y por otro el Tezcatlipoca maya o el Huitzilopochtli azteca (nuestros cronistas, por simplificar, lo llamarán Huicihilobos), divinidad violenta a la que hay que contentar para que frustre el retorno del otro. ¿Cómo se contenta a esta segunda divinidad? Con sacrificios humanos. Y para satisfacer el hambre incesante, se echará mano sistemáticamente de expediciones de captura contra los pueblos aledaños, vivero del que se extraen cautivos para alimentar tanto el sistema de trabajo esclavo como los sacrificios rituales. También los incas, aunque con otro contexto religioso y en menor cantidad, practicaban sacrificios humanos. Particularmente importantes eran las ofrendas de niños «perfectos» al Inca, es decir, al emperador; niños que eran ejecutados y después momificados, y que normalmente procedían de los pueblos sometidos. Sometidos, sí: los incas construyen su poder sobre la base de la sumisión violenta de todos los pueblos a lo largo de los Andes, del mismo modo que los aztecas habían impuesto su hegemonía sobre las poblaciones de Mesoamérica.

LA CONQUISTA SE HIZO CON LOS INDIOS

Conviene subrayar todo esto para entender el grado de conflictividad del mundo amerindio. Y para entender, también, cómo un número tan reducido de españoles pudo imponerse sobre imperios poblados por millones de personas. Hernán Cortés lleva sólo 508 españoles consigo cuando conquista Tenochtitlán, una ciudad de un cuarto de millón de habitantes, capital de un imperio, el azteca, que superaba los cinco millones de súbditos. Francisco Pizarro encabeza a sólo 177 españoles cuando derrota en Cajamarca a más 20.000 incas y se apodera de un imperio que sobrepasaba los 15 millones de habitantes. La conquista de las selvas y sabanas de Nueva Granada (la actual Colombia) la ejecuta Jiménez de Quesada con apenas 700 españoles. Valdivia comienza la conquista de Chile con doce compañeros y su hueste, en el momento de mayor contingente, era de 150 españoles. ¿Cómo fue posible? ¿Arrojo personal, astucia política, superioridad tecnológica? Sí, todo eso. Pero hubo algo más.

La conquista nunca fue una gran ofensiva de españoles contra nativos. Cortés, Pizarro, Núñez de Balboa o Valdivia, en sus conquistas, contaron siempre con el respaldo militar de decenas de miles de indígenas, pueblos enteros que acogieron a aquellos pocos españoles como salvadores por la sencilla razón de que sus enemigos nativos eran mucho peores que los españoles. Cuando Colón llega a La Española, obtiene enseguida la alianza de varios caciques nativos que necesitaban ayuda exterior frente a otros indios hostiles. Núñez de Balboa se adueña de lo que hoy es Panamá con unas pocas decenas de españoles, sí, pero con el apoyo decisivo de doce caciques locales frente a otros enemigos nativos. Cortés ataca Tenochtitlán con un ejército de más de 150.000 hombres, pero sólo 900 son españoles; el resto son tlaxcaltecas, tepeaqueños, cempoaltecas, cholultecas, huejotzincos, chinantecos, xochimilcos, otomites y chalqueños, todos unidos frente a la tiranía de los mexicas aztecas. Cuando todas esas tribus oprimidas vieron aparecer a los españoles, no los tomaron por enemigos, sino por aliados. Es lo mismo que le pasó a Pizarro en Perú: la tiranía inca sobre huancas, tallanes y demás etnias de su imperio era tan brutal, que cuando el español les ofreció alianza no se lo pensaron dos veces. Idéntico fenómeno vamos a encontrar en todas partes, desde las selvas de Colombia hasta el estuario del río de la Plata. La conquista española habría sido imposible sin la participación activa de millones de indígenas que vieron a los españoles como libertadores: para aquellos pueblos era preferible someterse al extranjero que seguir oprimidos por los autóctonos. Sin eso no se entiende nada.

EMPRESAS PRIVADAS

¿Por qué tan poca gente? ¿Por qué eran tan reducidas las huestes de los españoles? Por la manera en la que se concibió la «empresa de Indias», que fue, efectivamente, una empresa… privada. No hubo una «operación de Estado» llamada «conquista de las Indias» y planificada como una operación militar. La conquista de América fue fundamentalmente una confluencia de iniciativas privadas. La corona tenía gran interés en América, por supuesto, pero no estaba en condiciones de encargarse directamente de la exploración (entre otras cosas, porque la mayor parte de sus recursos estaban en los frentes europeos). ¿Qué hizo? Buscar un sistema que le permitiera patrocinarla sin comprometer su propio tesoro ni sus ejércitos, desparramados en aquel momento por Italia, Francia y el norte de África. Ese sistema se llamará «empresas de rescate».

Las empresas de rescate funcionaban así: la corona autorizaba a determinados capitanes para organizar por su propia cuenta expediciones, entrar en contacto con los indígenas, llevar allí la fe y obtener riquezas, especialmente oro. Bajo este sistema empezó a organizarse la conquista. Como eran empresas, el líder tenía que ser capaz de asegurar la expedición. Por eso se trataba, en general, de militares o de caballeros que podían aportar dinero, armas, caballos. En ocasiones crearán un verdadero consorcio comercial, como la «Compañía de Levante» que fundaron Pizarro y Almagro para la conquista del Perú. Estas empresas estaban sujetas a una regulación muy detallada. La corona supervisaba la firma de la capitulaciones. Se nombraba a una persona —el capitán— que sería responsable de dominar un territorio y ponerlo bajo la autoridad del rey. El capitán corría con todos los gastos y a cambio percibiría una parte sustanciosa del botín. La corona imponía las condiciones: territorio que había que explorar, plazo de exploración, ciudades que se asentarían en la zona, etc. También se reservaba otorgar los derechos que recibiría el conquistador: títulos, nombramientos, tierras. Y el rey, en fin, recibiría el 20 por ciento del botín, lo que se llamaba «el quinto real».

La empresa se financiaba a crédito: se pagaría con la riqueza que se obtuviera en la expedición. Y en la operación se partía de un capital inicial con tres partes. Una, en especie, la ponía el rey: la autorización para entrar en los territorios. Otra la ponía el capitán, el líder de la expedición, generalmente previo préstamo de otros socios. Y otra la ponían los soldados que se enrolaban en la empresa, y por lo común consistía en el equipamiento y las provisiones; si no lo tenían, el jefe se lo prestaba como anticipo y luego lo iban devolviendo con su salario, que se pagaba a modo de acciones sobre el hipotético botín que se obtuviera. Si no había botín, todo el mundo se quedaba sin su dinero, lo cual explica el empeño, tantas veces sobrehumano, por encontrar fuentes de riqueza sorteando los mayores peligros. Y si lo había, entonces el capitán se convertía en gobernador y a sus hombres se les concedían «encomiendas de indios»: se transformaban en auténticos señores, de tipo casi feudal, sobre un grupo de indios, sus tierras y su trabajo.

Sobre el papel, el plan suena bien. Pero con un mapa del siglo XVI en la mano, en unas tierras que nadie había cartografiado, era realmente una temeridad. De hecho, el beneficio económico de aquellos primeros años de conquista fue limitadísimo y, desde luego, nada que pudiera compensar el gasto invertido en la aventura ni el número de bajas, que porcentualmente fue aterrador, sobre todo por las enfermedades. El oro en cantidades importantes (luego lo veremos) no empezará a llegar hasta después de la conquista de México. ¿Por qué, entonces, se lanzaron a la empresa? Por algo que iba mucho más allá de lo crematístico; algo que incluía la sed de oro y riquezas, en efecto, pero cuyo motor estaba en otro lado.

Efectivamente, si sólo hubiera sido por el oro, es decir, por un objetivo económico, jamás esa gente se habría lanzado a la conquista de un mundo desconocido. Y es que la mentalidad de los conquistadores —y, en general, la de toda la España de los siglos XVI y XVII— no era económica: era completamente caballeresca y, en ese sentido, medieval. Los capitanes se veían a sí mismos como jefes de hueste; sus hombres, como caballeros, y ello aunque su condición social fuera de lo más humilde. Eso era lo que movía a los conquistadores: la honra, la fama, un sueño de gloria que implicaba un ascenso social.

Los que pasan a las Indias conforman un repertorio humano extremadamente variopinto. Hernán Cortés era un culto señorito con anhelos de grandeza. Núñez de Balboa, un hidalgo venido a menos que había fracasado como colono, pero con una inteligencia y una capacidad de liderazgo excepcionales. Pizarro, un labriego bastardo curtido en las guerras de Italia y, después, en las asperezas de la lucha en la selva. Almagro, un desdichado que había encontrado en las Indias la oportunidad de redimir una vida calamitosa. Valdivia, un soldado de noble cuna y ambición sin límites. Jiménez de Quesada, un erudito jurista dispuesto a escribir su propio poema épico. Gente, en fin, de lo más variado. Con ellos, con los líderes, un racimo de humanidad no menos diverso, pero con un sueño común: la gloria, el afán de convertirse en señores.

A ese mundo mental no son ajenos los libros de caballería, que eran el género que hacía furor en la época. La gran colección de libros de caballería había comenzado a publicarse en España en 1508, cuando aparece el *Amadís de Gaula*. En un siglo se publicarán por lo menos cuarenta y dos títulos. Y todos salen hacia América en cantidades inmensas. California se llama así porque tal era el nombre de una isla de la que se habla en las *Sergas de Esplandián,* isla poblada sólo por mujeres, que se suponía vecina al paraíso terrenal. Hernán Cortés mandará a su pariente

Francisco Cortés a buscarla. Y el río Amazonas se llamará así por ese otro motivo típico de los libros de caballería que son las feroces mujeres guerreras. El español que llega a América se siente un caballero andante. Y lo que encuentra allí le parecerá todavía más fascinante que lo que ha leído en los libros. Uno de los cronistas de Indias, Pedro de Castañeda, riojano de Nájera, que había participado en la expedición de Vázquez de Coronado por lo que hoy es Norteamérica, lo explicó así:

> Yo no estoy escribiendo fábulas, como algunas de las cosas que ahora leemos en los libros de caballerías. Si no fuese porque estas historias contenían encantamientos, hay algunas cosas que nuestros españoles han hecho en nuestros días en estas partes, en sus conquistas y encuentros con los indios, que como hechos dignos de admiración sobrepasan no sólo a los libros ya mencionados, sino también a lo que se ha escrito sobre los doce Pares de Francia.

Con esos materiales se construyó la conquista española de América, que es una de las mayores gestas jamás escritas por pueblo alguno.

ESPÍRITU DE CRUZADA

La mentalidad caballeresca y heroica se fusiona con otro elemento fundamental del espíritu español de la época: la religiosidad. La España del XVI se ve a sí misma como el brazo terrenal de Dios, lo mismo en los campos de batalla de Europa que en las selvas de América. No era una mera cobertura retórica: la evangelización era el objetivo y la legitimación de la conquista desde la primera bula papal en 1496. La corona asume la evangelización sistemática de las Indias como una misión de primer orden. La diócesis de las Antillas se crea tan pronto como en 1505 y la primera diócesis de Tierra Firme en 1516, cuando apenas se ha empezado a dibujar el mapa de ese mundo.

Basta leer las crónicas para comprobar hasta qué punto era sincera la religiosidad de los conquistadores: Bernal Díaz del Castillo, el gran cronista de la conquista de México, cuenta el caso de esas decenas de españoles que pocos años después de la victoria, ya ricos y propietarios de haciendas, lo dejaron todo para hacerse ermitaños. Las poblaciones indígenas, por su parte, se convirtieron masivamente. ¿Por qué? Primero, porque las religiones de los pueblos amerindios eran por lo general religiones políticas, es decir, que estaban estrechamente vinculadas al orden político azteca, incaico, etc., de manera que, derrumbado éste, la religión originaria se quedaba sin soporte real. Después, porque la conversión al cristianismo representaba ventajas objetivas, empezando por la nada desdeñable de escapar a la esclavitud.

A la Iglesia le va a corresponder desde el inicio la protección de las comunidades indígenas. La figura del Protector de Indios se crea en 1516 y su primer titular es fray Bartolomé de Las Casas, es decir, alguien que se había significado especialmente por denunciar los abusos sobre la población indígena. Las catedrales se convierten en jalones de piedra que materializan el impulso de cristianización: Santo Domingo en 1512, Santiago de Cuba en 1522, México en 1524, Lima en 1535… Todas ellas levantadas inmediatamente después de la conquista. Una catedral no es sólo un templo: es un centro comunitario que organiza también la educación, la asistencia sanitaria y otros muchos aspectos de la vida social. Por lo demás, en América se va a asistir a una rápida interpenetración del cristianismo con la población nativa. Los misioneros traducen los textos cristianos a las lenguas indígenas y facilitan el surgimiento de un cristianismo hispanoamericano. El acontecimiento capital en este proceso es la aparición de la Virgen de Guadalupe, en 1531, al indio Juan Diego Cuauhtlatoatzin. Esta aparición marca el momento en el que el cristianismo, por así decirlo, forma ya parte de esa cultura nueva que está naciendo en las Indias.

Y EL ORO, POR SUPUESTO

¿Y el oro? También, por supuesto. Todas las empresas de Indias se justifican, desde el punto de vista político, por su rentabilidad económica: se trata de aportar a la corona los recursos que no tiene. Para el conquistador se es, además, un aliciente crucial. Pero hay que insistir en que la rentabilidad objetiva de la conquista fue muy limitada hasta bien entrada la década de 1520, que es cuando aparecen los primeros grandes yacimientos de metal precioso. La primera entrada importante de oro es la que trae Hernando Pizarro en 1534 y el hallazgo de la gigantesca mina de plata del Potosí es de 1545. Hasta ese momento, la mayor parte del metal encontrado corresponde a «placeres», yacimientos al aire libre, que sin duda constituían un formidable reclamo para las economías particulares, pero quedaban muy por debajo de las expectativas de la corona.

Por otra parte, el hecho es que la mayor parte de los metales extraídos en las Indias se quedó allí. A España venía el «quinto real», el impuesto de la corona, que era un 20 por ciento, más impuestos y tasas que en ocasiones llegaron a alcanzar un 10 suplementario. Fue sin duda una entrada extraordinaria de metales preciosos, pero conviene medirla en sus cifras reales. Entre 1521 y 1600 entraron en España 17.000 tm de plata y 181 tm. de oro. Para la época, un gigantesco tesoro, pero que ni mucho menos agotó la riqueza mineral del suelo: hoy, siglo XXI, la producción de oro anual en Venezuela ronda las 12 tm y México produjo 6.000 tm de plata en 2018, por citar dos cifras representativas. El tesoro enviado a España en ciento veinte años, entre 1530 y 1650, equivale a la extracción actual de plata durante veintiséis meses y de oro durante seis meses. Todo el oro y la plata enviados a España desde la conquista hasta 1810 se extrae hoy en América en cuatro años de minería de plata y uno de oro. En 2020 los primeros productores mundiales de plata fueron México y Perú. Valgan estos datos para demostrar la falsedad del supuesto «expolio» español de las Indias.

La mayor parte del oro se quedó allí, en efecto, y de esta manera se creó en las Indias, literalmente, una Nueva España, que no en vano fue ese el nombre del primer virreinato creado en la América continental. Colón había imaginado su dominio en las Indias bajo el modelo portugués de una colección de factorías comerciales explotadas con mano de obra nativa; la corona corrigió ese proyecto desde el primer momento y, en su lugar, amparó un modelo de ocupación al estilo del imperio romano: del mismo modo que Roma trasplantó su estructura a los territorios que conquistó, así España llevó a las Indias su modelo de organización. Ya hemos visto la rápida proliferación de catedrales. Idéntico proceso se vivirá con las universidades: la de Santo Domingo se funda en 1538, la de San Marcos de Lima en 1551, la de México en 1551. Las Indias no fueron nunca colonias. Sobre aquel suelo se reprodujo el sistema de los cabildos, los municipios, con ciudades levantadas sobre el modelo español. Se creó un orden jurídico propio sobre la base de las Audiencias, gemelas de las de España, y todo ese inmenso territorio se articuló en torno a los virreinatos, que eran delegaciones directas del poder regio. España, literalmente, se trasplantó a las Indias.

¿Una nueva Roma? En realidad, no. Roma se trasplantó por todas partes, es cierto, pero nunca otorgó a las poblaciones vencidas la menor dignidad. España, por el contrario, prohibió esclavizar a los vencidos, instituyó un sistema legal para proteger a los nativos, sometió a examen moral la legitimidad de sus conquistas y trasladó sus conocimientos a las lenguas indígenas. Y éste es un aspecto que hay que examinar aparte, porque es un rasgo fundamental de la hegemonía española en los siglos XV y XVI. Nadie había hecho nunca antes nada igual.

LAS GRANDES CULTURAS AMERINDIAS
Cabeza de Vaca 1528 -36
Mendoza 1532
Hernán Cortés 1519 -21
La Habana
Santo Domingo
Tenochtitlán
Alvarado 1524-35
San Salvador
Panamá
OCÉANO ATLÁNTICO
OCÉANO PACÍFICO
Pizarro 1531 -33
Macchu Picchu
Cuzco
Rojas 1542
Mendoza 1535 -36
Buenos Aires
Imperio azteca
Imperio maya
Imperio inca

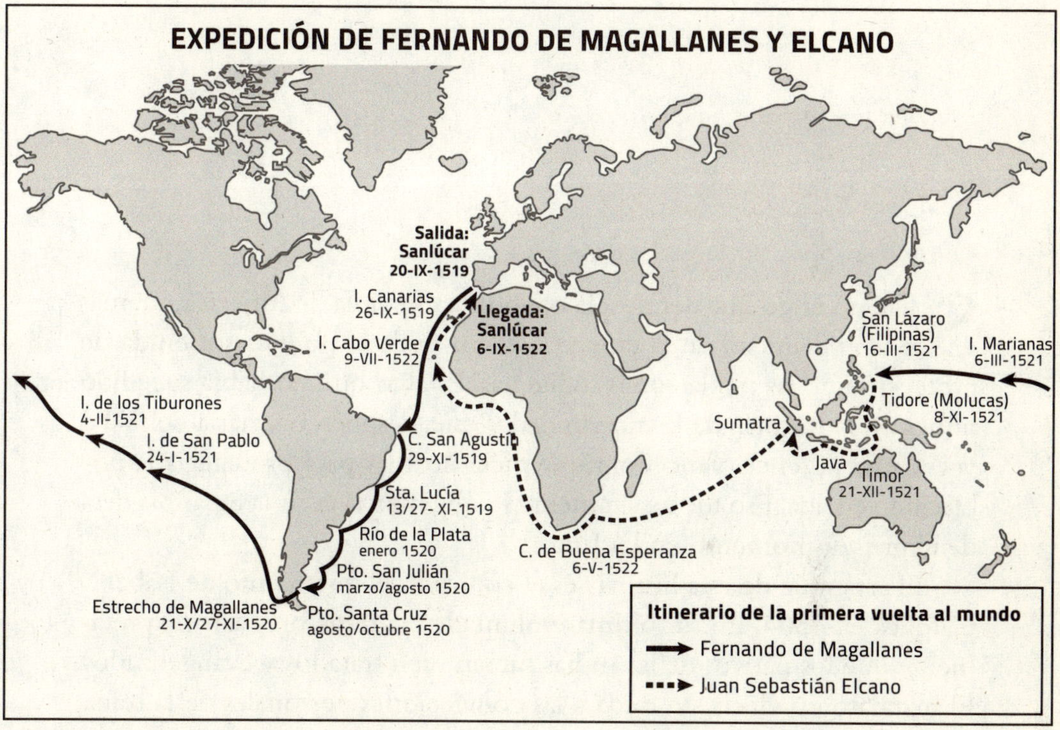
EXPEDICIÓN DE FERNANDO DE MAGALLANES Y ELCANO
Salida: Sanlúcar 20-IX-1519
I. Canarias 26-IX-1519
Llegada: Sanlúcar 6-IX-1522
I. Cabo Verde 9-VII-1522
I. de los Tiburones 4-II-1521
I. de San Pablo 24-I-1521
C. San Agustín 29-XI-1519
Sta. Lucía 13/27- XI-1519
Río de la Plata enero 1520
Pto. San Julián marzo/agosto 1520
Estrecho de Magallanes 21-X/27-XI-1520
Pto. Santa Cruz agosto/octubre 1520
C. de Buena Esperanza 6-V-1522
San Lázaro (Filipinas) 16-III-1521
I. Marianas 6-III-1521
Tidore (Molucas) 8-XI-1521
Sumatra
Java
Timor 21-XII-1521
Itinerario de la primera vuelta al mundo
Fernando de Magallanes
Juan Sebastián Elcano

25
LA PROTECCIÓN DE LOS INDIOS

Si hay un rasgo que define a la conquista española de América, además de la enormidad de la empresa, es sin duda la política sostenida de protección de las poblaciones indígenas. Es algo que no había sucedido nunca en la historia de la humanidad y que, después, ocurriría contadas veces: una potencia vencedora que dicta normas para proteger a la población vencida. Eso fue exactamente lo que hizo la corona española desde el primer momento en las Indias.

El arranque de esta historia es el codicilo del testamento de Isabel la Católica en 1504. En sus últimas voluntades, la reina ordenaba expresamente que los nativos de las Indias fueran bien tratados y evangelizados. El mandato obedecía sin duda a las convicciones personales de la reina, pero, además, era lo acordado en la bula papal que habilitaba a España para descubrir y conquistar las Indias. La evangelización era el objetivo fundamental de la empresa. Lo que daba derecho a la corona a dominar las Indias era la conversión al cristianismo de las poblaciones nativas. Y puesto que se trataba de evangelizar, el gobierno de los nuevos territorios era incompatible con cualquier forma de explotación violenta.

Se trata de una innovación radical. Hasta la fecha, la norma había sido siempre el derecho de conquista que databa de tiempos de los romanos, que en la práctica otorgaba al conquistador el pleno dominio sobre las tierras y los pueblos conquistados. Aquí, por el contrario, aparece un imperativo nuevo que forzosamente limita ese dominio. En la legislación posterior, todo eso se traducirá en la prohibición de la esclavitud y en un amplio abanico de medidas de protección de los nativos. Y atención: contravenir estos principios sería tanto como privar a España de derecho sobre su imperio americano.

Es fácil imaginar el impacto que aquello debió de suponer para unos hombres que, en la mentalidad de la época, consideraban que hacer esclavos era su derecho. La esclavitud era una institución económica perfectamente convencional en todas partes, también entre los pueblos amerindios. ¿Por qué a los españoles tenía que estarles vetado ese recurso? Debió de ser muy difícil hacer que la norma prevaleciera. De hecho, en los primeros años de la conquista va a ser frecuente encontrar denuncias de esclavismo. Eso ha alimentado una insistente leyenda negra acerca de la crueldad española sobre los indígenas. Máxime cuando consta que a principios del siglo XVI se produjo una inusitada mortalidad entre la población nativa. Pero no, no fue por la esclavitud.

LA GRAN MORTANDAD... Y LOS VIRUS

La acusación de genocidio lanzada contra España por la mortandad de la población amerindia es evidentemente una falsedad: no hubo genocidio alguno y la prueba palmaria es la supervivencia de una población indígena que se cuenta por millones. Pero es que tampoco hubo la menor voluntad de exterminio, y de hecho no hay documento alguno que pueda avalar tal cosa. Sí hubo, sin embargo, una mortandad masiva entre las poblaciones autóctonas de América. ¿Por qué?

Los estudios sobre las enfermedades víricas que afectaron a la población nativa son muy concluyentes. La mayor mortandad se produce entre 1510 y 1560 y, por lo general, una vez concluida la conquista de las sucesivas regiones de las Indias. Además, afecta por igual a las tribus amigas y a las tribus hostiles, lo cual permite descartar que la mortandad se deba a causas bélicas o de posteriores represalias. ¿Qué pasó en ese periodo? Muy fundamentalmente, que empezaron a instalarse en las áreas conquistadas nuevos colonos y, con ellos, niños y ganado. Esta nueva población trajo consigo las enfermedades propias del ámbito europeo, enfermedades que los españoles podían superar, pero para las que la población indígena, aislada desde muchos siglos atrás en su propio nicho ecológico, carecía de defensa alguna.

La primera infección grave de la que se tiene constancia ocurrió hacia 1493 en La Española: gripe porcina transportada por los cerdos que la gente de Colón llevaba consigo. En 1518 consta una epidemia de viruela también en La Española. La viruela hará estragos después en México entre 1520 y 1521 y en Perú a partir de 1525, antes incluso de la llegada de los primeros europeos. Para el periodo 1530-1531 consta una epidemia de sarampión. Después, en 1546, otra de tifus. En 1558 será la gripe la que sacuda a las poblaciones amerindias, especialmente en Nueva España. Cuando Hernando de Soto llega a Cofitachequi, en la actual Carolina del Sur, en 1540, encuentra una ciudad que es en realidad una necrópolis; alguna epidemia había diezmado a los nativos. Entre 1530 y 1560 constan otras muchas infecciones: difteria, paperas, sífilis, peste neumónica... Se calcula que las enfermedades europeas llevadas a América pudieron afectar a más del 60 por ciento de la población indígena. Una auténtica catástrofe demográfica producida por el brutal choque vírico.

Pongámonos ahora en los zapatos de cualquier misionero en la isla de La Española a la altura de 1510. Nadie sabía entonces qué era un virus: su naturaleza no será descrita hasta finales del siglo XIX. Lo que ese misionero puede ver es, simplemente, muerte, una muerte masiva, atroz, entre las poblaciones indígenas, y miles de enfermos por todas partes. En buena lógica —de la época—, lo que ese misionero pensará es que los amos de las encomiendas están matando a los nativos a base de trabajo forzado y maltrato. Es muy posible que las primeras denuncias formales del maltrato a los indígenas nazcan de esta situación. El régimen de trabajo que los españoles habían impuesto en sus minas, granjas y plantaciones era el mismo que existía en Europa: trabajo servil de gran dureza que, sin embargo, los misioneros no desconocían. Ahora bien, en Europa la gente no moría y en las Indias sí. ¿Cómo no pensar que la culpa era de los encomenderos?

LA PROTECCIÓN DE LOS INDIOS

Es muy probable, en efecto, que este choque vírico —que, por otra parte, iba a prolongarse hasta bien entrado el siglo XVI— estuviera detrás de la rápida sucesión de denuncias formales por parte de la Iglesia. El momento inaugural es sin duda el sermón de Adviento de fray Antonio de Montesino en 1511, cuando se dirige a los encomenderos de Santo Domingo en los términos más duros y les acusa de hallarse en pecado mortal. El incidente tuvo tal eco que acabó llegando a España y provocando la formación de una junta de teólogos, porque la corona se tomó el asunto muy en serio. De esa junta saldrán las primeras leyes de protección de los indios, las Leyes de Burgos de 1512, que eran un repertorio legal en materia laboral, social, económica y política. Leyes para proteger a los vencidos en un proceso de conquista: lo nunca visto.

Lo más relevante, con todo, es que esta labor legislativa prosiguió en los años posteriores, sin descanso y siempre en la misma dirección. En 1513 se enmiendan las Leyes de Burgos para amoldarlas a los nuevos casos que se iban planteando. Habrá nuevas ampliaciones a medida que la conquista salga de las islas y pase al continente. Su contenido será sistemáticamente el mismo: protección legal de los indios, reconocimiento de su libertad personal, derecho a la propiedad, trabajo asalariado, exención laboral para menores y mujeres embarazadas, reconocimiento de derechos políticos y sociales de los caciques indígenas, etc. ¿Se cumplían en la práctica estas leyes? En unos sitios sí y en otros, no. Pero precisamente para eso estaba la figura del Protector de Indios, que desde 1516 era otro dominico, fray Bartolomé de Las Casas. Los escritos de Las Casas denunciando los abusos de los encomenderos —hoy sabemos que, en buena parte, exagerados o falseados— ejercieron una enorme influencia en la corte española.

En la península, mientras tanto, se desarrolla una intensa reflexión sobre el particular. Figura eminente en esta tarea es Francisco de Vitoria, dominico también, con su teoría sobre los «justos títulos» de la conquista, es decir, las condiciones bajo las cuales podía considerarse justa la dominación española en las Indias. Para la época, es una reflexión absolutamente revolucionaria. En la estela de estos planteamientos, y con la permanente influencia de Las Casas, en 1542 se llegó a una decisión política de enorme trascendencia: suprimir las encomiendas, bajo la acusación de que eran una forma encubierta de esclavitud. Así se prescribió en las Leyes Nuevas de aquel año. Fue una verdadera conmoción. La encomienda, es decir, la concesión de una tierra en propiedad con indios para trabajarla y que se pudiera dar en herencia a los descendientes, era la recompensa del conquistador, el premio para tantas penalidades, el signo de la victoria y del ascenso social. Suprimir las encomiendas era una verdadera provocación. Como era inevitable, aquello causó una guerra civil entre los españoles de las Indias, particularmente en el Perú: a un lado, los partidarios de obedecer las órdenes, y al otro, los enemigos de las Leyes Nuevas.

Las encomiendas no llegaron a suprimirse del todo, pero paulatinamente fueron sustituidas por otros sistemas: repartimiento de indios en condiciones de libertad personal, peonaje, trabajo asalariado, etc. Sólo en México se liberó a 15.000 indios. Esto a su vez creó otros problemas, porque, en la práctica, la encomienda no era sólo un sistema de dominación de los españoles sobre los indios, sino que en buena medida prolongaba las viejas adscripciones tribales de los indígenas; en efecto, los siervos pertenecían habitualmente a la misma tribu o al mismo clan y el cacique actuaba como intermediario del servicio, de manera que, a la postre, todo seguía igual que antes de la conquista con la diferencia de que, ahora, el jefe era un español. La supresión de las encomiendas vino a deshacer las antiguas identidades tribales. En todo caso, la corona estaba resuelta a seguir los consejos de los protectores de los indios.

Tanto fue así que el 3 de julio de 1549, reinando Carlos I, el Consejo de Indias ordenó detener las conquistas. Hecho insólito: la corona estaba dispuesta a poner la moral por encima del poder. Una junta especial de sabios dictaminaría sobre cuál era la forma más justa de llevarlas a cabo. Esto es algo que nunca antes había pasado en la historia: un emperador en la cumbre de su poder tomaba la decisión de detener sus conquistas hasta tener la certidumbre de que estaba obrando en justicia. Aquella junta de sabios pasará a la historia como la «Controversia de Valladolid», porque en la capital castellana se desarrollaron las sesiones. Fue en dos tandas, en los veranos de 1550 y 1551.

En Valladolid se sentaron una serie de principios que, para la época, eran revolucionarios. Primero, el reconocimiento de que los indios no eran seres inferiores. En consecuencia, eran seres libres que debían poseer los mismos derechos de propiedad que cualquier ser humano. A la corona le cabía, sí, ejercer su autoridad sobre ellos, pero sólo en la medida en que garantizara su evangelización. A partir de la Controversia de Valladolid amanecieron los derechos humanos. Fue la primera vez que los reyes y los teólogos se plantearon la cuestión de los derechos fundamentales de los hombres por el simple hecho de ser hombres, derechos anteriores a cualquier ley positiva. Nunca antes un pueblo se había preguntado con tal profundidad dónde acaban los derechos propios, los derechos del vencedor, y dónde empiezan los derechos ajenos, los del vencido.

La labor legislativa de protección de los indios no cesará. En 1593 Felipe II publicará una ordenanza que, entre otras cosas, instituye por primera vez la jornada laboral de ocho horas (cuatro por la mañana y cuatro por la tarde) para los nativos. Ni que decir tiene que tales condiciones no se aplicaban en el territorio peninsular. Al final del reinado de los Austrias, en 1680, con Carlos II en el trono, se publicó la Recopilación de las Leyes de los Reinos de las Indias. Es un documento absolutamente único en la historia de la humanidad.

LA ESCLAVITUD

La protección de las poblaciones nativas y la prohibición legal de la esclavitud no fue óbice, más bien al contrario, para que en las Indias se desarrollara otro tipo de esclavitud: la de la población africana importada. La explicación habitual es convincente: si no se podía echar mano de obra esclava del propio territorio, habría que traerla de fuera. Hay que insistir en que la esclavitud, en la época y hasta bien entrado el siglo XIX, era una institución económica perfectamente convencional. Prácticamente todos los pueblos del mundo la ejercían. También, por supuesto, los pueblos amerindios y africanos. Con todo, hay que subrayar algo importante: la mayor parte de la población esclava africana de Hispanoamérica llegó después de las independencias, a lo largo del siglo XIX.

Los esclavos negros empezaron a entrar en las Indias a principios del siglo XVI. El tráfico de esclavos constituía entonces un rico mercado controlado fundamentalmente por los esclavistas árabes y centroafricanos. Era allí donde acudían los traficantes europeos, que no «cazaban» esclavos, sino que se los adquirían a los cazadores. Uno de los grandes litigios de la época será precisamente el derecho a traficar. Durante un cierto tiempo, los principales traficantes hacia las Indias serán españoles y flamencos. Hacia finales del siglo XVI entraron en el negocio los «cristianos nuevos» portugueses. En 1640 fueron los holandeses quienes se hicieron con lo fundamental del negocio. En 1701, cuando en España cambie la dinastía y lleguen los Borbones, la corona empezará a participar directamente en él. Inglaterra obtuvo el monopolio en 1714, que es cuando empiezan a llegar grandes cantidades de esclavos a la América del norte. Quien quisiera entrar en el negocio tenía que pasar por los traficantes ingleses. Varias compañías españolas acudieron al reclamo: la de Vizcaya, la Guipuzcoana y la de Barcelona. Ahora bien, viendo las cifras se constata que el tráfico se intensificó especialmente después de las independencias. En siglo y medio, entre 1501 y 1641, España trasladó a América a unas 300.000 personas en régimen de esclavitud. Pero sólo medio siglo después de las independencias, entre 1821 y 1867, entraron en América 443.399 esclavos.

¿Por qué las entradas de esclavos cesaron prácticamente en 1641? ¿Y por qué, por el contrario, entraron tantos cuando las Indias dejaron de ser españolas? La razón es, una vez más, religiosa. En 1642, reinando Felipe IV, la corona decidió que los nacidos de esclava y bautizado debían ser libres. Después el cupo de libertos se amplió a todos los bautizados. El resultado fue que una parte elevadísima de los esclavos dejó de serlo, con los consiguientes problemas para los propietarios de las haciendas. A partir de este momento, los propietarios reclamarán permanentemente mayor libertad para importar esclavos, cosa a la que la corona se negará. Este conflicto será una de las causas del posterior levantamiento de la burguesía criolla contra la corona española.

Pero la liberación de esclavos cristianados tuvo otro efecto inesperado en un lugar distinto, y fue en las colonias inglesas del norte. Algunas de esas colonias tenían frontera con territorio español, de manera que los esclavos, al enterarse de las condiciones de sus vecinos, trataban de huir a zona española. Muchos lo consiguieron, y fue especialmente célebre el caso de Francisco Menéndez, un mandinga de Gambia que huyó de Carolina para refugiarse en Florida y acabó siendo jefe de la milicia de Gracia Real de Santa Teresa de Mosé, el primer asentamiento legal de colonos negros libres en lo que hoy es Estados Unidos. Era el año 1738.

Y EL MESTIZAJE

La protección de las poblaciones nativas en las Indias está en el origen de un fenómeno que iba a dar a la América hispana su imagen física más evidente: el mestizaje, es decir, la mixtura del elemento español y el elemento autóctono. Lo que da a este mestizaje un valor superior es que no se trató sólo de una mezcla física, biológica, sino que dio lugar a una cultura, una forma específica de estar en el mundo.

El mestizaje se produjo desde el principio y por la confluencia de varias razones. En primer lugar, los españoles que llegaron a las Indias no lo hicieron con una visión supremacista de tipo étnico o «nacional»: no se sentían superiores por el hecho de ser españoles y blancos. Su sentido de superioridad sobre los indios —que, ciertamente, lo tenían— era de carácter religioso, cultural, en la medida en que se veían a sí mismos como representantes de la civilización cristiana. Ahora bien, la religión católica, por definición, invita a incorporar a los no cristianos, a convertirlos a la fe, y en el caso de la conquista, además, era una orden expresa de la corona, como hemos visto. Y el indio, desde el momento en que se convertía al cristianismo, pasaba a obtener la misma dignidad que cualquier bautizado. Eso no quiere decir que la sociedad se hiciera horizontal: la de las Indias fue una sociedad tan rígidamente jerarquizada como lo era la europea (o las propias sociedades amerindias antes de la conquista). Pero el criterio de jerarquía no era racial o étnico, sino socioeconómico.

La segunda razón que favoreció un acelerado mestizaje desde el principio de la conquista fue el estatuto de la mujer en las sociedades amerindias: en todas ellas, sin excepción real conocida, la mujer era objeto de cambio. La famosa doña Marina Malintzin, la Malinche, entregada por los mayas chontales a Hernán Cortés, había sido a su vez vendida antes como esclava por su propia familia náhuatl. La entrega de mujeres formaba parte de los hábitos —tanto comerciales como bélicos— de las poblaciones autóctonas. Del mismo modo, los pactos de Martínez de Irala con los guaraníes del Paraguay pasaron siempre por la entrega de mujeres. El propio Irala tuvo siete concubinas de las cuales nacieron hijas que a su vez se casaron con otros españoles. En Perú, Pizarro se casa con la princesa inca Quispe Sisa (cristianada como Inés) y del matrimonio nace Francisca Pizarro Yupanqui, considerada la primera mestiza peruana. Además, y por los pactos políticos con la familia de los incas, tuvo otras dos concubinas. Los hijos de estos matrimonios mantenían el estatus social de sus padres. Dos casos bien notorios son el Inca Garcilaso (Felipe Guamán Poma de Ayala, escritor) y Blas Valera (sacerdote jesuita, lingüista e historiador).

A todo ello contribuyó, evidentemente, la escasa presencia de mujeres españolas en los primeros años de la conquista. Porque hubo mujeres, sí, pero ya hemos visto que en muy escasa proporción. Hubo mujeres guerreras como María Estrada, que hizo historia en la conquista de México. Otras, como Inés Suárez, compañera de Valdivia en la conquista de Chile, escribieron páginas de épica imborrable. No menos épica fue la singladura en 1550 de Mencía Calderón, viuda del adelantado del Río de la Plata Juan de Sanabria, al frente de una expedición de mujeres para poblar aquella región. Pero, en todo caso, las españolas de origen siempre fueron las menos.

Con todo, lo que hace singular al mestizaje hispanoamericano es que fue mucho más allá de la mezcla física, y se extendió al terreno cultural. En los procesos de conquista lo más frecuente es lo que se llama «aculturación»: la cultura vencida adopta los usos de la vencedora (como los hispanos adoptaron la cultura romana, por ejemplo). En América, por el contrario, hubo un importante esfuerzo de adaptación de la cultura que traían los españoles a las formas preexistentes. Un ejemplo insuperable es la traducción de los textos religiosos cristianos a las lenguas nativas, tarea completamente inédita en los anales de la historia.

Como tantas otras veces, el origen del fenómeno fue religioso: la necesidad de los misioneros de hacerse entender por las poblaciones nativas. Tan pronto como en 1547 se publica en América el primer libro en lengua náhuatl: la *Doctrina christiana breve traduzida en lengua mexicana,* de Alonso de Molina. Al mismo tiempo arranca un formidable trabajo de elaboración de gramáticas para fijar lenguas que carecían de norma escrita: en 1547 aparece la gramática del náhuatl, en 1558 la del purépecha de Michoacán (México), en 1560 la del quechua del Perú... Entre 1560 y 1580 aparecerán gramáticas del tarasco, el quechua, el náhuatl y el zapoteco. Para calibrar la importancia del fenómeno señalemos que las primeras gramáticas del holandés son de 1584 y las del inglés tardarán hasta 1586. En la misma estela, en 1579 se funda en la Universidad de

Lima la primera cátedra de lengua quechua. En total, entre los siglos XVI y XIX aparecerán 1.188 títulos en lenguas indígenas. Por eso, entre otras cosas, existen hoy ocho millones de hablantes de quechua, otros tantos de guaraní, cinco millones de las lenguas mayas y dos millones del aimará y del náhuatl.

En lengua española, el mestizaje cultural hispanoamericano se hace patente en obras cumbre como la de Sor Juana Inés de la Cruz, por ejemplo. En arte, el barroco cuzqueño. Hay mil ejemplos. Lo esencial es esto: en la América española nació una cultura propia, con rasgos singulares y autónomos. Es un caso único en la historia de la civilización.

26

FELIPE II. UN IMPERIO SIN EMPERADOR

Carlos I de España y V de Alemania, agotado física y mentalmente, abdicó en 1555. La corona española pasaría a su primogénito Felipe, hijo del rey e Isabel de Portugal, y la corona imperial ceñiría la frente de su hermano Fernando. Fernando heredaba el título de emperador, pero quien de verdad se encontraba con un imperio en las manos era Felipe: Castilla, Aragón, Navarra, Nápoles, Sicilia, los Países Bajos, Milán, Borgoña y, por supuesto, las Indias, que ya eran un inmenso mundo volcado a dos océanos. La mayor potencia del mundo. Felipe heredaba todo eso y, además, un problema económico de primera magnitud, porque las arcas del Estado se hallaban exhaustas después de los mil frentes con los que tuvo que lidiar su padre. El nuevo rey fue coronado en 1556, con veintinueve años de edad y una experiencia política importante, porque desde 1543 ejercía como gobernador de España, convenientemente asesorado por los políticos más veteranos del reino. Era ya lo que se llama un hombre de Estado y lo sería toda su vida.

LA TRÁGICA VIDA DE FELIPE II

También llegaba al trono con la tragedia cargada sobre sus espaldas, y ésta le acompañaría igualmente toda su vida. Casado muy joven con la infanta María Manuela de Portugal, ésta le dio un hijo y murió enseguida. El hijo en cuestión, el infante Carlos, resultó ser un muchacho enfermizo y psicológicamente muy inestable, tan amante de la cultura —llegó a ser un importante mecenas— como de los excesos y de la crueldad gratuita, continuamente envuelto en episodios propiamente demenciales. Tras la muerte de María Manuela, Felipe se casó en 1554 con la reina de Inglaterra, María Tudor, nieta de los Reyes Católicos y once años mayor que él. Ese matrimonio podría haber cambiado literalmente la historia del mundo, pero María era estéril y además murió también muy pronto, en 1558, a consecuencia de la epidemia de gripe que azotó Londres aquel año. Después se casó con Isabel de Valois, hija del rey de Francia, a la que amó profundamente, pero murió jovencísima, en 1568, por una infección urinaria contraída durante su último embarazo. Unos pocos meses antes había muerto el único hijo varón de Felipe, el infante Carlos, definitivamente enloquecido. La última esposa de Felipe II, en 1570, fue su sobrina Ana María de Austria, que al fin le dio un heredero varón, Felipe, pero no sin tener que ver antes la muerte de otros tres hijos varones.

Todas estas calamidades le fueron sobreviniendo al rey al mismo tiempo que tenía que lidiar con el complejísimo paisaje que su padre le legó. De entrada, una enésima repetición de las guerras italianas, que en realidad eran, como ya hemos visto, guerras contra Francia por el control de la península itálica. Enrique II, el rey francés, aprovechó la eventual inestabilidad provocada por el cambio de rey en España para lanzar una ofensiva sobre Nápoles con el apoyo del papa. El duque de Alba detuvo el ataque en Italia. Mientras tanto, Felipe II planificaba una respuesta en otro punto del mapa, en la frontera de Francia con Flandes. Por allí entró un ejército dirigido por Manuel Filiberto de Saboya que en 1557 infligió una severa derrota a los franceses en San Quintín. La posterior batalla de Gravelinas, también con victoria española, terminó de doblegar a Francia. Ambas potencias firmaron en 1559 la paz de Cateau-Cambrésis, que cerraba un larguísimo periodo de guerras sin pausa.

EL HOMBRE DE ESTADO

Mientras España imponía su hegemonía en los campos de batalla, en Madrid la corte se devanaba los sesos para hacer frente a un problema no menor: el reino estaba en bancarrota. Felipe había heredado una deuda de 20 millones de ducados, que para la época era una suma formidable. El rey optó por declarar una suspensión de pagos al mismo tiempo que emprendía una política de multiplicación de ingresos de la corona. ¿Cómo? Aumentando las entradas de metal precioso desde América, cuadruplicando la carga fiscal sobre Castilla, que era el territorio que sostenía muy principalmente al conjunto, y pidiendo nuevos créditos a los banqueros genoveses y holandeses. Los ingresos de la Hacienda Real se duplicaron casi de inmediato, y el sistema habría funcionado de no ser porque enseguida aparecieron problemas que se convirtieron en auténticos devoradores de dinero.

Este aspecto de rey gestor es seguramente el que mejor define a Felipe II, que por su experiencia previa como gobernador de los reinos peninsulares tenía una idea bastante clara de cómo regir un Estado tan extremadamente amplio y complejo. Reorganizó poco a poco el gobierno dando un nuevo tono al Consejo de Estado, dirigido por el propio monarca, y creando más tarde una «Junta grande» que le permitía mantener conectadas todas las áreas de gestión. La centralización del gobierno en Madrid, en 1559, facilitó esa tarea. Profesionalizó decididamente la administración privilegiando la entrada de funcionarios procedentes de las universidades de Alcalá y Salamanca. Prestó atención muy especial —aunque no siempre con éxito— a las reformas económicas: reorganización de la Hacienda, reforma monetaria, reglamentación del monopolio comercial, etc.

Trabajador obsesivo, se empeñó en mantener, personalmente, comunicación diaria con oficiales y virreyes. Estableció un archivo central en Simancas (Valladolid) que fue el primero de su especie y hoy constituye un verdadero tesoro. Al mismo tiempo, alentaba una muy racional política de infraestructuras que por primera vez se esforzó por coordinar de forma planificada obras hidráulicas, una red de caminos y una red de posadas. En política exterior y de seguridad, creó un servicio de información a base de establecer una densa telaraña de espías por todo el mundo, mientras, en el plano militar, los ejércitos españoles consagraban su fama de invencibilidad gracias al desarrollo de la ingeniería y la artillería (y al valor de sus tercios), junto a innovaciones tan importantes como la creación de la primera infantería de marina y, en la mar, la invención del galeón. El balance de Felipe II como gobernante es, simplemente, sobresaliente.

TODOS CONTRA FELIPE

Sólo un Estado con semejante grado de organización podía hacer frente a todo lo que vino después. Porque el reinado de Felipe, que empezó de manera muy prometedora con la paz con Francia, la estabilización del problema religioso vía Concilio de Trento en 1563 y la apertura de las primeras rutas en el Pacífico tras la conquista de Filipinas en 1565, de inmediato se llenó de nubes. En 1568 estalla la guerra en Flandes, que durará ochenta años. Simultáneamente se producen los levantamientos moriscos en las Alpujarras, eco del conflicto que desde ahora opondrá a España y al imperio otomano. En el norte, Inglaterra, la Inglaterra de Isabel I, que nunca había sido aliada, ahora se manifestará abiertamente como enemiga.

En 1580 Felipe II, en tanto que hijo de Isabel de Portugal, heredó la corona de ese país —y su extenso imperio ultramarino— tras la muerte sin descendientes del rey Sebastián I. Si las posesiones del rey ya eran inmensas, la herencia portuguesa las hizo aún más decisivas sobre cuatro continentes. El orden del mundo descansaba sobre el formidable monasterio-palacio que Felipe había hecho construir en San Lorenzo de El Escorial, en la sierra madrileña. También descansaban sobre los poderosos muros de El Escorial los mil conflictos que acosaban al imperio y la perpetua falta de recursos suficientes para afrontarlos. Porque, mientras tanto, se había abierto otro frente de extraordinaria crudeza que fue la guerra de religión en Francia entre católicos y protestantes, allí llamados «hugonotes». Fue una terrible guerra civil que causó más de dos millones de muertos entre 1562 y 1598. Felipe intervino en el conflicto apoyando al partido católico y proponiendo como reina a su hija Isabel Clara Eugenia, hija de Isabel de Valois y, por tanto, de sangre real francesa. La jugada no pudo salir peor: católicos y hugonotes franceses terminaron uniéndose contra España.

Francia iba a tardar muy poco en convertirse en una potencia centralizada. En España, la estructura del reino seguía siendo la heredada de los Reyes Católicos: una monarquía compuesta donde había un solo rey, ciertamente, pero una multiplicidad de reinos que mantenían sus instituciones particulares y también sus particulares privilegios en materia fiscal y de justicia, por ejemplo. La llamada «monarquía compuesta» que caracterizó al periodo de los Austrias era sin duda la forma institucional adecuada, en la mentalidad de la época, para unir bajo una sola corona tan amplia variedad de territorios, pero al mismo tiempo provocaba evidentes disfunciones a la hora de organizar el conjunto.

Esto se puso de manifiesto especialmente entre 1590 y 1591 con el incidente de Antonio Pérez, secretario del rey que traicionó a la corona entrando en tratos con potencias enemigas. Pérez acudió a refugiarse en Aragón (su padre era originario de allí), que tenía su propio sistema jurídico, y los aragoneses quisieron hacerlo valer frente al rey. El episodio terminó con la ejecución del Justicia de Aragón, garante de la jurisdicción local. Pérez huyó a Francia y desde allí trabajó sin pausa contra España. A él se debe en buena medida la «leyenda negra» que de inmediato se tejió contra Felipe II presentándole como una suerte de monstruo fanático, cerril, agrio y despótico. En realidad nunca fue nada de eso, y en las páginas que siguen lo veremos.

Felipe murió en 1598 en San Lorenzo de El Escorial, con setenta y un años y después de largos padecimientos a causa de la gota. Católico devotísimo, falleció con un crucifijo en las manos. En sus últimas horas, hizo llamar a sus hijos para que le vieran en lo más duro y sucio de la agonía y les dijo: «He querido, hijos míos, que os hallarais presentes para que veáis en qué vienen a parar los reinos y señoríos de este mundo». Los reinos y señoríos que él dejaba eran el mayor imperio de su tiempo.

Y ahora, veamos algunos aspectos esenciales de ese reinado de más de cuarenta años: la cuestión religiosa, el problema de Flandes y las guerras contra el imperio otomano e Inglaterra, pero también la apertura del océano Pacífico y el esplendor cultural de los siglos de oro.

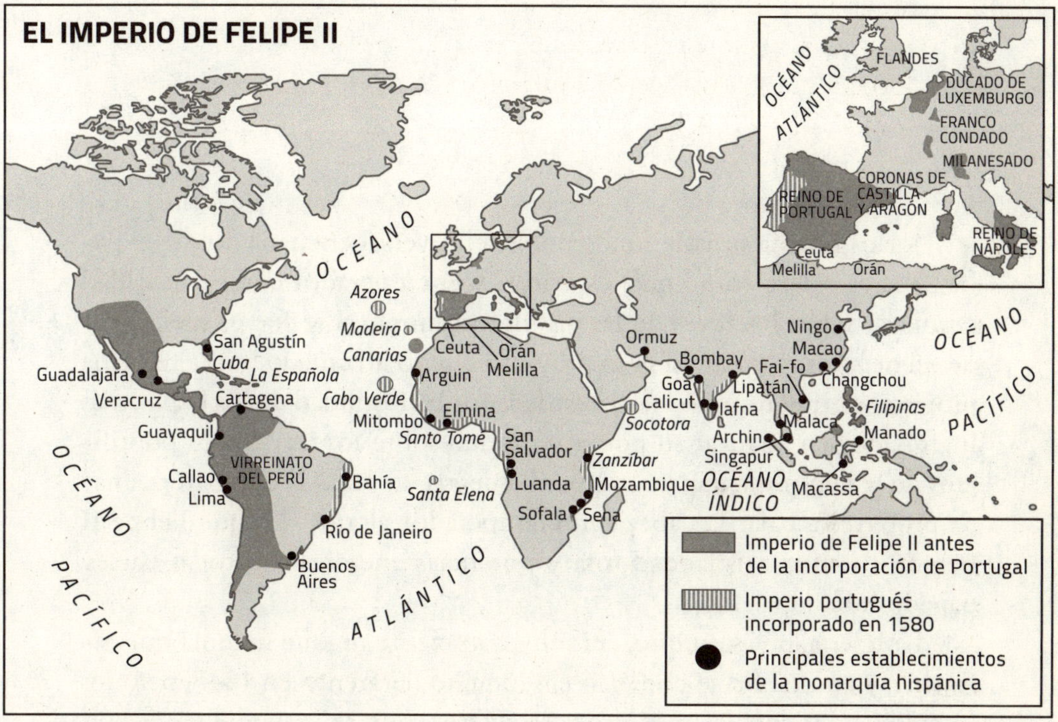
EL IMPERIO DE FELIPE II
OCÉANO ATLÁNTICO
FLANDES
DUCADO DE LUXEMBURGO
FRANCO CONDADO
MILANESADO
CORONAS DE CASTILLA Y ARAGÓN
REINO DE PORTUGAL
REINO DE NÁPOLES
Ceuta
Melilla
Orán
OCÉANO
Azores
Madeira
Canarias
Cabo Verde
Ceuta
Orán
Melilla
Arguin
Elmina
Mitombo
Santo Tomé
San Salvador
Luanda
Santa Elena
Sofala
Sena
Mozambique
Zanzíbar
Socotora
Ormuz
Bombay
Goa
Calicut
Lipatán
Jafna
Fai-fo
Ningo
Macao
Changchou
Filipinas
Malaca
Archin
Singapur
Manado
Macassa
OCÉANO ÍNDICO
OCÉANO PACÍFICO
San Agustín
Cuba
La Española
Guadalajara
Veracruz
Cartagena
Guayaquil
VIRREINATO DEL PERÚ
Callao
Lima
Bahía
Río de Janeiro
Buenos Aires
OCÉANO PACÍFICO
ATLÁNTICO
Imperio de Felipe II antes de la incorporación de Portugal
Imperio portugués incorporado en 1580
Principales establecimientos de la monarquía hispánica

27

LA CUESTIÓN RELIGIOSA: CONTRARREFORMA E INQUISICIÓN

Carlos I había soñado una república universal cristiana donde el papa ejerciera como guía espiritual y el emperador como autoridad temporal sobre los reyes de las distintas naciones. Ése fue el sueño imperial de nuestro césar. El gran proyecto quedó arruinado por la reforma protestante, que rompió la cristiandad; por la hostilidad de los papas, más interesados en afianzar su poder temporal sobre los territorios pontificios de la península italiana, y por el ascenso de Francia e Inglaterra, nada proclives a bajar la cabeza ante emperador alguno. Lo que Felipe II heredó fue una cristiandad rota y potencias enemigas en todas partes, papado incluido.

La Iglesia, por supuesto, era muy consciente de que se tenía que reformar, y con tal fin se convocó el Concilio de Trento en 1545, pero los intereses políticos de unos y otros hicieron que se suspendiera. Felipe, nada más llegar al trono, presionó para que volviera a reunirse. El objetivo de la política española no era nacional, sino universal: el rey quería que en Trento se estableciera la verdad de Roma frente a la herejía protestante. Por eso no invadió Francia después de San Quintín y Gravelinas, sino que, al revés, concertó matrimonio con la princesa Isabel de Valois. Y cuando murió el papa Paulo IV y fue sustituido por Pío IV, mucho más proclive a España, el concilio volvió al trabajo. El objetivo: fijar una posición común de los países católicos frente a la reforma protestante y la amenaza turca. Los protestantes fueron invitados, pero no acudieron.

UN CONCILIO CON COLOR ESPAÑOL

El Concilio de Trento tuvo un sello acusadamente español. La aportación de los jesuitas Diego Laínez, Alfonso Salmerón, Domingo de Soto, Melchor Cano y Francisco Torres fue decisiva para marcar su espíritu. La literatura posterior ha hecho aparecer Trento como una especie de quintaesencia del oscurantismo. La verdad es que fue exactamente lo contrario: la Iglesia católica necesitaba una reforma en profundidad. España la había abordado por su propia cuenta (ya hemos visto la aportación de Cisneros), pero en el resto de Europa el viejo templo se cuarteaba lleno de inmundicia. En ese sentido, el Concilio de Trento no fue tanto una Contrarreforma como una «súper reforma».

Merece mención aparte el papel extraordinario que allí tuvo la Compañía de Jesús, fundada en 1534 por el español Ignacio de Loyola. El papa nombró teólogos suyos a los jesuitas Laínez y Salmerón. La Compañía era exactamente lo que se necesitaba en el siglo XVI para contrarrestar la Reforma protestante. Si la Reforma se caracterizaba por la revolución y el desorden, las características de la Compañía eran justo las contrarias: la obediencia y la más sólida cohesión. Lo que después se llamaría «Contrarreforma» fue, en gran medida, obra de la Compañía de Ignacio.

La filosofía general del concilio vino inspirada por otro español, el teólogo aristotélico Cardillo de Villalpando, de la Universidad Complutense, y las normas prácticas para la vida religiosa quedaron marcadas por Pedro Guerrero, obispo de Granada. El Concilio de Trento purificó la Iglesia: decidió que los obispos debían poseer capacidad personal y condiciones éticas intachables, ordenó crear seminarios especializados para la formación de los sacerdotes y confirmó la exigencia del celibato clerical. También prohibió a los obispos acumular beneficios y les obligó a residir en sus diócesis, limitando así la influencia del poder político en la Iglesia. Reforzó la figura del papa y la estructura jerárquica en general. Favoreció la creación de hermandades y cofradías para ayudar a los pobres. Renovó la espiritualidad a través de las nuevas órdenes, muchas de origen español: carmelitas descalzos (Teresa de Jesús y Juan de la Cruz), los mencionados jesuitas (Ignacio de Loyola), escolapios (José de Calasanz), etc. Revitalizó la oración, la meditación y la piedad popular. También impulsó el arte religioso, y bien puede fecharse aquí el nacimiento del arte barroco.

En diciembre de 1563 el concilio abrió su última sesión. El catolicismo cambió de piel. Se hizo más profundo —también más brillante estéticamente— y desaparecieron muchos de los viejos vicios. Hacia 1650, dos tercios de Europa habían vuelto al catolicismo y el protestantismo quedaba frenado en el norte.

LA INQUISICIÓN

La «leyenda negra» ha vinculado siempre a Felipe II con las formas más radicales de religiosidad y, en particular, con la Inquisición. La versión que nos ha legado la propaganda sostiene que España creó la Santa Inquisición para aniquilar a los judíos, a los musulmanes y, después, a los protestantes y a cualquier disidente. Con ese objetivo torturó y asesinó a decenas de miles de personas en bárbaros espectáculos públicos, los «autos de fe». Semejante régimen de terror condenó a España a la incultura y al atraso científico e intelectual. En América, fueron los bárbaros métodos de la Inquisición los que obligaron a los indios de América a convertirse al cristianismo. Todos hemos oído esto mil veces. Naturalmente, quien mejor encarna el relato es la imagen tópica de Felipe II, siempre adusto y vestido de negro. Pero todo ello es básicamente falso.

La Inquisición no es un invento español. Apareció en 1184, y en el ámbito episcopal, contra la herejía cátara en Francia. Su origen formal es bien conocido: en 1231 el papa Gregorio IX la instituye para erradicar la herejía, es decir, las desviaciones de la doctrina oficial de la Iglesia, y siempre en el contexto de la guerra contra los cátaros (o albigenses) en el sur de Francia. En realidad su objetivo no era endurecer la persecución, sino someterla a reglas: se trataba de apartar al poder civil de la represión de la herejía. Por eso no era una fuerza armada ni nada que se le pareciera, sino un tribunal que dependía directamente del papa, no de los obispos locales, y compuesto por predicadores de las órdenes mendicantes (franciscanos y especialmente dominicos). Su procedimiento era siempre el mismo. Primero, identificación del hereje previa denuncia e investigación (que eso es lo que significa «inquisición»). Después, predicación y persuasión. Si el hereje persistía, se trataba de obtener su confesión mediante la tortura si era preciso. Si se retractaba, se le absolvía previo cumplimiento de alguna pena, generalmente leve; si no, la pena podía llegar a la muerte. La Inquisición llegará a España en 1249, en la corona de Aragón.

Lo que se conoce como Inquisición Española aparece más tarde y en un contexto distinto: el del «problema judío», del que ya hemos hablado aquí. El «problema» en cuestión no se centraba, teóricamente, en los judíos que seguían fieles a su religión, sino en los conversos al cristianismo que mantenían prácticas hebreas. La causa de fondo, sin embargo, era la desconfianza popular hacia los judíos en una sociedad cada vez más homogénea. A partir de 1391 habrá sucesivas olas antijudías con ocasionales explosiones de violencia. La tendencia general será la presión sobre los judíos para que se conviertan al cristianismo y, al mismo tiempo, la sospecha sobre los que se han convertido. En esa asfixiante atmósfera, dos conversos, el franciscano Alonso de Espina y el jerónimo Alonso de Oropesa, piden al rey Enrique IV de Castilla en 1461 que establezca la Inquisición. El paso final lo darán los Reyes Católicos en 1478: a instancias del dominico Tomás de Torquemada, nieto de conversos, Isabel y Fernando piden al papa que les permita nombrar inquisidores en sus reinos. Así nace en 1480 el Santo Oficio, que es el nombre formal de la Inquisición española. Su objetivo, en principio, es lograr la integración plena de los conversos en el cuerpo social cristiano. Pero el resultado real, como ya hemos visto, será la expulsión de los judíos en 1492, y no exactamente por ser judíos, sino bajo el argumento de que su presencia impedía que los conversos vivieran adecuadamente su nueva fe.

El Santo Oficio actuaba sólo sobre la población cristiana en todos los territorios de la corona española, es decir, no perseguía a judíos, ni a musulmanes ni a indios. Sí que dejará sentir su peso sobre los musulmanes conversos al cristianismo en el reino de Granada y, por supuesto, sobre los protestantes, que eran cristianos. Pero en América, por el contrario, la Inquisición se prohibirá a sí misma actuar contra los indios conversos al cristianismo porque eran «neófitos en la fe». El objetivo general era la neutralización de las desviaciones de la doctrina católica. Lo singular del Santo Oficio era que no dependía de los obispos ni de Roma, sino que actuaba bajo la autoridad de la corona española por delegación papal. El procedimiento era el mismo que en su origen: denuncia previa (frecuentemente anónima), investigación, interrogatorio, retractación o confirmación, pena pública y, ocasionalmente, ejecución. Evidentemente, la mera existencia del Santo Oficio despertaba una atmósfera de miedo que el poder político no dejaría de usar en su propio provecho.

LAS VÍCTIMAS DEL SANTO OFICIO

Se ha exagerado mucho el número de víctimas de la Inquisición. Hoy es un asunto muy bien estudiado y las cifras no tienen nada que ver con las que se daban en otro tiempo. La Inquisición procesó a lo largo de sus tres siglos y medio de historia a algo más de 125.000 personas; la mitad, antes de 1560 (Felipe II llegó al trono en 1556). Sus condenas a muerte no pasaron de 10.000, incluyendo en esa cifra las condenas «en efigie», es decir, sin presencia física del reo (que, evidentemente, no moría). Para el periodo de mayor actividad del Santo Oficio, que fue entre 1480 y 1510, se estima que el tribunal vio unos 45.000 casos y hubo alrededor de 3.000 ejecuciones. Después, entre 1510 y 1700, no constan más que 1.080 ejecuciones. En cuanto al uso de la tortura en los procedimientos, todos los investigadores están de acuerdo en que era menos frecuente que en la justicia civil.

Para ponerlo todo en su contexto, conviene recordar cuál era la atmósfera de la época. La «guerra de los campesinos» de Alemania en 1524, donde la cuestión religiosa se mezcló con una aguda crisis social, causó 200.000 muertos. En Inglaterra, las persecuciones de Enrique VIII contra los católicos dejaron episodios tan siniestros como el asesinato y descuartizamiento de los cartujos de Londres en 1535 o la brutal represión de 1537, que se saldó con 280 muertos. Su hija Isabel I retomará las persecuciones y sólo en 1558 hizo ajusticiar a un millar de personas. Más adelante, entre 1641 y 1652, las guerras de Cromwell contra Irlanda dejaron 400.000 católicos muertos. En Suiza, el régimen de terror impuesto por los protestantes de Calvino en la ciudad de Ginebra se cobrará alrededor de un centenar de vidas entre 1553 y 1558, entre ellas la del español Miguel Servet, y medio millar de destierros. En Francia, las guerras entre católicos y hugonotes entre 1562 y 1598 dejarán dos millones de muertos. Sólo en la matanza de San Bartolomé, entre agosto y octubre de 1572, murieron asesinados 20.000 hugonotes. El Santo Oficio fue, ciertamente, un ejemplo de intolerancia, pero el contexto ayuda a explicar muchas cosas.

Muy poco después de la muerte de Felipe II, en 1609, llegó a España una ola de psicosis colectiva que estaba haciendo estragos en el resto de Europa: las brujas. En Labort, en el país vasco francés, se ejecutó un proceso judicial que llevó a la hoguera a ochenta mujeres acusadas de brujería. La marea de terror popular se contagió a Navarra y al País Vasco, y así estalló el caso de las brujas de Zugarramurdi. La Inquisición reclamó para sí el asunto. El inquisidor Alonso de Salazar decidió examinar racionalmente las acusaciones de brujería y se instaló una temporada entre los lugareños. El Santo Oficio comprobó que no había nada sobrenatural en las denuncias. Así, a instancias de la Inquisición, España fue el primer país que dejó de quemar a las brujas. En el mundo protestante, por el contrario, las matanzas serán terroríficas. En Inglaterra, entre 1644 y 1646, murieron doscientas mujeres en la hoguera. En Norteamérica, en 1692, el caso de las «Brujas de Salem» se saldó con veinticinco mujeres quemadas. En el conjunto de Europa, entre 1580 y 1640, se abrirán 110.000 procesos por brujería que se traducirán en aproximadamente 60.000 ejecuciones. En ninguno de esos lugares había Inquisición.

En definitiva, es verdad que la Inquisición impuso en España una atmósfera de miedo que sirvió al orden político, pero no es verdad que el Tribunal del Santo Oficio fuera especialmente terrible: lo era con ojos de hoy, pero en su época era más garantista que la justicia ordinaria y mucho más que los tribunales religiosos de otros países. También es verdad que la Inquisición persiguió a heterodoxos, protestantes, hechiceros y conversos acusados de fingir su conversión, pero no es verdad que persiguiera a judíos, musulmanes o indios: su ámbito de actuación era exclusivamente la población cristiana. Igualmente es verdad que la Inquisición reprimió con severidad cualquier ejercicio de libre pensamiento en materia religiosa, filosófica y científica, pero no es verdad que retrasara el desarrollo cultural español: de hecho, los Siglos de Oro, que enseguida veremos, coinciden con un tiempo de intensa actividad del Tribunal. Es verdad, en fin, que miles de personas padecieron bajo la presión del Santo Oficio, pero su número real de víctimas mortales no supera las 5.000 personas en más de dos siglos. Y sobre todo: no hay ninguna razón objetiva para identificar a Felipe II con la siniestra caricatura de la Inquisición Española.

28
LA CONQUISTA DEL PACÍFICO

Las islas Filipinas se llaman así por Felipe II. Bajo su reinado se acometió un proyecto descomunal que fue el control de las rutas del océano Pacífico, la tercera parte de la superficie del planeta, nada menos. Es otro de los grandes logros de la España de este tiempo.

EL OTRO LADO DE LA LÍNEA

Hay que retroceder hasta 1494, cuando Portugal y España firman el Tratado de Tordesillas. El viaje de Colón había demostrado que existía tierra a distancia de carabela navegando hacia occidente. En Tordesillas se trazó sobre el mapa una línea vertical que cruzaba el Atlántico de polo a polo: a la derecha quedaría la zona de Portugal, que para entonces ya había llegado al Índico bordeando las costas africanas y doblando el cabo de Buena Esperanza; a la izquierda quedaba la zona española, que abarcaba casi la totalidad del continente americano. En 1513 Núñez de Balboa avistó por primera vez el otro gran océano, que entonces se llamó Mar del Sur. Después, en 1520, la expedición de Magallanes y Elcano dobló el extremo sur de América y desembocó en lo que a partir de ese momento se llamaría océano Pacífico, que cruzó por entero.

El objetivo prioritario de España seguía siendo encontrar una ruta estable hacia la Especiería, las islas de las Especias, las Molucas, en la actual Indonesia. Pero… ¿podíamos ir? ¿No era eso tierra portuguesa? La línea de Tordesillas dividía el Atlántico, pero ahora había otro océano. ¿Qué hacer? Lo más lógico era prolongar la línea de Tordesillas: puesto que la tierra es redonda, la misma línea de Tordesillas podía prolongarse al otro lado de la esfera y marcar las respectivas áreas de influencia. Hoy parece sencillo, pero en la época era prácticamente imposible porque nadie había sido capaz de dibujar un mapa preciso. Habrá numerosas negociaciones para delimitar áreas de influencia, todas infructuosas. Carlos I tomó la decisión de ir allí y tomar posesión de unas islas que, según sus cálculos, caían en la zona española: para eso se armó la expedición de García Jofre de Loaísa con siete barcos y medio millar de hombres. El plan: que unos pocos barcos volvieran a España cargados de especias mientras el grueso del grupo, con Jofre a la cabeza, permanecía en las islas. ¿Y cómo volverían? Nadie lo sabía: la ruta de retorno todavía era desconocida.

La Armada de Jofre de Loaísa zarpó el 24 de junio de 1525. Sólo uno de los barcos logrará sobrevivir a las tormentas y las calamidades para llegar a su destino quince meses después. De los 500 hombres que partieron sólo quedaban 105. Loaísa murió en el viaje. También murió allí Juan Sebastián Elcano, que iba en la expedición. Los que llegaron a las Molucas se encontraron con una sorpresa desagradable: aquello estaba lleno de portugueses que, naturalmente, les instaron a rendirse. ¿Qué hicieron los navegantes? Declarar por su cuenta la guerra a Portugal. Era enero de 1527. La corona enviará varias expediciones para rescatar a los supervivientes de la Armada de Loaísa. Ninguna conseguirá su objetivo. Hasta finales de 1529 aguantaron allí aquellos hombres. Sólo cincuenta saldrán vivos. Y entre ellos, uno que iba a ser determinante para la conquista del Pacífico: el joven guipuzcoano Andrés de Urdaneta.

EN LA MENTE DE URDANETA

Once años después de su partida, y con mil avatares por medio, Urdaneta logró volver a la península. Durante ese largo periplo pudo estudiar a fondo las aguas del Pacífico, sus corrientes, sus vientos, la posición de las estrellas. Un barco portugués lo dejó en Lisboa. Nada más poner un pie en la capital portuguesa, le incautaron todos sus apuntes y documentos. Pero el sabio guipuzcoano lo tenía todo en su cabeza. Urdaneta pasó de Portugal a Valladolid, se presentó ante el consejo del rey y contó todo lo que había anotado. La corona, mientras tanto, había llegado a acuerdos muy concretos con Portugal sobre las Molucas. Los proyectos sobre las islas de oriente quedaron aplazados *sine die*. Pero ahí quedaba la experiencia del Pacífico, esperando tan sólo a que alguien recogiera el testigo.

En 1538 Urdaneta se enroló en la expedición de Pedro de Alvarado en busca de las llamadas islas de Poniente o de San Lázaro, el archipiélago en el que los nativos mataron a Magallanes. ¿Por qué estas islas y no otras? Porque aquí no había portugueses. Fue una aventura fallida. Urdaneta se quedó en México y acabó profesando como sacerdote agustino. Cuatro años más tarde partió con el mismo objetivo la flota de Ruy López de Villalobos; él fue quien bautizó como Filipinas a aquellas islas. La aventura tampoco salió bien: el problema no estaba en llegar, sino en volver, porque las corrientes y vientos de aquellas aguas eran completamente desconocidos para los navegantes europeos. Pero la posibilidad de abrir relaciones comerciales con China y Japón y explorar las islas más orientales de las Molucas, donde con toda seguridad habría también especias, era demasiado apetitosa.

A la altura de 1559, el virrey de Nueva España, Velasco, escribe a Felipe II sometiéndole el proyecto de explorar una vez más el Pacífico hasta aquellas islas de Poniente que ya se llaman Filipinas. El rey acepta. Y pone una condición: que participe en la expedición Andrés de Urdaneta. ¿Por qué? Porque el principal objetivo seguía siendo descubrir el camino de vuelta desde Asia hasta América, y nadie había olvidado que quien más y mejor estudió aquellas aguas fue Urdaneta. El propio Felipe II escribirá al sacerdote marinero para «rogarle y encargarle», todo en una misma frase, que tome parte en la aventura. El hombre elegido como jefe de la expedición será otro vasco, Miguel de Legazpi: no un conquistador ni un almirante ni un guerrero, sino un funcionario real que había ejercido como alcalde y letrado de oficio y que, en este momento, contaba ya sesenta años. Legazpi fleta cinco barcos y enrola a unos 350 expedicionarios. Urdaneta va como piloto. Es el 21 de noviembre de 1564 cuando Legazpi zarpa del puerto de Barra de Navidad, en Jalisco, con destino a la que iba a ser la primera gran aventura de su vida.

Esta vez la aventura será un éxito. Legazpi manifiesta unas excelentes dotes de gran capitán. Impone a la tripulación una disciplina muy estricta en dos cuestiones: guerra sin cuartel a los piratas y ladrones, respeto absoluto a los nativos. Nuestros barcos cruzan el Pacífico, tocan las Marianas y la isla de Guam, después las islas de Poniente, las Filipinas. Su método es el mismo en todas partes: desembarcan, compran alimentos a los nativos y toman posesión de la tierra en nombre del rey, normalmente de acuerdo con los jefes locales. Legazpi no saca partido sólo de las luchas entre tribus enemigas, sino también de la hostilidad que los nativos profesan a los portugueses; frente al tipo de dominación portugués, bastante depredador, los españoles ofrecen protección y un trato más respetuoso. La expedición pone base en Cebú. Desde allí comenzará a organizarse la expansión española en las Filipinas.

EL «LAGO ESPAÑOL»

Quedaba la otra gran cuestión: encontrar el camino de vuelta, el anhelado «tornaviaje» que permitiera navegar desde las islas de oriente hasta las costas americanas. Urdaneta ve llegado el momento de comprobar si sus cálculos de tantos años son correctos. El 1 de junio de 1565 zarpa de Cebú en la nao *San Pedro*. El 9 ya está en el Pacífico abierto. Pone rumbo nordeste. La nave cambia dos veces de latitud, primero al sur, luego de nuevo al norte. ¿Por qué? Porque, en la época, es la única manera de calcular la longitud y Urdaneta necesita ese dato para encontrar lo que está buscando: la corriente de Kuro Shivo o Kuroshio, que literalmente catapulta a los barcos desde las costas del Japón hacia el interior del Pacífico norte. El 4 de septiembre Urdaneta calcula que se halla a 270 leguas del Cabo Mendocino, en la costa de California. Tiene los números en la cabeza y el cálculo es exacto: en 15 días los marinos españoles ven ante sus ojos la isla californiana de Santa Rosa. La tripulación está exhausta, pero Urdaneta ha calculado bien incluso la previsión de víveres. El 8 de octubre de 1565 la *San Pedro* amarraba en Acapulco. Había recorrido 20.000 kilómetros, 14.000 de ellos en océano abierto, en poco más de cuatro meses. Una auténtica proeza náutica que iba a tener consecuencias decisivas.

Urdaneta acudió a España para informar personalmente a Felipe II de su hazaña: por fin era posible el tornaviaje. Después, volvió a su convento mejicano y allí murió en 1568. No tardó en seguirle Legazpi, que falleció en Filipinas, al pie del cañón, en 1572, un año después de fundar la ciudad de Manila.

El secreto del tornaviaje dio a España la hegemonía absoluta sobre el océano Pacífico durante siglos. Esa hegemonía se plasmó en un nombre: el Galeón de Manila o Nao de la China, la primera ruta estable que surcó el Pacífico enlazando Asia y América. Gracias al galeón pudo España canalizar desde las Filipinas el comercio del extremo oriente hacia las costas americanas. Centenares de buques chinos acudían permanentemente a aquellos puertos españoles. También centenares de marinos españoles construían su red comercial con los mercaderes asiáticos. El fruto de todo ese comercio se embarcaba en el Galeón de Manila y desde allí viajaba hasta Acapulco, en la costa pacífica de México. Cuatro o cinco meses de travesía. En Acapulco eran desembarcadas las mercancías y se trasladaban por tierra a la costa atlántica, a Veracruz, para ser nuevamente embarcadas rumbo a España en la Flota de Indias. Así creó España la primera ruta comercial global de la historia.

Vendrán más aventuras. Juan Fernández descubrirá en 1574 la corriente del Pacífico Sur, que le permitió avistar Nueva Zelanda saliendo desde el Perú y acortar enormemente el tiempo de navegación venciendo la corriente de Humboldt. Álvaro de Mendaña y su esposa, Isabel Barreto, descubrirán en 1596 las islas Salomón y las Marquesas en una épica singladura de trágico final. Vaez de Torres descubrirá Australia en 1606… Otros muchos dejaron su estela en un mapa que aún tardaría siglos en ser enteramente descifrado. Y por eso aquel inmenso océano, un tercio de la superficie del planeta, fue conocido durante mucho tiempo como el «lago español».

29
DE FLANDES A LEPANTO: CONTRA TODOS A LA VEZ

A la altura de 1565, Felipe II estaba felizmente casado con Isabel de Valois, España se hallaba en paz con Francia y con Inglaterra, en Italia ya no había guerra, los luteranos ya no eran un problema militar, la amenaza turca parecía un desafío asequible, los barcos españoles emprendían la conquista del océano Pacífico y la mina de Potosí, en el virreinato del Perú, producía más plata de la que nadie pudo imaginar. Todo iba viento en popa. A partir de ese momento, sin embargo, todo iba a cambiar y España se hallaría inmersa en una agotadora guerra contra todo el mundo a la vez.

POR QUÉ HUBO UNA GUERRA EN FLANDES

El paisaje empezó a romperse por Flandes. Las posesiones de los monarcas españoles en el centro de Europa abarcaban un mosaico discontinuo de territorios que iban desde Sicilia, en el sur, hasta Holanda, en el norte. Era la herencia de los Habsburgo, que incluía, de sur a norte, Nápoles y Cerdeña, el Milanesado, el Franco Condado, Luxemburgo y Flandes. ¿Qué era Flandes? Diecisiete provincias históricas que abarcan aproximadamente los actuales territorios de Holanda, Bélgica, Luxemburgo y una pequeña porción del noreste de Francia. Esas provincias procedían del antiguo condado de Flandes. Después de varias vicisitudes, toda la zona pasó a los duques de Borgoña en el siglo XIV. Y en 1477, por enlaces matrimoniales, fue heredada por la Casa de Habsburgo, los Austrias. Así Flandes terminó bajo la soberanía de Carlos I de España y V de Alemania. De hecho, Carlos había nacido allí, en Gante, en la actual Bélgica, y su primer título, con sólo quince años, fue el de duque de Borgoña, soberano en Flandes.

Flandes era un sitio tranquilo y de lealtad sin tacha. En las batallas contra los franceses, las tropas imperiales nunca habían carecido de reclutas flamencos. Incluso entre sus principales jefes militares se contaban dos nobles locales de acreditada fidelidad como los condes Egmont y Horn. Pero todo eso cambió de repente. Las convulsiones políticas traídas por la reforma protestante llegaron también a la región. En los Países Bajos prendió el calvinismo. Para la política española —dirigida en aquel momento por un natural del Franco-Condado, el cardenal Granvela—, era prioritario frenar el fenómeno. Las guerras de religión estaban devastando Alemania. Simultáneamente, al trono inglés había llegado Isabel I, que recuperó el protestantismo —anglicano— en su reino y se apresuró a apoyar a los calvinistas flamencos. Granvela quería mano dura, empezando por establecer allí la Inquisición. No podía permitirse perder Flandes: era un pivote estratégico esencial para contener a la vez a Francia, a Inglaterra y al territorio imperial. Pero los nobles locales no estaban por la labor.

Flandes era una región muy rica, con una intensa vida cultural, económica y religiosa que venía de al menos cien años atrás. En torno a esa riqueza habían crecido unas poderosas elites locales que querían hacer valer sus privilegios. Buena parte de estas elites encontraron en el protestantismo una forma de expresar su propia afirmación de poder. Mientras gobernó Carlos, el paisaje estuvo más o menos tranquilo: los flamencos consideraban a Carlos su rey natural. Hubo tumultos protagonizados por los calvinistas, pero Carlos los reprimió sin mayores consecuencias. Todo cambió, sin embargo, cuando Carlos abdicó en Felipe II, su hijo, en 1556. Felipe heredó Flandes, pero no el amor de los flamencos. Y aquí empezaron los problemas, porque toda la agitación soterrada durante los años anteriores comenzó a salir a la luz. Causa directa: los decretos tridentinos, esto es, las normas derivadas del Concilio de Trento, que Felipe II, disciplinado hijo de Roma, quería implantar. Aquellos decretos implicaban, entre otras cosas, una reducción de la libertad religiosa, lo cual enojó a los protestantes. Pero no se trataba sólo de religión.

No, no era sólo cuestión de fe. La nobleza estaba irritada porque Felipe II quería sustituir los tres grandes obispados de Flandes por diecisiete diócesis más pequeñas (y más pobres), con la consiguiente pérdida de prebendas y prestigio. En cuanto a la burguesía y al pueblo, estaban atravesando años muy duros porque la guerra entre Suecia y Dinamarca había cerrado los mercados del este, los mercaderes quebraban y los alimentos comenzaban a escasear. La insatisfacción crecía y los calvinistas la estimulaban. Añadamos los intereses de las potencias extranjeras, Inglaterra y Francia, que azuzaban el malestar. Flandes se convirtió un polvorín.

Contra lo que comúnmente se cree, la actitud inicial de Felipe II ante estos problemas no fue de dureza, sino de flexibilidad. El gobierno de Flandes se le había encomendado a Margarita de Parma, hija natural de Carlos V, hermanastra de Felipe. Ella y el cardenal Granvela tenían que lidiar con los estados generales, que eran el órgano de representación de la nobleza y la burguesía flamencas. Cuando los flamencos se pusieron hostiles, Felipe no dudó en sacrificar a Granvela para calmar las cosas. Cedió lo que pudo. Pero el rey no podía renunciar a su convicción: él era el guardián del catolicismo, como lo había sido su padre. Los aristócratas flamencos, por su parte, tampoco cedieron: en abril de 1566 presentaron ante Margarita una reclamación formal de libertad religiosa, el llamado «Compromiso de Breda». Para Felipe era inaceptable: con Isabel de Inglaterra persiguiendo católicos en Londres y con Francia en guerra perpetua entre católicos y hugonotes, lo último que podía permitirse era dar carta de naturaleza a la división religiosa en Flandes. Y el polvorín estalló.

LOS ICONOCLASTAS Y EL DUQUE DE ALBA

El 15 de agosto de 1566, festividad de la Asunción, los calvinistas asaltan las iglesias católicas y destruyen las imágenes, que consideran heréticas. Es la «rebelión de los iconoclastas». Al calor de la protesta religiosa, millares de vagabundos y desheredados —los «mendigos», se llaman a sí mismos— acuden a los tumultos, que enseguida se extienden a todo el país en forma de saqueos y violencias. Detrás de la agitación calvinista se forma ya el frente antiespañol. La cabeza de la rebelión es Guillermo de Orange. En él se concentran todas las expectativas, frustraciones y ambiciones de la burguesía flamenca. Junto a él aparecen dos nobles que habían prestado buenos servicios a España: los condes de Egmont y de Hornes. Guillermo era el noble más poderoso de los Países Bajos; aunque de formación protestante, Felipe confiaba en él para representar a la corona en Flandes. Pero Guillermo tenía sus propios planes y terminará convirtiéndose en el peor enemigo de España. Con ayuda de los protestantes alemanes y en concierto con Inglaterra, Guillermo convierte los Países Bajos en un avispero. Entre otras cosas, logrará patente de corso para los calvinistas de la costa, los llamados «mendigos del mar», que mediante la piratería harán impracticables los mares del norte para la Armada española.

Felipe II reacciona con una política de pacificación que incluye dos acciones complementarias: una, enviar allí un ejército español al mando del duque de Alba; dos, anunciar un viaje personal del rey a los Países Bajos (viaje que nunca se producirá). Enviar tropas españolas fue un gesto de suma importancia porque, hasta ese momento, las fuerzas de la corona en Flandes estaban compuestas sobre todo por autóctonos, alemanes e italianos. España, recordemos, no estaba ocupando Flandes: era un territorio de la corona como cualquier otro. La llegada de los tercios, tropa casi íntegramente española, cambió el paisaje. Como las rutas navales ya habían dejado de ser seguras por la hostilidad de Inglaterra y de los «mendigos» holandeses, el duque de Alba resolverá abrirse paso por tierra desde Milán hasta Bruselas. Así nació el célebre Camino Español, que es uno de los mayores logros de la historia de la logística militar.

El paisaje que se encuentra el duque de Alba cuando llega a Flandes es catastrófico: Margarita de Parma ha ofrecido a los nobles locales aceptar sus reclamaciones si contribuyen a pacificar el país, pero éstos ya no pueden porque la insurrección se ha desmandado. Guillermo de Orange, casado con una sajona, ha huido de Flandes y ha organizado un ejército con mercenarios alemanes. Los rebeldes reciben además el apoyo de los hugonotes franceses, que acaban de perder su guerra de religión contra la corona francesa. Entre unos y otros, los rebeldes están en condiciones de hacer frente a las tropas imperiales y empiezan por invadir la provincia de Groninga, en el noreste del país. Los dirigen dos hermanos de Guillermo: Luis y Adolfo de Nassau. El 23 de mayo de 1568, mientras Luis asedia Groninga, un ejército de más de 4.000 rebeldes holandeses con Adolfo al frente sorprende al Tercio Viejo de Cerdeña —algo más de 3.000 hombres— en una emboscada cerca del monasterio de Heilegerlee. Será un desastre para los españoles, que pierden a más de la mitad de sus efectivos en el propio campo o asesinados por los lugareños al tratar de buscar refugio. El duque de Alba monta en cólera cuando se entera. Su represión será brutal. Para empezar, ordena decapitar a Egmont y Hornes. Acto seguido, marcha con su ejército hacia Groninga: quiere aplastar a Luis de Nassau. Lo hará en la batalla de Jemmingen, el 21 de julio de 1568. Fue el principio de una guerra que iba a durar ochenta años.

Porque la guerra se enquistará, en efecto. Todos los enemigos de la corona española encontraron en Flandes una herramienta excelente para socavar el poder de la primera potencia europea; todos —lo mismo Inglaterra que los protestantes alemanes y franceses— ayudarán continuamente a los holandeses. Durante un siglo, los españoles irán a morir a Flandes por una cuestión de honor nacional: sencillamente, aquello era parte del patrimonio de la corona. Irán aun a sabiendas de que la muerte era el final más probable. Lo decían los soldados de los tercios: «España, mi natura. Italia, mi ventura. Flandes, mi sepultura». Flandes acabó convirtiéndose en el Vietnam de la España imperial.

Va a ser una guerra extremadamente penosa, con mucho de guerra civil y una pauta permanente: los rebeldes invaden apoyados por los ingleses, los alemanes y, ocasionalmente, los franceses; los tercios sofocan la sublevación y se enfangan en una guerra de sitios y asedios. En el gobierno de Flandes se sucederán algunos de los grandes nombres de nuestra historia: después del de Alba, el catalán Luis de Requeséns, don Juan de Austria, Alejandro Farnesio, Ambrosio Spínola. No faltarán las concesiones, los pactos, los acuerdos. Juan de Austria logró un acuerdo muy ventajoso para los flamencos; tan ventajoso que el propio Guillermo de Orange, el líder rebelde, entró en Bruselas en el séquito de don Juan. Pero ese arreglo no duró. Las ciudades flamencas se aliaban, se desligaban y se volvían a coaligar contra España. Farnesio consiguió éxitos más duraderos: el principal, que las provincias del sur, católicas, firmaran su adhesión a la corona española —la llamada Unión de Arras—, adhesión que sí sería, esta vez, permanente. Pero las provincias del norte, protestantes, siempre con apoyo inglés, se agruparán en la Unión de Utrecht y constituirán la República de las Provincias Unidas, germen de lo que luego será Holanda.

Pasará el tiempo y cambiarán las personas, pero apenas el escenario. En Flandes gobernará Isabel Clara Eugenia, hija de Felipe II. En las Provincias Unidas, Mauricio de Orange, hijo de Guillermo. La situación española mejora cada vez que llegan recursos para mantener a las tropas; los rebeldes, a su vez, intentarán por todos los medios que esos recursos no lleguen, y para ello contarán, por mar, con los corsarios ingleses y holandeses, y por tierra, con el apoyo francés. En 1609, bajo Felipe III, se llega a una tregua que durará doce años; ni uno más. En 1625, Spínola toma la ciudad de Breda, importante enclave rebelde. Es la escena que Velázquez inmortalizó en el cuadro de *Las Lanzas*. Tan intenso era el deseo español de evitar humillaciones sobre los flamencos, que Velázquez pintó a Spínola sosteniendo el brazo del derrotado Justino de Nassau. Aún se confiaba en una reconquista. Pero la victoria de Breda no decidirá el conflicto. Las arcas españolas no podían más. La corona pronto llegará a la conclusión de que era imposible reconquistar las provincias separadas del norte. Ahora bien, los rebeldes, a su vez, comprobarán también que jamás podrán conquistar las provincias del sur, porque los flamencos, católicos, no quieren nada con los calvinistas holandeses. El 30 de enero de 1648 se firmará la paz; casi tan inevitable como lo había sido la guerra. Una guerra, la de Flandes, que duró ochenta años.

El otro Flandes, el del sur, católico, de flamencos y valones, seguiría siendo español. Es el Flandes de Rubens y el barroco. Permanecerá bajo la corona española hasta 1714, tras la guerra de Sucesión. De este núcleo nacerá, un siglo después, lo que hoy conocemos como Bélgica.

EL PROBLEMA MUSULMÁN: MORISCOS Y OTOMANOS

En la víspera de la Navidad de 1568, cinco meses después de la batalla de Jemmingen, a Felipe II se le incendiaba el mapa por otro punto: las Alpujarras de Granada. Era, en principio, un problema local: la población morisca se sublevaba contra la corona. Pero este problema local amplificaba otro conflicto de mucho mayor alcance: el combate existencial de la España católica contra el imperio otomano, la gran potencia musulmana. Y no se puede entender el uno sin el otro.

El imperio otomano, los turcos, era el heredero histórico del califato islámico fundado por Mahoma. Desde que cayó Bizancio, más de un siglo atrás, los turcos se habían ido adueñando de los Balcanes, controlaban el Mediterráneo oriental y, además, comenzaban a amenazar al propio poderío español. Numerosas flotillas de piratas —los piratas berberiscos— hostigaban las rutas marítimas junto a las costas españolas e italianas. Las plazas del norte de África no pertenecían formalmente al mundo otomano, pero reconocían su autoridad religiosa y política. ¿Quiénes eran estos piratas berberiscos? «Corsarios moros», como decían los españoles de entonces: desde sus bases en el norte de África atacaban nuestras ciudades costeras (de ahí, por cierto, viene lo de «hay moros en la costa»). Bastará decir el nombre de uno de sus jefes: Barbarroja. Y un dato: el «tributo» que Barbarroja ofrendó al califa hacia 1537 consistía en mil mujeres jóvenes, mil quinientos varones jóvenes, doscientos adolescentes envueltos en capas de oro, 400.000 piezas de oro y una rica colección de telas y cálices.

Los turcos, conscientes de la oportunidad que se les presentaba, habían tomado como aliados a estos piratas berberiscos, que se convirtieron en los corsarios del Gran Turco, del sultán. En nuestro país comenzó a extenderse un temor insistente: que los turcos, apoyados en los piratas berberiscos y contando con la ayuda de los moriscos que aún quedaban en España, intentaran una invasión. Porque el sultán, al mismo tiempo, llegaba a acuerdos concretos con el rey de Francia y atacaba con fortuna Argel y otras plazas mediterráneas. De momento, el sultán ya había conseguido proveerse de una formidable base en Chipre.

Carlos I había plantado cara a la amenaza, a veces con éxito, como en Túnez (1535), y otras veces sin él, como en Argel (1541). Fue una guerra con un frente amplísimo que abarcaba desde el Magreb hasta el corazón de Europa. En 1529 y 1532 los imperiales habían logrado detener a los turcos ante Viena. La guerra prosiguió con choques continuos en toda la longitud del frente. En 1539, en la fortaleza de Castelnuovo, en la costa Adriática de lo que hoy es Montenegro, el Tercio Viejo de Nápoles al mando de Francisco de Sarmiento sostuvo con sus 3.000 hombres el ataque de 50.000 combatientes turcos y bosnios; los españoles perecieron prácticamente todos, pero no sin antes llevarse por medio a la mitad de la fuerza enemiga. En 1552, en Hungría, los magiares sostuvieron con éxito el asedio de Eger. En 1565, en la isla de Malta, los cristianos desbarataron otro asedio otomano, y allí brillaron los tercios de García Álvarez de Toledo y Álvaro de Sande. Son sólo unos pocos ejemplos de lo que era, propiamente hablando, una guerra sin cuartel.

Hay que tener presente este contexto para calibrar el alcance que tuvo la rebelión de los moriscos y por qué fue mucho más que un problema de orden interior. Los moriscos eran los musulmanes conversos al cristianismo que la Reconquista había ido dejando tras de sí a medida que avanzaba hacia el sur: unas 275.000 personas (para una población española total de alrededor de siete millones) repartidas muy fundamentalmente por Andalucía, Valencia, Murcia, Extremadura y La Mancha. Teóricamente eran población cristiana, pero conservaban todos los rasgos de la cultura árabe: vestimenta, ritos sociales, costumbres, escritura, lengua y según se vería después, en muchos casos, secretamente, también la religión. Pese a los decretos de conversión forzosa, el poder les había dejado en paz. Por una razón importante: la inmensa mayoría de ellos trabajaba en el campo, eran la base del sistema señorial en el sur, y ellos mismos, los moriscos, se las habían arreglado para agradar al emperador con sustanciosos donativos. De modo que, a lo largo del siglo XVI, los moriscos conformaban una comunidad étnica singular, formalmente cristiana, pero de cultura musulmana y separada del resto del país.

La Corona habría podido mantener esta situación indefinidamente, pero la amenaza del poder otomano se extendía al Mediterráneo occidental y el riesgo de que los musulmanes atacaran suelo español era evidente. ¿Y en quién podrían apoyarse los musulmanes para esta invasión? En los moriscos, por supuesto. ¿Y era justo desconfiar de los moriscos? En realidad, sí. Las Alpujarras, zona del reino de Granada mayoritariamente morisca, se habían convertido en un permanente escenario de conflicto. Todo empezó con la aparición de bandas de salteadores de caminos, los llamados «monfíes», que atacaban las posesiones de los cristianos viejos y asesinaban a los colonos. Felipe II, en respuesta, decidió prohibir las manifestaciones externas de la cultura musulmana: la lengua árabe, los atuendos, las ceremonias... Así comenzó la rebelión de las Alpujarras.

No fue un motín callejero. Fue un levantamiento político y militar. Los moriscos eligieron rey: Fernando de Córdoba y Válor, descendiente de la familia califal cordobesa, que recuperó su nombre árabe de Abén Omeya (Abén Humeya, le llaman las crónicas). La sublevación estuvo apoyada económicamente desde Argelia. Contó con ayuda berebere y turca. Corrió como la pólvora por todas las zonas de mayoría musulmana. En 1569 los sublevados eran 4.000; al año siguiente ya eran 25.000. A Felipe II le sorprendió con sus ejércitos en Flandes. La población cristiana, indefensa, fue masacrada en sus granjas. Las crónicas cuentan episodios de crueldad inaudita. Nada de tranquilos campesinos que se sublevan porque quieren defender sus costumbres musulmanas. Cuando los rebeldes moriscos sitian Granada, esperando que sus hermanos de la ciudad se les unan, éstos se ponen del lado de la corona por pavor a la sanguinaria fama de los contingentes de Abén Omeya. La rebelión de las Alpujarras fue una orgía de sangre que terminó volviéndose contra los propios moriscos, y así, apuñalado por sus hombres, murió su líder, Abén Omeya. Le sustituyó su primo Abén Abú, que en realidad se llamaba Diego López.

Para entonces los españoles ya habían podido reunir un gran ejército. Al principio la guerra fue una dura pugna de emboscadas en las serranías, donde las milicias andaluzas pudieron contener la expansión de los facciosos, pero poco más. Pronto, sin embargo, la corona moviliza un fuerte contingente de tercios traídos de Flandes y Levante, capitaneados nada menos que por don Juan de Austria, el hermanastro de Felipe II. Juan de Austria fue implacable: pasó a la ofensiva, tomó ciudades, trató al enemigo con enorme violencia. Consiguió su propósito, que no era sino descorazonar a los moriscos, desacreditar a sus jefes y forzarles a pactar una paz. Corría mayo de 1570 cuando El Habaqui, uno de los líderes moriscos, firmó la rendición. Los últimos sublevados, reunidos en torno a Abén Abú, trataron de hacerse fuertes en las cuevas de la sierra, pero no eran enemigos para los tercios. De hecho, pronto se pelearon entre sí. Primero, los hombres de Abén Abú matan a El Habaqui. Después, Abén Abú morirá a su vez, apuñalado por sus hombres, como Abén Omeya.

Felipe II, para conjurar cualquier nueva rebelión, ordenó el destierro de los moriscos de Las Alpujarras. No los expulsó de España, sino que los trasladó a otras regiones de la península, sobre todo a Extremadura y La

Mancha. En cuanto a los moriscos de Aragón y Valencia, siguieron en sus tierras... de momento. La expulsión vendrá mucho después.

Y LEPANTO

Abén Abú murió en marzo de 1571. En ese mismo momento, la flota otomana se desplegaba por el Mediterráneo y llegaba a amenazar la mismísima península itálica. Los turcos habían conquistado Chipre en 1570; pasaron la isla a sangre y fuego —fue una auténtica limpieza étnica— y asentaron allí una base naval. El equilibrio militar de la región descansaba desde antiguo sobre un complejo juego entre turcos, venecianos, genoveses y... españoles. Ahora venecianos y genoveses estaban en apuros. El papa Pío V, por su parte, temía una invasión de piratas berberiscos en el sur de Italia. Y el sur de Italia, en ese momento, era suelo español.

Ante la gravedad de la situación, Felipe II y el papa intentaron organizar una gran flota para coger el toro por los cuernos y dar la batalla al Turco. La flota española era fuerte, pero no lo suficiente; recordemos que al mismo tiempo estábamos en América y en Asia. Era preciso que venecianos y genoveses ayudaran, pero no era fácil. Los venecianos habían intentado llegar a un pacto por separado con los turcos para mantener sus rutas comerciales, y sólo la mencionada conquista turca de Chipre y, después, el saqueo de la propia Venecia, les convenció de que no había componenda posible. Pío V y Felipe II redoblaron sus esfuerzos. Los reinos del norte de Europa (ingleses, alemanes) se desentendieron del llamamiento papal. También Francia, que había encontrado en los turcos un buen aliado frente a España. Pero los italianos terminan secundando la idea. Hacia el verano de 1571 los cristianos compusieron su flota.

Felipe II puso al frente a su hermanastro Juan de Austria, que tenía sólo veintiséis años, pero venía de sofocar la revuelta morisca y gozaba de gran prestigio. Junto a él estaban los mejores nombres de la Armada española: los catalanes Requeséns y Cardona y los castellanos Gil de Andrade y Álvaro de Bazán. Con ellos, el genovés al servicio de España Gian Andrea Doria, sobrino del gran almirante Andrea Doria. Las galeras del papa las dirigía un viejo señor de la guerra, Marco Antonio Colonna; las de Venecia, otros dos veteranos, Sebastián Veniero y Agustín Barbarigo. Y enfrente, el gran almirante turco, Alí Pachá, con un famosísimo pirata argelino, Uchali o Luchalí, y el gobernador de Alejandría, Mohamed Siroco; junto a ellos, un personaje de fábula, el renegado Pertev Pachá, cristiano convertido al islam al que los jefes de la Liga se la tenían jurada. La Liga cristiana presentaba 231 barcos entre galeones y galeras, 50.000 marineros y galeotes y 30.000 soldados, de ellos 20.000 españoles. Nunca se había visto una potencia semejante en el mar. Pero la Armada turca era mayor todavía: unas 300 naves, con un número de hombres superior a 40.000 soldados, sin contar galeotes y remeros. Iba a ser la mayor batalla naval librada hasta entonces.

La Liga cristiana fue a dar la batalla en las mismas bases del Turco: en el golfo de Lepanto, en las costas griegas del Mar Jónico. Era el 7 de octubre de 1571. La estrategia de la Liga consistía en encerrar a los turcos en el golfo y atacar en masa. Los turcos vieron el peligro y trataron de envolver al centro del ataque cristiano, que mandaba Juan de Austria, mientras los piratas de Luchalí intentaban envolver uno de los flancos cristianos para darle la vuelta a la operación: encerrar a los cristianos en el golfo. La batalla comenzó a las once de la mañana y terminó a las cuatro de la tarde. La colocación de la artillería en los barcos cristianos y el fuego y el arrojo de los arcabuceros españoles que iban a bordo fueron los elementos decisivos. Hay pocas dudas sobre el balance de la batalla. Los turcos perdieron 250 barcos, 130 de ellos apresados por la Liga; los cristianos, sólo 17. Los turcos perdieron cerca de 24.000 hombres; los cristianos, la mitad de esa cifra. Además, 8.000 turcos fueron apresados y su almirante y sus capitanes murieron en el combate. Hasta 15.000 esclavos cristianos cautivos de los turcos fueron liberados aquel día. Al acabar la jornada, Juan de Austria escribía al rey Felipe: «Vuestra Majestad debe mandar se den por todas partes infinitas gracias a nuestro Señor por la victoria tan grande y señalada que ha sido servido conceder en su armada...».

Se ha hablado mucho del verdadero peso que Lepanto tuvo en la historia, disminuyendo su importancia. A Felipe II se le ha reprochado que no supo explotar la victoria: pudo haberla aprovechado para barrer de piratas la costa del norte de África y tomar Argel, pero no lo hizo. La propia Liga cristiana también pudo haber desembarcado en las costas griegas, ahora menos guarnecidas, y obligar a los otomanos a evacuar los Balcanes, relajando la presión sobre las fronteras austriacas; pero la Liga se disolvió muy poco después de la batalla. Los venecianos no tardaron en llegar a pactos con los turcos. Felipe II, por su parte, tenía otros problemas en Flandes y en las rutas americanas. El Gran Turco no tardó en recomponer su flota: el Mediterráneo oriental seguiría siendo suyo. Sin embargo, aquella victoria fue importantísima. A los turcos se les asestó un golpe que nadie esperaba. Las ambiciones del sultán en el Mediterráneo occidental se desvanecían. España manifestaba de manera muy clara su hegemonía en Europa, especialmente frente a Francia e Inglaterra. Y quizá lo más decisivo: la cristiandad lograba detener el avance del islam en un momento de gran peligro. Y el principal valladar en esa empresa fue España.

EL ENEMIGO INGLÉS

En 1571, mientras se disipaba el humo de la batalla de Lepanto, la reina Isabel I de Inglaterra aprovechaba una conspiración interior para purgar a fondo al partido católico en el reino, que, por su parte, llevaba años intentado acabar con la muy protestante Isabel. La purga condujo, entre otras cosas, a la inmediata expulsión del embajador español en Londres bajo la sospecha de que se entendía con los conjurados. ¿Estaba España participando en la conspiración? Muy posiblemente, porque Inglaterra, desde tiempo atrás, venía alentando ataques corsarios contra los puertos españoles en América. Un par de años antes, en San Juan de Ulúa, las defensas españolas habían desmantelado un ataque de los corsarios Hawkins y Drake. Teóricamente sólo eran delincuentes de la mar, pero todo el mundo sabía que la corona inglesa respaldaba sus empresas.

La relación de España con Inglaterra en este momento era complejísima. Ninguno de los dos países estaba interesado en un conflicto abierto. Ambos mantenían desde antiguo una alianza forzosa porque compartían un enemigo: Francia. La situación en Flandes, además, obligaba a Felipe a tratar de impedir que Inglaterra ayudara a los flamencos. Isabel I, por su parte, no podía permitirse que España y Francia formaran frente común. Dos enemigos obligados a aparentar que no lo son: ésa era la relación entre España e Inglaterra en este momento.

El paisaje cambió hacia 1580, cuando Felipe II heredó la corona portuguesa tras la muerte sin descendientes del rey Sebastián. Francia e

Inglaterra constataron que debían entenderse frente a una corona, la española, que se había convertido en la mayor potencia del mundo. Así Londres y París aunaron esfuerzos alentando a todos los que, en Flandes o en Portugal, se oponían al poder de España. En 1582 la escuadra de Álvaro de Bazán aplastó a una flota francesa en la isla Terceira, en las Azores. ¿Qué hacían allí los franceses? Tratar de bloquear la ruta de Indias española, para mayor beneficio inglés. Francia, por su parte, se hallaba inmersa en una atroz guerra civil por el trono entre católicos y protestantes hugonotes. En 1584 Felipe decide intervenir directamente en Francia y firma con los católicos un acuerdo para combatir al protestantismo. En 1585 Inglaterra muestra todas sus cartas y firma un tratado con los protestantes holandeses contra España. Es ya la guerra sin máscaras.

Los barcos de Drake atacan las costas españolas tanto en la península como en América. Enseguida la guerra se extiende a Flandes: los ingleses atacan en Venlo y Zutphen en 1586, y en ambos lugares son derrotados por los tercios de Alejandro Farnesio. Decidida a jugar fuerte, Isabel de Inglaterra ejecuta a su prima María Estuardo de Escocia, candidata de los católicos al trono inglés. Es febrero de 1587. ¿Quién se convierte en aspirante católico al trono de Inglaterra? Nuestro Felipe II, viudo de María Tudor. Los ingleses reaccionan con una nueva campaña naval de Drake contra barcos españoles en Cádiz. El objetivo es prevenir un desembarco español en Inglaterra. El plan, en efecto, estaba en marcha: será la Gran Armada, que la propaganda inglesa llamará después «Armada Invencible».

LA ARMADA Y LA CONTRAARMADA

La idea de Felipe II era desencadenar una gran operación anfibia sobre Inglaterra. Primero, la flota española se agruparía y pertrecharía en Lisboa. Después, los barcos navegarían hasta Flandes. Allí embarcarían a los tercios de Alejandro Farnesio y los escoltarían hasta las costas inglesas. Un plan arriesgado, pero viable por la potencia naval española y la acreditada superioridad militar de los tercios. Todo, sin embargo, iba a torcerse desde el primer momento. Para empezar, Álvaro de Bazán, el jefe de la «Grande y Felicísima Armada», que así se la bautizó, murió en plenos preparativos. Hubo que buscarle un relevo de urgencia que fue el duque de Medina Sidonia, Alonso de Guzmán el Bueno. Después, las tormentas y la mala mar dilatarán la marcha: la Armada zarpa a finales de abril y no llegará a su destino hasta finales de julio. ¿Cuántos barcos españoles había en aquella aventura? En total, 137 naves, que incluían 19 galeones —la mejor nave de guerra de la época— y 40 mercantes armados. Los ingleses, por su parte, reunirán 226 naves.

Una vez en la zona, los barcos españoles e ingleses comenzaron a cañonearse a lo largo del canal de La Mancha. Fue una semana de combates en movimiento, con pocas bajas por ambas partes, hasta que la Armada española alcanzó el puerto de Calais. Allí tenía que recoger a los tercios de Alejandro Farnesio, pero el general español, que vio el paisaje, se opuso a embarcar a sus tropas hasta que la mar estuviera transitable.

Como la Armada seguía en el puerto, los ingleses decidieron lanzar un ataque con barcos incendiarios (brulotes, se los llamaba), para desorganizar a la flota española, y acto seguido se presentaron en formación de guerra. Fue un combate a cañonazos desde corta distancia. No hubo un ganador: a los españoles se les acabaron los víveres, a los ingleses se les acabaron las municiones. Y éste fue, en realidad, el único encuentro naval entre las dos flotas en toda esta aventura, porque en ese momento ocurrió lo peor: una fortísima tempestad cubrió el cielo. Los ingleses se marcharon. Los barcos españoles quedaron literalmente desperdigados por la mar. Ahí acabó la campaña militar, pero fue cuando comenzó la tragedia.

Como no podían volver a España por el canal de La Mancha, plagado de enemigos, los barcos españoles intentaron una ruta por el mar del norte, bordeando Escocia e Irlanda. La mayor parte de las pérdidas de la Armada tuvo lugar aquí, encallando contra las costas escocesas e irlandesas. Las bajas se contaron por miles de hombres. Los que más suerte tuvieron, fueron a parar a Irlanda, donde, en general, se los trató bien: varias decenas de náufragos pudieron volver a España vía Escocia. Otros muchos, la mayoría, fueron brutalmente asesinados por los ingleses. El balance final fue desastroso. La mitad de los barcos naufragó. El total de bajas alcanzó la cifra de 20.000. Pero los ingleses tampoco salieron indemnes: apenas llegados a puerto, una epidemia de tifus causó 8.000 muertos en sus barcos.

Inglaterra creyó que la flota española había quedado aniquilada. Se equivocaba: la mayor parte de los galeones logró volver a la península. Pero Drake, convencido de que Felipe II se había quedado sin barcos, lanzó al año siguiente una ofensiva sobre las costas españolas. Fue la llamada «Contraarmada», que terminaría siendo una catástrofe sin paliativos para los ingleses. El plan era ambicioso: navegar por el Golfo de Vizcaya, saquear consecutivamente San Sebastián, Santander y La Coruña hundiendo los barcos españoles allí estacionados, atacar después Lisboa, inducir a los portugueses a un levantamiento contra Felipe II, establecer una base en las Azores y, desde allí, robar los tesoros de la Flota española de Indias en su ruta hacia Cádiz. Nada menos. Para llevar a cabo su empresa, los ingleses movilizaron 146 barcos, 4.000 marineros, 20.000 soldados y 1.500 oficiales. Los holandeses, siempre dispuestos a erosionar a España, pusieron hombres y dinero.

La clave del éxito estaba en la parte portuguesa del plan. En aquel momento Portugal formaba parte de la corona de Felipe II. Ahora bien, en el país vecino no todo el mundo estaba de acuerdo con la hegemonía española. En particular, uno de los pretendientes del trono luso, el Prior de Crato, se había comprometido formalmente con los ingleses a levantar a la nobleza contra Felipe II. Una fuerza naval poderosa (Inglaterra), un enemigo debilitado (España), un incendio en el propio patio interior del adversario (Portugal)… ¿Qué más se podía pedir? Los ingleses estaban seguros de su victoria. Pero a Drake todo le salió al revés.

La Contraarmada de Drake empezó a sufrir contratiempos desde el primer instante. Primero, las tempestades. Después, el miedo: ante la posibilidad de embarrancar en la bahía de Vizcaya, Drake rehusó atacar San Sebastián, por otro lado muy bien defendida. Más tarde, la sorpresa: contra su previsión, Santander estaba llena de galeones españoles que completaban allí reparaciones. De manera que los ingleses pasaron nuevamente de largo y se dirigieron, esta vez sí, contra La Coruña, una pieza fácil y sin otra defensa que una pequeña guarnición en las murallas medievales de la ciudad. Pero allí, después de haber afrontado tempestades, miedos y sorpresas, Drake se iba a encontrar con algo aún más temible: un pueblo que tomaba las armas para hacer frente al invasor. Fue en esos muros de La Coruña donde una mujer escribió una imborrable página épica: María Pita, carnicera local, que acometió a un alférez enemigo. Los ingleses se quedaron paralizados. La mayoría eran soldados sin experiencia: habían acudido atraídos por el botín, no para morir a manos de una turbamulta de mujeres y paisanos furiosos. Así que, intimidados, pusieron pies en polvorosa. Drake desplegó velas con las manos vacías.

La Contraarmada de Drake no pudo terminar peor: cuando llegó a Lisboa, se encontró con que nadie se sublevaba contra Felipe II. Los portugueses recibieron a los ingleses con absoluta indiferencia. El Prior de Crato había exagerado mucho la verdadera dimensión de sus apoyos. Drake y los suyos tuvieron que volver a Inglaterra. Por el camino, las tempestades y las enfermedades diezmaron a la tripulación. Al llegar a Inglaterra, de aquel poderoso ejército de 20.000 hombres sólo quedaban 2.000 en condiciones de combatir. Drake, rabioso y endeudado (porque se había jugado mucho en la empresa), saqueó Madeira y, después, capturó una flota hanseática, de comerciantes bálticos, para enjugar los gastos de la expedición. Un fracaso.

CONTRA TODOS A LA VEZ

La guerra contra Inglaterra iba a prolongarse hasta 1604 en diferentes escenarios: las costas inglesas, las costas españolas, el litoral americano y, por supuesto, Flandes, que entre tanto se convertirá en la herida que Inglaterra y Francia aprovecharán para minar lentamente el poderío de España. Ochenta años, hasta 1648, iba a durar la sangría flamenca. Porque también Francia, por supuesto, sacaría ventaja del conflicto reforzando su propia posición. Y al mismo tiempo, tampoco iba a calmarse el frente otomano: los combates entre españoles y turcos se prolongarán hasta finales del siglo XVIII.

España —la España peninsular— tenía entonces unos siete millones de habitantes. Francia, alrededor de veinte millones. Inglaterra, algo más de cuatro millones. El imperio otomano gobernaba sobre otros veinte millones de personas. Es asombroso que un país de demografía tan escasa como la España de aquella época pudiera hacer frente a tantos enemigos simultáneamente, sostener a la vez sus extensísimas posesiones ultramarinas y mantenerse en pie durante tanto tiempo. Porque, en efecto, se mantendrá en pie: los frentes de guerra que despertaron contra Felipe II van a seguir vivos a lo largo del siglo siguiente y marcarán todo el reinado de los sucesivos monarcas españoles de la Casa de Austria.

Con frecuencia se ventila este largo periodo con la apresurada etiqueta de «decadencia». ¿Decadencia? Lo increíble es que aquel gigante pudiera afirmar su hegemonía. ¿Cómo fue posible? Fue posible porque España era entonces la construcción política más eficaz y mejor organizada. Y no puede ser casual que aquellos fueran, precisamente, nuestros siglos de oro en materia cultural. Es lo que ahora toca ver.

30

Y SIN EMBARGO, FUERON LOS SIGLOS DE ORO

Habitualmente la expresión «siglo de oro» se emplea para definir solamente un periodo de excepcional florecimiento artístico. Pero este periodo de excelencia estética no fue un accidente; no puede interpretarse de forma aislada, como algo ajeno o, incluso, contrario a los otros rasgos de la España de la época. El oro de las letras y las artes se entiende mucho mejor si lo ponemos en el contexto del formidable desarrollo científico, técnico y militar de nuestros siglos XVI y XVII.

LA CIENCIA Y LA TÉCNICA

La actividad científica y técnica de este periodo es muy superior a lo que cierta historiografía nos ha querido hacer creer. Sería incompresible que un país pudiera acometer hazañas náuticas extraordinarias y, al mismo tiempo, permanecer en un estado de atraso científico. El desarrollo de las ciencias de la navegación fue extraordinario, y eso concierne tanto a la cosmografía como a la cartografía, pasando, por supuesto, por la propia fabricación material de los barcos. Un ejemplo: el manual de navegación del sacerdote y cosmógrafo Pedro de Medina (1493-1567) tuvo doce ediciones sólo en Francia. Otro manual, el de Martín Cortés de Albácar (1510-1582), conocerá nueve ediciones en Inglaterra.

La Casa de la Contratación de Sevilla, nacida en 1503 al calor del descubrimiento, es un perfecto ejemplo de empresa pública (hoy la llamaríamos así) puesta al servicio de una tarea donde las cuestiones comerciales y fiscales no eran más importantes que las científicas. La confección del Padrón Real, que era el mapa maestro de las Indias, permanentemente actualizado con las informaciones que todo navegante debía obligatoriamente aportar, es un trabajo geográfico sobresaliente. El puesto de Piloto Mayor de la Casa de la Contratación es probablemente el primer empleo oficial de científico en la historia de Europa. El primer Piloto Mayor fue Américo Vespucio. En 1552 se creó en la Casa de la Contratación una cátedra de Cosmografía (Jerónimo de Chaves fue su primer titular) con un plan de estudios de tres años. A partir de 1559, Felipe II dispone que para acceder al puesto de Piloto Mayor haya que superar un examen ante un tribunal. Un perfecto ejemplo de organización.

Para esos años ya ha aparecido el primer mapa geodésico y topográfico de España, elaborado por Esquivel y Lastanosa, y Gómez Pereira ya ha enunciado por primera vez el principio «Pienso luego existo» ochenta años antes que Descartes. Enseguida la Cátedra de Matemáticas de Salamanca adoptará el sistema copernicano (en 1562) y Juanelo Turriano asombrará a todos con su «artificio» de Toledo, una máquina hidráulica que salvaba cien metros de desnivel sobre el río Tajo para abastecer de agua a la ciudad. El de Turriano no era un caso aislado: la nómina de ingenieros italianos y españoles del siglo XVI es larguísima. ¿Qué hacían? De todo: tuberías, canales, acueductos, presas, batanes, molinos, telares, ferrerías, máquinas para cortar el hierro. Era, una vez más, un trabajo perfectamente organizado: cada invento quedaba adecuadamente registrado desde finales del siglo XV en los *Privilegios de invención*, que era como se llamaba a las patentes en la época.

En 1571 Felipe II encarga la que será la primera expedición científica internacional: la de Francisco Hernández a la Nueva España, que durará seis años y cuyo fruto será una vastísima recopilación de plantas y minerales clasificados con un criterio taxonómico completamente moderno. A Felipe II, por cierto, hay que citarle con mención especial, porque su interés por el mundo del conocimiento hace de él un perfecto ejemplo de monarca ilustrado. La biblioteca Laurentina de El Escorial, apadrinada por el propio rey y confeccionada, entre otros, por Benito

Arias Montano, era la mayor y más rica de Europa. Sin salir de El Escorial, la Botica del palacio-monasterio era un auténtico laboratorio de investigación científica.

¿Más ejemplos? En 1572 el valenciano Jerónimo Muñoz describe la supernova que después recogerá Tycho Brahe. En 1580 se patenta el primer molino horizontal de sifón, es decir, la primera turbina a reacción, obra de Sánchez Cerrudo. En 1581 la corona patrocina el primer debate científico sobre ingeniería naval. En 1582 Ondériz acomete la titánica tarea de traducir al castellano las obras matemáticas latinas. Es verdad que Felipe II prohíbe a los matemáticos españoles enseñar en el extranjero, pero no fue por «oscurantismo religioso», como dice una absurda leyenda negra, sino por el evidente valor militar de las matemáticas, cuyos conocimientos no podían caer en manos enemigas. Para compensar la carencia de formación que ello pudiera acarrear, en 1583 se crea la Academia de Matemáticas, que fue la primera de Europa. En 1602 el navarro Jerónimo de Ayanz inventa y ensaya con éxito el primer traje de buceo. Cuatro años después el mismo Ayanz inventa la primera máquina de vapor industrial.

LAS LETRAS Y LAS ARTES

Sabiendo todas estas cosas, se entiende mejor que España, al mismo tiempo, estuviera protagonizando un florecimiento cultural asombroso en cantidad y calidad y, además, en todas las artes. Eso es lo que habitualmente se llama «siglo de oro», y enseguida hay que precisar que, en realidad, se trata de dos siglos, porque la *Gramática* de Nebrija es de 1492 y *La Celestina* de Fernando de Rojas es de finales del XV, y las últimas obras de Pedro Calderón de la Barca son de finales del siglo XVII. Doscientos años a lo largo de los cuales se extiende la mayor explosión creativa de la historia de España, nunca antes conocida y nunca después repetida.

Nada más ilustrativo que exponer los hechos uno detrás de otro. En materia de espiritualidad, que es la columna vertebral de la cultura europea de la época, España aporta un auténtico tesoro: en la mística, Teresa de Jesús o Juan de la Cruz; en la ascética, Luis de León y Luis de

Granada, por citar sólo a estas cuatro cumbres. En teatro, que es el género más popular del momento, asistiremos a la profunda renovación que significa la «comedia nueva» con autores como Lope de Vega, Guillén de Castro y Tirso de Molina; sin salir del teatro, pero en otro plano, aparece el teatro teológico con el «auto sacramental» de Calderón de la Barca. En el campo de la novela se desarrolla el modelo de novela realista anunciado con *La Celestina* de Fernando de Rojas, con la variante de la «novela picaresca». Y lo más trascendental: nace la novela propiamente moderna con el *Quijote* de Miguel de Cervantes. A mitad de camino entre la novela y la filosofía está *El Criticón* de Baltasar Gracián. En la poesía, por su parte, aparece una pléyade de autores cuyas cumbres son probablemente Garcilaso, Quevedo y Góngora, cada uno de los cuales representa una forma singular de entender la expresión estética y cuya influencia se va a dejar sentir durante siglos.

El campo del pensamiento político no queda al margen. Obras como las de Saavedra Fajardo o Baltasar Álamos de Barrientos representan una innovación importante porque tratan de emancipar a la política de su sumisión a la moral. Es lo que se llamará «tacitismo», por referencia al Tácito romano. Tanto Saavedra como Álamos habían estudiado en la Universidad de Salamanca, y el dato es importante porque esa sede albergará uno de los principales centros de conocimiento del país. Los autores de la Escuela de Salamanca (Vitoria, Soto, Azpilicueta, Covarrubias, etc.), partiendo de una perspectiva teológica y filosófica, van a iniciar una reflexión con consecuencias decisivas en materia jurídica —ya hemos visto la trascendencia de las Leyes de Indias— además de abrir planteamientos innovadores en la comprensión de la economía.

Es universalmente reconocida la explosión de las artes plásticas: nombres como El Greco, Velázquez, Zurbarán, Ribera o Murillo son auténticas cumbres de las artes de todos los tiempos. En la escultura, los nombres que dan forma a la nueva expresión religiosa nacida del Concilio de Trento son españoles: Berruguete, Juan de Juni, Montañés, Mena, los Roldán... Menos conocida por el gran público es la aportación de los españoles de estos siglos de oro a la música: Victoria, Palestrina, Gaspar Sanz, Cabezón... Y qué decir de la arquitectura, cuyos ejemplos más eminentes son el monasterio de El Escorial y el palacio de Carlos V en Granada. La concentración de talento en unos pocos decenios es sencillamente asombrosa. Toda lista es necesariamente injusta por la cantidad de talento que queda sin mención.

La explosión creativa no se limitó a la península, sino que se extendió a la América española. Buenos ejemplos son Sor Juana Inés de la Cruz y el Inca Garcilaso en la literatura. La arquitectura también dejó huellas imborrables en las catedrales: la de Santo Domingo, la de México, la de Lima, la de Cuzco… En materia pictórica, en el área de Cuzco surgió una escuela tan absolutamente singular como la del barroco cuzqueño, que incorpora elementos estéticos indígenas al canon europeo. Un mestizaje semejante se dio en la música, como acreditan las obras rescatadas por Lucas Ruiz de Ribayaz.

EL BRAZO ARMADO DEL SIGLO DE ORO

Aún hay otro factor sin el cual nada se entiende, y es la hegemonía militar española de aquel periodo. Una hegemonía que tiene un nombre: los tercios. Los tercios son el brazo armado del Siglo de Oro. En las filas de este ejército hallaremos nombres que están entre lo mejor de la literatura universal: Garcilaso de la Vega y Francisco de Aldana, muertos en combate, o Miguel de Cervantes, Lope de Vega y Calderón de la Barca.

Los tercios españoles son una de las fuerzas militares más asombrosas de la historia. Durante un larguísimo periodo de tiempo, un país de demografía menesterosa y recursos limitados como España fue la potencia dominante en los campos de batalla. Eso resultó posible porque disponía de una fuerza militar absolutamente única, y no tanto por sus medios o su número como por su estilo, su espíritu, su organización y sus técnicas de combate.

Los tercios nacieron con un objetivo eminentemente político. Hay que recordar todo lo que ocurre en España en apenas cuarenta años, entre finales del siglo XV y principios del XVI: en la península ha terminado la Reconquista, la corona española guerrea contra Francia en Italia, comienza la epopeya americana, el poderío español se proyecta sobre África y el Mediterráneo y la llegada al trono del césar Carlos (I de España y V de Alemania) nos convierte en la potencia decisiva en Europa. Para mantener todo eso se precisa un ejército que sea a la vez muy estable y fiel, para defender la propia seguridad de la corona; también muy amplio, para estar en todas partes; muy móvil, para llegar rápidamente a cualquier escenario de combate, y muy eficaz, porque hay que vencer y, además, de manera inapelable, como corresponde al prestigio universal del emperador. Ese ejército serán los tercios, creados por impulso de Carlos I en 1534.

Este ejército no nació de la nada. La infantería española ya era una potencia formidable desde finales del siglo XV. La experiencia guerrera de la Reconquista se había plasmado en una doctrina militar original, muy singular, que aunaba la tradición grecorromana con los conocimientos adquiridos sobre el terreno y que, además, estaba muy atenta a las innovaciones técnicas de la guerra. Todo eso se daba cita especialmente en un hombre, Gonzalo Fernández de Córdoba, el Gran Capitán, que sirvió a Isabel y a Fernando y que, de hecho, es el creador de la infantería española. Ésa es precisamente su primera gran innovación: frente a las masas de caballería típicas de la guerra medieval, había sonado la hora de la infantería y los españoles lo vieron con claridad.

La historia de los tercios está llena de gestas asombrosas. Un Mondragón lanzándose al agua del Elba en Mühlberg para callar a los arcabuceros enemigos de la orilla opuesta, un Julián Romero manco, tuerto y cojo conquistando fortalezas sin despeinarse, un Sancho de Londoño blasonando de no haber rendido nunca ni una almena y, además, de hacerlo derramando la menor cantidad posible de sangre española, un Lope de Figueroa marchando en primera línea como el más modesto de sus soldados o un Sancho Dávila cruzando bajo el fuego enemigo cinco kilómetros de lodazal en un canal de Flandes. Por no hablar de los grandes generales: Fernández de Córdoba cargando un infante a su grupa en Ceriñola, Alba apretando los dientes en Jemmingen, Juan de Austria sobre su galera de Lepanto o el inconmensurable Alejandro Farnesio arrojándose lanza en mano a la primera ocasión. La historia de los tercios es necesariamente una historia de héroes.

Pero ese indiscutible valor físico y esa avasalladora combatividad habrían servido de poco si no hubieran venido envueltos en dos cosas de la mayor importancia: inteligencia y sentido ético. Estas virtudes son las que realmente marcaron la diferencia entre los tercios españoles y los otros ejércitos de la misma época en Europa. Inteligencia por la creación de un método de combate específico para la infantería española, sobre todo después de la primera batalla de Seminara en 1495, y que fue ante todo un ejercicio de racionalidad. El Gran Capitán sacó las consecuencias oportunas de una derrota, estudió a fondo el problema e introdujo innovaciones tácticas que iban a ser determinantes para las inmediatas victorias españolas cuando los tercios aún no se llamaban formalmente así. Y sentido ético también, porque la codificación explícita de los valores de honor, deber, sacrificio, etc., hizo de la infantería española un modelo. Los tercios eran un lugar donde un hombre se hacía mejor; un lugar donde un pobre podía alcanzar la gloria y en nada era inferior a un rico, donde el reloj social se ponía a cero —valga la fórmula— y todos empezaban desde el mismo punto de partida. En una sociedad tan extraordinariamente jerarquizada como la de los siglos XVI y XVII, aquello tenía mucho de revolución.

Los tercios condensaron todas las cualidades de la España de la época. Por ejemplo, en su estricta organización, que era sin duda la más completa de la Europa de su tiempo. También en la concienzuda aplicación de las innovaciones científicas y técnicas a la artillería y a la fortificación. Su supremacía descansó en buena medida en un superior desarrollo organizativo, logístico y técnico. Pero esto requería de un tipo nuevo de soldado, capaz de someterse a una disciplina muy estricta. El código de honor de la España de la época, a caballo entre el concepto de hidalguía y una profunda religiosidad, lo hizo posible. Así pudo nacer una fuerza militar voluntaria, profesional y formada casi exclusivamente por españoles. Desde la batalla de Seminara en 1503 hasta la de Las Dunas en 1658, los tercios, junto a la Armada, fueron el núcleo de la hegemonía española en los siglos de oro.

31
LA PAX HISPÁNICA

Puede parecer milagroso, pero el hecho es que, pese al conflictivo paisaje de la Europa de finales del siglo XVI y pese a la acumulación de enemigos a la que España debía hacer frente, fue posible la paz. Un largo periodo de paz de alrededor de veinte años, entre 1598 y 1621, en el que la monarquía española pudo hacer valer su hegemonía política sin necesidad de recurrir a las armas. Fue la llamada «Pax Hispánica», que es sin duda el rasgo más sobresaliente del reinado de Felipe III, el hijo de Felipe II.

LA CONSTRUCCIÓN DE LA PAZ

La primera piedra de este edificio la puso en realidad Felipe II en el último año de su reinado: fue la paz de Vervins con Francia. En los años anteriores, España había intervenido apoyando al partido católico en la guerra civil francesa entre católicos y protestantes. Por el tratado de Vervins, España se abstenía de cualquier intervención en suelo francés y ambos países se intercambiaban determinadas plazas que habían cambiado de manos durante las batallas previas. El acuerdo de Vervins dejaba fuera, no obstante, las aguas americanas, de manera que el Caribe seguiría siendo escenario de enfrentamientos entre los barcos españoles y los corsarios franceses.

El segundo capítulo de la Pax Hispánica fue la paz con Inglaterra, firmada en el Tratado de Londres de 1604. La iniciativa partió de los ingleses. Después de casi veinte años de guerra contra España, Londres sólo había cosechado reveses: el desastre de la Contraarmada de Drake, el fracaso de los contingentes enviados a Flandes, el levantamiento de los católicos de Irlanda (apoyado por España), la impotencia de los barcos ingleses para dañar a la Flota de Indias española, la catástrofe del ataque de Drake y Hawkins a las posesiones españolas en el Caribe (allí murieron los dos), el descalabro del ataque a las Azores en 1597... Una epidemia y varios periodos de malas cosechas terminaron de llevar a Inglaterra al colapso. En 1603 murió Isabel I y llegó al trono Jacobo I Estuardo, rey de Escocia. Jacobo estaba lejos de compartir la hispanofobia de su predecesora y consideró prioritaria la paz con España. Y a España, por su parte, nada podía venirle mejor, porque al agujero económico que suponía mantener tantos frentes de guerra a la vez se sumaba una epidemia en Castilla.

El Tratado de Londres consistió en un intercambio político: Jacobo I de Inglaterra se comprometía a no intervenir en el continente europeo y Felipe II de España renunciaba a que en Inglaterra hubiera un rey católico. La abstención inglesa en el continente resultaba vital porque suponía el fin del apoyo de Londres a los rebeldes flamencos. Junto a eso, Inglaterra dejaba vía libre a los barcos españoles en el canal de La Mancha y suspendía las actividades de los corsarios ingleses en el Atlántico. Como compensación, España hacía concesiones al comercio inglés en América. Un buen acuerdo, en suma. La paz con Inglaterra durará hasta 1624.

Consecuencia inmediata del Tratado de Londres fue que los holandeses se quedaron sin su principal apoyo, lo cual dio un giro a la guerra de Flandes. Los tercios de Ambrosio Spínola emprendieron una ofensiva sin tregua con el objetivo de obligar a los holandeses a sentarse en la mesa de negociaciones. Era una apuesta arriesgada, porque las arcas de Felipe III estaban exhaustas. Pero, después de dos años de victorias españolas consecutivas, los holandeses cedieron. Las negociaciones comenzaron en 1607 y concluyeron en 1609 con la firma de una tregua que iba a durar doce años y así, con ese nombre, pasaría a la historia.

Las condiciones de la Tregua de los Doce Años no eran malas para las Provincias Unidas: se levantaba el embargo comercial que España había impuesto y se concedía libertad comercial a los holandeses en las Indias. Éstos aprovecharán para sacar el máximo partido político de la situación, estableciendo relaciones diplomáticas con varios países y expandiendo sus vías comerciales. España, por su parte, sabía que el acuerdo no duraría mucho. Lo rompieron los propios holandeses, fundamentalmente por la intolerancia de los calvinistas. Primero arrestaron y ejecutaron al protagonista del acuerdo, Johan van Oldenbarnevelt. Después intentaron un infructuoso asalto a Amberes. En 1621 España propuso la prórroga de la tregua, sin éxito. La guerra de Flandes, como hemos visto, durará hasta 1648.

LA EXPULSIÓN DE LOS MORISCOS

La España que hervía de actividad diplomática con todos estos tratados de paz era la misma que, mientras tanto, tenía que hacer frente a un problema interior con muy mala solución: el de los moriscos. Recordemos: después de la rebelión de Las Alpujarras, decenas de miles de moriscos pudieron ser reasentados en otros lugares de España; entre otras cosas, por la presión de la nobleza terrateniente, que necesitaba esa mano de obra. Pero la situación exterior e interior permanecía idéntica: los moriscos no se integraban y la guerra con el turco seguía viva, de manera que el temor a una «quinta columna» musulmana en el interior del país era algo más que una hipótesis.

El problema, en efecto, era éste: que los moriscos no querían integrarse. Seguían siendo comunidades de cristianos en superficie, que en realidad querían ser musulmanes. En Valencia, por ejemplo, se habían organizado como reino de los «cristianos nuevos de moro». Aspiraban a una singularidad política en sus relaciones con los señores de la tierra y con la corona, y al mismo tiempo habían tendido lazos con África, con Venecia, con Francia… enemigos de España. Algunas interpretaciones históricas aluden a un fenómeno de racismo. No es verdad: nadie pensó en expulsar a los gitanos, por ejemplo, ni a los irlandeses. El problema era otro: de política interior y de política exterior. Y terminó reventando.

Fue Felipe III quien tomó la decisión. En 1609 se llevaron a cabo los primeros procesos de expulsión, que afectaron sobre todo al reino de Valencia. Después, en enero de 1610, seguirán los moriscos andaluces. El

10 de enero se promulgó la orden, que sería leída públicamente en los días siguientes. A partir de aquel 13 de enero de 1610, y a lo largo de los seis años posteriores, unos 275.000 musulmanes abandonaron España con destino al norte de África.

INTRIGAS DE PALACIO

Siempre que se escribe la crónica del reinado de Felipe III aparecen invariablemente las feroces intrigas de palacio protagonizadas por la corte. Es cierto que las conspiraciones cortesanas de la época son dignas de una novela de enredo… trágico. ¿Qué pasó? Veamos.

Felipe III, poco aficionado a la tarea de gobierno, delegó la mayor parte de sus responsabilidades en un valido, un hombre de su entera confianza: Francisco de Sandoval, duque de Lerma. Éste aprovechó su cargo para enriquecerse mientras delegaba a su vez los trabajos políticos en otro subordinado: Rodrigo Calderón. El cual, por supuesto, también sacó el oportuno partido de la situación. Dispuesto a controlarlo absolutamente todo, Lerma metió en el negocio a su hijo Cristóbal, duque de Uceda. Pero Uceda, tan ambicioso como todos los demás, comenzó a intrigar contra su propio padre con ayuda del confesor del rey, el dominico Luis de Aliaga. Así se tendieron los hilos del drama.

En 1618 Uceda y Aliaga logran que Lerma se vea acusado de corrupción —lo cual, efectivamente, era cierto— y sea desplazado de la corte. Lerma, que ve su cabeza peligrar, consigue que el papa le haga cardenal, con lo cual salva su vida y buena parte de su hacienda. La cabeza que cae es la del valido del valido, o sea, Calderón, que acaba preso en 1619 por corrupción y por haber ordenado el asesinato de un soldado, y será ejecutado dos años después. Uceda quedó como valido del rey, pero no por mucho tiempo, porque Felipe III moría en 1621 y el heredero, Felipe IV, lo apartó de la corte desde el mismo día de su acceso al trono. Uceda terminará encarcelado por corrupción y apropiaciones indebidas. Morirá en la cárcel en 1624. Su padre, el duque de Lerma, le seguirá a la tumba un año después, totalmente retirado de la vida pública. También apartado de la corte y desterrado en varios monasterios menores morirá Luis de Aliaga, el viejo confesor. Tomará las riendas del poder un estadista de gran estilo, Baltasar de Zúñiga. Su programa: «Restaurar todas las cosas en el estado que estaban durante el reinado de Felipe II y abolir la gran cantidad de abusos introducidos por el reciente gobierno».

Un retrato más bien poco edificante, el de la corte de Felipe III. Y sin embargo, ésa fue la misma gente que diseñó las jugadas diplomáticas que llevaron a la Pax Hispánica. Tal vez porque, como se ha dicho, el Estado que construyeron sucesivamente los Reyes Católicos, Carlos I y Felipe II había alcanzado un grado superlativo de estabilidad política, organización administrativa y claridad intelectual. Por así decirlo, el imperio funcionaba solo. Es en este momento cuando el imperio, con algunas conquistas militares y algunas otras permutas políticas, alcanzó su máxima extensión territorial. Lo cual no quita para que, también en este preciso instante, asomaran ya los problemas que iban a terminar minando la salud del gigante, empezando por la gran crisis climática del XVII, que iba a afectar a todo el mundo, pero muy especialmente a España.

La última gran jugada política de la Pax Hispánica será la intervención en el conflicto del Sacro Imperio Romano Germánico. Su cerebro fue precisamente el mencionado Zúñiga. Ocurrió que en 1619 el emperador murió y los príncipes protestantes agrupados en la Unión Evangélica quisieron aprovechar la situación para hacerse con la corona de Bohemia. Las potencias europeas —Inglaterra, Francia, Holanda— vieron una excelente oportunidad para erosionar el poder de los Habsburgo tanto austriacos como españoles. ¿Cómo? Reactivando la guerra en Flandes. Zúñiga vio que España no podía quedar al margen: «Si no se puede frenar a Holanda —decía— se perderán las Indias, después Flandes, después Italia y por último la propia España». Ambrosio Spínola llevó a sus tercios hasta el Palatinado, avanzó hacia Praga y derrotó a la liga protestante.

Nadie sabía entonces que acababa de comenzar la guerra de los Treinta Años.

32

EL CONDE-DUQUE DE OLIVARES Y EL PROBLEMA NACIONAL

La llamada guerra de los Treinta Años, entre 1618 y 1648, no fue propiamente un conflicto que duró treinta años; fueron más bien tres decenios consecutivos de guerra que implicaron a absolutamente todas las potencias del espacio europeo en una intrincada maraña de conflictos que se extendió desde Noruega hasta Sicilia y desde Portugal hasta Rusia y el imperio otomano. Aparentemente, todo comenzó con la oposición entre los Habsburgo y la alianza protestante por el control del reino de Bohemia. Fue aquella operación en la que los tercios de Ambrosio Spínola marcharon victoriosos hasta Praga y afirmaron la hegemonía de los Austrias españoles y alemanes. Pero, a partir de ahí, todos los agentes políticos del momento —ingleses, franceses, holandeses, suecos, noruegos, polacos, hasta suizos— se lanzaron a una infinita cadena de guerras de imprevisible desenlace.

Hasta doce guerras distintas, una detrás de otra y, a veces, varias a la vez. Teóricamente, fue una guerra entre potencias católicas y potencias protestantes. Pero Francia, católica, se aliará con los protestantes, y éstos tampoco dejarán de hacerse la guerra entre sí. España, que tenía frentes en todas partes, se vio envuelta en un torbellino imposible. Todo ello en un continente que al mismo tiempo estaba sufriendo una intensa ola de frío, un ciclo pertinaz de malas cosechas, una serie repetida de hambrunas y un acusado descenso demográfico. Un infierno, en fin. Para España fue, ciertamente, una catástrofe, como enseguida veremos. Pero todo el mundo salió quebrantado de allí: Inglaterra, con una revolución que terminó con la ejecución del rey; Francia, con las guerras civiles de la Fronda; los estados alemanes y los Países Bajos, diezmados por las revueltas y las epidemias. El Sacro Imperio perdió a un tercio de su población entre la guerra, el hambre y las enfermedades. La población masculina de los estados alemanes se redujo a la mitad. Se calcula que la guerra de los Treinta Años costó más de cinco millones de muertos, tanto militares como civiles. Y es un cálculo por lo bajo.

LAS REFORMAS DE OLIVARES

Vayamos a España. Felipe III muere en 1621 y le sucede su hijo Felipe IV. El nuevo rey tiene dieciséis años cuando llega al trono. El hombre fuerte del país es el brillante Zúñiga, que ha emprendido una intensa tarea de reforma económica y administrativa. Es exactamente lo que le hace falta al país: reequilibrar las cuentas, limpiar la atmósfera en la corte, desterrar la corrupción, escuchar las quejas del pueblo, planificar una política internacional de amplio aliento... Pero Zúñiga muere en 1622, con sesenta y un años, dejando su obra incompleta. Coge el relevo su sobrino (y aliado en las querellas de palacio) Gaspar de Guzmán y Pimentel, un vigoroso cortesano de treinta y cuatro años, hijo de una relevante personalidad del gobierno, criado en Italia y formado en la Universidad de Salamanca. Pasará a la historia por sus títulos: el conde-duque de Olivares.

Olivares es uno de los personajes más discutidos de la historia de España: para unos, un hombre de ambición desmedida; para otros, un reformador de gran estilo. En realidad, ambas cosas son perfectamente compatibles. Olivares lee el paisaje y concluye que España necesita tres reformas urgentes. La primera, la reforma económica, porque urge renovar las fuentes de financiación del Estado. ¿Cómo? Recomponiendo el panorama fiscal para que sea posible disponer de un presupuesto público y, con él, afrontar tanto las necesarias obras de infraestructuras como el cuidado de los ejércitos. La segunda reforma es la de la vida pública. Soluciones: perseguir la corrupción, extender lo más posible la educación, reformar las costumbres y fomentar la natalidad y las familias numerosas para enmendar el retroceso demográfico, entre otras cosas. Y la tercera reforma era la militar: para hacer frente al paisaje que estaba dibujándose en Europa —y en las Indias—, España necesitaba un ejército mucho más poderoso. Propuesta: la Unión de Armas, que obligaba a cada reino de aquella monarquía compuesta que era la de los Austrias españoles a contribuir con un cupo de hombres al esfuerzo bélico común. En definitiva, reorganizar el Estado y centralizar el poder. Pero en los tres empeños fracasará.

El propio Olivares expresó su proyecto de forma muy nítida al rey Felipe IV en un Memorial escrito en 1624: «Tenga Vuestra Majestad por el negocio más importante de su Monarquía, el hacerse rey de España: quiero decir, Señor, que no se contente Vuestra Majestad con ser rey de Portugal, de Aragón, de Valencia, conde de Barcelona, sino que trabaje y piense, con consejo mudado y secreto, por reducir estos reinos de que se compone España al estilo y leyes de Castilla, sin ninguna diferencia, que si Vuestra Majestad lo alcanza será el Príncipe más poderoso del mundo». El principio se enunciaba así: *multa regna, sed una lex*, o sea, «muchos reinos, pero una ley». A Olivares se le ha reprochado que ese esfuerzo centralizador contradecía la esencia de la monarquía de los Austrias. Es verdad, pero lo mismo estaba haciendo Richelieu en Francia en aquel momento: no había otra forma de acumular el poder necesario para afrontar los desafíos que se dibujaban en el horizonte. Richelieu pudo lograrlo —no sin quebrantos—, pero a Olivares le falló lo fundamental: la propia estructura del país.

El sistema fiscal de la España de la época obedecía a una fórmula de descentralización absoluta: cada reino o señorío aportaba por separado, de forma asimétrica, un cupo acordado por cada una de las cortes singulares. El principal esfuerzo, con muchísima diferencia, radicaba en Castilla. Quevedo lo explicó muy bien: «En Navarra y Aragón/ no hay quien tribute ya un real/ Cataluña y Portugal son de la misma opinión,/ sólo Castilla y León/ y el noble reino andaluz/ llevan a cuestas la cruz». Las reformas de Olivares no iban tan lejos como para proponer una centralización fiscal, pero sí insistían en un aumento de la contribución de los reinos, lo cual levantó la inmediata hostilidad de las distintas cortes. Además, Olivares pretendía modificar la tributación de las grandes fortunas aristocráticas, con lo que se granjeó la mortal enemistad de buena parte de la nobleza. Unos y otros se las arreglaron para que los intentos reformistas del conde-duque quedaran en papel mojado.

Tampoco cosechó Olivares los resultados apetecidos en materia de reforma de la vida pública. Muchos corruptos fueron castigados y sus fortunas incautadas, ciertamente, pero en torno al propio conde-duque creció una nueva clientela que terminaría repitiendo algunos de los vicios de la etapa precedente. En el orden de la política demográfica, todos los proyectos se estrellaron contra el muro de la realidad: epidemias, escasez, hambrunas, malas cosechas… Castilla llegó a perder en este periodo hasta una cuarta parte de su población; Aragón, alrededor de un 15 por ciento. Una política de revitalización como la que se pretendía necesitaba dinero, pero éste escaseaba por el mencionado problema fiscal.

Y la tercera gran reforma, la militar, fue la que al cabo significó la caída de Olivares. La Unión de Armas propuesta en 1626 pretendía que todos los «Reinos, Estados y Señoríos» de la corona contribuyeran en hombres y dinero a su defensa, en proporción a su población y a su riqueza. Castilla y las Indias: 44.000 soldados; el principado de Cataluña, Portugal y Nápoles, 16.000 cada uno; los Países Bajos, 12.000; reino de Aragón, 10.000; Milán, 8.000; los reinos de Valencia, Mallorca y Sicilia, 6.000 cada uno. El objetivo era totalizar un ejército de 140.000 hombres en un momento en el que la guerra había vuelto a Flandes y los daneses, aliados de los holandeses, se disponían a intervenir en el centro de Europa al lado de todos los estados protestantes. Pero la Unión de Armas fracasó, muy fundamentalmente, por la oposición de las cortes catalanas. Así que la corona no pudo disponer del ejército que en aquel momento precisaba.

¿Lo precisaba? Sí. A partir de aquel momento, España, que ya estaba combatiendo en Flandes, se vio envuelta en una guerra contra Francia y Venecia por el control de Mantua (1628-1631), dos guerras consecutivas en Suiza por el control de los pasos desde Italia hacia el norte (1620-1639), una guerra contra Inglaterra que se ventiló en Flandes y en el Atlántico y en la que se impusieron los españoles (1625-1630), una guerra contra Francia que empezó en 1635 y otra guerra en Portugal abierta en 1640. Y estas dos últimas, por cierto, marcarán el principio del ocaso del imperio español.

CATALUÑA Y PORTUGAL

Francia quería ante todo mermar la influencia española en el escenario europeo. El cardenal Richelieu vio con claridad que el mejor modo de hacerlo era cebar los problemas internos de España. Esos problemas eran sobre todo dos: primero, el conflicto político con Cataluña por la cuestión de la Unión de Armas y la contribución fiscal a la corona, y segundo, la insatisfacción de la nobleza portuguesa, pues Portugal seguía unido al reino de Felipe IV, pero las grandes casas del país ya tenían a su propio candidato, Juan de Braganza. Los dos conflictos estallaron prácticamente a la vez.

Primero fue la cuestión catalana. En 1635 Francia había declarado la guerra a España. En ese contexto, en la primavera de 1640 Olivares manda a sus ejércitos a la frontera con Francia, en Gerona, para dar la batalla allí. Hay que alojar y avituallar a esos hombres. Las instituciones catalanas se niegan a hacerlo. En efecto: aunque los ejércitos franceses están en la frontera de Cataluña, la Diputación General rehúsa contribuir ni con hombres ni con dinero al esfuerzo bélico invocando los derechos particulares del territorio. Pero la tropa tiene que comer. ¿Con qué? Inevitablemente comienzan los saqueos, que fustigan particularmente a la población campesina.

En junio de 1640 estalla un motín de campesinos que llegan a Barcelona y pasan la ciudad a sangre y fuego. Es la «revuelta de los segadores». Los segadores matan al menos a veinte funcionarios reales, incluido el virrey Coloma. El canónigo Pau Claris, que estaba al frente de la Diputación General de Cataluña, no pone orden, sino que toma el liderazgo del movimiento rebelde y aprovecha el caos para romper formalmente con el gobierno de la corona. Será, sin embargo, por poco tiempo: en septiembre la Generalidad, incapaz de sofocar la revuelta, pide ayuda militar a Francia. En enero de 1641 las Cortes catalanas proclaman la República y se ponen bajo la «protección» del rey de Francia, que de inmediato invade Cataluña, la pone bajo su soberanía y, por supuesto, anula las libertades forales catalanas. A partir de ahí comenzará una dura guerra que, en realidad, será una guerra civil entre partidarios de Francia y partidarios de España en territorio catalán. El conflicto se prolongará hasta 1652.

El problema portugués estalló en diciembre de 1640, cuando buena parte de la nobleza aprovechó el descontento popular por la carestía para promover un motín anti español en Lisboa. La nobleza portuguesa quería recuperar su poder político y proteger sus privilegios, seriamente amenazados por el marco general de guerra, con sus inevitables exigencias de dinero y soldados. Además, reprochaba a España que, por su culpa, las posesiones ultramarinas portuguesas se hallaban en peligro. El pueblo, por su parte, se hallaba exhausto, como en todas partes. A finales de 1640 los ejércitos españoles estaban fundamentalmente en la frontera francesa, de manera que no había nadie para frenar la conjura. El motín de Lisboa se saldó con el asesinato del secretario de Estado, Miguel de Vasconcelos, portugués también.

Los rebeldes proclamaron de inmediato rey a Juan de Braganza, que era el mayor terrateniente del país. Felipe IV, naturalmente, no aceptó la independencia. Estalló una guerra entre España y Portugal que se prolongaría hasta 1668. Detrás de la operación portuguesa estuvieron, además de la simpatía francesa, el apoyo de Inglaterra y Holanda; que tampoco durará mucho, porque ambas potencias codiciaban las posesiones asiáticas de Portugal. Holanda y Portugal firmaron un acuerdo de paz en 1641 que, para sorpresa de Lisboa, contemplaba sólo el territorio europeo. Eso significaba que ahora Portugal, sin el respaldo de España, debería arreglárselas sola frente a las potencias navales hostiles. No pudo. Holanda no tardaría en apoderarse de numerosas plazas portuguesas en América, África y Asia.

BAJAR LA CABEZA

No fueron las únicas revueltas a las que tuvo que hacer frente Felipe IV. En 1641 hubo una rebelión en Andalucía liderada por las grandes casas nobiliarias, y por razones fundamentalmente fiscales. En 1647 la rebelión estalló en Nápoles. En 1648, en Aragón, donde llegó a proclamarse rey al duque de Híjar. Todas esas rebeliones quedaron sofocadas sin mayores consecuencias. En todo caso, fue ya sin Olivares. La nobleza española, generalmente hostil al conde-duque, alimentó todo tipo de insidias sobre él. Terminó confinado en sus tierras de Loeches en 1643, después de veintiún años de gobierno. Incluso se le quiso llevar ante la Inquisición. Gaspar de Guzmán murió en 1645. Los problemas que quiso resolver permanecerían vivos mucho tiempo.

Felipe IV tomó personalmente las riendas del poder. La tarea le superó muy pronto y acabó delegando el gobierno en Luis de Haro, hombre de fidelidad absoluta al monarca. Lo único que pudieron hacer el rey y su valido fue constatar la evidencia: España ya no podía más. Y, en consecuencia, ir cerrando frentes aun a costa de graves pérdidas, especialmente en el escenario europeo. En 1648, por el Tratado de Westfalia que puso fin formal a la guerra de los Treinta Años y a la guerra de Flandes, España reconoció a Holanda. En 1652, después de largo asedio, Barcelona acabó pidiendo la rendición; Felipe IV ofreció un perdón general a los rebeldes. Entonces Inglaterra y Francia se aliaron contra España, y la presión forzó a España a firmar la paz de los Pirineos en 1659, tratado por el que se entregaba a Francia una buena porción de territorios en el Rosellón, la Cerdaña y el Artois, junto a Flandes. Francia se convertía formalmente en la primera potencia europea. El último capítulo fue la derrota ante Portugal en 1665. Felipe IV falleció muy poco después, tras un largo reinado de cuarenta y cuatro años.

Alrededor del rey difunto, el paisaje era ya abiertamente desolador: una crisis económica insalvable, una crisis demográfica atroz, comercios cerrados y campesinos sin tierra. «Miré los muros de la patria mía,/ si un tiempo fuertes, ya desmoronados», había escrito Quevedo allá por 1645, poco antes de morir. Veinte años después, la situación era todavía más grave. Y en el trono, un niño enfermo de cuatro años, el único heredero varón de Felipe: Carlos II. Pero el imperio, asombrosamente, iba a aguantar.

33
LAS VIRTUDES DEL HECHIZADO

Felipe IV tuvo diecisiete hijos en sus dos matrimonios y al menos otros treinta hijos extramatrimoniales. De su primer enlace con Isabel de Borbón, hija del rey de Francia, sólo dos hijos pasaron de los dos años de edad: Baltasar Carlos, heredero de la corona, y María Teresa, que acabaría siendo reina de Francia. Pero Baltasar Carlos murió de viruela con diecisiete años en 1646, lo cual obligó al rey a casarse de nuevo. Fue con su sobrina Mariana de Austria. También ésta le dio un varón, Felipe Próspero, pero el niño, de constitución muy enfermiza, falleció a los cuatro años, en 1661. Sólo un varón quedaba vivo: Carlos, el quinto hijo de Mariana. Él reinará como Carlos II y el pueblo le adjudicará el inquietante sobrenombre de «el Hechizado».

UN GIGANTE IMPOTENTE

Cuando murió Felipe IV, Carlos tenía sólo cuatro años. El gobierno quedaba en manos de una junta compuesta por los presidentes de los distintos consejos de la corona: Castilla, Aragón, un consejero de Estado, un Grande de España, el inquisidor general y el secretario del Despacho Universal, que era como se llamaba al responsable de la secretaría del rey. Ahora bien, quien ejercía la regencia del trono durante la minoría de edad del rey era su madre, Mariana de Austria, a la que su difunto esposo había otorgado el título de «reina gobernadora», y ésta sentía una insondable desconfianza hacia los aristócratas que componían la junta de gobierno. ¿Desconfianza justificada? Sí: en una situación tan frágil, y con el país en pleno colapso, la junta de gobierno era en buena medida mera proyección de las pugnas de las grandes casas nobiliarias por mantener sus propios privilegios. De manera que la reina recurrió a su confesor, el jesuita tirolés Nithard, al que invistió del cargo de inquisidor general para meterlo en la junta de gobierno y que, en la práctica, ejerció como valido de la regente. ¿Programa de Nithard? Reformar la Hacienda, muy maltrecha. ¿Posibilidades de hacerlo? Ninguna.

Si el siglo XVII estaba siendo terrible en toda Europa, en España sus efectos resultaban simplemente letales. La guerra había consumido infinitos recursos y, como además su balance fue negativo, muchos mercados quedaron cerrados. La ganadería lanar, que vivía muy particularmente de la exportación, entró en crisis. La industria también perdió mercados ante la competencia extranjera. La agricultura no era una alternativa, pues venía muy afectada desde tiempo atrás por la crisis demográfica y la despoblación. El comercio también se resintió de forma muy acusada porque los franceses empezaron a copar las rutas del Mediterráneo mientras ingleses y holandeses hacían lo propio en el Atlántico. ¿Y las Indias? Las Indias llevaban su propia vida, en general mucho más próspera y, sobre todo, más pacífica que la de Europa, y su contribución al Tesoro menguaba porque las minas de oro y plata empezaban a dar señales de agotamiento.

Conforme a las ideas económicas de la época —el llamado «mercantilismo»—, la riqueza de una nación dependía estrictamente del capital en metales preciosos que el Tesoro del Estado tuviera en su poder, y el instrumento para crecer era el comercio exterior, la protección del mercado interior y la acuñación de moneda. Los gobernantes españoles de la época no hicieron otra cosa, pero, con la crisis comercial, la circulación monetaria disminuyó, de manera que se recurrió a envilecer su calidad: cada vez había menos plata en las monedas. Como la moneda cada vez valía menos, la crisis se agravó. El aumento de impuestos tampoco solucionó gran cosa, más bien al contrario, porque restringió aún más la actividad económica. Un problema sin aparente solución. España era un gigante impotente.

JUAN JOSÉ DE AUSTRIA

Por otra parte, la regente y el heredero tenían un problema con nombre propio: don Juan José de Austria, uno de los numerosos hijos bastardos de Felipe IV, pero el único legitimado por su padre. Este caballero había nacido en 1629, hijo del rey y la actriz María Calderón, la Calderona (también llamada Marizápalos). Juan José iba a ser destinado a la carrera religiosa, pero su brillantez personal y la ausencia de herederos varones hizo aconsejable iniciarle en las artes de la política y la guerra. Se le dio una esmeradísima educación en Ocaña, Toledo, con los mejores maestros, y allí demostró el muchacho no sólo una inteligencia despejada y singulares dotes para la pluma, sino además una vocación irrefrenable por las armas, la caza y la equitación. Muy evidentes debían de ser sus dotes cuando el rey Felipe le propuso desde muy pronto para los mayores cometidos, y Juan José siempre demostró una habilidad y una inteligencia extraordinarias en medio del inextricable laberinto de problemas de aquel tiempo, con multitud de frentes abiertos en América, Italia y Flandes.

Juan José de Austria tenía sólo dieciocho años cuando sofocó la revuelta de Nápoles con una eficaz mezcla de diplomacia y estrategia militar. Inmediatamente después pacificó Barcelona —desgarrada entre los partidarios de someterse a Francia y los leales al rey de España— y terminó con la guerra de Cataluña, donde fue nombrado virrey. Entonces se le mandó a Flandes, el avispero de la corona, donde obtuvo ciertos éxitos ante los franceses, como la victoria de Valenciennes en 1656. Realmente Juan José parecía un tipo del siglo anterior. Sufrirá serios reveses en Flandes y, después, en Portugal, pero es difícil imputarle a él los fracasos. España ya era una potencia declinante, pero Juan José de Austria parecía el tipo de persona que podía cambiar las cosas. Ése fue precisamente su drama.

La reina Mariana, temiendo que Juan José le quitara la corona a Carlos, hizo lo imposible para mantenerlo bien lejos de la corte. Al mismo tiempo, reemplazaba al viejo jesuita Nithard por otro valido, Valenzuela, un cortesano de su estricta confianza personal. Aquello no hizo sino aumentar la irritación de los grandes del reino, que empezaron a ver a Juan José como una buena opción. El bastardo regio intentó incluso un golpe de Estado que triunfó, pero él mismo renunció a atacar Madrid. Tenía el poder en la mano, y lo sabía. Y algo más: también sabía que tenía el aprecio del propio Carlos II, que acababa de ser declarado mayor de edad. En 1677 la presión de la aristocracia y los grandes del reino condujo a Juan José de Austria a la dirección del gobierno. Fueron malos años: pésimas cosechas, hambre, peste. La presión francesa tampoco cedía: en 1678 España tuvo que ceder a París el Franco-Condado. El nuevo hombre fuerte del país concibió un amplio programa de reformas. No llegó a tiempo: la muerte se lo llevó apenas dos años después, probablemente envenenado.

EL MILAGRO ECONÓMICO

Fue entonces cuando el gobierno de Carlos II hizo algo que parecía imposible: aliviar el problema económico. ¿Qué parte tuvo el propio rey en todo esto? Imposible saberlo: la crónica de la España de los últimos Austrias está tan teñida de propaganda —en buena parte, borbónica— que es difícil saber si realmente Carlos II era tan limitado como nos lo pintan. El sobrenombre de «el Hechizado» que se le atribuye obedece precisamente a eso: había gente que pensaba que el rey era víctima de un hechizo. El hecho es que en los siguientes diez años, entre 1680 y 1690, las arcas del reino volverán a estar llenas.

El primero que emprendió esta titánica tarea fue el duque de Medinaceli, Juan Francisco de la Cerda, al que le tocó la peor parte del programa: devaluar la moneda, provocando una deflación galopante. Las arcas del Estado quedaron vacías, lo cual era una auténtica herejía para la ortodoxia mercantilista. La devaluación produjo tal desconcierto que hubo quien se lanzó a acaparar grano y estallaron revueltas por todas partes. Sin embargo, era el paso imprescindible para aliviar la presión sobre los súbditos de la corona y que la actividad económica pudiera fluir. Medinaceli tuvo que dimitir. La segunda parte del programa le correspondió a Manuel-Joaquín Álvarez de Toledo-Portugal, conde de Oropesa: elaboró un presupuesto de base cero con un techo de gasto, redujo los impuestos, condonó las deudas a los municipios (lo cual permitió que se recuperaran y, al poco tiempo, volvieran a contribuir) y cerró el grifo a los gastos suntuarios de la corte, entre otras medidas que sanearon a fondo la Hacienda real. Oropesa terminó dimitiendo en 1691 por las intrigas cortesanas, pero lo fundamental del trabajo ya estaba hecho. Por primera vez, la Hacienda real tuvo superávit.

España se estaba recuperando a gran velocidad. Lo sabemos por los datos demográficos y por los movimientos económicos. Burgos, por ejemplo, triplicará su población en medio siglo, como Cádiz; Ciudad Real o Murcia casi la duplican. En Madrid se constituye en 1682 una junta general de comercio porque el país hierve de iniciativas comerciales. En Vascongadas y Cantabria se multiplica la producción industrial de artillería y en Barcelona empieza a organizarse la exportación de tejidos al extranjero. Es decir que España, a finales del XVII, empezaba otra vez a funcionar a toda máquina. Lo que ya no funcionaba, es verdad, era el aparato político.

¿En qué consistían las intrigas cortesanas que llevaron a Oropesa a dejar el gobierno? Fundamentalmente, en los juegos de poder vinculados a la sucesión de Carlos II. El rey se había casado en 1679 con María Luisa de Orleans, sobrina de Luis XIV, el rey de Francia. No tuvieron hijos porque Carlos no podía. María Luisa murió de una peritonitis en 1689. «Muchas mujeres podrá tener Vuestra Majestad, pero ninguna que le quiera más que yo», fue lo último que le dijo la pobre María Luisa a su marido. Después Carlos, siempre en busca de heredero, se casó con Mariana de Neoburgo, emparentada con la familia imperial. Tampoco hubo hijos. Al parecer, Carlos padecía, además de raquitismo, el llamado «síndrome de Klinefelter», que se manifiesta, entre otras cosas, en infertilidad. El hecho es que, ante la creciente evidencia de que no habría heredero directo, las distintas facciones de la corte empezaron a disputar en torno a la sucesión. La facción de la reina madre, Mariana de Austria, apostaba por dejar la sucesión en manos de su bisnieto José Fernando de Baviera, y la facción de la reina consorte, Mariana de Neoburgo, esposa de Carlos II, apostaba por un sucesor Habsburgo —el archiduque Carlos— para que la corona volviera al núcleo del imperio austriaco. Carlos II dictó testamento en septiembre de 1696 y designó a José Fernando.

AL CALOR DEL CADÁVER

Mientras tanto, en el exterior, todas las potencias europeas esperaban ansiosas el desenlace. Era como la agonía de un gigante a cuyo alrededor se agruparan, vigilantes, los buitres. Y el gigante no era Carlos, ciertamente, sino España. La España de aquel tiempo aún abarcaba desde América hasta las Filipinas, y en Europa conservábamos Flandes, el Milanesado y Nápoles. ¡Y con las arcas saneadas! Un apetitoso bocado para las otras potencias, y en especial para Inglaterra y Francia, que veían llegada la hora de derribar la hegemonía española. Ahora bien, ni Francia se fiaba de Inglaterra ni ésta de la otra, de manera que ambas coronas se pusieron de acuerdo para sacar el mayor beneficio sin tener que hacerse la guerra. El 11 de octubre de 1698, en la ciudad holandesa de La Haya, embajadores de Francia, Inglaterra y Holanda firmaban un pacto por el que se repartían las posesiones del imperio español. Eso fue el Tratado de Partición. En síntesis: al futuro rey José Fernando se le permitiría conservar la España peninsular y las Indias, pero Francia se quedaría con Navarra, Guipúzcoa, Nápoles, las Filipinas y el norte de África, y Austria ganaría el Milanesado. En cuanto a Inglaterra y Holanda, obtendrían amplias ventajas en el control del comercio marítimo con América.

Por desgracia para los negociantes, José Fernando murió en 1699 con siete años, probablemente envenenado. Eso deshizo todos los planes y obligó a un nuevo Tratado de Partición, el segundo, que se firmará en Londres y La Haya en marzo de 1700. Y aquí el paisaje ya había cambiado de forma decisiva, porque alguien había hecho valer otros derechos: María Teresa de Austria, la hermana de Carlos II, casada con el rey Luis XIV de Francia, tenía un nieto llamado Felipe. Y resulta que este Felipe, nieto del gran enemigo de España, era el descendiente más directo de la dinastía de los Austrias españoles. Carambolas de los matrimonios regios. El 3 de octubre de 1700 Carlos II dictaba testamento en favor de su sobrino Felipe de Anjou. Era el candidato que querían los franceses, evidentemente. Con él, que reinará como Felipe V, entraba en el trono español la Casa de Borbón.

Carlos murió el 1 de noviembre de 1700. Tenía treinta y ocho años pero parecía un anciano desahuciado. Sus últimos meses habían sido de un continuo sufrimiento y de un agotamiento total. El forense escribió que «no tenía ni una sola gota de sangre, el corazón apareció del tamaño de un grano de pimienta, los pulmones corroídos, los intestinos putrefactos y gangrenados, tenía un solo testículo negro como el carbón y la cabeza llena de agua». Felipe de Anjou, Felipe V, llegó a España en enero de 1701. No pasaría un año antes de que Inglaterra, Austria y Holanda declararan la guerra a Francia y a España. Comenzaba la guerra de Sucesión.

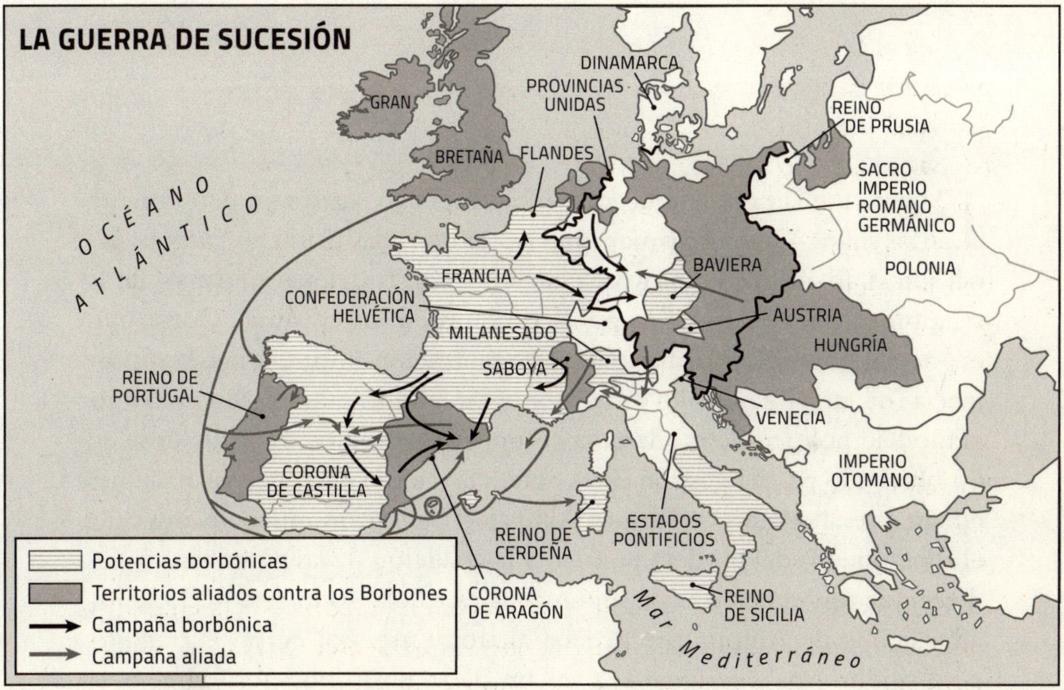
LA GUERRA DE SUCESIÓN
OCÉANO ATLÁNTICO
GRAN BRETAÑA
DINAMARCA
PROVINCIAS UNIDAS
FLANDES
REINO DE PRUSIA
SACRO IMPERIO ROMANO GERMÁNICO
BAVIERA
POLONIA
FRANCIA
CONFEDERACIÓN HELVÉTICA
MILANESADO
AUSTRIA
HUNGRÍA
SABOYA
REINO DE PORTUGAL
VENECIA
CORONA DE CASTILLA
IMPERIO OTOMANO
REINO DE CERDEÑA
ESTADOS PONTIFICIOS
CORONA DE ARAGÓN
REINO DE SICILIA
Mar Mediterráneo
Potencias borbónicas
Territorios aliados contra los Borbones
Campaña borbónica
Campaña aliada

34
LA GUERRA DE SUCESIÓN

España fue la potencia hegemónica en el escenario europeo durante dos siglos. Creó el primer imperio global y las primeras rutas transoceánicas. Identificó su proyecto nacional con la defensa universal de la religión católica tanto en lo político como en lo espiritual. Construyó esa hegemonía sobre las bases de la organización institucional, la supremacía militar, el desarrollo técnico y el esplendor cultural. Sin embargo, el modelo político de monarquía compuesta terminó convirtiéndose en un obstáculo para la gestión de la potencia nacional frente a las naciones emergentes: Inglaterra y Francia. Al final, el peso económico del imperio, el agotamiento del modelo político y la coalición de las potencias rivales determinaron el ocaso de la supremacía española. Todo esto no lo ignoraba Felipe de Anjou, que llegaba al trono español como extranjero, pero que no iba a resignarse a ser un peón de su poderoso abuelo, el omnipotente Luis XIV de Francia.

UNA GUERRA INTERNACIONAL

De momento, la entrada de la Casa de Borbón en España desató prácticamente de inmediato una guerra en Europa. Las maniobras de Francia, Inglaterra y Holanda para repartirse el pastel español habían terminado colocando a Francia en posición ganadora, cosa que las otras dos potencias no iban a permitir. Tampoco iba a permitirlo el imperio, ya identificado plenamente con el espacio austriaco. Durante los decenios anteriores, el imperio de los Habsburgo, católico, había sido enemigo de Inglaterra y Holanda, países protestantes; ahora no dudarán en unirse frente a Francia, que acababa de adquirir un poder descomunal. Apenas murió Carlos II de España, Austria invadió algunos territorios italianos; en el mismo momento, Francia ocupaba territorios de Flandes en nombre de Felipe V, el nuevo rey español. No tardará en formarse la gran alianza antiborbónica: Inglaterra, Holanda, Austria y, además, un nuevo agente, Prusia, que veía la oportunidad de extenderse hacia el territorio imperial. Toda Europa se llenó de tambores de batalla. La guerra no tardaría en llegar a España e incluso a las Indias.

Felipe V, mientras tanto, hacía lo que todo rey español antes que él: jurar los fueros de los distintos reinos y señoríos de la corona. Eso incluía, por supuesto, los fueros catalanes. En Barcelona se acogió muy bien al nuevo monarca: las Cortes le dieron un donativo de millón y medio de libras a cambio, eso sí, de grandes concesiones comerciales. Nada en aquel momento permitía prever una guerra en suelo español. Mucho menos que esa guerra fuera a terminar con un episodio especialmente intenso en Cataluña. Ahora bien, ocurrió que París hizo saber que Felipe de Anjou no renunciaba a sus derechos sobre el trono francés. ¿Los tenía? Remotos, pero los tenía. Lo cual podría significar que un solo monarca gobernara al mismo tiempo Francia y España. Verosímil o no, era lo que los enemigos de Francia —que ya eran todos— estaban esperando. En mayo de 1702 la «Gran Alianza» declara la guerra a Francia y a España. Acto seguido, Inglaterra, Holanda, Austria y Prusia —enseguida se unirá a ellos Portugal— se ponen de acuerdo para proponer a un Habsburgo, el archiduque Carlos, como candidato alternativo al trono español. Y así la guerra llegó a España.

Lo más fácil es contar esta guerra como una disputa de dos bandos por el trono: dos pretendientes extranjeros, Felipe de Anjou, francés de la Casa de Borbón, y el archiduque Carlos de Habsburgo, de la Casa de Austria, se enfrentan por la corona española. A lo largo del conflicto, los diversos territorios españoles van tomando partido por uno u otro. Para simplificar, digamos que los territorios del Mediterráneo —catalanes, valencianos y baleares—, junto a Aragón, irán acercándose cada vez más hacia el archiduque, que promete no sólo respetar sus fueros, sino ampliarlos; por el contrario, la corona de Castilla y especialmente la corte de Madrid respaldarán al Borbón, pero también lo harán navarros y vizcaínos, cuyos fueros respeta Felipe. Esto es, en efecto, lo más fácil, pero sería no contar toda la verdad.

La guerra de Sucesión fue en realidad algo mucho más complicado. España, como toda Europa, vivía una situación de gran cambio socioeconómico. Al calor de esos cambios estaban apareciendo innumerables conflictos de intereses entre distintas capas sociales. Son conflictos muy serios que no pueden entenderse como lucha de clases, sino que en cada lugar obedecen a causas diferentes. En Castilla, por ejemplo, la nobleza tradicional, la más poderosa, apuesta por Felipe de Anjou, mientras que los descontentos están con Carlos. En Cataluña, por su parte, veremos una enorme agitación en el campo, con auténticas guerras entre familias enfrentadas a muerte por un molino o por unas tierras. A esas guerras se añade la oposición entre tales y cuales sectores de la nobleza, tales y cuales sectores de la burguesía. Por eso habrá ciudades que cambien de bando en plena guerra, como ocurrió en Barcelona.

LA FLOTA DE INDIAS Y GIBRALTAR

El primer acto realmente importante de esta guerra fue el intento de desembarco anglo-holandés en Cádiz, en agosto de 1702: un ejército de 14.000 hombres que fue rechazado por las defensas españolas. Después vino un acto de piratería: el 23 de octubre de 1702 una escuadra anglo-holandesa desarboló a la flota de Indias en la ría de Vigo. Aquella flota traía el tesoro de América. Los ingleses sabían a lo que iban: querían quedarse con el cargamento de metales preciosos y especias que todos los años, en ocasiones dos veces, venía de las Indias con destino al mercado español.

Fue una multitud lo que apareció ante la ría de Vigo: casi 25.000 hombres repartidos en 39 barcos ingleses y 10 holandeses bajo las órdenes del almirante Rooke, que venía de sufrir un serio revés en Cádiz y seguramente vio en aquel negocio de Vigo una buena forma de enderezar las cosas. La expedición española, con escolta francesa, constaba de tres galeones de guerra, 14 galeones comerciales —los que llevaban el tesoro— y tres barcos auxiliares, protegidos por 15 navíos y tres fragatas franceses. La ría de Vigo estaba bien defendida, de modo que Rooke tramó un plan anfibio: atacar por mar y, al mismo tiempo, ocupar los castillos y fuertes cuya artillería cubría el litoral. Ganó algunas de esas plazas, de manera que la flota de Indias y sus defensas francesas se vieron sacudidas al mismo tiempo por la escuadra enemiga, desde el mar, y por los cañones desde tierra. Después de diez horas de combate, el almirante Manuel de Velasco ordenó hundir todos los barcos. ¿Y el tesoro? Ya no estaba: había salido con destino a Madrid a lomos de mil carros de bueyes, según consta en la documentación oficial.

A propósito: contra lo que dice el tópico, la verdad es que los enemigos de España, ya fueran corsarios, piratas o buques de bandera formal, muy pocas veces lograron asaltar aquel cargamento de tesoros que todos los años, desde 1522, surcó el océano. Ciertamente lo intentaron, pero muy rara vez se salieron con la suya. En dos siglos y medio, sólo cuatro flotas fueron derrotadas por los ladrones del mar y, de ellas, sólo dos cargamentos se perdieron, y nunca en su totalidad. La flota de 1628 fue atacada en Cuba por el holandés Piet Hein, que en realidad capturó sólo la mitad, porque la otra estaba advertida. El convoy de 1656 fue interceptado por la flotilla del inglés Stayner en Cádiz, donde los corsarios capturaron un galeón (otros cuatro llegaron a puerto). La del año siguiente se vio sorprendida por el inglés Blake en Santa Cruz de Tenerife, pero el tesoro ya había sido descargado. Lo mismo le ocurrió a aquella flota de 1702 en Vigo: el tesoro había pasado a tierra antes de la batalla. En realidad, más lesivas que los piratas fueron las tempestades: las flotas de 1622, 1715 y 1733 fueron desmanteladas por los huracanes del Caribe. Haciendo cuentas, el balance de la Flota de Indias es de sólo cinco cargamentos perdidos y siete flotas desarboladas en más de doscientos cincuenta años. La carrera de Indias era una de las rutas navales más seguras de la historia, como bien pudo comprobar Rooke en la ría gallega.

Este mismo Rooke será el que dos años después robe literalmente el Peñón de Gibraltar. En agosto de 1704, la flota inglesa comenzó a bombardear la plaza española. Hay que recordar que los ingleses estaban allí como aliados de uno de los bandos en la guerra por la sucesión. El bombardeo y toma del Peñón no era, pues, una conquista por una potencia extranjera, sino que tenía por objeto atacar las plazas controladas por el otro candidato al trono español, que era Felipe de Anjou. Esto es importante para entender la actitud de la guarnición que defendía la Roca. La flota inglesa armaba 900 cañones. Las defensas de Gibraltar eran exiguas: 80 soldados, un centenar de milicianos sin instrucción y 120 cañones de los que un tercio eran inservibles, al mando del sargento mayor Diego de Salinas.

Los ingleses instaron a la rendición en nombre del archiduque. No obstante, como la mayor parte de España, incluido Gibraltar, ya habían prestado obediencia a Felipe V de Borbón, la fortaleza decidió resistir. La flota anglo-holandesa bombardeó a conciencia: cinco horas de cañoneo, unos 3.600 disparos. Finalmente la plaza se rindió. Salinas no se rindió a los ingleses, sino a Carlos III de Austria, el otro rey de España. Pero entonces el almirante Rooke, desobedeciendo las órdenes de su jefe, que era el príncipe de Hesse Darmstadt, y aparentemente sin instrucciones directas de Londres, decidió cambiar las tornas y tomar el peñón para la reina Ana de Inglaterra. Las tropas que habían tomado Gibraltar se entregaron al asesinato, la violación y el saqueo. El santuario de Nuestra Señora de Europa fue ultrajado; las imágenes sagradas, decapitadas. Los civiles, antes que someterse a los ingleses, prefirieron abandonar la ciudad; se refugiaron en la ermita de San Roque, y así nació la ciudad que ahora lleva su nombre. Allí se conservan las llaves de la vieja fortaleza gibraltareña. Y desde entonces Inglaterra ocupa ilegalmente Gibraltar.

ALMANSA

En aquel mismo año 1704 tuvo lugar la batalla naval de Málaga, que terminó sin un vencedor claro. A Rooke aquello le costó el puesto, por cierto: lo retiraron y murió cinco años después. En el norte de América, mientras tanto, estallaba lo que los ingleses llamaron la «guerra de la reina Ana», y que consistió en una serie de ataques salvajes a las posiciones de los colonos franceses y españoles. A esa guerra corresponde la masacre de Apalache, en la que los ingleses y sus aliados indios exterminaron a los indios Apalaches de la misión española de Ayubale.

¿Y qué estaba pasando en la península? Que se sucedían los movimientos políticos y militares sin que la balanza terminara de inclinarse hacia ningún lado. En Barcelona, los austracistas promueven motines contra los felipistas. Fracasan. En 1704, una flota austracista intenta desembarcar en Barcelona, pero sin éxito. Al año siguiente, sin embargo, los austracistas de la ciudad pactan con Inglaterra: las tropas del Archiduque bombardean y conquistan la ciudad. ¿Están los barceloneses decididamente del lado austracista? No: en 1706, cuando los que asedian la ciudad son los borbónicos, estallan varios motines populares que terminan con el asesinato del *conseller en cap* de las instituciones catalanas a manos de las turbas. En Madrid, mientras tanto, el archiduque Carlos, con un ejército fundamentalmente inglés y portugués, logra entrar en la ciudad en junio de 1706, pero nadie le recibe. En octubre es nuevamente Felipe V quien pone el pie en la capital.

Un episodio decisivo fue la batalla de Almansa, en Albacete, el 25 de abril de 1707. En aquel momento, el partido de Felipe ya había cobrado ventaja sobre su oponente, forzado a retirarse a los territorios de la corona de Aragón. En Almansa se alinearon con Felipe de Anjou los ejércitos de Francia, y en el bando contrario, el del archiduque, formaron tropas inglesas, holandesas y portuguesas. Los borbónicos presentaban una clara superioridad numérica y su jefe, el duque de Berwick, supo aprovecharla. La batalla de Almansa permitió a los partidarios de Felipe de Anjou penetrar en el reino de Valencia, territorio fiel al archiduque Carlos y, entre otras cosas, quemar la ciudad de Játiva. Pronto el Borbón abolirá los fueros valencianos, como había hecho con los aragoneses. Desde entonces se conserva en Valencia un refrán popular: «Cuando el mal viene de Almansa, a todos nos alcanza».

Para dar una idea de lo que era realmente esta guerra, señalemos que el jefe de los franceses, el duque de Berwick, era francés de nacimiento, pero se llamaba James Fitz-James, era hijo ilegítimo del rey Jacobo II de Inglaterra, prestó servicio bajo las banderas inglesas y no pasó a Francia hasta que la guerra entre católicos y protestantes llevó a estos últimos al trono de Londres y obligó a su padre a exiliarse. Pero es que el general más significado del bando contrario en nuestra guerra de sucesión, el conde de Galway y marqués de Ruvigny, era Henri de Massue, un francés protestante que, exactamente por los mismos motivos religiosos que su rival, había acabado mandando tropas inglesas. Estos jefes de guerra no combatían por su nación, sino por su religión y su rey, que en la época eran los fundamentos de la comunidad política. Tampoco las tropas españolas pelearon entre sí por cuestiones territoriales, ideológicas o, mucho menos, nacionales, sino por la fidelidad al monarca escogido. ¿Y qué ponía aquí España? Unas pocas tropas en ambos bandos, aunque con presencia muy mayoritaria en el borbónico, y la corona que estaba en juego.

Desde 1709 Luis XIV, rey de Francia, empezó a buscar una manera de acabar con la guerra. Se hablaba tanto en los campos de batalla como en los despachos de los diplomáticos. En 1710 los austracistas vencen en Almenar y Zaragoza, pero los borbónicos se alzan con la victoria en Brihuega y Villaviciosa. La guerra parece no tener ya sentido, pero nadie ve cómo ponerle fin. Sin embargo, en 1711 ocurre algo trascendental: muere el emperador José I de Austria y su heredero es… el archiduque Carlos, el mismo que está peleando por el trono de España. A los ingleses se les cae el mundo encima: están peleando por entregar la corona a alguien que reinará a la vez en España y en el imperio, como en tiempos de Carlos I. Ni que decir tiene que Londres se apresuró a retirar su apoyo al archiduque. De inmediato comenzaron las conversaciones de paz.

EL FINAL EN BARCELONA

En España quedaba sin embargo un foco candente: Barcelona. Las tropas inglesas y austriacas abandonaron la ciudad en 1713: ya no tenían nada que hacer allí. Pero ahora el problema lo tenían las instituciones de la ciudad, que se habían pasado al bando austracista después de haber respaldado al borbónico. Felipe V, viéndose vencedor, propuso a la Generalidad una amnistía y respetar sus derechos históricos. La Generalidad, en un ambiente de gran división, respondió declarando la guerra a Felipe V. Harto del problema, el rey de Francia mandó en socorro de su nieto, Felipe, al duque de Berwick, el gran general, para que aplastara la resistencia.

Todo estaba perdido. Los más sensatos —el *conseller en cap*, Casanova, y el general Villarroel, jefe de la defensa— sabían que no había nada que hacer y pidieron capitular. Pero los patricios de la ciudad se opusieron: completamente ciegos, decidieron resistir esperando un último respaldo de Carlos que ya nunca vendría, porque a éste le bastaba con la corona imperial austriaca. El día del último asalto, Casanova estaba en la cama y

Villarroel había sido cesado como jefe militar de la defensa. Ambos, sin embargo, acudirían al combate. Casanova publicó un bando que, entre otras cosas, decía: «Se confía en que todos, como verdaderos hijos de la patria, amantes de la libertad, acudirán a los lugares señalados con el fin de derramar gloriosamente su sangre y su vida por el rey, por su honor, por la patria y por la libertad de toda España». En términos muy parecidos se había expresado el jefe de la defensa, el general Villarroel: «Por nosotros y toda la nación española combatimos». Casanova apareció en las barricadas llevando la bandera de Santa Eulalia, la enseña de la ciudad. Allí será herido y retirado del combate. Barcelona caerá el 11 de septiembre de 1714.

Pocos años después, cuando todo se hubo olvidado, Casanova pudo reaparecer y hasta el final de sus días ejerció la abogacía sin que nadie le molestara. En cuanto a Barcelona, la misma corona que le había arrebatado los fueros le concedió enormes ventajas comerciales, de manera que la riqueza de la ciudad creció muy rápidamente.

Para entonces ya se había firmado el tratado que puso fin al conflicto: el Tratado de Utrecht. España no tuvo arte ni parte: fue cosa de Francia e Inglaterra sobre todo. De entrada, la corona española perdió todas sus posesiones en el continente europeo: Flandes, Milán, Nápoles y Sicilia pasaron bajo control del imperio austríaco. Menorca y Gibraltar cayeron bajo dominio inglés.

En el viejo alcázar de los Austrias en Madrid quedaba un rey, Felipe V, que había perdido recientemente a su esposa, María Luisa de Saboya, y acababa de casarse nuevamente con Isabel de Farnesio. Junto a ellos, un clérigo italiano, Julio Alberoni, que iba a desempeñar un papel crucial como hombre fuerte del gobierno. Y alrededor, una España que iba a cambiar de piel.

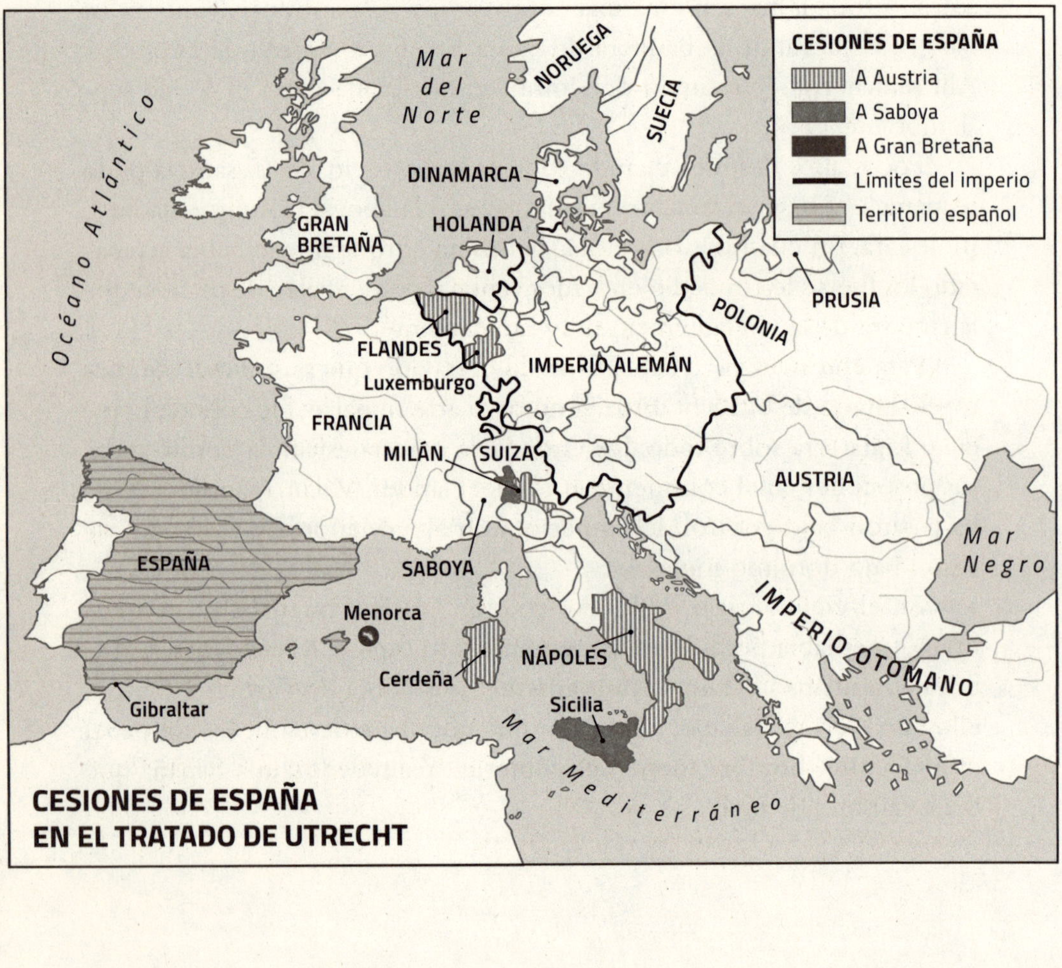
CESIONES DE ESPAÑA
A Austria
A Saboya
A Gran Bretaña
Límites del imperio
Territorio español
Mar del Norte
Océano Atlántico
NORUEGA
SUECIA
DINAMARCA
HOLANDA
GRAN BRETAÑA
PRUSIA
POLONIA
FLANDES
Luxemburgo
IMPERIO ALEMÁN
FRANCIA
MILÁN
SUIZA
AUSTRIA
Mar Negro
SABOYA
ESPAÑA
IMPERIO OTOMANO
Menorca
NÁPOLES
Cerdeña
Gibraltar
Sicilia
Mar Mediterráneo
CESIONES DE ESPAÑA
EN EL TRATADO DE UTRECHT

35

EL MODELO BORBÓNICO

¿Cómo era Felipe V? Un tipo muy recto, extremadamente religioso, muy preocupado por el pecado, bastante inepto para el trabajo de despacho y... afectado por un trastorno mental depresivo que iba a determinar toda su vida. Su primera esposa, María Luisa, una mocita saboyana que tenía trece años cuando se casó, demostró una asombrosa determinación en los difíciles años de la guerra y acabó convirtiéndose no sólo en el principal apoyo del rey, sino también, por sus cualidades personales, en una pieza esencial para obrar el encaje de dos mundos tan distintos como el francés y el español en la corte castellana. María Luisa dejó dos varones supervivientes de cuatro partos, Luis y Fernando, y murió jovencísima, en 1714, de tuberculosis. Felipe se casó entonces con la aristócrata italiana Isabel Farnesio, una mujer muy inteligente, de fortísimo carácter e intensa voluntad de poder, que iba a convertirse en árbitro de la corte de Madrid. Isabel le dio siete hijos y, entre ellos, a Carlos, que sería rey de Nápoles primero y de España después.

QUÉ ERA EL MODELO FRANCÉS

Felipe V era enteramente francés. Había nacido en Versalles en 1683, se había criado en la corte francesa, su matrimonio con María Luisa Gabriela de Saboya obedecía exclusivamente a los intereses de Francia (asegurar el camino hacia Italia) y hasta 1700 no se le había pasado a nadie por la cabeza, ni remotamente, que pudiera ser rey de España. La crisis sucesoria española puso esa corona sobre su frente cuando tenía diecisiete años e, incluso así, nada permitía pensar que fuera a ser otra cosa que un peón de su poderoso abuelo, Luis XIV, el Rey Sol. «Pórtate bien en España, que es tu primer deber ahora —le dijo su abuelo cuando le presentó a la corte—, pero recuerda que naciste en Francia, para mantener la unión entre nuestras dos naciones; es ésta la manera de hacerlas felices y preservar la paz de Europa». Y Felipe traerá a España el modelo de Estado francés —sí, enteramente francés—, pero es de justicia decir que, llegado el momento, supo anteponer su obligación de monarca español a los intereses de París.

¿En qué consistía ese «modelo francés»? Ante todo, en la concentración del poder en manos del rey y su consejo de Gobierno, y eso, en España, era una novedad. El modelo imperante hasta este momento en nuestro país, el de los Austrias, había funcionado como un sistema que gravitaba en torno al rey, sí, pero con diversos centros, tanto territoriales (Castilla, Aragón, Nápoles, etc.) como funcionales (el Consejo de Castilla, la Inquisición, el Consejo de Indias, etc.). Ese modelo había surgido de forma casi natural a partir de la unión de coronas de los Reyes Católicos y respondía a una dinámica histórica muy concreta: la progresiva agregación de territorios, primero los nacidos de la Reconquista y después los incorporados por la herencia imperial y los descubrimientos. El modelo borbónico francés, por el contrario, respondía a una dinámica histórica inversa: la afirmación de la corona por encima de los distintos territorios, dando lugar a la construcción de un sistema absolutamente centralizado, sobre todo a lo largo del siglo XVII.

Todo iba a cambiar ahora en España. De entrada, por supuesto, la política exterior: los «pactos de familia» con la corona francesa modificaban radicalmente el paisaje internacional y señalaban como enemigo fundamental a Inglaterra. También se modificó la estructura militar: la antigua organización en tercios, ya prácticamente aniquilada, fue sustituida por un ejército permanente con recluta de levas y sobre la base de los regimientos. Para crear una clientela fiel, la nueva corona creó títulos nobiliarios propios y extinguió las hidalguías, es decir, los viejos privilegios de la pequeña nobleza. También la relación con la Iglesia varió conforme al modelo francés: el Estado reivindicaba su papel de defensor de la fe verdadera y, en consonancia, reclamaba su derecho a nombrar obispos.

LOS DECRETOS DE NUEVA PLANTA

La centralización ejecutada por Felipe V tiene un nombre: los decretos de Nueva Planta. Entiéndase aquí «planta» como «diseño» o «dibujo» del Estado. El objetivo del dibujo lo expresó el propio Felipe V: «Llevar a todos mis reinos de España a la uniformidad de unas mismas leyes, usos, costumbres y tribunales». Un propósito que recuerda al proyecto del conde-duque de Olivares, pero mucho más radical; en cierto modo, era el aire de los tiempos. Los decretos de centralización no se promulgaron de una vez. Su implantación fue progresiva ente 1707 y 1716. Afectaron a todos los reinos: Valencia, Mallorca, Aragón, Cataluña y Castilla. Sólo Navarra y las Vascongadas mantuvieron su personalidad jurídica singular, en recompensa a su apoyo al Borbón durante la guerra.

El cambio más importante fue el del derecho público: a partir de la Nueva Planta, los viejos reinos pasaban a regirse por un derecho público común. Esto significaba, en la práctica, la abolición general de los antiguos fueros. Con todo, la corona fue prudente en la aplicación del nuevo programa. El derecho privado, por ejemplo, siguió siendo local. Cataluña, por su parte, mantuvo en lo esencial su derecho penal, civil y procesal, y también el Consulado del Mar y privilegios como la exención de quintas. Pero todo eso pasaba a depender ahora de una estructura estatal de provincias e intendencias, centralizada bajo el poder absoluto del monarca. También desaparecían las viejas cortes locales, que ahora quedaban integradas, todas ellas, en las Cortes de Castilla. Esto, por cierto, favoreció que desaparecieran igualmente las distinciones de origen a la hora de ocupar cargos en el reino.

En materia económica, la reforma del Estado se tradujo, de entrada, en la desaparición de las aduanas interiores entre los territorios de España (porque, en efecto, aún había aduanas entre los viejos reinos). Naturalmente, se unificó la Real Hacienda, que era la vieja aspiración de Olivares y ahora se hacía realidad. Algunos territorios como Cataluña mantuvieron un régimen tributario propio, si bien en dependencia directa del gobierno del reino. Para garantizar que Cataluña tributara, se recurrió al procedimiento del catastro, que registraba fielmente el mapa de la propiedad. Con la unificación de la Hacienda se pudo aplicar al pie de la letra la política económica mercantilista, que preconizaba la acumulación centralizada de recursos en el Estado. Al paso, se procedió a una modernización sustancial de la administración pública.

EL INTERÉS NACIONAL... ESPAÑOL

De manera que Felipe era enteramente francés y el modelo de Estado que implantó en España también venía del otro lado del Pirineo, pero, para sorpresa de muchos, Felipe V se sacudió muy pronto la tutela de la corte de París y emprendió una política de afirmación incesante del poder propio frente a las otras potencias, cosa que seguramente no estaba en el programa del Rey Sol cuando pensó en su nieto Felipe para la corona de España. Luis XIV murió en 1715; antes, la viruela y el sarampión habían diezmado a sus sucesores más directos, de manera que la corona acabó recayendo en uno de sus nietos, también llamado Luis, que reinaría en Francia como Luis XV. Entre tanto, Felipe V había renunciado a sus derechos al trono francés para concentrarse en la corona española y, a partir de este momento, hará su propia política. Así que el pacto de familia entre los Borbón de ambos lados del Pirineo existía, sí, pero con cada uno en su casa.

En esta política de afirmación del poder español —ahora, borbónico— tuvo mucho que ver la segunda esposa de Felipe, Isabel Farnesio. Isabel era una aristócrata de Parma que acumulaba abundantes derechos dinásticos y cuya obsesión fundamental era ver a sus hijos, Carlos y Felipe, como reyes en Italia. Después del Tratado de Utrecht, el viejo reino de Nápoles había quedado en manos de los Habsburgo. Isabel no parará hasta que vuelva a los Borbones. Para ello contó con dos alfiles de gran categoría: Julio Alberoni, cardenal italiano que vino a España con Isabel y que se convertirá en el hombre fuerte del gobierno, y José Patiño, hijo de una familia española afincada desde dos siglos atrás en Milán (allí le llamaban Giuseppe Patino) y que afrontó la ingente tarea de reformar de arriba abajo la Armada del reino. Tan lejos fueron en su agresividad que, en un momento determinado, incluso Francia resolvió aliarse con los Habsburgo e Inglaterra para frenar las aspiraciones españolas. La ofensiva cesó, pero Isabel no tardaría en volver a intentarlo, esta vez por vía diplomática. Y lo consiguió.

A la altura de 1724, Felipe, viéndose crecientemente incapaz por su enfermedad, decidió abdicar en su primogénito Luis, un muchacho nacido en 1707. Para entonces lo fundamental de la política del reino ya estaba en manos de Isabel Farnesio, la reina, que iba a seguir siendo la persona decisiva en los avatares de la corona. El reinado de Luis será tan efímero como desdichado. Coronado en el mes de enero, en agosto del mismo año contrajo la viruela. Su esposa, Luisa Isabel de Orleans, era una muchacha de catorce años que destacaba, ante todo, por su actitud literalmente demencial: se desnudaba en público y corría a limpiar los cristales con el vestido, eructaba delante de la corte, de repente huía y trepaba a un árbol… Sin embargo, en el trance de la enfermedad de su joven esposo, Luisa Isabel se comportó como una abnegadísima compañera, siempre pegada al lecho de Luis. El joven rey murió el 31 de agosto de 1724. Luisa Isabel también contrajo la viruela, pero la superó. Lo que no superó fue la hostilidad de Isabel Farnesio, que de inmediato la envió de vuelta a Francia.

Felipe V volvió al trono, pero sólo nominalmente: la enfermedad lo estaba devastando a ojos vistas. Quien gobernaba en realidad era su mujer. Tan férreamente impuso su ley la Farnesio, que a su hijastro Fernando, hijo del primer matrimonio de Felipe, lo confinó en su domicilio. Fernando no saldrá de allí hasta que sea coronado en 1746, tras la muerte de Felipe V.

Mientras tanto, España había vuelto a ser una potencia gracias, fundamentalmente, a la reorganización del Estado y a la reforma de la Armada. Cuatro guerras sostendrá España contra Inglaterra entre 1727 y 1783, y ninguna se perderá. A esos conflictos corresponden hazañas bien conocidas como las de Blas de Lezo, Bernardo de Gálvez o Pedro Mesía de la Cerda. Pronto habrá que ocuparse de ellas.

36
LAS INDIAS DE LOS BORBONES

Cuando se dice que en el siglo XVII concluyó la hegemonía española, convendría echar un vistazo al mapa. Es verdad que España no era ya la potencia más fuerte, porque los siglos XVII y XVIII asistieron al crecimiento de Francia e Inglaterra, sucesivamente, como grandes núcleos de poder. Pero la corona española seguía teniendo en su mano el mayor imperio del mundo, su influencia se extendía a toda América y a las Filipinas en Asia, y los barcos españoles mantenían intensas rutas comerciales a través de dos océanos. La fuerza de España eran las Indias.

La llegada de los Borbones también tuvo efectos allí. Por así decirlo, la América española vivió su propia Nueva Planta. Como en todas partes, el nuevo programa borbónico para las Indias buscaba una mayor centralización de las decisiones políticas. En los decenios anteriores, los virreinatos, aun manteniendo una fidelidad inquebrantable hacia la corona, habían vivido en un régimen de amplísima autonomía donde la aristocracia criolla y la Iglesia ejercían el poder sin que nadie les molestara. El resultado había sido un ostensible descenso de la contribución de las Indias al erario del reino (y también, por cierto, bastantes casos de corrupción institucionalizada, porque nadie vigilaba eficazmente la administración de los virreinatos). A partir de ahora, por el contrario, la corona se encargaría de controlar lo que pasaba en las Indias a través de nuevos virreyes, con funciones ampliadas, y un funcionariado también nuevo que debía responder ante el virrey y ante la corte de Madrid. En el mismo movimiento, y ante la presión de los barcos ingleses, iba a fortalecerse la defensa militar de los lugares más expuestos, en especial las grandes zonas portuarias como Cartagena, Portobello, El Callao, etc.

TEORÍA Y PRÁCTICA DEL VIRREINATO

Lo que había nacido al otro lado del mar no era un simple imperio colonial, una colección de factorías sin otro fin que la explotación económica. Las Indias no eran colonias. España se trasplantó al otro lado del mar con la idea preconcebida de fundar otra España. Como aquella no era tierra virgen, sino que estaba habitada por otros pueblos cuya dignidad reconocerá la legislación española una y otra vez, el resultado del trasplante no fue tampoco un calco de la metrópoli, sino una realidad nueva que muy pronto iba a adquirir su propia personalidad. Quienes la construyeron no fueron ya los conquistadores, sino los que vinieron después: los colonos, funcionarios y misioneros que, siempre en nombre de la corona y de la fe, institucionalizaron la conquista.

Tenemos en mucha estima a los conquistadores, grandes hombres de acción, pero es de justicia dedicar unas palabras a los virreyes y gobernadores, esos caballeros a los que la corona encargó una tarea en absoluto sencilla: domar a los conquistadores, poner orden en los territorios, crear estructuras políticas y económicas que pudieran perdurar. Para explorar mundos desconocidos y conquistar imperios hace falta un temperamento muy singular. Pero después hay que ordenar todo eso y convertir la tierra conquistada en un sitio habitable, levantar ciudades, pueblos, juzgados, caminos, puertos, universidades, catedrales… Para eso se requiere un carácter completamente distinto. Y esa descomunal tarea de organización se sustancia en una palabra: los virreinatos.

El primer virreinato, en 1535, fue el de Nueva España, que abarcaba las Antillas, México y la América central excepto Panamá, y se extendía al sur de los actuales Estados Unidos y después las Filipinas. El virreinato de Nueva España llegó a incluir en el siglo XVIII buena parte de Norteamérica. En 1542 se creó el virreinato del Perú, que comprendía la totalidad del subcontinente suramericano (excepto la franja este, de jurisdicción portuguesa) más Panamá. Eran territorios extensísimos, más grandes que cualquier reino europeo. Estos dos fueron los virreinatos clásicos hasta la llegada de los Borbones, que, para facilitar la gobernación, crearon dos virreinatos nuevos. En 1717 cobró vida propia el virreinato de Nueva Granada, que incluía todo el territorio de las actuales Colombia, Venezuela, Ecuador y Panamá. Y hubo un cuarto virreinato, el del Río de la Plata, creado en 1777, que desgajó del virreinato peruano territorios de las actuales Argentina, Chile, Bolivia, Paraguay y Uruguay.

El virrey era, literalmente, un vicerrey, es decir, una autoridad plena que sólo respondía ante el monarca. Su poder, sin embargo, tenía límites claramente establecidos. El primer límite, en la práctica, era el poder de los cabildos, los ayuntamientos de las ciudades fundadas en las Indias. El cabildo es una institución esencial en la tradición política castellana. Su fuerza no procede del rey, sino del pueblo, y encarna por sí mismo una autoridad política directa, inmediata, que un gobernador puede ciertamente contravenir, pero no sin quebrantos. La autoridad de un cabildo —en las ciudades de América, auténticas asambleas vecinales con menos diferencias de clase que en el territorio peninsular— era muy notoria. Ningún gobernador, ni siquiera un virrey, podía ignorar su voluntad.

La segunda limitación al poder político eran las Audiencias, es decir, los tribunales de Justicia. No se trataba de limitaciones en el sentido moderno: su presidente solía ser el gobernador o el virrey, es decir, el mismo sujeto del poder político. Pero sí eran limitaciones en la práctica porque sus miembros (los «oidores»), nombrados generalmente desde España, tenían completa autonomía de juicio y no obedecían más que al ordenamiento legal, al cual el gobernador o virrey debía someterse. Las Reales Audiencias son siempre el signo de la consolidación del dominio territorial, y así su creación sigue la misma cronología que la expansión del imperio: Santo Domingo en 1511, México en 1527, Panamá en 1538, Guatemala y Lima en 1543, etc. Con el tiempo, las Audiencias gozarán incluso del privilegio del «sello real», lo cual las convertía de hecho en representación directa del monarca.

Y la tercera limitación al poder político, *de facto* y no *de iure*, era, naturalmente, la Iglesia. Como la bandera de la conquista fue, desde el primer instante, la evangelización, los clérigos desempeñarán un papel fundamental en todos los procesos de consolidación del poder territorial. Los obispados no sólo organizaban a los misioneros que predicaban a los indígenas, sino que ejercían una función de guía moral que frecuentemente entrará en conflicto con la pura práctica de la conquista. Un virrey o un gobernador podía enemistarse con un obispo, pero sabía que eso le iba a traer problemas en el Consejo de Indias. Por otra parte, muchas veces serán los clérigos los que organicen comunidades indígenas, como las famosas «reducciones» de los jesuitas. Los misioneros recurrirán muchas veces a las Audiencias para exigir la aplicación de las leyes de protección de los indios, y las Audiencias, con la ley en la mano, les tendrán que dar la razón.

¿Y los ejércitos? Los de allí y nada más. Nunca hubo un ejército colonial de España en las Indias. Con muy pocas excepciones, como la guerra de Arauco en Chile, la metrópoli no mandará nunca contingentes armados de importancia. Lo esencial de la defensa se afrontaba con el personal que allí vivía, generalmente oficiales españoles y criollos y tropa mestiza o indígena, y con eso bastaba. ¿Un ejército así, tan escaso, podía defender eficazmente las Indias? Sí, porque los enemigos exteriores eran muy pocos: los barcos ingleses, franceses u holandeses que atacaban las costas rara vez alineaban muchas unidades. A veces pudieron saquear alguna ciudad portuaria, como Drake en Portobello, pero con más frecuencia las defensas bastaban para alejar a los enemigos. Al menos, hasta las grandes campañas inglesas del siglo XVIII.

Por otra parte, la construcción del mundo virreinal fue un larguísimo proceso nunca estancado, una dinámica permanente, también desde el punto de vista territorial. La era de los descubrimientos no concluyó con las expediciones del siglo XVI, sino que se extenderá hasta mucho más tarde: Gabriel de Castilla llegó a la Antártida en 1603, Pérez Hernández y De la Bodega y Quadra navegaron hasta Vancouver en 1774 y en los años siguientes se tocará Alaska. También habrá grandes exploraciones de conquista hasta muy entrado el siglo XVIII, como ocurrió con las ciudades de California fundadas en la estela de las misiones de fray Junípero Serra: San Diego, Monterrey, la bahía de San Francisco, etc.

DIEZ MILLONES DE HISPANOAMERICANOS

Lo más notable del modelo virreinal es que funcionó aceptablemente bien. En los casi tres siglos que estuvo vigente, la América hispana apenas conoció los trastornos que en ese mismo periodo sacudían a Europa. Hubo, sí, revueltas de colonos, revueltas de indios, revueltas de esclavos, ataques piratas y guerra con el inglés, pero su crónica se escribe con episodios muy concretos, ocasionales sobresaltos en un horizonte que, en resumidas cuentas, fue ostensiblemente más pacífico que el europeo. Hasta ya iniciado el siglo XIX, y en el contexto excepcional de las guerras napoleónicas, no hubo una contestación generalizada contra el sistema.

¿Cuánta gente vivía en las Indias españolas? Las cifras son muy flexibles porque los censos, habitualmente, sólo reflejan de forma fidedigna la población de las ciudades y la contabilidad de las diócesis, pero, aun así, es bastante factible dibujar el panorama general. Se sabe con cierta aproximación el número de españoles que pasaron a las Indias: unos 200.000 en el siglo XVI, algo más en el siglo XVII, unos 250.000 en el siglo XVIII. La inmensa mayoría, más del 90 por ciento, se quedó allí. Esa población española se sumó a la gran masa de población indígena, ciertamente muy afectada por las epidemias del siglo XVI, pero cuya demografía se había recuperado antes de que acabara ese mismo siglo.

En el Virreinato de Nueva España, el más poblado de América, la población a mediados del siglo XVIII era de más de tres millones de personas en el territorio del actual México, de los que el 60 por ciento eran indios, más casi otro millón en la actual América Central, con la misma proporción de población indígena. En el Virreinato de Nueva Granada, que comprende las actuales Colombia y Venezuela más parte de Ecuador, vivían alrededor de 1,7 millones de personas. En el Virreinato del Perú (una vez reducido por la segregación de Nueva Granada, Chile, y el Plata) la población era de en torno a un millón de personas. En el Virreinato del río de la Plata, la población sobrepasaba el millón y medio de habitantes, incluidos los guaraníes del Paraguay. En Chile, algo más de medio millón. La proporción siempre es básicamente la misma: entre un 50 por ciento y un 60 por ciento de población indígena, alrededor de un 20 por ciento de población española o criolla (esto es, hispanos nacidos ya en América) y un porcentaje rara vez bien definido de mestizos que suele oscilar entre el 20 por ciento y el 30 por ciento según los casos. En conjunto, la población de la América española a mediados del siglo XVIII puede evaluarse en torno a los diez millones de personas. Prácticamente la misma población que en la España peninsular.

La inmediata fundación de universidades y centros de enseñanza en América, lugares donde se iba a formar la elite autóctona, es probablemente la mejor muestra de que las Indias no eran una simple colección de colonias, sino verdaderamente un proyecto de mundo nuevo destinado a perdurar y, aún más, a vivir por sí mismo. Entre 1538 y 1792 España fundó nada menos que 26 universidades en América y dos en Filipinas. Y a esas fundaciones hay que añadir un sinfín de colegios menores tanto para los hijos de la aristocracia local como para los indios y los mestizos. La gran mayoría de estos centros fueron iniciativa de la Iglesia.

EL RESULTADO DE LAS REFORMAS

La cuestión es que, con este diseño autosuficiente, los virreinatos habían desarrollado sus propios hábitos. Por ejemplo, los cargos municipales —corregidor, alcalde mayor, etc.— habían terminado convertidos en puestos honoríficos, sin que nadie pidiera cuentas de su gestión. Del mismo modo, la recaudación de tributos a lo largo y ancho del territorio solía estar en manos de los caciques indígenas y en dependencia directa del virrey, procedimiento que permitía asegurar la paz social, pero distaba mucho de ser un ejemplo de eficiencia. Fue precisamente aquí donde intervinieron las reformas de los Borbones.

En la «nueva planta» de las Indias —valga la expresión— hubo dos aspectos fundamentales. El primero, la reforma de la Hacienda, cuya mejor expresión fue la creación de las Intendencias, órganos de gestión encargados casi exclusivamente de la economía en una división territorial concreta. Felipe V había introducido la figura del intendente en sus primeras reformas en la península; como el modelo funcionó bien, se trasplantó directamente a las Indias. El segundo aspecto fue la liberalización (relativa) del comercio, y el instrumento para ello fue la apertura de puertos para el intercambio trasatlántico. Se abrieron al comercio trece puertos de España y veinticinco en las Indias (Maracaibo, Guayaquil, Valparaíso, Buenos Aires, etc.), cada uno con su respectivo Consulado, lo que ciertamente revitalizó el tráfico mercantil. Eso sí, sólo los barcos matriculados en España podían utilizar esos puertos, lo cual era una forma de garantizar que la actividad económica de las Indias revirtiera en la península.

Más adelante se abrirá el tráfico a los barcos matriculados en las Indias y, aún más, se les permitirá comerciar con colonias no españolas. Los primeros periódicos, por cierto, aparecieron en esta época. El pionero fue, aún bajo los Austrias, *El Mercurio volante*, y luego, en 1728, *La Gaceta de México*, ambos en la Nueva España.

La profesionalización de la Administración y el aumento de la recaudación tributaria lograron los efectos apetecidos en Madrid, pero, al mismo tiempo, generaron problemas inesperados en las Indias. Como la atribución de cargos públicos dejó al margen a las elites locales, éstas se consideraron ofendidas. Y como el aumento de la recaudación sacó recursos de las Indias para enviarlos a la metrópoli, la burguesía criolla se vio seriamente lesionada. Aquí empezaron muchos de los agravios que poco tiempo después servirían de argumentación para los movimientos por la independencia.

En todo caso, la imagen que dejaba la América virreinal en los años finales de la dominación española era la de un mundo mucho más pacificado y mejor organizado que buena parte de la Europa continental. Un observador como Alexander von Humboldt, aunque ferviente partidario de las independencias, dejó escritas en su *Ensayo político sobre el reino de Nueva España* (1811) algunas frases que definen por sí solas cómo era aquella América:

> El agricultor indio es pobre pero libre. Su situación es mucho mejor que la de los campesinos del norte de Europa, en especial rusos y alemanes. El número de esclavos es prácticamente cero. (…) ¡Esto debe saberse en Europa! Los mineros mexicanos son los mejor pagados del mundo, reciben de seis a siete veces más salario por su labor que un minero alemán. (…) La Nueva España tiene una ventaja notable sobre los Estados Unidos, y es que el número de esclavos, así africanos como de raza mixta, es casi nulo. El número de esclavos africanos en los Estados Unidos pasa de un millón (…) Ninguna ciudad de América, sin exceptuar las de Estados Unidos, puede exhibir tan grandes y solidas instituciones científicas como la Ciudad de México. La capital y otras ciudades de México tienen establecimientos científicos comparables a los de Europa.

No, las Indias no fueron colonias.

LOS VIRREINATOS DE LOS BORBONES
VIRREINATO DE NUEVA ESPAÑA
Capitanía General de Cuba
Capitanía General de Guatemala
Capitanía General de Venezuela
VIRREINATO DE NUEVA GRANADA
VIRREINATO DEL PERÚ
OCÉANO PACÍFICO
OCÉANO ATLÁNTICO
Capitanía General de Chile
VIRREINATO DEL RÍO DE LA PLATA

37

POR QUÉ ERA IMPOSIBLE LA PAZ

Los últimos años del reinado de Felipe V vinieron marcados por una larga guerra con Inglaterra que fue la llamada «guerra del asiento», que a su vez se prolongó con otra guerra por la sucesión de Austria. El equilibrio de poder en Europa era tan frágil que cualquier ganancia de uno era vista por el otro como una amenaza existencial, de manera que la declaración de guerra era inmediata, y ello implicaba no sólo a las potencias directamente afectadas, sino también a todos sus aliados, que entraban en guerra entre sí.

La guerra del asiento duró nueve años, entre 1739 y 1748. Se llama así, «del asiento», porque una de sus causas fundamentales fue la atribución de asientos comerciales. El comercio trasatlántico de la época estaba rígidamente controlado por los estados. Cuando un Estado se quedaba con el monopolio de un producto, éste se declaraba cerrado, «estanco», y sólo el Estado podía distribuirlo y venderlo (de ahí viene el nombre de los actuales estancos de tabaco). Y cuando el Estado otorgaba una licencia a alguien para que pudiera comerciar con un producto entre dos puertos, se hablaba de «asiento» (aún hoy se habla de «asentadores de pescado», por ejemplo). Los tratados de paz entre Madrid y Londres reservaban para España el monopolio comercial con América, pero permitían a los ingleses comerciar con las Indias españolas con un sólo barco y, además, les otorgaban la concesión (el asiento) de esclavos africanos.

BLAS DE LEZO Y LA OREJA DE JENKINS

Las restricciones despertaron, naturalmente, la codicia de los contrabandistas, sobre todo ingleses y holandeses, con la anuencia más o menos expresa de los respectivos gobiernos. Ahora bien, los tratados atribuían además a España el derecho a «visitar» los barcos extranjeros para prevenir el contrabando. Y en una de estas visitas estalló el conflicto. En un lance de contrabando, un inglés llamado Jenkins fue apresado por un capitán español, Julio León Fandiño. Éste sacó su sable y, como escarmiento, cortó una oreja al contrabandista inglés, diciéndole: «Ve y dile a tu rey que lo mismo le haré si a lo mismo se atreve». Jenkins fue a Inglaterra, en efecto, y en el mismísimo Parlamento relató el suceso, mostrando su oreja. Quizá todo fuera un montaje de los comerciantes ingleses para empujar al país a la guerra contra España. Sea como fuere, el hecho es que la oreja de Jenkins se convirtió en símbolo de la venganza británica. Era 1739. Y por eso la guerra del Asiento se llama también guerra de la Oreja de Jenkins.

La armada inglesa, que ya era la más poderosa del mundo, vio que se le presentaba una excelente oportunidad para darle a España el golpe de gracia. Objetivo prioritario: Cartagena de Indias, en la actual Colombia, una plaza vital porque por allí pasaba la mayor parte del tráfico comercial americano. Inglaterra movilizó para la operación una flota imponente: 186 buques con 2.000 cañones y 27.600 hombres, la mayor fuerza nunca antes reunida. Su jefe: el almirante Vernon. Frente a él, Cartagena era una plaza defendida por muy pocos hombres: seis buques y 3.600 soldados y milicianos locales. Era mayo de 1741.

La superioridad británica era de ocho a uno. Tan seguro estaba Vernon de su victoria, que incluso encargó por anticipado una colección de monedas conmemorativas. Pero enfrente había un genio militar excepcional: el guipuzcoano Blas de Lezo, al que llamaban «medio hombre» porque a lo largo de su carrera militar se había ido dejando por el camino un brazo, un ojo y una pierna. Lezo era un marino de amplia experiencia y, sobre todo, un táctico de enorme ingenio. A fuerza de modificar las cureñas de los cañones, las entradas de los puertos y las trincheras de la defensa, se las arregló para convertir el desembarco inglés en un auténtico infierno. El británico Vernon esperaba una campaña rápida y se encontró con un penosísimo avance durante el que se le acumulaban las bajas.

La última jugada de Blas de Lezo fue magistral: ordenó cavar fosos a los pies de las murallas de la ciudad, de manera que, cuando los ingleses sacaron sus escaleras de asalto, comprobaron con horror que no eran bastante altas. Mientras tanto, los cadáveres ingleses seguían acumulándose en el campo, el calor tropical los descomponía y las enfermedades —cosa que Lezo había previsto— empezaban a diezmar a los británicos. Para el último ataque inglés, Lezo guardó en reserva un pequeño destacamento de marineros. Éstos se lanzaron sobre los sorprendidos asaltantes. Los ingleses, desmoralizados y enfermos, se dieron a la fuga. Huyeron y no pararon hasta reembarcar, poniendo fin a su desdichada aventura.

El 8 de mayo de 1741 comenzaba la retirada británica. Las bajas inglesas fueron brutales: 6.500 muertos en combate, 2.500 muertos por enfermedades, 7.500 heridos. En cuanto a los barcos, el desastre fue mayúsculo: los ingleses perdieron 50 barcos, además de 1.500 cañones capturados o destruidos por los españoles. Los defensores registraron bajas asombrosamente inferiores: 600 muertos, 2.000 heridos, 6 barcos y 3 baterías. Proporcionalmente, cada barco y soldado español hizo frente y derrotó a diez ingleses. Los británicos se apresuraron a recoger las monedas conmemorativas de la abortada victoria de Vernon, para ocultar su vergüenza. Fue una de las mayores victorias militares españolas de todos los tiempos. Y Cartagena de Indias estaba salvada.

La Guerra del Asiento terminó siendo un pésimo negocio para los ingleses, que habían sobrevalorado su propia potencia e infravalorado la capacidad de resistencia española. Un ejemplo elocuente de esto fue la carrera del *Glorioso* en julio de 1747. El navío de línea *San Ignacio de Loyola*, alias *Glorioso*, había zarpado de Veracruz con una carga valorada en 4,5 millones de pesos (aproximadamente 117 toneladas de plata), destino a España. Lo mandaba el capitán Pedro Messía de la Cerda. El *Glorioso* era uno de los barcos más avanzados de la época: lo había construido entre 1738 y 1740 Pedro Acosta en La Habana y armaba 74 cañones. Varias veces había realizado ya la ruta de Indias. En aquel julio de 1747 afrontó una aventura asombrosa. De entrada, venció a tres barcos ingleses en las Azores. Llegado a Finisterre, derrotó a otros tres navíos enemigos. El 18 de agosto, pese al acoso inglés, pudo depositar toda su carga en Corcubión. Pasó el resto del verano en reparaciones en El Ferrol, y cuando volvió a hacerse a la mar, en octubre, navegando rumbo sur por la costa portuguesa, repelió el ataque de tres fragatas inglesas en el cabo San Vicente. El 18 de octubre, el enemigo lanzó otros cuatro barcos contra el *Glorioso.* Messía hundió uno y ahuyentó a los demás. Para los ingleses, acabar con el Glorioso ya se había convertido en una verdadera obsesión. El 19 de octubre, en la medianoche, otros tres barcos enemigos le atacaron. Tras seis horas de combate, agotada la munición y con el barco inutilizado, Messía rindió el buque. Los ingleses perdieron un navío de línea, hundido, y cinco fragatas que quedaron seriamente dañadas, con un parte de bajas de 433 muertos y 352 heridos. El barco español tuvo 44 muertos y 173 heridos.

NEUTRALIDAD ACTIVA

Éste del *Glorioso* fue uno de los últimos episodios de la guerra del Asiento. En realidad esta guerra entre España e Inglaterra formaba parte de un escenario bélico mucho más amplio que implicaba a toda Europa en una pugna por la redefinición de las fronteras que salieron del Tratado de Utrecht y, como de costumbre, la sucesión del imperio austriaco. Todo eso terminó en el Tratado de Aquisgrán de 1748, un acuerdo que le venía bien a todo el mundo porque tantos años de guerra se estaban haciendo costosísimos. Y en lo que concierne a España, no fue ajena a ello la llegada al trono de un nuevo rey con un programa distinto: Fernando VI, decidido a apostar por una política de paz en el exterior para centrarse en el gobierno interior.

Fernando VI había nacido en 1713 y era el tercer hijo de Felipe V y María Luisa de Saboya. El primero, Luis, fue aquel desdichado que reinó unos pocos meses en 1724 y el segundo, Felipe Pedro, había muerto en 1719 con siete años de edad, de manera que Fernando se convirtió en heredero del trono para gran irritación de su madrastra, Isabel Farnesio, que le tuvo confinado cerca de veinte años en su domicilio. ¿Por qué? Porque Isabel temía que la nobleza castellana, ante el evidente deterioro mental de Felipe V, precipitara la coronación de Fernando como sucesor. Finalmente murió Felipe V en 1746, Fernando fue coronado y lo primero que hizo fue quitarse de encima a la Farnesio (y a los consejeros que ésta se había traído de Italia). Y la corte española cambió de color.

Toda la política española de este periodo puede resumirse con los nombres de los dos estadistas en los que se apoyó el rey: Zenón de Somodevilla y Bengoechea, más conocido por su título de marqués de la Ensenada, y José de Carvajal y Lancaster. Ensenada era francófilo, Carvajal era anglófilo. Pero los dos estaban de acuerdo en lo fundamental, que era mantener una política de neutralidad y pacificación de frentes de guerra, ganarse el respeto (es decir, al mismo tiempo la amistad y el temor) de Francia y de Inglaterra y multiplicar así el peso de España, organizando y reorganizando continuamente la estructura del país en la Hacienda, el comercio, las minas y, por supuesto, la Armada. Todo ello en una corte que, de la mano de la esposa del rey, Bárbara de Braganza, se había convertido en la más culta de Europa; es la corte del músico Domenico Scarlatti y el castrato Farinelli.

La era de Fernando VI encaja a la perfección en lo que habitualmente se llama «política ilustrada», es decir, un catálogo sostenido de reformas administrativas, técnicas, económicas y culturales sin dejar de mantener el orden social tradicional y afianzando las prerrogativas regias. Por ejemplo, se abrió (limitadamente) el monopolio en el comercio de Indias y se creó un banco público para grandes transacciones internacionales, el Giro Real, lo cual sirvió para estimular el comercio exterior y, al mismo tiempo, reforzar el control del Estado sobre la Hacienda. Al mismo objetivo de reforzamiento del poder regio sirvió el Concordato de 1753 con la Santa Sede, que instituía el patronato universal de la Corona sobre la Iglesia: España se definía —como siempre— como la potencia católica por antonomasia, pero con el añadido de que el rey nombraba a los obispos. Un par de años antes, en 1751, había quedado prohibida en España la masonería.

En el reinado de Fernando VI hay un episodio bastante oscuro que sólo puede explicarse en el contexto de estas reformas modernizadoras: la «gran redada» contra los gitanos de 1749, que iba a prolongarse varios años con distintas medidas de detención, confinamiento y deportación de este grupo social a otros territorios del país. En realidad, cuando se habla de «gitanos» no hay que entender el término en su sentido estrictamente étnico, sino más bien como etiqueta general para designar a todos los sectores de la población (gitanos étnicos incluidos) que vivían en régimen seminómada y al margen de la estructura social. Hubo millares de detenciones, reasentamientos forzosos, inclusión masiva de niños en centros de acogida y recolocación de mujeres en fábricas, por ejemplo.

Y OTRA VEZ LA GUERRA

A la altura de 1754, la política de neutralidad activa en la que se había empeñado España resultaba cada vez más difícil. Francia e Inglaterra se preparaban para hacerse la guerra una vez más y España quedaría en medio. Ensenada, al parecer, empezó a conspirar en secreto con Francia para intervenir militarmente en las colonias inglesas de América. Fue descubierto y las presiones diplomáticas de Londres forzaron a Fernando VI a destituirle. Pero ese mismo año fallecía también Carvajal, que a su vez acababa de perder el favor regio por un tropiezo diplomático con Portugal. Quedó como nuevo hombre fuerte del país Ricardo Wall, militar y diplomático, un tipo de vida muy singular, nacido en Francia e hijo de un «ganso salvaje», es decir, los católicos irlandeses que pasaron al continente para luchar contra Inglaterra. Más allá de las intrigas de palacio —que fueron muchas—, Wall continuó la política de sus predecesores: reformar en el interior y tratar de mantener una neutralidad beneficiosa en el exterior. Neutralidad, ciertamente, imposible: en 1756 estalló la guerra. Pasaría a la historia como guerra de los Siete Años. España terminaría viéndose arrastrada a ella en 1761.

Fernando VI murió prematuramente en 1759. El fallecimiento de su esposa, Bárbara de Braganza, le volvió literalmente loco. Sus últimos meses fueron un vertiginoso calvario de demencia. Tenía cuarenta y seis años y había reinado sólo trece. Moría sin descendencia. Hacía falta un rey. Por orden sucesorio, sólo podía ser uno: su hermanastro Carlos, hijo de Felipe V e Isabel Farnesio, que reinaba en Nápoles. Será Carlos III.

Carlos venía ya con el oficio aprendido, en efecto. Los esfuerzos de Felipe V e Isabel Farnesio para que Italia volviera a estar en la órbita española habían dado sus frutos, y así Carlos fue duque de Parma, primero, y rey de Nápoles y Sicilia después. Cuando subió al trono de los Borbones de Madrid contaba ya cuarenta y tres años y acumulaba una larga experiencia de gobierno. Venía también con esposa: María Amalia de Sajonia, una princesa alemana. Su programa era el mismo de todos los Borbones: centralización y modernización en el interior, pacto de familia (con Francia) en la política exterior. Para su desdicha, los primeros pasos de Carlos III en el trono español fueron una sucesión de sinsabores. En 1760 María Amalia, la reina, contrae una tuberculosis y muere. «En veintidós años de matrimonio, éste es el primer disgusto serio que me da Amalia», observó circunspecto el rey. Acto seguido, Carlos tuvo que implicarse en la guerra de los Siete Años. Su intención inicial fue mediar entre Francia e Inglaterra, pero los ingleses estaban atacando Honduras, tierra española, y el Quebec, que era tierra francesa, y los pactos de familia de los Borbones obligaban a responder.

Fue una mala decisión. Francia no estaba en condiciones de sostener una guerra naval de largas distancias ni España podía defender sus plazas americanas con más hombres que los (pocos) que allí había. Inglaterra, por el contrario, había seleccionado muy bien sus objetivos. En 1762 los ingleses tomaban La Habana, en Cuba, y Manila, en las Filipinas. En el norte, se apoderaban de prácticamente todas las posesiones francesas en América mientras, en el sur, intentaban conquistar el estuario del río de la Plata con ayuda de los portugueses. La escuadra angloportuguesa fue derrotada por el gobernador Pedro de Cevallos, pero esta victoria fue de lo poco que España sacó en limpio de aquella guerra. En 1763 se firmó la paz en París: España entregaba a Inglaterra la Florida a cambio de La Habana y Manila; Francia perdía casi todas sus posesiones americanas menos Haití y el Quebec, y entregaba a España la Luisiana. Carlos III no tardaría en tomarse la revancha, como enseguida veremos.

Viudo y con el paisaje más o menos pacificado, Carlos III se entregó a una suerte de frenesí reformista. Traía un programa: creación de infraestructuras, desarrollo de la industria, impulso a la repoblación, reorganización del ejército, saneamiento de la Hacienda... Y tenía a los hombres adecuados: Esquilache, Aranda, Campomanes, Floridablanca, Grimaldi... y el veterano Wall, que no había abandonado la escena. Con todo eso en la mano, el de Carlos III iba a convertirse en el reinado ilustrado por antonomasia.

38
LA CORONA ILUSTRADA

La Ilustración es un fenómeno complejo que no admite una sola definición. Hay una Ilustración filosófica que básicamente consiste en anteponer el libre ejercicio de la razón a cualesquiera otras fuentes de autoridad. Hay también una Ilustración política que podría describirse como un programa de realizaciones materiales, técnicas, según un plan racional. Hay, por supuesto, una Ilustración ideológica que terminará siendo el motor de los grandes movimientos de transformación revolucionaria del mundo moderno. Y en la estela de todo esto hay, además, procesos de desarrollo científico más o menos acentuados según las circunstancias de cada lugar.

LA ILUSTRACIÓN ESPAÑOLA

Carlos III fue un monarca ilustrado, sin duda. Su programa político encaja perfectamente en el cuadro: repoblación de zonas deshabitadas en Sierra Morena y el valle medio del Guadalquivir (La Carolina, La Carlota, etc.), construcción del Canal Imperial de Aragón, planificación de una red radial de caminos que partían de Madrid en dirección a Valencia, Andalucía, Cataluña y Galicia, fomento de la industria de la porcelana, el vidrio y la plata, impulso de servicios urbanos de alumbrado, limpieza y alcantarillado, multiplicación de astilleros, creación de escuelas de artes y oficios... Es el típico repertorio de la «política ilustrada». Pero la Ilustración en España había comenzado mucho antes de que Carlos llegara al trono. De hecho, hay una célebre carta del benedictino Feijoo al rey Fernando VI que glosa precisamente su repertorio de logros técnicos. Era el aire del tiempo.

Detengámonos en este Feijoo, sacerdote benedictino y erudito de cultura amplísima, porque es un perfecto ejemplo del tono general de la Ilustración española. Lo que define a la Ilustración es la independencia de juicio basada en la razón, y eso es lo que Feijoo abanderaba expresamente: «Yo, ciudadano libre de la República de las Letras —escribió en su monumental *Teatro Crítico*—, ni esclavo de Aristóteles ni aliado de sus enemigos, escucharé siempre con preferencia a toda autoridad privada lo que me dictaren la experiencia y la razón». Benito Jerónimo Feijoo y Montenegro había nacido en 1676 en Pereiro de Aguiar, Orense. Monje benedictino desde los catorce años en el monasterio de Samos, consagró toda su vida al estudio —incluida la Universidad de Salamanca—, ganó la cátedra de Teología en la Universidad de Oviedo con poco más de treinta años y allí pasaría el resto de su vida dedicado a aprender y enseñar. Sus principales obras se imprimieron sin cesar a lo largo del siglo XVIII y le dispensaron amplia fama en los medios cultos de la época. Eso incluye a los monarcas, porque tanto Fernando VI como Carlos III le distinguieron con su atención; el primero incluso le nombró consejero real y prohibió que se le atacara, dada la polémica que su pensamiento despertaba en los sectores intelectuales más inmovilistas.

La obra de Feijoo se inclina sobre todos los asuntos posibles: desde la exégesis evangélica hasta la enseñanza de la medicina y desde las causas del amor hasta la física del rayo, pasando por temas mitológicos paganos o el carácter de los políticos, así como una permanente campaña contra las supersticiones. También aportó una novedad de estilo notable, y es que abandonaba el enrevesado verbo de las postrimerías del Barroco para optar por una lengua llana y perfectamente inteligible. En Feijoo se ve lo específico de la Ilustración española, a saber, que fue siempre católica y monárquica, moderada y muy poco dada a efusiones revolucionarias.

Evidentemente, no fue Feijoo el único. El valenciano Gregorio Mayans, por ejemplo, se convirtió en un foco de atracción para todos los ilustrados del país. Y en materia científica, por poner un solo ejemplo, hizo historia la participación de los marinos Antonio de Ulloa y Jorge Juan en la expedición científica hispano-francesa de 1735-1746. Aquella aventura aportó dos cosas: la primera medición del arco del meridiano terrestre en el Ecuador, que permitió definir la verdadera forma de la Tierra y sus dimensiones exactas, y la exploración y cartografiado de toda la costa del Pacífico desde Panamá hasta Chiloé.

ESQUILACHE Y LA CUESTIÓN ECONÓMICA

Volvamos a la política ilustrada. Cuando se habla de Carlos III siempre se recuerda que fue él quien creó el primer sorteo de lotería en 1763. Era una forma de allegar recursos financieros para el Estado. Pero, evidentemente, no era la única vía ni la más importante. Al mismo tiempo, la corona desplegaba una amplísima reforma fiscal que aspiraba a modificar todos los tributos tanto territoriales como personales, muchos de los cuales correspondían a épocas muy anteriores. Y sobre todo, los gobiernos de Carlos III, en especial con Ensenada y Esquilache, querían imponer un modelo de política económica que también significaba un giro radical respecto a lo que se había conocido hasta el momento.

En el siglo precedente, el modelo económico unánimemente aceptado era el mercantilista, que ponía al Estado en el centro del sistema y predicaba una intervención prácticamente completa de la economía. Pero a mediados del siglo XVIII había empezado a tomar fuerza una escuela nueva, la fisiocrática, nacida también en Francia (Quesnay, Turgot, etc.), que proponía una visión enteramente distinta. Para los fisiócratas, la actividad económica debe adaptarse a la naturaleza, que por sí misma tiende a generar los equilibrios necesarios. A esta convicción responde el famoso lema «*laissez faire, laissez passer*»: dejando hacer y dejando que las cosas pasen, la actividad humana tenderá por sí misma a crear prosperidad. La piedra angular de este planteamiento es la agricultura, única fuente de riqueza real, motor del comercio y de la industria. Así que, para el fisiócrata, la política idónea consistirá en estimular la agricultura eliminando intervenciones externas, en la confianza de que este movimiento, por sí mismo, multiplicará la riqueza general.

Las políticas económicas de los hombres de Carlos III respondían a ese patrón de pensamiento. En particular las de Esquilache, un funcionario italiano que Carlos había traído consigo de Nápoles y al que encomendó la secretaría de Hacienda. Fiel a sus convicciones, Esquilache liberalizó el comercio de los cereales. Como las cosechas de los años anteriores habían sido bastante malas, había poco cereal en circulación. La nueva medida desconcertó por completo a los agentes económicos y, de entrada, produjo que los más fuertes acapararan la producción y especularan con el precio, que alcanzó cifras prohibitivas. El descontento prendió como la pólvora. Para colmo, el mismo Esquilache había promulgado determinadas normas que afectaban a la vestimenta de las gentes de Madrid: ordenó que las capas largas se cambiaran por capas cortas y los sombreros de ala ancha fueran sustituidos por sombreros de tres picos. Ésa fue la ola que desbordó el vaso de la irritación popular, bien cebada, ciertamente, por los sectores nobiliarios y eclesiásticos que se oponían a las políticas del rey.

En marzo de 1766 estalló el «motín de Esquilache». Hubo revueltas por todas partes: Madrid, Barcelona, Bilbao, La Coruña, Cartagena, Cuenca, Zaragoza... Para la historia ha quedado que la gente se levantó por ese asunto de los sombreros y las capas, pero, en realidad, lo que los rebeldes pedían en todas partes era la reducción del precio de los alimentos y la salida de los ministros extranjeros del rey. Esquilache, en efecto, fue despedido. En su lugar pasó a primer plano el conde de Aranda. Además, para congraciarse con el gentío, Carlos III resolvió introducir en los concejos diputados del estado llano elegidos por sufragio. Y sobre todo, la corona ordenó importar masivamente cereales de Sicilia, para paliar el efecto de la escasez. Quizá debió haber empezado por ahí, antes de que la cosa fuera tan lejos.

LA EXPULSIÓN DE LOS JESUITAS

Carlos III cedió, pero no dejó caer en saco roto el agravio. ¿Quién había promovido el motín de Esquilache? ¿Quién había osado desafiar de tal modo a la autoridad regia? Los jesuitas, pensaban el rey y sus cortesanos más próximos. ¿Era verdad? Difícil saberlo. En los pasquines que circularon por las calles de España en las jornadas de la revuelta se adivinaban plumas muy doctas, muy alejadas del estilo que cabría esperar en el populacho insurrecto. Es muy posible que algún jesuita estuviera entre los conjurados, pero ¿toda la Compañía? En cualquier caso, el rey estaba decidido. El rey encargó una investigación al fiscal del Consejo de Castilla, Pedro Rodríguez de Campomanes, que ejecutó una instrucción donde ya se conocía el resultado de antemano. Durante meses se preparó la decisión en el mayor de los secretos. Y se llevó a cabo de la manera más expeditiva. En abril de 1767, las tropas de Carlos III rodeaban las casas de la Compañía de Jesús en todo el reino y procedían a la expulsión de la orden fundada por San Ignacio de Loyola.

Los jesuitas fueron formalmente acusados de estar detrás de los tumultos populares contra el gobierno. Pero, en realidad, la causa de todo era puramente política. La Compañía de Jesús ya había sido expulsada de Portugal en 1759 y de Francia en 1764. ¿Por qué? Porque la Compañía, que por definición sólo obedecía al papa de Roma, se había convertido en un engorro para unos estados que caminaban hacia una creciente separación de la Iglesia en nombre del poder absoluto de la corona. Los estados europeos habían entrado en conflicto con el papa. Los jesuitas estaban con el papa, luego se convertían en enemigos del Estado. Por eso se les expulsó.

Se calcula que, en total, fueron expulsados 2.641 jesuitas en España y otros 2.630 en las Indias. El balance de la expulsión, en España y sus territorios de ultramar, fue positivo para el poder político del monarca, pero negativo para todo lo demás. En España, más de un centenar de colegios se quedó sin profesores. En nuestras universidades desaparecieron los estudios de Teología de los discípulos de Francisco Suárez, que era la corriente dominante por entonces. Numerosos humanistas y científicos tuvieron que abandonar el territorio del imperio español. En la América española los daños fueron aún mayores, porque todos los establecimientos indígenas regentados por jesuitas quedaron en la práctica desmantelados: perdieron su rentabilidad económica y, aún peor, los indígenas se vieron desprotegidos.

Para entender exactamente este episodio hay que conocer la idea de los Borbones sobre la relación entre Dios y la corona, que tenía poco que ver con la idea hasta entonces dominante en España. En la España de los Austrias, la doctrina al respecto era la denominada «populista», muy bien expuesta por el jesuita Francisco Suárez, que es una de las cumbres intelectuales de la Historia de España. Su doctrina puede resumirse así: el poder regio proviene en última instancia de Dios, pero quien instituye a los reyes como depositarios de ese poder es el pueblo, la comunidad, de manera que ésta tiene derecho a pedir cuentas a los reyes por cómo usan su poder. En el ámbito de los Borbones, por el contrario, la doctrina era la del derecho divino de la monarquía, teorizada por Bossuet a mediados del XVII: los reyes —sostiene esta doctrina— reciben su poder directamente de Dios, al que representan en la tierra. Por tanto, cabe aceptar el poder absoluto del rey en la medida en que forma parte de los planes de la Providencia divina. El rey de derecho divino no ha de justificar el uso de su poder sino ante Dios. Muy significativamente, Carlos III hizo reeditar la obra clave de Bossuet, *Politique tirée des propres paroles de l'Escriture Sainte,* justo después de la expulsión de los jesuitas. Porque Carlos III era un ferviente partidario del derecho divino de la monarquía. De hecho, él fue quien lo introdujo en el repertorio ideológico de la corona española.

LA REVANCHA SOBRE INGLATERRA

A la altura de 1775, a España se le presentó la oportunidad de tomarse la revancha sobre Inglaterra. Fue con ocasión de la sublevación de las Trece Colonias inglesas en Norteamérica, que a la postre acabaría conduciendo a la independencia de Estados Unidos. El motín de Boston en 1773 contra el gobierno inglés había abierto una espiral de represión y nuevas protestas que tardó poco en convertirse en rebelión armada. España y Francia aprovecharon la situación. Inglaterra seguía siendo una potencia hostil: no había guerra abierta, pero Londres estaba respaldando cualquier presión contra España fuera donde fuere, lo mismo en Portugal que en Melilla. Aquí, en Melilla, los ingleses habían apoyado con artillería un intento marroquí de apoderarse de la ciudad en el invierno de 1774-1775. Melilla aguantó el asedio. Nadie ignoraba que el ataque llevaba la firma inglesa.

La corona española estuvo detrás de la sublevación norteamericana desde el principio. De entrada, envió a los rebeldes una primera remesa de dinero en reales de a ocho, allí llamados «dólares españoles»; esa remesa, por cierto, está en el origen del dólar norteamericano y del símbolo «$». Después, ya entrado 1776, la ayuda se amplió a pólvora y municiones a través del puerto de Nueva Orleans y el cauce del Misisipi, ambos en manos españolas. En 1777 los rebeldes vencen a los ingleses en la batalla de Saratoga; todo su equipo —cañones, mosquetes, bayonetas, bastimentos— ha sido provisto por España. El nuevo gobernador español de Nueva Orleans es un hombre que enseguida rubricará una auténtica hazaña: Bernardo de Gálvez.

Gálvez era un joven militar malagueño que había llegado a la Luisiana con la misión de fundar nuevas colonias y ayudar a los independentistas alzados contra Inglaterra. Su principal tarea consistió en bloquear el Misisipi para cortar las comunicaciones de los ingleses hacia el sur. Mientras tanto, España iba preparándose para lo inevitable: la guerra abierta en América. En 1799 París y Madrid firman el Tratado de Aranjuez. España declara la guerra a Inglaterra. A Gálvez se le encomienda echar a los ingleses de la Florida. Consciente de que la clave estratégica estaba en el control del Misisipi, el malagueño inicia una campaña que le llevará al rango de mariscal de campo con sólo treinta y tres años. Inmediatamente después pone sus ojos en Mobila, en la actual Alabama, y la conquista. Inglaterra envía refuerzos en un gigantesco convoy de sesenta barcos, pero el general Luis de Córdova lo intercepta y apresa al sur de Portugal: cuatro mil ochocientos prisioneros hizo ese día el marino. El camino quedaba abierto para la reconquista de Florida. Pero había un obstáculo mayor: Pensacola, el puerto más importante de la zona. Era preciso tomar Pensacola. Y no iba a resultar fácil.

Para entrar en Pensacola había que superar una línea inglesa de fuego cruzado: a un lado, la isla de Santa Rosa, que cierra la bahía, y al otro, un fuerte inglés. Gálvez tomó la isla, pero el cañoneo enemigo hizo embarrancar al buque insignia español. El jefe de las fuerzas navales, Calvo de Irazábal, amedrentado, prohibió a nuestros barcos atravesar la bahía. Y sin eso, no habría asalto. Las tropas españolas quedaron clavadas en el terreno. Durante días, Gálvez y Calvo intercambiaron cartas con duras acusaciones. Pero había algo peor: se avecinaba temporal y, en ese caso, los barcos tendrían que volver a hacerse a la mar para no estrellarse contra la costa, frustrando definitivamente el asalto. De modo que Gálvez se lio la manta a la cabeza y decidió lanzarse en solitario.

El malagueño subió a bordo de su barco, el *Galveztown*, e izó la insignia de almirante. Para provocar a Calvo, le envió a un joven oficial con un curioso presente: una bomba. Y con la bomba, un mensaje que decía así: «Una bala de a treinta y dos recogida en el campamento, que conduzco y presento, es de las que reparte el Fuerte de la entrada. El que tenga honor y valor que me siga. Yo voy por delante con el *Galveztown* para quitarle el miedo». Dicho y hecho: los cuatro barcos que Gálvez tenía a su cargo, con él mismo al frente, penetraron en la bahía bajo el fuego enemigo. Sin sufrir apenas daños, los cuatro pasaron la barrera de fuego y llegaron al otro lado. El resto de la escuadra, picada en su orgullo, siguió al mariscal. Los hombres de Gálvez desembarcaron. Era el 10 de marzo de 1781.

Podemos ahorrarnos los detalles de la batalla. Los ingleses se rindieron, Pensacola cayó y, con ella, toda la Florida. Las operaciones concluyeron el 9 de mayo de 1781. Los rebeldes norteamericanos quedaron muy fortalecidos, pues su frente de combate se redujo, y los ingleses ya no levantarían cabeza. En 1783 se firmaba el Tratado de Versalles, que reconocía la independencia de Estados Unidos y confirmaba la posesión española de Florida. De paso, el tratado devolvía a España la isla de Menorca, ocupada por los ingleses desde la guerra de Sucesión. En cuanto a Gálvez, fue nombrado gobernador de Cuba y de la Luisiana, y virrey de Nueva España.

EL BANCO DE ESPAÑA, JOVELLANOS Y LA BANDERA

La guerra contra los ingleses fue un éxito militar y político, pero tuvo un enorme coste económico. Para sufragarlo, la corona recurrió a un procedimiento innovador: los «vales reales», un título de deuda pública con valor de papel moneda. La idea se le ocurrió al financiero Francisco Cabarrús, al que, visto el éxito, se le encomendó muy poco después, en 1782, otra gran innovación de este periodo: la creación de un banco central. Se llamó Banco de San Carlos y es el antecedente del Banco de España. Era una entidad privada, pero con el patrocinio y respaldo de la corona. Sus cédulas fueron los primeros billetes que hubo en España.

En la constitución del Banco de San Carlos participaron los más notorios ilustrados de la corte de Carlos III. Entre ellos, Gaspar Melchor de

Jovellanos, un personaje que compendia todos los rasgos mayores de la Ilustración en nuestro país: reformista, inquieto, católico, monárquico, más liberal que tradicional y más conservador que liberal, más inclinado al estudio de problemas prácticos que al pensamiento especulativo... Jovellanos había nacido en Gijón en 1744. Inicialmente destinado a los estudios eclesiásticos, cambió de vía para pasar al mundo jurídico y en 1767 ya era magistrado de la Audiencia de Sevilla. Allí trabó amistad con el duque de Alba, cuya recomendación le hizo llegar a Madrid en 1778. El fiscal del Consejo de Castilla, Campomanes, se fijó en él y le encomendó diversas memorias de materia económica y particularmente agraria, que era lo que el gobierno de Carlos III buscaba.

Jovellanos será llamado a la corte como director de la Sociedad Económica Matritense y miembro de la comisión que creó el Banco de San Carlos. La idea fundamental de Jovellanos era la necesidad de liberalizar la vida económica; en el aspecto agrario, fomentando la propiedad privada del suelo, el aprovechamiento integral de los recursos y la formación técnica de los campesinos, y en el aspecto minero, liberalizando la explotación de carbón para aumentar la producción. Fue designado académico sucesivamente de la Real de Historia, de la de Bellas Artes y de la Española. Si Feijoo es el mejor representante de la primera Ilustración española, Jovellanos es el nombre esencial de la segunda.

Entretanto, Carlos III añadía a su hoja de servicios otro elemento que a partir de entonces iba a poner, literalmente, otro color a los paisajes españoles, y fue la institución de la bandera rojigualda. Todo empezó como un problema práctico en el ámbito naval. Hasta aquel momento, y desde principios del siglo XVI, la enseña tradicional española había sido la bandera blanca con la Cruz de San Andrés en rojo, un distintivo traído a nuestro país por Felipe el Hermoso y el emperador Carlos. Bajo esa bandera, con la Cruz de San Andrés, también llamada de Borgoña, combatieron los tercios españoles en Europa y se conquistó América. Pero aquella bandera tenía un serio inconveniente práctico, que se fue haciendo más patente a medida que aumentaba la distancia de los disparos de cañón: en la mar era difícil distinguirla de las de otros países. La bandera inglesa era también una cruz roja, la de San Jorge, sobre fondo blanco. La bandera francesa era asimismo de fondo blanco, con escudo azul. A bordo de un barco era difícil distinguir unas de otras. Los ingleses buscaron un diseño con más colores y de ahí nació la actual bandera británica. Los españoles hicieron lo propio.

Carlos III convocó un concurso de ideas. El secretario de Estado y Marina, Antonio Valdés, echó mano de los colores tradicionales de los reinos españoles y aportó una combinación de rojo y oro viejo, es decir, gualda. El diseño recuperaba los colores de Castilla, Aragón y Navarra y, además, presentaba evidentes ventajas prácticas por su visibilidad. El 28 de mayo de 1785, el rey aprobaba los nuevos pabellones navales. Desde entonces aquella enseña ondeó en los barcos españoles. Pronto la rojigualda se extenderá también a tierra. Pocos años después se convertiría en bandera oficial de España.

Carlos III falleció en 1788, con setenta y dos años. A su muerte, con la incorporación de los vastos territorios norteamericanos de la Luisiana y Florida, el imperio español se mantenía como una potencia formidable. Sólo una espina le quedó clavada al rey: Gibraltar, que no pudo recuperar pese a los frecuentes asedios y al empeño de marinos como el mallorquín Antonio Barceló. Muerto el rey, llegaba al trono su hijo Carlos IV. Siete meses después, las turbas de París tomaban la Bastilla. Comenzaba la Revolución francesa. Y eso iba a cambiarlo todo.

39
LA REVOLUCIÓN, GODOY Y MALASPINA

El 30 de julio de 1789 zarparon de Cádiz dos corbetas: la *Atrevida* y la *Descubierta*. Al frente de la expedición iban dos respetadísimos marinos españoles: Alejandro Malaspina, de origen italiano, y José Bustamante. En los barcos, doscientos hombres, incluidos naturalistas y cartógrafos. La suya no era una misión de guerra, sino un viaje científico… y político. Lo mismo habían hecho años atrás Cook para Inglaterra y La Perouse para Francia. Malaspina expuso su proyecto a Carlos III: un viaje alrededor del mundo con finalidad geográfica, botánica y también política, para palpar el estado de las cosas en los virreinatos. La corte española de la época era la que más fondos dedicaba a este tipo de investigaciones en toda Europa. El rey autorizó el viaje en octubre de 1788, y fue una de las últimas cosas que hizo, porque la muerte se lo llevaría enseguida. Cuando Malaspina y Bustamante emprendieron su aventura, el rey era ya Carlos IV.

LA REVOLUCIÓN

Carlos IV había nacido en Portici, Nápoles, en 1748. Era el segundo hijo varón de Carlos III y María Amalia de Sajonia. El primogénito, Felipe Antonio, discapacitado intelectual, había sido apartado de la sucesión. Así que nuestro nuevo Carlos llegaba al trono con cuarenta años, un matrimonio ya veterano con su prima María Luisa de Borbón-Parma, italiana como él y, además, cierta experiencia de gobierno bajo la sombra alargadísima de su padre. Tan alargada que incluso heredó a su primer ministro: José Moñino, conde de Floridablanca, que llevaba más de dos decenios en el círculo de confianza de la corona. *A priori*, todo anunciaba un tranquilo periodo de continuidad. Pero al otro lado de los Pirineos estaban pasando cosas que iban a cambiar el mundo.

En mayo de 1789, en una situación de grave crisis económica y en medio de una fuerte agitación social, el rey de Francia, Luis XVI, convoca a los Estados Generales, la asamblea de todos los estamentos del reino, que no se reunía desde principios del siglo XVII. Allí el tercer estado, es decir, la burguesía y el estado llano, decide apartarse de los otros dos estados (la nobleza y el clero), se constituye en Asamblea Nacional y jura no disolverse hasta haber dotado a Francia de una constitución. El rey, forzado por los acontecimientos, reconoce a la Asamblea. Movidos por la decisión del rey, los otros diputados de la nobleza y el clero se incorporan a la Asamblea con la expectativa de moderar el proceso, pero la ola revolucionaria ya está en marcha: la agitación prende en las calles de París a las puertas mismas del palacio real. El 14 de julio, una multitud armada asalta la prisión de la Bastilla y asesina a los oficiales de la guarnición. Es sólo el preludio de lo que va a venir. Ese verano, por todo el país corren rumores que señalan, primero, a la presencia de bandidos, y después, a la nobleza como responsable de la penuria de cereal. Es una gigantesca operación de intoxicación informativa. La Asamblea Nacional, mientras tanto, declara abolidos los privilegios de la nobleza y el clero. Enseguida se leerá la Declaración de los Derechos del Hombre y el Ciudadano. El siguiente paso será la marcha de la multitud hasta el palacio real de Versalles, donde forzará a la familia real a trasladarse al palacio de las Tullerías de París.

En España, como en toda Europa, estas noticias se reciben con extremo desconcierto. Nadie sabe bien qué está pasando. La impresión general es que se trata de revueltas provocadas por la escasez de pan —lo cual en parte era cierto—. Floridablanca venía de tomar medidas muy claramente orientadas a limitar privilegios de los más favorecidos: condonación del retraso en los impuestos, limitación del precio del pan, supresión de mayorazgos y otros privilegios... Ante lo que está ocurriendo en Francia, el gobierno resuelve cerrar las cortes, que acababan de reunirse para jurar a Carlos IV. ¿Era preciso? Seguramente no, pero la incertidumbre y el miedo pesaron más que cualquier otra consideración. Acto seguido, Floridablanca resuelve encargar a la Inquisición, que desde mucho tiempo atrás llevaba una vida más bien mortecina, que persiga las ideas revolucionarias. Las fronteras españolas con Francia quedan cerradas «de mar a mar».

A partir de este momento, toda la política española va a girar en torno a los sucesos revolucionarios. En 1791 la familia real francesa intenta huir de París, pero es detenida. Floridablanca envía al gobierno francés una nota de protesta que sólo complica las cosas. Carlos IV, aterrorizado, resuelve a apartar a Floridablanca y pone en su lugar al conde de Aranda, Pedro Pablo Abarca de Bolea, con la misión expresa de intentar la liberación de Luis XVI. Era febrero de 1792. Aranda fracasó, como fracasaron los intentos de otras cortes europeas en el mismo sentido. En agosto, toda la familia real francesa es encarcelada. Al mes siguiente se proclama la República. Carlos IV quiere una intervención militar, pero el ejército español no está preparado: todo el esfuerzo militar de los años anteriores se había orientado hacia la Armada, que era lo que España necesitaba, no hacia una guerra con Francia que se consideraba imposible por los pactos de familia previos con los Borbones. Aranda propone entonces una política de neutralidad, pero Carlos IV no la acepta. Aranda sale del gobierno. Llega Manuel Godoy. Es octubre de 1792.

Godoy era un jovencísimo guardia de corps (veinticinco años) que había conocido un ascenso vertiginoso en la corte. Se ha especulado mucho sobre su posible relación sentimental con la reina, pero parece que todo eso fueron más bien habladurías de palacio. En todo caso, Carlos IV escogió a Godoy porque el rey quería llevar personalmente el peligrosísimo asunto francés y para eso necesitaba a alguien que le fuera fiel y obedeciera sin rechistar. Además, Godoy no pertenecía a ninguno de los bandos de la corte (ni al de Aranda ni al de Floridablanca), de manera que era un buen candidato. Otra cosa es que fuera a ser un buen estadista, y aquí es donde la corona española cavó su propia tumba. Bien es cierto que los acontecimientos seguían imponiéndole a España sus propios criterios: en enero de 1793, después de un juicio que tuvo mucho de farsa, era condenado a muerte y decapitado en la guillotina Luis XVI, rey de Francia. A España no le cabía otra opción que las armas. De hecho, no fue España, sino la Francia revolucionaria, ya lanzada en una espiral de terror, la que dio el primer paso y declaró la guerra.

EL RETORNO DE MALASPINA

En ese mismo momento, la expedición de Malaspina y Bustamante, completamente ajena a lo que ocurría en Europa, estaba cosechando resultados extraordinarios. Cartas hidrográficas y náuticas de América y las Filipinas. La primera cartografía del Cabo de Hornos. La primera cartografía de Alaska. La primera cartografía española de Nueva Zelanda. Una investigación rigurosa sobre el magnetismo terrestre y la fuerza de la gravedad. Diversos estudios sobre la producción minera. Innumerables pliegos de herbario con la descripción de unas 14.000 plantas. Estudios fisiológicos de más de 500 especies animales. Cerca de un millar de imágenes de tipos étnicos, paisajes, flora, tradiciones... Una auténtica «física de la monarquía», como se dijo en su momento. El objetivo de superar los trabajos semejantes de ingleses y franceses se había cumplido a plena satisfacción. Sin duda, la obra cumbre de la Ilustración española.

El periplo de la expedición es digno de reseñarse: Canarias, el Plata, las Malvinas, el Cabo de Hornos, la costa pacífica suramericana hasta Acapulco... Allí recibieron la orden de Carlos IV, que estaba siguiendo la expedición, de navegar hacia el norte por ver si hallaban el «paso del noroeste», es decir, algún canal que conectara el Pacífico y el Atlántico por el norte del continente, cosa que en la época aún se consideraba posible. Reconocieron Alaska y no hallaron el paso, de manera que siguieron viaje hasta las Filipinas, las Molucas, las Célebes, y luego Nueva Zelanda y Australia antes de volver al puerto de El Callao en Perú. El estallido de la guerra con Francia les impidió dar la vuelta al mundo: había que volver a España. En septiembre de 1794 estaban Malaspina y Bustamante de vuelta en Cádiz. Fueron recibidos como héroes y ascendidos. Bustamante marchó como gobernador a Uruguay. Malaspina entró en los círculos de la corte.

Malaspina presentó un informe: *Viaje científico-político alrededor del mundo,* se titulaba. No era especialmente revolucionario: aconsejaba cambios en profundidad, mayor autonomía para los virreinatos y una nueva orientación en el gobierno del Reino, pero, después de todo, se trataba de un informe confidencial al rey, es decir, sin repercusión pública. Ahora bien, el marino había escrito también un *Memorial a la Reina* en el que proponía cambios en el gobierno, incluida la salida de Godoy. Éste, cuando lo supo, reunió al Consejo de Estado y acusó a Malaspina de haber defendido «ideas sediciosas» en unos escritos «demasiado adictos a las máximas de la Revolución y la anarquía». Era noviembre de 1795. El marino se vio encarcelado, degradado, desposeído de todos sus bienes y llevado a juicio. En abril de 1796 se le condenó a diez años de reclusión en el castillo de San Antón, en La Coruña.

DE UNA GUERRA A OTRA

Para entonces el mundo había basculado sobre sí mismo. La guerra contra la Francia revolucionaria estaba siendo un desastre. Al principio, las tropas españolas pudieron llevar la iniciativa y obtener algunos logros notables gracias a la pericia de generales como Antonio Ricardos. Pero Aranda, después de todo, tenía razón: el ejército español no estaba en condiciones de sostener una campaña en tierra por falta de rutas adecuadas de avituallamiento y sistemas logísticos eficientes. Ricardos viaja a Madrid para exigir de Godoy más apoyo material. Muere en plena tarea, con sesenta y seis años. Era marzo de 1794. Las tropas españolas se quedan sin su mejor jefe… y sin los apoyos necesarios. A partir de ese momento, todo irá cabeza abajo. Los ejércitos de la Francia revolucionaria eran auténticas muchedumbres que, además, transportaban en sus bayonetas el mismo terror revolucionario que estaba haciendo estragos en el país. Para las fuerzas españolas fue una sangría: cerca de 20.000 muertos y más de 5.000 heridos. A Godoy no le quedó otra opción que pedir la paz.

Por fortuna para Godoy, en Francia el poder acababa de cambiar de manos: el régimen de terror de los jacobinos de Robespierre se había hundido dejando tras de sí un mínimo de 40.000 muertos (entre ellos, el propio Robespierre) y llegaba la hora de los republicanos moderados, los «termidorianos», cuya esencial preocupación era pacificar el país, organizar el nuevo régimen y hacer frente al enemigo principal, que seguía siendo Inglaterra. ¿Con quién podía contar Francia para plantar cara a Inglaterra? Sólo con España. Así se llegó al Tratado de Basilea de 1795, que ponía fin a la guerra, y sólo un año después al Tratado de San Ildefonso, que sellaba una nueva alianza política y, sobre todo, militar entre España y Francia. Inglaterra, una vez más, optó por declarar la guerra a España.

Aquella nueva guerra con Inglaterra fue letal, porque supuso el cierre completo de la ruta de Indias. El conflicto previo con Francia había dejado la Hacienda exhausta. Ahora, además, se cerraban los mercados con América, tanto para recibir como para enviar mercancías. Los barcos ingleses infligieron una seria derrota a los españoles en la batalla del cabo de San Vicente, en febrero de 1797. Después, España se tomó la revancha y pudo frustrar los ataques británicos en Puerto Rico, Cádiz y Tenerife, y en esta última plaza los defensores incluso capturaron al jefe enemigo, que resultó ser el almirante Nelson (el cual, por otra parte, se dejó un brazo en el intento). Pero más allá de los episodios bélicos, lo crucial en esta guerra fue el aspecto económico. La pésima cosecha de 1798 fue la puntilla: el reino estaba en bancarrota.

DE GODOY A GODOY

Acuciado por la gravedad de la situación, Godoy resolvió llamar a los clásicos: Jovellanos en Justicia y, en Hacienda, Francisco de Saavedra, que había jugado un papel importantísimo en la política americana de la corona; además, como inquisidor general, un singular obispo ilustrado y masón, Ramón José de Arce, y para la embajada en París, decisiva en este momento, el banquero Cabarrús. Un gabinete con pericia técnica y que, por su perfil, podía gustar a los franceses. Pero el que no gustaba a los franceses era el propio Godoy, porque éstos insistían en invadir Portugal, donde estaban las bases navales británicas, y Godoy se negaba una y otra vez. Tal fue la presión francesa que Carlos IV, finalmente, prescindió de Godoy. Ocurrió entonces algo singular: tanto Jovellanos como Saavedra enfermaron seriamente y ambos tuvieron que abandonar sus cargos. El gobierno quedó en manos de Mariano Luis de Urquijo, bilbaíno, treinta años, un brillante funcionario que había ascendido bajo el patrocinio de Aranda y que ahora se convertía en el hombre fuerte de un país extremadamente débil.

¿Qué hizo Urquijo? Sacar dinero de debajo de las piedras, y especialmente de las piedras de las iglesias: su desamortización aportó a las arcas públicas buenos ingresos; bien es cierto que, a cambio, la red asistencial que regentaba la Iglesia (hospitales, escuelas, etc.) quedó prácticamente desmantelada. Urquijo, por otra parte, impulsó decididamente la creación de una Iglesia nacional española, independiente de la obediencia política y económica a Roma. En aquel momento los estados papales en la península italiana estaban ocupados militarmente por las tropas de un joven general llamado Napoleón Bonaparte. Era la ocasión propicia para plantear la emancipación de los obispos españoles. Es lo que se llamó el «cisma de Urquijo». No era una cuestión religiosa; era, sobre todo, una cuestión económica, porque así el dinero que marchaba a Roma por la tributación eclesial se quedaría en las arcas del reino. En todo caso, Urquijo no podría ir más allá: en noviembre de 1799, el tal general Bonaparte da un golpe de Estado y se hace con el poder en Francia. Napoleón, como todos, quiere que España ataque a Portugal para echar de allí a los barcos ingleses. Urquijo se niega. Aún más: no acepta a Luciano Bonaparte, hermano de Napoleón, como embajador en España. Enemigos demasiado poderosos: en diciembre de 1800, y por presión directa de Napoleón, Urquijo cae. ¿Quién será ahora el hombre fuerte del país? Otra vez Godoy, que no había dejado de intrigar en todo este tiempo. Y ahora volvía, además, como generalísimo de los ejércitos.

Godoy hizo lo que Napoleón quería: el 27 febrero de 1801 declaró formalmente la guerra a Portugal. Fue un conflicto brevísimo: el propio Godoy se puso al frente de un ejército que penetró por Olivenza y en poco más de dos semanas ocupó varias plazas portuguesas. Estando frente a Elvas, Godoy, galante, envió a la reina de España, María Luisa, un ramo de naranjas portuguesas como prueba palpable del éxito español, y de ahí que a esta guerra se la llame «de las naranjas». El conflicto terminó en junio de ese mismo 1801, cuando España y Portugal firmaron el tratado de Badajoz. España devolvió a Portugal todas las plazas conquistadas excepto Olivenza, que desde entonces es tierra española. Por lo demás, los portugueses se comprometieron a cerrar sus puertos a los ingleses, aunque no lo hicieron del todo. Godoy vio confirmada su enorme influencia en el Gobierno de España. El que no quedó enteramente satisfecho fue Napoleón, que esperaba una ocupación completa del territorio portugués, y no una guerra galante. Pero Godoy tenía sus propios planes. ¿O no?

¿Qué quería Godoy? En realidad, toda su política no tuvo nunca otro objetivo que mantener el poder de la corona en España, las Indias y, por vía familiar, en los territorios italianos vinculados a los Borbones. Su círculo más íntimo era, en general, de corte ilustrado, pero él mismo no dudó en presentarse como ilustrado o como reaccionario según le conviniera. Seguramente su drama fue hallarse en medio de un escenario que le quedaba ostensiblemente grande. Por cierto: en 1802, a instancias de Napoleón, Godoy tuvo que sacar de la cárcel a Malaspina. El marino marchará a Italia, convertido en un entusiasta bonapartista.

Napoleón presionaba continuamente para que España se implicara más en la guerra contra Inglaterra. Godoy, por su parte, trataba de eludir un compromiso excesivamente abierto; incluso llegó a proponer que la colaboración española se sustanciara en una aportación económica. Pero Bonaparte no quería el dinero de España: quería sus barcos para bloquear el canal de la Mancha. Finalmente, un acontecimiento fortuito obligó a España a ponerse al lado de Napoléon. El 5 de octubre de 1804, frente al Cabo de Santa María, en la costa del Algarve portugués, una escuadra inglesa interceptó a otra escuadra española que venía de Indias. Los barcos españoles traían una buena cantidad de dinero y varias decenas de familias de comerciantes. En ese momento España e Inglaterra no se hallaban en guerra; nada había que temer. Sin embargo, los ingleses abrieron fuego y uno de los proyectiles voló la santabárbara de la fragata *Mercedes*. Murieron 249 tripulantes y comerciantes con sus familias. Fue un brutal acto de piratería. El jefe de la escuadra española no tuvo otra opción que rendirse. Ese jefe era José Bustamante, el mismo que unos años atrás había encabezado la gran expedición ilustrada con Malaspina.

En diciembre de 1804, España volvió a la alianza militar plena con Francia. Los barcos españoles se pusieron a las órdenes de Napoleón. Era el preludio de la tragedia.

40
Y LA MUERTE EN TRAFALGAR

En octubre de 1805 España estaba haciendo algo completamente extraordinario: la primera campaña transoceánica de vacunación. Aquella aventura inaudita había comenzado dos años atrás. Ocurrió que en Lima y Bogotá se habían desatado dos nuevos y terribles brotes de viruela. Cuando la noticia llegó a Madrid, Carlos IV quiso saber si era posible trasladar a América la vacuna que en 1798 había descubierto el inglés Jenner. El rey reunió a sus cirujanos de cámara (Gimbernat, Lacaba, Galli, el venezolano Flores) y les propuso la idea de organizar una expedición médica.

LA EXPEDICIÓN BALMIS

Había un problema fundamental: conseguir que el virus llegara vivo al otro lado del mar, porque, si no, la vacuna no sería eficaz. Aquel gran científico gaditano que fue José Celestino Mutis, arraigado en Bogotá desde 1761, ya había intentado vacunar en Bogotá unos años antes, cuando el brote de 1782, y siguiendo las pautas del fraile chileno Pedro Chaparro, pero con resultados limitados. El gran problema era cómo mantener viva la muestra a través de largas distancias. En la época no había frigoríficos. Era preciso encontrar otro método de transporte, y éste será de lo más elemental: llevar el virus vivo inoculado en brazos de niños. Y una vez hallado el método, ¿quién podría realizar la empresa? El designado será otro de los médicos de cámara del rey: el alicantino Francisco Javier Balmis y Berenguer, un hombre de cincuenta años con una excelente reputación científica.

La corona se implicó a fondo. De hecho, corrió con todos los gastos. Y no iban a ser pocos, porque el objetivo de la empresa era descomunal: llevar la vacuna contra la viruela a los virreinatos españoles, incluidas las islas Filipinas; vacunar a la población y crear por todas partes Juntas de Vacunación. El hombre adecuado era, sin duda, Balmis, que conocía bien América y además había traducido al español el primer gran tratado médico sobre la vacuna, el del francés Moreau. Pero habrá más nombres importantes. Uno de ellos es José Salvany Lleopart, un médico militar, catalán, de veinticinco años, que también gozaba de gran reputación, y que fue subdirector de la expedición. Hacía falta un barco y también lo hubo: la corbeta *María Pita,* de La Coruña; para gobernarlo se escogió al teniente de fragata Pedro del Barco, vizcaíno de Somorrostro. Hacían falta, por supuesto, los niños, y éstos serán veintidós asilados de los hospicios de expósitos de La Coruña, Madrid y Santiago, de entre nueve y tres años. Y con los niños viajaría una mujer singular: Isabel de Cendala (o Zendal), la rectora del Hospicio coruñés, que será la primera enfermera de una campaña internacional que deje su nombre en la historia.

La expedición marchó a las Canarias, vacunó allí durante varias semanas, zarpó hacia América en enero de 1804 y comenzó su trabajo en La Habana y Venezuela a lo largo de ese año. Después vino la Nueva España, México, a lo largo de 1805; al mismo tiempo, Salvany afrontaba la campaña hacia el sur (Colombia, Ecuador, Perú...). Concluida la vacunación en Nueva España, Balmis partió hacia Manila, en las Filipinas. Por esas fechas, en Madrid estaban enterrando a Luigi Boccherini, que había llenado de música los últimos cuarenta años de la corte española. Y cuando el trabajo de Balmis quedó terminado en Manila, pasó a Macao, en el Asia continental, bajo control portugués, desde donde se internó en la provincia china de Cantón. Allí, en China, estaban Balmis y los suyos en el mes de octubre de 1805.

BARCOS PARA NAPOLEÓN

En el mismo momento en que Balmis vacunaba a los chinos contra la viruela en nombre del rey de España, los barcos del rey de España formaban en la bahía de Cádiz a las órdenes de Napoleón. El emperador había impuesto a Godoy condiciones muy concretas, y una esencial era que la Armada española estuviera al servicio del plan estratégico francés contra Inglaterra. Godoy obedeció y por eso nuestros barcos estaban allí.

En realidad el gran plan tenía otro escenario: el Paso de Calais, en el canal de La Mancha, donde Napoleón había estacionado un imponente ejército de 180.000 soldados para invadir Inglaterra. Para que la invasión saliera bien, Napoleón necesitaba controlar el mar, y eso exigía que el grueso de la flota inglesa estuviera lejos de allí. Con ese fin, la flota combinada francoespañola realizó una serie de maniobras de distracción que pudieran mantener ocupados y lejos del canal de La Mancha a los barcos ingleses, mandados por el almirante Nelson. En los meses precedentes esas maniobras habían llevado los combates desde Jamaica hasta Galicia. En Finisterre, la flota francoespañola había sufrido un serio revés por los errores de su jefe, el almirante francés Villeneuve. El movimiento natural de Villeneuve, en su huida, habría sido navegar hacia el Golfo de Vizcaya hasta el canal de La Mancha, que era lo que Napoleón quería, pero el francés, temeroso, decidió buscar aguas más tranquilas y se refugió en Cádiz. Hasta allí acudió, en persecución, la flota inglesa. Y así se preparó el escenario de la tragedia.

La situación de la flota española en ese momento era bastante calamitosa. La última gran reforma naval, la del marqués de la Ensenada, se había afrontado medio siglo atrás. Desde entonces los barcos habían envejecido mucho. La presión inglesa sobre las rutas del Atlántico habían mermado los ingresos que provenían de América; con la Hacienda de la corona en estado caótico, muchos capitanes tenían que sufragar las reparaciones de los barcos con dinero de su propio bolsillo. Para colmo de males, una epidemia de fiebre amarilla acababa de diezmar a las tripulaciones, de manera que hubo que llenar las naves a toda prisa con una leva forzosa de gentes sin experiencia marinera y con más miedo que hambre (y había mucha hambre). Los jefes españoles lo sabían sobradamente: «Esta escuadra hará vestir de luto a la Nación en caso de un combate», escribió el mayor general de la Armada, Antonio de Escaño.

Lo único que sostenía a los barcos españoles era la competencia de sus jefes, personalidades de un relieve imponente, hechura de los grandes marinos-científicos que había dado el XVIII español, como Ulloa y Jorge

Juan. Estaba en Cádiz Federico Gravina, napolitano, cincuenta años, jefe de la flota de guerra española, con abundante experiencia militar y diplomática, admirado tanto en Gran Bretaña como en Francia. Estaba también Cosme Churruca, vasco de Motrico, cuarenta y cuatro años, excelente marino de guerra, pero también matemático, geógrafo, astrónomo. Estaba Dionisio Alcalá Galiano, cordobés de Cabra, cuarenta y cinco años, que había participado en la expedición científica de Malaspina y buscado el paso del Noroeste más allá de Alaska, y que inventó el procedimiento de hallar la latitud por observación astronómica. Estaba asimismo Francisco Alcedo y Bustamante, santanderino, de cuarenta y siete años, un marino de guerra de pura cepa.

Mientras los españoles intentaban a toda prisa adiestrar a unas tripulaciones inexpertas y mal dotadas, en el campo francés se producían movimientos inquietantes. La huida de Villeneuve hacia el sur había apartado a los barcos ingleses del canal de La Mancha, donde aguardaba el ejército invasor de Napoleón, pero también había dejado a éste sin barcos franceses para que le cubrieran la invasión de Inglaterra. Sobre la marcha, Napoleón decidió que la flota combinada, ya que estaba en el sur, marchara a sitiar Nápoles, pero resolvió también relevar a Villeneuve por incompetente. Villeneuve se enteró, por supuesto, y de repente se vio en la tesitura de intentar un último gesto para salvar su fama ante el emperador.

BAHÍA DE CÁDIZ

A bordo de la nao capitana de Villeneuve, el *Bucentauro,* se suceden las reuniones borrascosas. Villeneuve quiere abandonar Cádiz y salir al encuentro de los ingleses. Los españoles intentan por todos los medios que tal cosa no ocurra. Las flotas francesa y española suman más barcos que la inglesa, pero nadie ignora que los ingleses tienen más potencia de fuego y capacidad de maniobra, y que sus tripulaciones son mucho más expertas. Además, el invierno está encima.

La opinión de los mandos españoles, en boca de Gravina, era clara: no había que salir del puerto de Cádiz. Estaba avanzado ya el otoño y los barómetros anunciaban mal tiempo (y los barómetros españoles eran los mejores del mundo). Se avecinaba vendaval y la escuadra pelearía mejor fondeada que en mar abierto. Los ingleses tenían con qué reponer las naves que perdieran en combate, pero la flota francoespañola no. Además, Gravina no se fiaba de los franceses: en la batalla de Finisterre ya se había visto que los barcos de Napoleón no socorrían a los españoles. La mejor opción era permanecer en la bahía de Cádiz. Así los ingleses quedarían obligados a mantener un bloqueo en Cádiz, otro en Cartagena y otro en Tolón, donde había otras unidades francoespañolas. Tres bloqueos simultáneos, es decir, tres escuadras en la mar al mismo tiempo y en invierno, con las consiguientes averías y el gasto mayúsculo para mantener a las tripulaciones en la mar. Para los ingleses iba a ser una sangría. Españoles y franceses, por el contrario, «conseguiríamos ventajas equivalentes a un combate», escribió Gravina.

La de Gravina era la estrategia correcta. Venía, además, de un hombre que se caracterizaba tanto por su sagacidad política como por su valentía militar. Después escribirá Napoleón que aquella batalla no se habría perdido si Gravina hubiera estado al frente. Pero el que estaba al frente era Villeneuve, y éste tenía otros problemas: sabía que el emperador le detestaba y él quería demostrar, con una gran victoria, que nadie podría disputarle el mando de la Armada francesa. De manera que, aunque Gravina había logrado convencer a todos de que no era conveniente salir de Cádiz, Villeneuve terminó ordenando la salida. ¿Por qué? En realidad, porque sólo esperaba la menor excusa para hacerlo. Esa excusa se la sirvió un informe de sus servicios de inteligencia: varios barcos ingleses habían tenido que abandonar sus líneas para hacer reparaciones. Villeneuve quiso creer que aquello dejaba debilitada a la escuadra de Nelson. Salió. Y fue su perdición.

LA BATALLA

Al divisar a los barcos de Villeneuve, Nelson movió los suyos en dos grupos, a modo de columnas, con el propósito de romper las líneas francoespañolas entre la vanguardia y el centro, y entre el centro y la retaguardia. Los británicos querían concentrar el ataque en las naves capitanas enemigas. Villeneuve ordenó virar en redondo para tener cerca Cádiz en caso de derrota. Pero con ese movimiento desorganizó las líneas de su propia escuadra, dejando grandes claros por donde penetraron los barcos enemigos. A bordo del *San Juan Nepomuceno,* Churruca se desesperaba: veía que la vanguardia iba a quedar aislada del cuerpo principal mientras la retaguardia era envuelta por los barcos ingleses. Bastaba un solo movimiento: que la vanguardia girara hasta situarse detrás de la retaguardia, y atrapar así a los ingleses. Pero Villeneuve no se atrevió.

Los ingleses pudieron penetrar en los puntos más sensibles de las líneas francoespañolas y, literalmente, cercar a sus navíos principales, mientras buena parte de los barcos quedaban forzosamente lejos del combate, inactivos, como Churruca había previsto. Así, aunque los ingleses eran menos, en realidad eran más. La carnicería fue tremenda. Los barcos tocaban sus costados. Se combatía a tiros de fusil y a cañonazos. Un tirador —vasco, al parecer— pudo herir mortalmente a Nelson. A Gravina le volaron un brazo; esa herida terminará matándolo meses después. A Francisco Alcedo lo destrozó una bala de cañón; antes de morir, el santanderino aún tuvo fuerzas para ordenar arrimarse más a un barco enemigo y abordarlo.

Alcalá Galiano cayó literalmente acribillado en su puesto de mando, pero se mantuvo en pie hasta el final: un balazo le dobló el sable, que se le clavó en la pierna; después recibió un astillazo en la cara que le hizo perder mucha sangre; otra bala le arrebató el catalejo de las manos y, por último, un proyectil de cañón de mediano calibre le destrozó la cabeza. En cuanto a Churruca, lo barrió una bala de cañón que le arrancó una pierna. El vasco se levantó gritando «¡Esto no es nada! ¡Siga el fuego!». Murió desangrado pocos minutos después.

La calamidad aún no había terminado. Tal y como anunciaban los barómetros de Gravina, hubo mal tiempo. Inmediatamente después de la batalla se desencadenó una tempestad de efectos casi tan terribles como los del combate, por la cantidad de barcos que embarrancaron o naufragaron en las costas cercanas. Al final, el balance fue espantoso. Quienes peor parte llevaron fueron los franceses: murieron unos 3.400, casi el 25 por ciento de sus hombres. Las bajas de los ingleses fueron muy limitadas: 449 muertos. En cuanto a los españoles, hubo 1.022 muertos y 1.383 heridos de un total de 11.847 combatientes.

Villeneuve fue apresado por los ingleses. Devuelto a Francia, se le halló muerto, cosido a puñaladas, camino de París; alguien le asesinó, pero la versión oficial sostuvo que se trató de un suicidio. Parece que Napoleón dio orden de «suicidarlo». Por cierto que Napoleón supo sacar bien por mal y hacer de la necesidad virtud. Con la flota arruinada, reutilizó las tropas que tenía aguardando para invadir Inglaterra, las envió hacia el este y ganó a rusos y austriacos la batalla de Austerlitz.

Pero aunque a Napoleón no le resultara demasiado gravosa la derrota, lo cierto es que Trafalgar fue una catástrofe desde todos los puntos de vista. El número de bajas fue extraordinariamente alto, tanto entre los españoles como entre los franceses; el error de las maniobras de Villeneuve había dejado a los barcos, tripulados por dotaciones inexpertas, a merced de los cañones británicos, y éstos sacudieron sin piedad. Trafalgar fue también una catástrofe para España por la calidad de los marinos que allí murieron: Gravina era una personalidad política de primera importancia; Alcalá Galiano y Churruca, además de excelentes capitanes, eran dos competentes científicos que hubieran podido aportar muchas cosas a un país que necesitaba precisamente gente así. Y aquella batalla fue, en fin, una catástrofe desde el punto de vista político general, porque marcó sin duda posible el fin de la potencia naval española: hasta entonces nuestra Marina, aun con serios problemas de tipo financiero y técnico, había podido sostener la fuerte rivalidad inglesa, pero, después de Trafalgar, la hegemonía naval española se disolvía para siempre. Trafalgar rubricó, con sangre, el final del viejo imperio.

EPÍLOGO EN SANTA ELENA

Balmis terminó su trabajo en Cantón a principios de 1806. En Manila quedaba Isabel Zendal, la rectora del hospicio de La Coruña, completamente agotada. Cuando se repuso, volvió a México y se instaló en Puebla con su hijo. Nunca volverían a España. El otro médico de la expedición, Salvany, prosiguió su periplo por el sur de América vacunando sin descanso: Guayaquil, Quito, Trujillo, Lima, La Paz, Cochabamba... En esta última ciudad ya no pudo más: agotado y deshecho por todo tipo de enfermedades, murió en pleno servicio en 1810. En total, se calcula que la Real Expedición Filantrópica vacunó a un millón de personas. El propio Jenner, el descubridor de la vacuna, reconoció admirado que «no puedo imaginar que en los anales de la historia se proporcione un ejemplo de filantropía más noble y más amplio que éste». Los españoles habían llevado la viruela a América tres siglos atrás. Ahora llevaban la vacuna.

Balmis, de regreso a España, tuvo que detenerse en un lugar singular: la isla de Santa Elena, un islote de 120 kilómetros cuadrados en el Atlántico sur, a dos mil kilómetros de las costas de Angola. Era posesión inglesa en aquel momento. Los mismos ingleses que habían destruido la escuadra española en Trafalgar. Pero Balmis era médico y llevaba la vacuna. Fiel a su misión, vacunó a la población de la isla. Pocos meses después, en Europa, Napoleón derrotaba a los prusianos en la batalla de Jena. Mal podía imaginar Bonaparte que iba a acabar sus días precisamente en esta isla, Santa Elena, la misma que Balmis, misión cumplida, abandonaba para regresar a España.

Balmis fue recibido con todos los honores en la corte de Carlos IV... y de Godoy. Éste, después de la derrota de Trafalgar, veía peligrar su posición. Cada vez eran más numerosos los descontentos que se agrupaban en torno al heredero de la corona, Fernando. Godoy, temeroso, resolvió aliarse aún más estrechamente a Napoleón. El cual, por su parte, aprovechó la situación para dominar completamente a Godoy mientras, a la vez, se acercaba a los partidarios del príncipe Fernando. No, no fueron sólo unos barcos y algunos héroes lo que se perdió en Trafalgar. El país se había roto. Y aún peor sería todo lo que iba a venir después.

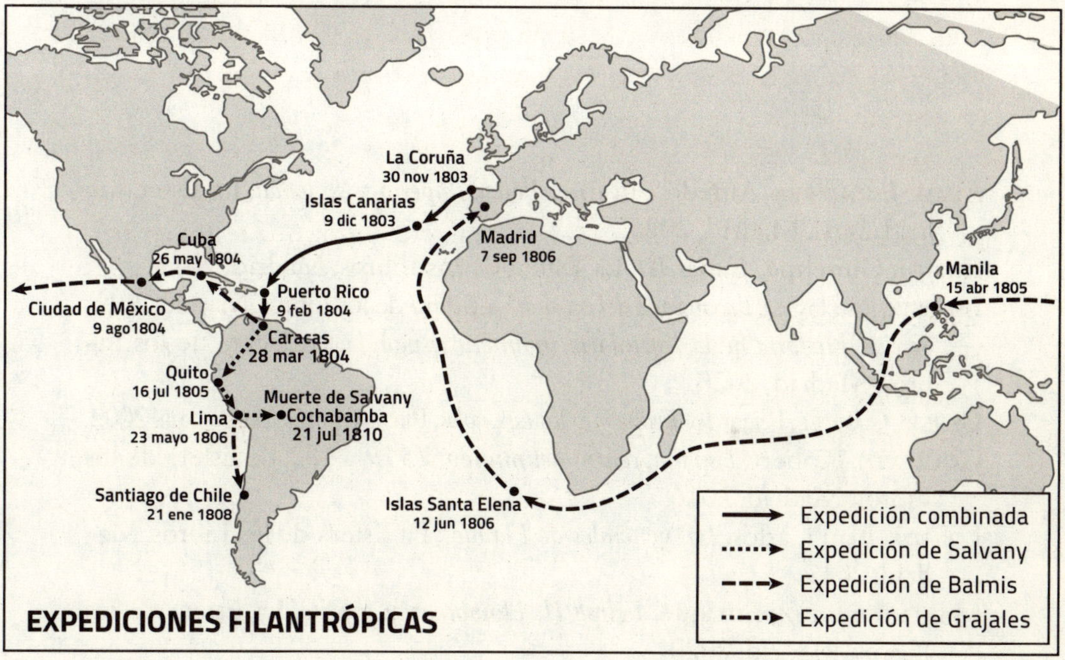

La Coruña
30 nov 1803
Islas Canarias
9 dic 1803
Madrid
7 sep 1806
Cuba
26 may 1804
Puerto Rico
9 feb 1804
Ciudad de México
9 ago1804
Caracas
28 mar 1804
Quito
16 jul 1805
Muerte de Salvany
Cochabamba
21 jul 1810
Lima
23 mayo 1806
Santiago de Chile
21 ene 1808
Islas Santa Elena
12 jun 1806
Manila
15 abr 1805
Expedición combinada
Expedición de Salvany
Expedición de Balmis
Expedición de Grajales
EXPEDICIONES FILANTRÓPICAS

BIBLIOGRAFÍA BÁSICA PARA SABER MÁS

ALVAR EZQUERRA, Alfredo, *Austrias. Poder, imperio y sociedad*, La Esfera de los Libros, Madrid, 2023.

CARIDI, Giuseppe, *Carlos III*, La Esfera de los Libros, Madrid, 2015.

ESPARZA, José Javier, *La cruzada del océano*, La Esfera de los Libros, Madrid, 2015.

—, *Tercios. Historia de la legendaria infantería española*, La Esfera de los Libros, Madrid, 2020.

GARCÍA CÁRCEL, Ricardo, *Felipe V y los españoles*, Plaza y Janés, Barcelona, 2002.

GOODWIN, Robert, *España, centro del mundo: 1519-1682*, La Esfera de los Libros, Madrid, 2016.

LOSADA, Juan Carlos, *Los generales de Flandes*, La Esfera de los Libros, Madrid, 2019.

MARTÍNEZ RUIZ, Enrique, *Felipe II. Hombre, rey y mito*, La Esfera de los Libros, Madrid, 2020.

—, *Las flotas de Indias*, La Esfera de los Libros, Madrid, 2022.

O'DONNELL, Hugo, *La campaña de Trafalgar*, La Esfera de los Libros, Madrid, 2019.

RODRÍGUEZ GONZÁLEZ, Agustín R., *Urdaneta y el Tornaviaje*, La Esfera de los Libros, Madrid, 2021.

RÚSPOLI, Enrique (ed.), *Memorias de Godoy*, La Esfera de los Libros, Madrid, 2008.

SANTAMARTA DEL POZO, Javier, *Fake News del Imperio español*, La Esfera de los Libros, Madrid, 2021.

VOLTES, Pedro, *La vida y la época de Fernando VI*, Planeta, Barcelona, 1998.

CUARTA PARTE

EL TRAUMA DE LA MODERNIZACIÓN

41
1808

En 1808 el pueblo español se levantó contra Napoleón. El pueblo, no la corona. Fue la primera vez que Bonaparte tuvo que hacer frente a algo semejante. Hasta ese momento, el imperio napoleónico se había extendido por el continente europeo con una audaz combinación de guerra y diplomacia. Los Países Bajos, Dinamarca y Noruega, los principados alemanes, la península italiana... Todos cayeron. Prusia y el imperio austriaco, arrinconados por la avalancha, no tardarían en aceptar un pacto. España formaba parte de ese mosaico imperial en condición de reino aliado (en la práctica, vasallo). Esto es importante subrayarlo: a efectos políticos, los franceses no eran una potencia enemiga, sino aliada. Por tanto, todo el aparato del Estado, desde la corona hasta el ejército pasando por la administración, tenía órdenes de colaborar con los franceses.

¿Para qué necesitaba Napoleón la colaboración española? Para hacer frente a Inglaterra: España cerraba el continente por el sur a los barcos británicos y, sobre todo, era el lugar de paso imprescindible para entrar en Portugal, el principal aliado de Londres. Inglaterra seguía manifestándose como una potencia abiertamente hostil hacia España. En 1806 y 1807 había intentado invadir dos veces el Río de la Plata y sólo el ardor de las milicias locales y el genio de Santiago de Liniers consiguieron frustrar la tentativa. Con ese paisaje, Godoy se apresuró a firmar el pacto que Napoleón le proponía: una alianza para invadir Portugal y echar de allí a los ingleses. Fue el Tratado de Fontainebleau, en octubre de 1807. España dejaría pasar al ejército francés hasta Portugal y, a cambio, Portugal quedaría repartido entre España, Francia y el propio Godoy, que se vería convertido en príncipe de El Algarve, la región sur del país. Y los franceses pasaron, en efecto, pero se quedaron; en los meses siguientes van a acantonarse nada menos que 65.000 soldados de Napoleón en España. Así entraron los franceses: una invasión consentida por la propia corona.

La situación, objetivamente humillante, no tardó en despertar resistencias por todas partes. Por ejemplo, entre los partidarios del príncipe Fernando, opuestos a la política de Godoy y Carlos IV. También entre el clero, muy afectado por la política de desamortizaciones de Godoy y abiertamente hostil a las ideas revolucionarias. El pueblo llano, por su parte, consideraba insultante la ocupación francesa y, además, empezaba a sentir los efectos del hambre, porque la ruptura de las líneas con las Indias y la guerra en Europa habían hundido la economía del país. La atmósfera era cada vez más explosiva. El primer aviso fue la Conjura de El Escorial, a finales de 1807: una burda conspiración palaciega de Fernando contra Carlos IV que éste desmanteló con rapidez; Fernando, que nunca fue un espejo de gallardía, delató a sus colaboradores. Quede claro que el heredero no pretendía levantarse contra los franceses, al revés: su movimiento pasaba por ofrecerse en cuerpo y alma a Napoleón. Mientras tanto, los franceses iban ocupando sin oposición Burgos, Salamanca, Pamplona, San Sebastián, Figueras, Barcelona... Y entonces llegó la segunda explosión.

EL PUEBLO ENTRA EN ESCENA

Fue en Aranjuez, al sur de Madrid, en marzo de 1808. En el palacio de Aranjuez se había refugiado lo que quedaba de la familia real, con Godoy incluido, para no estar demasiado cerca de las tropas francesas. Y así aquel lugar se convirtió en el objetivo de las intrigas políticas y de las iras del pueblo. ¿El pueblo? Detengámonos un momento. Porque los sucesos de Aranjuez van a ser otra maquinación de un sector cortesano, el del príncipe Fernando, pero su protagonista fue el pueblo y, al cabo, el pueblo será el que desde este momento ocupe el primer plano. ¿Y qué pensaba el pueblo?

En realidad, sabemos muy poco sobre cómo podía ser el espíritu que animaba entonces al pueblo llano. Estamos en 1808. La vida pública la protagonizan las elites sociales: los aristócratas, los caballeros, los clérigos de relieve, el burgués ilustrado... Son ellos los que conocen los problemas políticos y las intrigas de la corte, los que se sienten concernidos por la ambición de Godoy, los que conspiran a favor o en contra del príncipe Fernando... El estado llano tiene escasa importancia, incluso menor que con los Austrias. Hay que imaginar que a este pueblo llano —el comerciante, el artesano, el jornalero, el labrador, la costurera— las intrigas de la familia real le quedarían lejísimos. Nada habría impedido poner una u otra constitución, por ejemplo. En cuanto a la influencia de la Iglesia, era grande, pero no homogénea: desde los púlpitos se predicaba contra la Revolución, pero no se movía al pueblo a una u otra actitud política concreta sobre los vaivenes de la corte.

Lo que sí tenía el pueblo era una idea muy clara, muy natural, de su independencia, y también una idea espontánea del buen y del mal gobierno, como corresponde a quien más sufre las consecuencias de una política funesta. Este pueblo ya no es el de doscientos años antes: nada que ver con aquella España de hidalgos y religiosos, tan orgullosos como pobres, que lo mismo fundaban un convento en Japón, buscaban Eldorado en la selva amazónica o asaltaban una fortaleza en Holanda. El pueblo español de ahora, 1808, está hundido. Pero conserva su orgullo. Y ni Napoleón, ni Fernando ni Godoy sabían hasta qué punto.

DE ARANJUEZ A BAYONA

Volvamos a Aranjuez. En la noche del 16 de marzo, los partidarios de Fernando empiezan a agitar al pueblo. El motín estalla al día siguiente. Una muchedumbre exasperada se dirige hacia palacio. En cabeza van, camuflados, aristócratas del partido fernandino, pero la situación pronto se les va de las manos: el pueblo entiende poco de querellas dinásticas; lo que quiere es matar a Godoy. La multitud asalta el palacio. Destroza y quema cuanto encuentra a su paso. El motín dura casi dos días. El 19 por la mañana los amotinados hallan a Godoy escondido entre unas esteras. La multitud apresa al valido y lo traslada al cuartel de Guardias de Corps bajo una lluvia de golpes e insultos. Si no lo mataron fue porque el príncipe Fernando, dueño de la situación, intervino para protegerle.

Muy pocas horas después, al mediodía de ese 19 de marzo, Carlos IV abdica y cede la corona a su hijo. Ya es el rey Fernando VII. Carlos IV marchará a Bayona, en Francia, para ponerse bajo la protección de Napoleón. También Godoy sale hacia Francia. Fernando VII se dirige a Madrid. Espera que el poder francés en la capital, empezando por el mariscal Joaquín Murat, jefe de la fuerza militar napoleónica, le reconozca como nuevo soberano. Pero el flamante rey sólo va a encontrar vacío. Aún peor: Murat, que acaba de desplegar 35.000 hombres en torno a Madrid, ordena a Fernando que abandone la capital y se dirija al norte, donde Napoleón le espera. Fernando se encamina hacia Burgos, primero, y después a Vitoria, pero en ninguna parte halla al emperador. Finalmente es conducido a Bayona, en suelo francés. Y aquí, en Bayona, es donde Bonaparte se ha propuesto dar a los Borbones españoles el golpe de gracia.

Consciente tanto de su propia fuerza como de la debilidad española, Napoleón había concebido una formidable encerrona. Primero, animó a Carlos IV a recuperar la corona que había dejado en la cabeza de Fernando. Mientras tanto, dejaba creer a Fernando que él, Napoleón, iba a darle el preceptivo espaldarazo como nuevo rey. Al mismo tiempo, procuraba atraerse también a Godoy. Bonaparte reunió en Bayona a los tres. Fernando, presionado por todos, se vio obligado a devolverle la corona a Carlos. Pero, al mismo tiempo, enviaba una nota a la Junta de Gobierno en Madrid denunciando la operación y declarándose cautivo. En cuanto a Carlos IV, lo primero que hizo fue confirmar como lugarteniente general del reino de España… al mariscal francés Murat. Napoleón tenía lo que quería: España a sus pies. Pero el cuadro se le iba a romper por donde menos lo esperaba: el pueblo.

EL 2 DE MAYO

En Madrid, Murat, investido de nuevos poderes, anula a la Junta de Gobierno, que había quedado en la capital como representante de Fernando VII, y se convierte en una especie de dictador militar. La situación del poder en España es, en ese momento, de absoluto caos. El gobierno —la

Junta— no existe. El ejército espera órdenes del rey. Pero el rey está dejando de ser Fernando VII para ser Carlos IV. El ejército no puede actuar sin órdenes del rey o del gobierno, pero el rey ya no manda y el gobierno ya no gobierna. Entonces ocurre algo aparentemente trivial, pero que va a desencadenar una matanza y, al cabo, el principio de la guerra.

Es el 27 de abril de 1808. Murat, al parecer por indicación de Carlos IV, solicita a palacio el traslado a Francia de dos hijos del rey: la reina de Etruria y el infante Fernando de Paula. La Junta de Gobierno, que ya sólo tiene poder sobre lo que pasa dentro de Palacio, se niega al traslado y pide instrucciones a Fernando VII. Pasan tres días. La tensión crece. El 1 de mayo llega una nota de Fernando: aunque se declara cautivo, ordena «conservar la paz y armonía con los franceses». En la noche del 1 al 2 de mayo, la Junta se reúne y accede a la petición de Murat. Pero, mientras tanto, el exterior de palacio ha ido llenándose de gente.

Madrid es un hervidero de rumores. El pueblo, que ya está soliviantado, se concentra frente a los balcones de la familia real. El rumor resulta cierto: soldados franceses se llevan en un carruaje a la reina de Etruria. Eso no molesta a nadie, pero todo cambia cuando el gentío ve llegar otro coche: el destinado a Francisco de Paula. Lo que se produce entonces es una pura reacción sentimental: «¡Que nos lo llevan, que nos lo llevan!», grita la muchedumbre. El pueblo invade el palacio. El infante aparece en un balcón; la muchedumbre hierve. Y Murat, dispuesto a aplastar cualquier alboroto, manda a palacio un batallón de granaderos que dispara contra la multitud. Una escabechina. Pero la sorpresa de los franceses es que el gentío no se retira, sino que comienza a pelear.

En muy pocas horas, la lucha se extiende a todo Madrid. Es un paisaje aterrador: navajas y cuchillos contra sables y cañones. Los madrileños intentan cerrar las puertas de la ciudad para que no entre el grueso de las tropas francesas, pero Murat ya ha introducido en las calles de la capital a 30.000 soldados. A partir de ese momento, por toda la ciudad se repite lo mismo: los franceses cargan, la multitud se desangra, pero los madrileños vuelven a atacar para vengar a sus muertos. Se acentúa la resistencia en la Puerta de Toledo, en la Puerta del Sol, en el parque de Artillería de Monteleón… La jornada del 2 de mayo empieza a entrar en la historia.

Murat no está inquieto. En Madrid no hay rey. No hay gobierno. Napoleón se ha adueñado de España sin pegar un tiro. España no tiene más gobierno que él, Murat. Nuestro ejército —en Madrid, apenas 3.000 hombres— tiene órdenes de cooperar con los franceses. Lo que hay en las calles no es más que una turbamulta de paisanos armados con navajas, mujeres con tijeras y algún trabuco de lance. La caballería francesa embiste. Pero los madrileños aguantan e incluso contraatacan; se ensañan con los mamelucos, jinetes egipcios que forman la guardia personal de Murat. Aun así, la victoria francesa es inevitable. Hasta que ocurre algo imprevisto: una parte del ejército español rompe la disciplina y se subleva.

EL PARQUE DE MONTELEÓN

Eso es lo que ocurre en el Parque de Artillería de Monteleón. Los madrileños sublevados acuden a proveerse de armas. Allí, como en todas partes, había un destacamento francés: unos setenta soldados. La primera reacción de los franceses es abrir fuego contra los paisanos. Un oficial español, el teniente Arango, se presenta en el lugar y lo impide. En torno a esa hora empiezan a llegar oficiales de Artillería al Parque. ¿Por qué? Desde varias semanas atrás, un grupo de oficiales, especialmente artilleros, había hecho planes de insurrección. Entre ellos hay dos que se convertirán en protagonistas épicos de la jornada: Daoiz y Velarde. Ambos acudieron esa mañana al Parque de Monteleón. Daoiz se presenta a las ocho de la mañana. Arango le da novedades y le entrega las órdenes de la superioridad: ningún movimiento. Al mismo tiempo, Velarde despacha con sus superiores. Por orden de éstos o por iniciativa propia, coge un fusil y se dirige al Parque. Por el camino se le unen paisanos que asedian la puerta del cuartel: piden armas.

Dentro del Parque la tensión es extrema. Daoiz es el jefe del puesto. Arango le ha entregado la orden: nada de formar causa común con el pueblo. Daoiz pasea por el patio, crispado, con el papel de la orden en la mano. Al otro lado de la puerta, la multitud vitorea al rey, a España, a la Artillería. Llega un momento en que Daoiz no puede más. Coge la orden, la rompe, desenvaina el sable y manda abrir las puertas; que entre el pueblo. Manda a Velarde que encierre al destacamento francés. Todo es cosa de minutos. Daoiz y Velarde organizan la defensa con apenas un centenar de paisanos, tres cañones y dieciséis artilleros. Hay otros nombres:

Cónsul, Carpegna, Ruiz, Osma, Novella, entre los militares. Y junto a ellos, decenas de hombres y mujeres ardiendo de indignación.

Casi inmediatamente aparecen los franceses: la división westfaliana del general Lefranc, con orden de tomar el Parque. Los franceses encuentran las puertas cerradas; no saben qué pasa dentro. Daoiz deja que se acerquen. Cuando los franceses fuerzan las puertas, Daoiz da la orden de fuego. Nuestros cañones lanzan una descarga mientras los paisanos disparan desde las casas colindantes. Los franceses huyen en desbandada. Ha sido sólo el primer asalto. Daoiz saca tres cañones fuera del Parque. Los defensores, soldados, hombres y mujeres, toman posiciones. Los franceses cañonean a su vez. Segundo asalto: el mismo resultado. Lefranc, el general francés, herido en su orgullo, decide ponerse él mismo en cabeza de la nueva acometida. Los franceses vuelven a cañonear. La metralla mata a una de las defensoras, Clara del Rey, que cae junto a su marido. A los españoles se les acaba la munición. Abrazada a un cañón muere otra de las nuestras, Benita Pastrana. Se combate ya a la bayoneta. Velarde cae muerto de un balazo. En la puerta del Parque se amontonan defensores y atacantes. Daoiz aguanta como puede, apoyado en un cañón: un pedazo de metralla le ha destrozado una pierna. Los franceses rompen la línea. Todo está perdido. El mismísimo general Lefranc se acerca a Daoiz y le insulta, golpeándole en la cabeza. Daoiz, moribundo, aún tiene fuerzas para blandir su espada y herir al general. Las bayonetas francesas acaban con el artillero.

La epopeya del Parque de Monteleón duró tres horas. A los franceses no les salió gratis: entre muertos y heridos, se baraja la cifra de unos 60 oficiales y 900 soldados de Napoleón que fueron baja en aquella jornada; la mayoría, en este episodio del Parque de Artillería. De inmediato los franceses se lanzaron a la persecución de los defensores. En una de esas operaciones de rastreo encuentran a una muchacha de quince años, Manuela Malasaña, bordadora. Manuela se defiende con unas tijeras. La fusilan en el mismo acto. Habrá muchos centenares más.

EL BANDO DE MÓSTOLES

En Madrid la resistencia ha terminado, pero ahora la historia cambia de escenario: Móstoles, en las afueras de la capital. Allí se había retirado, buscando refugio, un personaje importante: Juan Pérez Villamil, fiscal militar, secretario del Almirantazgo, académico, miembro de la Junta, político conservador, partidario del Antiguo Régimen. Ya es el mediodía del 2 de mayo cuando Pérez Villamil recibe una visita inesperada: otro importante caballero, Esteban Fernández de León, consultor de la corona para asuntos de las Indias, que estaba abandonando Madrid con su familia cuando le sorprende el levantamiento. Ante la gravedad de los hechos, Fernández de León altera su ruta y acude a ver a Pérez Villamil para contarle lo que está pasando. Villamil, jurista como es, reflexiona sobre el mejor modo de tomar alguna medida que, por un lado, sea efectiva, y por otro, no ponga en peligro a nadie que se halle en aquel momento en Madrid. Decide entonces promover un bando municipal.

¿Por qué un bando municipal? Por una cuestión de competencias: un bando municipal destinado a movilizar milicias ciudadanas era una iniciativa que dejaba al margen tanto a la Junta —al gobierno— como al ejército, ambos formalmente bajo control francés, pero era también un documento oficial firmado por una autoridad, de manera que debía ser obedecido. La antigua tradición municipal española no había desaparecido del todo. Así que Pérez Villamil redacta un texto y se lo lleva a los alcaldes de Móstoles, que eran dos: uno designado por el estamento noble, Andrés Torrejón, y otro por el estamento general («de hombres buenos», se llamaba), y que era Simón Hernández. Dos ancianos labradores que ocupaban aquellos cargos y que, naturalmente, obedecieron las instrucciones del influyente Pérez Villamil. Aquel bando, en su redacción original, decía así:

> Señores Justicias de los pueblos a quienes se presentase este oficio, de mí el Alcalde de la villa de Móstoles: Es notorio que los Franceses apostados en las cercanías de Madrid y dentro de la Corte, han tomado la defensa, sobre este pueblo capital y las tropas españolas; de manera que en Madrid está corriendo a esta hora mucha sangre. Como Españoles es necesario que muramos por el Rey y por la Patria, armándonos contra unos pérfidos que so color de amistad y alianza nos quieren imponer un pesado yugo, después de haberse apoderado de la Augusta persona del Rey; procedamos pues, a tomar las activas providencias para escarmentar tanta

perfidia, acudiendo al socorro de Madrid y demás pueblos y alentándonos, pues no hay fuerzas que prevalezcan contra quien es leal y valiente, como los Españoles lo son. Dios guarde a Ustedes muchos años. Móstoles, a dos de Mayo de mil ochocientos y ocho. Andrés Torrejón. Simón Hernández.

Esto no era exactamente una declaración de guerra: sólo la protesta desesperada de dos alcaldes, en un pueblo entonces minúsculo de la geografía española. Pero será este aviso el que encienda la mecha. Aquí aparece otro de esos gigantescos personajes secundarios que tantas veces surgen en la historia: un postillón, es decir, un jinete de postas, que se ganaba la vida guiando a los carruajes por los caminos. Se llamaba Pedro Serrano, era andaluz y había llegado a Móstoles por puro azar, guiando la diligencia en la que viajaba Fernández de León. Hacía falta que alguien transmitiera el bando de Móstoles para alertar a los ejércitos españoles en Extremadura y Andalucía. Serrano se ofrece para ejercer de mensajero. A las siete de la tarde, el postillón andaluz toma la carretera de Extremadura. Llega a Navalcarnero y enseña el documento al alcalde. Sigue camino. Son las tres de la madrugada cuando alcanza Talavera de la Reina, en Toledo, e informa al corregidor. No descansa: galopará toda la noche hasta Casas del Puerto (hoy, de Miravete), en Cáceres. Allí se derrumba: ha cabalgado 200 kilómetros sin tregua. Cae extenuado. Enfermo, Pedro Serrano desaparece de la escena. Es el 3 de mayo.

En Madrid, mientras tanto, todo se tiñe de sangre. Murat ha amagado un gesto de gracia: que todo el mundo vuelva a sus casas y el incidente quedará olvidado. Pero sólo es un truco. Murat quiere dar un escarmiento, poner todo bajo su control y demostrar que en Madrid sólo manda él. Declara la ley marcial, lo cual permite tratar a los madrileños como a una fuerza enemiga, y dicta órdenes que van a disparar una represión brutal. La matanza comienza en la misma noche del 2 de mayo, ocupa toda la madrugada del día 3 y dura hasta el mediodía. Goya inmortalizó aquellos hechos en su célebre cuadro *Los fusilamientos*. Caen patriotas que han participado en el levantamiento popular, pero también muchos otros que han sido detenidos con cualquier pretexto. La cifra de víctimas de la represión francesa en aquella jornada se calcula en torno al millar.

«...Y NO OS LLAMÉIS SINO ESPAÑOLES»

Todo parecía perdido: Madrid, sojuzgado a fuego; Pedro Serrano, el postillón, desaparecido en acto de servicio. Pero no: otros han tomado el relevo. Los alcaldes que han ido recibiendo el bando de Móstoles lo remiten a su vez a cada cabeza de partido, desde donde se extiende por todas partes. Es el 4 de mayo cuando llega a Badajoz. Allí lo recibe el comandante general de Extremadura, que lo transmite a su vez a las autoridades militares de Sevilla y Cádiz. Son fundamentalmente los nobles del partido fernandino los que agitan las conciencias. La estructura del Estado permanece junto a los franceses, pero ya no cuenta nada: el bando de Móstoles se ha convertido en una especie de orden de movilización general. La voz de guerra se propaga de punta a punta del país.

Las noticias de Madrid llegaron a Bayona en la tarde del 5 de mayo. Napoleón montó en cólera. Reunió de nuevo a la familia real, culpó a Fernando de «la muerte de doscientos soldados franceses» y puso a Carlos IV en la tesitura de resignar la corona, a lo cual el rey, condicionado por Godoy, no puso gran reparo. Bonaparte se ocupó de alojar a los exreyes en palacios dignos de su alcurnia, con la correspondiente asignación económica. Con la corona de España en sus manos, Napoleón la transfirió pocos días después a su hermano José. Era el plan concebido de antemano, aunque precipitado por los acontecimientos de Madrid. Aún no sabía el emperador que aquella sublevación del «populacho», como la había definido Murat, se estaba convirtiendo en otra cosa.

En efecto, para sorpresa de Napoleón, el pueblo español estaba recogiendo la soberanía del suelo, donde los reyes la habían arrojado, y se organizaba para la guerra. Toda Extremadura se levanta. Luego, Andalucía. Por todas partes se forman Juntas Provinciales. En Sevilla se constituye una Junta de Regencia. Oviedo se subleva el 9 de mayo. El día 25 de mayo, la Junta General de Asturias se rebela contra José Bonaparte, se proclama soberana y declara la guerra a Francia. Le siguen Santander, La Coruña, Cádiz. La Junta de Vizcaya proclama: «Españoles: somos hermanos, un mismo espíritu nos anima a todos. Aragoneses, valencianos, catalanes, andaluces, gallegos, leoneses, castellanos, olvidad por un momento estos mismos nombres de eterna armonía y no os llaméis sino españoles». ¿Qué está pasando? Karl Marx lo explicó muy bien en un artículo publicado en 1854: «Napoleón, que, como todos sus contemporáneos, consideraba a España como un cadáver exánime, tuvo una sorpresa fatal al descubrir que, si el Estado español estaba muerto, la sociedad española estaba llena de vida y repleta, en todas sus partes, de fuerza de resistencia».

El 6 de junio, la Junta Suprema Central, desde Sevilla, declara la guerra a Napoléon. Los catalanes rechazan al ejército francés en el Bruc. En julio se librará la decisiva batalla de Bailén. En agosto de 1808 el Consejo de Castilla invalida las abdicaciones de Bayona y proclama rey *in absentia* a Fernando VII. Ya toda España está en guerra. Serán seis largos años de sangre.

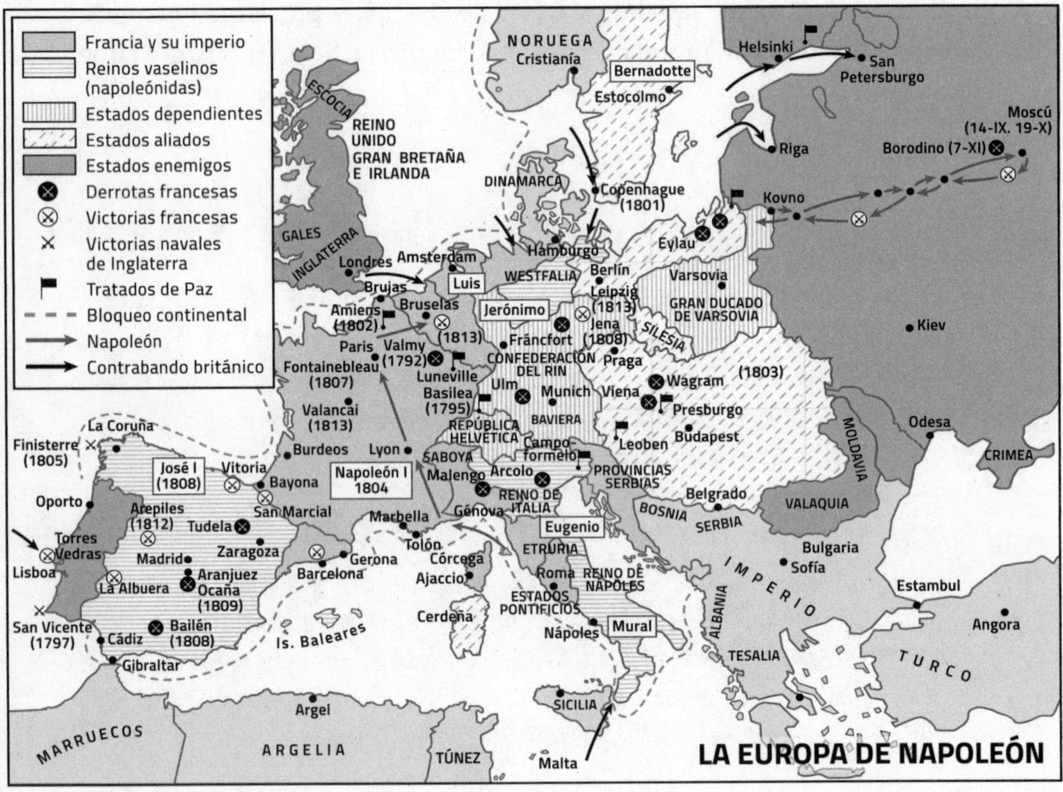

LA EUROPA DE NAPOLEÓN

42
LA GUERRA DE LA INDEPENDENCIA

La sublevación de los españoles contra Napoleón cogió a contrapié a todo el mundo. Hasta ese momento, el emperador se había paseado por Europa como el heraldo de la libertad moderna frente al viejo orden. Ahora veía cómo un pueblo se levantaba precisamente en nombre de aquello que Napoleón decía abanderar: la libertad. Jovellanos se lo escribió al banquero Francisco Cabarrús, el fundador del Banco de San Carlos, que se había pasado a los franceses:

> España no lidia por los Borbones ni por Fernando; lidia por sus propios derechos originales, sagrados, imprescriptibles, superiores e independientes a toda familia o dinastía. España lidia por su religión, por su Constitución, por sus leyes, sus costumbres, sus usos; en una palabra: por su libertad, que es la hipoteca de tantos y tan sagrados derechos.

Ese era el espíritu que animaba a los que se levantaron. Eso y, en el plano popular, una convicción plena de estar luchando por la religión contra el ateísmo. Lo que tenían enfrente era un ejército que, desde las guerras de la Convención, venía movido por un fuerte componente ideológico revolucionario, y que en esa ideología había encontrado una legitimación para sus excesos. Por eso se iba a combatir a muerte. Y también porque los franceses concedieron autonomía a cada jefe de unidad para asegurar el abastecimiento de sus tropas, lo cual venía a ser un permiso universal para el saqueo y el pillaje. Ante el pillaje, muchos campesinos se echaron al monte. Como no eran soldados, los franceses los matarán como a maleantes; la guerrilla responderá a su vez con enorme violencia.

FRANCIA RETROCEDE

Los primeros meses del levantamiento fueron una cadena de éxitos. En Cádiz, los barcos españoles allí fondeados derrotan a la escuadra francesa, aliada hasta pocas horas antes. Fue la primera victoria española. Por cierto que los vecinos, exasperados contra los franceses, asesinaron al gobernador local, el marqués del Socorro, porque creyeron que no quería pasar a la ofensiva. El episodio da cuenta del grado extremo de tensión que se vivía. En Valdepeñas, La Mancha, el pueblo en pleno sale a la calle a cortar el camino a los franceses. En Cataluña, mientras tanto, el pueblo se levanta y hace causa común con los soldados españoles que desertan de sus puestos para acometer al francés: los insurrectos derrotan al ejército napoleónico en El Bruc, camino de Manresa. Zaragoza se levanta y logra resistir el asedio de los franceses. También Valencia. También Gerona. Empiezan a aparecer nombres legendarios: el Tambor del Bruc, El Palleter, Agustina de Aragón.

Los ejércitos de Napoleón intentan controlar el sur: acosan Cádiz, saquean Córdoba… Pero, ante el estado de insurrección general que se vive en el país, y temiendo que sus líneas de comunicación con Madrid queden cortadas, el general francés Dupont ordena replegarse en torno a los pasos de Despeñaperros. Al mismo tiempo, las tropas españolas en el sur, al mando de los generales Castaños y Reding, intentan aislar a la vanguardia francesa. Es así como, al caer la tarde del 18 de julio, españoles y franceses se encuentran en Bailén: los españoles salían de la ciudad en el mismo momento en que los franceses trataban de entrar.

Las fuerzas estaban muy igualadas: en torno a 30.000 hombres por cada lado, con 25 piezas de artillería cada uno. Pero los españoles contaban con una ventaja crucial: la colaboración del pueblo de Bailén, que durante toda la batalla no cesó de acarrear agua a las líneas. En unas condiciones climáticas tremendas, con un calor asfixiante, disponer de agua fue decisivo para refrigerar los cañones. Las piezas francesas, sin refrigeración, quedaron inutilizadas por las altas temperaturas después de unas cuantas horas de batalla. Finalmente, el general Dupont se rindió al general Castaños. Corría el 19 de julio. Era la primera derrota de las tropas napoleónicas desde que Francia comenzó su expansión imperial.

¿QUIÉN MANDA AQUÍ?

Lo que se había sublevado en España era la base. Faltaba reconstruir la cúspide, es decir, dotar al movimiento de una mínima estructura que pudiera organizar, coordinar y, desde el punto de vista político, actuar como interlocutor con otras potencias. En Asturias, Valencia y Galicia se habían constituido Juntas que actuaban como delegaciones del gobierno recabando fondos y reclutando tropas. Pero ¿de qué gobierno? No existía tal, porque el gobierno formal, que era el Consejo de Castilla, estaba enteramente anulado. Quien asumió entonces el liderazgo fue, en nombre de la Junta de Sevilla, un veterano de la corte: Francisco de Saavedra, teólogo, militar, jurista, alto funcionario en Indias y, después, secretario de Hacienda y secretario de Estado con Godoy. Un hombre de Estado.

Saavedra tenía la mejor cualificación posible y todo el mundo reconoció su autoridad. Por su iniciativa, la Junta de Sevilla se convirtió en «Suprema Junta de Gobierno de España e Indias». En muy pocas semanas improvisó un aparato de Estado, organizó un embrión de ejército que puso bajo el mando del general Castaños, se apresuró a entrar en contacto con las Juntas que se habían constituido en las Indias y logró que los ingleses abrieran el puerto de Cádiz para asegurar el abastecimiento por mar. Esta «Suprema Junta» de Sevilla se convirtió en el punto de referencia para todas las demás juntas que se habían constituido a lo largo y ancho del país.

El siguiente paso era dotarse de un órgano común, y eso fue lo que se hizo en Aranjuez en septiembre de 1808, donde los distintos enviados de cada autoridad provincial crearon la Junta Suprema Central y Gubernativa del Reino. Su primer presidente fue otro veterano de tiempos de Carlos III: el anciano conde de Floridablanca, José Moñino. Floridablanca, que tenía ya ochenta años, murió pocos meses después y fue sustituido por Osorio de Moscoso, uno de los promotores del Banco de San Carlos, hombre de confianza de Carlos III y Carlos IV. Cuando expiró su mandato, al cabo de un año, le tomó el relevo el obispo sevillano Juan Acisclo de Vera.

Uno de los primeros objetivos de las Juntas fue reunir una fuerza armada suficiente para plantar cara a los franceses. Hay que recordar que el ejército español, formalmente, estaba al lado de Napoleón por los pactos suscritos en años anteriores. Ahora había que rebelarse contra los franceses y declararles la guerra, y la operación resultaba extremadamente compleja. Fueron los propios militares de las distintas unidades los que, al calor de los acontecimientos, resolvieron ponerse a las órdenes de las autoridades locales, cuya legitimidad reconocían precisamente por ser locales. En torno a esas unidades se abrirá enseguida el enganche de voluntarios venidos de todas partes. Las Juntas pronto estuvieron en condiciones de ofrecer unas cifras de reclutamiento que, en conjunto, superaban los 120.000 hombres. Pero la cifra es engañosa: todos esos efectivos se hallaban dispersos en puntos distantes, sin instrucción militar en su inmensa mayoría y sin un mando único. Hacía falta algo más para pelear contra Napoleón.

EL «AMIGO» INGLÉS

Lo que hacía falta era un apoyo externo, y éste sólo podía ser inglés, pues no había otro aliado posible. Desde muy temprano, tanto algunas juntas locales como el propio Saavedra entraron en contacto con los ingleses para anunciarles la nueva situación: España, la legítima España real, había declarado la guerra a los franceses. Y los ingleses debieron de quedarse tan sorprendidos como el propio Napoleón.

¿Qué estaba tramando Inglaterra en aquel momento? Un nuevo ataque contra España. Mientras los destacamentos ingleses en Portugal trataban de desarticular las ofensivas francesas, en Cork, en el sur de Irlanda, se estaba acantonando desde finales del año anterior un ejército inglés de alrededor de 15.000 hombres con el objetivo de dirigirse a los virreinatos y atacar en distintas fases Pensacola, en Florida, y Venezuela, donde la masonería local se había comprometido a levantar a las milicias contra

España. El objetivo final era auspiciar levantamientos en México, Cartagena de Indias y el Río de la Plata. La expedición tenía ya fecha de partida: junio de 1808. Su jefe: Arthur Wellesley, futuro duque de Wellington. Pero la sublevación de los españoles lo cambió todo.

Londres decidió apoyar la insurrección. Sobre la marcha, el ejército de Wellington fue redirigido a otro objetivo. A primeros de agosto, aquel ejército desembarcaba en las costas portuguesas. Saavedra, que años atrás había hecho personalmente la guerra contra Inglaterra en Norteamérica, sabía sobradamente que estaba pidiendo ayuda a un enemigo. ¿Pero había otra opción? La llegada de refuerzos ingleses permitió pensar, por un momento, que era posible derrotar a Francia. Moore avanzaba por el norte desde Lisboa hasta Astorga. Wellington derrotaba a los franceses en dos ocasiones consecutivas. José Bonaparte, al que Napoleón había hecho rey de España y que acababa de llegar a Madrid, se retiraba hacia el norte. Pero entonces el emperador decidió intervenir.

NAPOLEÓN TOMA EL MANDO

A finales de 1808, Napoleón en persona cruza los Pirineos con 250.000 hombres, su Grande Armée. Un ejército experimentado y muy eficiente. A su paso, todos los avances de españoles e ingleses se disuelven. En el norte, los británicos tienen que retroceder hasta La Coruña. Lo saquean todo a su paso. El jefe inglés, Moore, muere en combate. Wellington se convierte en jefe de toda la fuerza británica en la península. Pero el que realmente tiene la fuerza es Napoleón. Los de Bonaparte enfilan directamente hacia Madrid. Vencen en Espinosa de los Monteros, aplastan las resistencias de Zaragoza y de Gerona, el emperador cruza Somosierra el 30 de noviembre y se planta en la capital. Las tropas francesas vencen sucesivamente en Uclés, Ciudad Real y Ocaña, obligando a la Junta a huir a Andalucía.

A Napoleón no le quedan más que dos grandes objetivos para obtener el control de toda la península: Cádiz y Lisboa, donde se han refugiado respectivamente el gobierno español y el mando inglés. Pero entonces aparece un problema elemental en la doctrina militar: el abastecimiento. Los invasores han de asediar dos ciudades situadas a 1.500

kilómetros de las fronteras francesas, y toda esa distancia ha de cubrirse a través de un territorio sometido, pero no pacificado, y siempre hostil. Las rutas desde el Pirineo hasta Lisboa y Cádiz se convierten en un objetivo estratégico de primer orden. Los ejércitos españoles no pueden atacarlas, pero esa será la misión de los guerrilleros. Enseguida hablaremos de ellos.

José Bonaparte se instaló en Madrid bajo el amparo de las bayonetas del emperador. José, nacido en 1768, era el hermano mayor de Napoleón. Masón destacado, gran maestre del Gran Oriente de Francia, en Madrid fundará la Gran Logia Nacional de España. Su programa de gobierno era el Estatuto de Bayona, una suerte de constitución redactada en Francia y que allí mismo había sido sometida a la deliberación (que no a la aprobación) de noventa y un diputados españoles afectos a la familia real.

El plan de Bayona no era revolucionario. Hacía de España un país confesional —católico— y declaraba la unidad de Iglesia y Estado. Otorgaba el poder ejecutivo al rey, que nombraba a los ministros. Distribuía la representación de las cortes en tercios por estamentos (alto clero, nobleza y pueblo) sin función legislativa específica. Instituía dos órganos consultivos paralelos: Senado y Consejo de Estado. Contemplaba un poder judicial independiente, pero los jueces eran nombrados por el rey. En general, introducía medidas de reforma que, sobre el papel, eran atractivas. Pero había un inconveniente: lo estaba imponiendo un extranjero que había invadido España.

Por otra parte, el Estatuto de Bayona no tendrá vigencia real. El control del país va a estar en manos de los gobernadores militares franceses. Para apoyar ese control en lo civil, José Bonaparte creará un Ministerio de la Policía. Más allá de eso, su papel se reducirá a actuaciones urbanísticas. El pueblo de Madrid le bautizará como «Pepe Plazuelas».

LOS GUERRILLEROS

El gobierno efectivo de la España ocupada lo tenían los gobernadores militares franceses, sí, porque la situación del país era de permanente insurrección. En buena medida, puede decirse que la población civil había reemplazado al ejército en la resistencia contra el invasor. Eso es lo que hicieron los guerrilleros. Había que defender a la patria frente al invasor. Había que defender la religión. Había que responder a la afrenta continua del pillaje y el saqueo. Por todas esas razones nacieron guerrillas por doquier, allá donde fuera posible aparecer por sorpresa, golpear y huir.

Al cura Merino, por ser cura, los franceses le humillan obligándole a punta de fusil a cargar con el bombo de una banda militar; por eso el cura Merino se convierte en guerrillero. A Julián Sánchez, el Charro, que sólo era un campesino, los franceses le matan a sus padres y a su hermana, y por eso El Charro toma las armas. Prácticamente ningún guerrillero era militar de oficio; todos, sin embargo, darán muestra de un talento militar excepcional. Juan Martín Díaz, «el Empecinado», se echó al campo en el área de Segovia y Aranda de Duero, y tanto sacudió a los franceses, que tuvieron que mandar a un general, Leopoldo Hugo (el padre del escritor Víctor Hugo), para neutralizar al guerrillero, sin éxito; el Empecinado llegaría a alcanzar el grado de brigadier. El cura Merino se echó al monte en tierras de Burgos y se convirtió en el terror de los invasores por sus dotes para la guerra y por la ferocidad de sus represalias. Julián Sánchez, el Charro, formó una partida que en pocos meses creció hasta formar toda una compañía de lanceros. Espoz y Mina y su sobrino Mina el Joven, el Estudiante, convirtieron Navarra en un infierno para los invasores; en la campaña del Roncal, Napoleón tuvo que movilizar nada menos que a 40.000 hombres para perseguir a los guerrilleros, y la persecución terminó siendo una pesadilla para los franceses. En el Pirineo aragonés combatió Mariano Renovales, uno de los defensores de Zaragoza. Cataluña fue una auténtica olla de guerrilleros, porque el territorio se prestaba a ello y porque había una institución previa como el somatén, una fuerza de autoprotección de los campesinos contra el bandidaje, que permitió poner a muchos cientos de campesinos en armas; aquí surgen nombres como Milans del Bosch, Juan Clarós, Narciso Cay, el canónigo Rovira, el barón de Eroles...

A mediados de 1809, toda la península es ya campo de la guerrilla. Los guerrilleros no se plantean objetivos militares convencionales. Nunca atacarán a un enemigo superior en número, ni plantearán una batalla formal, ni buscarán apoderarse de objetivos estables. Sus acciones son las emboscadas a destacamentos enemigos, los asaltos a convoyes, la interceptación de correos, también la desorganización de los servicios enemigos en la retaguardia, la obtención de información... Un ejército así, irregular, no necesita apenas estructura logística: el armamento y la ropa se los toman al enemigo, la alimentación la facilita la población local. Para los invasores fue una pesadilla: si extendían sus tropas en una región para perseguir a los guerrilleros, entonces los destacamentos franceses tenían que reducir su número, con lo cual se convertían en presa fácil de cualquier emboscada; si, por el contrario, concentraban sus tropas para cobrar fuerza, entonces el control efectivo del territorio volvía a quedar en manos de los guerrilleros. Cuando el invasor aumentaba la presión, las guerrillas se diseminaban, como desvanecidas en el terreno; cuando la presión disminuía, las guerrillas volvían a la acción.

Se calcula que llegó a haber más de 30.000 guerrilleros distribuidos en diversas partidas. Algunas, como la de Espoz y Mina, fueron auténticos ejércitos: más de 8.000 hombres diseminados por Navarra, la Rioja y Aragón. No fueron partidas de bandoleros ni grupos insurreccionales opuestos al poder. Todos acataban las órdenes que les llegaban de la Junta Central. Más aún: se llegó a redactar un Reglamento de Partidas y unas normas para regular lo que se llamó «Corso Terrestre», así como siempre hubo una guerra de corso en la mar. El efecto práctico de estas reglas fue limitado, porque nadie podía garantizar su cumplimiento; pero no fue una especie de «guerra revolucionaria», sino una guerra patriótica llevada a cabo con las únicas armas que a los españoles les quedaban a mano.

Gracias a los guerrilleros, Napoleón pudo ser derrotado. Por ese combate perpetuo en todas las líneas, Napoleón se vio obligado a mantener en España una enorme cantidad de tropas en estado de alerta, para asegurar las rutas militares. Hasta 350.000 hombres, nada menos, en noviembre de 1811. Y muchos de ellos, hasta 200.000, hallarán la muerte en España.

LA PEPA

La Junta Suprema Central consideró cumplida su función en enero de 1810. Era un órgano de gobierno excepcional y su mandato se había orientado a construir un aparato de Estado estable, así que nada más natural que disolverse. En su lugar se constituyó un Consejo de Regencia en el que, entre otros, se sentaban el general Castaños, el marino Antonio de Escaño, el imprescindible Saavedra y también Fernández de Villaamil, uno de los que inspiraron el bando de Móstoles. Para normalizar lo más posible la vida institucional, el Consejo, por orden de Fernando VII, convocó cortes. Fue en Cádiz, que era el lugar menos expuesto a las tropas francesas. Y por supuesto, siempre en el espíritu de las cortes estamentales del Antiguo Régimen. Sin embargo, el resultado iba a ser muy otro.

El estado de guerra hacía imposible reunir a todos los diputados. Por otra parte, alguien se ocupó de que muchas convocatorias para los representantes de los estamentos de la nobleza y el clero salieran mal o, simplemente, no salieran de Cádiz. Muchos escaños —prácticamente la mitad— terminaron rellenándose con gentes traídas de aquí y allá por los liberales. Eso dio a las Cortes de Cádiz un tono reformista que no tenían originalmente. Aún más: las cortes, por la presión liberal, dieron en otorgarse una función constituyente, es decir, redactar una constitución, cosa que en absoluto estaba entre sus tareas.

Los debates comenzaron el 25 de agosto de 1811 y terminaron a finales de enero de 1812. Para entonces, unas cortes que se habían convocado en el más estricto espíritu del Antiguo Régimen se habían transformado en asamblea constituyente liberal. El 19 de marzo de 1812, las Cortes del Reino proclamaban una constitución, «la Pepa», así llamada por haberse promulgado el día de San José.

La Pepa proclamaba como forma de gobierno la monarquía hereditaria, pero constitucional: el rey tenía que jurar y acatar la Constitución. Señalaba la religión católica como confesión oficial del país. Consignaba la separación de poderes: legislativo, ejecutivo, judicial... En cuanto a la representación, los diputados no representaban a territorios concretos, sino al conjunto de la nación. Establecía el sufragio universal, pero con limitaciones: sólo podían votar los mayores de veinticinco años, que elegían a unos compromisarios que a su vez, si tenían renta suficiente, elegían a otros, y éstos a otros, y éstos por último a los diputados. También se proclamaban los derechos a la educación, a la libertad de imprenta, a la inviolabilidad del domicilio, a la libertad y a la propiedad, y se prohibía el tormento. Muchas aspiraciones de la América española encontraron acogida en las Cortes de Cádiz. En España quedaban abolidas la Mesta, la Inquisición, los gremios, los señoríos jurisdiccionales, los mayorazgos... Era la liquidación de la base socioeconómica del Antiguo Régimen.

España había dejado de ser una monarquía absoluta para convertirse en una monarquía constitucional. Al menos, teóricamente.

LA GUERRA CAMBIA DE SIGNO

El curso de la guerra cambió también en 1812. En la primavera de ese año, Napoleón invadió Rusia con un ejército de casi 700.000 hombres, la mayor fuerza nunca acumulada hasta entonces. Para ello había tenido que retirar unidades de todas partes. Y el mando español e inglés vio el cielo abierto.

En julio de 1812, Wellington cruzó la frontera portuguesa y ordenó un amplio movimiento para tomar Madrid desde el norte: mientras los guerrilleros hostigaban a los franceses en Andalucía y el Cantábrico, el ejército de Wellington, formado por unos 50.000 hombres entre ingleses, españoles y portugueses, coparía a los franceses en Salamanca y después se dirigiría contra la capital. El combate se libró entre dos cerros al sur de Salamanca, el Arapil Grande y el Arapil Chico, y por eso se llama de los Arapiles. El ejército aliado consiguió hacer huir a los franceses con unas bajas elevadas, cercanas al 25 por ciento entre caídos y prisioneros. Los de Napoleón pudieron reorganizarse detrás del Tormes, pero aquella victoria permitió a Wellington entrar en Madrid, donde fue recibido como un libertador. Fue el principio del fin para los franceses.

El fin, no obstante, aún tardaría en llegar. Los franceses tuvieron que abandonar Andalucía en agosto de 1812, derrotados en Sevilla y Cádiz, pero al mes siguiente Wellington fracasaba ante Burgos. Napoleón había encontrado de dónde sacar refuerzos. Ante el riesgo de una nueva ofensiva francesa, Wellington se replegó de nuevo hacia Portugal. Los franceses ocuparon de nuevo Madrid.

El desastre de Napoleón en Rusia volvió a poner las cosas de cara. Los ejércitos de Bonaparte abandonaron territorio ruso en diciembre de 1812 dejando tras de sí la friolera de 380.000 muertos. Era un momento de debilidad que Wellington aprovechó. En la primavera de 1813 comienza la ofensiva. Ataca desde el oeste con tropas españolas, inglesas y portuguesas en dirección a Burgos y Vitoria, con el objetivo de cortar la línea de enlace de los franceses con su país. José Bonaparte huye al verlo todo perdido… robando de paso todo lo que encuentra.

La batalla decisiva será en Vitoria, el 21 de junio de 1813. La clave fue un inteligente movimiento táctico que consistió en ir sumando tropas a medida que se avanzaba hacia el este y, sobre todo, mover al mismo compás las líneas de suministros, de manera que el bloque aliado se garantizó en todo momento la superioridad sobre los franceses. La catástrofe napoleónica en Vitoria fue mayúscula. El ejército imperial perdió a una cuarta parte de sus hombres y la totalidad de sus cañones. Si la larga guerra de guerrillas ya había machacado mucho a los de Napoleón, lo de Vitoria fue la puntilla. Las bajas de los aliados, por el contrario, apenas superaron el 5 por ciento. La victoria angloespañola en Vitoria fue tan rotunda que Beethoven escribió una pieza para celebrarla. Hoy la tarareamos todos con la letra «es un muchacho excelente».

Tras la derrota de Vitoria, los franceses evacuaron España. El último choque, en San Marcial, el 31 de agosto, ya fue tarea propiamente española: la victoria del Ejército de Galicia al mando del general Freire sobre los franceses que intentaban sostener San Sebastián. España era así el primer país que vencía al todopoderoso emperador francés. Napoleón, por su parte, afrontaba pocos meses después otra derrota decisiva: la batalla de Leipzig, en octubre de 1813.

«Esta maldita guerra de España —escribiría después Napoleón— fue la causa primera de todas las desgracias de Francia. Todas las circunstancias de mis desastres se relacionan con este nudo fatal: destruyó mi autoridad moral en Europa, complicó mis dificultades, abrió una escuela a los soldados ingleses… esta maldita guerra me ha perdido». Así fue.

LOS DESASTRES DE LA GUERRA

A Napoleón le perdió la guerra de España, en efecto, pero España lo perdió casi todo. El número de españoles muertos en aquellos años se calcula en cerca del medio millón, para una población total de unos once millones. La crisis de subsistencia de 1811-1812 se llevó por delante, probablemente, a unas 200.000 personas. Seis largos años de guerra con los campos sistemáticamente esquilmados por unos y por otros, la cabaña ganadera enteramente consumida, el comercio roto…

Los franceses destruían todo a su paso, pero los ingleses también, como cuando Wellington ordenó destruir la industria textil de Béjar y la fábrica de porcelana de Madrid, por poner sólo dos ejemplos. Los barcos de la Armada, fondeados en Cádiz y sin mantenimiento, terminaron deteriorándose de forma irreversible. La industria de la lana colapsó porque ya no había ovejas: todas habían servido de alimento a las tropas. La agricultura tardará veinte años en recuperarse. Otras cosas ya no se recuperarán jamás. El Estado terminó con una deuda del 2.000 por cien. La economía española quedará enfeudada al capital inglés… y francés. El país que sólo veinte años antes había sido capaz de hacer cosas como las expediciones de Malaspina y Balmis había dejado de existir.

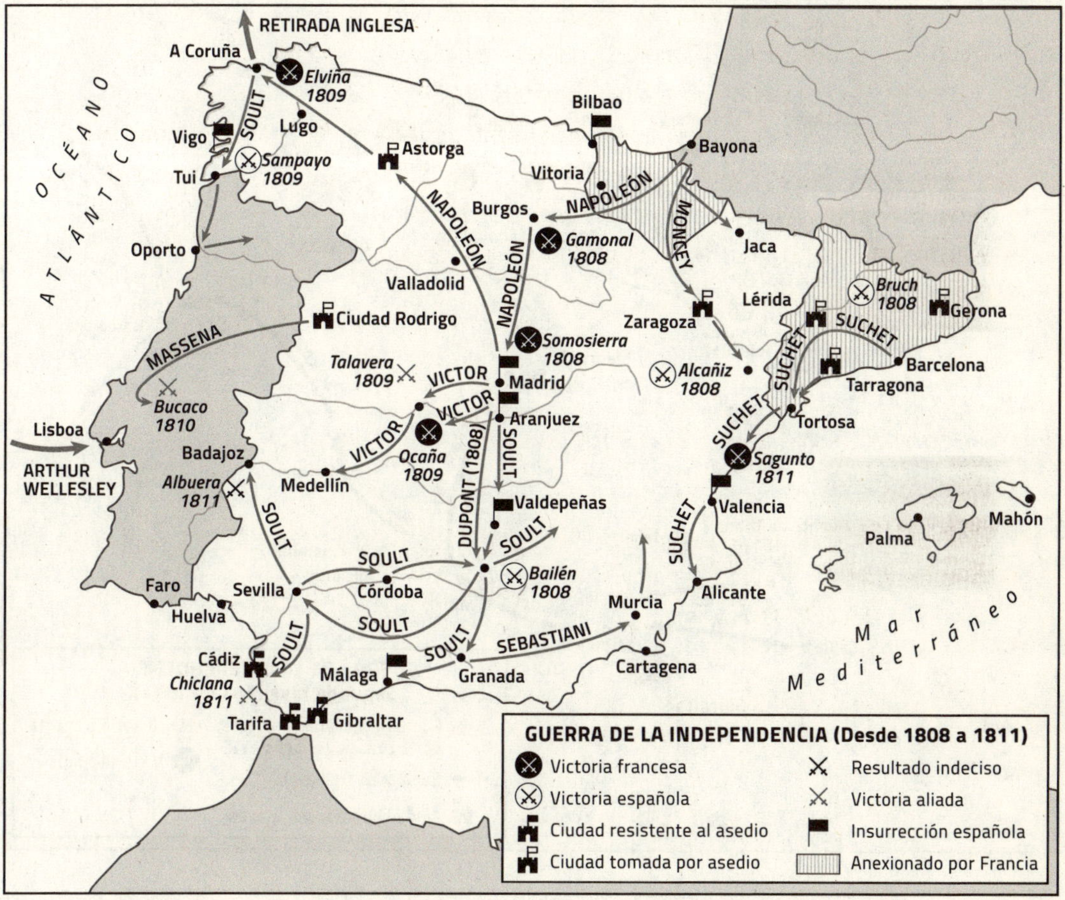
RETIRADA INGLESA
A Coruña
Elviña 1809
Lugo
SOULT
Vigo
Sampayo 1809
Tui
Astorga
Bilbao
Bayona
Vitoria
NAPOLEÓN
Burgos
MONCEY
Jaca
Gamonal 1808
Oporto
OCÉANO ATLÁNTICO
Valladolid
NAPOLEÓN
Lérida
Bruch 1808
Gerona
Zaragoza
SUCHET
Ciudad Rodrigo
MASSENA
Somosierra 1808
Alcañiz 1808
Barcelona
Tarragona
Talavera 1809
VICTOR
Madrid
Bucaco 1810
VICTOR
Aranjuez
Tortosa
Lisboa
VICTOR
Ocaña 1809
SOULT
DUPONT (1808)
Sagunto 1811
ARTHUR WELLESLEY
Badajoz
Albuera 1811
Medellín
Valdepeñas
Valencia
Mahón
Palma
SOULT
Bailén 1808
Faro
Sevilla
Córdoba
Alicante
Huelva
Murcia
Mar Mediterráneo
SEBASTIANI
Cádiz
Chiclana 1811
Málaga
Granada
Cartagena
Tarifa
Gibraltar
GUERRA DE LA INDEPENDENCIA (Desde 1808 a 1811)
Victoria francesa
Victoria española
Ciudad resistente al asedio
Ciudad tomada por asedio
Resultado indeciso
Victoria aliada
Insurrección española
Anexionado por Francia

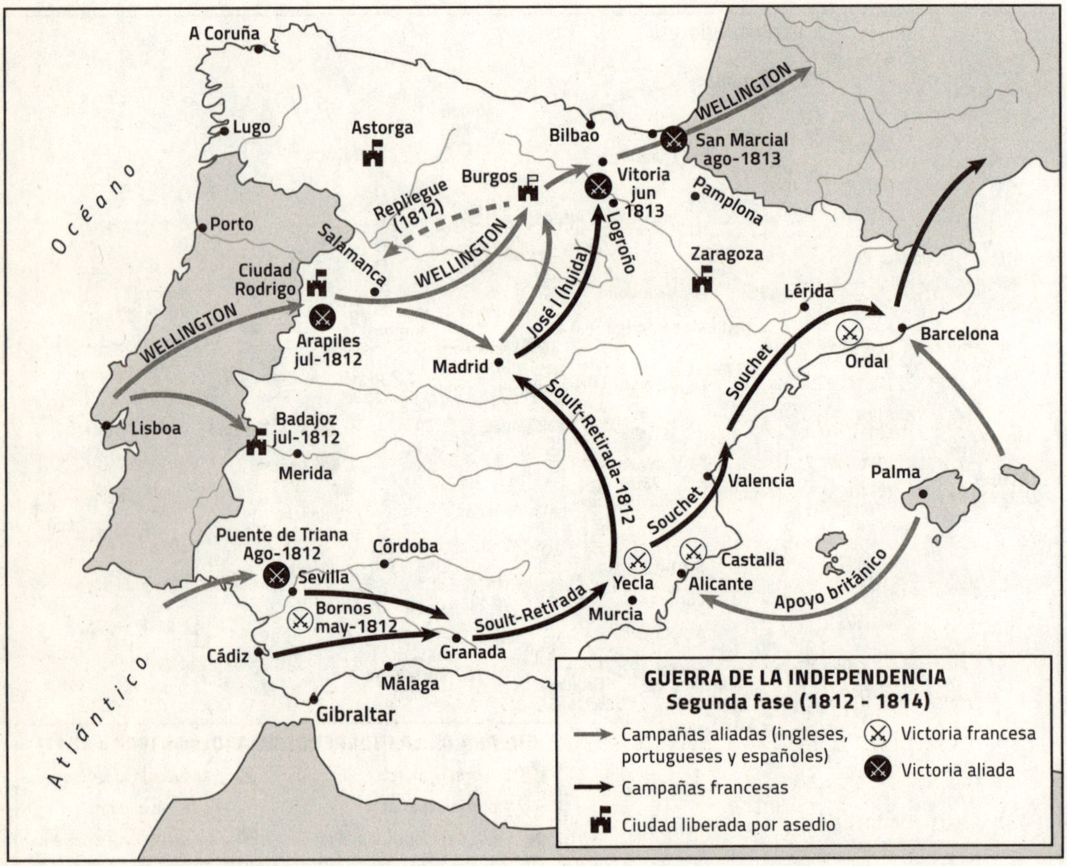
GUERRA DE LA INDEPENDENCIA
Segunda fase (1812 - 1814)
Campañas aliadas (ingleses, portugueses y españoles)
Campañas francesas
Ciudad liberada por asedio
Victoria francesa
Victoria aliada
Océano
Atlántico
A Coruña
Lugo
Astorga
Bilbao
San Marcial
ago-1813
WELLINGTON
Burgos
Vitoria
jun
1813
Pamplona
Logroño
Repliegue
(1812)
Porto
Salamanca
WELLINGTON
Ciudad
Rodrigo
Zaragoza
Lérida
José I (huida)
WELLINGTON
Arapiles
jul-1812
Madrid
Barcelona
Ordal
Souchet
Soult-Retirada-1812
Lisboa
Badajoz
jul-1812
Merida
Valencia
Palma
Souchet
Puente de Triana
Ago-1812
Córdoba
Sevilla
Castalla
Yecla
Alicante
Bornos
may-1812
Murcia
Soult-Retirada
Apoyo británico
Cádiz
Granada
Málaga
Gibraltar

43
LIBERALES Y ABSOLUTISTAS

Lo más amable que puede decirse de Fernando VII es que no era el tipo de rey que España necesitaba en esta tesitura. A Fernando lo habían criado en la convicción de que el rey y la nación eran lo mismo o, más precisamente, de que la nación era propiedad personal del rey. Era lo que creían también sus antepasados, pero Fernando estaba lejos de poseer el talento político y la visión de Estado de Carlos III o Fernando VI y, por otra parte, la propia nación también distaba mucho de ser la de medio siglo atrás. La España de 1814 era un país literalmente roto, con la economía arruinada, la sociedad depauperada y dividida, las Indias en insurrección, toda la potencia nacional hecha trizas, las instituciones horadadas por el vacío de poder de los años precedentes y, para colmo, inerme ante la ambición de sus rivales tradicionales en la escena internacional. Frente a eso, lo que había era un rey, Fernando, que había crecido en la continua humillación de verse postergado por su padre, por su madre, por Godoy y por los franceses, y que no tenía más objetivo en su vida que conservar la corona a cualquier precio. Muy mal paisaje.

Fernando había pasado toda la guerra confinado en el castillo de Valençay, en el centro de Francia. Uno de los lugares más hermosos del país. Nunca hizo nada por escapar, al revés: persuadido de que la conservación de su corona pasaba por mostrar sumisión a Bonaparte, llegó incluso a pedir al emperador que le adoptara como hijo. Después, cuando el hundimiento simultáneo de los frentes en España y en Rusia obligó a Napoleón a retirar sus fuerzas de nuestro país, el emperador ofreció a Fernando un tratado por el que le devolvía la corona, no sin advertirle de que se abstuviera de rubricar la Constitución gaditana de 1812, pues los ingleses —argüía Bonaparte— iban a emplear la situación política española para provocar una revuelta y acabar con la monarquía. No dejaba de ser verosímil, pues lo mismo habían intentado los británicos en las Indias.

DE LA PEPA AL MANIFIESTO DE LOS PERSAS

¿Y en España qué pasaba? En España, la Junta había convocado cortes, éstas habían aprobado, en efecto, una constitución, y después se había organizado un Consejo de Regencia que había reconocido como único rey a Fernando VII y sólo esperaba a que éste jurara la Constitución para aclamarle como monarca... parlamentario. Asunto importante éste: la mayor innovación de la Constitución de 1812 residía sin duda en que definía la soberanía como compartida entre el monarca y el Parlamento, cosa que a Fernando no le hacía ninguna gracia. Durante los años 1812 y 1813, Fernando estuvo muy lejos; desde la propia Regencia se creó el mito de un rey cautivo que alguna vez volvería y Fernando empezó a recibir el sobrenombre de «el Deseado». La Regencia, por otra parte, era cualquier cosa menos una cuerda de revolucionarios: sus presidentes, con la Constitución ya aprobada, fueron Joaquín de Mosquera, un brillantísimo político originario de Popayán (en la época, Nueva Granada), y Pedro Alcántara, duque del Infantado, hombre de la estrechísima confianza de Fernando VII. El rey no tenía por qué verse amenazado.

Al mismo tiempo, sin embargo, habían emergido nuevos poderes de hecho que hacían algo más problemática la seguridad de la corona, al menos tal y como Fernando la entendía. En torno a las cortes de Cádiz se había dibujado un polo de poder liberal burgués nada desdeñable. Al mismo tiempo, en los campos de batalla brillaban nombres propios con indiscutible capacidad de liderazgo no sólo militar, sino también político. Entre bambalinas se movía asimismo la masonería, primero bajo influencia británica, después de tono francés, que terminó alumbrando un movimiento propiamente nacional con la Gran Logia de la Reunión Española, a la que pertenecían gentes de sensibilidad tanto conservadora como liberal. ¿Y el pueblo? El pueblo, en general, seguía fiel a los viejos principios de Dios y el rey, pero eso no era necesariamente un rasgo de conformismo.

Fernando VII abandonó Francia en marzo de 1814. La Regencia quiso que nada más pisar suelo español jurara la Constitución. Quien le recibió en nombre de las Cortes fue el presidente del Consejo de Regencia, el cardenal Luis María de Borbón, sobrino de Carlos III, cuñado de Godoy, tío del propio Fernando, mecenas de Goya y el único Borbón que se quedó en España después de 1808. Precisamente para recibir a Fernando se exhibieron dos famosísimos cuadros recién pintados por Goya: *La carga de los mamelucos* y *El tres de mayo de 1808 en Madrid*, más conocido como *Los fusilamientos*. Fernando VII eludió cualquier compromiso con la Constitución de Cádiz. Al revés, le interesó mucho más la propuesta que una comisión de sesenta y nueve diputados absolutistas le había presentado en Valencia, camino de Madrid: un documento que pasó a la historia como Manifiesto de los Persas.

Los persas solían consentir cinco días de anarquía tras la muerte de un rey. Del mismo modo —decía el Manifiesto—, España había vivido un periodo de anarquía en torno a las cortes de Cádiz. La Constitución de 1812 era el equivalente español de la Revolución francesa, y así como ésta había muerto con la derrota de Napoleón, igualmente el retorno del rey debía poner fin a la anarquía de las cortes gaditanas. Tocaba ahora que volviera la monarquía tradicional, «subordinada a la ley divina, a la justicia y a las reglas fundamentales del Estado», y que ella convocara nuevas cortes «legítimamente congregadas, en libertad y con arreglo en todo a las antiguas leyes». En definitiva, el Manifiesto de los Persas pedía el retorno de la monarquía absoluta. Que era exactamente lo que Fernando estaba deseando oír. En mayo de 1814, Fernando VII declaró abolida la Constitución de 1812 y toda la obra legislativa de las cortes de Cádiz. Volvía, en efecto, la monarquía absoluta.

UN FRACASO EN VIENA

Puede entenderse la posición de Fernando VII y los diputados «persas». La abolición de la Constitución de Cádiz era una promesa que Fernando le hizo a Napoleón. Por otro lado, las Indias eran en aquel momento un foco de insurrecciones de todo género. Además, en torno al núcleo gaditano habían surgido demasiados poderes poco controlables. Y sobre todo, y por encima de todo, el retorno al absolutismo era la corriente dominante en Europa: para las coronas británica, austriaca, rusa, francesa, etc., la derrota de Napoleón significaba el fin del periodo revolucionario —lo mismo que pensaban nuestros «persas»— y lo cabal era volver al estado de cosas previo a la Revolución. No era extraño que en España se intentara también.

Fernando VII y sus acólitos podían sentirse bien arropados, en efecto, por lo que estaba pasando en el resto de Europa: el imperativo del nuevo orden era volver al viejo orden. Eso fue lo que se verificó en el Congreso de Viena, donde las potencias vencedoras de la guerra contra Napoleón se reunieron para dibujar el nuevo mapa del continente. Al margen de las querellas territoriales, en lo que todos coincidían era en la necesidad de poner fin a los experimentos liberales. Rusia, Austria y Prusia proclamaban la victoria de la corona y la religión. Inglaterra, por su parte, proclamaba su propia victoria. En cuanto a Francia, devuelta a los Borbones, trataba de sobrevivir a la derrota. Hubo un serio sobresalto cuando Napoleón escapó de su confinamiento en la isla de Elba, reagrupó a sus tropas, tomó de nuevo el poder y desafió una vez más al mundo; el susto duró cien días, hasta la batalla de Waterloo. Después de aquello, los vencedores eran más vencedores todavía.

¿Y España? Para España, volver al estado de cosas previo a la Revolución significaba restaurar no sólo la monarquía absoluta, sino también su peso internacional: el control sobre las Indias (es decir, la América hispana), la influencia en Italia y la jurisdicción sobre la Luisiana, el gran espacio de Norteamérica que había pasado a manos francesas por los pactos de Godoy con Napoleón. Ésa fue la misión que se le encomendó a Pedro Gómez Labrador en el Congreso de Viena. Resultó un completo desastre. Inglaterra no tenía la menor intención de afianzar el control español sobre las Indias, al revés: su propósito era exactamente el contrario. La otra gran potencia vencedora, Austria, tampoco iba a consentir que España influyera en Italia: si volvían los Borbones —como, en efecto, volvieron—, sería bajo estricta vigilancia austriaca. En cuanto a la Luisiana, terminó en manos de los recién nacidos Estados Unidos de América, como la Florida. Gómez Labrador volvió con las manos vacías. La historia juzgará severamente su incompetencia. Seguramente es un juicio justo, pero también es verdad que el desdichado embajador, representante de un país destruido, no tenía baza alguna para negociar absolutamente nada. En cierto modo, el Congreso de Viena vino a ser el certificado de defunción del imperio español.

CERRAZÓN ABSOLUTISTA Y GOLPISMO LIBERAL

Mientras tanto, en España, Fernando VII implantaba una especie de tosca autocracia. Su primo francés, el flamante rey Luis XVIII, hermano del guillotinado Luis XVI, había tenido la prudencia de aceptar buena parte de las transformaciones que el país había vivido después del marasmo revolucionario. Fernando hizo lo contrario. Que se restaurara la arquitectura institucional del antiguo orden con el restablecimiento del Consejo de Castilla y las capitanías generales era comprensible, y también que se procediera a una sustitución masiva de alcaldes, pero la ola represiva contra liberales y «afrancesados» (reales o supuestos) sólo consiguió generar hostilidades donde no siempre las había y alimentar un clima de guerra civil. La reinstauración de la Inquisición, medida claramente extemporánea, era una declaración de intenciones.

En la base del edificio, las clases populares, muy mayoritariamente agrarias, se enfrentaban a problemas insuperables. El paisaje económico era desolador. El gobierno —o sea, Fernando VII— estaba más preocupado por consolidar su poder premiando a tales o cuales grupos (o enfrentándolos entre sí, arte que el rey dominaba bien) que en concebir políticas de Estado. Para colmo, el rey, para ganarse a la nobleza y a los nuevos propietarios, había mantenido la supresión de tierras comunales dictada en tiempos de Godoy, condenando a miles de campesinos al hambre. Es un error que se repetirá más adelante con todas las desamortizaciones liberales.

En semejante contexto se sucedieron los movimientos de quienes no se resignaban a volver al mundo anterior. La oposición entre absolutistas y liberales, que va a marcar buena parte del siglo XIX, arranca de aquí. También la intensísima actividad de las sociedades secretas de tipo masónico. En septiembre de 1814 se subleva en Navarra uno de los héroes de la guerrilla, Espoz y Mina, y marcha sobre Pamplona con sus tropas para proclamar la Constitución; fracasó y tuvo que huir a Francia. Un año después se subleva en Galicia otro héroe de guerra, Díaz Porlier, e intenta un golpe de mano; entregado por algunos de sus suboficiales, terminará apresado, juzgado y ahorcado. En la primavera de 1817, en Cataluña, otros dos héroes de guerra, los generales Lacy y Milans del Bosch, dan un golpe de Estado para proclamar la Constitución; fracasarán y Milans logrará huir, pero Lacy será fusilado. También fracasó el golpe de Torrijos y Juan van Halen en Murcia ese mismo año. Por cierto que el que frustró la intentona de Lacy y Milans fue otro héroe de guerra y masón como los golpistas: el capitán general de Cataluña, Castaños, el vencedor de Bailén.

Cuando se habla de las sublevaciones militares de tipo liberal, que van a ser constantes a lo largo del siglo, suele escribirse el nombre del líder, pero casi nadie se pregunta nunca quién había detrás y, sobre todo, debajo: ¿qué tropas, qué grupos secundaban las revueltas? La respuesta está en una peculiaridad de la España de la época que era la llamada Milicia Nacional. Esta institución había nacido como grupos de ciudadanos armados en la época de la guerra y bajo la responsabilidad de las Juntas Provinciales. Después de la guerra, la Milicia se mantuvo, generalmente por presión de los sectores liberales. Orientada muy claramente hacia posiciones cada vez más radicales, los efectivos de la Milicia Nacional van a estar detrás de todos los movimientos de tipo liberal en España.

La cadena de sublevaciones liberales bajo Fernando VII culminó con éxito en 1820 con el golpe de Riego. A lo largo de 1819, la corona había ido acumulando entre Cádiz y San Fernando un importante contingente para frenar las insurrecciones en los virreinatos americanos: 25.000 hombres, un centenar de piezas de artillería y más de cincuenta barcos de distinto tonelaje, que venía a ser el grueso del ejército español. Fue precisamente en ese contingente donde, el 1 de enero de 1820, el teniente coronel Rafael del Riego sublevó a su unidad, apresó al jefe del dispositivo militar y lanzó una proclama exigiendo que Fernando VII acatara la Constitución de 1812. Después, con otras unidades sublevadas, Riego marchó sobre Cádiz.

DE RIEGO A LOS CIEN MIL HIJOS DE SAN LUIS

El golpe, inicialmente, fue un fracaso: rechazados en Cádiz, los sublevados emprendieron una larga marcha por Andalucía buscando sin éxito que otras unidades les secundaran y terminaron encaminándose a Portugal en busca de refugio. Pero, mientras tanto, otras guarniciones en España se habían sublevado: La Coruña, Vigo, Murcia, Zaragoza, Ocaña... Las unidades sublevadas, con cuantioso apoyo de las milicias, se hicieron con el poder local. En varias provincias se formaron juntas que reivindicaban la Constitución de 1812. Y Fernando VII, finalmente, dio su brazo a torcer: «Marchemos francamente, y yo el primero, por la senda constitucional», dijo el rey. Era el 7 de marzo de 1820. Se abría una etapa nueva en España.

Hubo elecciones y nuevas cortes. La Inquisición quedó abolida; los propios inquisidores se marcharon sin oponer la menor resistencia, porque la institución hacía tiempo que carecía de sentido. Entre los tumultos que hubo aquí y allá fue frecuente que las turbas asaltaran las cárceles de la Inquisición, como quien tomara la Bastilla de París. En la cárcel de la Inquisición de Zaragoza, por ejemplo, hallaron... un solo preso. Al calor de los acontecimientos, el movimiento liberal se había dividido a su vez, porque había quienes estaban por el equilibrio de poderes entre las cortes y el rey, según el modelo constitucional de 1812, pero había también quienes, en un paso más, exigían la sumisión del rey a la soberanía nacional y del poder ejecutivo al poder legislativo. A los primeros se los llamará «moderados» y a los segundos, «exaltados». Y así, sobre la división entre absolutistas y liberales que ya rompía el paisaje político español, se añadió esta otra división entre moderados y exaltados que, al cabo, terminará por frustrar la nueva experiencia constitucional.

Las elecciones de 1820 las ganaron los liberales moderados. Éstos, para calmar la situación, adoptaron una política muy prudente que empezó por alejar a los protagonistas de las anteriores convulsiones. Programa: volver al marco constitucional, pero sin excesos. El propio Riego terminó desterrado, aunque luego volvió a la escena. Al mismo tiempo, la división en el seno del liberalismo se traducía en una encarnizada oposición entre los grupos masónicos, moderados unos y exaltados otros. Y a todo esto, ¿quién se ocupaba de los problemas del país? Nadie, porque no había estructura de Estado capaz de concebir políticas y asegurar su realización. El gobierno de Martínez de la Rosa (moderado, masón de la Sociedad del Anillo) era tan bienintencionado como impotente. A lo cual, por cierto, contribuían las intrigas del rey. En julio de 1822, Fernando VII intenta un «autogolpe» y promueve una sublevación de la Guardia Real. Los guardias se despliegan por Madrid intentando tomar la capital. Sale a hacerles frente la Milicia Nacional. Hay tiros en las calles. Finalmente la Milicia se impone. Fernando VII, fiel a sí mismo, felicita a la Milicia.

Al cabo, la intentona de julio de 1822 sólo sirvió para que los moderados dejaran el poder y llegaran los exaltados. El país entró entonces en una especie de guerra civil sorda, con partidas de guerrilleros «realistas» (es decir, absolutistas) combatiendo aquí y allá a las tropas del gobierno. El vivero fundamental de estas partidas fueron los campesinos, seriamente perjudicados por las políticas liberales, y quien les dio un discurso fue la Iglesia o, para ser más precisos, los sectores más tradicionales del clero, ampliamente mayoritarios. Fernando VII pidió ayuda a las potencias europeas para derrocar a los liberales. Así se formó en Francia un cuerpo expedicionario, los famosos Cien Mil Hijos de San Luis. En realidad eran algo menos de cien mil, pero se convirtieron en muchos más cuando empezaron a unírseles las partidas realistas que ya operaban en el territorio español. No fue una invasión extranjera: fue una guerra civil.

El gobierno liberal, encabezado por Evaristo San Miguel, tomó la peor decisión posible: coger al rey y llevárselo a Sevilla antes incluso de que la invasión comenzara. Un rey cautivo. Era el pretexto idóneo para justificar la intervención francesa. Los Cien Mil Hijos de San Luis, dirigidos por el duque de Angulema, sobrino del rey de Francia, avanzaron hacia el sur sin más oposición seria que la que ofreció Espoz y Mina en Cataluña. La invasión comenzó en abril. En mayo ya estaban en Madrid. Esta entrada no fue como la de 1808, al revés: no hubo saqueos ni estragos, a los franceses los acompañaban tropas españolas e incluso venía con ellos una Junta de Regencia presidida por el general Eguía, una reliquia del ejército español cuya hoja de servicios se extendía desde los tiempos de Carlos III hasta la guerra de la Independencia. El pueblo, en general, saludó la intervención con alivio porque estaba harto de la inestabilidad y la pobreza de los años anteriores. El célebre lema «¡Vivan las cadenas!» tiene su origen aquí: era el grito sarcástico que el pueblo dirigía a los constitucionales, porque prefería las supuestas cadenas del absolutismo al caos del gobierno liberal.

SIEMPRE FERNANDO

El 1 de octubre de 1823 Fernando VII recuperaba sus atributos como rey absoluto. No hubo piedad para los enemigos del monarca: Riego fue ahorcado, como el Empecinado, el famoso guerrillero; Espoz y Mina y Torrijos pudieron huir. La represión, en todo caso, fue feroz. Lo seguirá siendo en los años posteriores, porque habrá más intentonas liberales. En una de ellas terminará fusilado Torrijos. Pero Fernando no purgó sólo a los elementos liberales, sino que también apartó del poder a muy distinguidos nombres de los círculos absolutistas que le habían sido fieles, incluido el propio general Eguía. Los descontentos, llamados «apostólicos» por su defensa del origen divino de la corona, se agruparán en torno al infante Carlos María Isidro, hermano del rey. Un nombre que hay que retener.

¿Por qué protestaban los apostólicos? Porque Fernando, al parecer por presión de sus aliados europeos, había empezado a aplicar políticas más reformistas y estaba manteniendo cerca del gobierno a algunos constitucionalistas moderados. El descontento político se unirá a la pertinaz crisis económica y a la exasperación de miles de voluntarios realistas que, después de la guerra de 1823, se habían quedado sin paga. Todo eso estallará a la altura de 1827 en otra guerra civil: la llamada «guerra de los Agraviados», un levantamiento popular en Cataluña, Valencia, Aragón, País Vasco y Andalucía que pedía el retorno pleno a las instituciones previas a 1812. En un sorprendente giro, el manifiesto de los Agraviados discutía también la legitimidad del propio Fernando VII. Pero todo indica que ese manifiesto fue en realidad una maniobra de los liberales exaltados, desde el exilio, para desestabilizar a la monarquía. La propaganda ya era un arma de guerra. Fernando VII logrará sofocar esta revuelta, pero la acción de los apostólicos iba a permanecer viva.

Por lo demás, en este último periodo de Fernando VII se dieron algunos pasos interesantes en materia de gobierno. Por ejemplo, se elaboró por primera vez un presupuesto estatal, instrumento esencial para la administración del reino. Se creó el Banco de San Fernando, nuevo banco central que venía a reemplazar al antiguo Banco de San Carlos. Para organizar las obras de infraestructuras públicas nació el Ministerio de Fomento. En materia de comercio, se publicó un nuevo código, nació el cuerpo de carabineros contra el contrabando y se promulgó la ley de la Bolsa. Y en materia de educación, se reabrieron las universidades y se procuró la extensión de la instrucción primaria.

Fernando VII murió en 1833. Dejaba tras de sí un grave problema sucesorio que enseguida iba a convertirse en guerra civil. Pero, sobre todo, legaba a los españoles un mapa ostensiblemente más reducido, porque, a lo largo de su reinado, España había ido perdiendo las Indias. Es el triste balance de un monarca que, efectivamente, nunca fue el tipo de rey que España necesitaba en aquella tesitura.

44
CÓMO PERDIMOS LAS INDIAS

La última oportunidad real que tuvo España para conservar las Indias fue la «Grande Expedición» de 1820. El levantamiento liberal de Riego la frustró y después ya fue demasiado tarde. A ninguna potencia extranjera le interesaba que España mantuviera aquella corona de perlas, como había quedado de manifiesto en el Congreso de Viena. Más tarde, en 1823, cuando Fernando VII pidió ayuda a Francia para restaurar el absolutismo, Inglaterra, que era ya la primera potencia mundial y observaba el asunto de cerca, advirtió a París de que no toleraría ningún movimiento que reforzara el dominio español en América. Definitivamente, el imperio le quedaba demasiado grande a aquella España minúscula nacida de la guerra de la Independencia. Con todo, hay que subrayar que las independencias hispanoamericanas no fueron en modo alguno una sublevación de colonias contra la metrópoli. Las emancipaciones son un larguísimo proceso que duró más de veinte años y que tuvieron mucho de guerra civil.

MÁS QUE UNA GUERRA DE INDEPENDENCIA

En las Indias todos eran españoles. Unos apostaban por la independencia y otros, los llamados «realistas», preferían seguir bajo la corona. En esa guerra civil influyeron, además, factores muy diversos. Desde el punto de vista ideológico, en las sublevaciones de las Indias hubo un evidente eco de los levantamientos liberales contra el antiguo régimen. Desde el punto de vista político, Inglaterra no dejó de aprovechar la atmósfera para atizar el fuego, conforme a su tradicional obsesión por mutilar el poder español en América. Desde el punto de vista económico, hay que añadir el malestar de la pujante burguesía local contra las limitaciones que imponía la corona. Desde el punto de vista social, podemos leer el episodio como el deseo de afirmación de una nueva clase dominante, íntegramente criolla, sobre una estructura de poder cada vez más percibida como «forastera». Y aún más: desde un punto de vista estrictamente hispano, las emancipaciones no dejan de ser la consecuencia natural, por traumática que fuera, del proceso de conquista y la creación de «nuevas Españas», en la línea de lo que tres siglos atrás previó Francisco de Vitoria. Todo eso a la vez.

Los primeros movimientos fueron de carácter revolucionario al modo francés, como el de Nariño en Santa Fe de Bogotá (1797) o el de Miranda en Caracas (1806). Ninguno llegó muy lejos. Es interesante: en el viejo Virreinato de Nueva Granada no faltaban los problemas y apenas veinte años atrás se había vivido una seria insurrección por causas fiscales, pero los descontentos —y tenían razón— no identificaban sus protestas con las ideas liberales y, aún menos, con la independencia. La intentona de Miranda la promovió directamente Inglaterra con abundante apoyo material y militar. Al mismo tiempo, los ingleses estaban intentando hacerse con el control del Río de la Plata, pero fracasaron en 1806 y 1807.

Todo cambió a partir de 1808 con la caída de la monarquía en España y la invasión francesa. Desde ese momento, y al mismo paso que en la península se constituían Juntas, en las Indias comenzaron a surgir instituciones semejantes en una atmósfera de absoluta confusión política. Los virreinatos, por definición, no eran provincias dependientes del gobierno, sino precisamente eso, virreinatos, es decir que por encima de ellos sólo estaba el rey. En consecuencia, no era fácil que aceptaran las instrucciones de Cádiz. Si el rey estaba cautivo en Bayona, ¿qué autoridad reconocer? La primera solución fue que los propios virreyes asumieran la dirección de las Juntas creadas en América. Sin embargo, persistía el problema de la ausencia de rey. Lo que se sabía en las Indias era que la corona estaba ahora en la cabeza de José Bonaparte, lo cual dejaba a los virreinatos sin rey visible. La mayoría de las autoridades políticas en las Indias habían jurado a Carlos IV, que ya no estaba, y ahora debían reconocer a Fernando VII, del que nada sabían. La confusión era completa.

Esa confusión explica los complicadísimos movimientos que van a vivirse en todas partes, desde México hasta Buenos Aires: hay Juntas que se levantan en nombre de Fernando VII, otras que reivindican la abolición de las reformas borbónicas del siglo anterior, aún otras que proclaman su independencia (pero siempre bajo la obediencia al rey) y, en medio de todo ello, intrigas con potencias extranjeras, maniobras de grupos masónicos, viejas querellas de poder local entre provincias, levantamientos campesinos que son utilizados por unos u otros en su propio beneficio, etc. No hay una dinámica homogénea, idéntica en todas partes, al revés: el proceso en Nueva España (México) es uno, diferente al del Río de la Plata y al de Nueva Granada (Colombia) y Venezuela, distintos a su vez del de Chile o el Perú.

MASONES, TRADICIONALISTAS Y VIRREYES

Veamos el caso de México. En septiembre de 1810, el cura Miguel Hidalgo tañe las campanas del pueblo de Dolores y llama a los feligreses a levantarse contra las autoridades españolas en nombre de la Virgen de Guadalupe, la patria y... el rey. Es el momento inaugural de la independencia. El movimiento se convertirá muy pronto en una marea de violencias, saqueos y asesinatos, y acabará ahogado en sangre. Pero el tono general, en México, será siempre el mismo: los insurrectos no se levantan contra España, sino contra el gobierno y en nombre del rey y la religión. Más tarde, lo harán contra el gobierno constitucional y a favor de Fernando VII como rey absoluto. El cura Morelos, el gran héroe de la independencia, proclama en 1813 los «Sentimientos de la nación» y subraya que la soberanía del México independiente dimana del pueblo y reside en Fernando VII, fórmula que no es fácil explicar. En la confusión, aparecen insurrecciones de corte campesino y sublevaciones financiadas desde Estados Unidos.

A Nueva España llega en 1816 como virrey Juan Ruiz de Apodaca, buen militar y buen político, que prácticamente logra pacificar el país.

Pero en 1820 se restablece en España la Constitución y en México vuelve la efervescencia. Otro héroe del movimiento, Iturbide, dejará de defender a España y se pasará al bando contrario precisamente por la reimplantación de la Constitución de 1812. En México se forma un ejército que recibe el nombre de «Trigarante» por las tres garantías que defendía: la religión católica, la independencia de México y la unidad de todas las facciones en armas. Finalmente, será un golpe de Estado de los propios militares españoles allí destinados el que abra la puerta a la independencia. E Iturbide, que se había proclamado emperador, acabará fusilado.

Igualmente confuso, aunque con el corte ideológico contrario, es el proceso en el Virreinato de la Plata, donde todo comienza con una oposición interna entre Buenos Aires y Montevideo. Después de las fallidas invasiones inglesas, en lo que aún no se llama Argentina aparecen Juntas que se emancipan en nombre del rey de España contra el dominio napoleónico y que al poco tiempo se declaran independientes. En 1810 los independentistas argentinos Castelli y French, ambos revolucionarios, fusilan al exvirrey Santiago de Liniers, que había salvado por dos veces a Buenos Aires de las invasiones inglesas, y a Juan Antonio Gutiérrez de la Concha, gobernador de Córdoba. Han nacido las Provincias Unidas del Río de la Plata. Pero en realidad no están unidas: el Paraguay, el Alto Perú (hoy Bolivia) y el Uruguay viven sus propios procesos y hacen la guerra a los del Río de la Plata. Sólo a partir de 1812, cuando aparezca por allí José de San Martín, veterano de la guerra española contra Napoleón, podrá hablarse de un proyecto independentista coherente. Pero, incluso así, en Argentina no tardará en estallar una feroz guerra interna por el tipo de Estado que se quiere implantar: unitarios contra federales.

Una de las razones por las que el movimiento revolucionario argentino no pudo progresar hacia el norte fue la resistencia del Virreinato del Perú. El virrey, José Fernando de Abascal, era un personaje de enorme altura tanto política como militar y su mandato le había granjeado el respeto de todo el mundo. En cierto modo, Abascal, nacido en 1743, era el modelo del monarca ilustrado. Su política parece sacada del más conspicuo repertorio reformista: creó numerosas escuelas-taller, fundó la Real Escuela de Pintura de Lima, difundió la vacunación contra la viruela, hizo construir cementerios fuera de las ciudades para evitar enfermedades contagiosas, promovió la creación del Colegio de Medicina y del Jardín

Botánico para la formación de médicos y especialistas, impulsó la constitución de colegios para la élite criolla... Al mismo tiempo, militar como era, tomó acertadas medidas de defensa contra las insurrecciones independentistas, hasta el punto de que el Perú se convirtió en el último reducto de los realistas y no cayó por insurgencia interna, sino por la acción de otros ejércitos venidos de distintos lugares de la vieja América española. Eso, en todo caso, pasó después de que José Fernando de Abascal, tras diez años de gobierno, fuera relevado de su puesto en 1816.

El espacio donde con más claridad aparecen todos los factores clave en las independencias hispanoamericanas es probablemente Nueva Granada y Venezuela. Aquí el cerebro de la operación fue el venezolano Francisco de Miranda (1743-1816), que hizo carrera en el ejército español mientras se iniciaba en las sociedades secretas revolucionarias. Hacia 1783 abandonó el ejército, viajó por Estados Unidos e Inglaterra, acabó participando en la Revolución francesa y, de vuelta en Londres, fundó la Logia de los Caballeros Racionales, un grupo masónico orientado a trasladar a las Indias las ideas revolucionarias. Esta logia instaló filiales en Cádiz y en Madrid en 1807. Más adelante se transformó en Logia Lautaro. A ella pertenecerán los más significativos nombres del movimiento independentista: Bolívar, San Martín, O'Higgins, etc. Miranda contó siempre con abundante financiación norteamericana e inglesa y, además, gozó del apoyo logístico de Haití, que acababa de vivir su sangrienta revolución de los esclavos y había instaurado una terrorífica dictadura jacobina. Pese a todo eso, sus intentos de sublevar a la población venezolana se saldaron con un notable fracaso por falta de apoyo popular.

El paisaje cambia súbitamente en 1810. Ese año llega a Caracas un nuevo capitán general, Vicente Emparán. A Emparán lo había nombrado inicialmente José Bonaparte; él se negó y no aceptó el cargo hasta que la Junta Suprema, en España, formalizó la designación. Sin embargo, una vez llegado a destino se encuentra con que la ciudad le rechaza por ser un enviado de los franceses. No hay tiempo para deshacer el equívoco: en pocos días, Emparán es derrocado y los caraqueños constituyen una Junta para defender los derechos de Fernando VII; tanto es así que en su bandera incorporan las letras «FVII». Pero lo primero que hace la Junta es incautarse del dinero que iba a viajar a España para sufragar la lucha contra los franceses. Alguien mueve entonces los hilos y aquella Junta termina proclamando la primera República de Venezuela. Acto seguido, los notables de la Junta llaman a Miranda, que aguardaba en Londres, y le nombran dictador plenipotenciario. Es un golpe de Estado. Uno de los que acuden a Londres para traer a Miranda es Simón Bolívar.

BOLÍVAR, EL GRAN DICTADOR

Para sorpresa de los independentistas, en todo el país estallan diversas revueltas contra la nueva República. Venezuela se fragmenta. Comienza 1812 cuando llega al país el canario Domingo de Monteverde, un marino veterano de Trafalgar y de la guerra contra el francés en España, con instrucciones de restablecer el orden. Monteverde apenas tiene recursos: 230 hombres y un cañón. Pero lee perfectamente el paisaje, obtiene el respaldo de varios caciques indígenas y de miles de campesinos, enemigos de la burguesía criolla, y se lanza contra Miranda. Éste capitula tras una breve campaña. Es julio de 1812. Cuando intenta huir al extranjero, Miranda es detenido por Bolívar, que le acusa de traición. Bolívar quiere fusilarle. Sus acólitos le disuaden. Miranda terminará siendo entregado a las autoridades españolas. El efímero dictador plenipotenciario de Venezuela morirá en prisión, en San Fernando, Cádiz, en 1816, a causa de un accidente cerebrovascular. Ha sonado la hora de Bolívar.

Bolívar cambia la orientación del movimiento. En Nueva Granada se han formado columnas que cargan contra las posiciones realistas. Es la oportunidad que Bolívar espera para penetrar de nuevo en territorio venezolano. Se proclama la «guerra a muerte» y él la abandera. Termina 1812 y empieza 1813. Guerra a muerte quiere decir textualmente eso: no dejar con vida a ningún español ni a nadie que defienda a la corona española, ni soldado ni civil, ni hombre ni mujer ni niño. Es, propiamente hablando, un genocidio. Pueblos arrasados, poblaciones enteras fusiladas, prisioneros de guerra ejecutados en masa. Pero de nuevo el «libertador» se topa con una resistencia inesperada: un modesto asturiano llamado José Tomás Boves, tabernero en un villorrio del interior.

A Boves los bolivarianos le habían quemado la taberna y después asesinaron a su mujer, una mulata, delante de su hijo. El asturiano se unió a la columna de Monteverde y al poco tiempo ascendía a capitán de milicias al frente de diez mil lanceros, todos ellos negros, indios o mestizos. La guerra por la independencia se había convertido en una guerra de castas, y los de abajo, los pobres, enarbolaban las banderas del rey de España contra la oligarquía criolla que respaldaba a Bolívar. Boves ataca con fiereza y su gente lo aniquila todo a su paso, y Bolívar contesta con más asesinatos masivos. El asturiano morirá en su última victoria, en la batalla de Urica: una lanza le atravesó el pecho. Era diciembre de 1814.

Pocos meses después, Bolívar se marchaba a Jamaica para pedir más ayuda a los ingleses. En aquel momento, invierno de 1814-1815, la situación en Nueva Granada y Venezuela era un absoluto caos: instituciones sin autoridad, varios caudillos levantados aquí y allá, una guerra social superpuesta a la guerra por la independencia... No es impropio hablar de varias guerras civiles simultáneas. Es ahora cuando Simón Bolívar da forma a la idea de una gran unidad política americana, la Gran Colombia; idea que toma de Miranda y que resultaba particularmente apropiada para tratar de organizar el gigantesco barullo en el que se habían sumido los viejos virreinatos. Naturalmente, eso obligaba a Bolívar a eliminar rivales molestos. En octubre de 1817 mandará fusilar a Manuel Piar, líder de una unidad de negros y mestizos, que estaba más interesado en la revolución social que en instaurar la república de los criollos blancos.

DE MORILLO A RIEGO

En España, la guerra contra el francés había concluido y de inmediato se pensó en mandar un socorro a las Indias. Fue la expedición del general Pablo Morillo. Este Morillo era un militar competente, experimentado y, sobre todo, muy valiente. Había empezado de soldado raso de infantería de marina en 1791, con poco más de quince años, y había ascendido de combate en combate. Guerrillero en la guerra de la Independencia, acabó esa contienda como teniente general. Apenas acabado el conflicto se le nombró capitán general de Venezuela: si había alguien capaz de dar la vuelta a la situación, ese era Morillo. Llegó a América en abril de 1815 con poco más de 10.000 hombres. Frente a la «guerra a muerte» de Bolívar, predicó una política de indultos y clemencia. En la primera guarnición que rindió, en isla Margarita, perdonó a toda la oficialidad rebelde. Eso duró hasta que el gobernador de la isla le traicionó y pasó a cuchillo a la guarnición española. A partir de ese momento, a la «guerra a muerte» de Bolívar responderá Morillo con una dura política represiva.

Morillo obtendrá importantes éxitos militares en Nueva Granada y Venezuela, pero no podrá superar tres problemas fundamentales. Primero, el desmantelamiento institucional, porque cinco años de guerra habían puesto literalmente cabeza abajo la estructura del territorio, de forma que era imposible organizar nada parecido a un Estado. Segundo, la dimensión inabarcable del gigantesco espacio que debía asegurar, grande como cuatro veces España: misión imposible sin una estructura política sólida. Tercero, el puro agotamiento de sus tropas, baqueteadas batalla tras batalla: sin capacidad para renovar sus efectivos y sin posibilidad de recibir refuerzos de España, la fuerza de Morillo menguaba sin remedio. ¿Y qué se hizo de aquellos miles de campesinos que acompañaron a Monteverde o a Boves en sus campañas? Casi todos desaparecieron: pasado el furor de la revuelta contra la burguesía criolla, unos se volvieron a sus campos, otros se pasaron al otro bando (previo pago) y otros, simplemente, se esfumaron. Siempre habrá caciques indios bajo las banderas realistas, pero ya rara vez serán decisivos.

El otro bando, por el contrario, crecía sin cesar. Con la estructura administrativa del virreinato en sus manos, los independentistas pudieron organizar varias columnas que actuaban simultáneamente contra los realistas. Y cuando les faltaban recursos, siempre había una mano inglesa o norteamericana para aliviar la situación. En 1819 llegan dos barcos ingleses con 6.000 hombres de la Legión Británica, veteranos de los campos de batalla de Europa. Desde algunos años antes, el goteo de voluntarios anglosajones había sido constante, sobre todo de oficiales. Inglaterra no podía intervenir abiertamente para no alterar el equilibrio diplomático en Europa, pero no dejó de apoyar ni un instante la rebelión. En la batalla de Boyacá, en agosto de 1819, Simón Bolívar y Francisco de Paula Santander embolsan a las tropas realistas y abren el camino a Santa Fe de Bogotá. Conforme a la consigna de la «guerra a muerte», el general español, llamado Barreiro, y sus oficiales fueron ejecutados. A Morillo le quedan en ese momento alrededor de 10.000 hombres; Bolívar tiene el doble.

Ante la gravedad de la situación, la corona consigue por fin preparar una fuerza para socorrer a los realistas en las Indias. Es la «Grande Expedición» que en los últimos meses de 1819 empieza a acantonarse en torno a Cádiz. España está en quiebra: muchos oficiales han visto sus pagas suspendidas. Avituallar a las tropas también es un arduo desafío. Sin embargo, se consigue acumular una fuerza de más de 20.000 infantes, 2.800 jinetes, 1.370 artilleros, un centenar de cañones y más de cincuenta barcos. Al frente del dispositivo, Félix Calleja, exvirrey de Nueva España: un tipo brillante, enérgico, también muy duro, como ha demostrado en México. En definitiva, la corona se propone mandar lo mejor que tiene. Pero es precisamente en ese ejército donde el 1 de enero de 1820 se subleva Rafael del Riego. Toda la operación queda desmantelada. Cuando el golpe liberal triunfe, una de las primeras medidas del nuevo gobierno será buscar un armisticio con Bolívar.

Morillo, disciplinado, obedeció. En noviembre de 1820 se firmó un «Tratado de Armisticio y Regularización de la guerra» que significaba, en la práctica, el reconocimiento de la Gran Colombia de Bolívar como un Estado con capacidad legal para actuar. Pablo Morillo volvió a España. Aún le aguardaban nuevos destinos en su carrera militar. En las Indias, por el contrario, todo iría cabeza abajo. Bolívar aprovechó el armisticio para rearmarse, como era de esperar. El resto ya fue un lento desplome de las posiciones realistas. En junio de 1821, en Carabobo, Bolívar logra el control sobre toda Venezuela. Al año siguiente, Sucre derrota a los realistas en Pichincha, cerca de Quito. Bolívar tiene el camino abierto hacia el sur: se dirige a Guayaquil, derroca a la Junta allí constituida, se proclama dictador e incorpora el territorio a su Gran Colombia. Su siguiente destino es el Perú. Hasta allí ha llegado José de San Martín. Los dos «libertadores» unen sus fuerzas. Pero el resultado no iba a ser el esperado.

EL FINAL EN AYACUCHO

En Perú, tras la marcha de Abascal, el virreinato se había roto. Varias provincias constituyeron sus propias Juntas. Algunas se proclamaron como repúblicas independientes. El nuevo virrey, Joaquín de la Pezuela, era un militar eficaz, pero se vio superado por la confluencia de varias líneas de ataque: Belgrano primero y después San Martín desde Argentina, O'Higgins desde Chile por tierra y, por mar, la escuadra del aventurero escocés Thomas Cochrane, contratado por los insurrectos chilenos. En enero de 1821 Pezuela fue destituido por sus hombres y el maltrecho ejército realista quedó al mando de José de la Serna, un artillero que había estado en los sitios de Valencia y Zaragoza en 1808, y José de Canterac, de origen francés, hijo de una familia emigrada a España al comienzo de la Revolución, y que había llegado a las Indias en el contingente de Morillo.

Ante el acoso enemigo, De la Serna y Canterac optaron por retirarse a la sierra y hacerse fuertes allí. San Martín pudo entrar en Lima y proclamar la independencia del Perú en julio de 1821, pero en realidad era una independencia más formal que real. El territorio seguía dividido. Los mapuches del sur de Chile, fieles al rey, hostigaban sin pausa a las tropas rebeldes. De la Serna y Canterac también les infligían serios reveses en Macacona y Moquegua. Ésa era la situación cuando Bolívar llega a Guayaquil y se entrevista con San Martín.

Fue en julio de 1822. Nadie sabe qué hablaron Bolívar y San Martín. Se especula con que el primero expuso su proyecto de Gran Colombia y el segundo planteó su idea de poner a un monarca europeo al frente del viejo virreinato, pero la conversación fue estrictamente secreta. Y algo muy poderoso debió de decirle Bolívar a San Martín, porque el hecho es que éste resolvió abandonar la lucha: un mes después, el argentino renunciaba a todos sus cargos y volvía a casa. Simón Bolívar quedaba enteramente dueño del campo.

La llegada de Bolívar al Perú provocó que el bando independentista se rompiera: muchos no reconocían su liderazgo. Bolívar era ostensiblemente arrogante y, sobre todo, las tropas que había traído consigo desde Colombia se comportaban como un ejército de ocupación. Allá donde la población era sospechosa de simpatías realistas, el «Libertador» aplicó una política de tierra quemada: saqueos, matanzas, campos devastados... El presidente de la recién nacida República del Perú, José Bernardo de Tagle, es acusado por Bolívar de traición y tiene que huir. En febrero de 1824, Bolívar se declara formalmente dictador del Perú.

En esas mismas semanas, la guarnición de El Callao, el gran puerto de Lima, que inicialmente era independentista, se subleva y se pasa al bando realista. Es un golpe de sargentos. Su cabecilla es Dámaso Moyano, un mulato de Mendoza, hijo de esclavos. Prácticamente todo el ejército que San Martín había llevado al Perú secunda la sublevación e iza la bandera española. Con El Callao sublevado, las tropas realistas vuelven de la sierra y entran en Lima. Manda el contingente Juan Antonio Monet, héroe de Bailén. Su división se compone de unos 3.000 hombres, más 900 vecinos de Lima. El viajero inglés Robert Proctor dejó testimonio de cómo era ese ejército español: soldados de caballería y granaderos españoles, tres batallones de indios, un batallón de negros...

¿Recuperaba España el Perú? No: un rico hacendado convertido en general de las milicias realistas, Pedro Antonio de Olañeta, guipuzcoano de origen, se subleva contra el virrey De la Serna. ¿Por qué? Porque De la Serna es liberal y Olañeta es absolutista. Ésa es, al menos, la explicación formal. Según parece, Olañeta había entrado en tratos con Bolívar y éste, de hecho, habla de las tropas del guipuzcoano como de «un ejército verdaderamente patriota y protector de la libertad». El hecho es que la sublevación de Olañeta parte el frente realista en dos. La ocupación de Lima es efímera: De la Serna y Canterac no tienen fuerza material para controlar el territorio. Los realistas intentan reorganizarse en la sierra. Será inútil. En agosto de 1824, Bolívar y Sucre vencen a Canterac en Junín. ¿Y Olañeta? Olañeta cayó en combate en Tumulsa, Potosí, tiroteado en un choque con las fuerzas independentistas del general Sucre.

El encuentro final será en Ayacucho, a mitad de camino entre Lima y Cuzco, en la pampa de Quinua. Las tropas de De la Serna y Canterac están formadas fundamentalmente por campesinos locales reclutados a toda prisa. En el ejército de Sucre y Bolívar, por el contrario, forman los mercenarios británicos del batallón de Rifles de Colombia y los veteranos de las guerras colombianas. Es el 9 de diciembre de 1824. Llegado el momento de la batalla, el general realista Monet, el mismo que había ocupado Lima, se acerca al campamento enemigo con una propuesta que define por sí sola lo que fue aquella guerra: como en ambos bandos hay oficiales que son parientes o amigos, Monet propone «darse un abrazo antes de rompernos la crisma». Se abrazaron y se la rompieron. Ganaron los independentistas. Se ha especulado mucho sobre si el resultado de la batalla estaba pactado de antemano. Imposible saberlo. El hecho es que la capitulación de Ayacucho significó el fin formal de las Indias españolas.

En México, la guarnición española aguantará hasta noviembre de 1825. Era la última que aún resistía allí ante los independentistas. Los sublevados de Moyano en El Callao, por su parte, se mantendrán firmes hasta 1826, cuando lleguen las noticias de la capitulación de Ayacucho. Todos ellos («quinientos soldados de castas de color», dicen los documentos) serán rescatados por barcos españoles. Por cierto que Moyano acabará en España, donde se le reconocerá su grado de coronel y seguirá la carrera militar: será el primer general negro del ejército español. En Chiloé, en el extremo sur del continente, donde la población había escrito una verdadera epopeya de resistencia durante largos años, el gobernador Antonio de Quintanilla terminará capitulando también en enero de 1826. Fue el último aliento.

La nueva América se preparaba para hacer frente a otros desafíos. Muy pronto estallaron guerras civiles por todas partes, en torno a los nuevos caudillos y sus respectivos proyectos nacionales o personales. San Martín acabó exiliado en Francia. Sucre, asesinado por una intriga política en 1830. Bolívar, depuesto en ese mismo año y muerto de tuberculosis; expiró en brazos de un médico de la marina norteamericana en Santa Marta, el 17 de diciembre de 1830. Pero había otros problemas: entre 1822 y 1826, los nuevos gobiernos independientes hispanoamericanos habían contraído obligaciones económicas con Inglaterra por la fabulosa suma de 20.978.000 libras. De inmediato se instalaron en el continente empresas inglesas para explotar minas, pescar perlas, dragar canales, explotar tierras, etc. Las antiguas Indias españolas se convirtieron en una especie de colonias inglesas. Londres nunca había buscado otra cosa.

LA INDEPENDENCIA DE HISPANOAMÉRICA
R.U.-EEUU
Reino Unido
California (a EEUU en 1850)
Nuevo México (a EEUU en 1848)
Estados Unidos
Texas (a EEUU en 1845)
Florida (a EEUU en 1821)
*México 1821
Haití
Cuba
*República Dominicana 1844 (antes Haití)
Veracruz
R.U.
Puerto Rico
Francia
Puerto Cabello
R.U.
*Provincias Unidas de América Central 1823-38
Países Bajos
Francia
*Gran Colombia 1819-1830
Brasil
*Perú 1821
*Bolivia 1825
El Callao
*Paraguay 1811
Batalla de Ayacucho 1824
*Provincias Unidas del Río de la Plata 1815
*Chile 1818
*Uruguay 1828 (antes Brasil)
Límites del antiguo imperio español
Primeras sublevaciones independentistas
Campaña de Bolívar (1821-24)
Campaña de San Martín (1817-22)
Batalla
Últimas bases españolas
Países independizados del imperio español
Límites de los nuevos países
Restos del imperio español
Límites discutidos

45

LA INSURRECCIÓN CARLISTA Y LA REVOLUCIÓN LIBERAL

Fernando VII murió el 29 de septiembre de 1833. Tenía sólo cuarenta y ocho años, pero sus últimos meses fueron de enfermedades recurrentes. El rey dejaba tras de sí un país deshecho. Del viejo imperio sólo quedaban Cuba y Puerto y Rico, en América, y las islas Filipinas y Guam en Asia. La economía estaba hundida sin remedio, con una pertinaz crisis de deuda de la que ningún gobierno fue capaz de salir. De todo lo que el país debía, que era casi tanto como al terminar la guerra de la Independencia, un tercio estaba en manos de Inglaterra, Francia y los Estados Unidos. Y lo peor era que no había de dónde sacar recursos. Una política sensata habría tratado de dibujar planes de reconstrucción, pero la política española de la época era cualquier cosa menos sensata. Y de esto no tenía la culpa sólo el rey.

UN PAÍS DIVIDIDO

La España de aquel momento, desde el punto de vista político, estaba profundamente dividida. Por supuesto, se daba la misma división entre absolutistas y liberales que había en toda Europa. Pero, además, las convulsiones de los años anteriores habían abierto brechas profundísimas en cada uno de los campos. Vale la pena insistir en la división de campos y en dónde estaba cada cual, porque el mapa nos va a permitir orientarnos en el complejísimo paisaje del siglo XIX español.

Los liberales estaban escindidos entre moderados y exaltados, y las ocasionales experiencias de gobierno durante el reinado de Fernando VII habían intensificado la división. Los moderados o «Doceañistas», así llamados por su reivindicación de la Constitución de 1812, eran partidarios del equilibrio de poder entre el rey y las Cortes, y ahí vamos a encontrar nombres como Martínez de la Rosa, González Bravo o, más tarde, Narváez. Y los exaltados o «Veinteañistas», así llamados por su invocación del golpe de Riego en 1820, apostaban por promulgar una nueva Constitución que otorgara por entero la soberanía a las Cortes, es decir, que el rey se sometiera al Parlamento, y ahí hallaremos nombres como el conde de Toreno, Alcalá Galiano, Mendizábal, Olózaga, Espartero, etc. Estas divisiones venían, además, atizadas por las disputas entre logias masónicas, desde la moderada Sociedad del Anillo hasta la exaltada de los Comuneros.

En cuanto a los absolutistas, también se hallaban divididos, porque Fernando VII nunca había querido organizar un partido en torno a sí, al revés: había alimentado las querellas internas para apoyarse en unas u otras camarillas de poder según le conviniera. Así se dibujó un campo absolutista de carácter moderado, reformista, partidario de incorporar algunas de las novedades políticas de 1812 bajo la dirección de la corona, en la línea de lo que se había hecho en Francia. Su mejor exponente es Cea Bermúdez. Pero también surgió otro campo, llamado apostólico, cuyo objetivo era volver íntegramente al estatus previo a 1808. Los apostólicos, recordemos, tenían un firme valedor en el hermano del rey, el infante Carlos María Isidro, y esto iba a ser determinante para los sucesos posteriores.

Cuando hablamos de divisiones políticas no hay que pensar en partidos que discuten en un parlamento o en la prensa, sino en facciones enfrentadas violentamente en las calles y en los campos. Las milicias heredadas de la guerra de la Independencia se habían convertido en brazo armado de los liberales, y los absolutistas, por su parte, habían contestado con las partidas de «voluntarios realistas» creadas por Fernando VII a partir de 1823. Es decir que había demasiada gente armada en el país.

Sobre esta división política se superponía otra aún más profunda: la social. Nunca la sociedad española había estado tan descompuesta como en este primer tercio del siglo XIX. La aristocracia, el estamento privilegiado, no formaba un cuerpo común de intereses, sino que se dividía entre los que se habían visto beneficiados directamente por Fernando VII y los agraviados por el rey. La burguesía, dada la escasez de recursos del país, era poco numerosa y dependía frecuentemente del Estado, lo cual incluye tanto a los funcionarios como a los comerciantes cuyo negocio estaba sujeto a los contratos gubernamentales. En cuanto al campesinado, la desaparición de las jurisdicciones comunales, que venía de tiempo atrás, había condenado a la miseria a decenas de miles de personas que antes eran pobres, pero sobrevivían, mientras que ahora carecían de medios de subsistencia. Y estaba dividida también la Iglesia, porque una parte no menor del clero urbano era proclive a aceptar las reformas liberales, mientras que el grueso del clero rural era abiertamente absolutista. Una sociedad rota, en fin.

EL PROBLEMA SUCESORIO

En esta tesitura se planteó el problema sucesorio de Fernando VII, que al cabo iba a ser el que llevara a España a otra guerra civil. Todos los matrimonios de Fernando habían sido ostensiblemente desdichados: María Antonia de Nápoles falleció de tuberculosis en 1806, María Isabel de Braganza murió por una cesárea mal hecha en 1818, a María Josefa Amalia de Sajonia se la llevaron unas fiebres en 1829... Ninguna le pudo dar descendencia. En diciembre de 1829, el heredero de la corona era el infante Carlos María Isidro. El candidato de los Apostólicos.

Pero Fernando se casó por cuarta vez. Fue el 9 de diciembre de 1829 y la mano era la de María Cristina de Borbón Dos Sicilias. De inmediato el rey promulgó la Pragmática Sanción, una ley pendiente desde 1789 que reconocía la sucesión al trono a la hija mayor si no había heredero varón. La reina se quedó embarazada y el 10 de octubre de 1830 nacía la niña Isabel. Rápidamente los sectores liberales pusieron sus esperanzas en esa niña, frente a la candidatura «apostólica» del infante don Carlos.

Desde este momento, todos los movimientos de las distintas facciones políticas van a gravitar en torno a la sucesión a la corona. Las maniobras se suceden a toda velocidad. En 1832 Fernando enferma gravemente, tanto que María Cristina tiene que asumir la regencia. Los sectores absolutistas logran que el rey derogue la Pragmática Sanción, con lo cual la corona vuelve a estar en la cabeza de Carlos. No es un movimiento caprichoso. La revolución de julio de 1830 en Francia le había costado la corona al rey Carlos X, y convulsiones semejantes se estaban viviendo en Alemania, Italia y Austria. De hecho, consta que las embajadas de Austria y Nápoles tuvieron mucho que ver en la anulación de aquella ley. En Portugal, además, había una guerra civil abierta entre absolutistas y liberales. Pero Fernando recupera la salud poco después, vuelve a proclamar la Pragmática y aparta del poder a los apostólicos. Los cuales, por su parte, se niegan a reconocer a Isabel (una niña de dos años) como reina. El conflicto estalla.

El gobierno queda en manos de Cea Bermúdez, un absolutista reformista, que busca un acercamiento a los liberales moderados. El primer acto es una amnistía para los liberales exiliados en el extranjero. El segundo, una purga a conciencia de los elementos apostólicos en el ejército. El tercero, la expulsión de España del infante don Carlos, que acaba recalando en Portugal. La infanta Isabel es jurada como reina en junio de 1833. Fernando VII muere ese mes de septiembre. El mismo día, don Carlos, desde Portugal, hace público el Manifiesto de Abrantes, donde recusa la corona de Isabel y declara su propio ascenso al trono como Carlos V. Y así empezaron las guerras carlistas.

LA INSURRECCIÓN CARLISTA

Las guerras carlistas estallaron por la sucesión al trono y se llaman así por el infante don Carlos, pero fueron mucho más que una secuencia de guerras dinásticas. ¿Quién son los sublevados? ¿Quiénes son los absolutistas? Básicamente, los agraviados por el proceso de modernización. Y como ese proceso estaba siendo especialmente traumático por la agotadora sucesión de conflictos de todo tipo, con las consiguientes penurias e injusticias, los agraviados también eran muchos. España vivía una agria ruptura entre el mundo agrario y las nuevas elites urbanas, entre el orden religioso tradicional y el nuevo orden liberal, entre las viejas comunidades rurales y la nueva burguesía. El carlismo aglutinaba al sacerdote tradicionalista, al agricultor libre, al aristócrata absolutista, al campesino depauperado, al militar marginado por los gobiernos liberales… Su lema

«Dios, Patria y Rey» refleja perfectamente su mundo mental. Más adelante, los fueros entrarán a formar parte del repertorio de reivindicaciones. De hecho, el movimiento va a prender especialmente en regiones agrarias de pequeños propietarios con tradición foral propia: País Vasco, Navarra, Cataluña, Valencia… Pero no porque don Carlos tuviera en su programa el restablecimiento de los fueros de tiempos de los Austrias (el de Navarra, por otra parte, seguía vigente), sino porque la mera palabra «fueros» evocaba aquel mundo tradicional que el carlismo se proponía restaurar.

La base militar del levantamiento fueron las partidas de voluntarios realistas, algunas de las cuales permanecían en pie. No faltaban oficiales para mandarlas, porque muchos militares de ideas apostólicas habían sido apartados del ejército en los años previos. Desde el punto de vista político, sin embargo, el paisaje no era tan prometedor. Don Carlos no era un líder nato; todo su carisma reposaba en su condición regia. Para organizar el movimiento, el pretendiente escogió a un clérigo de acentuado activismo absolutista: Joaquín Abarca, obispo de León; hombre de fidelidad inquebrantable, pero de competencia política limitada. Por otra parte, aunque hubo muchos alzamientos carlistas en todas partes, ninguna ciudad de importancia secundó el Manifiesto de Abrantes: todas estaban bajo control del ejército o de las Juntas liberales. Así las cosas, la insurrección adoleció desde el principio de un grave obstáculo: la discontinuidad territorial, porque no había un gran territorio enteramente carlista ni ciudades que pudieran vertebrar un sistema de comunicaciones, una estructura política, etc.

Los carlistas tuvieron que concentrarse en áreas rurales poco accesibles o en territorios relativamente periféricos. Por ejemplo, en las provincias vascas y Navarra se levanta un nutrido número de partidas. Pronto constituyen un ejército cuyo jefe es Tomas de Zumalacárregui, exguerrillero contra los franceses y, después, oficial represaliado por los liberales. Zumalacárregui aplica toda su experiencia guerrillera al nuevo conflicto y en muy breve plazo se convierte en amo del norte. Del mismo modo, en el Maestrazgo se hace fuerte Rafael Ram de Viu, barón de Herbés, un veterano de la guerra de la Independencia. Ram de Viu será apresado y fusilado por los liberales en enero de 1834, pero el foco del Maestrazgo seguirá vivo. Primero, bajo el mando de Manuel Carnicer, también apresado y fusilado. Y después, a partir de 1835, bajo el liderazgo de un joven bachiller que enseguida se revelará como el mayor genio militar de toda la guerra: Ramón Cabrera.

El escenario del Maestrazgo y el espacio vasconavarro tenían a su favor la orografía: zonas montañosas de fácil defensa. Mucho más complicado será en las mesetas. Sin puntos de apoyo sólidos en grandes centros urbanos, la estrategia carlista consistirá en multiplicar las marchas para tratar de sumar gentes a su causa. Es lo que hace Guergué en Cataluña: sale de Estella con 2.700 hombres, atraviesa Navarra, Huesca y Lérida, llega a Gerona, entra en la ciudad y vuelve dejando organizada una fuerza de 24.000 voluntarios para operar en Cataluña. La expedición logra dar unidad a las partidas carlistas catalanas, pero no puede conquistar ninguna ciudad importante; sencillamente, no tiene recursos humanos ni organizativos para ello. La montaña catalana será territorio carlista durante años, pero sólo la montaña.

Algo semejante ocurre en Castilla: muchos levantamientos, miles de voluntarios, pero ningún centro urbano desde el que organizar un núcleo político estable. En Burgos, el viejo cura Merino, el gran guerrillero que azotó a los franceses y que después había vuelto a coger las armas para engrosar las filas de los Cien Mil Hijos de San Luis, retornaba ahora con su propia partida y llegaba incluso a asediar la capital de la provincia. La proclama que dirigió a los defensores de Burgos es un perfecto ejemplo de lo que los carlistas tenían en la cabeza: «La santa religión de nuestros padres y el trono de España —les dice a sus enemigos—; tales son los queridos objetos que queremos poner al abrigo de la persecución de los monstruos infames de la iniquidad». No eran dos Españas lo que había a un lado y otro de las puertas de Burgos; eran dos mundos distintos.

La religión y el trono, invocaba el cura Merino. Sí, pero ¿qué invocaban los de enfrente? Porque, a todos los efectos, la monarquía que representaban la pequeña Isabel y su madre María Cristina, la de los isabelinos y los cristinos, era idéntica: altar y trono. Y sin embargo, entre los que empuñaban las armas para defender a la regente y su hija se contaban los mismos que antes se habían levantado para reinstaurar la Constitución de 1812: los liberales, que no amaban especialmente a María Cristina, pero aún detestaban más lo que el carlismo representaba.

LA REACCIÓN LIBERAL

Se crea así una situación política realmente laberíntica: la corona encarnada en Isabel II bajo la regencia de su madre, María Cristina, que es una monarquía absolutista, tiene que buscar el respaldo de los liberales para hacer frente a don Carlos y sus fieles, que también son absolutistas. Dicho de otro modo: la corona tiene que crear en los liberales la expectativa de que se volverá al orden constitucional, para obtener su apoyo, pero sin romper el orden tradicional, pues, de otro modo, los absolutistas en pleno se pasarían al carlismo.

La solución será una vía de compromiso: el Estatuto Real de 1834, una «carta otorgada» al estilo francés que instituye dos cámaras —una designada por la corona y otra elegida por sufragio censitario— y abre la mano a los liberales. El poder reposa de hecho sobre dos hombres: Cea Bermúdez, cabeza visible del ala reformista de los absolutistas, y Martínez de la Rosa, líder del ala moderada liberal. Pero la apertura del sistema trae consigo el regreso de muchos liberales que permanecían en el exilio y, sobre todo, vuelve a dar protagonismo a los constitucionalistas más recalcitrantes. El grupo de los «gaditanos» cobra peso: Istúriz, Mendizábal, Alcalá Galiano, el conde de Toreno, Calatrava... Todos ellos se habían significado en los años anteriores como férreos enemigos del absolutismo en nombre de la Constitución de Cádiz. Ahora se apresurarán a aprovechar la oportunidad.

Hay tres movimientos que se despliegan simultáneamente y que hay que ver en su conjunto. Primero: la violenta ola anticlerical que a partir del verano de 1834 arrecia en toda España. Segundo: la progresiva toma del poder por los liberales exaltados, que se hacen con los resortes fundamentales del gobierno. Tercero: el aumento de la dependencia económica y militar de España respecto a Inglaterra y Francia. Todo pasa en el espacio de muy pocos años. En julio de 1834 tiene lugar la matanza de frailes de Madrid: 75 religiosos muertos y 11 heridos. Alguien, aprovechando una epidemia de cólera, había hecho correr la voz de que los frailes estaban envenenando las fuentes públicas. Enseguida se contagiará el movimiento a Cataluña: entre 1835 y 1836 arderán al menos seis conventos y serán asesinados 67 religiosos y 150 presos carlistas. También fue asesinado, por cierto, el gobernador militar de Barcelona, general Bassa: tiroteado por una muchedumbre que asaltó su despacho y arrojado por el balcón, su cadáver será después arrastrado por las calles y finalmente quemado. Los autores de las matanzas son las bases populares del liberalismo exaltado, ya sea agrupadas en las llamadas «bullangas», ya directamente inducidas por la milicia nacional. La crisis es tan grave que la corona opta por llamar a un nombre representativo del liberalismo exaltado: José María Queipo de Llano, conde de Toreno, en la esperanza de que apacigüe los ánimos. Éste coloca en el Ministerio de Hacienda a Mendizábal, que promete dinero inglés y francés para pagar la guerra contra los carlistas.

¿Por qué Mendizábal? Ojo a este nombre, porque es el elemento clave en todo lo que a partir de ahora va a pasar. Gaditano nacido en 1790, hijo de comerciantes de ascendencia judía, en realidad se llamaba Méndez, pero se vasconizó el apellido para aparentar «limpieza de sangre». Durante la guerra contra los franceses se había dedicado al avituallamiento del ejército, y sobre esa base construirá después una notable fortuna. En 1819 lo encontraremos en Cádiz, como miembro del «Taller Sublime» de la masonería local, preparando el golpe de Riego. Después, en vez de entrar en política, seguirá dedicándose a los negocios, siempre en relación con Inglaterra y alrededor de los suministros al ejército. Exiliado tras el retorno del absolutismo en 1823, se afincó en Londres y desde allí fabricó una red financiera que enlazaba a Inglaterra y Francia con el liberalismo español. En 1831 utilizará esos contactos para financiar a la facción liberal en la guerra civil portuguesa. Tras la victoria, se convirtió en el agente principal del dinero inglés en Portugal. Volvió a Londres y desde allí vivió la muerte de Fernando VII y la sublevación carlista. Entonces lo tuvo claro: ofrecería al gobierno español dinero inglés y francés para afrontar la guerra. Por eso el conde de Toreno llamó a Mendizábal para la cartera de Hacienda.

Uno y otro emprendieron una política radicalmente anticlerical: supresión de todos los conventos y monasterios, exclaustración forzosa de miles de religiosos… Pero Mendizábal quería más. En pocos meses forzó la caída de Toreno, que pasó a segundo plano. Por cierto que, al salir, el conde de Toreno se metió en el bolsillo cinco millones de reales una fortuna como comisión por entregar a la banca francesa Rothschild los contratos de las minas de mercurio de Almadén. Las elecciones de febrero de 1836 dieron la victoria a los exaltados, cuya cabeza visible era ahora Mendizábal. Éste anunció que acabaría con la guerra en seis meses, pero nada de eso ocurrió. Lo que hizo Mendizábal fue endeudar al país con Inglaterra. Una operación semejante a la que había protagonizado en la guerra civil portuguesa.

La otra gran medida de Mendizábal fue la desamortización, cuyo propósito era expropiar tierras en desuso y venderlas en subasta para hacerlas productivas y, de paso, financiar las arcas públicas. La verdad es que ni todas las tierras se hallaban en desuso —muchas de ellas eran de hecho tierras comunales de las que vivían miles de campesinos— ni tampoco después se hicieron más productivas. Esas tierras se agruparon en grandes lotes a los que sólo tuvieron acceso las mayores fortunas. Ningún campesino se benefició de las ventas. El propio Mendizábal compró tierras para sí. Fue una operación más política que otra cosa. Pero contribuyó a crear una nueva elite en España. Y el poder económico de la Iglesia recibió un golpe decisivo.

En mayo de 1836 cae Mendizábal en el gobierno y es sustituido por Istúriz, también gaditano y también exaltado, aunque del grupo de oposición. Mendizábal no se resigna y emprende una amplia campaña en la prensa y en los grupos masónicos para exigir el retorno de la Constitución de 1812. La campaña tiene éxito. En julio hay un motín en Málaga donde las turbas asesinan a los gobernadores civil y militar. A finales de ese mismo mes se levantan otras ciudades de Andalucía. Enseguida vendrán Zaragoza, Valencia, Castellón, Murcia, Badajoz, Barcelona... El 12 de agosto, los sargentos de la guardia real sublevan a la tropa en el palacio de La Granja y, al grito de «Viva la Constitución« y «Viva la Inglaterra», fuerzan a la regente María Cristina a derogar el Estatuto Real de 1834 y reinstaurar la Constitución de 1812. Llega al gobierno otro exaltado del grupo de Cádiz, Calatrava, y en el Ministerio de Hacienda repone, por supuesto, a Mendizábal. Se promulga una nueva Constitución: la de 1837, un compromiso entre exaltados y moderados. En cuanto a la Hacienda Pública, siempre exhausta, tuvo que suspender el pago de los intereses de la deuda. Pero los liberales habían conseguido culminar su revolución.

EL ABRAZO DE VERGARA

En los frentes de guerra, el carlismo seguía sin resolver su problema fundamental: hacerse con alguna capital de importancia. Zumalacárregui pensaba que era más operativo conquistar ciudades accesibles, como Vitoria. Don Carlos, por el contrario, buscaba ante todo el impacto político y ordenó dirigirse contra Bilbao, opción que Zumalacárregui había desaconsejado. En el asedio de Bilbao morirá el general. Siempre en busca de alguna ciudad relevante donde hacerse fuerte, el mando carlista ordenará al general Gómez Damas, acantonado en Álava, sublevar Asturias y Galicia. La ofensiva va a dar lugar a una de las aventuras más extraordinarias de esta guerra.

Gómez parte en junio de 1836 con 2.700 hombres y toma sucesivamente Riaño, Oviedo, Lugo, La Coruña y Santiago de Compostela. Las toma, en efecto, pero no puede permanecer en ninguna, porque los ejércitos liberales le persiguen sin tregua. Muchos voluntarios se suman a Gómez hasta componer una tropa de 6.000 hombres, pero el general no puede acantonarse en ningún lado. Ante la evidencia, opta por seguir marchando: conquista —y enseguida abandona— una veintena de ciudades en un alucinante periplo que le lleva desde Palencia hasta Albacete y desde Córdoba hasta Arcos de la Frontera, enfrentándose sucesivas veces a las tropas liberales que le persiguen. La columna de Gómez, reducida a unos 3.000 hombres, volverá a tierras alavesas en diciembre de 1836. Una campaña épica. Sin embargo, la corte de don Carlos arrestará a Gómez y le retirará el mando. Por no haber cumplido las órdenes.

Los ejércitos de la regente comenzaron a organizarse andando 1835, a lo cual contribuyó no poco la ayuda extranjera: tanto los empréstitos acordados por Mendizábal con Inglaterra y Francia como los contingentes humanos enviados por ambos países, ya fueran los 10.000 hombres de la Legión Auxiliar Británica o los 5.000 de la Legión Extranjera Francesa. Con todo, la guerra iba para largo. El gobierno resucitó a un gran veterano de la guerra contra Napoleón y afamado conspirador liberal, Espoz y Mina, para ponerle al frente de la lucha en el norte, pero fracasó ante Zumalacárregui, primero, y en Cataluña después. Al mismo tiempo, Cabrera recomponía las posiciones carlistas en el Maestrazgo, tomaba Morella y establecía un reducto inexpugnable.

La última gran marcha carlista fue la llamada Expedición Real de 1837, que llevó a las huestes tradicionalistas, dirigidas por Cabrera, hasta las mismas puertas de Madrid. El propio don Carlos participó en ella. Una vez en la capital del reino, y cuando la conquista parecía al alcance de la mano, la ofensiva se detuvo. ¿Por qué? Al parecer, don Carlos estaba convencido de que la regente iba a negociar el matrimonio de la reina niña, Isabel, con su primogénito, Carlos Luis de Borbón y Braganza. Era una extemporánea solución medieval para una guerra moderna. Pero, una vez en Madrid, no sólo no hubo tal propuesta, sino que los cristinos aprovecharon para organizar sus tropas y Cabrera tuvo que levantar el campo. La retirada fue calamitosa. El campo carlista vivió el episodio como una derrota sin paliativos. Aquella operación significó el final efectivo de las aspiraciones políticas de Carlos María Isidro.

La guerra civil aún duraría otros dos años y se iría haciendo más y más feroz a medida que las posiciones se encarnizaban y la España cristina afrontaba su revolución liberal. La furia anticlerical de Madrid y Barcelona había convencido a los carlistas de que estaban viviendo una auténtica cruzada. Por su parte, los cristinos, cada vez más identificados con el ideario liberal, empezaban a ver a los carlistas como un enemigo existencial. Hubo innumerables carnicerías por ambas partes. Seguramente el episodio que mejor condensa todo es el fusilamiento de la madre de Cabrera por orden de Espoz y Mina. Guerra sin cuartel. Las cifras finales de bajas son aterradoras: 70.000 carlistas y 80.000 cristinos (incluidos unos 10.000 extranjeros entre franceses e ingleses). En realidad, el bautismo de sangre de la España moderna no fue la guerra de la Independencia, que no dejaba de ser un combate contra un enemigo exterior, sino esta primera gran guerra civil entre españoles; entre patriotas.

El final llegará en el verano de 1839. En el bando cristino había ascendido la figura del general Baldomero Espartero, un militar de acentuada influencia política, cuyas victorias sobre los carlistas en Luchana y Ramales le habían convertido en un héroe para los liberales. En el otro lado, el pretendiente había traspasado el mando militar a Rafael Maroto, un tipo muy mal visto por los otros generales carlistas (de hecho, había ejecutado una salvaje purga contra ellos), pero que gozaba de la confianza política de don Carlos. Fue este Maroto el que en agosto de 1839, con la mediación de Inglaterra, propuso a Espartero un acuerdo de paz. El convenio se firmará en Oñate, Guipuzcoa, y se rubricará en forma de abrazo en la cercana campa de Vergara.

Lo de Maroto tuvo algo de golpe de Estado dentro del mundo carlista: aunque las líneas de su ejército estaban completamente colapsadas, nadie en la corte de don Carlos había avalado las negociaciones. El hecho, en todo caso, es que el convenio significó el fin de la guerra: el ejército carlista del norte entregó las armas en condiciones bastante ventajosas. Don Carlos y su séquito tuvieron que exiliarse en Francia. Sólo Cabrera, en el Maestrazgo, se mantuvo alzado en armas. Aguantará un año en Morella. Finalmente, acosado por todo el ejército de Espartero, evacuará la ciudad y cruzará Cataluña con varios batallones hasta llegar a la frontera francesa. Era ya julio de 1840. Un mes después, Espartero será nombrado jefe del gobierno por la regente. Años más tarde le harán Príncipe de Vergara.

El carlismo no desapareció. Seguirá presente durante mucho tiempo en la vida pública española. En el siglo XIX habrá dos guerras carlistas más: en 1846-1849 y 1872-1876. Es verdad que sin la virulencia de la primera. El movimiento terminará formando parte del paisaje político convencional y conocerá un notable renacimiento a principios del siglo XX. En cuanto a la España de María Cristina y la Constitución de 1837, enseguida va a conocer una evolución sorprendente: la dictadura… liberal.

Mar Cantábrico
San Sebastián
FRANCIA
Bilbao
Gijón
La Coruña
Ramales
D
A
Oriamendi
T
Arlabán
Pamplona
Vitoria
E
ANDORRA
Mendaza
Arquijas
León
Huesca
Logroño
Mendigorria
Barbastro
Berga
Villar de los Navarros
Maella
Barcelona
Morella
Madrid
Cantavieja
PORTUGAL
Chiva
Valencia
Baleares
D= Durango
A= Azpeitia
T= Tolosa
E= Estella
= Asedios
Mar Mediterráneo
Sevilla
PRIMERA GUERRA CARLISTA
ESCENARIOS FUNDAMENTALES

46
LOS ESPADONES I: DE ESPARTERO A NARVÁEZ

A Espartero lo llevaron literalmente en volandas las masas populares, bien estimuladas por la propaganda liberal. Lo tenía todo, Espartero: origen popular, un historial militar impecable en la guerra de la Independencia y en América, fama de valiente hasta lo temerario, contactos muy estrechos con el mundo liberal gaditano… Era también un «duro» inflexible con la disciplina en el campo de batalla, implacable con los vencidos, dispuesto a fusilar sin el menor reparo. Sus opiniones políticas eran muy elementales. «Con la Constitución se manda como con la ordenanza —le escribió en cierta ocasión a su mujer— (…) Yo no hago caso de matices ni de papeles porque yo soy la bandera española y a ella se unirán todos los españoles». Desde las algaradas de 1836, la opinión liberal «exaltada» lo había mostrado al pueblo como el caudillo que lo guiaría hacia la libertad. En el marasmo general de la década de 1830, su figura apareció como la de un salvador.

EL MARASMO NACIONAL

Como marasmo general, en efecto, hay que definir la situación de España en aquel momento. Ni rastro del país que apenas treinta años antes había sido capaz de organizar la campaña de vacunación de Balmis o la expedición científica de Malaspina. Las viejas elites, aún activas tan poco tiempo atrás, se habían esfumado ante la aparición de una nueva clase dirigente. Esa nueva clase procedía sobre todo de la burguesía liberal urbana y había crecido en la atmósfera de efervescencia política de la posguerra, especialmente bajo la influencia de las sociedades masónicas. Su prioridad no era tanto gobernar un país como consolidar un nuevo marco político (y ponerlo bajo su control). Algunos han llamado a eso «revolución española», y realmente lo fue.

En el plano político, el absolutismo había quedado definitivamente atrás. Moderados y exaltados, llamados a partir de ahora liberales y progresistas, van a repartirse el poder excluyendo a cualquier otra formación. No son partidos organizados como estructuras cerradas; se trata más bien de asociaciones informales reunidas en torno a grupos de presión e interés. El liderazgo terminará recayendo en militares de prestigio, cosa natural en un escenario donde el ejército, muy mayoritariamente liberal, se había convertido en protagonista del poder político. Los jefes militares —los «espadones»— alinean en torno a su figura a las distintas facciones políticas, lo cual provoca que a su vez el ejército se divida también en función de la fidelidad a sus jefes. Para completar el dibujo del tablero falta mencionar a la prensa, que generalmente va a ser altavoz de los distintos grupos políticos y de interés, y que oscila entre la agitación pública y la defensa gubernamental según manden los amigos o los enemigos. Es la época de Larra. ¿Y cuánta influencia tenía la prensa? Mucha, pero limitada a un pequeño sector social: en una sociedad con un grado de analfabetismo del 75 por ciento, los periódicos se dirigían exclusivamente a los que movían los hilos de la política. Sus consignas, sin embargo, se transmitían luego a las clases más bajas a través de las Juntas y la Milicia Nacional. Así se construyó, por ejemplo, la adoración popular por Espartero.

Todo eso ocurría en un régimen que, formalmente, se definía como una monarquía constitucional. La Constitución de 1837, nacida del consenso entre moderados y exaltados, consagró la soberanía nacional, es decir, no compartida con el rey, proclamó una amplia lista de derechos e instituyó dos cámaras, una nombrada por el rey y otra elegida por sufragio censitario, en un censo que se limitaba al 4 por ciento de la población. También, por cierto, contemplaba el respaldo expreso del Estado a la Iglesia católica, pero no proscribía las demás confesiones. Pero fijémonos en ese sufragio censitario: se limita a la burguesía más pudiente, es decir, a la nueva clase rectora. En las elecciones de septiembre de 1837 votaron 143.026 personas de 262.000 votantes registrados (por tanto, hubo una abstención del 45 por ciento), para una población total de algo más de 12 millones de españoles. ¿Quién hace el censo? Los ayuntamientos. El poder municipal controla de hecho el voto ciudadano. Pero, además, a los ayuntamientos corresponde también la organización de la Milicia Nacional, esa fuerza paramilitar de carácter liberal que, de hecho, va a ser el principal instrumento del nuevo régimen para dominar la calle. En consecuencia, la lucha por el control de los municipios será una de las grandes cuestiones políticas del momento.

Y mientras tanto, ¿quién se ocupaba de gobernar? Nadie, en realidad. Toda la política de estos años se orienta a construir un régimen nuevo, y poco más. La política de defensa, por ejemplo, es puramente política de personal: las distintas facciones intentan colocar a sus hombres en los puestos más decisivos. La política exterior no existe: España sigue las directrices de Inglaterra y, ocasionalmente, de Francia, que son los países que poseen la mayor parte de la deuda nacional. Con una deuda pública descomunal, el país carece de capacidad para acumular capital por sí mismo, lo cual veta cualquier programa de fomento industrial o de creación de infraestructuras. Hubo, es verdad, intentos innovadores muy estimables como el de Javier de Burgos, que pasó a la historia por la división provincial —la misma que aún existe hoy—, pero que además implantó la libertad de industria, suprimió el monopolio de los gremios sobre las actividades artesanales, promulgó la libertad de comercio y eliminó trabas a la actividad ganadera, entre otras medidas. Pero todas estas iniciativas tuvieron un efecto muy limitado por la débil salud del tejido productivo del país, que funcionaba en precario. En cuanto a la política fiscal, su principal objetivo será llenar las arcas públicas para pagar la deuda y, al mismo tiempo, modificar el mapa del poder económico; de ahí las recurrentes desamortizaciones de bienes eclesiásticos y civiles.

ESPARTERO, ¿REGENTE O DICTADOR?

Volvamos a la cuestión de los ayuntamientos, que iba a ser el desencadenante del movimiento revolucionario que llevaría a Espartero al poder.

A la altura de 1840, el gobierno moderado presenta una ley de ayuntamientos que recorta las competencias de los municipios y pone la designación de los alcaldes en manos del Ejecutivo. Los progresistas reaccionan con violencia ante tal propuesta, que consideran inconstitucional y que, por otra parte, merma ostensiblemente su capacidad para influir en la vida política. Acto seguido, se produce una cadena de levantamientos, motines, sublevaciones y protestas de intensidad variable en diferentes lugares de España y, muy particularmente, en Barcelona.

Ante la ola de violencia, la regente, María Cristina, llama a Espartero y le encarga formar gobierno. El encuentro se produce en Barcelona, donde Espartero es recibido por las masas como un césar. El general pone una condición: que la regente derogue la ley de ayuntamientos. María Cristina se niega. Espartero, en respuesta, renuncia a todos sus cargos hasta que la regente rectifique. Los tumultos se multiplican. En Madrid y en otras capitales se constituyen juntas que reclaman la derogación de la ley municipal y la disolución de las Cortes. María Cristina le pide a Espartero que restablezca el orden, pero Espartero exige nuevamente el compromiso de respetar la Constitución, disolver las cortes y que un nuevo parlamento revise las leyes anteriores, empezando por la de ayuntamientos. María Cristina no tiene más remedio que aceptar. Nombra presidente a Espartero.

El general acude a Madrid, donde se le tributa un recibimiento apoteósico, y sofoca la sublevación. Acto seguido, hiperlegitimado, va a ver a María Cristina, que está en Valencia. Nuevo recibimiento triunfal, masas en la calle aclamando al caudillo. Teóricamente, Espartero va a presentarle a la regente su programa de gobierno. Pero el espadón juega fuerte y reclama a la madre de la reina que le entregue la Regencia. ¿Por qué? Por «causas que deben serle conocidas mediante la publicidad que se les ha dado», según escribió Espartero a María Cristina. La enrevesada frase se refiere a los negocios privados de la regente. María Cristina, al poco de enviudar de Fernando VII, se había casado con un sargento de su guardia, Agustín Muñoz, y ambos se habían entregado con frenesí a ganar dinero. Acorralada, María Cristina cede: Espartero será jefe del Ejecutivo y además regente. No sólo eso, sino que se convierte en custodio de la reina niña Isabel. María Cristina se exilia en Francia. Era el 12 de octubre de 1840.

Lo primero que hizo Espartero fue suprimir la ley de ayuntamientos, naturalmente. Acto seguido convocó elecciones. Pero el partido moderado, viendo que los progresistas se hacían con los resortes electorales, optó por no concurrir. De las elecciones de febrero de 1841 salió un parlamento artificial, con una amplísima mayoría progresista que no respondía a la realidad del país. Por otro lado, Espartero no era un hombre de partido. Él, que ya era jefe del Estado en tanto que regente, quería también controlar el ejército, y repartió cargos y prebendas entre sus amigos, los que habían hecho la guerra en América con él. A este grupo se le conocía como los «ayacuchos» por la batalla homónima, y en él figuraban gentes como Canterac, Ferraz, Zurbano o Antonio van Halen. Y además de controlar el ejército, quería además dirigir el poder ejecutivo, el gobierno, para lo cual nombró a un hombre de su confianza, Antonio González. El partido progresista se escindió: unos aceptaban la regencia única de Espartero, otros preferían que la desempeñara un triunvirato. Espartero se impuso: regente único. ¿Faltaba algo por controlar? Sí: la Iglesia. Y Espartero impuso al clero la obligación de jurar fidelidad al gobierno. En el verano de 1841, el general tenía todo el poder en la mano.

El autoritarismo de Espartero dio un excelente pretexto a los moderados, apartados del poder, para alzarse contra el regente. Fue en septiembre de 1841. Varios generales, apoyados desde Francia por María Cristina, se levantan en distintos puntos de España: Narváez, Diego de León, O'Donnell… La insurrección prende sobre todo en Pamplona y en Vitoria. Mientras tanto, en Madrid, el general Diego de León intenta entrar en el Palacio Real para hacerse con la pequeña Isabel II, llevarla a Vitoria y proclamar de nuevo a María Cristina como regente. Diego de León fracasará en el empeño. Espartero ordenará fusilarlo.

El golpe moderado de 1841 y su posterior represión terminaron de romper el paisaje. Espartero se convertía en el enemigo declarado de medio país. Incluso el partido progresista se escindía y votaba en las cortes contra sí mismo, forzando la caída del gobierno. ¿Qué hizo Espartero? Cerrar las cortes y nombrar como presidente a uno de sus militares de confianza. Era mayo de 1842. Pero lo peor aún estaba por llegar. El gobierno firmó un acuerdo arancelario con Gran Bretaña que rebajaba los impuestos al textil inglés. De inmediato, el sector textil catalán ardió.

En el mes de noviembre de 1842 Barcelona se llenó de barricadas. Se creó una Junta que se levantó contra el gobierno. Espartero decidió resolver el conflicto personalmente: fue a Barcelona y amenazó con bombardear la ciudad si no se rendía en cuarenta y ocho horas. No aceptó negociaciones. El 3 de diciembre comenzó el bombardeo. Más de mil proyectiles. Murieron veinte personas. La represión posterior será aún más sangrienta: un centenar de fusilados.

Espartero convocó elecciones en abril de 1843. Fue un escándalo: todo el mundo denunció que los esparteristas habían manipulado los resultados. Después de varias semanas de discusión, acabaron formándose unas Cortes con mayoría progresista, pero escindida en tres facciones. El parlamento intentó hacer valer su legitimidad frente al regente y nombró un presidente del Gobierno. Espartero lo destituyó, puso a uno de sus hombres y suspendió las Cortes. Las últimas semanas fueron dramáticas, con un nuevo líder progresista, el exesparterista Salustiano Olózaga, gritando a voz en cuello en las Cortes «Dios salve al país, Dios salve a la reina». No está mal para un hombre, Olózaga, cuya fe en Dios y en la corona era bastante limitada. Al final, pasó lo inevitable: insurrecciones populares por todas partes y un nuevo golpe militar.

Porque todo el mundo se levantó contra Espartero, en efecto: los moderados, los absolutistas, los progresistas y hasta los pequeños grupos republicanos que ya iban apareciendo aquí y allá. Incluida María Cristina, que desde su exilio en Francia iba a financiar el movimiento. El 27 de mayo de 1843 se levantan en Reus los generales progresistas Prim y Milans del Bosch (hijo del célebre guerrillero). Prim marcha hacia Barcelona, donde es recibido como un libertador. Allí se constituye una Junta que, una vez más, desafía la autoridad de Espartero. Pero no es sólo Barcelona: en todas partes se crean juntas, lo mismo moderadas que exaltadas. El golpe de gracia para Espartero llega enseguida: el 27 de junio desembarcan simultáneamente los generales Narváez, en Valencia, y Serrano en Barcelona. Narváez asume la jefatura militar del movimiento; Serrano, la jefatura política. Programa: retorno a la Constitución de 1837, nombramiento de una Junta Central que tome el gobierno y proclamación de la mayoría de edad de Isabel II.

Narváez se pone al frente de las tropas sublevadas, que ya son casi todas, y marcha sobre Madrid. Los últimos restos de efectivos esparteristas salen a hacerle frente en Torrejón de Ardoz, pero no habrá batalla: cuando los ejércitos están en línea, las tropas del regente se pasan en bloque al bando de Narváez. Espartero estaba en ese momento en Sevilla, tratando de sofocar la rebelión de la ciudad. Al enterarse del desenlace del encuentro de Torrejón, resuelve abandonar el país —no sin ordenar antes un bombardeo sobre Sevilla—. El 30 de julio de 1843 Espartero tomaba un barco y se exiliaba en Inglaterra.

LA ESPAÑA DE NARVÁEZ

El nuevo hombre fuerte del país va a ser Ramón María Narváez, nacido en 1799, militar desde los dieciséis años, que había luchado en el lado de los liberales en todos los conflictos que España había vivido hasta ese momento. Fue en la guerra carlista donde construyó su carrera: venció en el campo de batalla a Merino, a Cabrera, a Gómez... Pasó de comandante a mariscal de campo en apenas cinco años. A su talento militar unía su fidelidad política al liberalismo moderado. Perseguido por el gobierno de Espartero, exiliado en Francia, desde el primer momento de la conspiración apareció como la figura fundamental de los moderados. Lo iba a ser durante los diez años siguientes.

Isabel, Constitución y Junta de gobierno, pedían los sublevados contra Espartero. Hubo reina, en efecto: las cortes proclamaron la mayoría de edad de Isabel II en cuanto cumplió trece años, que fue en octubre de 1843. Y hubo Constitución: la reina juró la de 1837. A partir de aquí, sin embargo, el país iba a tomar un cariz sensiblemente distinto al que los progresistas deseaban. Después de la calamitosa experiencia de la Regencia de Espartero, el partido Progresista estaba deshecho. Podemos ahorrarnos el detalle de los vertiginosos cambios de gobierno a cuya cabeza desfilan nombres como Salustiano Olózaga o González Bravo. Lo esencial es que se derogó la vieja ley de ayuntamientos y se disolvió la Milicia Nacional, con lo cual los progresistas perdieron sus principales bazas tanto en la lucha electoral como en el control de la calle. Hubo elecciones en enero de 1844, tan poco limpias como todas las anteriores, y esta vez las ganaron los moderados. Los progresistas reaccionaron organizando algaradas que dieron al gobierno un pretexto excelente para terminar de neutralizarlos. A partir de aquí, los moderados gobernarían a su antojo.

Narváez presidió el consejo de ministros en varios periodos distintos, porque la formación de gobiernos dependía tanto de la voluntad de la reina como de la confianza de las cortes, de manera que los gabinetes, con frecuencia, duraban unos pocos meses. Pero esa inestabilidad es engañosa. Narváez fue siempre la personalidad decisiva de todo este tiempo, estuviera o no en la presidencia. Y como los gabinetes ministeriales eran siempre del mismo partido moderado, su obra de gobierno pudo mantener una continuidad y una coherencia hasta entonces inéditas en España. Sin duda esto es lo más importante de la llamada «década moderada»: fue posible ponerse a la tarea de organizar el Estado. Lo hizo con modos tan autoritarios como los de Espartero, porque la mentalidad de Narváez también era estrictamente militar; de hecho, se le reprochaba que llevaba el gobierno como un cuartel. Pero lo hará con mucha más cabeza.

A propósito de cabeza, es oportuno decir que en estos años aparecen dos de los grandes pensadores del conservadurismo español: Balmes y Donoso Cortés. Jaime Balmes (1810-1848), sacerdote catalán, no sólo compuso una obra filosófica importante que quedó truncada por una fatal tuberculosis, sino que además influyó decisivamente en política al inspirar la creación del Partido Monárquico Nacional, una escisión conservadora del partido moderado que tendió puentes con la sensibilidad carlista. La otra gran personalidad, Juan Donoso Cortés (1809-1853), muerto también muy prematuramente, era un jurista liberal que se convirtió en asesor principal de la regente María Cristina. Muy influido por el liberalismo conservador francés y el pensamiento del italiano Vico, Donoso, diputado del partido moderado, evolucionará hacia posturas cada vez más tradicionalistas en busca de un freno para el caos que habían desatado las revoluciones. Y vale la pena citar a ambos porque ése era, en realidad, todo el problema político del momento en España: cerrar el ciclo revolucionario y decidir qué había que mantener y qué era preciso cambiar. Ése será el objetivo primordial de la España de Narváez, que enseguida veremos.

47

LOS ESPADONES II: DE NARVÁEZ A O'DONNELL

La obra cumbre de la década moderada fue la Constitución de 1845. Quiso ser una suerte de justo medio entre el radicalismo revolucionario y el conservadurismo tradicional. Desaparecía la fórmula (revolucionaria) de la soberanía de la nación para volver a la fórmula histórica de la soberanía compartida por las Cortes y el rey. A la corona se le reconocía la prerrogativa de nombrar al jefe del Gobierno y la potestad de disolver las Cortes. Éstas adoptaban el modelo bicameral: una cámara baja elegida por sufragio censitario y un senado de nombramiento real y carácter vitalicio. La Milicia Nacional quedaba disuelta y desarmada. En materia de libertad de prensa, se excluía la censura, pero los delitos de imprenta (agravios a la corona, etc.) pasaban a depender de la jurisdicción ordinaria y ya no de jurados populares, que habían sido uno de los habituales instrumentos progresistas para difundir su propaganda. En cuanto a los ayuntamientos, se consolidaba el control del gobierno sobre el poder municipal, lo cual impedía que volvieran a formarse Juntas que pudieran desafiar al Estado.

LA REFORMA DEL ESTADO

En materia de organización estatal, la obra de los gobiernos de Narváez fue amplísima. La administración quedó definitivamente centralizada por ley. La reforma fiscal de Alejandro Mon racionalizó y simplificó el sistema de impuestos. Para garantizar la seguridad en los campos se creó un cuerpo dependiente del gobierno y de carácter militar: la Guardia Civil, que enseguida demostraría una incuestionable eficacia. En materia de educación, el Estado asumió las competencias de la instrucción pública como propias: el plan, obra de Pedro José Pidal, es la primera gran ley de enseñanza de España. También se elaboró un nuevo Código Penal. Además, se cerró (momentáneamente) el ciclo de las desamortizaciones: cesó la venta de bienes del clero y los que aún no habían sido vendidos se devolvieron a la Iglesia. Eso permitió normalizar las relaciones con la Santa Sede, muy maltrechas desde aquella orden de Espartero que obligaba a los clérigos a jurar obediencia al gobierno.

Todo eso se hizo en un contexto que no había dejado de ser explosivo. Por una parte, estaban las ocasionales insurrecciones de tono progresista. Una de ellas, la del general Martín Zurbano, se saldará con el fusilamiento de su protagonista, que a su vez había mandado fusilar a dos alguaciles. Por otra, entre 1846 y 1849 volvieron a levantarse los carlistas, aunque el intento quedó reducido a Cataluña y acabó siendo sofocado. Alrededor, en varios países de Europa estallaban las revoluciones de 1848; Narváez reprimirá con mano dura cualquier posibilidad de contagio a España. Y dentro de la esfera del gobierno, la gran polémica fue la boda de Isabel II, que finalmente, y por presiones de Gran Bretaña, terminó en el enlace de la reina con su primo Francisco de Asís de Borbón, nieto también de Carlos IV. ¿Y qué pintaba en esto Gran Bretaña? Política: los ingleses querían evitar a toda costa que en España hubiera un rey que pudiera heredar alguna corona de otro país. Por eso se pensó en Francisco de Asís. La vida marital de los reyes se convertirá en uno de los asuntos recurrentes de la propaganda política de las izquierdas (progresistas, republicanos, etc.), hasta el punto de convertirse en leyenda urbana. A la altura de 1851, la situación se hizo tan crítica que el propio Narváez terminó cayendo. La corona encargó formar gobierno a un hombre que sintetiza lo mejor y lo peor de la década moderada: Bravo Murillo.

Bravo Murillo, jurista, liberal moderado de larga trayectoria, merece mención aparte porque fue uno de los principales cerebros de la reconstrucción del Estado. Antes de ser presidente del consejo había sido ministro de Justicia, de Hacienda, de Obras Públicas y de Comercio, entre otras cosas. A su iniciativa se deben medidas clave de organización y modernización: culminó la red radial de carreteras, introdujo el ferrocarril, implantó el sistema métrico decimal, racionalizó la inversión en obras públicas por regiones, reformó la administración general del Estado, promulgó una nueva ley de funcionarios y una ley de comercio... Un auténtico tecnócrata cuyas reformas iban a mantenerse prácticamente durante el resto del siglo XIX. Pero a la vez, y ante la inestabilidad política general, recurrió a formas autoritarias de gobierno que terminarían provocando su caída, en especial al proponer una nueva Constitución de signo marcadamente conservador. En diciembre de 1852 cesaba como presidente. Nadie supo continuar su obra. La era moderada tocaba a su fin.

LA REVOLUCIÓN DE 1854

Veinte años después de la muerte de Fernando VII, España se había reconstruido. Pero era ya otra España, como, por otra parte, Europa era otra Europa. En Francia, la revolución de 1848 había derribado a la monarquía de los Orleans y un sobrino de Napoleón Bonaparte, Napoleón III, se había convertido en presidente de la república, primero, y en emperador después. El suceso tuvo un efecto inmediato en España, y en muchas direcciones a la vez, porque acumuló temores y recelos: fragilización de la estructura constitucional, efervescencia de las nuevas clases populares surgidas de la industrialización, temor de la corona ante la inestabilidad creciente, recelo de los liberales ante soluciones autoritarias... Eso que pasaba en Francia también estaba pasando en España. Aquí, el partido progresista se había roto por la izquierda con la aparición de los demócratas (republicanos, laicistas, igualitarios) y el partido moderado se había roto por la derecha con las tentativas autoritarias de Bravo Murillo y el temor al contagio revolucionario. Los viejos espadones de la revolución liberal veían peligrar su obra, y en eso coincidían desde Narváez hasta Espartero. Pero ¿era posible poner de acuerdo a quienes hasta ahora se habían hecho la guerra?

El 28 de junio de 1854 se levanta en Madrid el general O'Donnell, del partido moderado. Las tropas gubernamentales le hacen frente en Vicálvaro. Como «Vicalvarada» se conocerá a este episodio. El levantamiento reivindica algo muy concreto: el retorno al marco constitucional de 1845. Pero O'Donnell tiene un éxito limitado. Después del choque de Vicálvaro, los alzados se encaminan hacia La Mancha. ¿Quién financia a ese ejército errante? Juan Bruil, un banquero zaragozano amigo de Espartero y con excelentes conexiones con el capital británico. Entonces llega el segundo acto: otro general, Serrano, acude al encuentro de O'Donnell. Y Serrano trae un proyecto, algo que puede dar mayor enjundia al movimiento.

El proyecto en cuestión lo ha elaborado un joven intelectual, Antonio Cánovas del Castillo, y es un auténtico programa de reconstrucción política. ¿De qué se trata? De reunir a las familias dispersas del liberalismo español, desde los moderados hasta los progresistas, en un proyecto común que recupere la Constitución de 1845, afiance la unión de la reina al orden constitucional y, de paso, incorpore reivindicaciones clásicas de los progresistas como la rebaja de los impuestos y el restablecimiento de la Milicia Nacional. Ése es el programa que queda expuesto en el Manifiesto de Manzanares, escrito por Cánovas y cuya ambición de fondo puede expresarse así: la vieja clase dirigente nacida del retorno al liberalismo en 1833, desde Espartero hasta Narváez, quiere retomar el control.

Quien promueve esta operación es, en realidad, una generación nueva. O'Donnell y Serrano, que en este momento tienen poco más de cuarenta años, no han hecho la guerra de la Independencia ni la de las Indias, no estuvieron tampoco en las luchas contra el absolutismo y han construido lo esencial de su carrera en la primera guerra carlista. Son, pues, militares de guerra civil, y ambos enteramente identificados con la monarquía liberal. O'Donnell, cercano al partido moderado y a la regente María Cristina, estuvo en la conjura de Diego de León y fue represaliado por Espartero. Serrano, por su parte, había formado parte del núcleo más íntimo de la corona e incluso protagonizó un escándalo sentimental con la reina Isabel cuando ésta era una adolescente. Lo que une a los dos hombres es su determinación de que el ejército vuelva a garantizar la vigencia de la monarquía constitucional. Cánovas le dio a eso una fórmula política: la unión de todos los liberales.

En la calle, mientras tanto, las cosas cobraban un aspecto menos vistoso. En julio de 1854, Barcelona y Madrid se llenan de barricadas y viven violencias sin cuento. En la capital, las turbas asaltan y queman los palacios del marqués de Salamanca, del presidente del Gobierno y de la mismísima regente, María Cristina, que tiene que correr a refugiarse en el Palacio de Oriente. Después acuden a la cárcel del Saladero y liberan a los presos, de los que sólo algunos eran presos políticos. Enseguida el movimiento se contagia a Valencia, Zaragoza, Valladolid... ¿Por qué se levanta la gente? Causas directas: la exasperación causada por la pobreza, el paro crónico, el altísimo coste de la vida por los impuestos al consumo. Y detrás de todo eso, apenas disimulada, la efervescencia revolucionaria de las bases «progresistas», que reconstruyen sus propias milicias y patrullan las calles al grito de «Viva Espartero». ¿Espartero? Sí, Espartero. Otra vez.

La corona cedió y encargó la formación de gobierno al viejo general, pensando que un caudillo identificado con los sectores más izquierdistas del liberalismo sería capaz de pacificar el paisaje. Pero Espartero no era el tipo de hombre indicado para apaciguar a nadie. Espartero, como era habitual en él, entró triunfalmente en Madrid el 28 de julio de 1854. Para escenificar la unión de los liberales, se apresuró a abrazarse con O'Donnell. La revolución de 1854 terminaba llevando al poder al mismo caudillo que había fracasado catorce años antes. El general se puso manos a la obra con el viejo programa: cortes constituyentes, libertad de prensa, milicia nacional... Y desamortización, por supuesto: la de Madoz en 1855.

Pascual Madoz es el creador de un sobresaliente diccionario geográfico-estadístico e histórico de España que fue el primero en su género. Una obra extraordinaria. Pero su desamortización fue un desastre. La idea, como siempre, era hacer productivas tierras supuestamente «muertas». ¿Qué tierras? Las que le quedaban a la Iglesia, que no eran muchas, más las de las órdenes militares y, sobre todo, las de los ayuntamientos, que sumaban cientos de miles de hectáreas en toda España. Ahora bien, esas tierras rara vez estaban realmente «muertas», sino que, como en los procesos desamortizadores anteriores, lo más habitual era que sirvieran como campos comunales que beneficiaban a los más menesterosos. El resultado fue dramático. Decenas de miles de campesinos se vieron expulsados de sus hogares y obligados a marchar a las ciudades en busca de trabajo. ¿Y de esas tierras qué se hizo? Como de costumbre, fueron adquiridas por las grandes fortunas (el citado banquero Bruil, por ejemplo), desforestadas, desecadas y dedicadas a la explotación masiva de madera para carbón o a la ganadería trashumante. Por eso se dice que la desamortización de Madoz fue la causante de la primera gran crisis ecológica documentada en España.

Lo que necesitaba la economía española era otra cosa. A la altura de 1855 estalló una grave crisis de subsistencias por la falta de trigo: la guerra de Crimea había abierto un mercado que atrajo gran cantidad de trigo español, lo cual enriqueció a no pocos grandes propietarios, pero a costa de dejar desabastecido el mercado interior. Simultáneamente, en el textil catalán explotaba la crisis de las selfactinas, que se llama así por hispanización del vocablo inglés *self-acting* con el que se denominaba a las máquinas de hilado. Las máquinas automáticas de hilado dejaron en la calle a muchos trabajadores. La supresión de las selfactinas se convirtió en bandera del incipiente movimiento obrero, que convocó una huelga general. Hubo incendios de factorías y asesinatos de patronos. También fusilamientos de obreros. El gobierno se inclinó por eliminar las selfactinas y volver a una tecnología anterior, pero entonces se encontró con la oposición de los patronos, a los que se obligaba a una inversión ruinosa. Hizo falta enviar a Madoz, que acababa de dejar Hacienda, para apaciguar a unos y a otros. En todo caso, la inestabilidad ya se había contagiado por todas partes. ¿Qué hizo el gobierno? Encargar la represión a la Milicia Nacional. Y así se vivió un delirante cuadro en el que los hombres de Espartero disparaban a unas masas en cuyas pancartas se leía «Viva Espartero».

LA ESPAÑA DE O'DONNELL

La política de Espartero, una vez más, había llevado a la vida pública a un grado extremo de tensión. Entonces empezó a fraguarse su caída desde dentro del propio sistema. Si la izquierda del sistema constitucional no había sido capaz de tomar las riendas, ahora llegaría el turno de la derecha, es decir, de O'Donnell. El relevo se produjo por la vía habitual: el pronunciamiento militar. O'Donnell, que, mal que bien, había mantenido la alianza con Espartero, la rompió. Llegó a haber enfrentamientos armados entre tropas fieles a uno y a otro. Poca cosa, porque Espartero, viendo que la reina apoyaba a O'Donnell, se retiró. Sin duda influyó en ello el hecho de que Inglaterra y Francia apoyaran expresamente el relevo. No en vano eran los dos principales tenedores de la deuda española. Así Espartero volvió a desaparecer de la escena. Era julio de 1856.

Leopoldo O'Donnell va a ser la figura dominante a partir de ahora. Eso no quiere decir que estuviera todo el tiempo en el gobierno, porque seguían vivas las divisiones entre moderados y progresistas, y también dentro de cada bloque, de manera que la reina, en función de los movimientos de las cortes, encargaba formar gabinete a sucesivos personajes (Istúriz, el veterano Narváez, etc.). Pero, en todo caso, el programa de la Unión Liberal iba a ser la guía general de gobierno y O'Donnell no perdería protagonismo en los siguientes diez años. ¿En qué consistía ese programa? En mantener contra viento y marea la Constitución de 1845, desmantelar las milicias para garantizar cierta estabilidad en la calle y asegurar que el bloque isabelino original, es decir, moderados y progresistas, tuviera siempre el poder en sus manos, apartando cualquier desbordamiento del sistema por la izquierda (demócratas, republicanos, etc.) o por la derecha (absolutistas o carlistas).

Ahora bien, había un problema: los fuertes cambios sociales de este periodo estaban modificando también el mapa político, los márgenes del sistema crecían y el núcleo de poder de la Unión Liberal cada vez representaba menos a la España real. Cuanto más se encrespe el panorama, más recurrirá el gobierno a medidas de fuerza, especialmente llamando a Narváez, lo cual a su vez provocará un paulatino alejamiento de varios sectores del partido progresista, que acabarán conspirando contra la corona.

A pesar de esa inestabilidad política crónica, el periodo conoció logros objetivos de desarrollo técnico y económico muy estimables. En 1856 se unificaron el viejo Banco de San Fernando y el Banco de Isabel II, creado en 1844, en lo que ya se conocerá como Banco de España, con una función simultáneamente crediticia y emisora. Fue un paso muy importante para facilitar una acumulación de capital que pudiera emplearse en inversión. El ferrocarril, introducido en el periodo anterior bajo dependencia industrial inglesa, multiplicó su proyección hasta alcanzar los 5.000 kilómetros de vías. Las carreteras pasaron de los 3.500 kilómetros de 1830 a los 19.000 de 1865. Hubo un desarrollo notable de la minería y la siderurgia, si bien centrado en regiones muy específicas, al igual que las industrias del papel y del textil. A la altura de 1860, una cuarta parte de la población vivía ya en torno a las nuevas actividades económicas. Por otra parte, en materia de educación se aprobaba la Ley Moyano, que iba a ser la base del sistema educativo español durante un siglo.

También será un tiempo de sonadas intervenciones en el exterior. Desde los fracasos diplomáticos españoles en el Congreso de Viena, la política exterior española se había limitado a seguir las órdenes de Londres y París, sin ninguna iniciativa propia digna de mención. Ahora, y sobre todo de la mano de O'Donnell, el país querrá recuperar cierto protagonismo en la escena internacional. En 1858, España aporta un contingente militar al mando del coronel Palanca para la guerra de la Cochinchina (hoy Vietnam), una intervención francesa en represalia por la persecución a los misioneros católicos. En 1859, después de que el reino de Marruecos hostigara las posiciones españolas en Ceuta y Melilla, España declara la guerra a los marroquíes. Esa campaña, con el propio O'Donnell al frente, se saldará con la conquista de Tetuán y la extensión del territorio español en el norte de África. Por cierto que en esta guerra se cubrió de gloria el general Prim al mando de un contingente de voluntarios catalanes. Con el mismo espíritu, España estará presente en contenciosos como la guerra de los Estados Pontificios o el conflicto sucesorio de México. Por último, en 1865 estalla la guerra naval hispano-sudamericana, que opuso a los barcos españoles contra una alianza formada por Perú, Chile, Bolivia y Ecuador. Todo empezó con un incidente entre civiles españoles y locales en el Perú y acabó con el bombardeo de El Callao por la fragata *Numancia*. Fue aquí donde el capitán de navío Casto Méndez Núñez pronunció la famosa frase de que «más vale honra sin barcos, que barcos sin honra».

EL HUNDIMIENTO DEL RÉGIMEN

En el aspecto interior, sin embargo, no había forma de enderezar la situación. El partido progresista acabó abandonando el proyecto de la Unión Liberal, y entre los que se marcharon había nombres tan relevantes como Cánovas o Ríos Rosas. Las posiciones de la izquierda se afianzaban a medida que el gobierno prodigaba los gestos de autoridad.

En 1865 se llegó a un punto sin retorno. La causa directa: la decisión de Isabel II de vender algunas propiedades del patrimonio real entregando a las arcas públicas el 75 por ciento de la venta y reservando el 25 por ciento para su propio peculio personal. Los moderados vieron en el gesto un ejemplo de generosidad; la izquierda, por el contrario, denunció que ese 25 por ciento era un robo, porque el patrimonio real era de todos y la corona no tenía derecho a quedarse con parte de la venta. El catedrático de historia de la Universidad de Madrid y líder del partido democrático, Emilio Castelar, escribió en la prensa un artículo criticando severamente a la corona. El ministro del ramo, Alcalá Galiano (el mismo que treinta años atrás había figurado entre los liberales más exaltados), ordenó al rector de la Universidad de Madrid que cesara a Castelar. El rector se negó. Narváez, que era el presidente del gobierno, ordenó destituir al rector y apartar a Castelar de su cátedra. El profesorado y los estudiantes, con apoyo de los partidos de izquierda, promovieron una gran protesta en la noche del 10 de abril, día de San Daniel. El gobierno la reprimió violentamente: 14 muertos y 193 heridos. La represión levantó un auténtico terremoto en el gobierno: en plena discusión del gabinete, Alcalá Galiano murió de un ataque cardiaco. La reina acabaría retirando a Narváez del gobierno.

O'Donnell volvió. Para calmar el paisaje después de la Noche de San Daniel, formó un gabinete con figuras importantes del lado progresista como Cánovas y Alonso Martínez. Se convocaron elecciones, se elaboró un nuevo censo con cerca de 400.000 votantes... Pero el sistema estaba herido de muerte. Los progresistas se retiraron del juego. A partir de ahora, ya todo sería conspiración. Su cabeza visible: el general Prim, que desde su actuación en la guerra de Marruecos gozaba de amplio prestigio popular. En enero de 1866, Prim se subleva en Villarejo de Salvanés y exige que la corona forme un gobierno progresista... con el propio Prim a la cabeza. El golpe fracasa. O'Donnell pide plenos poderes. Serrano se encarga de la represión, que, sorprendentemente, no afecta a Prim, fugado a Portugal. La izquierda vuelve a organizar un levantamiento armado en el mes de junio: el del cuartel de artillería de San Gil, en Madrid. Prim está detrás. La represión será feroz: 66 fusilados, casi todos sargentos y cabos. Una vez más, es Serrano quien la ejecuta.

O'Donnell se ve completamente superado: todos sus intentos por atraerse al partido progresista no han obtenido más respuesta que una conspiración tras otra. La reina Isabel, por su parte, llega a la conclusión de que la deriva revolucionaria sólo puede detenerse con más mano dura. O'Donnell abandona la presidencia y llega nuevamente Narváez. Más mano dura, en efecto. Pero el proceso es irreversible. En agosto de 1866 se constituye un núcleo revolucionario en Ostende, Bélgica, que agrupa a progresistas y demócratas. Lo lidera Prim. Se diseña una revolución para el año siguiente. Fracasará nuevamente. El bloque revolucionario es mucho menos fuerte de lo que él mismo cree. Pero el régimen también es muy débil. En noviembre de 1867 muere O'Donnell, amargado, en su exilio de Biarritz. La Unión Liberal —o lo que queda de ella— pasa a manos del general Serrano, el cual, en un giro oportunista, decide acercarse a los revolucionarios. ¿Qué hace Narváez? Nada, porque no puede: enfermo, muere en abril de 1868. El partido moderado se resquebraja. Toda la monarquía isabelina se resquebraja, en realidad. Muy pocos meses después estallará la revolución. La llamarán «Gloriosa».

48
EL FRACASO DE LOS REVOLUCIONARIOS

La revolución de 1868 es un complejísimo episodio en el que las conspiraciones románticas, los rencores corporativistas, las ambiciones personales y las intrigas palaciegas se entrelazan con la desesperación de un pueblo depauperado, la efervescencia de las nuevas ideologías revolucionarias y la frustración de una burguesía sin expectativas por una crisis económica atroz. Todo eso en el contexto de un sistema político que había dejado de funcionar y que ya no era capaz de asegurar su propia conservación. Con la revolución de 1868, paradójicamente llamada «Gloriosa», se abrió un caótico periodo de seis años que terminaría con el retorno de los Borbón al trono.

CRISIS SOBRE CRISIS

Sobre la incapacidad del sistema isabelino para asegurar su supervivencia ya hemos hablado largamente: el equilibrio entre moderados y progresistas se había roto sin remedio y no había un consenso político que diera solidez al Estado. A este paisaje hay que añadir las conspiraciones y las intrigas de palacio: desde generales que entran en ruptura con la corona, como Prim y Serrano, hasta aristócratas que sueñan con ser «reyes progresistas» como Antonio de Orleans, duque de Montpensier. Movimientos que habrían permanecido en la estrecha esfera del poder de no ser porque, al mismo tiempo, se enquistaba una crisis económica y social sin solución aparente.

La crisis económica de la década de 1860 afectó a toda la sociedad española. Primero: la crisis de subsistencias, es decir, la carestía, la falta de productos para sobrevivir. Esta crisis estalló con la guerra de Crimea, cuando el mercado exterior absorbió buena parte de la producción nacional de trigo, de modo que el cereal escaseó en España y los precios subieron. A partir de este momento, la crisis de subsistencias se hará crónica. En Sevilla, por ejemplo, el precio del pan se multiplicó por seis entre 1867 y 1868. Varias ciudades españolas conocerán permanentes motines populares por esta causa. Además de la crisis de subsistencias, estaba el paro en la industria. La mecanización había dejado a mucha gente sin empleo, pero es que, para empeorar el paisaje, la guerra de Secesión norteamericana (1861-1865) afectó seriamente al sector textil: las importaciones de algodón se redujeron y el precio de la materia prima subió, con los consiguientes efectos en la producción, que bajó, y en el paro, que creció.

El encarecimiento general de la vida y el paro habrían podido ser paliados o absorbidos si el sistema económico funcionara a buen ritmo, pero éste entró en barrena a partir de 1864 por la crisis de las compañías ferroviarias: muchos inversores habían dirigido sus capitales hacia el ferrocarril, pero, cuando empezaron a explotarse las líneas, se vio que las expectativas de beneficio eran exageradas, porque había pocas mercancías y pocos pasajeros para transportar. El valor de las acciones de las compañías ferroviarias se desplomó. Como muy buena parte del capital de los bancos y las sociedades de crédito estaba precisamente en esas compañías, las quiebras empezaron a sucederse a ritmo de vértigo. El mercado se quedó sin capital. Sin capital, la producción descendió de forma generalizada. La consecuencia fue un desempleo masivo.

Hay que tener presente este cuadro para entender por qué el sistema isabelino se hundió con semejante estrépito. El modelo político liberal había empezado a construir un Estado moderno, pero las sucesivas crisis fueron dejando al margen a una cantidad cada vez mayor de población. En ese contexto aparecieron formaciones políticas nuevas que iban a capitalizar el descontento, y en particular el Partido Democrático, nacido en 1849 como grupúsculo escindido del partido progresista bajo la influencia de las revoluciones europeas de 1848. El partido democrático, impulsado por personalidades como Emilio Castelar y Francisco Pi y Margall, apostaba por una república con sufragio universal y de corte federal. En realidad no pasaba de ser un reducido núcleo de intelectuales, pero el paulatino deterioro del orden político acabó confiriéndole un enorme relieve. El incidente del cese de Castelar que provocó la Noche de San Daniel le permitió cobrar aún más peso. A partir de ese momento, se convirtió en la referencia indispensable de los disidentes del sistema.

LA CONSPIRACIÓN

Fue la confluencia de Prim con los demócratas lo que dio solidez a la conspiración contra Isabel II. El pacto de Ostende de 1866 materializó la conjura. En principio, con un solo objetivo: derribar a Isabel II e instaurar una asamblea constituyente elegida por sufragio universal. El perfil de Prim, todo sea dicho, se parecía más al de los espadones que al de los revolucionarios. Catalán de Reus, Prim había sido uno de los personajes más notables del siglo. Empezó en el ejército como soldado auxiliar en las milicias contra los carlistas y a los veintiséis años ya era coronel con dos laureadas. Héroe de guerra en las carlistadas, primero, y en Marruecos después, estuvo implicado en todas las conspiraciones progresistas bajo la monarquía de Isabel II, con Espartero en el gobierno. Inicialmente aliado de Espartero, terminó apartándose de él por su política hacia Barcelona y pasó al bando de los que, desde Francia, conspiraban para el retorno de la regente María Cristina. Participó en el golpe contra Espartero y fue recompensado con los títulos de conde de Reus y vizconde del Bruch. No hubo jaleo político —y fueron millón— en el que no anduviera metido, con varios episodios de destierro y, acto seguido, reconciliación y ascenso. No por ello dejó de gozar de la protección de la reina... hasta que conspiró también contra la reina.

El desmoronamiento del sistema isabelino, ya lo hemos visto, hizo que la Unión Liberal, muerto O'Donnell, pasara al bando de la conspiración. Fue en realidad eso —corría marzo de 1868— lo que inclinó la balanza. Eso, y la aparición de un personaje dispuesto a financiar el movimiento: Antonio de Orleans, duque de Montpensier, hijo menor del rey de Francia Luis Felipe y cuñado de Isabel II, casado con la infanta María Luisa Fernanda. Los Montpensier, inmensamente ricos, montaron en su palacio sevillano de San Telmo una suerte de corte paralela que acogió a todos los conspiradores del país. El propio Montpensier se permitió aconsejar a la reina que abriera el gobierno a los progresistas, cosa que Isabel II juzgó como una injerencia intolerable. Para entonces —mayo de 1868— el duque ya estaba en la conspiración. Invertiría dieciséis millones de francos en la maniobra.

El 18 de septiembre, en Cádiz, el almirante Juan Bautista Topete, gobernador de la plaza, se subleva. ¿Por qué? En principio, por un agravio corporativo: la reducción del presupuesto de la Marina. Apenas cinco años antes, Topete había sido designado por la Marina para enfrentarse en duelo al poeta Ramón de Campoamor. La causa: una fuerte polémica por el nombramiento del ministro del ramo. Topete perdió, pero salvó el honor de la Marina. Héroe de guerra, famoso entre otras cosas por haberse arrojado al mar para salvar a un marinero, distaba de ser un revolucionario: monárquico isabelino, afiliado a la Unión Liberal, jamás se le había pasado por la cabeza derrocar a la reina. Pero la llegada a Cádiz de los conspiradores —Prim, Serrano, etc.—, en viaje sufragado por Montpensier, le hizo cambiar de opinión. Ese día, 18 de septiembre de 1868, empieza formalmente la revolución. En realidad, un golpe militar.

Serrano, Prim y Topete forman un triunvirato. Al calor de la sublevación, estallan motines y levantamientos movidos por los progresistas y los demócratas, que forman Juntas en numerosas ciudades. Sin embargo, la propuesta de Prim está pensada más bien para seducir a los moderados descontentos con el régimen: implantar en España una corona de nuevo cuño, bajo una dinastía distinta de los Borbones, que adopte el modelo de la monarquía constitucional. Realmente parecía un plan concebido para llevar al trono a Montpensier.

Las tropas gubernamentales corren a detener a los insurrectos. Las fuerzas de unos y otros chocan en el puente de Alcolea, en Córdoba. Serrano manda a los revolucionarios. No será un enfrentamiento menor: habrá un millar de bajas entre muertos y heridos. Ganan los de Serrano porque el jefe isabelino, gravemente herido en la mandíbula, causa baja y su sustituto decide negociar la rendición. Es el 28 de septiembre de 1868. Isabel II, de veraneo en San Sebastián, recibe la noticia y entiende lo que pasa: nadie va a entregar su vida por ella. Acto seguido, cruza la frontera hacia Francia.

Isabel II marchó al exilio. Fue acogida por Napoleón III en París. El balance de su vida como reina es más bien triste. Ciñó la corona con sólo trece años. Su niñez y su adolescencia estuvieron marcadas por las presiones políticas de unos y otros. Aquí hay que mencionar a un personaje decisivo: Salustiano de Olózaga, progresista, nombrado tutor —en realidad, controlador— de Isabel, a la que acosó sin tregua en un caso claro de abuso psicológico (dejémoslo ahí). Después hubo que casarla, y entonces todo el mundo pudo opinar menos ella: moderados, exaltados, franceses, ingleses, todos jugaron sus cartas. El resultado fue Francisco de Asís de Borbón, primo de Isabel por partida doble y de personalidad lo bastante inane como para que nadie se sintiera inquieto. Nadie menos Isabel, que no lo soportó jamás; de hecho, en cuanto marcharon al exilio dejaron de vivir juntos. Una vida realmente desdichada.

Su reinado dio a España el perfil dominante de nuestro siglo XIX: inestabilidad política, influencia determinante del ejército (liberal), banderías de facción, peso enorme de las oligarquías y, al mismo tiempo, desarrollos importantes en vías férreas, industria, infraestructuras, acumulación desequilibrada de capital, etc. La modernización vino estimulada y a la vez deformada por la precariedad política. Isabel sobrevoló todo eso mientras pudo. Acabó refugiándose en sus consejeros religiosos, el padre Claret y Sor Patrocinio, que, al menos, no iban a abusar de ella. Cuando se exilió tenía sólo treinta y ocho años. Aún le quedaban casi otros tantos de destierro, que viviría sin interrupción en París hasta el final de sus días, en 1904. Nunca más volvería a España.

LA MUERTE DE PRIM Y EL REY POSTIZO

El gobierno provisional de España, con Serrano como regente de la corona y Prim como presidente, convocó elecciones para enero de 1869. Primer problema: eso de la corona no gustaba mucho a los demócratas, que en su gran mayoría eran republicanos. El Partido Democrático se dividió: la minoría dispuesta a aceptar la monarquía formó un grupo propio, los llamados «cimbrios» (por una alusión a este pueblo germánico contenida en el manifiesto del gobierno provisional), con nombres como Manuel Becerra o Cristino Martos. La mayoría refundó el partido con otro nombre: Partido Republicano Democrático Federal. Lo cual tampoco era del todo verdad, porque dentro había federalistas declarados como Pi y Margall y otros más bien unitarios como Castelar. En cualquier caso, todos coincidían en convocar cuanto antes elecciones, y por sufragio universal, para que de las urnas salieran unas cortes capaces de proclamar una nueva Constitución.

Hubo elecciones, en efecto. Teóricamente libres, pero, en la práctica, controladas por el Ministerio del Interior. ¿Quién estaba en Interior? Práxedes Mateo Sagasta, un hombre del partido Progresista de Prim. Las elecciones las ganaron los progresistas —claro— con 134 escaños. Detrás, los republicanos obtuvieron 85 escaños, 81 los de la Unión Liberal, 21 los «cimbrios» y 20 los carlistas, que también presentaron candidatos. La suma de progresistas, liberales y cimbrios era suficiente para orientar la Constitución hacia la monarquía, que fue exactamente lo que ocurrió. España se proclamó monarquía constitucional. El nuevo gobierno intentó afrontar el marasmo económico (sin gran éxito), aunque aportó algo que iba a permanecer siglo y medio: la fijación de la peseta como unidad monetaria oficial. Al mismo tiempo, estallaba la primera gran guerra en Cuba, largamente alimentada por Estados Unidos desde tiempo atrás. Pero, para Prim y los suyos, el problema fundamental era otro: acababan de proclamar una monarquía… que no tenía rey.

Y bien: derribado el linaje de los Borbón, ¿quién podía ceñir ahora la corona? El candidato natural era el duque de Montpensier, el mismo que había financiado la revolución. Pero entonces surgió un gravísimo contratiempo: Montpensier mató en duelo a Enrique de Borbón, primo y cuñado de Isabel II (y mucho más revolucionario que Montpensier), y fue detenido y juzgado. El lance le dejó fuera de cualquier aspiración al trono. Hubo que buscar a un rey. Se evaluó un cierto abanico de candidaturas. Y finalmente, no sin polémicas, las Cortes escogieron al duque de Aosta, Amadeo de Saboya, hijo del rey de Italia. Amadeo era de una vieja dinastía emparentada con la casa real española, formalmente católico y de ideas liberales; sobre todo, era masón, lo cual tenía su importancia para los revolucionarios. Era el 16 de noviembre de 1870. Fuera de las Cortes, sin embargo, el apoyo de esta monarquía postiza será mínimo: contará con la hostilidad del pueblo, los carlistas, los republicanos, la Iglesia y la vieja aristocracia, que no era poca hostilidad. Prim, en todo caso, estaba decidido a llevar la apuesta hasta sus últimas consecuencias. Y entonces lo mataron.

En aquel momento, Prim, con cincuenta y seis años, era el hombre más poderoso de España: jefe del Gobierno, ministro de la Guerra y jefe de los ejércitos. El 27 de diciembre de 1870 emprendía viaje hacia Cartagena para recibir a Amadeo. Al salir de palacio, varios individuos atacaron el carruaje del general con disparos de trabuco. Prim resultó gravemente herido. Fue trasladado a palacio. Tenía una mano destrozada y siete balas en el hombro izquierdo. Las heridas no eran mortales, pero se infectaron. Moriría tres días después. ¿Quién mató a Prim y por qué? En su momento no se supo. Hoy sabemos que el autor material fue un hombre que había comenzado su carrera al lado de Prim y terminó convertido en su más acérrimo enemigo: el republicano Paul y Angulo. También sabemos hoy que a Prim, herido, alguien le aceleró el proceso estrangulándole. ¿Y quién dio la orden? Esto está menos claro, pero todo apunta a Montpensier. ¿Por qué? Porque el duque lo había apostado todo por Prim en la esperanza de hacerse con el trono, pero Prim le había dejado caer. Sea como fuere, la revolución se quedó sin su espadón y Amadeo perdió a su principal valedor.

El reinado de Amadeo será una calamidad y, todo sea dicho, no por culpa suya. Llegó a España en enero de 1871. Hubo tres elecciones y seis gobiernos distintos en poco más de dos años: Serrano, Ruiz Zorrilla, Malcampo, Sagasta, etc. ¿Por qué tanto gobierno? Porque las distintas facciones que sustentaban el edificio se hallaban enfrentadas a muerte entre sí. Y si eso pasaba entre los constitucionalistas, puede imaginarse lo que ocurría entre los enemigos del sistema. En abril de 1872 los carlistas volvieron a levantarse. El rey sufrió un atentado en el mes de julio a manos de un republicano. En Cuba, por otro lado, los insurrectos se sublevaban. Y en España, el cuerpo de artilleros se pronunciaba contra el rey. Amadeo terminará tirando la toalla en febrero de 1873. Vendrá entonces la I República. Y será todavía peor.

EL DESASTRE REPUBLICANO

¿Cómo fue posible que de repente se proclamara la República? Por decirlo en dos palabras, fue posible porque en España había Gobierno, parlamento, partidos y mucha política, pero no había Estado. Amadeo era un rey sin apoyos en ninguna parte. Los monárquicos de convicción se dividían entre los que apostaban por el pretendiente carlista, Carlos VII (un verdadero líder del que luego hablaremos), y los que, mayoritarios, se inclinaban más bien por proclamar a Alfonso, el hijo de Isabel II. El soporte de Amadeo, que era el partido progresista, se había dividido tras el asesinato de Prim, y estaban los «constitucionales» del general Serrano y los «radicales» de Ruiz Zorrilla. En cuanto surgió un problema corporativo en el ejército, que era la única institución mínimamente sólida del Estado, todo se vino abajo. La causa directa fue un conflicto en el arma de Artillería, pero en realidad eso sólo fue la gota que colmó el vaso del atribulado Amadeo, incapaz de gobernar porque no tenía instrumentos para ello.

Cuando la renuncia de Amadeo llegó a las Cortes, los republicanos hicieron saber que había llegado el momento de constituir el parlamento en Convención y proclamar la República. No eran mayoritarios, pero, simultáneamente, los jefes republicanos en los diferentes distritos del país hicieron saber que, si no se proclamaba la República en las Cortes, se levantarían contra el gobierno y la proclamarían por su propia cuenta. Fue así, con un golpe parlamentario, como el 11 de febrero de 1873 nació la I República española. Su primer jefe de Gobierno fue el federalista Estanislao Figueras.

A partir de este momento, todo el sistema entró en un vertiginoso proceso de descomposición. Hubo elecciones en mayo. Las ganaron los republicanos federales, pero por una sorprendente razón: nadie más quiso concurrir. Era como si el sistema político se hubiera separado de la nación y ésta marchara a su propio aire, al margen de cualquier estructura de gobierno, mientras el poder simulaba gobernar sobre un país que no le hacía caso. Lanzados en una especie de vértigo sobe el vacío, los republicanos federales se escinden a su vez. Un grupo llamado «intransigente», de carácter revolucionario, apuesta por construir la república federal desde abajo hacia arriba, creando por todas partes cantones que después se federen. Un segundo grupo considerado «centrista» (el de Pi y Margall) piensa que, al revés, hay que construir la república federal desde arriba hacia abajo, promulgando ante todo una nueva Constitución. Un tercer grupo, en fin, llamado «moderado» (el de Castelar y Salmerón), quiere abrirse a los liberales y rechaza que las Cortes se conviertan en un poder revolucionario.

Mientras los intransigentes empiezan a levantar cantones donde pueden, el presidente Estanislao Figueras se desespera. En un consejo de ministros se levanta y grita: «Señores, ya no aguanto más. Voy a serles franco: ¡estoy hasta los cojones de todos nosotros!». No aguantó más, entre otras razones, porque le llegaron noticias de que se preparaba un golpe militar de carácter «intransigente» y su cabeza corría peligro. El 10 de junio de 1873 Figueras huyó a Francia. Y hubo un golpe, en efecto, porque las turbas de los federales tomaron el ministerio de la Guerra y rodearon las Cortes. Fue entonces cuando los otros líderes republicanos decidieron entregar el poder a Pi y Margall. Y vale la pena detenerse en el personaje, porque su trayectoria sintetiza toda la frustración de la revolución «Gloriosa».

Republicano acérrimo, federalista, socialista y demócrata radical. Eso era Francisco Pi y Margall. No era propiamente un político. Era un ideólogo. Había nacido en Barcelona en 1824, en una familia de humildes tejedores. Por su inteligencia fue acogido en un seminario. De ahí pasó a la Universidad de Barcelona, donde cursó Filosofía y Leyes, estudios que terminó en Madrid. Eran los años 1840 y Pi y Margall abrazó las ideas revolucionarias que se extendían por toda Europa. En una serie de artículos diseccionó con acierto la parálisis de España bajo la alternancia violenta de distintas facciones liberales que impedían cualquier ensayo democrático. Al mismo tiempo, publicaba ensayos y libros de historia o estética que venían marcados por un tono mucho más ideológico que académico: anticlerical y hostil a cualquier cosa que tuviera que ver con la tradición. Por el vigor de su discurso y por su activismo incesante, pronto se convirtió en uno de los principales líderes del ala izquierda del Partido Democrático.

Conspirador contra la monarquía de Isabel II, huyó a Francia y allí conoció la obra revolucionaria de Proudhon. Pi y Margall terminó concibiendo una gigantesca guerra ideológica donde la democracia de base popular habría de triunfar sobre la monarquía, la propiedad y el cristianismo. Nunca se preguntó qué pasaría si el pueblo fuera monárquico, cristiano y celoso de su propiedad, como los carlistas que en ese mismo momento se estaban echando al monte. Tomó parte en la revolución de 1868 y dirigió el Partido Republicano. La hora del triunfo le llegó en 1873, cuando cayó la monarquía constitucional de Amadeo. Parecía el momento. Pero no.

DEVORADOS POR SÍ MISMOS

A Pi y Margall, que había sido el profeta del federalismo, le estalló en las manos la insurrección de los cantones, que al fin y al cabo eran la aplicación práctica de sus propias ideas. El 1 de julio los intransigentes abandonaron las Cortes, sin más protocolo, y la revolución cantonal estalló por todas partes. Incapaz de frenar el proceso, Pi y Margall dimitió el 17 de julio y le sustituyó Nicolás Salmerón, un republicano conservador dispuesto a poner orden. Fue Salmerón quien sofocó la rebelión cantonal, pero en una atmósfera tan turbia que los actos de indisciplina en las tropas alcanzaron extremos inauditos (por ejemplo, oficiales asesinados por sus soldados). Los militares pidieron aplicar las ordenanzas, incluida la pena de muerte para los rebeldes. Salmerón, firmemente opuesto a la pena capital, dimitió. Era el 7 de septiembre.

Llegó entonces al poder Castelar, también conservador, autor de un proyecto de Constitución que nunca vio la luz. «Somos la libertad, la democracia, la República. Pero además somos la federación sin romper la unidad de la patria», dijo Castelar al tomar posesión. Sólo palabras: el problema real eran los focos cantonalistas que aún seguían en armas y, además, la insurrección carlista. Castelar acabó disolviendo las Cortes y gobernando por decreto. Cuando las Cortes volvieron a abrirse, ya en enero de 1874, fue para escribir el acto final.

El 2 enero de 1874, en efecto, se reabrieron las Cortes. Fue para votar contra Castelar a iniciativa de los federalistas. ¿Otra vez los intransigentes en el poder? Era demasiado. El capitán general de Madrid, Manuel Pavía, gaditano de cuarenta y seis años, un militar de izquierdas que había hecho carrera a la sombra de Prim, advirtió al poder de que si los federalistas se hacían con el gobierno, tendría que intervenir, porque la ruptura de la unidad nacional estaba asegurada. Los federalistas se hicieron, sí, con el poder, y Pavía, apoyado por el ejército y la mayoría de la población, cumplió su palabra: envió una nota al presidente de las Cortes, que era Salmerón, ordenándole que «desalojara el local». Salmerón se negó y la Guardia Civil hizo acto de presencia. Los diputados abandonaron el hemiciclo. Contra lo que dice la leyenda popular, Pavía nunca entró a caballo en las Cortes. No le hizo falta.

Una vez disueltas las cortes, Pavía mandó llamar al general Serrano y a Sagasta, jefes de los partidos constitucionales (de la Constitución de 1869), y puso el poder en sus manos. Aparentemente, la idea era formar un gobierno de concentración con todos los partidos menos los republicanos federales. En la práctica, sin embargo, fue una dictadura personal. ¿Qué quería Serrano? «Ser presidente de la República por diez años con 4 millones de reales anuales», escribió desde su exilio Isabel II. Es probable. Pero no lo consiguió. El 1 de diciembre de 1874, Antonio Cánovas del Castillo escribía un texto para que lo firmara el joven Alfonso, el hijo de Isabel. Fue el Manifiesto de Sandhurst. Y con él comenzó la restauración borbónica.

49
LA RESTAURACIÓN

Sandhurst es una localidad del Berkshire, en Inglaterra, donde se asienta la academia militar del ejército británico. Allí estaba cursando estudios Alfonso de Borbón, primogénito de Isabel II. Alfonso era hijo de Isabel y de su marido Francisco de Asís, aunque hay serias dudas sobre su paternidad biológica. Mejor dicho: hay pocas dudas de que su verdadero padre era el capitán de Ingenieros Enrique Puigmoltó. Sea como fuere, el hecho es que Alfonso, nacido en Madrid en 1857, crecido en el exilio desde la revolución de 1868, educado en París, Viena, Ginebra y Londres, era formalmente desde 1870 el heredero de la corona y nadie ponía en duda sus cualidades: despejado, inteligente, enérgico, apuesto…

El 28 de noviembre había cumplido diecisiete años: la mayoría de edad. Recibió muchas felicitaciones. Había que contestarlas. Entonces Cánovas tuvo una idea: responder con un texto que firmara Alfonso y que a la vez fuera un manifiesto político. «Ni dejaré de ser buen español ni, como todos mis antepasados, buen católico, ni, como hombre del siglo, verdaderamente liberal» Eso fue el Manifiesto de Sandhurst, firmado el 1 de diciembre de 1874. La prensa española lo publicó el día 27 y todo el mundo lo entendió como Cánovas quería: un joven que iba a ceñir la corona les decía a los españoles qué tipo de rey iba a ser. Dos días después, el general Martínez Campos se levantaba en Sagunto y proclamaba rey a Alfonso XII. No era la vía que Cánovas deseaba, pero ya estaba hecho. El 31 de diciembre se constituye un ministerio-regencia cuyo presidente sería, naturalmente, Cánovas. Alfonso llegó a España en enero de 1875. De inmediato fue proclamado rey en las Cortes. La monarquía quedaba restaurada.

EL PROBLEMA CARLISTA

Uno de los primeros problemas a los que tuvo que hacer frente el nuevo gobierno fue la insurrección carlista, que desde 1872 seguía viva en varios puntos de España. El pretendiente, Carlos VII, había logrado movilizar 45.000 hombres armados en el País Vasco, Navarra, Cataluña, Aragón y Valencia. Serrano, durante su dictadura, había reunido cuantas tropas pudo y obtuvo victorias importantes frente a los carlistas, pero doblegar al movimiento tradicional por la vía militar estaba resultando más complicado de lo que parecía. Muchos monárquicos, sin rey, veían en Carlos VII una buena opción frente al caos revolucionario. Es el caso de Cándido Nocedal, que pasó de firmar el Manifiesto de Manzanares con Cánovas a liderar al carlismo en las Cortes después de 1868. Ahora bien, la restauración de la monarquía en la persona de Alfonso XII cambió las cosas. Si militarmente el carlismo podía aguantar, políticamente se quedó sin grandes bazas.

El pretendiente carlista en este momento, Carlos de Borbón y Austria-Este, Carlos VII en la dinastía legitimista, era un personaje de mucha altura. Nacido en 1848, criado en un ambiente de privaciones, educado en un entorno castrense, una serie de vaivenes familiares le había convertido en heredero del linaje carlista aunque no le correspondía de forma directa. Desde muy temprano —no tenía aún veinte años— se puso al frente del movimiento y supo darle un nuevo aire desde el punto de vista doctrinal y una estrategia política clara. En lo primero le ayudaron dos destacados escritores de la órbita tradicionalista: Leandro Herrero y Aparisi y Guijarro. En lo segundo, un avezado conspirador de la causa: el marqués de Villadarias. En 1869 se constituyó un movimiento político legal, la Comunión Tradicionalista, que alcanzó representación en Cortes. El carlismo cambió de piel. Por decirlo en dos palabras, su defensa del antiguo régimen se transformó en una idealización de la monarquía tradicional católica: la comunidad política como fraternidad cristiana y el rey como padre bajo la inspiración de la Iglesia. Dios, Patria, Rey… y Fueros, conforme a la organización (tradicional) de la monarquía hispánica.

En los días locos de 1869, cuando el gobierno de Madrid buscaba un rey, tanto los progresistas de Prim como los isabelinos de González Bravo sondearon a Carlos VII por ver si se avenía a ceñir la corona. Los primeros le pedían que acatara la Constitución y los segundos, que reconociera la legitimidad de Isabel II. Carlos no podía hacer ninguna de las dos cosas sin traicionar a los suyos. Después, cuando la corona acabó en la cabeza del extranjero Amadeo, ya todo fue conspiración. La política anticlerical de los gobiernos revolucionarios caldeó los ánimos. Desde 1870 se planteaba abiertamente la sublevación armada. Ramón Cabrera, el viejo guerrillero, que desempeñaba la jefatura política del movimiento, veía —y con razón— que no se daban las condiciones apropiadas, pero la fuerza de los acontecimientos pudo más. Cabrera se apartó y en la primavera de 1872 comenzó el alzamiento. Carlos VII entró en España. Si quedaba alguien por convencer, el fraude de las elecciones de agosto de 1872, que dejó al carlismo prácticamente sin representación, terminó de dibujar los campos.

La tercera guerra carlista duró cuatro años. Se reprodujo el guion de la primera carlistada: muchos voluntarios y muchos focos de insurrección, pero sin continuidad territorial suficiente como para organizar un frente y sin la densidad necesaria para que el levantamiento prendiera en las ciudades. Navarra y el País Vasco, la montaña de Cataluña, el Maestrazgo: los núcleos habituales del carlismo. Ahí sí que se mantuvo la llama e incluso se organizó una corte entre Estella y Durango. Pero, desde el punto de vista bélico, esta guerra tuvo poco más que contar. Las fuerzas liberales, sobre todo tras la llegada de Alfonso XII, sumaban contingentes siempre tres o cuatro veces mayores que los carlistas. El 2 de marzo de 1876 se rindió el castillo de Lapoblación, en Navarra, último reducto carlista. La guerra había terminado. Para entonces Cánovas ya estaba atareado con otro proyecto: la inminente aprobación de una nueva Constitución.

En cuanto al carlismo, convertido en movimiento político legal, seguirá presente en la vida política española, tanto en las Cortes como fuera de ellas, y mantendrá un peso constante hasta la guerra civil de 1936.

LA CONSTITUCIÓN DE 1876

Cánovas había concebido la Restauración borbónica como una actualización de su proyecto de unión liberal veinte años atrás. Tenía que haber un rey. Tenía que haber unas Cortes. Tenía que haber un entendimiento básico entra las fuerzas liberales. Y tenía que haber, naturalmente, una Constitución. Lo primero estaba claro: el rey sería Alfonso XII. Lo segundo, también: hubo elecciones generales en enero de 1876. Sufragio universal masculino para mayores de veinticinco años. Ganó Cánovas, por supuesto, con su flamante Partido Liberal-Conservador, dejando una digna minoría para los diversos herederos del partido progresista (constitucionalistas, radicales, etc.), dirigidos ahora por Práxedes Mateo Sagasta. Y entonces Cánovas afrontó la tarea de hacer una Constitución.

El objetivo era redactar una Constitución de carácter liberal que garantizara las libertades fundamentales y asentara el poder ejecutivo de la corona. El principal autor del texto fue Manuel Alonso Martínez, un reconocido jurista que había empezado al lado de Espartero y terminó apoyando a O'Donnell. España quedó definida como monarquía constitucional, con el poder ejecutivo en manos de la corona (que nombraba al presidente del Gobierno), un poder legislativo compartido por las cortes y el rey y un poder judicial independiente. Todo el sistema reposaba sobre un principio implícito de doble confianza: el gobierno debía contar tanto con la confianza del rey como con la del parlamento. En materia de libertades y derechos, se reconocieron el derecho de asociación, la libertad de imprenta y la libertad de enseñanza. El Estado se organizaba según el modelo centralista borbónico. Se consagraba a la religión católica como la oficial del país, pero con libertad de culto. Se implantaba un sistema bicameral con un Congreso de los Diputados elegido por los ciudadanos y un Senado de composición tripartita: senadores por derecho propio, senadores vitalicios nombrados por la corona y senadores elegidos por las corporaciones del Estado y los mayores contribuyentes.

En suma —y ésta fue su mayor virtud—, una Constitución pensada para integrar a la mayor cantidad posible de sectores políticos y sociales. ¿Tenía algún punto débil? Sí: la fragilidad del poder ejecutivo, demasiado expuesto a las interferencias de la corona. Pero en aquel momento lo importante era asegurar la concordia entre corona, gobierno y cortes, y el modelo se orientaba expresamente a ese objetivo. La Constitución de 1876 garantizará un largo periodo de estabilidad. No sólo por sus virtudes, sino porque había un consenso básico entre los poderes del Estado —tanto institucionales como fácticos— para conservarla así.

LA IZQUIERDA DEL SISTEMA

Los pilares de la Restauración, según la pensó Cánovas, eran cuatro: rey, cortes, constitución y acuerdo básico de todas las fuerzas liberales. Este cuarto pilar exigía contar con la colaboración de los progresistas. Por así decirlo, había que encontrar la columna izquierda del sistema, del mismo modo que los conservadores de Cánovas eran la columna derecha. Ahora bien, el problema era con qué izquierda contar.

La experiencia del sexenio revolucionario había dejado a la izquierda desarbolada. El partido progresista se había escindido en varias corrientes. Los demócratas se habían dividido también en monárquicos y republicanos. Los republicanos, a su vez, se habían fragmentado entre unitarios y federalistas. Y los últimos meses de vigencia de la República habían venido marcados por una suerte de guerra civil entre el gobierno federalista y los cantones más federalistas aún. En efecto, ¿con qué izquierda contar? Excluidos los federalistas, que habían metido al país en un caos mayúsculo, y también los republicanos, que evidentemente no iban a caber en la monarquía, la respuesta sólo podía ser una: los herederos de la rama exaltada del liberalismo español, esa línea que iba desde Riego hasta Prim pasando por Espartero. En el fondo, era lo mismo que en su momento intentaron O'Donnell y el propio Cánovas con su Unión Liberal.

El general Serrano reivindicó su posición, por supuesto: él, el dictador, era el progresista por antonomasia. Pero Cánovas y el rey habían decidido que se acabaron los espadones. No llamaron a Serrano, sino a Sagasta, ingeniero, masón, juntero, revolucionario, presidente del Gobierno con Amadeo y con el propio Serrano y que, sobre todo, ejercía una influencia considerable sobre las principales personalidades progresistas y, muy importante, sobre la mecánica electoral. Así, en torno a Sagasta se agrupó una izquierda que adoptó el nombre de Partido Liberal-Fusionista (porque fusionaba a varias corrientes del progresismo) y que finalmente sería conocido, simplemente, como Partido Liberal, del mismo modo que los de Cánovas serían el Partido Conservador. Liberales y conservadores iban a alternarse en el poder durante el siguiente medio siglo.

Ése precisamente sería el cuarto pilar del sistema: el «turno», o sea, la alternancia pacífica de conservadores y liberales en el gobierno. Por supuesto, lograr semejante proeza de aritmética electoral exigía algunos «arreglos» en el sistema, de manera que nada alterara la paz. Así terminó consolidándose el sistema del caciquismo. Básicamente, el sistema funcionaba del siguiente modo: cuando había una situación de crisis o desgaste del gobierno, el rey nombraba presidente del consejo de ministros al jefe del partido contrario y, acto seguido, disolvía las cortes y convocaba elecciones. El nuevo gobierno, de inmediato, realizaba el encasillado, es decir, la lista de candidatos por cada distrito, colocando en los primeros puestos a los que tenían más opciones de salir, y generalmente lo hacía de acuerdo con el partido contrario. Simultáneamente se designaba a los gobernadores civiles de cada provincia, que eran los responsables directos de la mecánica electoral, y éstos pactaban con las elites locales el resultado. De ahí que los oligarcas locales (los llamados «caciques») tuvieran tanta influencia, en el bien entendido de que estos caciques lo mismo podían ser juristas que terratenientes o comerciantes, e indistintamente de uno u otro partido. Y si algún inconveniente distorsionaba el resultado previsto, ahí estaba el gobernador civil para corregir la «desviación».

Como modelo de democracia, dejaba mucho que desear. Sin embargo, es verdad que permitió incorporar a la mayoría de la clase política dentro del sistema, en un marco de libertades públicas bastante razonable, cómodo, lejos de los enfrentamientos vividos en los años anteriores y lejos, también, de los espadones. Al calor de la estabilidad política, el tejido económico pudo empezar a recuperarse; lentamente, sí, porque el país venía del más absoluto caos, pero con expectativas razonables de mejora.

LAS OJERAS DE ALFONSO Y EL PACTO DE EL PARDO

El «turnismo» podría haber funcionado de modo más o menos decente, es decir, sin violentar demasiado la voluntad popular, pero en 1885 ocurrió algo imprevisible: el rey Alfonso XII, con sólo veintiocho años de edad y tras once de reinado, moría de tuberculosis en su palacio de El Pardo. Y eso lo cambió todo, porque ahora los arquitectos de la Restauración se veían en la obligación de mantener el edificio sin su principal pilar. En la muerte de Alfonso seguramente tuvo que ver su inveterada costumbre de acudir allá donde se declaraba una epidemia para consolar a su pueblo. De hecho, pocas semanas antes de enfermar había ido a Aranjuez para visitar a los afectados por una feroz epidemia de cólera. El gobierno le desaconsejó el viaje, pero Alfonso hizo caso omiso y, a escondidas, marchó allá. Hizo falta enviar al ministro de Justicia, al capitán general de la región y al gobernador civil para que lo trajeran de vuelta a Madrid. Cuando llegó a la capital, el pueblo, enterado del gesto, le recibió con aclamaciones, desenganchó los caballos de su carruaje y condujo al rey entre vítores al Palacio Real. Murió poco después, el 25 de noviembre de 1885. Él era así.

Una vida singular, la de Alfonso XII. También en sus matrimonios. Al poco de llegar al trono se casó con María de las Mercedes de Orleans, la hija del duque de Montpensier: una forma muy particular de solucionar el viejo pleito de los Borbón con el gran conspirador. En realidad, parece que quien lo arregló todo fue María Cristina, la ya anciana madre de Isabel II, porque ésta no podía ver a Montpensier ni en pintura. El caso es que Alfonso y María de las Mercedes, más allá del acuerdo familiar para cerrar heridas, se enamoraron. Se casaron en enero de 1878. Y habría sido un matrimonio feliz de no ser porque María de las Mercedes, a los pocos meses, y después de un aborto espontáneo, enfermó gravemente. Deshecha en hemorragias, falleció en el mes de junio. Tifus, probablemente. Tenía sólo dieciocho años. El pueblo les hizo una copla: «¿Dónde vas Alfonso XII? ¿Dónde vas triste de ti? Voy en busca de Mercedes, que ayer tarde no la vi. Merceditas ya está muerta. Muerta está que yo la vi. Cuatro duques la llevaban por las calles de Madrid». Durante varias generaciones, las niñas españolas cantarían esa coplilla en sus juegos.

Alfonso XII tuvo que casarse de nuevo y acabó tomando la mano de una joven princesa austriaca elegida por Cánovas: María Cristina de Habsburgo-Lorena, veintiún años, tímida y estudiosa, tranquila y discreta, buena pianista, políglota en cinco idiomas, con formación en economía y en política… y poco capaz de atraer la pasión de su esposo, que se entregó a una intensa serie de devaneos extramatrimoniales mientras, a la vez, trataba de engendrar un heredero. Alfonso y María Cristina tuvieron una primera hija, María de las Mercedes. Y después una segunda, María Teresa. Y cuando la reina estaba en su tercer embarazo, Alfonso XII se murió.

La muerte del rey planteó un problema capital. Todo el sistema estaba pensado para garantizar la viabilidad de una monarquía constitucional, pero ahora había de todo menos rey. Cánovas y Sagasta buscaron una solución, y el resultado fue el Pacto de El Pardo: un acuerdo básico entre las dos principales fuerzas políticas para mantener el *statu quo*. Hay que decir que, en realidad, el tal pacto nunca se firmó; más bien se trató de un acuerdo apenas explícito. En cualquier caso, sus puntos esenciales sí estaban muy claros: mantener un clima de libertades públicas, colaboración permanente con la corona (ahora bajo la regencia de María Cristina), proteger la actividad económica y reprimir cualquier violencia política, que en ese momento empezaba a adquirir tintes preocupantes por la actividad anarquista. El pacto implicaba que el poder jamás saliera del espacio que marcaban Cánovas, en un lado, y Sagasta en el otro. El sistema de «turno» fue el instrumento para garantizar la estabilidad, aunque convirtiera la democracia en una ficción. Mientras tanto, María Cristina daba a luz al hijo póstumo de Alfonso XII: un varón que reinaría como Alfonso XIII.

Cánovas pensaba que sólo cabe la libertad donde hay «un Estado muy fuerte y poderosamente constituido». Y que si el Estado es débil, entonces «la injusticia de los unos tratará de imponerse al derecho de los otros». Así que la prioridad, a su modo de ver, era asegurar el orden legal. En cuanto a Sagasta, para él la prioridad era la justicia, porque «cuando se cierran las puertas de la justicia —decía—, se abren las de la revolución», y España no estaba para revoluciones. ¿Y había riesgo de revolución? Sí: inminente y violenta, como en toda Europa. La revolución de la recién nacida Internacional obrera, que en España estaba extendiéndose en los ambientes proletarios de los centros industriales y también en el campo más menesteroso, allá donde las sucesivas desamortizaciones habían dejado a los campesinos ya no sin propiedad, sino, aún peor, sin pan. Y Sagasta lo tenía claro: la Internacional era «la utopía filosofal del crimen».

Y LA IZQUIERDA DE LA IZQUIERDA

Esta era la otra izquierda, la que había quedado fuera del sistema, y en ella confluían los restos del naufragio de la I República con la actividad revolucionaria de la Internacional. Los primeros, los náufragos, eran muy identificables: las diferentes corrientes republicanas y federalistas que habían quedado fuera del sistema y que ahora afrontaban una existencia más o menos marginal, aunque siempre presente en sus periódicos y, cuando la ley lo permitió, en asociaciones de diferentes tipos. A éstos el sistema los podía digerir sin gran quebranto. Pero los otros, los de la Internacional, eran otra cosa: una realidad enteramente nueva que, muy pronto, iba a manifestarse con intensa violencia.

La Asociación Internacional de Trabajadores había nacido en Londres en 1864 de la mano de Marx, Engels y Bakunin para organizar políticamente a las masas proletarias surgidas del proceso de industrialización. En su origen estaban los sindicalistas ingleses, los socialistas y anarquistas franceses y los republicanos italianos. Enseguida hubo dos corrientes: los socialistas de Marx y los anarquistas de Bakunin, y donde los primeros proponían la creación de partidos obreros para conquistar el Estado, los segundos predicaban la revolución a través de asociaciones federadas. En España, por las características propias de la evolución política del país, prendió especialmente la segunda opción, que no dejaba de encajar con el modelo federalista de nuestros republicanos.

La Internacional penetró en España a lo largo de 1868, en plena revolución. Pero la Gloriosa era una revolución burguesa, mientras que la Internacional apostaba por la revolución obrera. En 1870 se constituyó la Federación Regional Española de la Asociación Internacional de Trabajadores, con especial protagonismo del italiano Giuseppe Fanelli, de orientación anarquista. Fanelli era masón y a través de las redes de las logias entró en contacto con quien iba a convertirse en padre del anarquismo español: Anselmo Lorenzo, tipógrafo, masón también. La FRE-AIT apoyó el proyecto republicano federal y participó en algunos momentos de la revolución cantonal, pero su ideario estaba lejos de la sensibilidad republicana. Los anarquistas recusaban la participación de los trabajadores en la política y apostaban por la lucha revolucionaria y la supresión del Estado, en la línea de Bakunin, de modo que la I República no encontró en ellos apoyo. De hecho, la represión contra la Internacional no comenzó con la Restauración, sino con Castelar, primero, y Serrano después.

Aquí, como en todas partes, el movimiento se escindió. A la altura de 1872 aparecieron los primeros núcleos marxistas, que conducirían a la fundación del Partido Socialista Obrero Español en 1879. Pocos años más tarde, el PSOE creaba su propio sindicato, la Unión General de Trabajadores. El motor del movimiento era un tipógrafo gallego que había crecido en la pobreza en Madrid: Pablo Iglesias. La orientación del PSOE era clara: la revolución socialista. Con todo, el socialismo español será durante mucho tiempo minoritario frente a la otra gran rama del movimiento, la anarquista, que enseguida arraigará entre el proletariado catalán y en el campo andaluz.

El anarquismo, por su parte, emprenderá una carrera cada vez más violenta. Inasequibles a cualquier compromiso con el orden establecido, predicarán la «propaganda por el hecho», es decir, el atentado como forma de expresión. En 1878 y 1879 intentaron dos atentados fallidos contra Alfonso XII. Entre 1884 y 1891 harán explotar 26 bombas en Cataluña que dejarán tres muertos y un número indeterminado de heridos. En 1892, otra bomba en la Plaza Real de Barcelona causó un muerto y un herido. Al año siguiente intentarán matar al general Martínez Campos con el resultado de un muerto y dieciséis heridos, aunque el general salió ileso. Y aún vendrían actos más violentos. El salvaje atentado del Teatro del Liceo de Barcelona en 1893 se saldó con veinte muertos y decenas de heridos. El atentado contra la procesión del Corpus, también en Barcelona, mató a doce personas, entre ellas cuatro niños, e hirió a otras treinta y cinco. Sagasta tenía sus razones cuando definía a la Internacional como «la utopía filosofal del crimen».

Y EL ASESINATO DE CÁNOVAS

Por el atentado del Corpus se pidieron veintiocho condenas a muerte. Sólo se ejecutaron cinco. El anarquismo, en todo caso, clamó venganza... contra Cánovas, que era en aquel momento el presidente del consejo de ministros.

El 8 de agosto de 1897, Antonio Cánovas del Castillo, próximo ya a los setenta años, estaba veraneando en el balneario de Santa Águeda en

Mondragón, Guipúzcoa. Fue allí, mientras leía la prensa (*La Época*, concretamente), y después de oír misa, donde apareció un pistolero y le descerrajó tres tiros. Herido de muerte, falleció una hora después. El asesino era un anarquista italiano: Michele Angiolillo Lombardi, de veintiséis años. Al parecer llegó a España con dinero adelantado por los separatistas cubanos —enseguida nos ocuparemos de este otro asunto— y del furibundo republicano José Nakens, famoso por su anticlericalismo rastrero y procaz, aunque nadie persiguió a Nakens por el asesinato. En Europa, la noticia del atentado se recibió con tintes de alarma, porque se temía una vasta conspiración anarquista internacional. Lombardi fue condenado a muerte por garrote vil, pena que se ejecutó en la cárcel de Vergara el 20 de agosto.

Con el asesinato de Cánovas la Restauración perdió a su principal arquitecto. Pese a ello, la política española se mantuvo en los cauces de alternancia conservadora y liberal en el poder. Es verdad que perdió altura. «Después de la muerte de don Antonio, todos los políticos podemos llamarnos de tú», dijo Sagasta. Y en esto, como en lo de la Internacional, Sagasta tenía razón. Enseguida un acontecimiento traumático iba a demostrar hasta qué punto el nivel histórico de España había descendido: el desastre de 1898.

50
EL DESASTRE DE 1898

En la historia de la España moderna, el desastre por antonomasia es el de 1898. Ese año España perdió sus últimas posesiones ultramarinas: Cuba y Puerto Rico, en América, y Filipinas y Guam, en el Pacífico. Las perdió a manos de una potencia emergente, Estados Unidos, que en ese preciso instante comenzó su expansión mundial.

El problema cubano venía de muy atrás. En 1837, con los virreinatos liquidados, España instaló en Cuba a un gobernador militar como autoridad política. Cuba dejaba de ser una provincia más para convertirse en otra cosa: no exactamente una colonia, porque las relaciones entre la metrópoli y la isla seguían siendo sumamente intensas, pero sí una entidad territorial de menor rango. Por aquellos mismos años, los norteamericanos formularon las primeras propuestas de compra de la isla, algo que Washington ensayará repetidas veces y que Madrid nunca aceptará por razones políticas en el mejor sentido del término: Cuba, después de todo, era parte integrante del territorio nacional desde 1511.

CÓMO SE PERDIÓ CUBA

Las grandes transformaciones del siglo XIX afectarán profundamente a la isla. En Cuba había crecido una burguesía autóctona que aspiraba a mayor autonomía. Además, amplias capas populares buscaban su independencia. La primera guerra cubana fue en 1868 y duró diez años. Aquello acabó con la paz de Zanjón, que abolió la esclavitud, estimuló la producción azucarera y dio a los cubanos representación en Cortes. No fue mala solución, pero la situación seguía siendo crítica y los yanquis estimulaban el malestar. Por otro lado, la política española iba a cometer un serio error: en 1891, para beneficiar a la industria catalana, se aprobó un arancel que cerraba el mercado cubano, con el consiguiente perjuicio para los isleños, que quedaban obligados a pagar productos más caros. Y la medida perjudicaba también a los yanquis, que veían entorpecido su comercio con Cuba. El malestar social se multiplicó, la literatura nacionalista se hizo portavoz del descontento y Estados Unidos echó leña al fuego. El 24 de febrero de 1895 tiene lugar el Grito de Baire, una sublevación simultánea en varios puntos de la isla. Su líder es José Martí. Financia Washington.

El gobierno español, en manos de Cánovas en aquel momento, envió tropas al mando de Martínez Campos, primero, y Weyler después. Todo el mundo sabía que era preciso solucionar el problema antes de que Estados Unidos entrara en la guerra. Fueron combates ásperos, y más ásperos aún los hizo la política de reconcentración de la población rural ejecutada por Weyler, con un coste humano altísimo en hambre y enfermedades. Con todo, la situación parecía relativamente estabilizada. Estados Unidos hizo una nueva oferta de compra: 300 millones de dólares. Como Cánovas no quiso vender, Washington comenzó una feroz campaña de acoso utilizando la prensa sensacionalista. Pero Cánovas fue asesinado en 1897, y muy probablemente con dinero de independentistas cubanos (o de sus aliados norteamericanos). Tomó su lugar Sagasta, y éste, bastante más tibio en el asunto cubano, quiso aplicar una política distinta: sacó de allí a Weyler, colocó en el puesto al general Ramón Blanco y buscó concesiones políticas, desde igualdad de derechos hasta sufragio universal, pasando por la ansiada autonomía arancelaria. No sirvió de nada: los independentistas, con abundante apoyo norteamericano, siguieron en sus trece.

En esa atmósfera —diplomáticamente irrespirable— llega al puerto de La Habana el acorazado norteamericano *Maine*: un barco de guerra de 6.682 toneladas, 25 cañones de diverso calibre y cuatro tubos lanzatorpedos, con 392 tripulantes a bordo, al mando del capitán Charles

Dwight Sigsbee, y con la poco amistosa misión de «proteger los intereses de los ciudadanos norteamericanos en Cuba», lo cual implicaba la afirmación de que esos intereses estaban amenazados por… España. Las autoridades españolas, para limar asperezas, invitaron a la oficialidad del barco a una recepción en La Habana. Pero el 15 de febrero, a las 21.40 horas, una brutal explosión sacudió la proa del barco. Pedazos enteros saltaron por los aires con los cuerpos desgarrados. El barco se hundió en pocos minutos llevándose la vida de 256 hombres. Casi todos, por cierto, de raza negra: la oficialidad, blanca, estaba en la citada recepción de las autoridades españolas.

Los norteamericanos culparon a España de haber provocado la explosión. Hoy no hay duda de que se debió a causas internas. No se vio ninguna columna de agua cuando la explosión, luego no pudo ser una mina. Además, los pañoles de munición del barco habían estallado, y eso sólo podía haber ocurrido por una explosión interna. Otra cosa llamativa: nadie encontró peces muertos en el puerto; si la explosión hubiera sido externa, como decían los yanquis, forzosamente habrían muerto peces alrededor. Pero aquella explosión era lo que Washington necesitaba. A pesar de que las sucesivas comisiones de investigación no pudieron demostrar nada, Estados Unidos se apresuró a utilizar el trágico incidente y lanzó un ultimátum: o España se retiraba de la isla, o Washington empezaría a movilizar voluntarios. El gobierno español se negó. La opinión pública americana pedía a gritos la guerra. El 25 de abril de ese mismo 1898 Estados Unidos declaró la guerra a nuestro país.

Se ha hablado mucho de la abismal inferioridad técnica española frente a los norteamericanos en aquella guerra. No es verdad: la Armada española en ese momento era de un nivel material y profesional por lo menos semejante a la americana (y en muchos aspectos, superior). Estados Unidos, por otra parte, carecía de un ejército regular capaz de afrontar una tarea como la invasión de Cuba, ni siquiera contando con la segura participación de los independentistas cubanos. De hecho, en toda la guerra no conseguirá ocupar más de un uno por ciento del territorio insular. La guerra de Cuba se perdió en la mar y por una acumulación de errores que, vista con ojos de hoy, no deja de despertar suspicacias.

El 3 de julio de 1898, en Santiago de Cuba, la escuadra española al mando del almirante Cervera era enteramente destruida por la flota americana. No hay analista naval que no subraye el calamitoso orden de combate dispuesto por Cervera. Casi de inmediato, el 26 de julio, España pedía la paz. Cuba, aunque independiente formalmente, quedaba bajo la órbita de Estados Unidos. Y Washington, cosa asombrosa, pagó al gobierno español una importante cantidad para que se olvidara del asunto: veinte millones de dólares.

EL CASO DE LAS FILIPINAS

El pago de veinte millones de dólares al país perdedor —un hecho insólito en cualquier guerra— se explica mejor si se tiene en cuenta que en el paquete iban incluidos los otros territorios perdidos por España en 1898: Filipinas, Guam y Puerto Rico. Y de esto también hay que hablar.

Las islas Filipinas también eran tierra española desde el siglo XVI —más concretamente, desde 1565, cuando el guipuzcoano Legazpi tomó posesión del archipiélago—, y desde entonces habían sido el foco de un intenso comercio: las Filipinas abrieron para España los mercados de oriente. La presencia española era allí menos intensa que en Cuba, porque las Filipinas son un archipiélago de 7.000 islas que ocupan 300.000 kilómetros cuadrados, pero fue precisamente España la que dio unidad geográfica y cultural a esa miríada de islas. El siglo XIX vio en las Filipinas procesos muy semejantes a los de Cuba, y en particular el surgimiento de una burguesía criolla deseosa de mayor autonomía. La apertura del canal de Suez en 1869 acortó sensiblemente los trayectos entre el archipiélago y España, el comerció creció, se abrió un banco, el primero de Asia, el dinero chino entró en grandes cantidades...

A la altura de 1892 nacieron en las islas dos movimientos: uno, autonomista y pacífico, liderado por José Rizal, y otro de carácter violento conocido como Venerable Sociedad Suprema de los Hijos del Pueblo, los Katipunan. Éstos se sublevaron en 1896. La reacción del gobierno español fue muy obtusa: entre la incomprensión y la represión, dio alas a los revolucionarios con la ejecución del enemigo equivocado, que era José Rizal, en 1896. La amenaza, con todo, era de un alcance muy limitado: aunque las tropas españolas en las Filipinas no sobrepasaban los 17.000 hombres, y dos tercios de ellos eran nativos, fue suficiente para frenar a los insurrectos. Un nuevo gobernador, Fernando Primo de Rivera, buscó una solución negociada y, al tiempo que prometía reformas, inundaba de dinero a los revolucionarios, que aceptaron la transacción. El problema filipino parecía resuelto. Pero entonces aparecieron los americanos.

Estados Unidos buscaba expandir sus mercados hacia el Pacífico, y por eso puso sus ojos en las Filipinas, puerta al Mar del Sur de la China, y en el estrecho de Malaca. En coordinación con el incidente del *Maine* en La Habana, la flota americana del almirante Dewey marchó a Hong Kong primero y a las Filipinas después. Bien sabía el norteamericano que las defensas españolas eran exiguas. ¿Quién mandaba la defensa española? El almirante Patricio Montojo y Pasarón, que llevaba tiempo pidiendo más recursos y municiones sin que Madrid le hiciera mucho caso.

Cuando llegaron los barcos americanos, Montojo, persuadido de que se hallaba en inferioridad, y para evitar que los yanquis bombardearan Manila, sacó los barcos a alta mar para dar allí el combate. Fue una jugada suicida, porque los norteamericanos lo tenían todo a favor y la artillería de costa nada podía hacer para ayudar a los barcos españoles. Después de dos horas de combate en Cavite, en la bahía de Manila, los americanos se retiraron. Montojo, vistos los daños de sus barcos, ordenó vararlos en la bahía si volvía el enemigo. Y éste, disipado el humo del combate, volvió, en efecto, para disparar a placer sobre los barcos inmovilizados. Era el 1 de mayo de 1898. Montojo, mientras tanto, se había marchado a Manila. Más tarde se le reprochará el acto como abandono de puesto.

LOS HÉROES DE BALER

En aquella batalla de Cavite comenzó todo. El hundimiento de la escuadra española y el dinero americano dieron nuevos bríos a la revolución. Cuatro meses después, el 13 de agosto de 1898, un ejército de 10.000 norteamericanos y 40.000 tagalos, los nativos filipinos, se plantaba ante Manila. Será el acto final. Y no será particularmente heroico: españoles y americanos, temiendo que los tagalos se entregaran a una orgía de sangre, pactaron la entrega de la ciudad. Porque aquella guerra no la ganaron los filipinos: la ganaron los norteamericanos, que se convertían en los nuevos amos del archipiélago. Poco podían imaginar los nativos que los yanquis iban a resultar un patrón mucho más desagradable que los españoles.

Mientras tanto, en un pequeño poblado llamado Baler, una remota aldea del distrito del Príncipe, comenzaba uno de los episodios militares más impresionantes de la Historia de España. Allí nació la leyenda de «los últimos de Filipinas». Desde algunos meses atrás, el poblado había sido escenario de enfrentamientos entre los rebeldes tagalos, escondidos en la selva, y las tropas españolas enviadas de refuerzo. En febrero se habían instalado allí cincuenta hombres al mando de los tenientes Juan Alonso Zayas y Saturnino Martín Cerezo, bajo la autoridad del nuevo gobernador de la plaza, el capitán Enrique de las Morenas. La presencia del destacamento había permitido reponer el orden. Pero en ese momento, cuando parecía que la paz había vuelto a Baler, los yanquis declararon la guerra a España.

El 30 de junio, los tagalos lanzan un ataque contra la posición española. De las Morenas y sus hombres ya no tendrán otro objetivo que resistir a todo trance. Los nuestros, aislados de todo contacto con el exterior, no saben que las Filipinas están cayendo bajo control norteamericano. Tampoco se enterarán de que España ha perdido la guerra. Día tras día, mes tras mes, los españoles aguantan los continuos ataques de los tagalos. Cuando se les acaben los víveres comerán hierba, ratas, caracoles, pájaros. Los hombres van cayendo, pero su voluntad de resistencia es inquebrantable. Finalmente, un emisario español llegó a la posición con pruebas formales de que la guerra había terminado. Sólo entonces los nuestros entregarán la plaza. Tras 337 días de asedio, los treinta y tres supervivientes abandonaban la aldea enarbolando la rojigualda entre un pasillo de filipinos que les presentaban armas. Ésa fue la hazaña de los héroes de Baler.

Y EL GENOCIDIO

Para entonces las islas Filipinas ya eran formalmente independientes desde junio de 1898. Su primer presidente fue Emilio Aguinaldo. Para asegurar su poder, Aguinaldo mandó matar a otro rival político, el general

Luna. Pero poco iba a durarle la gloria, porque enseguida Estados Unidos se cobraría la ayuda que le había prestado.

Washington revela sus verdaderas intenciones en marzo de 1901: apresan a Aguinaldo y le obligan a aceptar el dominio yanqui. Aún más: el presidente Willian McKinley pretexta un supuesto ataque de rebeldes a Manila y declara la guerra a la recién nacida república. McKinley argumentará que Dios le había indicado que los filipinos eran incapaces de autogobernarse y por eso había encomendado a Estados Unidos educarlos y cristianizarlos, a pesar de que las Filipinas llevaban ya tres siglos cristianizadas por los españoles.

Siguiendo la inspiración divina de su presidente, los yanquis entrarán a saco: arrasan aldeas, queman iglesias, profanan cementerios, ejecutan masivamente a los civiles (con particular atención a los que hablaban español) y perpetran, en suma, un auténtico genocidio. El general Jacob Smith llegó a ordenar la ejecución de cualquier filipino mayor de diez años. Las matanzas siguieron con el posterior presidente, Theodor Roosevelt, premio Nobel de la Paz. Enfrente, el segundo presidente de las islas, Macario Sacay de León, sólo pudo oponer la resistencia de un heroísmo sin esperanza. La población total de Filipinas en aquel momento era de nueve millones de personas. El número de víctimas ascendió a la sexta parte de la población, es decir, casi millón y medio de filipinos asesinados entre 1901 y 1913. La independencia filipina se deshizo bajo la represión norteamericana.

En cuanto a España, la pérdida simultánea de las últimas posesiones de Ultramar creó un verdadero trauma. La misma prensa que antes del conflicto llamó a la guerra con un triunfalismo irresponsable, ahora entraba en un derrotismo extremo. Lo cual no dejaría de influir en la creación de una atmósfera de gran crisis nacional, de autoflagelación y de puesta en cuestión del propio sentido de España. Así entraba España en el siglo XX.

LA GUERRA HISPANOAMERICANA
1898: EL CARIBE
FLORIDA
Tampa
OCÉANO
ATLÁNTICO
BAHAMAS
(Br.)
La Habana
CUBA
REPÚBLICA
DOMINICANA
Santiago
JAMAICA
(Br.)
PUERTO
RICO
HAITÍ
Mar Caribe
Fuerzas EE.UU.
Bloqueo EE.UU
Fuerzas españolas
Batalla

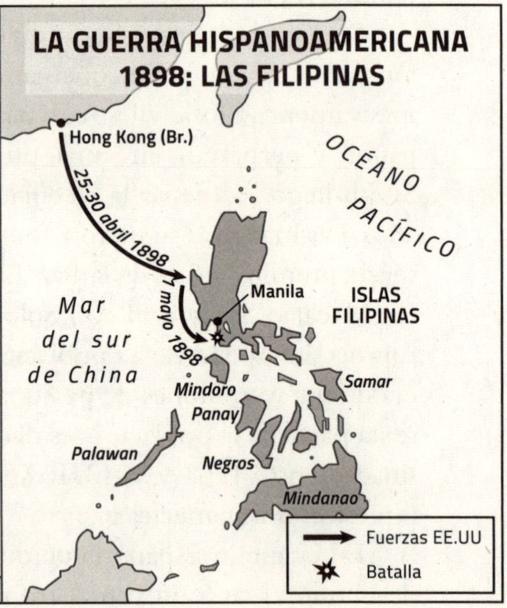
LA GUERRA HISPANOAMERICANA
1898: LAS FILIPINAS
Hong Kong (Br.)
25-30 abril 1898
OCÉANO
PACÍFICO
1 mayo 1898
Mar
del sur
de China
Manila
ISLAS
FILIPINAS
Mindoro
Samar
Panay
Palawan
Negros
Mindanao
Fuerzas EE.UU
Batalla

51

EL DISEÑO DE LA ESPAÑA CONTEMPORÁNEA

Alfonso XIII fue rey desde el mismo instante de su nacimiento en mayo de 1886. Creció como rey y fue educado para eso. A los dieciséis años, en 1902, se le declaró mayor de edad y asumió sus funciones constitucionales como monarca. Por esos días escribía en su diario que quería ser un rey justo y pasar a la historia como un regenerador, y no como un rey manejado por sus ministros. Durante su reinado, que iba a prolongarse hasta 1931, tuvo oportunidad de ser todas esas cosas y muchas otras más.

La España del primer tercio del siglo XX vivió profundas transformaciones en todos los órdenes. El desastre de 1898 fue políticamente una calamidad, pero económicamente surtió efectos positivos, porque obligó a repatriar gran cantidad de capitales y porque, al bajar la cotización de la peseta, permitió disparar las exportaciones. La economía se industrializó aceleradamente. Hubo un formidable desarrollo en los ferrocarriles, el gas, la electricidad, la siderurgia. Se consolidó el modelo de crecimiento iniciado desde finales del siglo XIX, con sus consabidos desequilibrios: concentración de la población en Madrid, Barcelona, Valencia y Sevilla, desarrollo de los polos industriales de Cataluña, País Vasco y Valencia, intensificación de la explotación minera en Asturias y en el sur... Tanto el textil catalán como el cereal castellano y la siderurgia asturiana se beneficiaron de una política expresamente proteccionista con los correspondientes aranceles. El sector agropecuario, aun siendo dominante, pasó de representar el 79 por ciento de la actividad al 47 por ciento en esos treinta años.

España no tenía el vigor de Gran Bretaña, Francia o Alemania, pero su vitalidad era perfectamente comparable a la de otros países europeos como Italia o el espacio austro-húngaro. En materia demográfica, la población pasó de 18,6 millones en 1900 a 23,7 millones en 1930. La esperanza media de vida subió de los treinta y cinco años de 1900 a los cincuenta años de 1930. Hacia 1930, el 27 por ciento de la población de todo el país vivía en torno a la producción industrial y el 42 por ciento era población urbana. No había trabajo para todos: sólo entre 1900 y 1914 salieron del país un millón de emigrantes, en su gran mayoría con destino a Hispanoamérica (en esos mismos años, dos millones de italianos emigraban a Estados Unidos). En el periodo 1900-1930, el analfabetismo se redujo del 50 por ciento al 30 por ciento. Un esfuerzo importante, pero, aun así, el número de analfabetos era elevadísimo.

Tan intensas transformaciones trajeron consigo grandes tensiones sociales. Los gobiernos de Alfonso XIII no vivieron al margen de la nueva situación —común, por otra parte, a toda Europa—, con una creciente cantidad de población condenada a vivir literalmente en los márgenes del sistema. Para eso se crearon el Instituto de Reformas Sociales de Francisco Silvela en 1903, el Instituto Nacional de Previsión de Eduardo Dato en 1906, la ley de descanso dominical en 1907, el retiro obrero y la jornada de ocho horas en 1919... Iniciativas que apuntaban en la dirección correcta, pero cuyo resultado práctico fue muy limitado porque el Estado carecía de los instrumentos precisos para generalizarlas.

Al calor de la transformación social crecieron también hondos cambios políticos. Por un lado, se consolidaban los nacionalismos regionales, especialmente en Cataluña y el País Vasco, y se convertían en actores muy influyentes en el tablero del poder. Por otro, la izquierda obrerista tomaba la calle y multiplicaba la presión con huelgas revolucionarias. En el caso anarquista, además, con una serie ininterrumpida de atentados que llevó a un clima de violencia social irrespirable. Todo ello mientras el sistema trataba de regenerarse desde el propio modelo del «turno» entre liberales y conservadores. Y como todo pasó al mismo tiempo, lo mejor será examinar cada elemento por separado.

EL PROBLEMA SEPARATISTA

La entrada de los nacionalismos regionales en la política española es sin duda uno de los acontecimientos mayores de este momento. Su influencia iba a prolongarse a lo largo del siglo siguiente. Y en lo que concierne al reinado de Alfonso XIII, el «problema catalán» iba a convertirse en un permanente quebradero de cabeza.

El catalanismo, en origen, fue un movimiento cultural nacido en la segunda mitad del siglo XIX y que creció en torno a la llamada Renaixença, que vino a construir un sentimiento de identidad lingüística. La Renaixença sirvió de humus para que más tarde se formara una conciencia política fuertemente regionalista. Hubo aquí dos factores determinantes: el despegue industrial de Cataluña y el desastre de 1898, que obligó a una fuerte repatriación de capitales. En 1882 nació el Centre Catalá de Valentí Almirall, que empezó a extender un sentimiento muy antiespañol, aunque con efectos limitadísimos. En 1891 apareció la Unión Catalanista de Enric Prat de la Riba, un grupo conservador y católico que al año siguiente aprobó las denominadas Bases de Manresa, un primer esbozo de programa de autogobierno. La Unión Catalanista jamás fue separatista. Por otro lado, su alcance seguía siendo muy minoritario. Pero llegó el desastre de 1898, España menguaba mientras, dentro de ella, Cataluña crecía, y cada vez más catalanes empezaban a sentirse ajenos a la nación común.

En 1901 nace la Lliga Regionalista con Francesc Cambó como líder y Prat de la Riba como ideólogo. No son separatistas. De hecho, ni siquiera son propiamente nacionalistas: la Lliga, siempre conservadora y católica, defiende los intereses de los industriales catalanes, reclama de Madrid un arancel proteccionista (el que se llamará «arancel Cambó») y aspira a una autonomía política sin romper con el resto del Estado. En 1907 ya era la primera fuerza de la región. A sus aspiraciones corresponderá la creación de la Mancomunidad de Cataluña en 1913. Este regionalismo autonomista irá derivando en nacionalismo y, finalmente, en separatismo algo más tarde, en los años veinte, con figuras como Maciá y Companys.

El nacionalismo vasco tuvo otra evolución. Su caldo de cultivo —que no su causa directa— fue la supresión de los fueros en las provincias vascongadas. Ocurrió al finalizar la tercera guerra carlista: Cánovas, entre sus medidas de modernización del Estado, decidió abolir los fueros y sustituirlos por un acuerdo económico de carácter fiscal (el denominado «concierto»). La abolición de los fueros se percibió desde el País Vasco como un castigo de Madrid. Después, a lo largo del último tercio del siglo XIX, el País Vasco, y sobre todo Vizcaya, conocieron un rápido proceso de industrialización cuyas consecuencias inmediatas fueron la recepción de una inmigración masiva, la destrucción paulatina de las formas de vida rurales y el retroceso de las varias formas populares del euskera.

La conjunción de todos estos factores encendió la mecha del malestar, y ahí apareció Sabino Arana, que el 6 de junio de 1893 exponía su doctrina en el discurso de Larrazábal, donde, entre otras cosas, declaraba la guerra a muerte al carlismo, al que consideraba español. ¿Cuál era esa doctrina? *Jaungoikoa eta Lagizarra,* es decir, «Dios y Ley Vieja». Y sobre esta base de apariencia tradicionalista, Arana añadió el tinte nacionalista: «Euskadi —proclamó— es la patria de los vascos». Arana enfocaba el conflicto vasco-español como una guerra de religión donde la España liberal representaba el mal, el pecado. Frente a eso, imaginaba una Euskadi cristiana, soberana y racialmente pura que jamás existió en la realidad, pero que funcionaba como mito fundador. A pesar de todas sus contradicciones, el discurso aranista prendió en una sociedad donde el orgullo de la propia identidad se combinaba con los sinsabores traídos por la industrialización. El 31 de julio de 1895 se fundaba el *Bizkai Batzar* para conquistar «una Bizcaya libre en una Euskeria libre». Así nació el Partido Nacionalista Vasco.

LA HUELGA GENERAL DE 1902

La otra novedad política del momento fue la multiplicación del peso de la izquierda obrerista. Su «puesta de largo»: la huelga general revolucionaria desencadenada por los anarquistas en 1902. El centro del movimiento fue Barcelona, uno de los principales polos del desarrollo industrial en España, estimulado por cuantiosas inversiones de todo el país, amparado por la decidida protección política del gobierno español y que había recibido a decenas de miles de inmigrantes de toda la península. Ese rápido desarrollo trajo también problemas sociales agudísimos, con flagrantes casos de explotación y miseria: terreno abonado para que los anarquistas intentaran un golpe de fuerza.

A partir de 1901, y siguiendo las instrucciones de la Internacional anarquista, hubo una serie ininterrumpida de huelgas en toda España. La huelga general revolucionaria de 1902 en Barcelona fue el momento cumbre de esa estrategia. El objetivo de los sindicalistas era paralizar el sistema capitalista con huelgas —evidentemente, violentas— que llevaran a una crisis generalizada. Motivo de la reivindicación: la jornada de nueve horas, que era una medida que ya existía en diversos sectores, pero sin carácter estatal. En todo caso, la estrategia anarquista iba mucho más allá de esta reclamación: se trataba de hacer caer al sistema.

El movimiento comenzó el día 14 de febrero en Barcelona con los paros de metalúrgicos, carreteros y panaderos. El día 17 se extendió a todos los sectores. De Barcelona pasó a otras ciudades. Los enfrentamientos entre huelguistas y Guardia Civil se saldaron ese día con doce muertos y muchos heridos. En aquel momento gobernaba aún el progresista Sagasta (murió al año siguiente), que no dudó en declarar el estado de guerra para sofocar la revuelta. Más de trescientos dirigentes sindicales fueron detenidos. La huelga terminaría en fracaso porque a la cita faltó otro sindicato: los socialistas de la UGT, el sindicato del PSOE, que jugaban su propio juego.

¿A qué jugaba el PSOE? A crecer a expensas de los fracasos del anarquismo. Y en efecto, en las elecciones de 1905 el PSOE lograría colocar tres concejales en Madrid. Entre ellos, Pablo Iglesias y Largo Caballero. Cinco años después, Iglesias llegaría a sentarse en las Cortes. El PSOE de este momento era un partido estrictamente marxista según los cánones de la Internacional: apostaba por una revolución que llevara a la dictadura del proletariado, pero, al contrario que los anarquistas, no rechazaba la lucha política institucional, sino que la consideraba parte de su estrategia. En esa línea seguiría largo tiempo.

En cuanto a los anarquistas, mantendrán su apuesta por la violencia revolucionaria. El propio Alfonso XIII fue víctima de ella el día de su boda con la británica Victoria Eugenia de Battenberg, el 31 de mayo de 1906, cuando el anarquista Mateo Morral lanzó una bomba al paso del cortejo. Los reyes salieron ilesos, pero Morral mató a veinticinco personas y otras cien resultaron heridas. Aún vendrían más atentados y más huelgas.

REGENERACIONISTAS, KRAUSISTAS Y NOVENTAYOCHISTAS

Y mientras tanto, ¿qué hacía el sistema de la Restauración? Tratar de regenerarse. Nadie ignoraba que el artefacto del turnismo cojeaba ostensiblemente. El problema era por dónde enmendarlo sin que se cayera todo de golpe. La palabra «regeneración» era el lema del momento.

Eso que se llama «Regeneracionismo» es una corriente de opinión muy heterogénea que en realidad había empezado a despuntar mucho antes, pero que conoció un impulso espectacular tras la crisis de 1898. No es propiamente una doctrina; es más bien una sensibilidad. Retrato: profundo malestar con España, agria crítica de la historia nacional (una crítica, con frecuencia, abusiva y demagógica), denuncia del atraso y la incultura de nuestro país, apuesta por la europeización y las obras públicas… Habrá un regeneracionismo a la derecha y otro a la izquierda, y puede escribirse un ideario regeneracionista, pero no una doctrina o una filosofía. Quien más se acercó a un discurso coherente fue Joaquín Costa, que acabó proponiendo la llegada de un «cirujano de hierro» capaz de movilizar los recursos nacionales dando protagonismo a las clases medias. Conviene retener el argumento, porque hará su camino en los años posteriores.

Al mismo tiempo, pero en otra atmósfera intelectual, surge lo que después se llamará Generación del 98: Unamuno, Ganivet, *Azorín*, Valle-Inclán, Pío Baroja, Antonio y Manuel Machado, Ramiro de Maeztu, Benavente… ¿Qué caracteriza a estos autores, qué los define como generación? Ante todo, dos elementos: uno, un patriotismo doliente, en la misma línea del pesimismo histórico regeneracionista; el segundo, una estética del paisaje. Azorín lo expresó muy bien: «Sentíamos el destino infortunado de España, derrotada y maltrecha, más allá de los mares, y nos prometíamos exaltarla a nueva vida. De la consideración de la muerte sacábamos fuerzas para la venidera vida. Todo se enlazaba lógicamente en nosotros: el arte, la muerte, la vida y el amor a la tierra patria». Esta idea de España y su estética definieron un amplio periodo de la cultura española y marcaron una cierta forma de entender el patriotismo.

Para completar el paisaje cultural hay que hablar del krausismo. ¿Qué es el krausismo? En principio, la doctrina filosófica del alemán Karl Krause, que buscó una vía media entre el idealismo y el materialismo. Su influencia en el mundo filosófico fue mínima, pero esto, en realidad, es lo menos importante. Para España, lo decisivo fue que en torno a los seguidores de Krause se forjó una corriente de opinión que protagonizaría nuestra vida cultural durante mucho tiempo. Su motor: Julián Sanz del Río. El contexto: la oposición entre tradición y modernidad, que es el conflicto mayor en la cultura española. Desde el punto de vista tradicional, católico, nadie expresó mejor ese conflicto que Marcelino Menéndez Pelayo, defensor de la España eterna bajo el signo de la cruz. El krausismo se situará en la posición exactamente contraria: va a ser la referencia de cuantos aspiran a construir una cultura social laica, al margen de la hegemonía eclesiástica. Los krausistas apuestan por la secularización, creen que el atraso español se debe a su alejamiento de las corrientes intelectuales europeas y proponen un vasto esfuerzo pedagógico para regenerar el país. En esa estela, Fernando Giner de los Ríos promoverá la Institución Libre de Enseñanza, la Junta de Ampliación de Estudios y la Residencia de Estudiantes.

DE MAURA A CANALEJAS: LA REGENERACIÓN FRUSTRADA

El imperativo de la «regeneración» tuvo su eco en el mundo político. El 3 de marzo de 1899, la regente María Cristina encargaba formar gobierno al conservador Francisco Silvela, que fue probablemente el primer político auténticamente regeneracionista de su época. Silvela, culto jurista de familia burguesa, había debutado en las Cortes en 1870 y tras la funesta experiencia de la I República entró en el partido conservador de Cánovas. En 1879 ya era ministro. Disconforme con el corrupto sistema de turnos, formó un grupo disidente de aliento regeneracionista. Tras el asesinato de Cánovas se hará cargo del partido conservador. Y en 1898, bajo el impacto del «desastre», publicó un artículo que era en sí mismo un programa de rectificación general del modelo político de la Restauración. Se titulaba «España sin pulso», apareció en el periódico *El Tiempo* de Madrid el 16 de agosto y denunciaba la ruina de España. ¿Qué proponía Silvela? Desmantelar la estructura de vicios públicos y privados sobre los que se asentaba la vida española desde muchos decenios atrás y construir un Estado digno de ese nombre. Porque éste de la construcción del Estado era en realidad el gran reto que el sistema no pudo o no quiso afrontar.

Silvela gobernará muy poco tiempo: un año y medio desde marzo de 1899, unos pocos meses en 1902... Cansado y enfermo, abandonó la política antes de cumplir los sesenta años y murió en Madrid en mayo de 1905. Dejaba en la cabeza del conservadurismo español a dos hombres que él mismo había aupado: Eduardo Dato y Antonio Maura. Una de las últimas cosas que hizo fue llevar a las Cortes una amplia reforma de la función pública. Objetivo: sentar la reorganización del Estado desde abajo, desde los municipios, para intentar desmantelar el caciquismo. También bajo la sombra de Silvela se desplegarán las primeras legislaciones importantes de protección social. Dato y Maura estarán en esos afanes: las grandes reformas sociales de la época vinieron de la mano de la derecha, no de la izquierda. Podían haber cambiado España. Apenas lo hicieron, precisamente, por ausencia de una estructura eficiente de Estado. Por aquellos mismos años (1903) moría Práxedes Mateo Sagasta, el jefe del Partido Liberal. El sistema de la Restauración perdía a su otro cerebro y los liberales entraban en un proceso de renovación que conocería los mismos traumas que sus rivales conservadores. Tampoco ellos conseguirían cambiar nada sustancial.

¿Dónde estaba el problema? En dos circunstancias que se alimentaban la una a la otra. Por un lado, la fragilidad del poder ejecutivo: el sistema de «doble confianza», es decir, que el presidente del consejo de ministros dependiera simultáneamente de la confianza de las Cortes y del rey, exponía a todo gobierno a una evidente vulnerabilidad, porque cualquier alteración pública podía derribarlo por una campaña de prensa, una maniobra parlamentaria o la interferencia del monarca (algo que Alfonso XIII hará repetidas veces). Y por otro lado, la naturaleza oligárquica del poder hacía pesar sobre los gobiernos una excesiva influencia de factores externos. El crecimiento industrial y financiero había propiciado el nacimiento de poderes muy poco controlables que aspiraban a guiar el desarrollo económico en su propio beneficio. Por poner un solo ejemplo, el industrial vasco Víctor Chávarri, promotor de Altos Hornos de Vizcaya, logró derribar al gobierno del liberal Segismundo Moret porque no estaba de acuerdo con su política. El episodio se entiende mejor si precisamos que Chávarri, además de capitán de la siderurgia vasca, era el hombre clave del mismo partido liberal en la región. En esto consistía la combinación de oligarquía y caciquismo. En esa atmósfera, ¿qué gobierno podía soñar con la autoridad suficiente para imponer un programa a largo plazo?

Esto será lo que frustre cualquier iniciativa de regeneración a fondo del sistema, tanto desde la derecha como desde la izquierda, y aquí hay dos nombres fundamentales: Antonio Maura y José Canalejas. Maura y Canalejas eran dos personalidades muy diferentes, pero tenían muchos puntos en común: eran prácticamente coetáneos (Maura nació en 1853 y Canalejas al año siguiente), los dos eran profesionales muy brillantes, los dos provenían de la burguesía de provincias (mallorquín el uno y gallego el otro), los dos debutaron como diputados del Partido Liberal en 1881, los dos concibieron proyectos muy sensatos para afrontar el problema cubano (que Sagasta rechazó), ninguno de los dos era masón (dato relevante en la época), ambos desempeñaron ministerios bajo la regencia de María Cristina, los dos se decepcionaron por la podredumbre del sistema y, sobre todo, los dos comprendieron que nada se solucionaría sin una reforma a fondo del Estado, que ambos concebían como un Estado-director, y no simplemente un Estado-árbitro. Maura abandonó el Partido Liberal y se pasó al Partido Conservador, que lideró desde la retirada de Silvela en 1903. Canalejas hizo lo mismo, pero para fundar una corriente propia de carácter democrático que, al cabo, acabaría dándole el liderazgo del Partido Liberal. Los dos, el uno desde la derecha y el otro desde la izquierda del sistema, buscaron regenerar el marco político de la Restauración. Los dos se toparon con la hostilidad del propio sistema.

¿Qué quería Maura? Una «revolución desde arriba» que arrancara de cuajo el caciquismo antes de que lo hiciera una revolución popular. Maura limpió el proceso electoral (más tarde otros lo volverían a ensuciar), a él se deben la ley de descanso dominical y la creación del Instituto Nacional de Previsión, estimuló la producción industrial con medidas proteccionistas y afrontó el problema agrario con una ley de colonización interior que buscaba frenar la inmigración, repoblar el país y hacer más productivos los cultivos. A Maura intentaron matarlo dos veces: primero un anarquista, que le apuñaló, y después un radical, que le disparó. Cuando el socialista Pablo Iglesias llegó a las Cortes, en 1910, lo primero que hizo fue espetarle a Maura una poco velada amenaza de muerte.

¿Y qué quería Canalejas? Un vasto programa de modernización que multiplicara las reformas sociales. Firmó la ley sobre el trabajo de las mujeres, la obligatoriedad del servicio militar para acabar con los privilegios de clase y la supresión de los impuestos al consumo, que perjudicaban a los más pobres, para sustituirlos por un impuesto progresivo sobre la renta. Además, promovió la llamada «ley del candado» que vetaba temporalmente la instalación de nuevas órdenes religiosas en España; era una medida orientada a limitar el poder político de la Iglesia y forzar un acuerdo con la Santa Sede (pero conste que Canalejas era creyente y tenía capilla propia en su palacio de la calle Huertas).

Por otro lado, ambos, Maura y Canalejas, trataron de tender puentes con el regionalismo catalán, el primero introduciendo a Cambó en la política de la corona y promoviendo una cierta descentralización, y el segundo con la Ley de Mancomunidades, que permitía que varias diputaciones provinciales trabajaran juntas con fines administrativos. A Canalejas, al final, lo asesinó un anarquista. Pero ya llegaremos a eso.

LA SEMANA TRÁGICA

El primer gran trauma del reinado de Alfonso XIII, después del salvaje atentado de Mateo Morral, llegó en 1909 y consistió en la superposición de un desastre militar y una huelga revolucionaria. Es lo que se conocerá como Semana Trágica. Gobernaba Antonio Maura.

Contexto: la segunda guerra de Marruecos o guerra del Rif, el conflicto bélico que España libró en esa región marroquí durante veinte años, entre 1907 y 1927, y que iba a marcar a una generación de españoles. No fue una guerra contra el reino de Marruecos, sino contra las cabilas bereberes que ocupaban el territorio rifeño. En un complejo juego de política colonial entre Francia, Inglaterra y Alemania, Marruecos había terminado convertido en protectorado —pero con soberanía nominal del sultán alauita— y a España le había tocado en el reparto precisamente aquella zona, el Rif, una cadena montañosa que oscila entre los parajes semidesérticos y las cumbres boscosas: una franja del tamaño de la comunidad valenciana en el norte de África, desde el Atlántico hasta la frontera con Argelia. ¿Y qué nos jugábamos en el Rif? Un poco de todo. Desde el punto de vista del prestigio nacional, una compensación a la pérdida de Cuba y Filipinas. Desde el punto de vista geopolítico, un colchón protector para las plazas tradicionales de Ceuta y Melilla. Y desde el punto de vista económico, los intereses mineros, particularmente los encarnados por Romanones y Güell, materializados en la Compañía Española de Minas del Rif.

El 9 de julio de 1909, las cabilas rifeñas atacaron las minas españolas en el Rif. Mataron a seis obreros. El gobierno reaccionó anunciando la movilización masiva de reservistas para enviarlos a Marruecos. Quien pudiera pagar 6.000 reales podría librarse; quien no, tendría que vestir uniforme. Desde el punto de vista militar, parecía la solución correcta. Desde el punto de vista político, sin embargo, fue la chispa que encendió un fuego alimentado desde años atrás.

Escenario: Barcelona, el 25 de julio. En el puerto se acumulan los reclutas que van a embarcar hacia Marruecos. Los agitadores anarquistas y socialistas se presentan en los muelles para impedir el embarque de las tropas, porque es el pueblo el que va a morir. La fuerza pública actuará con severidad. El gobierno decreta el estado de guerra. Entonces el PSOE declara la huelga general en toda España. Los anarquistas de Barcelona, por su parte, constituyen un comité de huelga. A las movilizaciones se suman los republicanos radicales que dirige Lerroux. La huelga general se convierte en revolución. Barcelona es el foco. Los revolucionarios atacan los cuarteles de la Guardia Civil y las comisarías de policía. Líneas ferroviarias voladas con dinamita, tranvías volcados en la vía pública para que sirvan de barricadas. Barcelona queda aislada del exterior. Enseguida comienzan también los asaltos violentos a los templos: 12 iglesias y 52 conventos incendiados, incontables obras de arte y valiosísimas bibliotecas destruidas. La violencia se extiende durante una semana. El 31 de julio, el capitán general de Cataluña logrará sofocar la insurrección con el ejército y la Guardia Civil. Balance: 75 civiles y 8 militares muertos, además de cientos de heridos y numerosos destrozos en la ciudad. Eso fue la Semana Trágica.

En Marruecos, mientras tanto, se escribía otra tragedia. Las tropas desplegadas para proteger Melilla y su contorno se mueven con torpeza.

En uno de los puntos de contacto con el enemigo, el Barranco del Lobo, una tropa de leva mal adiestrada, nulamente motivada y sin protección artillera queda expuesta al fuego de los rifeños que disparan desde la montaña. Un garrafal error militar que va a terminar causando una carnicería. Murieron 153 soldados españoles y otros 599 resultaron heridos. Y aún vendrían episodios más duros en aquella guerra.

La represión de la Semana Trágica fue severa: dos mil procesados, 175 penas de destierro, 59 cadenas perpetuas y cinco penas capitales. Entre los ejecutados estaba el anarquista Francisco Ferrer Guardia, considerado el principal instigador de la revolución. La ejecución de Ferrer suscitó una extensísima ola de críticas en el exterior, movida verosímilmente por las redes anarquistas y las logias masónicas. En el interior, los enemigos de Maura, que eran muchos y en todos los frentes —liberales, republicanos, socialistas, etc.— aprovecharon para lanzar una feroz campaña al grito de «Maura, no». Maura presentó al rey su dimisión creyendo que Alfonso XIII la rechazaría. No conocía bien al rey. El monarca le aceptó la dimisión. Maura no abandonaría del todo la política, pero así terminó el intento de regenerar el sistema desde la derecha con una «revolución desde arriba».

UNA BALA PARA CANALEJAS

Alfonso XIII encargó formar gobierno al liberal Segismundo Moret, un típico político del sistema, cómodo en el cambalache caciquil. Pero Moret estaba tan desacreditado que cayó enseguida porque los propios liberales le retiraron su apoyo en las Cortes. Así llegó al poder José Canalejas. Si Maura había intentado la regeneración desde la derecha, Canalejas lo intentaría desde la izquierda. Era febrero de 1910.

De la política de Canalejas ya hemos hablado. También de sus frustraciones. En materia de política exterior, se encontró con la agresiva diplomacia francesa en Marruecos. Como los franceses ocuparon Fez, Canalejas ordenó hacer lo propio en ciudades marroquíes como Larache y Alcazarquivir. De inmediato se abrieron negociaciones con los franceses, y no fueron especialmente amistosas. Al mismo tiempo, los republicanos y los anarquistas volvieron a la insurrección: motín republicano en la fragata *Numancia*, huelga general de la socialista UGT y los anarquistas de la recién creada Confederación Nacional del Trabajo (CNT), levantamiento anarquista en Cullera con asesinato de un juez y dos de sus ayudantes, huelga ferroviaria... La represión fue muy dura. Canalejas, que quería reformar el sistema desde la izquierda, nunca entendió que fuera precisamente la izquierda la que bombardeaba su política.

En la mañana del 12 de noviembre de 1912, cuando Canalejas paseaba por la Puerta del Sol, ante el escaparate de la librería San Martín, un hombre se acercó y le descerrajó tres tiros. El autor de los disparos era Manuel Pardiñas, un pistolero internacional vinculado a los ambientes anarquistas que había dejado ya huella en Argentina, Cuba, Florida y Francia. La escolta del presidente corrió de inmediato hacia el asesino. Pardiñas, viéndose acorralado, se voló la cabeza. Don José Canalejas moría a los cincuenta y ocho años de edad.

Pardiñas era anarquista, es verdad, como es verdad que los anarquistas habían amenazado a Canalejas reiteradas veces. Pero en este crimen hubo, además, rasgos muy llamativos. El cadáver del asesino apareció con dos tiros mortales en la cabeza, pero nadie se suicida dos veces. Además, consta que la policía supo de la entrada de Pardiñas en España y, sin embargo, nadie le detuvo. Antes de entrar en España, Pardiñas se había entrevistado en Francia con distinguidos representantes de diversos consorcios financieros e industriales. Y unos pocos días antes del atentado, un periódico de Barcelona daba cuenta de la retirada de capitales franceses del mercado español por el riesgo de un magnicidio inminente. Nadie, en todo caso, investigó estas cosas. Y así, con la muerte de Canalejas, se frustró la regeneración del sistema de la Restauración desde la izquierda. El sistema se encaminaba hacia su colapso.

52

EL COLAPSO DEL SISTEMA DE LA RESTAURACIÓN

El asesinato de Canalejas conmocionó a la opinión pública, pero no alteró el sistema, al revés: tanto liberales como conservadores volvieron al redil. Maura y Canalejas habían coincidido en dar protagonismo al Estado en la dirección de la vida económica, y por eso sus propósitos chocaron tanto contra los muros de un sistema donde el Estado, más que dirigir, arbitraba. ¿Qué arbitraba? El juego de intereses privados sobre el que reposaba el propio sistema. Ahora, apartado del liderazgo el uno y asesinado el otro, pasaban a ocupar el primer plano dos personas mucho más adaptables a la dinámica real de la política española: al frente de los liberales, Álvaro de Figueroa, conde de Romanones, avezado en el manejo de las redes de influencia locales y, por otra parte, destacado representante de los intereses económicos franceses; al frente de los conservadores, Eduardo Dato, a cuyo grupo, para diferenciarlo del levantisco Maura, se denominó los «idóneos». Dos liderazgos muy frágiles, porque liberales y conservadores habían quedado divididos en varias facciones, de manera que las cortes se convirtieron en escenario de conflictos sin fin. En todo caso, ambos, Romanones y Dato, se ocuparían de mantener el *statu quo* bajo la dirección de Alfonso XIII. El cual, por su parte, ocupaba una posición cada vez más decisiva por la debilidad y la fragmentación de los partidos del «turno».

«NEUTRALIDADES QUE MATAN»

En julio de 1914 estalló la primera guerra mundial. España se mantendrá al margen de las hostilidades. La guerra ocupaba páginas y páginas en los periódicos y movía encendidos debates, pero España sostuvo una estricta neutralidad incluso cuando los submarinos alemanes hundieron varios mercantes españoles. Siempre se ha dicho que las derechas fueron germanófilas y las izquierdas, por el contrario, partidarias de los aliados. No es del todo verdad. El principal valedor de una entrada en guerra junto a los aliados fue el oligarca por antonomasia, el conde de Romanones, y en la misma postura estaba el propio rey, Alfonso XIII. También, el pretendiente tradicionalista, don Jaime de Borbón, era partidario de los aliados, aunque sus bases, los carlistas, eran germanófilas.

En cualquier caso, lo que inclinó la balanza en favor de la neutralidad fue el simple peso de los hechos: ni el ejército español estaba en condiciones de librar una guerra de tal dimensión, ni nuestra economía podía permitírselo. El jefe del Gobierno, Eduardo Dato, se lo explicó al rey con toda claridad:

> Con sólo intentarlo arruinaríamos a la nación, encenderíamos la guerra civil y pondríamos en evidencia nuestra falta de recursos y de fuerzas para toda la campaña. Si la de Marruecos está representando un gran esfuerzo y no logra llegar al alma del pueblo, ¿cómo íbamos a emprender otra de mayores riesgos y de gastos iniciales para nosotros fabulosos?

Marruecos: después del Barranco del Lobo, la guerra del Rif absorbía todos los esfuerzos militares españoles. Aquella guerra estaba consistiendo en un permanente empeño de crear y mantener puestos de control, los blocaos, mientras se negociaba con los líderes tribales. Era cualquier cosa menos una guerra convencional: no había enfrente un ejército propiamente dicho, un cuerpo de oficiales rival con el que establecer comparaciones, un Estado con el que pactar treguas o intercambios de prisioneros. La del Rif era una guerra asimétrica sin más frentes estables que las líneas de abastecimiento y protección creadas por los españoles, una y otra vez perforadas por los ataques sorpresivos de los rifeños. El enemigo no sólo era un guerrillero que conocía bien su territorio, sino también un pueblo extraño, ajeno, con costumbres propias —y poco tranquilizadoras— y una fe, el islam, que bendecía su esfuerzo y le dotaba de una misión mucho más que guerrera. En el lado español, miles de marroquíes combatían bajo la bandera rojigualda en las fuerzas indígenas de «regulares». Una nueva elite militar se iba forjando en aquellos combates. Se los llamará «africanistas». El hecho es que, en aquellas condiciones, España no podía permitirse abrir otro frente en Europa.

La neutralidad en la Gran Guerra de 1914 no fue bien aceptada por los aliadófilos. El conde de Romanones publicó en su periódico, *El Diario Universal*, un artículo titulado «Neutralidades que matan» y firmado con una X que todo el mundo identificó sin dudar con el propio Romanones. Por boca del conde hablaban todos los que querían ver a España alineada con Francia e Inglaterra, tanto por motivos ideológicos como por razones económicas, pues ambos países eran los principales receptores de las exportaciones españolas. Con todo, la neutralidad no impedirá el negocio, al revés: desde finales de 1914, España empezó a producir en enormes cantidades todo lo que Francia e Inglaterra necesitaban. Y como la guerra, contra las previsiones iniciales, se enquistó y empezó a alargarse, los beneficios crecieron como la espuma. Hierro, carbón, armas, cuero, azúcar, trigo... No hubo sector que no conociera una auténtica fiebre exportadora.

Al mismo tiempo, las potencias en guerra instalaban en nuestro país redes de espionaje que también iban a funcionar a pleno rendimiento. Como el país era neutral, esas redes se comunicaban entre sí e incluso se interconectaban, de manera que los mismos que trabajaban para Inglaterra o Francia pasaban información a Alemania, y viceversa. Y más difícil todavía: algunas de esas redes transmitían luego la información al propio gobierno español, que a su vez la hacía conocer a Francia o a Inglaterra. La guerra también fue un buen negocio desde el punto de vista político.

Ahora bien, ocurrió algo imprevisto: al volcar gran parte de la producción hacia la exportación, el mercado interior quedó desabastecido. Los productos más elementales empezaron a escasear y su precio aumentó de manera desproporcionada, con los consiguientes efectos en los sectores menos favorecidos de la población. No faltaba trabajo, pero los salarios no daban de sí. La inflación y la escasez se hicieron insoportables ya entrado el año 1916. Y la olla estalló.

LA CRISIS DEL SISTEMA

La olla estalló por tres puntos distintos y la onda expansiva iba a abrir un periodo extremadamente convulso. Por una parte, los sindicatos UGT y CNT, socialistas y anarquistas, encauzaron el malestar social hacia sus propósitos revolucionarios. Por otra, dentro del ejército aparecieron núcleos de reivindicación corporativa que desestabilizaron fuertemente al gobierno. Por último, los catalanistas aprovecharon la marejada para exigir más autonomía. Y todo eso a la vez.

La agitación sindical comenzó a fraguarse en la primavera de 1916, cuando anarquistas y socialistas se pusieron de acuerdo para convocar una huelga general. El momento era el adecuado, dada la exasperación popular. La huelga tuvo lugar el 18 de diciembre. Fue un éxito. Tanto que UGT y CNT (con el PSOE, por supuesto) resolvieron dar un paso más allá: una huelga general revolucionaria, es decir, con objetivos políticos, y no sólo laborales. En suma, se trataba ahora de asaltar el poder.

Mientras tanto, en los ambientes militares cobraban fuerza las llamadas «juntas de defensa». No era un movimiento político, sino de reivindicación profesional. Los militares destinados en la península se sentían agraviados en lo profesional, porque casi todos los ascensos los copaban sus compañeros destinados en la guerra del Rif, y también en lo económico, porque sus salarios eran tan insuficientes como los de todo el mundo. Las juntas pidieron ser reconocidas como interlocutor oficial. Eso iba contra todas las ordenanzas, de manera que el gobierno se negó y, aún más, decidió prohibirlas. Los junteros recurrieron entonces al rey y éste, en vez de apoyar al gobierno, apoyó a los militares, lo cual forzó de inmediato la dimisión de todo el Ejecutivo. La presidencia acabó recayendo en Dato, que legalizó las Juntas y disolvió las Cortes.

En pleno barullo institucional, y como las Cortes estaban disueltas, los regionalistas catalanes, encabezados por Cambó, aprovecharon para alzar la voz. Cambó reunió a los parlamentarios catalanes de todos los partidos en el Ayuntamiento de Barcelona, proclamó la voluntad de Cataluña de constituirse en región autónoma y exigió la convocatoria de Cortes para redactar una nueva Constitución que, por supuesto, recogiera la autonomía catalana y la de cuantas regiones lo solicitaran. Los diputados monárquicos se bajaron de ese tren, pero Cambó recibió apoyo de los republicanos y los socialistas. Catalanistas, republicanos y socialistas se reunieron en asamblea parlamentaria en Barcelona y resolvieron formar un gobierno que convocara elecciones. La asamblea duró unas pocas horas: la policía entró, detuvo muy cortésmente a los diputados, disolvió la reunión y, acto seguido, puso en libertad a todo el mundo. Corría el 19 de julio de 1917.

La idea de Cambó era montar la asamblea parlamentaria en otro lugar hasta que la corona cediera, pero los socialistas tenían otros planes. Los preparativos para la huelga general revolucionaria acordada con los anarquistas seguían adelante. En la mente de Pablo Iglesias bullía el ejemplo de la Revolución rusa de febrero de 1917, que había forzado al zar Nicolás II a abdicar y en la que habían cobrado protagonismo los soviets de soldados y trabajadores. El líder del PSOE estaba convencido de que los militares de las juntas de defensa apoyarían el movimiento. En agosto de 1917 la UGT y el PSOE, al calor de una huelga ferroviaria en Valencia, proclamaron la huelga general revolucionaria para derribar a la monarquía, formar un gobierno provisional y convocar Cortes constituyentes. Pero entonces llegaron las sorpresas. Primera: los anarquistas, alérgicos a cualquier programa político, no secundaron el levantamiento. Segunda: las juntas de defensa, lejos de formar soviet alguno, se pusieron a las órdenes de la corona para reprimir la huelga. Tercera: los sindicatos vinculados al mundo católico, que en otras ocasiones habían mostrado su simpatía hacia las protestas de carácter social, ahora condenaban sin ambages la huelga por su carácter revolucionario. Cuarta: ninguna otra fuerza política, ni catalanista ni republicana, apoyaba a los socialistas.

Fue un fracaso. Sólo hubo levantamientos en los polos industriales de Madrid, Barcelona, Valencia y el norte. Los anarquistas que se sublevaron en Barcelona lo hicieron por su propia cuenta. En el campo no se levantó nadie. El error de cálculo del PSOE dejó tras de sí 71 muertos, 200 heridos y dos millares de detenidos. Cuatro líderes socialistas —entre ellos, Largo Caballero y Besteiro— acabaron en la cárcel con condenas a cadena perpetua. Serán puestos en libertad al año siguiente.

Después del fiasco revolucionario, también los parlamentarios cambiaron de actitud. Cambó organizó una nueva asamblea en el Ateneo de Madrid. Alfonso XIII, que se veía dueño de la situación, se entrevistó con él y anunció que aceptaba sus reclamaciones, desde el fin del sistema de turnos entre liberales y conservadores hasta la apertura de un proceso de autonomía para Cataluña. Era el 30 de octubre de 1917. A partir de este momento, el poder va a entrar en un proceso absolutamente caótico que Alfonso XIII manejará con astucia, aun a costa de someter al sistema a fuertes tensiones. Por decirlo en dos palabras: el objetivo era regenerar el modelo favoreciendo la formación de gobiernos de concentración y democratizando las elecciones, pero las cortes resultantes de tales elecciones estarán tan fragmentadas que no habrá forma de sacar adelante proyectos de gobierno estables. En dos años y medio habrá siete gobiernos con cinco presidentes; entre ellos, Maura, Romanones y García Prieto.

¿Y qué pasaba con la carestía? Que tampoco había forma de arreglarla. El liberal Santiago Alba propuso aplicar un impuesto a los beneficios extraordinarios de las empresas que se estaban enriqueciendo con la guerra, pero se encontró con la vehemente oposición de Cambó. ¿Por qué? Porque muy buena parte de esas empresas eran catalanas y vascas, y el catalanismo, después de todo, no dejaba de ser el brazo político de la burguesía industrial de ambas regiones. Así que no hubo impuestos.

Los catalanistas, por cierto, seguían a lo suyo: reclamar un estatuto de autonomía, tarea en la que iban a contar con el apoyo del nacionalismo vasco, transformado ya en una fuerza burguesa de talante moderado. Alfonso XIII entendió que el asunto, después de todo, no dejaba de ser una forma de desviar la atención del problema social provocado por la crisis de subsistencias, así que apoyó la iniciativa. De inmediato se levantó una reacción hostil en todas partes, y muy especialmente en Castilla, donde las diputaciones provinciales, reunidas en Burgos, hicieron saber que se oponían a que cualquier región española tuviera un trato de privilegio respecto a las otras. Y Alfonso XIII, con la misma naturalidad con la que había apoyado a los catalanistas, apoyó ahora a los castellanos.

La cuestión catalana terminó enfangándose en proyectos de autonomía elaborados desde Madrid que Cambó no aceptaba. Hubo tensos debates en las Cortes. «No se puede ser Bismarck en Madrid y Bolívar en Barcelona», le espetó a Cambó un relevante diputado liberal, Niceto Alcalá Zamora. Y Maura, dirigiéndose a los diputados catalanistas, les recordó que allí todos eran españoles y que «nadie puede elegir madre, ni hermanos, ni casa paterna, ni pueblo natal, ni patria». Era diciembre de 1918. Cambó escribió al rey anunciándole que los diputados catalanistas se retiraban de las Cortes y se marchó a Barcelona a hacer de Bolívar. Pero enseguida aparecería un problema aún mayor.

EL «TRIENIO BOLCHEVIQUE»

En octubre de 1917, Rusia vivió una nueva revolución y el régimen republicano liberal de Kerensky, que había derrocado al zar, fue a su vez derribado por los comunistas. La Revolución de Octubre inflamó los ánimos de los socialistas en toda Europa y tuvo un acusado efecto en la izquierda española, que venía de los fracasos ya mencionados. En España, la crisis política de 1917 había dejado a los socialistas fuera de juego y divididos. Sin embargo, la agitación social estaba creciendo por sí sola a causa de la insoportable situación de los trabajadores, esta vez de manera muy especial en los espacios agrarios del sur. Las desamortizaciones del siglo anterior habían hecho nacer una masa campesina en situación muy precaria: sin tierra, con poco trabajo y mal pagado, al borde siempre de la miseria. Las prédicas anarquistas de «la tierra es de todos» ganaron muchos adeptos. Y allí comenzó lo que se llamaría el «trienio bolchevique».

Ocupación de fincas, quema de cosechas, asalto de ayuntamientos, también robos y asesinatos. Todo eso pasó en diferentes puntos de Andalucía, La Mancha y Extremadura. Los anarquistas de la CNT declaraban en 1918 alrededor de 100.000 afiliados en el campo andaluz, y seguramente no exageraban. El movimiento empieza con una huelga en la provincia de Córdoba en octubre de 1918 y va encadenando una movilización con otra hasta extenderse por toda Andalucía en marzo de 1919. Con frecuencia conseguirán sus objetivos laborales y los salarios mejorarán, pero la mecha de la violencia ya estaba prendida. En mayo de 1919 el gobierno declaró el estado de guerra. Sólo entonces volvería la calma.

Mientras tanto, en Barcelona estallaba la huelga de La Canadiense, que era el nombre por el que se conocía a la compañía Riegos y Fuerzas del Ebro: una empresa de origen canadiense, en efecto, clave para el suministro eléctrico de Barcelona y en la que, por cierto, Cambó ocupaba un puesto clave. Los anarquistas de la CNT habían apuntado a La Canadiense por su importancia estratégica. La huelga comenzó en febrero de 1919. A las pocas semanas se extendió a otras empresas del sector eléctrico y, enseguida, a los servicios de luz y gas. Después, a los ferrocarriles, los chóferes, los carreteros y el textil. Barcelona quedó paralizada.

El gobierno —Romanones en aquel momento— envió al ejército para que rehabilitara los servicios mientras hacía propuestas de negociación; propuestas que los huelguistas desconocían porque la CNT había declarado la «censura roja»: los sindicalistas del ramo de artes gráficas impedían —por la fuerza, evidentemente— la publicación en los periódicos de cualquier noticia que fuera perjudicial para la propia CNT. El gobierno terminó declarando el estado de guerra, y sólo entonces pudo publicar sus propuestas de negociación. Para los sindicalistas fue un éxito: a pesar del inmenso caos desatado en Barcelona, sólo hubo una bomba y cuatro asesinatos, que para el clima habitual en la ciudad eran trastornos leves. Pero, sobre todo, el gobierno se avino a implantar la jornada laboral de ocho horas, algo que ningún país europeo había hecho aún.

Lo peor vino después. En el fuego de la huelga había nacido un tipo de anarquismo extremadamente violento que a partir de ahora se haría notar a golpe de pistola. Los líderes propiamente sindicales como Ángel Pestaña o Salvador Seguí perdían protagonismo en beneficio de los pistoleros. Los trabajadores católicos o, simplemente, no revolucionarios, se agrupaban en el Sindicato Libre, creado a iniciativa carlista y que no tardaría en entrar en conflicto (a tiros) con los anarquistas. Y la patronal, por su parte, creaba su propia red de seguridad para, también a fuerza de pistolas, atemorizar a los sindicalistas más activos. Barcelona vivirá años de puro terror.

La agitación obrera pasó entonces al sector minero andaluz: la cuenca de Río Tinto-Nerva en Huelva y la cuenca de Peñarroya en Córdoba. Aquí se producirán continuas huelgas a lo largo de todo el año 1920. Por ilustrar un poco el paisaje, señalemos que Río Tinto era una empresa de origen inglés propiedad de los Rothschild, y que Peñarroya, que proporcionaba a Río Tinto el carbón que necesitaba, era una empresa de origen francés entre cuyos principales accionistas se hallaba Romanones. La huelga en ambos lugares fue dura y, llamativamente, el gobierno se abstuvo de intervenir. Al final del proceso, en los dos centros hubo mejoras objetivas de las condiciones laborales, pero a costa de despidos masivos.

EL ASESINATO DE EDUARDO DATO

En la noche del 4 de agosto de 1920, en Valencia, el político conservador Francisco Maestre, conde de Salvatierra de Álava, de cuarenta y ocho años, volvía de pasear por el puerto con su esposa y su cuñada, la marquesa de Tejares. Unos desconocidos se acercaron al coche de tiro en el que viajaban y dispararon a quemarropa. La marquesa murió en el acto. Maestre, al día siguiente. La esposa sobrevivió. Francisco Maestre, político duro y expeditivo, había sido frecuentemente designado por diversos gobiernos para afrontar situaciones conflictivas. Por eso se le encargó el gobierno civil de Barcelona entre diciembre de 1919 y junio de 1920, en plena ola de pistolerismo. Los anarquistas le declararon objetivo a liquidar. Anarquistas fueron los que le dispararon. Ese año 1920 los atentados anarquistas iban a dejar doscientos muertos en España.

Eduardo Dato había llegado nuevamente a la presidencia del consejo de ministros en mayo de 1920. Muy consciente del carácter explosivo de la situación, había decidido crear un nuevo ministerio: Trabajo, para llevar a cabo las reformas que, hasta ahora, el Estado apenas había sido capaz de desplegar. Su titular: el sevillano Carlos Cañal, un conservador preocupado desde años atrás por la pobreza y la educación. Una de sus primeras iniciativas, bajo impulso del propio Dato, fue implantar el seguro obrero obligatorio para todos los trabajadores. Con el mismo espíritu, Dato había elegido a hombres de talante negociador para hacerse cargo del gobierno en Barcelona, en la esperanza de rebajar la tensión. Maestre, el asesinado en Valencia, era el gobernador saliente. Su muerte exasperó a la patronal catalana, incluidos los catalanistas de Cambó, que exigieron el retorno a la mano dura. La mano en cuestión era la del general Martínez Anido. Dato les dio lo que querían. El general se aplicó de inmediato a la tarea. Y fue, sí, una mano muy dura.

El 8 de marzo de 1921, a las ocho y cuarto de la tarde, en Madrid, Eduardo Dato volvía a su domicilio en su coche oficial. Al pasar por la Plaza de la Independencia, tres sujetos a bordo de una moto con sidecar se situaban tras el vehículo del presidente y disparaban sobre él veintidós tiros. Ocho proyectiles alcanzaron a Dato. Era el tercer presidente del Gobierno asesinado por los anarquistas en veinticuatro años.

Porque fueron anarquistas, en efecto. Uno se llamaba Pedro Mateu. Fue capturado y condenado a muerte, pero en 1924 se le conmutaría la pena por la de cadena perpetua. Excarcelado por la II República, siguió en la CNT hasta su exilio en Francia, donde moriría en 1982. El segundo se llamaba Luis Nicolau. Logró fugarse a Alemania, pero allí fue detenido y devuelto a España. Condenado a cadena perpetua, será excarcelado por la República. Militante de la Federación Anarquista Ibérica, el sector más radical del anarquismo, Nicolau morirá fusilado en febrero de 1939 por el propio ejército del Frente Popular en su retirada a Francia. El tercer asesino fue Ramón Casanellas, que logró escapar y se fugó a la Unión Soviética. Convertido en agente de Moscú, volvió a España en 1931 como dirigente del Partido Comunista. Murió en 1933 en un accidente de moto que, al parecer, fue en realidad un asesinato instigado por el propio PCE.

EL DESASTRE DE ANNUAL

¿Quedaban más amarguras por apurar en aquel año de 1921? No, todavía tenía que llegar la más salvaje: el desastre de Annual en la guerra del Rif.

Annual es una pequeña localidad a 60 kilómetros al oeste de Melilla. Fue aquí donde, entre el 22 de julio y el 9 de agosto de 1921, el ejército español sufrió un brutal descalabro que supuso un punto de inflexión tanto militar como político. En general, hasta ese momento la política española había consistido en comprar la sumisión de las cabilas, pero el procedimiento no siempre era fiable. A finales de la década de 1910, un fuerte sentimiento nacionalista había empezado a unir a las tradicionalmente enfrentadas cabilas bereberes. El líder del movimiento se llamaba Abd el-Krim y era un ex funcionario colonial formado en la Universidad de Salamanca.

Lo que ocurrió en torno al campamento de Annual merece figurar en una antología de grandes errores militares. El comandante militar de la zona, el general Silvestre, guiado por informaciones falsas, creyó haber comprado la voluntad de una de las cabilas y ordenó un despliegue general desde Melilla hacia el oeste. El tal despliegue constaba de una serie de pequeños puntos fortificados poco guarnecidos y peor abastecidos, una red más policial que militar. Las cabilas supuestamente sumisas mostraron entonces su verdadero rostro y atacaron a los españoles.

Silvestre se vio ante una insurrección general que se extendió incluso a los abundantes soldados marroquíes de las filas españolas. Los supervivientes se refugiaron en el campamento de Annual, pero enseguida los rifeños, en ingente número, cercaron el sitio. Silvestre vaciló y el resultado fue el peor posible: una retirada caótica que dejó a los fugitivos a merced de las balas rifeñas. El propio Silvestre desapareció en el caos, se dice que suicidado. Algunas unidades, como el regimiento Alcántara, lograron proteger la retirada con un sacrificio inmenso. Parte importante de la tropa fugitiva se hizo fuerte en Monte Arruit, pero, desasistida, terminó rindiéndose. Pactaron los términos con el enemigo y entregaron las armas a cambio de sus vidas. Sin embargo, los rifeños no respetaron el pacto: entraron a degüello y ejecutaron una carnicería. En conjunto, en el desastre de Annual perecerán más de 9.500 españoles y 2.500 marroquíes de las tropas españolas, muchos de ellos asesinados a sangre fría una vez cautivos, frecuentemente torturados de la manera más salvaje.

Melilla pudo haber caído ese día. No cayó porque, a la desesperada, el mando militar echó mano de todo lo que tenía en Marruecos y, en particular, de una unidad profesional que estaba operando en el otro extremo del Protectorado: la Legión, creada por el teniente coronel Millán Astray y el comandante Francisco Franco. Después de una brutal marcha de 101 kilómetros en 33 horas, la Legión embarcó en Ceuta y llegó a Melilla junto a otros refuerzos. La guerra del Rif abría una nueva fase.

Toda la política española a partir de este momento girará en torno a las responsabilidades de Annual y, al mismo tiempo, el perpetuo debate sobre la regeneración del sistema. Debate tanto más estéril cuanto más se agudizaban los problemas nacionales, incluido el de la violencia terrorista. En marzo de 1923 moría asesinado en Barcelona, a manos de anarquistas, el líder del Sindicato Libre José Martí Arbonés. Pocos días después, en respuesta, era asesinado a su vez el dirigente anarquista Salvador Seguí. En junio de 1923, pistoleros de Los Solidarios, un grupo anarquista especialmente violento, asesinaban al obispo de Zaragoza, Juan Soldevila, figura eminente del sindicalismo católico. Veinte balas. En agosto, en Málaga, hubo un motín en los barcos que transportaban tropas a Marruecos. En Barcelona, el 11 de septiembre, sectores radicales del nacionalismo catalán recorrieron Barcelona gritando «Muera España» y «Viva la República del Rif».

El 13 de septiembre de 1923, el general Miguel Primo de Rivera, capitán general de Cataluña, se sublevaba en Barcelona. Era un golpe de Estado. Para sorpresa del jefe del Gobierno, que era García Prieto, Alfonso XIII no se opuso al golpe. Así, con otro «espadón», se resolvió el colapso del sistema de la Restauración.

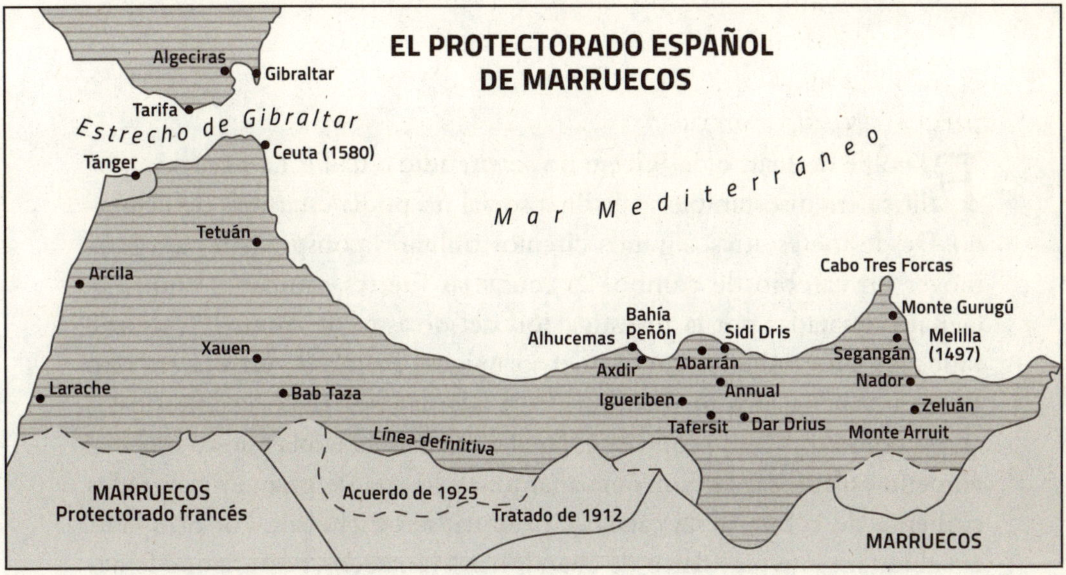
EL PROTECTORADO ESPAÑOL
DE MARRUECOS
Algeciras
Gibraltar
Tarifa
Estrecho de Gibraltar
Tánger
Ceuta (1580)
Mar Mediterráneo
Tetuán
Arcila
Cabo Tres Forcas
Monte Gurugú
Bahía
Alhucemas
Peñón
Sidi Dris
Melilla
(1497)
Xauen
Segangán
Axdir
Abarrán
Nador
Larache
Bab Taza
Annual
Igueriben
Zeluán
Tafersit
Dar Drius
Monte Arruit
Línea definitiva
MARRUECOS
Protectorado francés
Acuerdo de 1925
Tratado de 1912
MARRUECOS

53
LA DICTADURA DE PRIMO DE RIVERA

El golpe de Primo de Rivera no sorprendió a nadie. La situación política era insostenible y el clima social no podía estar más deteriorado. Desde meses atrás, algunos círculos militares conspiraban para promover un cambio de rumbo. La causa: las fuertes campañas contra el ejército desatadas por la investigación del desastre de Annual. De entre todos los jefes militares del momento, Miguel Primo de Rivera era uno de los más señalados por su historial y, además, por sus excelentes contactos políticos. Como capitán general de Cataluña había puesto especial empeño en sofocar la violencia anarquista, lo cual le granjeó el agradecimiento de la burguesía catalana, nacionalistas incluidos. Por otro lado, era abiertamente partidario de abandonar Marruecos, postura que le hacía simpático a las izquierdas. En cuanto a la opinión pública, la gran mayoría de los intelectuales, con la excepción de Azaña y Unamuno, acogió el golpe con absoluta tranquilidad. En suma, eran muchos los sectores sociales y políticos que veían con buenos ojos al general. El rey también.

UN RÉGIMEN NUEVO

Por el perfil general de la política española, lo que se esperaba era un «espadón» al viejo estilo: un militar liberal que diera un golpe en la mesa y restableciera el orden. Pero Primo de Rivera tenía otras cosas en la cabeza. ¿Qué cosas? Un sistema nuevo. Esto hay que entenderlo en el contexto europeo del momento, con una crisis general del parlamentarismo incluso en naciones como Francia e Inglaterra, el impacto del éxito de Mussolini en Italia, inicialmente celebrado en todas partes, y una conflictividad social en aumento. En tales circunstancias, la llegada de un líder dispuesto a encabezar la gran reforma flotaba en el aire de los tiempos. En el caso español, además, enlazaba con la idea del «cirujano de hierro» predicada por Costa y los regeneracionistas. El propio general se veía así.

Cuando Miguel Primo de Rivera llegó a Madrid, se entrevistó con todo el mundo —empezando por Alfonso XIII— y en general causó una excelente impresión a todos. A todos menos a Maura, el veterano conservador, que al salir de la entrevista le dijo a su hijo Miguel: «Este hombre está loco. Esto es el fin de la monarquía. Vendrá una República, luego el caos y después, claro, los militares». Los hechos iban a darle a Antonio Maura la razón. La pregunta es si en aquel momento existía otra posibilidad en España. Los socialistas, por ejemplo, entendieron que no existía. El PSOE se apresurará a colaborar con el dictador en su política social: la creación de los comités paritarios de patronal y obreros será una de las grandes aportaciones del nuevo régimen en materia laboral y Largo Caballero entrará como consejero de Estado. Los socialistas aprovecharán la oportunidad que les brindaba la dictadura.

Porque fue una dictadura, en efecto, y sin embozo alguno. Se declaró el estado de guerra. La Constitución de 1876 quedó suspendida, los partidos se vieron apartados del poder y las Cortes fueron clausuradas. En su lugar apareció, primero, un directorio militar integrado sólo por generales bajo la autoridad del rey, y después, a los dos años, un directorio cívico-militar. En ambas formulaciones, Primo de Rivera se reservaba el papel de jefe del Gobierno. Si alguien esperaba un «espadón» como Narváez u O'Donnell, es decir, un caudillo que consolidara el sistema, el propio general se encargó de desmentir de inmediato tales expectativas. Él había venido a «liberar a España de los profesionales de la política», como querían los regeneracionistas.

En muy pocos meses, la dictadura, siempre con el programa regeneracionista en la boca, ejecutó una limpieza a fondo del sistema «turnista». Los centros habituales del caciquismo político, que eran los ayuntamientos y las diputaciones provinciales, pasaron a depender directamente del gobierno. Para acabar con las connivencias entre los mundos político y económico, se abrieron numerosas investigaciones con comités especiales contra la corrupción que, entre otras cosas, destituyeron a más de un centenar de secretarios municipales. Todo ello en un contexto de restricción severa de las libertades de prensa y reunión.

LAS VICTORIAS: EL ANARQUISMO Y MARRUECOS

Ante todo, Primo de Rivera afrontó el problema de la violencia social, y los propios anarquistas le dieron un excelente argumento cuando asesinaron al verdugo de Barcelona. El general había empezado de manera algo más suave: al principio se limitó a exigir a la CNT que presentara sus libros de cuentas y sus registros, lo cual fue suficiente para «fichar» a los líderes e inaugurar el desmantelamiento de la organización. Después de aquel asesinato, sin embargo, todo se aceleró: con la declaración del estado de guerra como paraguas legal, la CNT y sus filiales fueron prohibidas, así como la prensa anarquista. Para asegurar el orden en las calles se recurrió a la figura del somatén, milicia urbana de origen catalán cuya estructura se amplió a otros lugares de España, y siempre bajo la autoridad militar. El anarquismo quedó literalmente decapitado.

Simultáneamente, el nuevo régimen creaba un nuevo organismo para encauzar la conflictividad laboral: la Organización Corporativa Nacional, puesta bajo la dirección de Eduardo Aunós, un catalanista de la Lliga que se había propuesto aplicar los principios de la doctrina social de la Iglesia. Fue aquí donde la UGT socialista entró como representante de los trabajadores en los comités paritarios con la patronal. La UGT ensanchó extraordinariamente su base y por primera vez pudo ganar terreno frente a la desarticulada CNT anarquista.

Acto seguido, Primo de Rivera sondeó a los franceses para resolver el problema marroquí. Abd el-Krim, el líder rifeño, había cometido el error de atacar las posiciones francesas en Marruecos, vecinas de la zona española. La confluencia de intereses hizo posible una operación conjunta que iba a convertirse en el primer desembarco aeronaval de la historia. Fue en Alhucemas, el 8 de septiembre de 1925. España corrió con el peso de las acciones bélicas en el norte del frente y Francia prestó apoyo aeronaval mientras sus tropas avanzaban desde el sur. El encargado francés del operativo fue el mariscal Pétain. Primo de Rivera mandó directamente al ejército, auxiliado por el general Sanjurjo. Cerca de 13.000 soldados combatieron en el desembarco, entre ellos los legionarios al mando del ya coronel Franco. El ejército rifeño de Abd el-Krim no era una horda de desharrapados: alineaba numerosas piezas de artillería atendidas por mercenarios extranjeros. Pero el despliegue de poder de los atacantes fue impresionante: hasta 17 carros de combate y unos 160 aviones participaron en la operación. Pese a la inicial resistencia rifeña, la fuerza española logró establecer cabezas de playa y penetrar en territorio enemigo. El 13 de octubre de 1925 concluía la operación. La guerra quedará definitivamente resuelta en mayo de 1927. La pesadilla de Marruecos había terminado.

Con todo a su favor, Primo de Rivera dio el siguiente paso: institucionalizar el régimen, es decir, *su* régimen. Creó un partido propio, la Unión Patriótica, que expresamente se definía al margen de cualquier ideología. No era un partido fascista. De hecho, fue su visita a Italia y su contacto directo con el modelo fascista lo que le dio la idea de crear una organización de otro tipo: un vasto movimiento de carácter fundamentalmente patriótico y técnico, acorde con el lema regeneracionista —siempre esa inspiración— de «menos política y más administración». ¿Ideas? Defensa de la nación, religión católica y política de orden. Nada más, porque Primo de Rivera no quería nada más.

DICTADURA Y DESARROLLO

En el aspecto técnico, no le faltaron colaboradores eficaces. Para modernizar las infraestructuras del país escogió a Rafael Benjumea, conde de Guadalhorce, un ingeniero que había cobrado fama construyendo grandes obras hidroeléctricas. Como el general, Guadalhorce era un firme partidario de la intervención del Estado en materia de infraestructuras. A su iniciativa se deben la ampliación y reparación de las carreteras españolas, la culminación de la red ferroviaria y la creación de las confederaciones hidrográficas, que por primera vez racionalizaron y organizaron la gestión de los recursos hídricos del país.

La vastísima política de infraestructuras de la dictadura exigía una meticulosa gestión del gasto público, y aquí el dictador iba a contar con otro técnico de categoría: José Calvo Sotelo, un joven y brillante abogado del Estado, treinta y dos años en este momento, que se hizo cargo de la cartera de Hacienda. A Calvo Sotelo —el mismo que sería asesinado después por policías socialistas— le llamaban el «ministro bolchevique» porque planteó un plan de control del fraude fiscal que apuntaba especialmente a las grandes fortunas. Calvo Sotelo concibió una política fiscal absolutamente moderna. No pudo sacar adelante todos sus proyectos, pero, aun así, la recaudación del Estado aumentó considerablemente y, sobre todo, la Hacienda pública quedó profesionalizada por entero.

Con un entorno exterior favorable, una administración ordenada y un clima social pacificado, la economía española creció de forma muy significativa tanto en producto interior bruto como en PIB per cápita. La creación de grandes empresas nacionales como Campsa y Telefónica arranca de estos años. Campsa era la compañía arrendataria del monopolio de petróleos y su creación significaba que el Estado asumía la distribución del combustible. Inglaterra —la Shell, concretamente—, que dominaba el mercado en España, amenazó con cortar el suministro. La dictadura resolvió el problema firmando un acuerdo de suministro con la Unión Soviética. En cuanto a Telefónica, que iba a disponer del monopolio de la telefonía en España, llegó con la norteamericana ITT como accionista mayoritario.

Entre los grandes hitos de aquellos años hay que incluir el desarrollo de la aviación. Un acontecimiento de gran impacto en la opinión pública fue el vuelo del hidroavión *Plus Ultra* en 1926: era la primera vez que un avión lograba atravesar el Atlántico de norte a sur. Los tripulantes del *Plus Ultra* fueron el comandante Ramón Franco (hermano de Francisco Franco), el capitán Julio Ruiz de Alda, el teniente de navío Juan Manuel Durán y el mecánico Pablo Rada. El aparato: un Dornier D.J Wal, alemán, que se contaba entre los más avanzados de su tiempo. El proyecto de cruzar el Atlántico nació en la mente de los aviadores españoles como una emulación del viaje de Cristóbal Colón. El gobierno de Primo de Rivera respaldó la empresa. Desde Palos de la Frontera hasta Buenos Aires, el *Plus Ultra* cubrió 10.270 kilómetros en casi sesenta horas de vuelo. La hazaña tuvo gran importancia para la aviación española. Muy poco después, en junio de 1927, nacía Iberia, la primera compañía aérea española.

LA CONSTITUCIÓN QUE NO FUE

Con el viento de popa, Primo de Rivera se planteó la institucionalización de su régimen, es decir, hacerlo permanente. Ya tenía un partido que era la Unión Patriótica. Ahora correspondía dotarse de un órgano asambleario de representación popular, y para ello concibió una Asamblea Nacional Consultiva que sustituiría a las viejas cortes. Se convocó un plebiscito informal, el resultado fue afirmativo y Alfonso XIII, aunque poco amigo de la idea, tuvo que refrendarla. A estas alturas —verano de 1927— ya había un cierto grado de libertad de prensa y el régimen, más que una dictadura, era una «dictablanda». Primo de Rivera había concebido la Asamblea como una representación de todas las fuerzas sociales: ayuntamientos, provincias, universidades, tribunales, el mundo del trabajo, las artes, etc. El modelo institucional —asamblea consultiva— se inspiraba en el fascismo italiano, pero en lo ideológico era hijo del tradicionalismo español de cuño católico. Nombres como Pemán, Pradera o Maeztu estarán en este empeño. Pero la iniciativa no saldrá como el general esperaba: los socialistas, bien que después de mucho deliberar, terminaron negándose a participar, y lo mismo ocurrió con las universidades.

Pese a su muy escaso valor representativo, la Asamblea funcionó. Fue, por cierto, la primera vez que las mujeres ocupaban un escaño en el palacio de las Cortes: trece mujeres, concretamente. En el verano de 1928 la Asamblea dio a conocer una nueva constitución para el país: un Estatuto Fundamental de la Monarquía redactado por Pemán, Gabriel Maura (hijo de Antonio Maura) y Juan de la Cierva, el inventor del autogiro, precedente del helicóptero. Aquella constitución dibujaba a España como una monarquía autoritaria, católica y corporativa. Todas las alarmas saltaron entonces en la clase dirigente del país; no tanto por el color ideológico del Estatuto como por la propia existencia del texto. La clase dirigente, corona incluida, había apoyado y, después, tolerado a Primo de Rivera por la fuerza de las circunstancias, pero que quisiera perpetuarse en el poder y construir un régimen distinto, eso resultaba inaceptable. Y así empezó el desmoronamiento de la dictadura.

EL DESPLOME DEL RÉGIMEN

El régimen de Primo de Rivera tuvo que hacer frente a varios golpes más o menos organizados desde 1925. ¿Quiénes los protagonizaron? Prácticamente todos los sectores que habían quedado fuera del nuevo sistema, incluyendo a doña María Cristina, la madre del rey. Por una parte estaban los militares, y especialmente los del Arma de Artillería, descontentos por el sistema de ascensos, que premiaba a los distinguidos en combate, cuando los artilleros, por su propia función, combaten necesariamente lejos de la línea de choque. Por otra parte estaban los partidos de la vieja situación, desde el conde de Romanones hasta los reformistas de Melquiades Álvarez, los conservadores de Sánchez Guerra y los liberales de Niceto Alcalá Zamora. A éstos hay que añadir los nuevos grupos de orientación republicana nacidos en torno a personalidades como Manuel Azaña, por ejemplo, y algunos militares de renombre como Queipo de Llano. Además, estaban los separatistas radicales catalanes de Francesc Maciá, apoyados por los anarquistas. Los socialistas, por su lado, empezaron a distanciarse de la dictadura y a acercarse a los republicanos en cuanto vieron que el régimen zozobraba. Cada uno de estos grupos quería cosas distintas, pero todos estaban de acuerdo en acabar con la dictadura de Primo de Rivera.

Hubo una conspiración de Romanones con elementos militares en 1925, un golpe algo más organizado en 1926 donde a los mismos protagonistas se añadieron elementos republicanos, un fracasado intento de invasión catalanista y anarquista desde Francia en ese mismo año... En general, la reacción del gobierno se limitó a sanciones de carácter económico, ocasionalmente muy onerosas como la que afectó a Romanones. El golpe más serio fue el que dirigió el político conservador Sánchez Guerra en 1929 con el respaldo de numerosos sectores, desde conservadores monárquicos hasta republicanos y socialistas, y abundante apoyo entre el estamento militar. El golpe fracasó por su mala organización y Sánchez Guerra cayó preso. Sometido a consejo de guerra, los generales que le juzgaban le declararon...absuelto. Aquel fallo cambió el resultado del golpe, que de fracaso se convirtió en éxito. Primo de Rivera entendió el mensaje: el ejército le retiraba su apoyo. Alfonso XIII también lo entendió.

En diciembre de 1929 Miguel Primo de Rivera presentó al rey un plan de transición. El dictador estaba cansado y enfermo: la diabetes hacía estragos. Alfonso XIII le pidió tiempo para pensarlo, pero lo tenía ya todo pensado, máxime cuando por doquier había movimientos militares. Finalmente, el 28 de enero de 1930, el general le presentaba al rey su dimisión. Miguel Primo de Rivera se marchó a París. Murió allí muy poco después, el 16 de marzo, en una modesta habitación del hotel Pont Royal, en la rue du Bac.

Alfonso XIII soñaba con volver a la Constitución de 1876. De entrada, encomendó el gobierno al general Berenguer, militar de su estricta confianza, para que pilotara el proceso. Pero ya era demasiado tarde. Al conocer el nombramiento, el filósofo Ortega y Gasset escribe un sonado artículo: «El error Berenguer». Lo que España necesita —sostiene el filósofo— no es un mero cambio de gobierno, sino un cambio de espíritu: víscera cordial, energía nacional, altura histórica. Ortega funda con Gregorio Marañón y Ramón Pérez de Ayala la Agrupación al Servicio de la República. Será la cobertura intelectual del comité que, en el plano de la maniobra política, ya está trabajando para derribar a la monarquía.

LA CONJURA REPUBLICANA

En efecto, en agosto de 1930 se ha constituido en San Sebastián un comité donde están los pesos pesados del republicanismo: Miguel Maura (hijo también de Antonio Maura), Alcalá Zamora, Azaña, Lerroux... Se les unen los regionalistas y nacionalistas gallegos y catalanes. Su plan: una revolución que debía comenzar con un levantamiento militar. Los socialistas no están en el pacto, pero se comprometen a proclamar una huelga general. La fecha: el día 15 de diciembre. ¿Era viable? Sí: en el ejército había centenares de oficiales que pertenecían a la masonería y estaban dispuestos a levantarse contra la monarquía. En ellos se confiaba para llevar a cabo la sublevación.

Ahora bien, a finales de noviembre el director general de Seguridad, el general Emilio Mola, se entera de lo que se está tramando. Sabe que uno de los principales nombres militares del complot es Fermín Galán, destinado en Jaca. Lejos de detenerle, Mola le escribe en estos términos:

> Sabe el gobierno y sé yo sus actividades revolucionarias y sus propósitos de sublevarse con tropas de esa guarnición: el asunto es grave y puede

> acarrearle daños irreparables (...) Recuerde que nosotros no nos debemos ni a una ni a otra forma de gobierno, sino a la Patria, y que los hombres y armas que la Nación nos ha confiado no debemos emplearlos más que en su defensa. Le ruego medite sobre lo que le digo, y, al resolver, no se deje guiar por un apasionamiento pasajero, sino por lo que le dicte su conciencia. Si hace algún viaje a Madrid, le agradecería tuviera la bondad de verme.

Galán se puso nervioso. Como el comité revolucionario de los republicanos parecía dubitativo, decidió adelantarse. El 12 de diciembre, él y otro capitán, García Hernández, se levantan en Jaca, proclaman la República y marchan sobre Huesca. Será un desastre: los golpistas fueron rápidamente neutralizados. Galán y García Hernández terminarán apresados, sometidos a juicio sumarísimo y fusilados el día 14. En cuanto a los responsables políticos, la corona ejercerá con ellos una sorprendente indulgencia.

Alfonso XIII, a la desesperada, intentó volver a la monarquía parlamentaria. El rey creía que para eso necesitaba a la izquierda y a los republicanos, así que intentó por todos los medios congraciarse con ellos. Decidió sustituir a Berenguer y buscó entre sus amigos, los políticos de la vieja situación, a alguien que pudiera presidir el gobierno. Todos le dijeron que no: ni Romanones, ni García Prieto ni ninguna de las viejas figuras de la Restauración. Hasta ese punto la monarquía había perdido pie. Sólo un hombre aceptó el encargo: el periodista y político Sánchez Guerra. Y lo primero que hizo fue acudir a la cárcel donde estaban Maura y Alcalá Zamora, los líderes republicanos, y ofrecerles entrar en el gobierno. Éstos no aceptaron.

Finalmente se constituyó un nuevo gobierno encabezado por un almirante, Juan Bautista Aznar. Era el 18 de febrero de 1931. Una semana antes se había publicado el manifiesto de la Agrupación al Servicio de la República. La situación ya era irreversible, pero la corona siguió adelante con su plan: elecciones municipales, primero, y después unas legislativas. La primera vuelta de las municipales se celebró el 12 de abril. Pocas horas después, España había dejado de ser una monarquía.

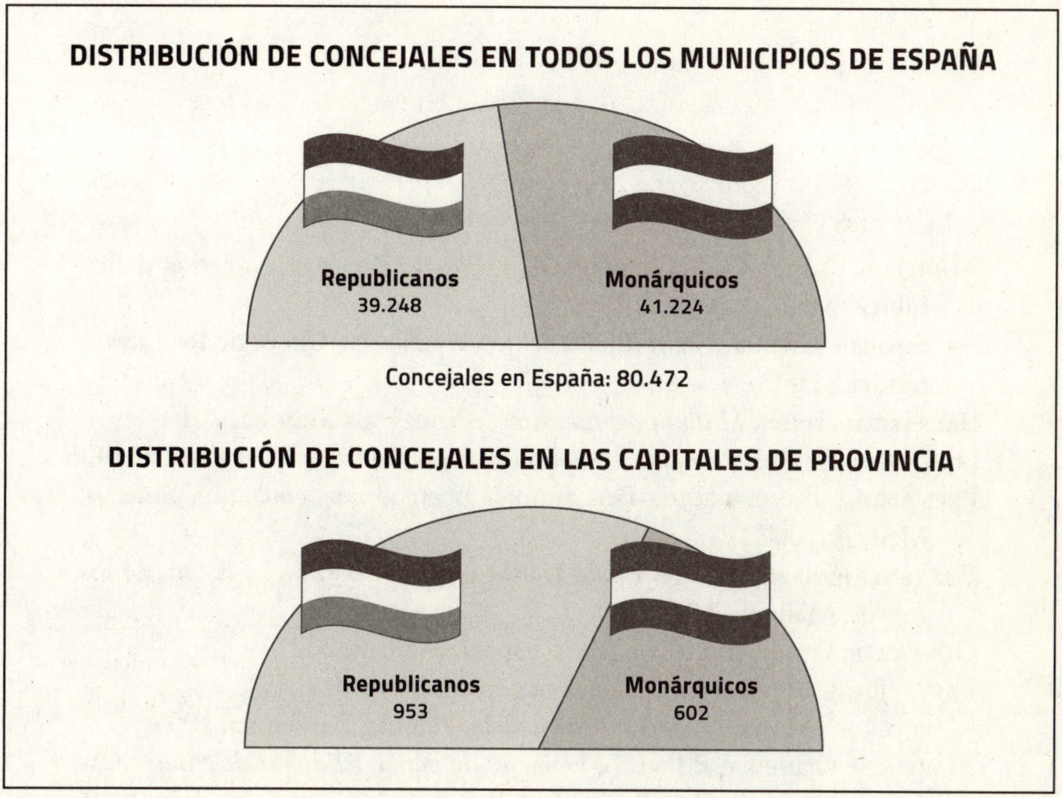
DISTRIBUCIÓN DE CONCEJALES EN TODOS LOS MUNICIPIOS DE ESPAÑA
Republicanos
39.248
Monárquicos
41.224
Concejales en España: 80.472
DISTRIBUCIÓN DE CONCEJALES EN LAS CAPITALES DE PROVINCIA
Republicanos
953
Monárquicos
602

BIBLIOGRAFÍA BÁSICA PARA SABER MÁS

AQUILLUÉ, Daniel, *Guerra y cuchillo. Los sitios de Zaragoza*, La Esfera de los Libros, Madrid, 2021.

—, *España con honra. Una Historia del XIX español*, La Esfera de los Libros, Madrid, 2023.

BARRAYCOA, Javier, *Historia del Carlismo*, Almuzara, Córdoba, 2019.

DE DIEGO, Emilio, *Prim, mucho más que una espada*, Actas, Madrid, 2014.

FERNÁNDEZ BASTARRECHE, Fernando, *Los espadones románticos*, Síntesis, Madrid, 2007.

FONTENLA, Salvador, *La guerra de Marruecos (1907-1927)*, La Esfera de los Libros, Madrid, 2017.

GORTÁZAR, Guillermo, *Romanones*, Espasa, Madrid, 2021.

LAINZ, Jesús, *El privilegio catalán*, Encuentro, Madrid, 2017.

MARCO, José María, *La libertad traicionada*, Planeta, Barcelona, 1997.

MARTÍNEZ VIQUEIRA, Eduardo, *Hombres de honor. El duque de Ahumada y la fundación de la Guardia Civil*, La Esfera de los Libros, Madrid, 2019.

RAMÍREZ, Pedro J., *La desventura de la libertad*, La Esfera de los Libros, Madrid, 2014.

VICTORIA, Pablo, *El terror bolivariano. Guerra y genocidio contra España*, La Esfera de los Libros, Madrid, 2019.

VILCHES, Jorge, *Cánovas del Castillo, La revolución liberal española* (antología), Almar, 2002.

—, *Isabel II*, Síntesis, Madrid, 2007.

—, *La Primera República Española*, Espasa, Madrid, 2023.

QUINTA PARTE

LA ENCRUCIJADA

54
LA II REPÚBLICA

Las elecciones municipales de abril de 1931 eran una pieza clave del plan de Alfonso XIII, inducido por Romanones, para dar nueva legitimidad a la corona. El objetivo era volver a la monarquía constitucional. ¿Qué mejor camino que un ejercicio de democracia? Aunque se tratara de elecciones a los ayuntamientos, todo el mundo sabía que lo que estaba en juego era mucho más. A los comicios concurrían muchas fuerzas: monárquicos, republicanos, socialistas, tradicionalistas, liberales... Además, muchos candidatos se presentaban en su propio nombre. Pero, en general, en la opinión pública había dos corrientes fundamentales: monárquicos y republicanos, y la opción entre unos y otros era lo que se iba a verificar.

GANAN LOS MONÁRQUICOS, PIERDE EL REY

La victoria monárquica fue muy clara. En la primera vuelta, el 5 de abril de 1931, se votó en los ayuntamientos de candidatura única, o sea, donde sólo se presentaba uno. Los monárquicos sacaron más de 14.000 concejales frente a 1.832 de los republicanos. El hecho de que se tratara de municipios con una sola candidatura restaba representatividad a los resultados. Había que esperar a la segunda fase. Y ésta, el 12 de abril, celebrada en todos los demás municipios, también fue favorable a los monárquicos. Hay que decir que en aquellas elecciones pasó de todo. Se sabe, por ejemplo, que en Madrid el candidato socialista, Saborit, hizo votar a miles de difuntos. Y luego la República maquilló los datos, de manera que es imposible conocer los resultados reales. La cifra más aproximada parece ser esta: contando todos los municipios en ambas vueltas, los monárquicos obtuvieron 41.224 concejales frente a 39.248 de los republicanos y socialistas. En las capitales de provincia, sin embargo, la mayoría fue para los republicanos: 953 concejales frente a 602 monárquicos. Aun así, los monárquicos habían vencido en 42 provincias frente a las nueve de republicanos y socialistas. Alfonso XIII había logrado su propósito. Pero todo le saldría al revés.

Los republicanos habían perdido y lo sabían. Pero la suma de republicanos y socialistas había ganado en las capitales de provincia (42 frente a las nueve de los monárquicos) y eso les daba esperanzas para las próximas elecciones generales. Ninguno de ellos pensaba que pudiera hacerse con el poder al día siguiente. Los monárquicos, por su parte, habían ganado, pero estaban aterrados al ver que las capitales de provincia quedaban en manos republicanas. A partir de aquí iba a desatarse una febril actividad entre bastidores, detrás de las cortinas, y también en la calle y en la prensa.

Hay tres fuerzas que empiezan a actuar a la vez. Por un lado, una parte de los republicanos decide agitar la calle: en el Ateneo de Madrid —centro de operaciones de la masonería— y en la Casa del Pueblo socialista en la capital se forman «espontáneas» manifestaciones que se dirigen hacia el Palacio de Oriente, residencia del rey, y la Puerta del Sol, portando pancartas y aireando un supuesto telegrama —en realidad, una intoxicación— en el que el rey renuncia a la corona; al mismo tiempo, el día 13 se ha proclamado ya la República en algunas ciudades. La segunda fuerza que empieza a actuar es la de los propios monárquicos en rendición: el conde de Romanones, ministro de Estado, y el general Sanjurjo, director de la Guardia Civil, que se acercan a los republicanos y presionan para que el rey abandone. Y la tercera fuerza es la decisiva: Miguel Maura, una de las cabezas del movimiento republicano, que empieza a maniobrar a toda velocidad.

Al mediodía del 14 de abril, en la casa del doctor Marañón, en Madrid, los republicanos Miguel Maura y Niceto Alcalá Zamora se entrevistan con Romanones. Éste les dice que el rey está convencido de que el país va a una guerra civil y que sopesa dejar el poder. La corona —asegura— está dispuesta a convocar cuanto antes elecciones constituyentes. Maura corre a ver a sus compañeros del comité revolucionario. Sin perder un minuto, se dirige al Ministerio de la Gobernación, en la Puerta del Sol, donde ya está la muchedumbre movilizada por el Ateneo y el PSOE. La mayoría de los líderes republicanos no se creen lo que están viendo. Azaña teme que en cualquier momento llegue la Guardia Civil y los meta a todos en la cárcel. Y la Guardia Civil llega, sí, en la persona de su jefe, el general Sanjurjo, pero no para detener al comité revolucionario, sino para ponerse a las órdenes del nuevo gobierno. ¿Quién lo ha nombrado? Simplemente, los acontecimientos. Ante el vacío de poder, los republicanos han ganado.

¿Qué pasó realmente? Es difícil saberlo, porque cada uno de los protagonistas, después, contaría los sucesos de forma diferente, pero una hipótesis posible podría ser la que sigue. Uno: ante las manifestaciones republicanas en la calle, Sanjurjo le cuenta al rey que no va a ordenar a la Guardia Civil reprimirlas, porque sería una sangría. Dos: Alfonso XIII interpreta que ya no cuenta con el apoyo de la guardia civil y, con la izquierda en la calle, teme una revolución. Tres, el rey le expresa sus temores a Romanones, que interpreta a su vez que el rey está vencido y quiere marcharse (sensación a la que debió de contribuir el propio Romanones). Cuatro, Romanones se entrevista con Miguel Maura y Alcalá Zamora y les refiere la situación. Y se lo cuenta a Sanjurjo, que se encuentra con hechos consumados... como el propio rey.

Sea como fuere, en la tarde del 14 de abril los socialistas Besteiro y Saborit proclamaban la República desde los balcones del Ayuntamiento de Madrid. Alfonso XIII abandonó el país. Así se inauguró la II República.

ENTRE ORTEGA Y AZAÑA

En líneas generales, la República fue acogida con optimismo e incluso con euforia. Ahora bien, ¿qué República? Porque cada cual veía en ella lo que quería ver, sus propias esperanzas y expectativas, y éstas variaban mucho de un lado al otro del arco político. El discurso republicano, en boca de gentes como Ortega, se vestía con ropajes regeneradores: se proclamaba la República para salvar a la nación, remozar el país, resucitar la Historia de España. La monarquía había demostrado que ya no atendía a los intereses nacionales. Por eso hacía falta una República concebida como una gigantesca empresa histórica. El proyecto orteguiano era típicamente liberal. Había que establecer una separación clara de los poderes ejecutivo y legislativo. Quería implantar un Parlamento de una sola cámara, elegido por las regiones y asistido por comisiones técnicas. Aspiraba a construir una estructura regional (pero no federal) del Estado, en grandes provincias gobernadas por asambleas y gobiernos locales. Se proponía proclamar un estatuto general del trabajo, con sindicación obligatoria de los trabajadores. Apuntaba a adoptar una economía organizada, con cierto grado de planificación económica por parte del Estado, para construir un Estado social. Por supuesto, predicaba la separación de Iglesia y Estado.

Pero la «línea Ortega» no era la única en liza. Al lado, y por encima de ella, estaba la posición mucho más radical que venía marcando Manuel Azaña, que hasta entonces no había pintado gran cosa en la vida pública, pero que en los últimos meses había cobrado enorme peso desde su tribuna en el Ateneo. Para Azaña, los cambios que España necesitaba tenían que afectar a la médula misma de la nación; se trataba de amparar una revolución «burguesa» como la que hizo Francia en 1789. Azaña no ahorraba vocabulario: «Demolición», «destrucción creadora», etc. «Concibo la función de la inteligencia en el orden político —decía— como empresa demoledora. En el estado presente de la sociedad española, nada puede hacerse de útil y valedero sin emanciparnos de la historia. Igual que hay gente que hereda la sífilis, así España ha heredado su historia». España estaba enferma de su historia y Azaña se proponía acabar con ella, «extirparla como un tumor». El programa tenía tres objetivos muy claros: acabar con la corona, extirpar la religión y aniquilar al ejército.

¿De dónde había salido Azaña? Manuel Azaña no era un político de vocación. Era un intelectual, en el peor y en el mejor sentido del término. Nacido en Alcalá de Henares en 1880, había dedicado su vida a estudiar, incluso cuando tuvo que ocuparse de los negocios familiares. Frustrado por la ruina de la empresa paterna, jurista de formación y oficio, funcionario de Registros y letrado del Ministerio de Justicia, desde muy pronto se formó una ideología liberal que pretendía rectificar de un plumazo la trayectoria histórica de España: la nación —pensaba— no la crea la historia, sino el pacto ciudadano organizado en un Estado, y ese Estado debe desplegarse sin traba de institución alguna, lo cual apuntaba especialmente a la Iglesia. Quería formar una minoría ilustrada que guiara a las masas hacia la construcción de la nación liberal. En 1913 entró en política en el entorno del Partido Reformista de Melquiades Álvarez. Buen prosista y orador, empezó a ejercer una influencia creciente en los círculos republicanos. A partir del golpe de 1923, y por oposición a la dictadura de Primo de Rivera (que no obstante le daría el premio Nacional de Literatura en 1926), afianzó sus posiciones republicanas y, aún más, concluyó que necesitaba el apoyo socialista. Azaña se veía como la inteligencia —la expresión es suya— capaz de llevar al pueblo a construir una nueva nación que barriera el lastre tradicional de la corona, la Iglesia y el Ejército. Sus discursos del Ateneo de 1930 son transparentes. Azaña soñaba con hacer la Revolución francesa.

No todo el ámbito republicano estaba en las posiciones de Azaña. Niceto Alcalá Zamora, por ejemplo, anunció solemnemente en la Plaza de Toros de Valencia el advenimiento de una República de derechas «bajo la advocación de la Virgen de los Desamparados y con la bendición apostólica del cardenal arzobispo de Toledo», nada menos. De hecho, la Iglesia se mostró conciliadora desde el primer momento e incluso castigó a los prelados que se manifestaron hostiles al nuevo régimen. Sin embargo, prevaleció el ala más radical y jacobina del movimiento republicano. En el mismo mes de mayo de 1931 comenzó la quema de conventos.

LA QUEMA DE CONVENTOS

En efecto, el 11 de mayo de 1931, cuando la República aún no había cumplido un mes, los republicanos más radicales rompieron a quemar edificios religiosos por toda España. La ola de fuego comenzó en Madrid. El gobierno Azaña conoció de antemano la intención de los exaltados de quemar templos. Azaña, por toda respuesta, comentó que sería un caso de «justicia inmanente» y otros ministros interpretaron la amenaza como «tributo» que la Iglesia debía pagar «al pueblo soberano». Miguel Maura, que ejercía la cartera de Gobernación, propuso sacar a la Guardia Civil para frustrar los incendios, pero Azaña pronunció su tristemente célebre frase de que «Todos los conventos de Madrid no valen la vida de un republicano». El gobierno no moverá un dedo para impedir los ataques.

Una comisión de los incendiarios llegó a Presidencia. El ministro radical-socialista Marcelino Domingo se dirigió afectuosamente al jefe de los pirómanos: era Pablo Rada, compañero de Ramón Franco en el *Plus Ultra* y, como él, jacobino y exaltado. El alcalde de Madrid, Pedro Rico, azañista, emitió un bando tras los incidentes donde trataba de reconducir a los incendiarios en los siguientes términos: «(que) meditéis sobre si la nobleza ingenua de vuestra exaltación no podrá producir gran regocijo a los elementos partidarios del extinguido régimen monárquico». No hubo represión gubernamental por estos hechos. Al revés, Maura ordenó cerrar el periódico monárquico *ABC* y el católico *El Debate*. Azaña, por su parte, aprovechó la situación para plantear la expulsión de los jesuitas. Mientras eso llegaba, el gobierno expulsará al obispo de Vitoria, Mateo Múgica, y al cardenal Segura. Y Largo Caballero, inaugurando lo que a partir de ahora será en él costumbre, pedirá que se arme al «pueblo».

La «noble e ingenua exaltación» de los republicanos en 1931 se extendió de Madrid a Levante y Andalucía. Ardió un centenar de iglesias y edificios, incluidos centros de enseñanza: la escuela de Artes y Oficios, el colegio (obrero) de los Padres de la Doctrina Cristiana en Cuatro Caminos, escuelas de salesianos. Fueron quemadas las bibliotecas de la casa profesa de los jesuitas (80.000 volúmenes, con ediciones príncipe del Siglo de Oro) y la del Instituto Católico de Artes e Industrias (20.000 volúmenes y archivos científicos). Perecieron numerosas obras de arte: Zurbarán, Valdés Leal, Pacheco, Van Dyck, Coello, Mena, Montañés, Alonso Cano, templos monumentales. Fueron arrasadas las sedes de siete periódicos derechistas en Levante y Andalucía. Hubo tres muertos.

NO ERA ESTO, NO ERA ESTO

Aquel episodio inaugural de la quema de conventos iba a dar el tono general de la II República: un régimen ostensiblemente sectario. Hubo elecciones generales en junio de 1931. Se celebraron bajo una ley electoral que atribuía el 80 por ciento de los escaños en cada circunscripción a la fuerza mayoritaria. Era un sistema concebido para privilegiar a los partidos del pacto republicano-socialista. Y en efecto, el 90 por ciento de los escaños fue para los partidos del gobierno provisional. Su primer presidente fue Niceto Alcalá Zamora. De inmediato comenzó el debate para alumbrar una Constitución. Como ésta iba tomando un cariz marcadamente anticlerical, Alcalá dimitió de la jefatura del Gobierno (después sería elegido presidente de la República por las Cortes) y ocupó su lugar Manuel Azaña. También dimitió Miguel Maura. La República quedaba así en manos de los sectores más radicales.

¿Y qué fue de la Agrupación al Servicio de la República? La Agrupación se disolvió enseguida, y entre manifestaciones de desencanto. Ortega y Gasset publicó muy pronto, el 9 de septiembre de 1931, un artículo sumamente crítico titulado «Un aldabonazo» donde decía:

> Una cantidad inmensa de españoles que colaboraron con el advenimiento de la República con su acción, con su voto o con lo que es más eficaz que todo esto, con su esperanza, se dicen ahora entre desasosegados y descontentos: «¡No es esto, no es esto!. La República es una cosa. El «radicalismo» es otra. Si no, al tiempo».

El tiempo le iba a dar enseguida la razón. El mejor balance fue el que años después hizo un ilustre liberal, Salvador de Madariaga, y decía así: «¡Qué bella era la República en tiempos de la Monarquía!».

¿Cómo era el paisaje político en aquel momento? No tan homogéneo como el nuevo poder habría deseado. En la izquierda, la voz cantante la llevaba la Izquierda Republicana de Azaña, que no era el partido mayoritario, pero sí el más influyente. Compartía posiciones con el Partido Radical-Socialista: ambos jacobinos y laicistas, de inspiración masónica. El partido más asentado era el PSOE, los socialistas, que mantenían su programa original de socialismo revolucionario y dictadura del proletariado, aunque pronto se harían notar dos corrientes: una, revolucionaria, encabezada por Largo Caballero frente a otra, moderada, representada por Julián Besteiro y, en medio, Indalecio Prieto, que oscilará entre unas posiciones y otras. Al PSOE le había nacido una escisión a la izquierda: el Partido Comunista de España, sovietizante, pero todavía era un grupo minúsculo. Y más allá estaban los anarquistas, comunistas libertarios, divididos entre la veterana Confederación Nacional del Trabajo (CNT), que se veía a sí misma como un sindicato, y la más reciente Federación Anarquista Ibérica (FAI), volcada por entero en el activismo violento.

En cuanto a la derecha, se dividía en tres grandes familias: republicanos, católicos y monárquicos. En el primer campo estaban los que habían traído realmente la República: el Partido Republicano Conservador de Miguel Maura, la Derecha Liberal Republicana de Alcalá Zamora y el mucho más añejo Partido Radical de Alejandro Lerroux, que en su día fue una escisión de los demócratas de Salmerón y con el tiempo se había ido convirtiendo en un partido moderado. En la segunda familia, es decir, la de los católicos, había una multiplicidad de pequeños partidos agrarios de ámbito regional y una fuerza nueva nacida para intervenir en el contexto republicano: la Acción Nacional de Ángel Herrera Oria y José María Gil Robles, que enseguida cambiará su nombre por el de Acción Popular. En cuanto a los monárquicos, los náufragos de la monarquía se habían reunido en Renovación Española, que no era el cobijo de los viejos partidos dinásticos, sino que acogía sobre todo a los supervivientes del maurismo (de Antonio Maura) y de la Unión Patriótica de Primo de Rivera, y aquí estaban gentes de relieve como José Calvo Sotelo o Antonio Goicoechea. Pero, además, en el ámbito monárquico tradicional seguía vivo, y con extensa implantación, el carlismo, agrupado en la Comunión Tradicionalista.

También los nacionalismos periféricos se hallaban divididos. En el País Vasco, el PNV era la fuerza nacionalista por antonomasia, pero en el sentimiento de identidad local tenía que competir con los carlistas, que no eran nacionalistas, sino todo lo contrario. En Cataluña, por su parte, el paisaje era más complicado, porque en los agitados vaivenes de los años veinte el nacionalismo se había dividido sin remedio: en el ámbito de la derecha quedaba la Lliga Catalana, heredera de la Lliga Regionalista de Prat de la Riba y Cambó, y en el ámbito de la izquierda habían aparecido diversos movimientos que terminaron confluyendo en la Esquerra Republicana de Catalunya, de Macia y Companys, abiertamente independentista.

La Constitución republicana quedó aprobada en diciembre de 1931: reconocía un amplio catálogo de derechos y libertades, pero era claramente laicista y anticlerical y, además, socializante. En consonancia con las ideas de Azaña, la II República se constituía contra la España tradicional; nunca buscaría ser una república integradora. Por otro lado, la Constitución contemplaba los estatutos de autonomía, que era un compromiso con los nacionalistas catalanes. El 14 de abril, en Cataluña, Francesc Macia había proclamado la República catalana. De inmediato la dejó en suspenso a cambio de que el gobierno de Madrid reconociera un estatuto de autonomía. Éste del estatuto catalán será uno de los temas permanentes de debate en las Cortes. En todo caso, la vigencia de la Constitución será muy limitada, porque la mayor parte del tiempo estuvo suspendida. En octubre se había aprobado una ley de excepción que permitía al gobierno suspender derechos y libertades, la llamada «Ley de Defensa de la República» (a partir de 1933 se llamará Ley de Orden Público). Y se hizo abundante uso de ella.

CONTRA LA REPÚBLICA

El nuevo poder tuvo que hacer frente a una situación que probablemente no esperaba: una permanente hostilidad hacia el sistema que no venía de la derecha —cosa bastante previsible—, sino de la izquierda. La ola de violencia comenzó desde el mismo mes de octubre de 1931, cuando el nuevo gobierno empezaba a andar. En octubre de 1931, sindicalistas de la UGT provocan en Gilena, Sevilla, altercados que terminarán en varias muertes. Ese invierno, y siempre con la UGT como protagonista, tienen lugar los sucesos de Castilblanco y Arnedo. En Castilblanco (Badajoz) la muchedumbre linchó hasta la muerte a cuatro guardias civiles. Era el 31 de diciembre de 1931. Poco después, en Arnedo (La Rioja), hay un enfrentamiento entre sindicalistas y guardias civiles y éstos abren fuego matando a once trabajadores. No son casos aislados. El 2 enero de 1932 hay una huelga en Épila, Zaragoza, que deja dos muertos. Dos días después, en Jeresa, Valencia, otra huelga se salda con cuatro muertos y trece heridos. El 17 de enero de 1932 estalla la insurrección anarquista del Alto Llobregat. El gobierno decide crear un nuevo cuerpo policial de fidelidad estrictamente republicana: la Guardia de Asalto.

Fue entonces cuando empezó a plantearse un intento de golpe desde la derecha. Será la sublevación del general Sanjurjo en agosto de 1932. Sanjurjo era el mismo que, como jefe de la Guardia Civil, había entregado el poder a los republicanos. Militar de prestigio, después de los sucesos de Arnedo se le había apartado del cargo para convertirlo en jefe del Cuerpo de Carabineros. Pero, al margen de la eventual frustración personal de Sanjurjo, lo que movió la conspiración fue la confluencia de intereses de sectores muy diversos, desde monárquicos alfonsinos hasta republicanos moderados, que querían invertir el camino que Azaña le había dado a la República. Fue un fracaso. Sólo 145 oficiales del Ejército se levantaron. Pero Azaña aprovechará para ejecutar una profunda purga en el Estado: apartó de sus puestos o directamente expulsó a 46 diplomáticos, un centenar de jueces y fiscales y 300 militares de diversa graduación; cerró 109 periódicos y ordenó detener a la friolera de 5.500 personas. Sanjurjo, detenido, fue juzgado y condenado a muerte, aunque se le conmutó la pena por la de cadena perpetua, para gran irritación de los socialistas.

Pero si la República de Azaña pudo desarticular la intentona de Sanjurjo, mucho más difícil iba a tenerlo con la estrategia revolucionaria anarquista. La agitación sindical será continua, sangrienta y, al cabo, terminará provocando la caída del propio Azaña. A lo largo de 1932 la CNT y la FAI promueven insurrecciones en Barcelona y Valencia. ¿Qué quieren? La revolución, simplemente. Una revolución con milicias armadas y asaltos a cuarteles. En la estrategia de la FAI, las insurrecciones aquí y allá son «gimnasia revolucionaria», en palabras del jefe anarquista Joan García Oliver, para preparar el gran movimiento que tendrá que venir.

En esa atmósfera, el 12 de enero de 1933 va a producirse un acontecimiento que tendría consecuencias de enorme alcance: la matanza de Casas Viejas. En aquel mes de enero los anarquistas habían declarado una huelga general revolucionaria. La huelga fue fácilmente controlada por el gobierno, pero en el pueblo gaditano de Casas Viejas unos centenares de campesinos lograron hacerse fuertes y proclamaron el comunismo libertario. Decididos a todo, los anarquistas asaltaron el cuartel de la Guardia Civil matando a dos guardias. Entonces el gobierno Azaña envió a la Guardia de Asalto, la policía republicana, con órdenes de sofocar enérgicamente la revuelta. La Guardia de Asalto entró en el pueblo a tiros y quemó la choza donde se habían refugiado el cabecilla, Francisco Cruz Gutiérrez, alias Seisdedos, y algunos revolucionarios. La represión se saldó con una veintena de muertos, muchos de ellos fusilados sobre la marcha.

La violencia de la acción levantó una enorme polvareda. Varios capitanes de la Guardia de Asalto firmaron un acta en la que sostenían que la represión se debió a las órdenes directamente dictadas por el gobierno: «No quiero heridos; los tiros, a la barriga», habría dicho Azaña. El acta de los guardias puso ante los tribunales a Azaña y Largo Caballero, entre otros. La acusación no llegó a prosperar por «razones técnicas», pero el daño político fue serio. Aunque el gobierno desvió toda la culpa hacia los guardias, la coalición republicano-socialista sufrió un grave desgaste. Los socialistas, temerosos de que los anarquistas de la CNT les comieran terreno en el liderazgo sindical, se apartaron temporalmente de Azaña.

UNA GESTIÓN DECEPCIONANTE

En abril de 1933 hubo elecciones municipales. Ganó ampliamente la derecha. La gestión de gobierno de Azaña estaba siendo, objetivamente, un fracaso. En líneas generales, casi todo el mundo compartía la necesidad de afrontar las grandes reformas que la República se había fijado: la reforma militar, la agraria, la educativa. Pero en los tres ámbitos Azaña fracasó.

La reforma militar era necesaria porque el ejército arrastraba enormes desequilibrios desde medio siglo atrás. La presión corporativa había impedido cualquier reforma en tiempos de Alfonso XIII, y ya hemos visto que fue uno de los factores que acabaron con Primo de Rivera. Pero Azaña, que a la jefatura del Gobierno añadía la cartera de Guerra, afrontó el problema con una clara animadversión hacia las fuerzas armadas. De ahí nacieron innumerables agravios personales y profesionales que después le pasarían factura.

También la reforma agraria era imprescindible, porque el campo español, que seguía albergando al 45 por ciento de la población, padecía serios problemas acumulados desde un siglo atrás, especialmente en el sur del país. Azaña acometió el asunto con una política centrada en la expropiación de latifundios (con o sin indemnización) y el reasentamiento de campesinos. Nuevo error, porque el origen del problema agrario no era tanto la propiedad como la productividad. En todo caso, lo decisivo fue la escasa financiación del programa y su ineficiente gestión: de los 158 millones de pesetas presupuestados en 1931, sólo el 40 por ciento se había empleado a finales de 1935. El fracaso de la reforma agraria creó un típico efecto de frustración de expectativas y logró irritar simultáneamente a propietarios y jornaleros.

En cuanto a la educación, igualmente era precisa una reforma que extendiera la enseñanza en un país que aún padecía un analfabetismo del 35 por ciento. Azaña se fijó el objetivo de universalizar la educación, decretó que el Estado la asumía por entero —es decir, excluyendo a la Iglesia— y anunció la creación de 27.000 escuelas. Podría haber funcionado si se hubieran creado las escuelas previstas, pero no: hubo un ancho lapso entre el cierre de las escuelas católicas y la apertura de las nuevas, muchos niños quedaron sin aula y, por otro lado, al apartar al clero de la enseñanza se creó un vacío docente que trató de llenarse a toda prisa con la clientela de los partidos dominantes. Y todo ello, sin la adecuada financiación.

Un avance especialmente significativo de este primer bienio republicano fue la concesión del voto a las mujeres. Aun así, se trató de un logro que la izquierda intentó impedir por todos los medios: decían que el voto de las mujeres estaba condicionado por la Iglesia.

Al margen de cuestiones ideológicas, el gran problema del primer bienio republicano fue técnico: administrar un Estado requiere destrezas que los nuevos gobernantes no poseían, como denuncia el propio Azaña en sus memorias. Aquí vinieron a confluir problemas diversos. Por un lado, la construcción del Estado seguía siendo una asignatura pendiente. Durante la dictadura se había avanzado mucho profesionalizando la administración, pero el nuevo régimen no se fiaba de los viejos funcionarios. Ahora bien, ¿tenía con qué sustituirlos? No. Cuando Indalecio Prieto se hizo cargo de Hacienda, resolvió mantener a todos los funcionarios de la dictadura porque no tenía con qué reemplazarlos. Igual hará el siguiente ministro, el nacionalista catalán Jaime Carner, que, por otra parte, en lo esencial continuó la dirección que había marcado Calvo Sotelo. Prieto marchó después a Obras Públicas y también siguió el camino marcado por los gobiernos de Primo de Rivera. La diferencia, ahora, estaba en la salud de la economía española: la dictadura había tenido a su favor cierta bonanza, pero ahora empezaban a llegar las consecuencias de la crisis internacional de 1929 y nadie supo cómo hacer frente eficazmente al problema. En esas condiciones, ¿cómo financiar un programa de reformas tan vasto?

El gobierno de Azaña estaba herido de muerte. En las Cortes, los radicales de Lerroux le retiraron su apoyo. En septiembre, Alcalá Zamora cesaba a Azaña como presidente del Gobierno. Hubo elecciones generales en noviembre. Y entonces la República se hizo de derechas.

55
LA REVOLUCIÓN DE 1934

La victoria de la derecha en las elecciones legislativas de 1933 fue apabullante. El sistema electoral ideado por Azaña para beneficiar a la izquierda, ahora se daba la vuelta y otorgaba a los partidos de centro y derecha una mayoría indiscutible. En unas Cortes de 471 escaños, los partidos de derecha sumaban 161, los republicanos de centro de Lerroux sentaban a 138 diputados, los monárquicos de diverso signo sumaban 37… Por el contrario, los socialistas veían su representación reducida a 63 escaños (perdían 56), la Acción Republicana de Azaña perdía 21 diputados y se quedaba en cinco y el partido de Alcalá Zamora perdía 22 y se quedaba en tres. En conjunto, los diputados de la derecha duplicaban a los de la izquierda y, sumados a los del centro, casi los triplicaban. El mensaje de las urnas era trasparente: fuerte castigo a la política del primer bienio y exigencia de rectificación del rumbo de la República. ¿Qué hizo Azaña? Pedir que se repitieran las elecciones, mientras Largo Caballero amenazaba con ir a la guerra civil si la derecha entraba en el gobierno. Tal cual.

EL REARME INTELECTUAL DE LA DERECHA

La victoria electoral de la derecha se debió a la calamitosa gestión de Azaña y compañía, pero detrás de ella había otra cosa: el intenso rearme intelectual y político de conservadores, católicos, tradicionalistas y monárquicos en los años precedentes. La proclamación de la República había dejado a la derecha noqueada, sin habla, sin capacidad de reacción. A partir de ese momento, sin embargo, empezó la reconstrucción.

Pieza clave en el rearme ideológico de la derecha fue la fundación de Acción Española en 1931, un grupo promovido por intelectuales que, en su mayor parte, venían de los círculos cercanos al tradicionalismo y que habían colaborado con la dictadura de Primo de Rivera: Ramiro de Maeztu, Eugenio Vegas Latapié, Pedro Sainz Rodríguez, Víctor Pradera, José Pemartín, José María Pemán... Eran católicos, monárquicos, españolistas, antiliberales y anticomunistas. Su revista, llamada también *Acción Española,* se convertirá en el corazón de un amplio movimiento de restauración patriótica. Dato sintomático: la publicación estará prohibida entre agosto de 1932 y mayo de 1934 por el gobierno republicano, tanto por el de Azaña como por el posterior de Lerroux.

Acción Española era un grupo intelectual influyente, pero minoritario. Mucho más amplio, y aún más decisivo en el rearme ideológico de la derecha, era el radio de acción de la Asociación Católica de Propagandistas (ACDP) fundada en 1909 por el jesuita Ángel Ayala y dirigida desde muy temprano por Ángel Herrera Oria. El periódico de la ACDP, *El Debate,* se convirtió en referencia de la opinión católica. Los propagandistas ejercieron un influjo extraordinario: varios de sus miembros estuvieron en la fundación de Acción Española, pero, además, su impulso fue esencial para crear Acción Popular, el partido del también propagandista Gil Robles. El prestigio del grupo entre la opinión católica y conservadora permitió a Gil Robles liderar la unificación de los diversos grupos de derechas dispersos por las regiones, y así nació la CEDA (Confederación Española de Derechas Autónomas), que formó un bloque compacto para concurrir a las elecciones. Por el camino, la ACDP creará el Centro de Estudios Universitarios (CEU) y el Instituto Social Obrero.

Otras cosas estaban pasando además en la derecha. Una, fundamental, era la recomposición del carlismo. En los años anteriores, el movimiento se había escindido en diferentes corrientes: integristas, mellistas (por Vázquez de Mella), etc. En 1931 murió sin descendencia Jaime I, el hijo de Carlos VII. Le sucedió al frente de la causa carlista su sobrino Alfonso Carlos de Borbón. Ante la llegada de la República, las diferentes corrientes volvieron a confluir en la Comunión Tradicionalista, bajo la dirección política del conde de Rodezno. A partir de este momento, el carlismo conocerá un rápido crecimiento en militancia y en representación parlamentaria; en las legislativas de 1933 obtendrá 20 diputados.

Y otra novedad relevante en el campo de la derecha, aunque en una onda completamente diferente, era el nacimiento de algo parecido a un fascismo español, es decir, un nacionalismo revolucionario y antiburgués. El promotor de la idea era un joven intelectual de condición modesta, Ramiro Ledesma Ramos, que en 1931 fundaba el grupo «La conquista del Estado». En posiciones muy parecidas, un abogado y sindicalista agrario vinculado al mundo católico, Onésimo Redondo, fundaba en Valladolid las Juntas Castellanas de Actuación Hispánica. Ambos movimientos se fusionaron en las Juntas de Ofensiva Nacional Sindicalista (JONS) bajo el emblema del yugo y las flechas, recogido de los Reyes Católicos.

Paralelamente, había crecido en la política española la figura de José Antonio Primo de Rivera, hijo de Miguel, el dictador. ¿En qué posiciones? Un patriotismo muy teñido de estética, declaradamente católico pero lejos de posturas confesionales, crítico feroz del liberalismo y partidario de una economía privada, pero con estructura corporativa sindical, reforma agraria a fondo y nacionalización de la banca y sectores estratégicos. José Antonio y el aviador del *Plus Ultra* Julio Ruiz de Alda crearon en octubre de 1933 un movimiento: Falange Española. La Falange de José Antonio y las JONS de Onésimo y Ramiro se fusionarán en febrero de 1934. Así nació FE de las JONS, que iba a tener gran importancia en los años posteriores. De momento, en las elecciones de 1933 José Antonio iba a presentarse como independiente en una candidatura monárquica por Cádiz. Obtuvo escaño.

QUE NO GOBIERNE EL VENCEDOR

Las elecciones del 19 de noviembre de 1933 dejaron a la izquierda con la boca abierta. La coalición de las derechas, la CEDA de José María Gil Robles, tenía 115 escaños. Socialistas y azañistas sumaban sólo 64. En una democracia normal, el presidente de la República, Alcalá Zamora, habría encargado formar gobierno al partido más votado. Pero la II República no era una democracia normal. La presión sobre Alcalá Zamora fue brutal. Azaña pretendía que ordenara repetir las elecciones (hay que suponer que para maquillar después los resultados). Pero aún más grave era la amenaza socialista, porque Largo Caballero insistía en que el PSOE iría a la guerra civil si la CEDA colocaba un solo ministro en el gabinete.

¿Era creíble la amenaza de Largo Caballero? Sí. Diez días antes de las elecciones, el presidente del PSOE y secretario general de la UGT había pronunciado un discurso recogido por el periódico del partido, *El Socialista*, donde se expresaba de manera muy clara:

> Mucho dudo que se pueda conseguir el triunfo dentro de la legalidad. Y en tal caso, camaradas, habrá que obtenerlo por la violencia... nosotros respondemos: vamos legalmente hacia la revolución de la sociedad. Pero si no queréis, haremos la revolución violentamente. Eso, dirán los enemigos, es excitar a la guerra civil... Pongámonos en la realidad. Hay una guerra civil... Lo que pasa es que esta guerra no ha tomado aún los caracteres cruentos que, por fortuna o desgracia, tendrá inexorablemente que tomar... Tenemos que luchar, como sea, hasta que en las torres y en los edificios oficiales ondee no la bandera tricolor de una República burguesa, sino la bandera roja de la Revolución Socialista.

Caben pocas dudas.

Alcalá Zamora, todo sea dicho, tampoco era partidario de entregar el poder a los vencedores de las elecciones. Después de todo, las gentes de la CEDA —pensaba— no eran auténticos republicanos, sino «accidentalistas» católicos de corazón monárquico. Los auténticos republicanos eran ellos, los firmantes del Pacto de San Sebastián, los promotores del gobierno provisional y de la Constitución de 1931. O sea, exactamente esos a los que las urnas acababan de apear del pedestal. En consecuencia, el presidente de la República optó por encargar la formación del gobierno a alguien que sí formaba parte de los republicanos «legítimos»: Alejandro Lerroux, líder del Partido Radical, que había sido la segunda fuerza más votada con 102 escaños. La derecha entendió lo que podía esperar de la República. En todo caso, Gil Robles cedió: Lerroux gobernaría con los votos de la CEDA.

Los anarquistas tardaron muy poco en saludar al nuevo gobierno. En diciembre de 1933 hubo una insurrección anarquista en Zaragoza y otros lugares, con milicias armadas, que se saldó con cifras que hablan por sí solas: 75 muertos y 101 heridos entre los insurrectos, 11 guardias civiles muertos y 45 heridos, 3 guardias de asalto muertos y 18 heridos... No era una broma. La violencia nunca había dejado de estar presente en la vida política española, pero a partir de aquí todo se recrudeció. En febrero de 1934, pistoleros de las Juventudes Socialistas asesinaron al estudiante falangista Matías Montero. A partir del mes de junio comenzará el intercambio de tiros. Ese mismo mes la UGT declaró una huelga agraria en Andalucía, Extremadura y La Mancha. Pero lo peor estaba por llegar.

LA REVOLUCIÓN DE OCTUBRE

No había pasado un año de gobierno del centro-derecha y las insuficiencias del gabinete Lerroux eran evidentes. Por resumir el problema, digamos que el ejecutivo radical trató de templar las líneas abiertas por el anterior gobierno sin rectificar realmente nada, pero intentando racionalizar las políticas allá donde era posible. Y donde no era posible, ya fuera por falta de dinero o por la oposición de otras fuerzas, estalló el conflicto, y no sin serias alteraciones de la vida civil. En ese contexto, el 1 de octubre de 1934 la CEDA pide formalmente entrar en el gobierno para darle la solidez parlamentaria que necesitaba. Alcalá Zamora aceptó el nombramiento de tres ministros de la CEDA: Trabajo, Justicia y Agricultura. Y era lo que la izquierda estaba esperando para levantarse contra la República.

La «Revolución de Octubre de 1934» fue en realidad un triple movimiento. El primero: una huelga general que se declara el día 5 en toda España. En el País Vasco, la UGT, sin apoyo de los nacionalistas, ocupa violentamente las cuencas mineras y las zonas industriales y se hace fuerte en Eibar y Mondragón. En Asturias, la UGT y el PSOE cuentan con el apoyo de los anarquistas de la CNT y los comunistas. Aquí la revolución arraigará con más fuerza: los sindicatos llegan a movilizar 30.000 milicianos armados, un auténtico ejército. El segundo movimiento era político: una conspiración armada del PSOE y la UGT en Madrid y secundariamente en otras capitales. Su objetivo era sublevar cuarteles y remedar una revolución soviética. Largo Caballero estaba al frente de la maniobra, pero la policía la frustró sin complicación alguna. Y el tercer movimiento se producirá en Cataluña: un golpe separatista desde el propio gobierno regional que proclamó el «Estado catalán en la República Federal Española».

Vayamos a Cataluña. El 6 de octubre de 1934, Lluis Companys, a la cabeza del gobierno de la Generalidad, autónomo desde dos años atrás, proclamó el «Estado catalán dentro de la República Federal Española». Dijo hacerlo en sintonía con los socialistas que en ese mismo momento desencadenaban la revolución en Madrid y Asturias. Un amplio sector del nacionalismo lo entendió como la pura y simple secesión de Cataluña. La gran mayoría de la población, aquí como en el resto de España, desoyó los llamamientos a la revolución. Pero los de Companys movilizaron a un centenar de mozos de escuadra —la policía catalana— y un millar de milicianos separatistas y socialistas que, desde meses atrás, habían sido armados por el gobierno catalán. Ante la insurrección armada, el jefe militar de Cataluña, general Batet, proclamó el estado de guerra. A las once de la noche de aquel 6 de octubre de 1934, una compañía de infantería y una batería de artillería llegaron a la Rambla de Santa Mónica. Cuando el capitán empezó a leer la proclamación del estado de guerra, los separatistas dispararon. Mataron a un sargento e hirieron a otros siete militares. La repuesta fue un cañonazo de artillería. Ahí se acabó el golpe de Companys. A la una y media de la madrugada del 7 de octubre se rendían los golpistas en Cataluña.

Mucho más trágica sería la evolución de los acontecimientos en Asturias, donde el levantamiento iba a durar varias semanas y con notable violencia. En los primeros días, los revolucionarios asesinaron a 38 religiosos y 30 guardias civiles. El gobierno decidió movilizar al ejército de África —legionarios y regulares— para combatir lo que era propiamente una guerra. La revolución terminará en un baño de sangre. El ejército y las fuerzas de seguridad sufrieron 256 muertos y 639 heridos. Entre la población civil hubo 942 muertos (662 en Oviedo) y 1.449 heridos (1.003 en Oviedo). De ellos, las víctimas causadas por los revolucionarios fueron 200.

El gobierno de la República reprimió severamente la revolución, aunque la represión tuvo efectos mucho más limitados de lo que la propaganda dijo después. Se dictaron veinte penas de muerte, pero sólo se ejecutaron dos: un obrero que había cometido varios asesinatos y un sargento del ejército que se pasó a los revolucionarios. Los militares que habían colaborado en la rebelión de Companys, todos ellos en los servicios policiales del gobierno catalán, fueron condenados a muerte por rebelión y traición, pero enseguida serían indultados. Los líderes sindicales que habían encabezado el movimiento en Asturias, González Peña y Teodomiro Menéndez, también vieron conmutada su pena capital. Companys acabó en la cárcel con todo su gobierno. En cuanto a los verdaderos cerebros de la operación, como Largo Caballero, fueron juzgados y condenados, pero sus penas quedarían muy pronto sin efecto. El propio Largo, condenado inicialmente a treinta años, fue finalmente absuelto y puesto en libertad.

EL CAMINO AL DESASTRE

La revolución de octubre tuvo consecuencias políticas inmediatas. En el PSOE, las distintas corrientes del partido acentuaron sus diferencias en una atmósfera sumamente conflictiva. La línea revolucionaria de Largo Caballero, ya conocido como el «Lenin español», se afianzaba especialmente en la UGT y en el socialismo madrileño con un programa muy nítido: revolución proletaria y nada de pactar con Azaña. En esa misma línea estaban las Juventudes del partido, controladas desde 1934 por Santiago Carrillo, peón de Moscú. En el lado opuesto, Julián Besteiro, enemigo de revolucionarios y comunistas, trataba de afianzar un pacto con los republicanos de izquierdas. Y en posiciones semejantes estaba ya Indalecio Prieto, que hasta octubre del 34 había sido revolucionario, pero que ahora se convertirá en el rival por antonomasia de Largo Caballero.

En cuanto a la derecha, igualmente se acentuaron sus divisiones. Por un lado, estaban los que veían prioritario acabar con los revolucionarios antes de que éstos acabaran con la República, y ahí se encontraban Lerroux y, sobre todo, Gil Robles, que en mayo de 1935 se hizo cargo de la cartera de Guerra. Desde su ministerio resolvió nombrar a Franco jefe del estado mayor central y devolver al servicio al general Mola, al que se dio el mando de las fuerzas de África. Pero otros veían las cosas exactamente al revés y pensaban que había que reconducir a la derecha hacia posiciones genuinamente republicanas, y en eso estará Alcalá Zamora, dispuesto a reconstruir una derecha liberal republicana alejada de las simpatías católicas y monárquicas de la CEDA.

Alcalá Zamora encontró la ocasión que esperaba gracias a un caso menor de corrupción, el llamado «estraperlo» (por los apellidos Strauss y Perle, dos de los implicados). El escándalo había salpicado tan directamente al entorno de Lerroux que el presidente de la República, en uso de sus atribuciones, forzó la caída del viejo líder radical. Gil Robles pidió la presidencia —era la fuerza mayoritaria en las Cortes, después de todo—, pero Alcalá Zamora tenía otros planes. Después de un efímero gobierno de Joaquín Chapaprieta, el presidente encargó formar gobierno a uno de sus hombres más próximos, Manuel Portela Valladares. Objetivo único: convocar elecciones.

Llegaron las elecciones, en efecto. La izquierda se organizó en una amplia coalición, el Frente Popular, que incluía a azañistas, socialistas, comunistas y la Esquerra Republicana de Cataluña. Los anarquistas de la CNT siguieron manteniéndose al margen, pero esta vez decidieron apoyar desde fuera a la coalición de las izquierdas. ¿Qué podía unir a azañistas y anarquistas? En realidad, sólo una cosa: que no volviera a ganar la derecha. El programa del Frente Popular tendrá en realidad un único punto: depurar responsabilidades por la violenta represión de la revolución de octubre y decretar una amnistía para los condenados que aún siguieran en la cárcel.

¿Y la derecha? La derecha no logró formar candidaturas únicas en todas las circunscripciones. Gil Robles había propuesto un frente nacional con el objetivo único de frenar la revolución, y ahí estaban llamados todos, desde los republicanos de Alcalá Zamora hasta los monárquicos de Renovación Española pasando por los carlistas. Pero era demasiado llamar, porque la derecha republicana tenía alergia a los monárquicos, y viceversa. Finalmente, la CEDA de Gil Robles presentó candidaturas conjuntas con unos u otros en distintos lugares, mientras al mismo tiempo se presentaba otra fuerza, el Bloque Nacional de José Calvo Sotelo, en coalición con candidatos carlistas o monárquicos en otras circunscripciones. La Falange fue por su cuenta, porque no se sentía representada en el bloque de derecha.

Los comicios se celebraron el 16 de febrero de 1936 en un ambiente extremadamente tenso. Varias sedes electorales fueron asaltadas por los partidos de izquierda. El resultado del primer escrutinio fue muy ajustado: no había un vencedor claro. El partido más votado volvió a ser la CEDA con 97 escaños, por 88 del PSOE; Azaña y las otras candidaturas republicanas de izquierda sumaban más de 110 escaños, prácticamente los mismos que el Bloque Nacional y las otras candidaturas de derecha. Por bloques, el Frente Popular adelantaba levemente a la derecha. Pero, ante el clima prerrevolucionario, Alcalá Zamora se asustó, forzó la dimisión del gobierno y colocó al frente a Manuel Azaña. De esta manera el Frente Popular pudo controlar la segunda vuelta de las elecciones.

Violentadas las urnas, la izquierda acabó otorgándose 50 escaños más de los que le correspondían (40 según otras fuentes). El fraude otorgó al Frente Popular una aplastante mayoría en las Cortes. Significativamente, jamás se publicará el escrutinio exacto de aquellos comicios. La derecha era perfectamente consciente de que le habían robado las elecciones. Sin embargo, temiendo un nuevo desbordamiento revolucionario, prefirió confiar en la capacidad de Azaña para controlar a sus socios y reconoció la victoria del Frente Popular.

A estas alturas, el balance que dejaba tras de sí la II República era objetivamente desolador. Para empezar, una inestabilidad política asombrosa: 20 gobiernos, 21 estados de prevención, 23 estados de alarma y 18 estados de guerra. En consonancia, una fuerte inestabilidad laboral: 4.000 huelgas, 38 millones de jornadas de trabajo perdidas. La producción nunca superó las cifras de 1929. La industrialización retrocedió, salvo en el periodo 1934-1935. El Producto Interior Bruto cayó en 1931 y 1933, y siempre fue inferior a las cifras de 1929. También las exportaciones cayeron: si en 1930 representaban el 10 por ciento del PIB, cinco años después sólo eran el 5 por ciento, a lo cual contribuyó no poco la crisis internacional.

El paro aumentó gravemente, desde los 389.000 parados que había en junio de 1932 hasta los 821.000 de junio 1936, lo cual representaba un 10 por ciento de la población activa (cifra que incluye el empleo parcial). Las reformas de los años previos no habían llegado a paliar el problema: había un sistema de cobertura de desempleo que, por cierto, debe mucho a Largo Caballero, pero sólo alcanzaba al 2,4 por ciento de los trabajadores porque no había dinero para financiarlo. Hubo logros importantes, es verdad, en seguros de maternidad y de accidentes laborales (1933-1935) y en el seguro de pensiones, que llegó a cubrir al 65 por ciento de la población activa. En cuanto a la reforma agraria, que era una de las grandes banderas de 1931, fracasó sin paliativos al enfocarse en tierras poco productivas y en manos de miles de propietarios burgueses. Al final del periodo, lo único que había era un exceso de proletariado agrario en condiciones de extrema penuria.

El gobierno nacido de las elecciones de 1936 sería incapaz de enderezar el rumbo. Lo que vendría después fue la guerra civil.

56
EL CAMINO A LA GUERRA

El gobierno del Frente Popular enseguida dio muestras de su debilidad. Azaña formó un gabinete exclusivamente republicano, sin socialistas, pues éstos, pese a su mayoría parlamentaria, prefirieron mantenerse al margen de los ministerios. ¿Por generosidad? En realidad, no: más bien para llevar a cabo en las calles lo que no hubieran podido hacer desde el poder. Si Alcalá Zamora esperaba poder controlar a la izquierda republicana, los hechos demostraron que erró gravemente. Y no menor fue el error de Azaña al pensar que podía controlar a su vez a los socialistas. Sólo un dato: el estado de alarma, proclamado formalmente por el gobierno de Portela Valladares el 17 de febrero de 1936, fue prorrogado después por Azaña, mes tras mes, contra lo que el propio Frente Popular había prometido.

LA PRIMAVERA TRÁGICA

¿Había razones para mantener el estado de alarma? Sí. La violencia ya se había adueñado de las calles. Entre febrero y junio de 1936 va a haber más de trescientos asesinatos políticos. La mecha la habían prendido los anarquistas años atrás, durante el primer mandato de Azaña. Ahora los socialistas se sumaban a la orgía de pistolas e incendios. En el otro lado, los falangistas contestaban. Y no sólo ellos, porque el clima político se deterioró muy rápidamente. El gobierno, ante semejante paisaje, se vio desbordado por los acontecimientos. Podía reprimir a las derechas, pero lo tenía mucho más difícil con las izquierdas porque, al fin y al cabo, su mayoría parlamentaria dependía de ellas.

Una de las primeras medidas del nuevo gobierno del Frente Popular fue meter en la cárcel a José Antonio Primo de Rivera. El cargo: tenencia ilícita de armas. Poco antes se había acusado a los falangistas de disparar contra el diputado socialista Jiménez de Asúa, uno de los principales inspiradores de la Constitución de 1931. Este atentado, a su vez, sería venganza del asesinato de un estudiante falangista a manos de la izquierda. Ya se había entrado en esa lógica imparable de acción y represalia. El hecho es que en el despacho de José Antonio había, en efecto, dos pistolas. Se ha sugerido que las armas las puso allí la propia policía. Es posible, pero lo cierto es que la circulación de armas en España, en aquel momento, era intensísima, por razones obvias. En todo caso, ésa fue la causa de una detención que en principio iba a quedarse en cinco meses de arresto pero que acabó en fusilamiento ocho meses después.

¿Por qué el gobierno de Azaña detuvo realmente a José Antonio? Su relieve político era entonces bastante limitado. Sus resultados electorales en febrero habían sido pésimos y la Falange, aunque cada vez más activa en la calle, no pasaba de ser un grupo minoritario. Pero la Falange era, con los carlistas, el único grupo que respondía a la violencia de las izquierdas, estaba recibiendo financiación de la Italia de Mussolini y, por otro lado, José Antonio mantenía estrechos contactos con nombres relevantes de la vida política española, hasta el punto de que puede decirse que su influencia personal era mayor que el peso de su partido. Así las cosas, el gobierno inventó aquel cargo, falso o exagerado, y le encarceló. Muy poco después, en un paso más allá, decidió ilegalizar la Falange.

Aquel mes de marzo empezó a pintarse el telón de la tragedia. El día 8 hubo una primera reunión de militares en Madrid. Acordaron sublevarse en caso de «amenaza grave a la unidad de la patria y quiebra límite del orden público» y eligieron al general Sanjurjo como jefe de un eventual movimiento. No fue el primer paso. Dos años antes, y bajo una inspiración enteramente opuesta, varios grupos de militares afectos a los partidos de izquierda habían constituido la Unión Militar Republicana Antifascista, donde había desde masones y liberales hasta comunistas.

Simultáneamente, Francisco Largo Caballero, que se había hecho con el control del PSOE, hacía publicar en su periódico, *Claridad*, un Manifiesto donde proclamaba abiertamente sus intenciones:

> El PSOE tiene por aspiración inmediata la conquista del poder político por la clase trabajadora y por cualesquiera medios (...) En el periodo de transición de la sociedad capitalista a la socialista, la forma de gobierno será la dictadura del proletariado, organizada como democracia obrera.

A esa proclama, publicada el 19 de marzo, añadía un programa estrictamente comunista. ¿Qué proponía? Transformar el Estado en una «confederación de las nacionalidades ibéricas», con reconocimiento del derecho a la autodeterminación e incluso a la independencia. Suprimir la lengua oficial del Estado (el castellano). Suprimir los ejércitos permanentes y proceder al «armamento general del pueblo». Confiscar los bienes del clero y disolver las órdenes religiosas. Imponer el control obrero en la industria y el comercio. Nacionalizar la banca y los recursos naturales. Unificar el PSOE con el PCE «en un sólo partido de clase», unificación que se extendería «a los demás partidos obreros».

Pocos días después, el 2 de abril, el mismo periódico *Claridad* de Largo Caballero lanzaba la consigna: «Queremos reiterar a todos nuestros camaradas socialistas, comunistas y sindicalistas la necesidad, imprescindible y urgente, de constituir en todas partes, conjuntamente y a cara descubierta, las milicias del pueblo». Al pueblo —añadía— hay que «organizarlo militarmente» para «hacer el desarme a fondo de los enemigos del proletariado y la República».

El balance de tanta agitación lo hizo en las Cortes, ya andando el mes de junio, José María Gil Robles en un célebre discurso: 269 muertos, 1.287 heridos (la gran mayoría de las víctimas, de derechas), 33 periódicos de la derecha asaltados o dañados, 10 completamente destruidos, asalto de 312 centros políticos y sedes de sociedades privadas, más destrucción de otros 69; 160 iglesias totalmente destruidas, 251 templos asaltados o incendiados, 113 huelgas generales, 228 huelgas parciales, 146 bombas y petardos explotados, 78 recogidos sin explotar. Eso fue lo que pasó en España entre los meses de febrero y junio de 1936. Ante la evidencia de los números, el gobierno se negará a entrar en el debate: no sólo atribuyó a las derechas la culpa de la violencia que las propias derechas sufrían, sino que negó que existiera inquietud social alguna.

EL GOLPE CONTRA ALCALÁ ZAMORA

Para conjurar el clima de guerra civil y asentar su propio poder, Azaña y el socialista Indalecio Prieto urdieron una maniobra más o menos legal que pasaba por derribar a Alcalá Zamora de la presidencia de la República. ¿Por qué? Porque no se fiaban de don Niceto, demasiado católico y conservador. Azaña estaba persuadido, al parecer, de que su sola presencia serviría para devolver a la República al cauce dibujado en 1931. En cuanto a Prieto, estaba convencido de que sería capaz de reconducir al PSOE hacia actitudes más civilizadas. Así que uno y otro tramaron una maniobra para que Azaña fuera elegido presidente de la República por las Cortes e, inmediatamente después, Indalecio Prieto ocupara la jefatura del Gobierno.

¿Cómo apear a Alcalá Zamora de la presidencia? Mediante una triquiñuela legal. Ocurría que, por ley, el presidente de la República sólo podía disolver las Cortes dos veces en su mandato, y la segunda podía ser después enjuiciada por la cámara y, en caso de juzgarla improcedente, destituir al presidente. Y Alcalá Zamora, en efecto, había disuelto las cortes dos veces: una, para convocar las elecciones de 1931, y la segunda para convocar las elecciones de 1936. Ahora bien, las cortes disueltas en aquella primera ocasión eran las constituyentes, que por definición estaban llamadas a disolverse. El asunto era jurídicamente muy enrevesado, pero lo decisivo, en todo caso, no fue la argumentación legal, sino la voluntad de Prieto y Azaña de quitarse de encima a don Niceto. Las Cortes votaron. Alcalá Zamora fue destituido. En realidad, fue un golpe de Estado legal.

Con Alcalá Zamora fuera de la circulación y Azaña en la presidencia de la República, ahora llegaba la segunda fase: que Prieto formara gobierno. Algo, sin embargo, iba a torcer sus planes: la oposición del ala socialista mayoritaria, la de Largo Caballero, que no quería ver en modo alguno a Prieto en el gobierno. ¿Por qué? Tanto por ambición de Largo, alérgico a cualquier liderazgo que no fuera el suyo, como por temor a que Prieto paralizara el proceso revolucionario. Las facciones de Prieto y Largo habían llegado a enfrentarse a tiros en la campaña electoral. Ahora no iban a hacer las paces. Prieto se quedó sin regalo. Era abril de 1936.

La jefatura del gobierno acabó recayendo en un hombre de Azaña, Casares Quiroga, sin energía para controlar a las izquierdas desbocadas. Al contrario, toda su voluntad parecía puesta en ganarse la aquiescencia de los revolucionarios. El resultado fue una política absolutamente arbitraria. Un buen ejemplo de esta política hemipléjica lo sufrió el general Franco en sus propias carnes cuando, ya en el mes de mayo, concurrió como candidato en las elecciones parciales de Cuenca. En esta provincia, la jarana electoral de febrero había dejado a la circunscripción sin representantes. Hubo que repetir los comicios y las derechas presentaron una lista «preventiva»: la componían José Antonio Primo de Rivera, para librarle de la cárcel, Goicoechea, que era el jefe más notorio de los monárquicos de Renovación Española, y el propio Franco, al parecer porque Gil Robles, entonces en la oposición, quería traerle a Madrid y exhibir su presencia en las Cortes a modo de advertencia. El gobierno vetó arbitrariamente la candidatura de Franco y el resultado final de las elecciones parciales en Cuenca fue tan fraudulento como lo había sido antes el de las generales.

LA CONSPIRACIÓN (QUE ERAN DOS)

A estas alturas, las conspiraciones dentro de la derecha ya eran imparables. El 12 abril, el general Queipo de Llano, viejo republicano, se entrevista con Mola. Una semana después, los conspiradores escogen al general Emilio Mola como «director» de la operación. ¿Y Franco? Franco nunca se quiso implicar en la conspiración. Se reunió con unos y otros, participó junto a Mola en una discreta asamblea con generales retirados, mantuvo contacto con la CEDA, etc. Pero si algo caracteriza a Franco en este periodo es su extrema prudencia. Muchos le reprocharán entonces indecisión y falta de arrojo, pero no era eso: durante su etapa de jefe del estado mayor, Franco había creado un servicio de contravigilancia para conocer el ambiente en los cuarteles. Así supo que el porcentaje de revolucionarios dentro del ejército era elevadísimo. Franco sabía que cualquier intento de apartar al Frente Popular del poder derramaría inevitablemente mucha sangre.

En la calle, mientras tanto, aparecen amenazas armadas por todas partes. Las Juventudes socialistas y comunistas se unifican en marzo de 1936: nacen las Juventudes Socialistas Unificadas. En abril se formaliza la fusión en un gran acto en la plaza de toros de Las Ventas, en Madrid, donde los militantes desfilan uniformados. Largo Caballero cierra el acto con palabras transparentes: «Para los nuevos regímenes hay que verter sangre, pues los seres que nacen sin dolor son raquíticos». Los miembros de las JSU se integran masivamente en las milicias que el Partido Comunista había venido creando desde los años anteriores: las Milicias Antifascistas Obreras y Campesinas (MAOC), con armas y entrenamiento militar.

La derecha política también se arma. Las milicias de Falange han empezado a organizarse, en la clandestinidad, de forma generalizada. Pero, sobre todo, se ha organizado el requeté, la milicia de los carlistas. Éstos formaban ya una estructura sólida desde 1934, cuando desfilaron por primera vez en el Quintillo, en Sevilla, ante su nuevo jefe, Manuel Fal Conde. Ahora, ante lo que parece una inminente revolución marxista, el requeté se multiplica por todas partes. El general Mola, destinado en Navarra, entra en contacto con los carlistas andando junio de 1936.

¿Y Franco? Franco ve que la pasividad del gobierno está llevando las cosas a una situación sin retorno. El 23 de junio, el general escribe al entonces presidente del Gobierno, Casares Quiroga, manifestándole su inquietud por la situación política y la preocupación en ámbitos militares. Era un último cartucho. Casares ni siquiera contestó.

Mola tuvo listo su plan al final de la primavera. No era un pronunciamiento al estilo decimonónico, ni tampoco un golpe «técnico» con ocupación de centros de poder, sino más bien una especie de marcha militar sobre Madrid a partir de los centros que se esperaba controlar en la periferia: Barcelona, Pamplona, Galicia, Andalucía… Franco seguía sin verlo claro, pero la efervescencia en las calles y la impotencia del gobierno empujaban a un desenlace inevitable. Sólo faltaba una chispa. Y la chispa llegó.

EL ASESINATO DE CALVO SOTELO

El 13 de julio de 1936, un comando de policías socialistas mató al líder derechista José Calvo Sotelo. Tenía cuarenta y tres años. No era un crimen cualquiera: elementos policiales y paramilitares afines al gobierno mataban a uno de los líderes de la oposición. Era un crimen de Estado.

Calvo Sotelo —ya lo hemos visto— era uno de los personajes más brillantes de su generación. Gallego de Tuy, antes de los veinticinco años ya era licenciado en derecho con matrícula de honor, doctor con premio extraordinario y abogado del Estado con el número uno de su promoción y la puntuación más alta de su historia. Ingresó muy joven en política como secretario de Antonio Maura. Elegido diputado, fustigó el caciquismo y defendió políticas de reforma social. Cuando llegó la dictadura de Primo de Rivera, entró en los gobiernos del dictador y reformó la administración civil y después, como ministro de Hacienda, el sistema financiero español.

Como era monárquico, católico y conservador, y además había sido ministro de la corona, no le cupo otra salida que el exilio cuando se proclamó la II República. Pese a haber sido elegido diputado en las elecciones de 1931 y de 1933, no se le permitió volver al país hasta 1934. Retornó a la política en el ámbito de Renovación Española, el partido monárquico y conservador, pero como independiente. Líder del Bloque Nacional, las fraudulentas elecciones de 1936 le convirtieron en la cabeza visible de la oposición derechista al Frente Popular. Desde su escaño denunció sin cesar la violencia de la izquierda. También sugirió que, si seguía el caos en las calles, el ejército tendría que levantarse.

Los socialistas le amenazaron de muerte en el propio parlamento. La comunista Dolores Ibárruri lo hizo abiertamente. Todo eso le convirtió en objetivo para las milicias de la izquierda, que sólo esperaban un pretexto para asesinarle. Ese pretexto llegó en el mes de julio, cuando fue asesinado un instructor de las milicias socialistas, el teniente Castillo. El 13 de julio, un grupo de guardias de asalto del cuartel madrileño de Pontejos, todos de obediencia socialista y vinculados a la escolta personal de Indalecio Prieto, urdió el plan. Encabezaría el grupo un guardia civil, Condés.

El grupo salió del cuartel dispuesto a acabar con todos los jefes de la oposición: Gil Robles, Goicoechea y Calvo Sotelo. A Gil Robles alguien le avisó antes y pudo escapar. A Goicoechea no lo encontraron. Pero Calvo Sotelo estaba en su casa. El comando policial se presentó en el domicilio, le hizo salir detenido, le subió a un furgón y allí mismo el pistolero socialista Luis Cuenca, de la escolta de Prieto, le descerrajó un tiro en la cabeza. Después abandonaron el cadáver en el cementerio.

«Ese atentado es la guerra», dijo el líder socialista Zugazagoitia cuando los autores del crimen le contaron lo que habían hecho. Fue efectivamente así. Los militares que aún dudaban de actuar contra el Frente Popular, como el propio Franco, terminaron convenciéndose de que no quedaba sino la sublevación. Así los asesinos de Calvo Sotelo empujaron directamente al país a la guerra civil.

57
LA GUERRA CIVIL

La guerra civil española ocupa un lugar absolutamente central en la historia contemporánea de nuestro país. Por así decirlo, en ella vinieron a estallar, con enorme violencia, todas las contradicciones acumuladas desde principios del siglo XIX. Después, la guerra civil actuará en la conciencia colectiva como una especie de memoria permanente, de «pasado que no pasa». Y cuando la sociedad española supere las heridas de la guerra, vendrán los políticos a reabrirlas. Por eso es necesario contar este episodio crucial con algún detalle.

EL ESTALLIDO

El 17 de julio de 1936 se levanta el Ejército de África bajo la dirección de Franco. El general ha llegado allí desde las Canarias en un avión, el *Dragon Rapide*, fletado en Londres bajo iniciativa del editor del diario monárquico *ABC*, Juan Ignacio Luca de Tena, y el financiero Juan March. El plan del general Mola consiste en hacerse con la cabeza de las principales regiones militares. Una vez controlada la situación, tendrá que venir a España el jefe elegido por los sublevados: el general Sanjurjo, exiliado en Portugal.

Cuando la noticia llega a Madrid, el presidente de la República, Manuel Azaña, propone a Miguel Maura que tome el gobierno para instaurar una «dictadura nacional republicana» y restaurar el orden. Maura exige plenos poderes para aceptar. Mientras tanto, Azaña cesa a Casares Quiroga y nombra jefe de gobierno a Martínez Barrio, un moderado. Éste hace llegar al general Mola la propuesta de dictadura republicana, pero ya es demasiado tarde. Aunque numerosas personalidades republicanas, desde la CEDA hasta el ala moderada del PSOE, son proclives a la idea, Largo Caballero se opone, amenaza con ir a la revolución y exige armar al «pueblo», o sea, a los partidos y sindicatos del Frente Popular. Azaña cede. Pone en el gobierno a uno de sus hombres, José Giral, que toma la decisión de armar a las milicias socialistas, anarquistas y comunistas. Acto seguido, las milicias organizan sus propios centros de poder revolucionario. El gobierno sigue en manos de Azaña, pero en la práctica hay un doble poder.

Mientras tanto, el levantamiento se extiende por todas partes. El general Goded toma bajo su control las islas Baleares. Queipo de Llano se apodera de Sevilla. Varela controla Cádiz. Cabanellas, Zaragoza. Saliquet subleva Valladolid. Dávila ocupa Burgos. Mola, con los requetés carlistas, se hace con Navarra y Álava. En Oviedo, el general Aranda, en un golpe de astucia, convence a las milicias del Frente Popular de que es leal al gobierno, las manda a combatir a Madrid y se hace fuerte en la ciudad. En las mencionadas plazas triunfa el levantamiento. Por el contrario, fracasa en Madrid, donde los generales Fanjul y Villegas no son capaces de sublevar a las guarniciones de la capital, ni en Valencia, donde González Carrasco se queda sin el apoyo civil prometido por la CEDA. Tampoco en Barcelona: aquí, los sublevados piden que acuda Goded, éste se desplaza desde las Baleares y, una vez en la ciudad condal, descubre que el poder ya está en manos del Frente Popular. Todos ellos —menos González Carrasco, que logrará huir— pagarán con la vida; en el caso de Madrid, de manera especialmente cruenta en la matanza perpetrada por los milicianos izquierdistas en el Cuartel de la Montaña.

¿Quiénes son los sublevados? Queipo es un republicano vinculado a la masonería y estrechamente ligado a Alcalá Zamora. Goded había sido el primer jefe de estado mayor central con la República. Cabanellas, también masón, próximo al partido de Lerroux, había mandado a los Carabineros y a la Guardia Civil bajo los gobiernos republicanos. También Aranda estaba en la órbita de Lerroux. Dávila y Saliquet eran, ambos, monárquicos que habían pasado a retiro en 1931. Varela, carlista, dos veces condecorado con la Laureada (la máxima distinción del ejército español), implicado en la «sanjurjada» de 1932, había formado a las milicias requetés. Fanjul era un diputado de la derecha. Gente, en fin, de muy distinto origen. Pero, en general, no se levantan contra la República, sino contra el gobierno del Frente Popular... en nombre de la República.

El hombre designado para encabezar el alzamiento, el general Sanjurjo, despega desde Estoril el 20 de julio. En la maniobra, el avión cae y Sanjurjo muere. La sublevación se queda sin líder. Cabanellas y Mola improvisan una Junta de Defensa para organizar los movimientos de los sublevados. A partir de este momento, su prioridad será encontrar un líder.

LAS DOS ESPAÑAS

El país queda rápidamente dividido en dos. La sublevación triunfa en Andalucía occidental, parte de Extremadura, Castilla y León, Galicia, Navarra, Álava, una estrecha franja de Asturias en torno a Oviedo, parte de Aragón y los archipiélagos canario y balear, además del Protectorado en Marruecos. El Frente Popular mantiene el control en Madrid, Santander, Guipúzcoa y Vizcaya (bajo el mando político de los nacionalistas vacos), Cataluña (bajo control de la Generalidad), parte de Aragón, La Mancha, Valencia, Murcia y Andalucía oriental.

¿Quién compone la España del Frente Popular? Una coalición bastante heterogénea. Está la izquierda republicana de Azaña. También los socialistas, entre los que se ha impuesto la línea bolchevique de Largo Caballero. Están los comunistas, que tienen por consigna ganar la guerra antes de hacer la revolución. Y los anarquistas, que, al revés, quieren aprovechar la guerra para hacer su revolución. Añádanse los separatistas catalanes y vascos, que ven la guerra como un paso para construir sus estados independientes. El gobierno del Frente Popular cuenta con una gran ventaja inicial: controla los grandes centros industriales y urbanos y el Banco de España. En términos militares, además, con el Frente Popular se alinea la mayor parte del generalato. Pero adolece de una desventaja mayor: la fragmentación del poder, porque las estructuras del Estado han sido suplantadas por los comités revolucionarios. En el exterior, contará con dos apoyos relevantes: Francia, donde también gobierna un Frente Popular, y sobre todo la Unión Soviética, como enseguida veremos.

En cuanto a la España sublevada, que reivindica para sí el término «nacional», agrupa a todos los sectores sociales y políticos excluidos por la República. Por un lado, están los católicos, acorralados por la agresividad revolucionaria. Con ellos, los republicanos de derecha, disconformes con el Frente Popular, y también los monárquicos, que aspiran al retorno de Alfonso XIII. Sin embargo, las fuerzas que enseguida se convertirán en pivotes del movimiento serán dos formaciones aparentemente marginales en el juego electoral, pero que van a mostrar una enorme capacidad de movilización popular: los tradicionalistas (el Requeté), que quieren resucitar la causa carlista, y los falangistas, cuyo número se multiplicará exponencialmente a partir de este momento. La España nacional parte con una grave desventaja: un territorio fragmentado y sin recursos industriales propios. Pero tiene varias bazas a su favor: la unidad de mando en torno a la cabeza militar del movimiento, la conciencia de estar luchando por su supervivencia contra el comunismo y la calidad de los mandos intermedios del ejército. También los sublevados tienen su apoyo exterior: Italia y Alemania, que no quieren que el comunismo se instale en la península.

En un país así dividido, cada campo emprende una feroz purga para eliminar al enemigo interior. Como en toda guerra civil, el argumento ideológico encubrirá con frecuencia simples venganzas personales. En el campo nacional, los objetivos del nuevo poder serán las personas manifiestamente afectas al Frente Popular y, por supuesto, las estructuras de los partidos y sindicatos de izquierda. Por el camino caerán víctimas como el poeta Federico García Lorca, fusilado a pesar de los esfuerzos de los falangistas. En líneas generales, la represión en el bando sublevado, pasadas unas primeras semanas de purga sin control, se ejecutará bajo dirección militar con juicios sumarísimos y consejos de guerra por responsabilidades políticas o criminales. Se calcula que el número de víctimas del terror político en el campo nacional durante la guerra asciende a unas 20.000 personas.

El escenario es diferente en el otro campo, el del Frente Popular, porque la purga de elementos enemigos en la retaguardia se convierte en prioridad de los nuevos poderes revolucionarios. En Madrid y Barcelona, por ejemplo, durante los primeros días de guerra, las milicias no acuden al frente —sólo el Partido Comunista lo hará—, sino que se dedican a eliminar físicamente a los «enemigos de clase». Nacen así las «checas» (por el nombre de la policía política creada por Lenin en 1917), que eran cárceles privadas de los partidos y sindicatos del Frente Popular. El gobierno institucionalizará estas checas, que llegarán a ser más de 300 en toda España. Primero fusilarán a los militares insurrectos e inmediatamente extenderán la represión a todos los demás ámbitos: afiliados de partidos de derechas, clérigos y monjas, activistas católicos, etc. El número total de víctimas del «terror rojo» durante la guerra civil alcanzará las 60.000 personas. La gran mayoría, alrededor de 50.000, cayó en los primeros meses. De ellos, unos 7.000 eran clérigos y monjas. El terror se cebará especialmente con los católicos en general, frecuentemente en condiciones de extrema crueldad. Eso dio a la lucha de los nacionales un inequívoco aire de cruzada por la fe, que el propio episcopado español ratificó en julio de 1937.

LOS PRIMEROS COMBATES

Desde el punto de vista militar, la tónica general de la guerra será desde el principio la misma: iniciativa del bando sublevado y reacción defensiva del Frente Popular. Las fuerzas gubernamentales eran superiores en recursos, pero carecían de orden por la dinámica revolucionaria desatada por socialistas y anarquistas. Así, los sublevados podrán acometer, primero, un sorprendente puente aéreo —el primero en su género, que se sepa— para trasladar a la península a las tropas del Ejército de África y, enseguida, una serie organizada de avances para conectar los territorios bajo su control.

Una de las primeras acciones relevantes fue la toma de Badajoz, ciudad que estaba en manos del Frente Popular y dividía la zona sublevada. El 4 de agosto de 1936, los legionarios y regulares de Yagüe, unos 3.000 hombres, conquistaban la ciudad. Enfrente, 6.000 defensores, fundamentalmente milicianos, al mando del coronel Puigdendolas. La superior cualificación militar de los nacionales se impuso. Los sublevados perdieron a 44 muertos y 141 heridos, por 750 muertos y más de 3.000 heridos en el bando rival. Después de tomar la ciudad, y cuando Yagüe ya marchaba hacia el norte, surgió la noticia de que los nacionales habían perpetrado en la plaza de toros una brutal matanza con 4.000 víctimas. El argumento fue rápidamente difundido por la propaganda republicana, pero todo fue una falsificación: la plaza de toros estaba ya destruida, nunca hubo fotos de los cadáveres —en una ciudad llena de fotógrafos de guerra— ni constan los nombres de los supuestos 4.000. En realidad, la represión ejecutada sobre los mandos del Frente Popular se cifró en 200 personas. La de Badajoz fue la matanza que nunca existió, pero el argumento sirvió para que los milicianos de retaguardia, especialmente en Madrid, intensificaran los asesinatos. La matanza de la cárcel Modelo madrileña, donde los milicianos asesinaron a una treintena de personalidades de la derecha, incluidos varios ministros, vino como venganza por los sucesos de Badajoz.

En el plano bélico, el mismo guion de Badajoz se reproducirá un mes después en Talavera: las tropas de Yagüe —algo más de 3.500 hombres— llegan ante una ciudad defendida por 10.000 combatientes, abundante artillería y hasta un tren blindado, bajo el doble mando del general Riquelme y el líder comunista Modesto. Después de algunas horas de combate, los milicianos emprendían una desordenada fuga hacia Madrid y Yagüe entraba en Talavera, dejando abierto el camino hacia la capital.

Las caídas de Badajoz y Talavera provocaron un terremoto político en el Frente Popular. Las milicias de partido iban por un lado y la estructura militar iba por otro. Así no se podía ganar la guerra. Había dos opciones: o someter a las milicias a la disciplina militar, o poner la estructura militar al servicio del proyecto revolucionario. Se escogerá la segunda opción. El 4 de septiembre, Azaña entrega el gobierno a Largo Caballero, líder del ala radical del PSOE. Largo forma un gabinete en el que, por primera vez, entran ministros del Partido Comunista. Su primer objetivo será disciplinar al ejército, y lo hará al modo soviético, introduciendo comisarios políticos en las unidades. Así nacerá el Ejército Popular de la República. Su emblema: una estrella roja. Algo que no suele contarse es que, de todos los oficiales alineados el 18 de julio con el gobierno, prácticamente la mitad, 4.450, serán expulsados por razones políticas y 1.729 morirán fusilados.

LA INTERVENCIÓN EXTERIOR

En la conformación del Ejército de la República pesó mucho la influencia de la Unión Soviética, que se había convertido en el principal apoyo del Frente Popular (Francia, forzada por Gran Bretaña, le había retirado su respaldo). Para Moscú, la guerra civil española era una prolongación de la revolución comunista internacional. Así, y bajo la cobertura de la Internacional Comunista, suministró a España 806 aviones de combate, 362 tanques, 1.555 piezas de artillería, 15.000 fusiles ametralladores, medio millón de fusiles, 862 millones de cartuchos... El contingente humano que acompañó a ese material superó los 2.000 especialistas militares: 772 aviadores, 351 carristas, 77 instructores de infantería, 77 oficiales de marina, 100 artilleros, 222 consultores militares e instructores, 156 enlaces, 130 obreros e ingenieros de fábricas de aviones, 204 intérpretes... Al frente del despliegue, un nombre muy importante del Ejército Rojo: el general Goriev. Después llegarían los voluntarios de las Brigadas Internacionales.

Las Brigadas fueron creación directa de la Internacional Comunista, es decir, de Moscú. La idea surgió muy pronto, el 21 de julio de 1936, y un mes después el agente soviético Koltsov ponía a disposición del gobierno español 35 millones de francos para sufragar el proyecto. La Komintern abrió banderines de enganche en distintos puntos de Europa. Así se formó un contingente que rondaría los 60.000 soldados a lo largo de la guerra. Como jefe se designó al comunista francés André Marty. Su base estuvo en Albacete. Las Brigadas Internacionales reprodujeron todos los rasgos paranoides del comunismo de la época, incluidas las purgas internas. El propio André Marty escribió en noviembre de 1937 al comité central del Partido Comunista francés que había mandado ejecutar a 500 brigadistas sospechosos de «desviacionismo» político. Las Brigadas participarán en la mayor parte de las grandes batallas de la guerra civil, desde la defensa de Madrid en noviembre de 1936 hasta la batalla del Ebro.

En el otro lado, el bando nacional dispondrá de la ayuda militar de Italia y Alemania. Los primeros aviones italianos llegaron el 27 de julio de 1936. Mussolini mantenía contactos con los monárquicos españoles desde un par de años atrás, con Alfonso XIII como intermediario. Cuando se supo que Francia enviaría aviones al Frente Popular, las gestiones se aceleraron. Franco, por su parte, usó un poderoso argumento ante los italianos: si Mussolini no se empleaba a fondo, Alemania ocuparía su lugar. Y como Mussolini no quería perder influencia en el Mediterráneo, se decidió de inmediato. En aquel primer envío llegaron doce aviones de caza y distintas piezas de artillería, municiones y un barco mercante. Italia era entonces el primer fabricante de aviones de caza del mundo. Con este refuerzo, el bando sublevado dispuso de fuerza aérea, cosa fundamental, pues la mayor parte de los aviones españoles había quedado en manos republicanas. En total, la participación italiana sumará cerca de 50.000 hombres y 758 aeronaves al mando del general Roatta. Después, en noviembre, llegaría la ayuda alemana de la Legión Cóndor, con alrededor de 15.000 hombres y unos 600 aviones, además de 200 carros de combate.

En términos de material bélico, la participación extranjera fue muy pareja en ambos bandos. Sin embargo, en el terreno político, Moscú ejerció sobre el gobierno del Frente Popular una influencia muy superior a la que Berlín y Roma ejercerían sobre Franco.

Una de las primeras medidas del gobierno de Largo Caballero —el 13 de septiembre— fue la evacuación de las reservas de oro del Banco de España. Su ejecutor: el entonces ministro de Hacienda, Juan Negrín, también socialista. Es el episodio conocido como el «Oro de Moscú». El Banco de España, que en aquella época era una institución privada, albergaba las terceras reservas más importantes del mundo de metales preciosos. Teóricamente, el gobierno pretendía poner a buen recaudo la principal baza económica del Estado para sufragar los gastos de guerra. En la madrugada de aquel 13 de septiembre, un piquete de milicianos acudió a casa del cajero del Banco de España y lo condujo a las cámaras acorazadas de la institución. Cerrajeros y metalúrgicos de obediencia socialista extrajeron el oro, la plata y los depósitos privados y lo introdujeron todo en cajas de madera: más de 700 toneladas. El valor de las riquezas ascendía a unos 5.240 millones de pesetas de la época, más de 15.000 millones de euros actuales. Diez mil cajas marcharon por carretera hasta Cartagena. De este tesoro, 7.800 cajas embarcaron en buques soviéticos con rumbo al puerto ruso de Odesa y otras 2.000 acabaron en París. Se desconoce el paradero de las 200 cajas restantes: lo más probable es que quedasen a disposición de los líderes del Frente Popular. En cuanto a la plata, almacenada en Murcia, terminará siendo vendida por el Frente Popular a Francia y Estados Unidos.

¿Por qué se trasladó el tesoro a la Unión Soviética? Porque era el principal aliado del Frente Popular, al que había provisto y seguiría proveyendo de abundante material militar y numerosos asesores técnicos. Pero el Estado español jamás volvería a ver ese oro, cuyos beneficios quedarían repartidos entre la Unión Soviética, el Partido Comunista Francés (según Prieto) y algunos distinguidos nombres de los gobiernos de la República. En definitiva, un gigantesco desfalco institucional. Eso fue el «oro de Moscú».

FRANCO, ENTRE TOLEDO Y MADRID

Después de conectar las zonas sublevadas, el plan militar de Mola contemplaba la convergencia de diferentes columnas para intentar el asalto a Madrid. Con ese fin se desplazan varias unidades motorizadas desde Valladolid, Burgos y Pamplona que ocupan la vertiente norte de la sierra de Guadarrama, pero sin fuerza suficiente para volcarse sobre el objetivo. La fuerza fundamental ha de venir del oeste: el ejército de África que manda Franco. Pero por el camino surge un imprevisto: el Alcázar de Toledo.

El Alcázar de Toledo era la sede de las academias militares de infantería, caballería e intendencia. Desde el 21 de julio, bajo la dirección del coronel Moscardó, se habían encerrado allí un millar de guardias civiles, unos 200 militares y varios voluntarios falangistas, además de medio millar de mujeres y medio centenar de niños. Aquellas 1.800 personas iban a resistir el asedio de las tropas del Frente Popular durante 70 días. El 23 de julio, el coronel Moscardó recibirá una llamada de teléfono: debe rendir la plaza o su hijo será asesinado. El Alcázar no se rendirá. Sobre él arrojará el Frente Popular un infierno: 11.500 disparos de artillería y morteros, 30 ataques de la aviación que tiraron 500 bombas, 35 latas de gasolina, 200 cócteles molotov, 10 incendios provocados, 1.500 granadas de mano, 2.000 petardos y 4 minas y hornillos con 5 toneladas de trilita. Los asediados rechazarán ocho asaltos. Franco, en su avance hacia Madrid, decidió desviarse del camino y ordenó romper el asedio. Ante la llegada del Ejército de África, las tropas del Frente Popular se retiraron hacia Aranjuez. El 27 de septiembre el Alcázar fue liberado. El edificio había quedado destruido casi por entero. Franco entró al día siguiente. Moscardó le recibió con el conocido «Sin novedad en el Alcázar».

La liberación del Alcázar representó una importante inyección de moral para el bando sublevado, y la propaganda de guerra no dejó de subrayarlo. En particular, terminó de consolidar el liderazgo de Franco dentro de la España nacional. Porque los sublevados, en efecto, seguían sin jefe.

Recordemos: el jefe tenía que haber sido el veterano general Sanjurjo, pero falleció en accidente de aviación cuando despegaba desde Portugal. ¿A quién elegir en su lugar? La decisión no resultaba fácil, pero lo que estaba ocurriendo en el bando contrario, sumido en el caos, era suficiente aliciente para designar cuanto antes un mando único que diera cohesión estratégica y unidad política a los sublevados. El elegido será el general Francisco Franco, cuarenta y tres años, cuyo historial, prestigio y contactos internacionales le convertían en el hombre indicado. En la operación intervino decisivamente el coronel Yagüe, que forzó la designación con atribuciones superiores a lo inicialmente previsto. Porque la idea que habían aceptado los otros generales era nombrar un jefe militar con funciones políticas, pero lo que salió del aeródromo de Salamanca, donde se celebró la reunión final, fue nada menos que un «Jefe del Gobierno del Estado español» que «asumirá todos los Poderes del nuevo Estado».

Franco fue formalmente proclamado jefe del Estado de la España sublevada el 1 de octubre de 1936. Mola rescató para Franco el título de «generalísimo», creado para Godoy a principios del siglo XIX. Franco lo ostentará hasta el final de sus días. Su primera decisión política, el 2 de octubre, fue constituir una Junta Técnica compuesta por especialistas (magistrados, hacendistas, ingenieros, etc.) para la administración del nuevo Estado. Todos sus miembros provenían del entorno monárquico, católico y conservador; entre ellos, el escritor José María Pemán. Y encauzado el problema de organizar la retaguardia, tocaba afrontar el principal objetivo militar: la toma de Madrid, en la convicción de que conquistar la capital sería tanto como poner fin a la guerra.

En aquel momento el Frente Popular había empezado a enderezar la situación desde los catastróficos meses iniciales. Su ejército, mal que bien, se reorganizaba y podía aprovechar su superioridad industrial y financiera, hasta entonces inútil por el caos revolucionario. Por otro lado, la ayuda soviética empezaba a fluir. El gobierno abandonaba Madrid, huía a Valencia y dejaba la capital en manos de una Junta de Defensa presidida por el general Miaja, un africanista de derechas que sin embargo había quedado en el lado del Frente Popular. Enfrente estaban las tropas de Franco. Su punta de lanza eran los 10.000 hombres del ejército de África, legionarios y regulares, con otros tantos efectivos de las milicias falangistas, requetés y de unidades del ejército, al mando de Varela. Dentro de Madrid, la acumulación de tropas republicanas doblaba ese número.

El primer acto fue la conquista nacional del aeródromo de Getafe, el 4 de noviembre. Tres días después, sin embargo, ocurrió un hecho extravagante: milicianos republicanos encontraron en un tanque italiano una copia del plan nacional para la conquista de Madrid. El hallazgo permitió a Miaja y a su jefe de estado mayor, Vicente Rojo, otro africanista, organizar una defensa eficaz. El avance nacional quedó estancado en el cerro Garabitas, ante la Casa de Campo, y después en la Ciudad Universitaria. A partir de ese momento, y mientras se combatía por el control de la carretera de La Coruña, la lucha se atascó en una guerra de posiciones que duraría hasta el final del conflicto. La batalla de Madrid terminó formalmente el 15 de enero de 1937, cuando los nacionales no pudieron avanzar ya ni un paso más. El Ejército Popular, aun a costa de grandes bajas, había salvado la ciudad. La propaganda convertiría la defensa en mito.

PARACUELLOS

Mientras Miaja y Rojo organizaban la defensa, las milicias del Frente Popular perpetraban la mayor matanza de la guerra civil: la de Paracuellos del Jarama, cerca de Madrid. En la capital mandaba Miaja como jefe militar, pero, por debajo de ese mando, las Juventudes Socialistas Unificadas se habían hecho con el control político de la seguridad y el orden público. El 6 de noviembre, las juventudes socialistas, dirigidas por Santiago Carrillo, se pasaron en bloque al Partido Comunista siguiendo instrucciones de los agentes de Moscú. Fue precisamente un consejero soviético, Mijail Koltsov, quien sembró en las cabezas de los comunistas españoles la idea de liquidar a los presos políticos: si los nacionales tomaban Madrid —arguyó—, en las cárceles encontrarían militares, abogados, médicos, escritores y funcionarios que de inmediato formarían la elite de la España de Franco. Había que eliminarlos. ¿Y cómo saber quién era quién en la abundante población reclusa de aquel Madrid? Era fácil: el ministro de la Gobernación, Galarza, antes de fugarse a Valencia, había dejado en las cárceles los ficheros con las identidades de los presos.

En la madrugada del 6 de noviembre se empezó a sacar a los presos políticos de las cárceles de Madrid. Los subieron en autobuses y camiones. Oficialmente se decía que eran enviados a Valencia, pero en realidad se los hacía bajar de los vehículos en las cercanías de Paracuellos para fusilarlos en masa. Las víctimas eran principalmente ciudadanos de ideas derechistas, militares y profesionales sospechosos de simpatizar con el bando nacional, pero entre los asesinados había incluso niños. Los ejecutores: las milicias del PSOE, el PCE y el sindicato UGT. El Consejero de Interior de la Junta de Madrid, el joven comunista Santiago Carrillo, fue el principal responsable de la operación. Entre el 7 de noviembre y el 4 de diciembre de 1936, más de 2.500 personas serán asesinadas por este procedimiento. Las matanzas no cesarán hasta que el anarquista Melchor Rodríguez se haga cargo de las prisiones de Madrid. Por aquellos mismos días, el 20 de noviembre, era fusilado en Alicante, tras una parodia de juicio, José Antonio Primo de Rivera, el fundador de Falange Española.

A estas alturas, la II República ya se había convertido en un sistema socialista. Azaña, en la presidencia, no pintaba nada. Largo Caballero había impuesto un estilo revolucionario tan intenso que incluso Moscú se inquietó. El 28 de diciembre de 1936, la cúpula del Kremlin dirige una extensa y amable carta a Largo Caballero en la que le recomienda moderar la revolución. Stalin le pide a Largo que respete los procedimientos parlamentarios, que proteja fiscalmente las propiedades de los campesinos, que garantice los derechos y propiedades de la clase media y que asegure la libertad de comercio para, literalmente, «evitar que los enemigos de España vean en ella una República comunista». Stalin estaba bien informado: el Parlamento había desaparecido, el gobierno competía con los comités por ver quién era más revolucionario, los campesinos sufrían un permanente expolio, las clases medias se sentían perseguidas y los socios moderados del Frente Popular habían sido apartados del poder. Además, el escándalo de las matanzas de Madrid estaba persuadiendo a la opinión internacional de que aquello no era un régimen democrático, sino, como decía Stalin, una «república comunista». A Largo Caballero le molestó mucho aquella carta. Respondió a Stalin que el parlamento no tenía «partidarios entusiastas» en España. Moscú marcó con una cruz el nombre de Largo Caballero.

DEL JARAMA A GUADALAJARA

En los frentes de guerra, toda la atención seguía puesta en la ofensiva nacional sobre Madrid. En febrero de 1937 se produjo la batalla del Jarama, la más importante librada hasta el momento por el número de efectivos en combate: cerca de 60.000 hombres entre los dos bandos y abundancia de carros y aviones, y también numerosa presencia extranjera. El objetivo de Franco era cortar las comunicaciones de la capital: rodear Madrid por el sur y cerrar la carretera con Valencia. Enfrente, el Ejército Popular, dirigido por Miaja, estaba planeando una ofensiva precisamente en el mismo punto. Franco se adelantó: sus tropas cruzaron el Tajuña por los puentes que habían preparado los republicanos y el 14 de febrero, en medio de un intenso frío, alcanzaron su máxima penetración en territorio enemigo.

Los republicanos consiguieron detener el avance y contraatacaron, pero sin éxito. Todos los combates se concentraron en el cerro Pingarrón, escenario de una encarnizada lucha. El cerro acabó en manos de Franco. Los nacionales no pudieron tomar la carretera de Valencia, pero sí tenerla a tiro de artillería, lo cual obligó a los republicanos a desviar el tráfico y a mantener allí una buena cantidad de tropas. La batalla del Jarama terminó, en tablas, el 27 de febrero. El saldo fue cruento: unas 7.000 bajas en el bando nacional y hasta 10.000 en el republicano. Pero el Frente Popular logró mantener Madrid bajo su dominio.

Muy pocos días después, el 8 de marzo de 1937, y en el mismo escenario estratégico —el control de Madrid—, tuvo lugar la batalla de Guadalajara. Fue un empeño de Roatta, el jefe de los italianos que combatían junto a Franco, exasperados por el pesado avance del ejército nacional. ¿Por qué no usar la fuerza motorizada? Franco no lo veía claro: el paisaje bélico español no estaba hecho para la «guerra relámpago» (*guerra célere*, la llamaban los italianos), porque ni el terreno era el adecuado, ni se podía avanzar sin ocupar a conciencia el territorio ni, sobre todo, era posible garantizar las enormes necesidades logísticas —combustible, avituallamiento, etc.— que ese tipo de guerra exigía. Pero Roatta necesitaba una gran victoria y Franco le dejó hacer. Así, el 8 de marzo de 1937 el Cuerpo de Tropas Voluntarias italiano (35.000 hombres, 90 carros, 2.000 camiones, 200 cañones, 50 aviones de caza) se lanzaba desde sus posiciones de Sigüenza en dirección suroeste para caer sobre Brihuega y Guadalajara, desmantelar el frente republicano, llegar a Alcalá de Henares y aislar Madrid. Sobre el papel, era un buen plan. Pero el terreno rara vez obedece al papel.

El ataque italiano fue tan vertiginoso como Roatta deseaba… hasta que empezó a llover. Más aún: a nevar. Y cuando cesaba la lluvia o la nieve, bajaba la niebla. Los movimientos de la «guerra célere» resultaron bastante poco acelerados. El barro impidió a los carros italianos desplegarse fuera de las carreteras, organizando un terrible colapso. Los avituallamientos tardaban una eternidad en llegar a la vanguardia. La aviación que debía proteger el ataque, varada en los aeródromos por el mal tiempo, no sirvió de nada. La lentitud en la ofensiva permitió a las fuerzas republicanas (el IV Cuerpo de Ejército, de Jurado) retroceder con orden, reorganizarse y establecer un frente con dos divisiones, dos brigadas internacionales, 70 carros soviéticos —mejores que los italianos— y, sobre todo, aviación: los 120 aparatos disponibles del Frente Popular estaban en aeródromos bien pavimentados, de manera que pudieron operar sin problemas, al contrario que sus rivales italianos. El 18 de marzo Jurado avanzó sobre Brihuega. Los italianos se retiraron con unas pérdidas elevadísimas en hombres y material. Franco tenía razón.

La batalla de Guadalajara, además del euforizante efecto que surtió en las líneas republicanas, sirvió para que a partir de aquel momento el estado mayor de Franco centralizara todas las iniciativas estratégicas: los italianos nunca más volverían a tomar una decisión. Y Franco, por su parte, decidió cambiar el guion de la guerra. Se acabó lo de estrellarse contra Madrid. Ahora el escenario principal sería el norte: Guipúzcoa, Vizcaya, Santander, Asturias. Territorios bajo control del Frente Popular, pero aislados del resto, y donde se acumulaban recursos naturales e industriales que los nacionales necesitaban. En ese contexto se inscribe uno de los hechos más famosos y también más tergiversados de la guerra civil española: el bombardeo de Guernica. La propaganda de guerra agigantaría hasta dimensiones de holocausto un episodio que fue trágico, sí, pero, objetivamente, no más relevante que otros bombardeos de nuestra guerra.

El 26 de abril de 1937, el mando de la Legión Cóndor alemana tomó una decisión militar equivocada. Sin autorización del mando franquista, aviones alemanes e italianos bombardearon la villa vasca de Guernica. Pretendían destruir el puente de la ciudad para cortar la retirada republicana, pero no lograron su propósito. Sin embargo, el bombardeo tendría unas consecuencias imprevisibles. Con parte de la ciudad incendiada, se llamó a los bomberos de Bilbao, pero éstos, aunque estaban sólo a 30 kilómetros, tardaron más de tres horas en llegar. En ese lapso, el fuego se extendió por todas partes. Como en la mayoría de las construcciones abundaba la madera, la destrucción fue atroz. El número de víctimas, sin embargo, fue comparativamente escaso: 126 según el estudio más reciente, lejos de las 3.000 que contó la propaganda. La mayor parte de la población ya se había puesto a salvo. Pero las crónicas de los corresponsales, copiándose unos a otros, amplificaron el hecho hasta convertirlo en una hecatombe. El suceso saltó todas las fronteras y llegó a un artista que esperaba inspiración: Pablo Picasso, que había cobrado del Frente Popular 150.000 francos franceses para hacer un mural en la exposición internacional de París y aún no había empezado su obra. El bombardeo de Guernica dio a Picasso la inspiración que necesitaba. Así se construyó el mito.

En la guerra civil española hubo más bombardeos sobre población civil, y eso en los dos bandos. Muchos de ellos —el bombardeo republicano de Cabra, por ejemplo— fueron bastante más mortíferos que el de Guernica. Ninguno de ellos, sin embargo, tan célebre como el de la villa vasca. Por eso se dice que la primera víctima de la guerra siempre es la verdad.

FALANGISTAS Y COMUNISTAS

Cosas muy importantes estaban pasando al mismo tiempo en el plano político. En la España nacional, Franco firmaba el 19 de abril de 1937 el Decreto de Unificación de la Falange y el Requeté, los dos grupos que mayor capacidad de movilización habían mostrado. El nuevo movimiento reunía las fuerzas de Falange Española de las JONS, descabezadas desde el asesinato de José Antonio Primo de Rivera por el Frente Popular, y las de la Comunión Tradicionalista, es decir, los carlistas, los requetés. El cerebro de la operación fue Ramón Serrano Súñer, cuñado del propio Franco, que no era requeté ni falangista, sino de la CEDA. A la camisa azul de Falange se unió la boina roja del requeté. Y no tanto por afinidades doctrinales como por exigencias de la guerra: había que evitar discordias como las que estaban desgarrando al bando contrario, deshecho por las pugnas entre socialistas, comunistas y anarquistas.

En realidad, ni los líderes de Falange ni los del carlismo eran partidarios de la unificación, porque muchas cosas separaban a los dos movimientos. Falange era republicana, católica pero aconfesional, y centralista, mientras que el carlismo era monárquico, confesional y foralista. Hubo incluso peleas a tiros en el bando nacional por los que se resistían a la unificación, pero la necesidad de ganar la guerra facilitó el camino. El líder de Falange, Manuel Hedilla, terminó detenido, juzgado, condenado a cadena perpetua y finalmente desterrado a Mallorca (sería liberado en 1947). Igualmente fue desterrado el líder carlista, Manuel Fal Conde. Otros líderes partidarios del pacto tomaron su lugar: Raimundo Fernández Cuesta en Falange, el conde de Rodezno en el carlismo. Falange Española Tradicionalista y de las JONS sería la base política del régimen de Franco durante muchos años.

En el campo del Frente Popular, mientras tanto, el Partido Comunista iba extendiendo su control y, al paso, ejecutaba una profunda purga de elementos anarquistas y «trotskistas». La gran querella del momento en el mundo comunista era la pugna entre Stalin y Trotski, y eso se trasladó a España. Eso fue lo que pasó en Barcelona en mayo de 1937.

Situémonos: Cataluña, 1937. Dentro del Frente Popular hay una guerra soterrada. A un lado, los revolucionarios de las anarquistas CNT y FAI, más el Partido Obrero de Unificación Marxista (POUM). Al otro, los estalinistas del Partido Socialista Unificado de Cataluña (PSUC), rama catalana del Partido Comunista, y la socialista UGT, ambos bajo la órbita de Moscú. En Cataluña, en aquel momento, había varias revoluciones simultáneas: la de los separatistas, la de los anarquistas, la de los comunistas... Los estalinistas piensan que la deriva revolucionaria les está haciendo perder la guerra y deciden romper el nudo. Primero se apoderan de los órganos de orden público. El siguiente paso será, inevitablemente, «purgar» a los disidentes: los anarquistas y los del POUM, acusados de «trotskistas». El PCE pide a Largo Caballero que ilegalice el POUM. Largo se niega. Los comunistas apostarán por una política de hechos consumados.

El 3 de mayo de 1937, el director comunista de Orden Público de la Generalidad ordena a la Guardia de Asalto tomar el edificio de Telefónica, centro de poder de la CNT. Los anarquistas contestan instalando allí una ametralladora mientras los comités de barrio se lanzan a la calle. La ciudad se cubre de barricadas. El POUM apoya a los anarquistas. La Generalidad pide refuerzos a Madrid, pero Largo Caballero no interviene. El que aparece es otro grupo anarquista, «los Amigos de Durruti», que abandona el frente y llega para echar más leña al fuego. Varias unidades anarquistas del frente de Aragón se dirigen contra la ciudad, pero son detenidas a tiros por la propia aviación republicana. Mientras tanto, la dirección de la CNT cede y rehúsa respaldar a los sublevados. Largo Caballero, por su parte, decide intervenir y manda a Barcelona 12.000 guardias de asalto y carabineros. Así sofocará a la vez la rebelión anarquista y la separatista. Pero entonces empezará la represión dentro del Frente Popular.

Según la anarquista Federica Montseny, el número total de muertos durante los «hechos de mayo» ascendió a 400, más un millar de heridos. El balance será inequívoco: el PCE encontrará vía libre, el POUM quedará físicamente aniquilado —a manos de los estalinistas— y el poder de la CNT se reducirá al mínimo. Los comunistas ocuparon todos los puestos de poder. La cúpula del POUM fue detenida por agentes comunistas. El líder del partido, Andrés Nin, fue conducido a la checa que los soviéticos habían instalado en Alcalá de Henares. Allí fue desollado vivo. Stalin volvía a ganar.

Stalin, sí, y no Largo Caballero, que después del episodio de Barcelona quedaba en precario. Simultáneamente, en el plano bélico, se acumulaban las derrotas: Málaga había caído en manos nacionales en febrero mientras, en el norte, la ofensiva de Franco arrollaba las posiciones del Frente Popular. Echar a Largo Caballero de la presidencia pasó a convertirse en una necesidad. En eso los comunistas coincidían con los socialistas de Indalecio Prieto y los republicanos de Azaña. El 17 de mayo de 1937, Largo Caballero es destituido de su cargo. Le sucederá el también socialista Juan Negrín, el mismo que ordenó llevar a Moscú el oro del Banco de España. Indalecio Prieto se hará cargo del Ministerio de la Guerra. Una de sus primeras medidas fue centralizar la represión interior en un nuevo organismo: el Servicio de Información Militar (SIM). Los comunistas tardarán poco en hacerse con el control *de facto* del SIM. Entre sus primeros jefes, por cierto, se contará uno de los asesinos de Calvo Sotelo.

EL NORTE, BRUNETE, BELCHITE... Y EL NORTE

Los de Franco, en efecto, estaban ganando la guerra en el norte. En el inicio de la guerra, Indalecio Prieto había augurado la victoria del Frente Popular en razón de su control sobre las zonas industriales. Era verdad que los grandes centros fabriles se hallaban en zona «roja». Ejemplo: Bilbao, polo industrial de primera importancia. Allí no gobernaban los socialistas ni los comunistas, sino los nacionalistas vascos. Las tropas a las que se enfrentaban eran igualmente de la tierra: ante todo, los voluntarios requetés, de origen fundamentalmente navarro y vasco en aquel frente. El Bilbao republicano confiaba en la solidez de sus defensas, el llamado «cinturón de hierro», pero la presión de los nacionales y la colaboración de los propios constructores del cinturón, que pasaron información al bando nacional (entre ellos, Alejandro Goicoechea, el ingeniero del tren Talgo), permitieron vencer esa defensa. Cuando las tropas de Franco se acercaron a la ciudad, socialistas y comunistas pidieron incendiar Bilbao y destruir toda su industria. Los nacionalistas vascos se negaron. Bilbao quedó intacta y la industria siderometalúrgica pasó directamente a manos de Franco.

El 19 de junio de 1937, las tropas de Franco tomaban la ciudad. No pudo disfrutar de la victoria el general Mola, jefe de los ejércitos del Norte, porque falleció en un accidente de aviación ese mismo mes. En todo caso, la de Bilbao fue una victoria decisiva para el posterior desarrollo de la contienda. Con aquella conquista, el sector norte del Frente Popular se hundía y las fuerzas nacionales adquirían unos recursos mineros e industriales determinantes. Los nacionalistas vascos terminarán pactando la rendición con los italianos en Santoña. Un número nada desdeñable de combatientes del ejército nacionalista vasco pasará a las tropas de Franco en los meses siguientes. Con Bilbao en sus manos, Franco apuntó a completar la ocupación del norte: Santander y Asturias. El Frente Popular intentará evitarlo provocando dos batallas lejos de ese frente, para obligar a los nacionales a desviar recursos. Serán las batallas de Brunete y Belchite.

La batalla de Brunete, en julio de 1937, es una de las más famosas de la guerra. El nuevo jefe del gobierno del Frente Popular, Negrín, necesitaba una victoria: tenía que demostrar a sus mentores soviéticos que podía ganar batallas. De momento había perdido Bilbao y había fracasado en su intento de reconquistar Segovia. Los nacionales, por el contrario, ocupaban implacablemente el norte, tenían Santander al alcance de la mano y comenzaban el cerco de la zona de Asturias aún bajo control republicano. La ocasión parecía clara para Negrín: atacar a las tropas de Franco en Madrid permitiría aliviar la presión sobre el norte y, de paso, debilitar a los sitiadores en la capital. Ése fue el objetivo de la batalla sobre Brunete.

En la madrugada del 6 de julio comenzó la ofensiva. El Frente Popular movilizó una fuerza impresionante: 85.000 soldados, 220 piezas de artillería, 170 carros y 300 aviones. Los primeros días fueron de euforia: las defensas nacionales cedieron, la superioridad numérica se impuso y en el norte, en efecto, Franco tuvo que detener su avance para enviar tropas de socorro a Madrid. Pero a medida que esas tropas fueron llegando y la aviación entró en combate, la situación se estabilizó, el avance republicano se estancó y, aún peor, el Ejército Popular tuvo que retirarse con tremendas bajas. El 18 de julio empezó la contraofensiva nacional y, después de una semana, Brunete volvía a sus manos. El Ejército Popular de la República perdió en torno a 25.00 hombres entre muertos y heridos, además de un centenar de aviones, por 17.000 bajas del bando nacional. Una batalla muy sangrienta en la que el Frente Popular llevó la peor parte.

Enseguida llegó el segundo acto: en Zaragoza, el 24 de agosto, y será la batalla de Belchite. El objetivo republicano era tomar Zaragoza, que estaba en manos de los nacionales, y para ello movilizó tres divisiones comunistas y anarquistas, brigadas internacionales incluidas; más de 80.000 hombres que triplicaban en número al enemigo. La ofensiva fue arrolladora, pero un reducido número de nacionales, en torno a 7.000 hombres, logró hacerse fuerte en el pueblo de Belchite. Los republicanos dedicaron entonces todos sus esfuerzos a tomar ese pueblo, pensando que cedería. Pero no cedió. Durante varios días, cerca de 25.000 soldados republicanos acogotaron a los 7.000 nacionales. Aquella resistencia fue decisiva para que el resto del frente recibiera refuerzos. Las divisiones comunistas y anarquistas que amenazaban Zaragoza tuvieron que detenerse. Belchite cayó el 6 de septiembre, pero fue una victoria pírrica: el esfuerzo había obligado a desviarse del objetivo principal, la capital del Ebro, y lo conquistado carecía de valor. Para colmo, la resistencia de Belchite permitió a Franco continuar con su ofensiva en el norte sin retirar tropas. Indalecio Prieto abroncó a sus generales: «Tantas fuerzas para tomar cuatro o cinco pueblos no satisfacen ni al ministerio ni a nadie». El pueblo de Belchite quedó completamente destrozado. Hoy sobreviven sus estremecedoras ruinas.

La resistencia de Belchite, junto a la victoria de Brunete, permitió al ejército nacional culminar la ocupación del norte. El 26 de agosto las tropas de Dávila y sus aliados italianos entraron en Santander. El 21 de octubre se eliminaban las últimas posiciones del Frente Popular en Avilés y Gijón. La guerra entraba en una nueva fase y toda la atención pasaba a un punto concreto del mapa: Teruel.

TERUEL DECIDIÓ LA GUERRA

¿Por qué Teruel? Porque el Frente Popular temía que Franco lanzara un asalto general sobre Madrid. Por eso el Ejército de la República concibió una doble ofensiva que presionara simultáneamente en Badajoz, cortando en dos la zona sublevada, y en Teruel, débilmente defendida. Para Negrín era muy importante capturar una capital de provincia, cosa que el Frente Popular no había logrado desde que empezó la guerra. Al interés estratégico se añadía, por tanto, el interés propagandístico. La operación de Badajoz falló, pero el 15 de diciembre de 1937, en medio de una gran nevada, las tropas del Frente Popular acumularon más de cien mil hombres para conquistar Teruel, una plaza con sólo 4.000 defensores. Y la ciudad, efectivamente, caerá tras dos semanas de tenaz resistencia.

Como en otras ocasiones, el mando del Frente Popular subestimó tanto la capacidad de resistencia de las plazas fuertes nacionales como la velocidad de respuesta de las tropas franquistas. Los de Teruel habían aguantado literalmente hasta la última bala, dando tiempo a que llegaran las columnas de Varela y Aranda. Las tropas de Franco pasaron a la contraofensiva y establecieron un largo frente. Los sitiadores republicanos pasaron a ser sitiados. Las tropas que acababan de tomar la ciudad, y que partían ya al descanso, fueron llamadas de nuevo al combate. Una de ellas, la 84 brigada mixta, protestará y sus mandos fusilarán a más de cincuenta soldados. Los de Franco, mientras tanto, tendían una gran tenaza en torno a la ciudad. En uno de esos movimientos, la caballería del coronel Monasterio protagonizó una carga que tal vez haya sido la última de este tipo en la guerra moderna.

Finalmente, después de dos largos meses de combate con temperaturas de hasta dieciocho grados bajo cero, el frente republicano se hundió. La aventura de Teruel costó al Ejército Popular 800 kilómetros cuadrados, 20.000 muertos, 14.000 prisioneros y un tercio de sus aviones y carros de combate. El desgaste del ejército nacional fue también elevado (en torno a 17.000 muertos), pero la victoria le permitió abrir el camino hacia el Mediterráneo. Porque Franco lanzó una ofensiva general, sí, pero no sobre Madrid, sino sobre el frente este, desde Lérida hasta el sur de Teruel. El 15 de abril de 1938 las tropas nacionales cortaban en dos el territorio del Frente Popular y llegaban al Mediterráneo por Vinaroz.

El hundimiento del frente de Aragón tuvo consecuencias inmediatas en el plano político. El Frente Popular se dividió entre los que querían seguir la guerra, que eran Negrín y los comunistas, y los que deseaban abrir negociaciones de paz, postura en la que estaban los socialistas Prieto y Besteiro, y también Azaña. Se impondrá la primera posición. Prieto será apartado del ministerio de la Guerra. Ahora bien, ¿con qué bazas podía el Frente Popular continuar la contienda? En aquel momento la situación del gobierno de Negrín era calamitosa. Desde el mes de octubre anterior la capital se había trasladado de Valencia a Barcelona, lo más lejos posible del frente. La España republicana se había convertido en feudo de los comunistas, que controlaban todos los resortes del poder marginando a los socialistas y persiguiendo a los anarquistas. El propio Negrín se mantenía en el cargo por voluntad de los comunistas. En el plano militar la situación aún era peor. Y en el plano internacional, el paisaje no era más esperanzador: Inglaterra y Francia desconfiaban de aquella República sovietizada y buscaban retrasar el ya inevitable conflicto con Alemania, mientras Stalin empezaba a considerar su presencia en España como un asunto secundario.

Negrín concibió entonces una jugada estratégica para ganar apoyos internacionales y retrasar lo más posible la derrota. El 30 de abril daba a conocer públicamente una propuesta para la paz, articulada en trece puntos, que proponía cesar las hostilidades, convocar un plebiscito para elegir la forma de gobierno y proteger la propiedad privada. El objetivo real, y a nadie se le escapó, era ganarse el apoyo de Francia e Inglaterra para alargar la guerra y enlazarla con el gran conflicto europeo que ya se adivinaba en el horizonte. Pero la jugada falló: Londres y París andaban en otras cosas.

¿Tuvo eco la propuesta de Negrín en el bando nacional? Ninguno. Franco no iba a renunciar a una victoria que ya tenía en la mano. La guerra podría alargarse, pero el Frente Popular estaba condenado. También Azaña lo sabía. El 18 de julio de 1938, segundo aniversario de la guerra, el presidente de la República pronunciaba en el Ayuntamiento de Barcelona un discurso que pasaría a la Historia por sus tres conceptos fundamentales: «Paz, piedad y perdón». Un poco tarde, ciertamente. En realidad, el discurso de Azaña iba dirigido a sondear una posible paz con la mediación de Inglaterra y Francia. Algo a lo que Negrín se oponía enérgicamente.

Ese verano de 1938 Stalin decidió abandonar gradualmente España. El primer paso será la retirada de las Brigadas Internacionales, que se verificará en septiembre, pero que se había resuelto meses atrás en París. Dejaban entre 9.000 y 10.000 bajas en suelo español.

La España de Franco, por su parte, empezaba a organizarse como Estado. El 9 de marzo se había aprobado la primera ley fundamental del nuevo régimen, el Fuero del Trabajo, de inspiración falangista. Contenido: la justicia social como principio rector del Estado, protección del Estado al trabajo y al trabajador, subordinación de la economía al interés nacional, reconocimiento de los derechos personales al trabajo, a la propiedad y a la propiedad familiar, sentido social de la empresa, reconocimiento de la iniciativa privada, posición subsidiaria del Estado en materia de producción, organización sindical de los distintos agentes del proceso económico… Estaba surgiendo el Estado nacional-sindicalista.

A Negrín sólo le quedaba una opción: recuperar la unidad de sus dos porciones de territorio y alargar la resistencia lo más posible para enlazar con el conflicto que se cernía sobre Europa, en la esperanza de que eso obligara a franceses e ingleses a ayudarle frente a Franco. Ésas fueron las razones que movieron al mando republicano a agrupar todo lo que tenía al otro lado del Ebro, donde estaba fijado el frente de batalla, y cruzar el río. Comenzaba la batalla del Ebro, que será la más larga y también la más costosa en hombres y equipo de toda la guerra civil.

En la madrugada del 25 de julio de 1938, el Ejército Popular de la República cruzó el Ebro por más de veinte puntos entre Mequinenza y Amposta. Más de cien mil hombres con abundante artillería. La operación cogió por sorpresa al ejército nacional, que a duras penas pudo replegarse a posiciones seguras. Las tropas de Franco presentes en aquel frente, más las que enseguida acudieron como refuerzo, no sumaban menos contingente. La gran diferencia estuvo en la logística: mientras que la aviación republicana tardó cuarenta y ocho horas en empezar a actuar, la nacional compareció de inmediato. Asimismo, los pontones construidos por los «rojos» no siempre soportaban el peso del material empleado, y Franco, por su parte, mandó abrir varias presas río arriba que barrieron los puentes. Una semana después de iniciada la ofensiva, los republicanos habían logrado cruzar el río, pero con una ganancia territorial mínima. El frente se enquistó en una larguísima batalla de desgaste. El parte de bajas es aterrador. El Ejército Popular tuvo 7.150 muertos, 20.000 heridos, 19.563 prisioneros y 100 aviones derribados. El Ejército nacional contabilizó 6.500 muertos, 30.000 heridos, 5.000 prisioneros y 50 aviones perdidos.

Pasaron las semanas, pasaron los meses, el calor atroz de agosto dejó paso a las primeras nieves de noviembre y el ejército del Frente Popular, con enormes pérdidas, tuvo que recruzar el río en sentido inverso. Al final se impuso el mejor empleo táctico del material y la mayor combatividad de las tropas nacionales en los puntos estratégicos. Franco había ganado.

EL YATE *VITA* Y EL GOLPE DE CASADO

La última fase de la guerra, inútilmente prolongada por Negrín y los comunistas, fue en realidad un lento hundimiento del Frente Popular. En diciembre de 1938 Franco emprende la ofensiva final sobre Cataluña. Tarragona y Barcelona caen en enero de 1939. El gobierno del Frente Popular pasa a Francia. El 26 de febrero, París y Londres reconocen a Franco. Dos días después, Azaña dimite como presidente de la República.

Ese mismo 28 de febrero, el día de la dimisión de Azaña, zarpaba del puerto francés de Le Havre el yate *Vita*, con destino a México. La orden la había dado Negrín. A bordo viajaba el tesoro expoliado por el gobierno del Frente Popular. ¿Qué había en ese tesoro? Un poco de todo: depósitos del Banco de España, cajas de oro amonedado, objetos históricos de la catedral de Tortosa, el Tesoro Mayor y el Relicario Mayor de Santa Cinta, bienes artísticos de la catedral de Toledo (como el manto de las 50.000 perlas), colecciones numismáticas, pinturas, alhajas de los montes de piedad y diversos objetos de valor acumulados en cien grandes maletas. Todo eso embarcó en aquel yate, el *Vita*, para aliviar el exilio de los líderes del Frente Popular, empezando por el propio Negrín.

Ahora bien, Negrín cometió un error: el encargado de custodiar el tesoro a bordo era el pistolero Enrique Puente, ex jefe de la «Motorizada», la guardia personal de Indalecio Prieto, rival en aquel momento de

Negrín, y que desconocía la jugada del yate. Cuando el barco llegó a su destino, Puente telefoneó a Prieto, que estaba ya en México. Así se enteró Prieto de lo que tramaba Negrín y decidió adelantarse. Negrín y Prieto terminarán repartiéndose el tesoro a través de dos entidades creadas para velar por el bienestar de los jefes del Frente Popular en el exilio. Un botín incalculable. Así se cometió el mayor robo de la historia de España.

En Madrid, mientras tanto, el socialista Besteiro, el anarquista Cipriano Mera, el general Miaja y el coronel Segismundo Casado constituían un Consejo Nacional de Defensa para negociar la paz. Obstáculo: las unidades comunistas que aún quedaban en la capital. Fue una pequeña guerra civil dentro de la guerra civil: republicanos, anarquistas y parte del PSOE contra los comunistas y otra parte del PSOE. Y literalmente, a tiros: las bajas de esta última batalla intestina entre facciones republicanas se evalúan en torno a las 2.000 personas. A esas alturas, tanto el socialista Negrín como los líderes comunistas ya estaban huyendo de España. El bando de Casado triunfó. El periódico *El Socialista,* órgano del ala moderada del PSOE, saludó el golpe de Casado como «una victoria que impedía que la España republicana se convirtiese en una colonia soviética». Casado y Besteiro, con el gobierno de la República en sus manos, intentarán negociar una rendición ventajosa con Franco, pero todo será inútil: la República ya se había derrumbado y Franco había apostado por una victoria total. Las tropas nacionales entrarán en Madrid el 28 de marzo sin dar un solo tiro.

El 1 de abril de 1939, el cuartel general de Franco en Burgos publicaba oficialmente el bando que daba por terminada la guerra.

El balance final de la guerra civil española fue tremendo. Muertos por todas las causas: 433.000. Muertos por enfermedad: 165.000. Caídos en combate: 160.000. Muertos por la represión en ambos bandos: 108.000. Exiliados: aproximadamente 500.000, de los que 360.000 retornaron a lo largo de 1939. Las consecuencias económicas también fueron gravísimas: una pérdida de un 30 por ciento de la renta media personal, un descenso del PIB entre el 20 por ciento y el 30 por ciento, serios daños en el tejido industrial y las infraestructuras... Y en el horizonte, la gran catástrofe: el 1 de septiembre de 1939, cinco meses exactos después del final de la guerra civil, Alemania y la Unión Soviética, dos países que se habían hecho la guerra en España, se ponían de acuerdo para invadir Polonia. Empezaba la segunda guerra mundial.

58
EL RÉGIMEN DE FRANCO

Francisco Franco asumió el título de «Caudillo» e instauró en España una dictadura, un régimen autoritario de carácter personal que se prolongará hasta su muerte natural en 1975. A lo largo de ese tiempo, el régimen iría variando de conformación y estilo en función de las circunstancias interiores y exteriores. Nada tiene que ver el régimen de 1940 con el de 1970. Nada salvo la jefatura del propio Franco.

La primera tarea que afrontó el nuevo poder fue asentar el propio sistema. Tarea compleja porque, en buena medida, partía de cero: no era prolongación de la II República ni retorno a la monarquía; tampoco había unas políticas económicas y sociales que continuar o rectificar, porque el país había quedado destrozado por el conflicto. Incluso en política internacional se partía de cero, porque el estallido de la Segunda Guerra Mundial modificó el mapa diplomático por completo. En cada uno de esos aspectos, el nuevo régimen tendría que construir su propio camino.

EL NUEVO ORDEN POLÍTICO

¿Había al menos una guía, una doctrina, una ideología o una fuerza política dominante para hacerlo? Tampoco. En la España que ganó la guerra convivían varios proyectos diferentes y con frecuencia contradictorios. Franco se las arreglará para convertirse en el eje de los juegos de poder entre todas esas «familias», sin implicarse completamente con ninguna.

La fuerza base del régimen era la Falange, una Falange que ya tenía poco que ver con aquella, tan minoritaria, de la preguerra. Sus fundadores ya no estaban: José Antonio y Ramiro Ledesma, fusilados por el Frente Popular; Ruiz de Alda, asesinado por milicianos en la cárcel Modelo; Onésimo Redondo, caído en acción en los primeros compases de la guerra. Pero a la Falange inicial se habían incorporado durante el conflicto decenas de miles de militantes procedentes de muy diferentes sectores, desde las juventudes monárquicas o los católicos de la CEDA hasta simpatizantes obreristas que, sorprendidos por el alzamiento en zona nacional, encontraron en la camisa azul una buena forma de adaptarse a la situación. Falange mantenía su proyecto de revolución nacional-sindicalista, pero adaptado ahora a un régimen que, en realidad, era contrarrevolucionario por definición.

Esta Falange había quedado unida, tras el decreto de unificación de 1937, a la Comunión Tradicionalista, los carlistas, que habían aportado decenas de miles de combatientes al alzamiento. Los tradicionalistas aún aspiraban a restaurar la monarquía en la persona del pretendiente carlista. Ahora bien, la dinastía había experimentado ciertos reveses: Jaime I murió sin descendencia en 1931, le sucedió su sobrino Alfonso Carlos de Borbón que, igualmente, murió sin descendencia en 1936, y la jefatura del movimiento fue a parar, a título de regente, a Javier de Borbón-Parma, pariente de los anteriores. Javier participó intensamente en la gestación del 18 de julio, pero en 1937 rompió con Franco ante la evidencia de que no se iba a restaurar la monarquía carlista. El tradicionalismo vivirá desde ahora una situación singular: formalmente fuera del régimen, pero, en la práctica, integrado en él por la adhesión de decenas de miles de militantes.

Las discrepancias entre falangistas y carlistas no serán cosa menor. En agosto de 1942, en el santuario de Begoña, elementos falangistas atentan contra un acto carlista presidido por el general Varela y dejan 70 heridos leves. Un falangista será fusilado por este hecho. En aquel momento, los sectores más jóvenes del carlismo ya estaban separándose del régimen a través de la Asociación Escolar Tradicionalista. Pese a todo, no hubo una resistencia mayoritaria a la fusión con Falange.

El movimiento resultante de la operación, Falange Española Tradicionalista y de las Juntas de Ofensiva Nacional Sindicalista, bajo la dirección del propio Franco, ya no era tan falangista ni tan tradicionalista, pero se convertirá enseguida en la base del régimen. Pese a la idea inicial de Serrano Súñer, nunca llegó a ser un partido único como el de los regímenes fascistas, que eran organizaciones enteramente superpuestas sobre la estructura del Estado. Y nunca fue nada de eso porque Franco no quiso.

Franco no quiso porque en la base social y política del nuevo régimen había además otras fuerzas. Estaban, ante todo, los católicos, procedentes en su mayoría de la CEDA de Gil Robles. Por cierto, ¿qué fue de Gil-Robles? Se quitó de en medio: en 1937, cuando el decreto de unificación, entregó a Franco toda la organización del partido. Una vez acabada la guerra, apostó por la causa monárquica. Lo hizo ya a título personal, pues sus votantes aceptaban en masa a Franco, cuyo régimen identificaban con la cruzada que había vencido al comunismo; nada extraño si se tiene en cuenta la brutal represión que el Frente Popular ejerció contra los católicos.

Hay que subrayar el componente católico en la base social del nuevo régimen porque, sin él, no se entiende nada. El principal factor de cohesión del bando nacional era la defensa de la civilización cristiana. En eso coincidían todos, desde la derecha republicana hasta la Falange. Y sobre todo, ésa era la convicción fundamental de la base popular del régimen (y del propio Franco). La política del Frente Popular había sido violentamente anticristiana. El estallido revolucionario que acompañó al 18 de julio se saldó con una marea de sangre: 12 obispos, 4.184 sacerdotes seculares, 2.365 religiosos, 263 monjas y decenas de miles de laicos asesinados por su fe en los primeros meses de la contienda. Por eso el obispo de Salamanca, el catalán Pla y Deniel, bendijo como cruzada el alzamiento.

La iglesia española apoyó explícitamente al bando nacional en la carta colectiva que firmaron los obispos en julio de 1937. La Santa Sede fue uno de los primeros estados en reconocer al gobierno de Franco, en abril de 1938. Y el Caudillo, por su parte, plasmó ese catolicismo troncal de su movimiento otorgando a la Iglesia un protagonismo absoluto en la cultura social y declarando al nuevo Estado expresamente confesional, como se decía en el Fuero de los Españoles de 1945: «La profesión y práctica de la Religión Católica, que es la del Estado español, gozará de protección oficial. (...) No se permitirán otras ceremonias ni manifestaciones externas». Hasta los años sesenta y aun después, la Iglesia será inseparable del régimen. Es lo que, críticamente, se llamó «nacional-catolicismo». El dibujo, ciertamente, quedaba muy lejos de la «España alegre y faldicorta» que predicaba José Antonio.

Bastante diferente era la situación de los monárquicos, minoritarios en cuanto a bases populares, pero muy influyentes en los sectores políticos y militares. Los monárquicos aspiraban al retorno de Alfonso XIII. Cuando éste murió, en 1941, los derechos dinásticos pasaron a su hijo Juan de Borbón. Don Juan no cejará en el empeño de hacer valer su posición, pero Franco siempre se mostrará esquivo e incluso hostil. ¿Por qué? Porque ni falangistas ni carlistas aceptarían el retorno de la monarquía alfonsina. Don Juan, por su parte, tampoco veía en el régimen de Franco otra cosa que un periodo provisional hasta la restauración de la corona. Aunque inicialmente próximo al ideario de Acción Española, que predicaba una monarquía de cuño tradicional, don Juan cambió de posición al calor de la guerra mundial y en su manifiesto de Ginebra de 1942 planteó la monarquía como alternativa a Franco. A partir de ese momento, la posición de los monárquicos en el régimen se hizo especialmente delicada.

EL ESTADO NACIONAL-SINDICALISTA

Franco, ciertamente, no se veía a sí mismo como un dictador provisional. Convencido de que sólo él podía dar cohesión al sistema, desde muy pronto emprendió la tarea de construir una estructura de Estado propia. En enero de 1938, cuando el Estado franquista era algo así como un campamento en Burgos, se aprobó la Ley de la Administración Central del Estado y se formó el primer gobierno. Enseguida se creó el Servicio de Regiones Devastadas para reconstruir las zonas especialmente dañadas por la guerra. Después vino el Fuero del Trabajo, que iba a inaugurar una larga serie de leyes orientadas a introducir a los trabajadores en el sistema político.

Concluida la guerra, el aparato institucional se completó con la Ley Constitutiva de las Cortes de 1942. El amor de Franco por el sistema parlamentario no era mayor que el de Largo Caballero. Aquellas Cortes, de hecho, se parecían más a la Asamblea de la dictadura de Primo de Rivera: un órgano más representativo que otra cosa, prolongación del poder ejecutivo hacia el conjunto de la sociedad. Después vinieron el Fuero de los Españoles de 1945, que establecía una relación de libertades y derechos dentro del régimen, acompañado de una Ley de Referéndum, y la Ley de Sucesión de 1947, que configuraba España como un reino, pero sin rey, y atribuía a Franco la jefatura del Estado con carácter vitalicio. La Ley de Sucesión fue aprobada en referéndum con el 93 por ciento de los votos.

El Fuero de los Españoles quiso ser una suerte de Constitución. En él figuraba por primera vez en un texto legal el concepto de democracia orgánica como alternativa del nuevo régimen a la democracia liberal. La idea de «democracia orgánica» había aparecido a principios del siglo XX en el entorno del krausismo. El liberal Madariaga lo desarrolló en su libro *Anarquía y jerarquía* de 1935 y ha de entenderse en el contexto de la época: ante la crisis de la democracia parlamentaria de partidos, de nula representatividad social en aquel momento, se consideraba más puro, más realmente democrático, un sistema en el que el ciudadano participara a través de aquellas instancias donde realmente se escuchara su voz porque se arraigaban en la vida real. El ciudadano es vecino de un municipio, es padre o madre de familia, es también un trabajador… Falange recogerá esa idea y propondrá un sistema en el que el ciudadano participe a través de la familia, el municipio y el sindicato. «El nuevo Estado español —declaraba Franco en 1938— será una verdadera democracia orgánica y católica».

Ésa es la idea que se trasladó al texto del Fuero de los Españoles. Todos los españoles —decía su artículo 10— tienen derecho a participar en las funciones públicas de carácter representativo, a través de la familia, el municipio y el sindicato, sin perjuicio de otras representaciones que las leyes establezcan. Y el artículo 11 añadía: «Todos los españoles podrán desempeñar cargos y funciones públicas según su mérito y capacidad». Y bien: ¿cómo se hacía eso? Para que una democracia orgánica así concebida funcione realmente, se requiere libertad de elección en cada uno de los ámbitos de participación. El régimen de Franco nunca buscará tal cosa.

Un aspecto fundamental de la construcción del Estado nacional-sindicalista fue la organización del mundo de la producción y el trabajo. En 1940 se creó la Organización Sindical Española, una estructura de sindicalismo vertical a la que debían afiliarse obligatoriamente tanto trabajadores como patronos de cada ramo de producción. La idea de Franco era integrar al Sindicato Vertical en el conjunto del partido único, pero el primer jefe de la organización sindical, Gerardo Salvador Merino, nacional-sindicalista ortodoxo, quería mantenerla como organismo autónomo, para horror de los sectores conservadores del régimen. Al final, una conjura de militares monárquicos y agentes británicos terminó llevando a Merino ante el Tribunal contra la masonería imputándole un pasado masón. Era septiembre de 1941. Merino acabó defenestrado y el Sindicato Vertical permaneció bajo el control directo del Estado.

La construcción del Estado nacional-sindicalista siguió adelante; a partir de ahora, bajo la inspiración mixta de la doctrina falangista y la doctrina social de la Iglesia. La lista de conquistas sociales, en un proceso sostenido durante más de veinte años, habla por sí misma. Retiro Obrero, Instituto Nacional de la Vivienda y leyes de subsidio familiar y de vejez en 1939. Ley de descanso dominical y festivos en 1940. Seguro Obligatorio de Enfermedad y creación de las Mutualidades Laborales en 1942. Creación de las Cajas de Empresa, vacaciones retribuidas, permiso de maternidad y paga extra de Navidad en 1944. Seguros obligatorios de vejez, invalidez y enfermedades profesionales en 1947. Ese mismo año, paga extra del 18 de julio. En 1955, creación de las escuelas de capacitación profesional y universidades laborales. Seguro de accidentes de trabajo y regulación de los convenios colectivos en 1957. Mutualidad agraria en 1959. Seguro Nacional de Desempleo en 1961. Y la guinda, la Ley de Bases de la Seguridad Social, en 1963.

Muchas de estas cosas se habían intentado antes, con otros gobiernos, desde principios del siglo XX hasta la II República. Sin embargo, su realización práctica siempre había sido insuficiente. Ahora, por el contrario, el carácter autoritario del régimen y la mayor eficiencia del Estado permitieron aplicar todas esas políticas. Era, por otro lado, lo mismo que también en estos años harán los demás países de Europa occidental: integrar en el centro del sistema a extensísimas capas de población que hasta entonces habían permanecido marginadas en la periferia.

EL MOVIMIENTO NACIONAL

A medida que el nuevo Estado se desplegaba como una estructura cada vez más compleja y organizada, el papel del partido único, FET de las JONS, fue haciéndose más problemático. Ante todo, porque no era «único». Entonces el régimen hizo algo notable: inventar otra cosa que parecía Falange, pero no lo era, y donde estaba Falange, pero además cabían otras cosas. Ese invento se llamó «Movimiento Nacional».

El Movimiento Nacional sustituyó en 1943 como denominación oficial a FET de las JONS. Ésta no desaparecía: seguía existiendo, pero como columna central del Movimiento. ¿Y qué era el Movimiento? La idea consistía en agrupar a todas las fuerzas políticas, sociales y sindicales del régimen. Estaba, por supuesto, la organización sindical y sus ramas: el Auxilio Social, Educación y Descanso, etc. También las organizaciones sectoriales vinculadas a Falange: la Sección Femenina, el Sindicato Español Universitario (SEU), el Frente de Juventudes. Pero se incluían otras corporaciones que no pertenecían al ámbito político de Falange: las organizaciones profesionales, las instituciones académicas, etc. El mando supremo correspondía a Franco, auxiliado por un secretario general del Movimiento que, por otra parte, era el secretario general de Falange. Y a modo de asamblea propia, distinta de las Cortes, el Movimiento tuvo un Consejo Nacional de composición variable donde se atendía a que estuvieran representadas las distintas familias del régimen.

Por decirlo así, el Movimiento era el aparato que tenía que conectar al pueblo con el Estado. Por supuesto, con criterios ajenos a la representación directa, aunque abierto a la participación individual. Por otro lado, sirvió para dar cobertura a iniciativas de carácter público que no cabían en la actividad ordinaria del Estado. Un ejemplo muy característico es el de las actuaciones de carácter social, asistencial o formativo. La Sección Femenina de Falange, creada en 1934 por Pilar Primo de Rivera, hermana de José Antonio, y convertida después de la guerra en instancia de encuadramiento oficial para las mujeres, desarrolló una extensísima labor en materia de alfabetización, higiene, reducción de la mortalidad infantil, educación familiar, etc. Una instancia semejante fue el Auxilio Social, creado por Mercedes Sanz Bachiller, viuda de Onésimo Redondo; a ella se debe también la creación del Servicio Social, variante femenina del servicio militar. El paraguas del Movimiento sirvió asimismo para lanzar innovaciones importantes en materia de igualdad; es el caso de la reforma del Código Civil impulsada por la jurista y escritora falangista Mercedes Formica, pionera en la equiparación de los derechos del hombre y la mujer.

LA CUESTIÓN ECONÓMICA

En el aspecto económico, el ideario del nuevo Estado tuvo un nombre: autarquía, es decir, una política económica que trataba de asegurar la supervivencia de la nación con los solos recursos del país y bajo la dirección del Estado. La idea encajaba bastante bien con la doctrina nacionalista de Falange y con la búsqueda de la soberanía nacional. Pero, sobre todo, al régimen no le quedaban muchas más opciones. Después de la guerra, las reservas de capital del país se habían reducido al mínimo: del oro expoliado por Negrín y los suyos sólo pudo rescatarse una pequeña parte que estaba en Francia; el resto, el de Moscú, se perdió para siempre. También era reducidísima la capacidad del mercado español para generar una actividad suficiente. Enseguida vino el estallido de la segunda guerra mundial, con el consiguiente cierre de mercados. Y después, el aislamiento internacional. Fueron años extremadamente duros. Los años del hambre.

El nuevo Estado, con una mentalidad muy militar, quiso afrontar el problema interviniendo completamente la producción para garantizar un mínimo de subsistencia. Fue una suerte de socialismo militar que, entre otras cosas, implantó un altísimo impuesto a los bienes de lujo. La intervención, sin embargo, trajo consigo la inevitable aparición de un mercado paralelo (negro) y la escasez en el circuito convencional. De esta manera se creó un sistema que tendía al colapso. Insuficiente capacidad para generar capital, baja productividad, incapacidad para surtir el mercado interno, ausencia de recursos para frenar la escasez, elevado déficit público... No se saldrá del círculo vicioso hasta entrados los años cincuenta.

Desde el punto de vista institucional, la política de autarquía se plasmó en una entidad que al cabo se convertiría en uno de los principales motores del desarrollo económico: el Instituto Nacional de Industria (INI), puesto bajo la dirección del marino e ingeniero naval Juan Antonio Suanzes. ¿Qué se proponía el INI? El propio Suanzes lo definió así:

> Propulsar y financiar, en servicio de la Nación, la creación y resurgimiento de nuestras industrias, en especial de las que se propongan como fin principal la resolución de los problemas impuestos por las exigencias de la defensa del país o que se dirijan al desenvolvimiento de nuestra autarquía económica.

El INI agrupó una amplia red de empresas, algunas ya existentes, otras nuevas, en los sectores más diversos: Iberia en el transporte aéreo, Nicas en la producción de nitratos, Calvo Sotelo en hidrocarburos, las navieras Elcano y Bazán, la eléctrica Endesa, en automoción Enasa/Pegaso y SEAT, la siderúrgica Ensidesa, la petrolera Repesa, la minera de Río Tinto, etc. Todo este entramado será esencial para el gran despegue de los años posteriores.

Con todo, las cifras generales a principios de los años cincuenta no eran malas: reducción de la mortalidad infantil en un 41 por ciento, aumento en doce años de la esperanza de vida (de los 50 en 1935 a los 62 en 1950), crecimiento sostenido de en torno al 3 por ciento en los años cuarenta y del 5 por ciento en los cincuenta, desaparición del racionamiento en 1953, desaparición de las muertes por hambre... El problema estaba en una economía colapsada, cerrada sobre sí misma, y con un coste enorme para el Estado. La política social falangista había implantado conquistas como los subsidios familiar y de vejez, el seguro obligatorio de enfermedad, vacaciones pagadas, etc., además de la enseñanza primaria obligatoria y gratuita y una vasta promoción de vivienda. Pero eso costaba dinero y el país daba de sí lo que daba.

LA GUERRA MUNDIAL: «NO BELIGERANCIA»

La segunda guerra mundial empezó en septiembre de 1939, recién acabada la guerra civil. Los éxitos alemanes fueron arrolladores. La posición inicial de Franco había sido de estricta neutralidad: una Europa en ruinas —decía— sólo conduciría a extender la revolución soviética por todas partes. Sin embargo, la prodigiosa campaña alemana del oeste le hizo cambiar de opinión: en pocos meses habían caído derrotados los ejércitos francés, inglés, belga, holandés, danés y noruego, y ello sin grandes destrucciones. ¿Podía España quedar al margen de eso? Parece que Franco dejó entender entonces a Hitler que España podría ser su aliada. Pero Hitler estaba convencido de que iba a aplastar a Inglaterra, de manera que desdeñó la propuesta española. Ahora bien, Inglaterra resistió.

Hitler buscó entonces la ayuda española, necesaria para cerrar el Mediterráneo. Pero, para entonces, Franco también había cambiado de opinión: con los océanos en posesión de Inglaterra y una eventual entrada norteamericana en la guerra, la posición alemana se volvía difícil y España no tenía nada que ganar. Franco y Hitler se entrevistaron en Hendaya el 23 de octubre de 1940. La posición española era clara: sólo entraría en combate si Alemania garantizaba una guerra corta y sin grandes costes. Pero Alemania no podía garantizar tal cosa. Franco pidió y pidió. Pidió tanto que para Hitler era imposible satisfacer sus exigencias. Y España, finalmente, se mantuvo al margen de las hostilidades. En la decisión final de Franco pesó especialmente un informe de la Armada española sobre las consecuencias de la entrada en la guerra. Era un estudio puramente técnico, muy frío, que evaluaba la vulnerabilidad de las costas españolas ante la flota británica. El autor del informe se llamaba Luis Carrero Blanco.

Lo que el régimen trataba de hacer entender a las potencias en guerra, con dispar éxito, era que, para España, la guerra se componía en realidad de tres frentes, y la posición de Madrid era diferente en cada uno de ellos: había un frente que era la guerra de Alemania contra el comunismo, y ahí España estaba contra la URSS; había otro frente que era la guerra de Alemania contra Inglaterra y Francia, y ahí España era estrictamente neutral; por último, había un tercer frente que era la guerra de Estados Unidos contra Japón, y ahí España, aun manteniendo su neutralidad, estaba con Estados Unidos. La no-beligerancia que Franco dictó como doctrina oficial se basaba en ese esquema. Era difícil sostener el equilibrio cuando el mundo se había partido en dos, pero no era hipócrita: de hecho, eso explica que el mismo país que había enviado voluntarios para combatir con uniforme alemán contra la Unión Soviética, cual era el caso de la División Azul, sostuviera a la vez una red para evacuar a los judíos perseguidos por el III Reich en Europa central. Visto desde Madrid, no era contradictorio.

La División Azul empezó a organizarse en junio de 1941, dos días después del ataque alemán a la URSS. Serrano Súñer compareció en el balcón de la Secretaría General de FET y de las JONS, en la madrileña calle de Alcalá, y ante una multitud enfervorizada lanzó su célebre «¡Rusia es culpable!». Culpable, ¿de qué? De la guerra civil, del asesinato de José Antonio, de tantos camaradas muertos... Se formó un contingente de voluntarios que se puso bajo la dirección del general Agustín Muñoz Grandes, un militar de simpatías falangistas, y se llamó División Azul porque bajo el uniforme alemán llevaría siempre la camisa azul de Falange.

La División entró en combate el 12 de octubre de 1941 y estaría dos años en el frente. En diciembre de 1942 Muñoz Grandes fue relevado por Emilio Esteban Infantes. Por sus filas pasaron 45.500 hombres. Aquella gente participó en el sitio de Leningrado, en la batalla del río Voljov, en la acción del lago Ilmen y en la brutal batalla de Krasni Bor, donde detuvo un masivo ataque acorazado soviético en lo que, se mire como se mire, es una de las mayores hazañas de las tropas españolas en todos los tiempos. Los hombres de la División Azul obtuvieron 4.732 condecoraciones alemanas. En cuanto a sus bajas, fueron muy elevadas: 4.954 muertos, 8.700 heridos y 372 prisioneros; de estos últimos, 220 lograron sobrevivir a los campos de concentración soviéticos y serían repatriados a España en 1954. Con aquella sangre vino a pagarse la ayuda alemana en la guerra civil. Nadie pudo nunca reprochar a la División Azul ningún crimen de guerra.

Poco después de la retirada de la División Azul, el 24 de octubre de 1944, el entonces ministro de Asuntos Exteriores, José Félix de Lequerica, escribía a su embajador en Budapest, Ángel Sanz-Briz, el siguiente telegrama: «Ruego se extienda la protección a mayor número de judíos perseguidos». ¿Con qué fundamento podía el gobierno español proteger a los judíos? Con la propia ley española. En 1924, el gobierno de Primo de Rivera, para promover la Hispanidad, había concedido la nacionalidad española a los judíos sefardíes, los descendientes de los judíos expulsados en 1492. La medida era más propaganda que otra cosa, pero veinte años después iba a resultar muy útil. A lo largo de 1944, a la embajada española en Hungría llegaron noticias inquietantes: los judíos de Budapest estaban siendo deportados y se rumoreaba que enviados a la muerte. Nuestros embajadores contactaron con Exteriores y, en nombre de la españolidad de los sefardíes, empezaron a acoger judíos a los que se proveía de la correspondiente carta de nacionalidad. Así se salvó de la deportación a unos 5.200 judíos húngaros. Otras embajadas españolas hicieron lo mismo.

DEL AISLAMIENTO A LA NORMALIZACIÓN

El delicado equilibrio de la política internacional española no convenció a nadie, y aún menos a la Unión Soviética, que veía a la España de Franco como un régimen fascista que había que exterminar. Será la venganza de

Stalin por su derrota en España, y no le faltarán socios en el empeño. En abril de 1945, en la Conferencia de San Francisco que iba a dar nacimiento a la ONU, México propone excluir a España. Ese mismo verano, en la Conferencia de Potsdam, los vencedores de la guerra, bajo presión de Stalin, declaran que no aceptarán a España en la ONU. Franco se encuentra con un poderosísimo bloque enemigo. En marzo de 1946, la URSS, Estados Unidos, Francia y Gran Bretaña acuerdan una posición común: forzar la salida de Franco, desmantelar el Movimiento y formar un gobierno democrático de coalición. Acto seguido, España es expulsada de todos los organismos internacionales y los embajadores acreditados en Madrid abandonan el país, amenazando con nuevas sanciones si no cae el régimen.

En la práctica, el aislamiento internacional significó un auténtico asedio por hambre contra España. Sólo el tratado con Argentina de 1947 permitió aliviar un poco el paisaje: el régimen de Perón proporcionó alimentos a España a cambio de productos industriales. Aun así, la situación de escasez en el país llegó a hacerse terrible; ésos fueron en realidad los peores años para la población, más aún que los de la inmediata posguerra.

Las cosas, sin embargo, tardaron poco en cambiar, y no porque el régimen de Franco modificara sus planteamientos, sino por la evolución del tablero geopolítico: la expansión soviética en Europa oriental, con la instalación de dictaduras comunistas, llevó a Estados Unidos a la convicción de que el enemigo no era España, sino Stalin. Lequerica dejó el ministerio, fue enviado a Washington y organizó un lobby pro español respaldado por los sectores católicos norteamericanos. Los frutos no se hicieron esperar: en noviembre de 1947, Estados Unidos evitó una condena al régimen de Franco en la ONU y libró a España de nuevas sanciones. Los aliados entendieron el gesto: Francia reabrió la frontera con España y Madrid pudo firmar sus primeros acuerdos financieros con París y Londres. En enero de 1949, las gestiones de Lequerica con el banquero americano Alfred Barth facilitaron el primer crédito internacional para España: 25 millones de dólares. Al año siguiente, el Senado de Estados Unidos autorizaba otro crédito de 62,5 millones. El efecto de estos créditos fue inmediato. No era el Plan Marshall, ciertamente: Italia, por ejemplo, recibirá créditos por 1.204 millones de dólares entre 1948 y 1951. Pero, en todo caso, dotaron al Estado de un capital con el que empezar a trabajar y salir del estancamiento económico.

Finalmente, la ONU revocó la condena a Franco en noviembre de 1950. Los embajadores occidentales volvieron a Madrid. España pudo respirar... y Franco también. La culminación del proceso fue el Pacto de Madrid con Estados Unidos, en 1953, por el que Washington suministraba a España material de guerra y ayuda económica vía créditos a cambio de la instalación de bases militares estadounidenses en territorio español. España ingresará en la ONU en 1955 y su primer embajador allí será Lequerica.

LA OPOSICIÓN DE DENTRO Y DE FUERA

Es importante tener presente la evolución del contexto internacional para entender los movimientos de la oposición al régimen de Franco. ¿Por qué? Porque la guerra y la posterior represión habían dejado a la oposición interior simplemente descabezada, de manera que toda su eficacia dependía del apoyo que pudieran obtener en el exterior.

En el interior, en efecto, el régimen emprendió una cruenta represión de los elementos afectos al Frente Popular. Paradójicamente, para ello empleó la propia Ley de Orden Público de la República. Recién acabada la guerra, se acometió la instrucción de una Causa General contra las responsabilidades criminales del Frente Popular. Y ciertamente había tales responsabilidades, sobre todo en el entorno de las checas, pero, además, la instrucción sirvió para eliminar a una buena cantidad de oponentes políticos. Sobre las 20.000 ejecuciones practicadas durante la guerra, la represión posterior añadió unas 50.000 penas de muerte con juicio previo. De ellas fueron ejecutadas algo menos de la mitad: 23.000. El resto fueron conmutadas por diversas penas; la mayor parte, seis años de prisión. Para institucionalizar la represión, en 1940 se creó el Tribunal especial para la represión de la masonería y el comunismo, encargado de perseguir a quienes defendieran «ideas contrarias a la religión, la patria y sus instituciones fundamentales». La jurisdicción especial de responsabilidades políticas quedaría suprimida en abril de 1945. Seis meses después se decretaba un indulto para delitos de rebelión militar, contra la seguridad del Estado o el orden público.

¿Qué oposición real quedaba? Al margen de las querellas de falangistas y carlistas, que en realidad nunca supusieron una amenaza para el régimen, sólo hubo dos fuerzas capaces de inquietar al sistema: dentro del propio campo de los vencedores, la oposición monárquica, apoyada desde el exterior por Gran Bretaña; fuera, en el campo de los perdedores, la oposición comunista, respaldada por la Unión Soviética.

Los monárquicos, con muy buenas conexiones con Inglaterra, tramarán varias conspiraciones para «remover» a Franco o, alternativamente, anular el poder de la Falange. De hecho, una de esas conjuras se llevará por delante a Serrano Súñer. Pero, paradójicamente, las evoluciones del propio heredero de la corona, Juan de Borbón, perjudicarán de forma notable la posición de sus seguidores. El Manifiesto de Ginebra de 1942, donde Don Juan presentaba a la corona como una alternativa a Franco, puso a los monárquicos del régimen en un brete. Aún peor fue el efecto de la siguiente proclama de don Juan, el Manifiesto de Lausana de 1945: «El régimen de Franco —decía— es fundamentalmente incompatible con las circunstancias presentes que se están creando en el mundo». En un momento en el que se acababa de construir una poderosa alianza internacional contra España, aquello fue visto como una traición.

El golpe maestro de Franco contra la oposición monárquica fue la Ley de Sucesión de 1947, que constituía a España en reino y, a la vez, posponía *sine die* la designación del monarca. Don Juan rechazó la ley, pero el escenario internacional cambiaba, la condena del régimen remitía y el heredero tuvo que resignarse a lo inevitable: en agosto de 1948 se reunió con Franco en el yate *Azor*. Fue allí donde se decidió que el primogénito de don Juan, el infante Juan Carlos, viniera a educarse a España.

Pero no todos los monárquicos estaban en España. De hecho, su nombre más relevante, Gil Robles (el de la CEDA), permanecía en el extranjero y en aquel mismo momento estaba intentando un acuerdo con los socialistas, mandados ahora por Prieto. Gil Robles no supo nada de la entrevista del Azor; de hecho, don Juan ni siquiera le avisó previamente sobre ella. Irritado por el desdén, Gil Robles mantuvo la alianza con los socialistas, que se materializó en el Pacto de San Juan de Luz, suscrito muy pocos días después de la entrevista de Franco y don Juan. Éste, sorprendido a su vez, desautorizó a Gil-Robles. Los monárquicos se mantendrán dentro del régimen de Franco como una de las «familias» del nuevo sistema. Gil Robles, por su parte, seguirá conspirando.

La otra oposición, la comunista, estaba al margen de estas combinaciones. Los principales líderes del PCE habían huido de España días antes del final de la guerra civil, dejaban en el país un partido roto, enfrentado a muerte con sus antiguos socios y tenazmente perseguido por la policía de Franco. La tarea de recomponer el comunismo en España iba a descansar en dos nombres: Jesús Monzón y Gabriel León Trilla, dos militantes enteramente entregados a la causa. Ambos, al final, serán violentamente apartados por Moscú. La causa: el fracaso de la invasión guerrillera del maquis. Y esto merece examen aparte, porque fue la única invasión del territorio nacional a la que tuvo que hacer frente el régimen de Franco.

EL MAQUIS

La estrategia del PCE, dictada por Moscú, había consistido en simultanear la acción guerrillera en zonas rurales con el terrorismo urbano y la agitación obrera, para provocar una insurrección contra el régimen de Franco. Desde el final de la guerra civil, sobrevivían aquí y allá pequeñas partidas guerrilleras de excombatientes del Frente Popular. Los que pudieron, pasaron a Francia. Y en Francia fue donde a un veterano militante comunista, Jesús Monzón, se le ocurrió la idea de captar a estas partidas, agrupar a viejos combatientes de la guerra civil y a guerrilleros comunistas de la resistencia francesa e invadir la España de Franco. Monzón estaba seguro de que el pueblo, al ver cerca su liberación, se sublevaría y engrosaría las filas de la guerrilla. Pero no fue eso lo que pasó.

El 3 de octubre de 1944, los primeros guerrilleros empiezan a asomar por Roncesvalles. En los días siguientes, más unidades penetran en distintos puntos del Pirineo: Roncal, Huesca, Lérida. Nadie acudió a saludar a los libertadores. Al revés, aquella zona seguía siendo tan tradicional y conservadora como en 1936. Después de algunas escaramuzas poco afortunadas, las columnas guerrilleras se repliegan de nuevo hacia Francia. Pero no estaba todo perdido: el valle de Arán podía ser aislado del resto de España tomando una única plaza, el puerto de la Bonaigua. Tres columnas guerrilleras parten de suelo francés entre el 16 y el 17 de octubre y avanzan desde Benasque, el valle del Gállego y el Port Vell para converger en Viella, tomar la ciudad y cerrar literalmente el valle de Arán. Si eso se conseguía, el inminente invierno haría el resto: Arán quedaría protegido por las nieves y allí se establecería el nuevo gobierno comunista español.

Los primeros compases de la operación fueron esperanzadores: los guerrilleros arrollaron a las escasas guarniciones de la Guardia Civil en la comarca. Pero los comunistas sobreestimaron la simpatía del pueblo hacia ellos mismos y subestimaron la capacidad de respuesta del ejército de Franco. El capitán general de Cataluña era entonces Moscardó, el del Alcázar de Toledo, que reacciona con rapidez, organiza un dispositivo de defensa en torno a Viella y coloca tropas en el punto clave de la Bonaigua. La ventaja estratégica, ese único punto de cierre del valle, se convierte ahora en una ratonera para los invasores. Están atrapados. Una semana después aparece en el centro de operaciones en Francia Santiago Carrillo y ordena retirada. Los guerrilleros dejaban sobre el campo 588 muertos; las bajas causadas al enemigo no llegaron a las 250. Un fracaso completo.

Carrillo y Dolores Ibárruri, La Pasionaria, no rindieron cuentas por el fracaso, al revés: responsabilizaron de todo a Gabriel León Trilla, enviado por el PCE a Madrid para resucitar sus redes, y al propio Monzón. En septiembre de 1945, dos militantes comunistas asesinan a Trilla por orden de Moscú. En cuanto a Monzón, es llamado por el PCE a Toulouse: sabe que le van a matar. Pero, de paso en Barcelona, la policía le detiene. Será juzgado y condenado a treinta años de cárcel, de los que cumplirá sólo trece. Exiliado en México, retornará a España... acogido por el Opus Dei.

Nadie iba a acabar militarmente con el régimen de Franco. Aún menos cuando, desde finales de 1947, Estados Unidos amparaba públicamente a España en la ONU y Francia e Inglaterra reanudaban relaciones con Madrid. En consecuencia, Stalin decidió cambiar de estrategia. En octubre de 1948, Stalin convoca en Moscú a la cúpula del PCE: Dolores Ibárruri, su amante Francisco Antón y Santiago Carrillo. ¿Qué quería Stalin? Imponer una nueva línea. Se acabó la agitación y se acabó la guerrilla. A partir de ahora, el PCE tendrá que intentar penetrar en las estructuras del régimen a través de los sindicatos verticales. Hay que colocar a los militantes en las organizaciones del franquismo y, desde dentro, crear las condiciones para, un día, forzar la revolución. Ahora bien, eso exigía retirar de la circulación a los militantes marcados ya por la guerrilla y perseguidos por la policía. ¿Qué hacer con ellos? Lo habitual: eliminarlos.

Denuncia interna, depuración y purga. Ése era el procedimiento que Moscú utilizaba desde mucho tiempo atrás para retirar a los militantes que se habían vuelto inservibles. Así caerá el líder del comunismo catalán, Comorera, denunciado ante la policía por los propios comunistas. El viejo comité central de la posguerra quedará completamente desarticulado. Entre 1948 y 1950 fueron expulsados del partido unos mil militantes, y muchos de ellos por vía violenta. Particularmente cruenta será la depuración en el maquis, la guerrillas que el PCE mantenía en zonas rurales. Muchos de ellos serán convocados a Francia y liquidados al pasar la frontera. La ejecución de la orden corresponderá a Santiago Carrillo.

El maquis dejaba tras de sí un balance especialmente luctuoso. Entre 1943 y 1950 se registraron 8.054 «hechos delictivos», como los llamaba la Guardia Civil. Las cifras máximas fueron en 1946 (1.558 actos) y 1947 (1.463). En las acciones contra el maquis murieron 2.036 guerrilleros y 3.211 cayeron presos. La Guardia Civil sufrió 243 muertos y 341 heridos. Fueron detenidas 17.861 personas como encubridores y cómplices. En el fondo, Stalin tenía razón: la estrategia del maquis era un derroche inútil.

Por el contrario, el cambio de estrategia permitirá a los comunistas convertirse en la única oposición real al régimen de Franco. Más todavía a partir del momento en el que empiece a llegar dinero del extranjero, la situación económica mejore y el régimen pueda desplegar una estrategia planificada de desarrollo económico. Porque eso era lo que iba a pasar ahora: empezaba la gran transformación.

59

LA GRAN TRANSFORMACIÓN

En el único documento audiovisual que de él se conserva, José Antonio Primo de Rivera decía que España había venido a menos por la triple división engendrada por los separatismos regionales, los partidos y la lucha de clases. Cuando España —decía el fundador de Falange— encuentre una empresa que le permita superar todas esas diferencias, «volverá a ser grande como en sus mejores tiempos». El análisis bebía claramente en las tesis de Ortega, entre otras, y era ampliamente compartido en la España de los años treinta, también por no pocas mentes de la izquierda. El problema era cómo suturar esas tres divisiones —regiones, partidos, clases—, porque aquí cada cual tenía su fórmula.

El régimen de Franco lo hizo suprimiendo los partidos, imponiendo un modelo nacional homogéneo y multiplicando la protección de las clases más desfavorecidas. Franco no era un fascista ni un revolucionario. Mucho menos un liberal. En su mente convivían dos herencias: el reformismo conservador y regeneracionista —aquel «cirujano de hierro» que Costa reclamaba— y el pensamiento tradicionalista actualizado por el grupo de Acción Española. Sólo así se entiende el carácter de su régimen, con un Estado concebido como motor del desarrollo económico y garante del orden público y la protección social, todo ello bajo la bendición de la Iglesia. El resultado fue una aceleradísima transformación social y económica, en una atmósfera de libertades personales bastante amplias y, por contra, libertades públicas muy restringidas.

EL ESTADO DE OBRAS

Un momento determinante en la evolución del régimen es la entrada en el gobierno de Luis Carrero Blanco. Carrero, nacido en Santoña en 1904, ingresó en la carrera naval con catorce años y fue oficial de submarinos. Al acabar la guerra civil desempeñaba la jefatura de operaciones del estado mayor de la Armada. Él fue quien elaboró aquel informe sobre las consecuencias que tendría para España entrar en la guerra mundial y que tanto impresionó a Franco. El Caudillo le nombró subsecretario de la presidencia. Corría 1941. Carrero era católico, autoritario, monárquico y, sobre todo, franquista sin fisuras. Dos años después ya era procurador en Cortes. En 1951 Franco le nombró ministro de la Presidencia. Desde ese puesto pilotará la gran transformación económica y social del país. Si el régimen de Franco tuvo un jefe de máquinas, ése fue Carrero.

Carrero, como Franco, veía en el Estado un gran constructor. Es lo que Fernández de la Mora llamaría después «Estado de Obras»: la calidad de un Estado se mide por sus realizaciones técnicas. El régimen de Franco, ciertamente, limitó la libertad de expresión y entorpeció el debate científico y filosófico, sobre todo en los primeros años y en particular por la presión eclesial, pero al mismo tiempo impulsó un desarrollo tecnológico extraordinario. El Consejo Superior de Investigaciones Científicas, creado en 1939, agrupó y coordinó a multitud de institutos especializados. Para la aplicación práctica de la técnica, es decir, la producción, estaba el Instituto Nacional de Industria. Semillas híbridas de arroz, viguetas de hormigón pretensado, carbón, uranio enriquecido, mapas de corrientes y mareas, industria automovilística, optimización de la energía hidráulica… En algunos aspectos, este desarrollo fue prolongación de planes concebidos muchos años antes. Es el caso del Plan Nacional de Obras Hidráulicas, que seguía el proyectado por Manuel Lorenzo Pardo en 1933. Las Cortes republicanas rechazaron este plan. Franco lo recogió. El resultado fueron 615 embalses y pantanos, vitales para la electrificación del país.

Toda esta labor se acometió desde los principios del nacionalismo económico: controles y reglamentos estatales, apelación a la autarquía, difícil apertura exterior... «Industrialización nacionalista», se la ha llamado. La política dirigista sentó las bases del desarrollo industrial: entre 1951 y

1957, el producto nacional bruto por habitante creció nada menos que un 33 por ciento. Pero el nacionalismo económico también estaba creando serios problemas financieros. La máquina parecía a punto de estallar.

UN AÑO CRUCIAL: 1956

También la calle se estaba calentado allá por el año 1956. Muchas cosas habían pasado en España desde el final de la guerra. En el entorno del régimen surgían corrientes que ya no cabían en el viejo molde. Una de ellas venía de la propia Falange: camisas azules como Ridruejo, Laín Entralgo o Tovar evolucionaban hacia la democracia liberal. Otra de esas corrientes era la del pensamiento católico, cada vez más influido por el Opus Dei, que abría perspectivas nuevas desde revistas como *Arbor* y *Atlántida*. Pero lo más importante que había pasado desde 1939 era el tiempo y, con él, la aparición de una generación que no había hecho la guerra. Esa generación fue la que asomó la cabeza en los sucesos de Madrid en 1956.

El contexto: las elecciones estudiantiles en la Universidad Complutense. Hasta entonces la representación estaba copada por el SEU, el sindicato universitario del Movimiento Nacional. Pero apareció una plataforma nueva que exigía la convocatoria de un Congreso Nacional de Estudiantes y la disolución del SEU. El rifirrafe terminó con manifestaciones ante el Ministerio de Educación, enfrentamientos callejeros entre falangistas y disidentes e incluso un herido de bala. Ante el cariz que tomaban los acontecimientos, Franco cortó por lo sano: cesó al ministro, Joaquín Ruiz-Giménez, un aperturista, y al secretario general del Movimiento, Raimundo Fernández-Cuesta. El rector de la Complutense, Laín Entralgo, dimitió para evitar males mayores. Por el camino, una serie de jóvenes detenidos que, años después, jugarían un papel importante en la vida pública española: Sánchez Dragó, Javier Pradera, Ramón Tamames, Enrique Múgica... Y también un veterano falangista, Dionisio Ridruejo, que se había convertido en referencia de la disidencia liberal.

¿Quién estaba moviendo los hilos de la insurrección juvenil? Nadie. De hecho, el Partido Comunista, el único que realmente mantenía redes de oposición al régimen, intentó capitalizar el malestar, pero sin éxito alguno. En el mes de junio de aquel 1956, el PCE, en un nuevo giro estratégico, proponía un pacto de «reconciliación nacional» que uniera a todas las fuerzas que se oponían a Franco, con independencia de cuál hubiera sido su posición durante la guerra civil. Nadie le siguió. La sociedad española, en general, prefería mantenerse al margen de cualquier actividad política.

Pero aún tenían que pasar más cosas en 1956. En la esfera del poder, la gran polémica del momento era el intento de FET de las JONS de institucionalizar el régimen desde sus propios planteamientos. La idea monárquica, tan del gusto de Franco, gustaba mucho menos a los falangistas. Así empezó a elaborarse, desde el Movimiento, un proyecto de Ley Fundamental que venía a subordinar los poderes del Estado al partido único. El cerebro de la operación fue José Luis Arrese, secretario general del Movimiento, que acababa de reemplazar a Fernández Cuesta. Cuando se conoció el proyecto, las otras familias del régimen alzaron la voz. En particular la Iglesia, que veía cómo, bajo esa orientación, el Estado se inclinaba hacia un modelo fascista o peronista. Así se lo dijeron abiertamente los cardenales españoles en una carta colegiada a Franco. Y puesto a elegir entre la Iglesia y el Movimiento, Franco no dudó: la Iglesia. Arrese acabó apartado del Movimiento, aunque se le dio el Ministerio de la Vivienda, que era una de las banderas de Falange.

¿Tanto poder tenían los cardenales? Sí, y más en aquel momento. No sólo porque Franco fuera profundamente católico, sino también porque el Caudillo había encontrado en la Iglesia una instancia superior capaz de sobreponerse a las querellas entre las familias del régimen. El Fuero de los Españoles ya había dejado claro que España era un país confesional. La enseñanza de la religión católica era obligatoria en todos los niveles, también en el universitario, y estaba encomendada a eclesiásticos. Clérigos eran los responsables de la censura de libros y espectáculos, y de la vigilancia de la moral social, terreno en el que llegaron a proponer la prohibición del baile y a señalar a las playas y al turismo como amenazas para la integridad espiritual de los españoles. La jerarquía episcopal estaba presente en las Cortes, el Consejo de Regencia y el Consejo del Reino. Cuando el ministro de Exteriores Castiella intente negociar con el Vaticano la libertad de culto para los no católicos (judíos, protestantes, etc.), los obispos desbaratarán el intento. Todo en España, hasta el último rincón de la vida social, caminaba por el cauce de la ortodoxia religiosa.

La enorme presencia de la iglesia, todo sea dicho, no era sólo cosa del régimen, sino que descansaba en un patente fervor religioso entre los españoles. No hay más que ver el formidable surgimiento de vocaciones. El trabajo de apostolado de las recién creadas Misiones Populares alcanzaba a más de tres millones de personas cada año. Asociaciones seglares como Acción Católica y el Opus Dei cobraron una inmensa notoriedad. Entre el final de la guerra y 1965, la cifra de españoles (sólo varones) que había hecho ejercicios espirituales se situará en 1.100.000 personas. España fue el país del mundo con mayor proporción de vocaciones: en 1940 había 2.000 seminaristas mayores; doce años después tenía 8.000 seminaristas, que serán 9.000 en los años sesenta. El número de sacerdotes diocesanos aumentó en un 25 por ciento; el de religiosos, en un 170 por ciento; el de religiosas, en un 60 por ciento; la cifra de monjas de clausura ascenderá a 20.778. Muchos de ellos irán al exterior: la Obra de Cooperación Sacerdotal Hispanoamericana enviará a América cerca de 1.500 sacerdotes diocesanos. Hacia 1960, había 11.000 sacerdotes y frailes y 16.000 monjas, todos españoles, en misiones de todo el mundo. España era el país misionero por antonomasia. También la cultura popular giraba en torno a la fe. Es la época de películas como *Pequeñeces, Misión blanca, La mies es mucha* o *Marcelino pan y vino*.

Las sucesivas crisis de 1956, tanto la universitaria como la política, se saldarán con una acusada merma del poder de la Falange. En su lugar ganarán peso nuevas personalidades mucho más del gusto de Franco y Carrero: los «tecnócratas», profesionales afectos al régimen, excombatientes muchos de ellos, pero cuyos rasgos fundamentales serán la competencia técnica y su acendrado catolicismo. Cuando finalmente se apruebe la Ley de Principios del Movimiento Nacional, en mayo de 1958, se abrirá con una declaración de fe:

> La nación española considera como timbre de honor el acatamiento de la ley de Dios, según la doctrina de la santa, católica, apostólica Iglesia romana, única verdadera y fe inseparable de la conciencia nacional, que inspirará su legislación.

El aliento religioso era también parte fundamental del espíritu de reconciliación que el régimen trataba de alentar desde el indulto de 1945.

Había que cerrar las heridas de la guerra, algo que la sociedad española ya estaba haciendo por su cuenta. La materialización más gráfica del espíritu de reconciliación, desde la perspectiva del régimen, fue sin duda el monumento del Valle de los Caídos, una basílica benedictina construida entre 1940 y 1958 en la sierra de Guadarrama como monumento de homenaje a los muertos en la guerra civil. Allí descansan 33.872 caídos de ambos bandos.

La basílica fue diseñada por los arquitectos Pedro Muguruza y Diego Méndez con esculturas de Juan de Ávalos y Taborda, entre otros. Según la leyenda forjada con posterioridad, fue un mausoleo que Franco se hizo construir a mayor gloria de sí mismo con mano de obra esclava de presos de la guerra civil. No es verdad. Está sobradamente documentado que en las obras del Valle de los Caídos hubo presos republicanos, sí, pero voluntarios, acogidos a la redención de penas por trabajo para rebajar condena. A los presos políticos se les dio la oportunidad de reducir o anular su pena trabajando allí e, incluso, cobrando un sueldo; como es lógico, los voluntarios fueron muchos. El sistema legal de redención de penas incluía un sueldo igual al de los obreros libres, alojamiento en la obra —frecuentemente, con sus familias— y escolarización de los hijos de los operarios que trabajaban en el Valle, ya fueran libres o presos. ¿Cuántos presos trabajaron allí? En diciembre de 1943 eran 679, en mayo de 1947 la cifra subirá a 1.029 y en noviembre de 1948 llegará a 1.278. Todos ellos salieron libres cuando terminó la construcción.

LA GUERRA DE IFNI

El 25 de febrero de 1957, superadas las crisis de 1956, Franco nombró nuevo gobierno. Perfil dominante: los tecnócratas. Se avecinaban cambios de gran calado en la política española. Pero entonces estalló una guerra.

Ifni es un pequeño territorio en el sur de Marruecos, a orillas del Atlántico, al norte del Sáhara. España tuvo allí establecimientos desde mediados del siglo XV. La conquista de las Canarias hizo que Ifni perdiera interés y los bereberes lo ocuparon sin oposición, pero en 1860 Marruecos reconoció el derecho de España a esa porción de costa en virtud de aquel remoto asentamiento. Mucho más tarde, el gobierno de la II República encomendó al coronel Capaz recuperar el territorio, cosa que hizo pactando con los caciques locales (Capaz sería después asesinado por el Frente Popular durante la guerra civil). Así nació el África occidental española: de norte a sur, Ifni (capital Sidi Ifni), Cabo Juby y el Sáhara español (El Aaiún).

En Ifni nunca pasaba nada hasta que Marruecos, recién ganada su independencia en 1956, emprendió una política de expansión. El problema era que sólo podía expandirse a costa de países teóricamente aliados: España y Francia. Rabat optó así por el procedimiento de emplear a tropas «irregulares», es decir, militantes del partido oficial del país, el Istiqlal, que antes habían combatido por su independencia y ahora lo harían por su rey. En octubre de 1957 comenzaron los movimientos ofensivos: disturbios, manifestaciones, algún asesinato de saharauis pro españoles…

Franco envió legionarios y paracaidistas, pero la ofensiva fue mucho más allá de lo esperado: los marroquíes cortaron las comunicaciones de los puestos fronterizos y empezaron a cercar guarniciones. El gobierno decidió socorrer a los sitiados. El 25 de noviembre de 1957 se envió a las primeras unidades. Como los pactos con Estados Unidos vetaban el uso de material yanqui para atacar a otro país aliado, hubo que emplear viejos aviones alemanes de la segunda guerra mundial. La Legión y los paracaidistas corrieron con el mayor peso de los combates. Sidi Ifni quedó a salvo. Las otras posiciones resistieron hasta que llegó el socorro y fueron evacuadas. Al sur, mientras tanto, se dibujaba otro conflicto en Edchera, en el Sáhara; los choques se prolongarían hasta febrero.

La guerra de Ifni dejó a los españoles la imagen de una espectacular Carmen Sevilla visitando a los paracaidistas. Detrás de la foto, alrededor de 400 muertos españoles. Los marroquíes lo llevaron mucho peor. Sin embargo, diez años después, España pactó con Rabat la retrocesión de aquel territorio. En sus arenas quedaron para siempre los nombres de héroes como el soldado Fandos o el teniente Ortiz de Zárate. Y de aquella guerra ya nunca nadie más se acordó.

EL GRAN SALTO ADELANTE

A la altura de 1957, nadie ignoraba que la política económica del régimen estaba en un callejón sin salida. El nacionalismo económico ya no daba más de sí. Ésta era, no obstante, la doctrina económica del propio Franco y, por supuesto, la de Carrero, que a finales de 1957, y ante la acuciante crisis de la balanza de pagos, todavía proponía intensificar la autarquía. Pero en el gobierno había entrado gente nueva. El año anterior había llegado a la secretaría general de la Presidencia, es decir, la mano derecha de Carrero, el catedrático de Derecho Administrativo Laureano López Rodó. Y en el gobierno había otros nombres cortados por el mismo patrón: Mariano Navarro Rubio, Alberto Ullastres, Pedro Gual...

Los tecnócratas. Son ellos los que conciben un vastísimo programa de cambios: profunda reforma de la administración y del sistema tributario, un plan de créditos exteriores, una tabla de medidas contra la inflación, etc. Ese programa quedó plasmado en el Plan de Estabilización de 1959. Principios generales: limitación del gasto público, fomento de la inversión extranjera, subida de tipos de interés, convertibilidad de la peseta con el dólar, planes de desarrollo... En suma, una política de liberalización controlada donde el Estado se seguía reservando la dirección de la economía, pero en un marco de amplísima apertura. Cuando Navarro Rubio presentó su plan, Franco lo acogió con dificultad: ése no era su mundo. No obstante, el Caudillo terminará cediendo. El Plan de Estabilización de 1959 abría una etapa nueva en el devenir del país: los objetivos del régimen dejaban de ser ideológicos para hacerse esencialmente económicos.

Los resultados van a ser extraordinarios. La entrada en el Fondo Monetario Internacional y en el Banco Mundial, en mayo de 1958, permitió a España contar con abundante financiación externa. A finales de 1959, la cuenta de divisas ya tenía superávit. Las inversiones extranjeras se multiplicaron por ocho en dos años. La cifra de turistas comenzó a aumentar de manera incesante. La renta per cápita pasará de 8.000 pesetas en 1951 a 42.000 pesetas en 1965. El PIB crecerá de manera sostenida por encima del 6 por ciento y el 7 por ciento hasta 1974, datos sólo superados por Japón. En 1963, el sistema de Seguridad Social se «desfalangiza» y pasa del sistema de capitalización al de reparto. Durante los primeros años sesenta se limita la protección, se nacionaliza el Banco de España y se estimula la competencia. El primer Plan de Desarrollo aparece en 1963. Un nuevo plan energético complementa los recursos hidráulicos con centrales nucleares. En 1973 la renta per cápita de España superará a la de Irlanda, Grecia, Portugal y los países de la Europa del Este. En 1975, la distribución de la renta entre la población se equiparará con la del resto de Europa.

A partir de los años sesenta, la imagen dominante en cualquier paisaje español es el esqueleto de algún edificio en obras. Es la expresión gráfica de un país lanzado a la producción masiva. Las grandes ciudades se llenan de barrios periféricos, destinados a acoger a la numerosa inmigración que se incorpora al proceso. La introducción de la televisión (1958) y de los primeros automóviles populares (el «seiscientos») son los signos distintivos de una etapa nueva. El cine del momento va a abundar en retratos bastante sarcásticos sobre ese nuevo mundo: *El pisito* (1958) y *El cochecito* (1961), de Marco Ferreri, serán sus mejores caricaturas.

Como para bendecir el giro del régimen, el 21 de diciembre de 1959 visitaba España el presidente norteamericano Dwight Eisenhower, conocido también como «Ike». La capital de España le tributó un recibimiento triunfal, y no era para menos: no había mejor expresión posible del reconocimiento internacional a la España de Franco.

LA OPOSICIÓN

¿Qué hacía mientras tanto la oposición? En el interior, aprovechar los resquicios que el régimen dejaba para ganar posiciones. El frente fundamental fue el sindical, porque el Movimiento abrió la mano en las elecciones sindicales y ya no era requisito pertenecer a FET de las JONS para presentarse a ellas. Los comunistas aprovecharán la situación para entrar en la estructura sindical y, sobre todo, para atraer a su causa a otros muchos sindicalistas que no eran comunistas, pero que en las redes del PCE encontraron acogida. Y en el exterior, los elementos dispersos de la oposición buscarán una forma de tender puentes.

Un episodio especialmente importante, por su repercusión pública, fue el llamado «Contubernio de Múnich». En junio de 1962 se habían reunido en Múnich, Alemania, un grupo importante de políticos españoles de la oposición (hasta 118) de todas las tendencias, excepto el Partido Comunista. Entre sus principales protagonistas estaban Gil Robles y Ridruejo, liberales como Satrústegui y Madariaga, socialistas como Llopis... El momento era particularmente crítico porque España acababa de solicitar su ingreso en el Mercado Común Europeo. Los opositores allí reunidos publicaron una resolución antifranquista. En su texto planteaban, entre otras cosas, la instauración de instituciones auténticamente representativas y democráticas, la garantía efectiva de derechos y libertades, el reconocimiento de «las distintas comunidades naturales» (un punto incluido por los nacionalistas catalanes), el ejercicio de las libertades sindicales y la posibilidad de organizar partidos políticos.

La verdad es que el alcance de aquel encuentro —Congreso Mundial Europeo, se llamaba— fue muy limitado. Pero la prensa del Movimiento, en un exceso de celo, le dio tal relieve que acabó convirtiéndose en noticia de portada e incluso alentó movilizaciones de apoyo al régimen que recordaban a los años más duros del aislamiento. Era lo último que el propio régimen deseaba en un momento en el que se afanaba por acercarse a Estados Unidos y las democracias europeas. El responsable del Ministerio de Información, terminó cesado. En su lugar se nombró a un joven catedrático de Teoría del Estado: Manuel Fraga.

«Reconocimiento de las distintas comunidades naturales», decía el texto de Múnich. ¿Qué estaban haciendo hasta entonces los nacionalismos regionalistas contra el régimen de Franco? Bien poca cosa. «¿Cuándo estuvo tan representada Cataluña en las Cortes Españolas?», se preguntaba Santiago Udina, uno de los más conspicuos representantes del franquismo catalán. Y era verdad. A la altura de 1971 había 61 procuradores en Cortes, 4 ministros y 10 consejeros nacionales que eran catalanes. Pocas regiones españolas se vieron tan beneficiadas bajo el franquismo como Cataluña. La mayor parte de los viejos regionalistas, como Cambó, se había alineado con los sublevados en 1936. Franco visitará Cataluña en catorce ocasiones a lo largo de su mandato, cifra inusualmente alta: Barcelona, Sabadell, Berga, Lérida, Gerona… En ninguna parte de España se le aplaudió tanto.

El espectacular desarrollo económico del franquismo benefició especialmente a Cataluña. No es verdad que bajo el franquismo estuviera prohibido el catalán. Es cierto que no podía enseñarse en las aulas públicas —como ninguna otra lengua no oficial en ningún otro país de Europa—, pero la edición de libros en catalán fue continua. En 1942, por ejemplo, aparece el libro *Rosa mística*, de Mossén Camil Geis. En 1952, precisamente en una visita de Franco a Cataluña, se inaugura la cátedra

Milà i Fontanals para el estudio científico de la lengua catalana, y poco después Guillermo Díaz Plaja comenzaba sus exposiciones del libro en catalán. Los nombres catalanes de la cultura española del momento son elocuentes: Ignacio Agustí, José Pla, Eugenio d'Ors, Fernando Valls Taberner, Martín de Riquer, José Sert, Salvador Dalí…

No muy distinta era la situación en el País Vasco. Aquí el nacionalismo, después de la guerra, se había convertido en algo residual. Era mucho más intensa la oposición en las asambleas obreras que en el mundo nacionalista, generalmente bien acomodado en una atmósfera de desarrollo económico que, como en el caso de Cataluña, había beneficiado especialmente a las provincias vascas. La única novedad interesante en este ámbito fue el nacimiento de un pequeño grupo estudiantil, ETA, que quiere decir Euzkadi ta Askatasuna, es decir, «País Vasco y libertad». ETA nació en 1959 como escisión del PNV, fundada por estudiantes separatistas que seguían la doctrina de Sabino Arana en todo menos en el catolicismo. Sus promotores apostaban por una acción revolucionaria inspirada en los grupos armados que florecían en el Tercer Mundo tras la descolonización. A partir de 1965 predicarán abiertamente la violencia. Pese a distanciarse expresamente de la línea católica del PNV, ETA gozó del inmediato respaldo de una parte del clero vasco. En 1960, más de trescientos curas de las diócesis vascas habían presentado a sus obispos un documento que denunciaba «los atentados cometidos por error o por mala voluntad contra los derechos naturales de nuestro pueblo». Y esto sólo era el principio.

¿La Iglesia? ¿La gran beneficiaria del régimen de Franco era la incubadora de la oposición? Sí. La jerarquía eclesiástica, en general, nunca abandonó al Caudillo de su cruzada, pero desde las parroquias de los barrios populares, ya entrados los años sesenta, empezó a prepararse la disidencia del régimen. La Iglesia amparó al primer sindicalismo seriamente crítico, que fue el de Comisiones Obreras. De ella saldrán también las primeras «células de barrio» donde alienta ya la oposición política al régimen. Los nacionalismos vasco y catalán encontrarán en la Iglesia un paraguas. Entre 1962 y 1965 se celebrará el Concilio Vaticano II, que, entre otras cosas, propugnará la separación entre Iglesia y Estado y la libertad religiosa. Para el régimen de Franco, que había puesto toda su legitimidad en manos de la Iglesia, iba a ser un golpe letal. Pero aún no se había dado cuenta.

APERTURA, REFORMA Y REY

Al calor del progreso económico y con la bendición expresa de Estados Unidos, el régimen estaba emprendiendo una fase de clara apertura. En 1966, una nueva ley de prensa promulgada por un ministro de la generación de posguerra, Manuel Fraga, abre el mercado de la opinión. Aparecen publicaciones como *Cuadernos para el Diálogo,* del exministro Joaquín Ruiz-Giménez, de orientación liberal. En noviembre de 1966 se publica un indulto para la extinción definitiva de responsabilidades políticas de los presos que aún se hallaran en la cárcel. Incluso el Movimiento se liberaliza de la mano del nuevo secretario general, José Solís. Las camisas azules van siendo sustituidas por trajes con corbata. El 31 de marzo de 1969, un decreto ley declara prescritos todos los delitos cometidos con anterioridad al 1 de abril de 1939. Será la amnistía definitiva de la guerra civil.

Un paso fundamental en el camino de la apertura es la Ley Orgánica del Estado de 1967, aprobada en referéndum en diciembre de 1966, y en virtud de la cual dejaba de existir oficialmente el Estado nacional-sindicalista. La ley la habían redactado diez años antes López Rodó y Fernández de la Mora. Todo ese tiempo tardó Franco en sacarla de la nevera. ¿Por qué? Porque servirla cuando se elaboró, en 1957, habría creado una profunda ruptura en el régimen. Ahora, no. La Ley Orgánica del Estado regulaba las relaciones entre los poderes, consolidaba el sistema de representación a través de la democracia orgánica y consagraba la continuidad monárquica para el régimen: habría un rey, sí, y no sería una monarquía restaurada, es decir, vinculada a una legalidad anterior a 1931, sino una monarquía instaurada por la legalidad del Estado de Franco. Ese mismo año, Franco nombra a Carrero Blanco vicepresidente del Gobierno.

Un rey. ¿Qué rey? Juan Carlos de Borbón, hijo de don Juan, nieto de Alfonso XIII. Franco tenía tomada la decisión desde tiempo atrás, con el firme apoyo de Carrero Blanco y López Rodó, entre otros. El 21 de julio de 1969, en una reunión del Consejo de Ministros, Franco se dirige a los miembros de su gabinete:

> Los años pasan. Voy a cumplir setenta y siete. He querido enfrentarme a esta realidad. No debo dejar sin resolver la incógnita del sucesor porque el riesgo es grande de que, en la crisis que habría de provocar mi desaparición de la es-

cena, los grupos y grupitos de intrigantes renacieran y se produjera una situación confusa. La persona que voy a proponer es el Príncipe Don Juan Carlos, que es un hombre de magníficas cualidades y pertenece a la Familia Real.

No todos estuvieron de acuerdo. En el Movimiento había una fuerte corriente a la que se llamaba «regencialista» y que era partidaria de nombrar a un regente que llevara el régimen hasta su institucionalización, según el modelo que en su día planteó Arrese. Los carlistas, por su parte, seguían manteniendo su propia línea dinástica, encarnada en Javier de Borbón-Parma. Y los monárquicos de la oposición, refractarios a cualquier solución impuesta por Franco, defendían que el sucesor fuera don Juan. No obstante, el régimen en bloque aceptó la propuesta con muy pocas excepciones. Cuando el asunto se llevó a las Cortes, el 22 de julio de 1969, los votos a favor fueron 491 frente a 19 en contra y 9 abstenciones. Ese mismo día, Juan Carlos juraba las Leyes Fundamentales del Reino y los principios del Movimiento Nacional.

EL ÉXITO Y EL NAUFRAGIO

La designación de Juan Carlos de Borbón como heredero del trono, treinta años después de terminada la guerra civil, representaba la culminación del régimen de Franco en el terreno institucional: España volvía a ser un reino y, en teoría, bajo los principios del Movimiento Nacional. El régimen también podía sentirse satisfecho en el campo internacional: en 1970 el presidente norteamericano Nixon y su secretario de Estado, Kissinger, visitaban a Franco en un nuevo espaldarazo exterior. Simultáneamente, el camino de la integración en la Europa comunitaria empezaba a cosechar sus primeros éxitos. Desde la primera solicitud de ingreso en 1962, España había abierto un plan de negociaciones que acabaría traduciéndose en el Acuerdo Preferencial firmado en 1970. La Comunidad Económica Europea redujo un 30 por ciento los aranceles de la casi totalidad de los productos españoles, salvo para algunos que lo sería un 10 por ciento. España se beneficiaba de una rebaja del 21 por ciento en productos agrícolas y del 53 por ciento en los industriales. En 1973 se firmará un protocolo de ampliación.

En aquel momento, las cifras que el régimen podía exhibir eran extraordinarias. Nunca había conocido España un periodo tan intenso de transformación social. En 1970 la tasa de alfabetización superó el 90 por ciento (en 1940 no llegaba al 65 por ciento). Un 56 por ciento de los hogares tenía televisor, el 66 por ciento frigorífico, el 39 por ciento teléfono, el 52 por ciento lavadora y el 35 por ciento automóvil propio. La industria había pasado a representar el 36 por ciento del PIB (veinte años antes era sólo el 12 por ciento). Un 37 por ciento de la población ya vivía en ciudades de más de 100.000 habitantes, y sólo un 45 por ciento vivía en núcleos de menos de 20.000 habitantes. La cobertura de la Seguridad Social se extendía al 80 por ciento de los españoles. Los avances en la igualdad entre hombres y mujeres se habían plasmado en la reforma de 66 artículos del Código Civil desde 1958. Se había creado una extensísima clase media que abarcaba al 55 por ciento de la población. En comparación con los nueve países centrales de la Europa comunitaria, la convergencia de la renta per cápita había aumentado del 45 por ciento de 1950 al 83 por ciento. El régimen había sentado las bases del Estado del Bienestar (cobertura laboral, seguridad social, etc.). Se había construido una extensa red de sanidad pública con más de 200 hospitales. España se había dotado de los instrumentos precisos para asegurar una cierta independencia energética (hidroeléctrica y nuclear). Se había culminado el modelo de educación universal y gratuita.

Al mismo tiempo, sin embargo, la agitación política crecía de manera espectacular. ETA empezó a matar en 1968: sus primeras víctimas, el guardia civil José Pardines y el comisario Melitón Manzanas. Se decretó el estado de excepción. Se multiplicaron las protestas. En 1970 hubo 1.500 huelgas en las que se vieron involucrados un total de 400.000 huelguistas. El proceso de Burgos contra los terroristas de ETA, en diciembre de 1970, sirvió para orquestar una gran campaña internacional contra el régimen de Franco. Aun peor: la Iglesia —y no sólo la Iglesia vasca— manifestó abiertamente sus distancias. El gobierno reaccionó con más mano dura, pero fue contraproducente. La cúpula del sistema estaba cada vez más dividida: unos se pronunciaban por una apertura controlada hacia las formas de una democracia liberal, otros se mantenían en el continuismo del régimen. Aperturistas contra inmovilistas. El 1 de mayo de 1973, en el curso de unas movilizaciones comunistas, muere cosido a puñaladas el policía de veintiún años José Antonio Fernández. Acaba de aparecer un grupo terrorista nuevo: el FRAP, escisión violenta del Partido Comunista. El ministro del Interior, Tomás Garicano Goñi, presenta su dimisión.

Franco tiene en este momento ochenta años y está visiblemente deteriorado: el parkinson le atenaza. El 8 de junio decide resolver la crisis poniendo todo el poder en manos del único hombre en el que realmente confía: Luis Carrero Blanco. Todo el mundo interpreta la decisión como un intento de prolongar la naturaleza del régimen: si alguien podía pilotar el Estado nacido de la Ley Orgánica de 1967, con un rey designado por las Cortes de 1969, ése era Carrero. El franquismo seguiría sin Franco. Pero no.

El 20 de diciembre de 1973, un poderoso explosivo estallaba al paso del automóvil del almirante Carrero Blanco cuando se dirigía a misa en Madrid. Con Carrero morían su conductor y su escolta. El atentado lo ejecutó ETA.

¿Fue realmente ETA? Sí, pero la complejidad del atentado parece lejos de las capacidades operativas de la banda terrorista. Se sabe que alguien entregó a los etarras las rutas y horarios de Carrero. Se sabe también que, desde enero de 1971, la embajada de Estados Unidos en Madrid había comunicado al Departamento de Estado en Washington que «el mejor resultado que puede surgir sería que Carrero desaparezca de escena» (los documentos se desclasificaron en 2008). Y no se sabe más, porque el caso quedó archivado muy pronto, los autores nunca llegarían a ser juzgados y la posterior amnistía de 1977 los exoneró de cualquier responsabilidad.

En todo caso, ese 20 de diciembre de 1973 la historia de España cambió. El régimen de Franco recibía un golpe decisivo. Se abría un periodo nuevo que en muy pocos años llevaría a la transición a la democracia. Sus protagonistas: el rey nombrado por las Cortes de Franco y los jóvenes burócratas del Movimiento Nacional.

EVOLUCIÓN DEL PIB *PER CAPITA* 1923-1982 (EN DÓLARES DE 1990)

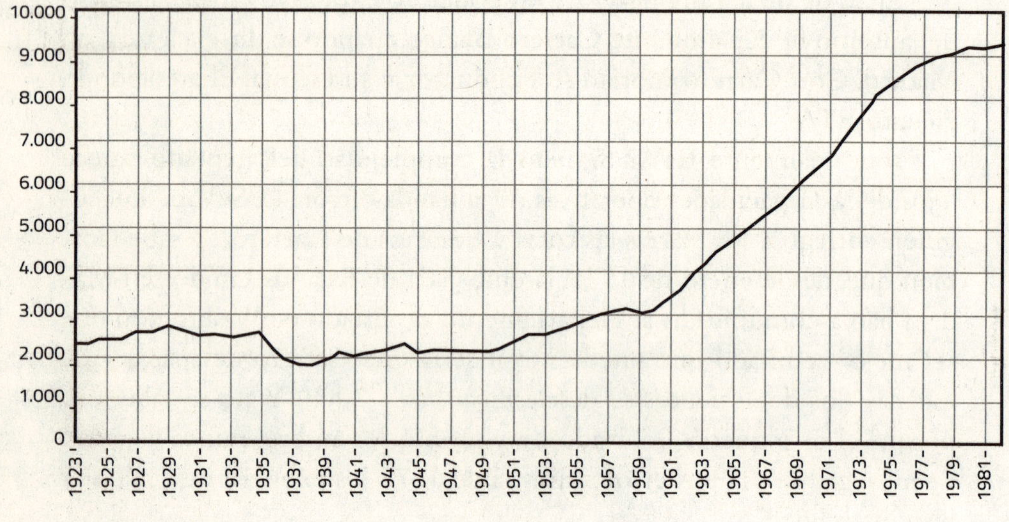

FUENTE: A. Maddison, *The World Economy: Historical Statistic*, París, 2006.

60
LA TRANSICIÓN

Cuando Franco se enteró de la muerte de Carrero, dijo que le habían cortado el último lazo que le unía al mundo. Era verdad. El general había cambiado el país; lo había cambiado tanto que ya no se reconocía en él. La consecuencia lógica de la gran transformación social y económica habría debido ser la evolución del sistema político, pero el sistema parecía incapaz de evolucionar. Los desafíos externos e internos eran muchos. La crisis del petróleo de 1973 estaba afectando seriamente a la economía española. La agitación social era ya una estampa cotidiana. Dentro del propio sistema, numerosas voces preconizaban la apertura política, especialmente abriendo la mano a la libertad de asociación. En eso estaban los liberales del régimen, como Areilza o Fraga, y también el vicepresidente del Gobierno y secretario general del Movimiento, Torcuato Fernández Miranda. Pero otros muchos creían que, en un entorno de crisis social y económica, y con la amenaza del terrorismo bien patente, cualquier apertura sería el caos. Se impuso esta última línea: Franco, al parecer por presión de su entorno, nombró presidente del Gobierno a Carlos Arias Navarro, ministro del Interior, pese a su evidente negligencia en el caso del asesinato de Carrero.

LA APERTURA IMPOSIBLE

Arias Navarro, con todo, intentó una tímida apertura: el 12 de febrero de 1974 planteó a las Cortes un programa que incluía formar asociaciones «dentro del Movimiento», reconocer legalmente los conflictos laborales, democratizar la elección de los alcaldes... En suma, arbitrar «nuevas fórmulas para dar proyección política al pluralismo real de nuestra sociedad». La propuesta habría podido tener sentido diez años atrás, pero ahora ya era demasiado tarde. Aquel mismo mes de febrero, el obispo de Bilbao, Antonio Añoveros, publicó una ruidosa homilía en defensa de la «justa libertad» del pueblo vasco. Arias entró en conflicto con el Vaticano y perdió el pulso. Al mismo tiempo, se ejecutaban dos penas de muerte: la del anarquista Salvador Puig Antich, cabeza de una banda de atracadores, por asesinar a un policía, y la del ciudadano alemán Heinz Chez por matar a un guardia civil. Eran dos casos claros de delincuencia común, pero la oposición, especialmente en el extranjero, los aprovechó para emprender una fuerte campaña de prensa contra el régimen. ¿Podía pasar algo más? Sí: en abril de 1974 estallaba en Portugal la «revolución de los claveles», un golpe militar de izquierda que puso fin a la dictadura salazarista en el país vecino. La reacción del régimen de Franco fue encerrarse dentro de su caparazón como un caracol. Se acabó el «aperturismo».

Pero también para esto era demasiado tarde. La oposición estaba crecida. En el interior, la relativa libertad de prensa había generado un sinfín de cabeceras donde se hablaba abiertamente del cambio. Y en el exterior, todo el mundo parecía dispuesto a derribar al franquismo. El régimen se estaba hundiendo a medida que la salud de Franco se resquebrajaba. El 9 de julio el Caudillo fue ingresado por una tromboflebitis. Pocos días después, el líder comunista Santiago Carrillo presentaba en París la Junta Democrática, una heteróclita plataforma que agrupaba a los comunistas, los socialistas del interior, los liberales de don Juan y el Partido Carlista, entre otras fuerzas. ¿Qué pedía la Junta? Una ruptura democrática de la situación. Ésta será a partir de ahora la gran opción: o ruptura o reforma.

De pronto, otra gran conmoción: el 13 de septiembre 1974 se produce una salvaje explosión en la cafetería Rolando de la calle Correo de Madrid, junto a la Dirección General de Seguridad. Ha sido una bomba. El atentado deja 13 muertos y 80 heridos. Son víctimas civiles, sin significación política; sólo uno de los fallecidos era policía. Los autores: ETA, asistidos por una red madrileña de militantes del PCE. Santiago Carrillo se desmarca inmediatamente del atentado y lo condena. La estrategia, en todo caso, es clara: provocar al régimen para que adopte una solución de fuerza que, a su vez, dispare una reacción revolucionaria en la sociedad. El gobierno Arias Navarro endurecerá su política, sí, pero no caerá en la provocación. Tampoco la sociedad española.

En medio de una fuerte inestabilidad, entre huelgas sindicales y atentados terroristas, las principales personalidades de dentro y fuera del país toman posiciones para el día después de la muerte de Franco. Todo el mundo, en realidad, parece estar esperando lo mismo. En la esfera del poder, y al calor de la apertura del régimen, los grandes nombres de la política española (Areilza, Fraga, Suárez, etc.) han empezado a constituir sus propias asociaciones. El 31 de mayo de 1975 visita a Franco el presidente norteamericano, Gerald Ford. «Nuestras relaciones son buenas hoy y deseamos fervientemente una continuación de las mismas y una relación aún mejor en el futuro», le dice el americano. «Éste es nuestro deseo también», le contesta Franco. Ford aprovecha para entrevistarse con don Juan Carlos. ¿Qué se está cociendo? Sin duda Washington quiere conocer de primera mano la posible evolución de un país que forma parte destacadísima de su proyección geopolítica.

En el exterior, la oposición sigue organizándose: el 11 de junio se constituye una alternativa a la Junta liderada por el PCE, la Plataforma de Convergencia Democrática, promovida por el PSOE y otras izquierdas. ¿Qué estaba haciendo hasta entonces el PSOE? Cambiar de piel: en su congreso de Suresnes (Francia) de octubre de 1974, la vieja cúpula de Rodolfo Llopis había sido desplazada por una nueva generación encabezada por Felipe González. Este nuevo PSOE apuesta por la ruptura del régimen de Franco, la proclamación de una república federal y el reconocimiento del derecho a la autodeterminación de «todas las nacionalidades ibéricas». Con abundante apoyo de la Internacional Socialista, el objetivo será convertir al PSOE, muy minoritario en el país, en la alternativa de izquierda a la hegemonía del Partido Comunista.

El 27 de septiembre de 1975 se ejecutaron las últimas penas de muerte del franquismo: tres terroristas del FRAP y dos de la ETA. De inmediato se desató una fortísima campaña internacional contra el régimen. Éste contestó con una enorme concentración de apoyo a Franco, el 1 de octubre, en la Plaza de Oriente de Madrid. Allí pronunció el Caudillo su última alocución en público: «Todas las protestas obedecen a una conspiración masónica-izquierdista de la clase política, en contubernio con la subversión comunista-terrorista en lo social, que si a nosotros nos honra, a ellos les envilece». Quince días después sufrió un infarto. Vendrían más. Empeñado en seguir presidiendo los consejos de ministros, se hizo instalar un quirófano de campaña en su residencia del Palacio de El Pardo. El 25 de octubre se le administró la extremaunción. Cinco días después, don Juan Carlos asumía provisionalmente la jefatura del Estado.

LA MARCHA VERDE

Ante la inminencia de la muerte de Franco, entra un invitado al que nadie esperaba (o quizá sí): Hassan II, rey de Marruecos, que organiza una invasión ilegal del Sáhara español. El Sáhara occidental, al sur de Marruecos, era provincia española desde 1884. A partir de 1958 tuvo incluso sus propios procuradores en Cortes. Su capital, El Aaiún, se convirtió en algo parecido a una ciudad moderna. Todos los nativos de la provincia recibieron su DNI, la nacionalidad española y el correspondiente Libro de Familia. A partir de 1968, sin embargo, comenzó la agitación independentista, que terminó fraguando en la creación del Frente Polisario en 1973. Desde varios años atrás, la ONU venía reclamando que los ciudadanos del Sahara español pudieran decidir su futuro en referéndum: seguir en España o ser una nación independiente. El gobierno de Franco, después de muchas dudas, anunció el referéndum para 1975. Pero entonces entró en liza Marruecos, que ambicionaba aquel territorio y no quería el referéndum ni en pintura.

El rey de Marruecos, Hassan II, atravesaba momentos delicados después de que dos golpes de Estado hubieran hecho tambalearse su corona. La crisis saharaui le vino pintiparada para desviar la atención de su pueblo. No podía invadir militarmente el territorio porque eso significaría una guerra con España, pero sí podía buscar una fórmula de extrema presión política. Eso fue la «Marcha Verde»: una invasión aparentemente civil de 350.000 paisanos marroquíes (muchos de ellos, en realidad, militares camuflados) que penetró en el territorio del Sáhara español.

Hoy sabemos lo que pasó realmente: los documentos desclasificados por la CIA en 2017 lo cuentan con toda claridad. Marruecos había anunciado a Estados Unidos en abril de 1975 lo que se proponía. ¿Quizá fue de eso de lo que hablaron Franco y Ford? En todo caso, los preparativos de la gran operación comenzaron en octubre. El 6 de noviembre, el día que empezó la invasión, Juan Carlos habla con el embajador americano, Wells Stabler. Éste da cuenta de la conversación en un informe reservado: «Madrid y Rabat han acordado que los manifestantes sólo entrarán unas pocas millas en el Sáhara español y que permanecerán un corto periodo de tiempo en la frontera, donde ya no hay tropas españolas». Stabler cita al propio Juan Carlos. Acto seguido, el aún príncipe viajó a El Aaiún, la capital saharaui, visitó a las tropas y pronunció unas palabras rotundas: «Se hará cuanto sea necesario para que nuestro ejército conserve intacto su prestigio y su honor». La Marcha Verde entró en el Sahara. España se marchó. Los saharauis nunca tendrían su referéndum. Desde entonces el contencioso del viejo Sahara español sigue sin resolver. Y nunca supimos qué dio Marruecos a cambio de aquel pacto.

FRANCO HA MUERTO

Finalmente, el 20 de noviembre de 1975 moría en el hospital público de La Paz, en Madrid, el general Francisco Franco, jefe del Estado desde su proclamación como tal en octubre de 1936. Moría a punto de cumplir los ochenta y tres años y después de una larga agonía. A principios de noviembre había empezado a sufrir hemorragias estomacales. Entonces ingresó en la Paz, donde los médicos, con criterio más que discutible, trataron de reparar lo que ya era irreparable. «¡Qué duro es morir!», dicen que dijo el viejo legionario. El 19 de noviembre se le desconectó de las máquinas. Expiró a las 4.20 horas del día 20. Su capilla ardiente, abierta durante cincuenta horas en el Palacio de Oriente, recibió la visita de más de medio millón de personas. El gobierno decidió enterrarle en el Valle de los Caídos, cosa que Franco no había previsto en sus últimas voluntades. El acto fúnebre concitó una gran atención nacional. Significativamente, la atención internacional fue menor: Estados Unidos no acudió al funeral.

Franco dejaba tras de sí un país enteramente diferente al que tomó en 1936. Objetivamente, la mayor parte de los problemas sociales y económicos que el país arrastraba desde el siglo XIX estaban superados. En el plano político, sin embargo, el régimen no supo evolucionar y, de hecho, ni siquiera desarrolló las reformas que él mismo había concebido. No habría un franquismo sin Franco. Se abría inevitablemente una etapa nueva.

Juan Carlos fue proclamado rey por las Cortes el 22 de diciembre. Arias Navarro le presentó su dimisión sabiendo que Juan Carlos no podría aceptarla so riesgo de crear un terremoto dentro del sistema. Por otro lado, los planes del rey eran otros. Ese mismo día proponía como presidente de las Cortes a Torcuato Fernández Miranda, profesor de Derecho Político y consejero del propio Juan Carlos. Torcuato, secretario general del Movimiento hasta el año anterior, será ahora el piloto de la reforma. En cuanto al Ejecutivo, Arias mantendría la presidencia, pero se incorporaban al gabinete los nombres más señalados de la corriente aperturista: Fraga, Areilza, Osorio, Garrigues... Y dos nombres nuevos para la estructura del Movimiento Nacional: Adolfo Suárez y Rodolfo Martín Villa.

¿Y el Movimiento Nacional, que era el partido único del régimen, no iba a ser el principal defensor de las esencias del franquismo después de Franco? No, al revés. Será precisamente el Movimiento el protagonista del cambio. Fernández Miranda crea una comisión mixta gobierno-Movimiento para organizar la reforma política. La consigna: «De la ley a la ley», es decir, nada de rupturas. Será el propio sistema el que configure un modelo democrático a partir de sí mismo. ¿Y eso era posible? Sí. ¿Y no iba a ser torpedeado desde el exterior? No. Recién estrenado el nuevo gobierno, España firma un tratado con Estados Unidos; su puesta de largo será en junio de ese mismo 1976, cuando Juan Carlos y su esposa, Sofía, visiten Washington y el rey pronuncie en el Congreso norteamericano un discurso de inequívocos acentos democráticos.

No era tan risueño el horizonte en el interior. En marzo de 1976, en Vitoria, los altercados sindicales se saldan con cinco muertos y 150 heridos tras una violenta actuación policial. Dos meses después, en los actos anuales del carlismo en Montejurra, dos militantes carlistas resultan asesinados en un oscuro incidente en el que nunca quedó aclarada la participación de los servicios del Ministerio del Interior. Un nuevo grupo terrorista de orientación comunista, el GRAPO, reivindica por entonces la colocación de 28 bombas. ETA, por su parte, asesinará ese año a un total de 17 personas.

LA LLEGADA DE SUÁREZ Y LA LEY DE REFORMA

En junio de 1976, Adolfo Suárez en nombre del Movimiento y Manuel Fraga por el Ministerio del Interior presentaron la ley sobre el derecho de asociación política, que permitía la formación de partidos. Era un cambio decisivo. Arias Navarro dimitió: el proceso político no iba por donde él quería, la situación en la calle era extremadamente convulsa y Juan Carlos, por su parte, no perdía oportunidad de mostrarle su escasa simpatía. ¿Quién tomaría el relevo de Arias? En el gabinete se sentaban nombres de mucho fuste, desde Fraga hasta Areilza, que tenían sus propias ideas sobre cómo hacer la transición. Pero lo que el rey y Torcuato querían era, precisamente, alguien sin fuste. Así llegó a la presidencia del Gobierno Adolfo Suárez.

Suárez, hombre sin gran preparación intelectual ni técnica, pero dotado de una arrolladora capacidad de seducción, había llegado a la cumbre del poder precisamente por el apoyo expreso del rey y de Fernández Miranda. Falangista del «aparato» del régimen, escaló rápidamente en su estructura y en 1968, con treinta y seis años, ya era procurador en Cortes, gobernador civil de Segovia y jefe provincial del Movimiento, protegido por otro hombre importante de esta época, Fernando Herrero-Tejedor. Enseguida fue nombrado director general de Radio Televisión Española y en 1975, poco antes de la muerte de Franco, vicesecretario general del Movimiento. En junio de 1975, dentro de la apertura política propiciada por el régimen, había creado el partido Unión del Pueblo Español y en diciembre de aquel año entró como ministro en el primer gobierno del ya rey Juan Carlos. En junio de 1976 el monarca le nombraba presidente del segundo gobierno de la corona, ante el asombro general. Salían los grandes nombres. Entraba una generación nueva. A la cabeza del gobierno, Suárez iba a hacer la transición política que el rey quería.

Toda la atención del poder estaba puesta, en aquellos momentos, en la evolución institucional del sistema. La comisión Gobierno-Movimiento empieza a dar forma a la transformación general de la arquitectura política española. Fernández Miranda encarga varios borradores. El texto final será una Ley de Reforma Política cuya defensa se encomienda a un hombre del Movimiento de apellidos inequívocos: Miguel Primo de Rivera, sobrino del fundador de Falange… y amigo de infancia de Juan Carlos. Miguel Primo de Rivera expondrá el proyecto ante las Cortes el 18 de noviembre de 1976. Con él, otro brillantísimo hombre del Movimiento: Fernando Suárez.

La clave del texto estaba en su artículo quinto, que rezaba así:

> El rey podrá someter directamente al pueblo una opción política de interés nacional, sea o no de carácter constitucional, para que decida mediante referéndum, cuyos resultados se impondrán a todos los órganos del Estado.

La norma establecía el concepto de soberanía popular como derecho político de los ciudadanos e implantaba el sistema bicameral (Congreso y Senado). Unas cortes que provenían de la época de Franco aprobaron aquella propuesta, avalada por distinguidas personalidades del propio régimen: 425 votos a favor, 59 en contra y 13 abstenciones.

El siguiente paso era someter la ley al refrendo de los españoles. La izquierda boicoteó cuanto pudo el referéndum: socialistas y comunistas apostaban por la ruptura, no por una metamorfosis del régimen. El 15 de diciembre se votó. Los resultados fueron aplastantes: sobre un censo de 22 millones de españoles, con una abstención de poco más del 20 por ciento, el 94,17 por ciento de los votantes optó por el «sí» a la reforma.

LA LEGALIZACIÓN DEL PARTIDO COMUNISTA

Los resultados del referéndum dieron la medida de la verdadera fuerza de la izquierda en general y del PCE en particular. Los españoles votaron en la dirección que apuntó el gobierno. Los rupturistas perdían. En una posición particularmente desairada quedó Santiago Carrillo, que desde semanas atrás, ya en España, estaba prodigando los gestos de desafío dejándose ver aquí y allá, tratando de que la policía le detuviera, porque el PCE seguía siendo ilegal. El 10 de diciembre de 1976, antes del referéndum, había convocado una rueda de prensa en la que anunció su voto negativo. Nadie le molestó. Después, los resultados de la consulta le dejaron en evidencia. Fue entonces cuando la policía le detuvo en una calle de Madrid; llevaba puesta una peluca que se haría famosa. ¿Qué pretendía Carrillo? Ante todo, no perder protagonismo, porque ya era muy evidente que el poder estaba apostando por el PSOE como partido de referencia en la izquierda. Después, forzar la legalización del partido por la expeditiva vía de forzar su propia legalización personal. Carrillo ingresó en la cárcel. Madrid se llenó de pintadas. Como la amnistía de 1969 hacía inviable juzgarle por los crímenes de la guerra civil, el gobierno se encontraba ante un dilema. Finalmente, el Tribunal de Orden Público le puso en libertad.

Fue un invierno terrible aquél. Los ultracomunistas del GRAPO habían prodigado los atentados mortales y secuestraban a dos importantes personalidades: los presidentes del Consejo de Estado y del Consejo Supremo de Justicia Militar. A principios de enero, unos pistoleros de extrema derecha asesinaban a cinco abogados comunistas y herían a otros cuatro en la llamada «matanza de Atocha». El PCE calibró con rapidez la altura de la prueba: era el momento de tomar las calles y demostrar la propia fuerza; pero, al mismo tiempo, cualquier desbordamiento, cualquier violencia, devolvería al PCE ya no a la ilegalidad —ilegal lo era todavía—, sino directamente a las cárceles. Carrillo, siempre buen táctico, maniobró con acierto. Pidió y obtuvo permiso para organizar un entierro masivo y silencioso. La ceremonia impresionó a todo el mundo, y especialmente a quien tenía en su mano la legalización del PCE: Adolfo Suárez.

Carrillo y Suárez se encontraron el 27 de febrero de 1977. Suárez ofreció la legalización inmediata del PCE. Carrillo, por su parte, ofreció aceptar la corona de don Juan Carlos y la bandera rojigualda como símbolo de la unidad nacional. El 7 de abril, Suárez decretaba la extinción de FET de las JONS. Dos días después, en plenas vacaciones de Semana Santa, el gobierno presidido por un ex secretario general del Movimiento Nacional legalizaba al Partido Comunista de España. El comunismo ingresaba de nuevo en la vida pública española.

LAS ELECCIONES

En medio de una situación económica crítica, con el terrorismo sacudiendo allá donde podía y las estructuras del Estado crujiendo como las cuadernas de un barco en plena tempestad, el gobierno convocó elecciones. Era la última fase del plan: unas elecciones de las que salieran unas Cortes que elaboraran una Constitución, aunque en realidad nunca se plantearan expresamente como constituyentes. La idea, en cierto modo, era una rectificación del fallido plan de Alfonso XIII en 1931: esta vez sería la corona la que dirigiera hasta el último detalle del programa.

Bien: ¿quién tenía que concurrir a aquellas elecciones? El plan era asentar el nuevo sistema sobre dos grandes formaciones moderadas, una a la derecha y otra a la izquierda, un poco al estilo de Cánovas y Sagasta en la Restauración de 1876. Ésa era, al menos, la idea de Torcuato Fernández Miranda, defendida también por Manuel Fraga. El partido de la derecha tendría que pivotar en torno a Fraga o Areilza. No será así. Adolfo Suárez decide ponerse él mismo al frente del proyecto, y dándole además un carácter muy diferente. Fernández Miranda no sale de su asombro: el plan era que el Movimiento llevara la reforma hasta su consecución y, después, dejar el espacio a otros. El rey, sin embargo, parece apostar por Suárez. Torcuato dimite. Suárez reúne a una serie de pequeños partidos liberales, democristianos y socialdemócratas y los coaliga bajo su propio liderazgo. Nace la Unión de Centro Democrático.

En la izquierda, el Partido Comunista se veía a sí mismo como alternativa mayor. Después de todo, él había llevado lo fundamental de la oposición durante la era de Franco y su penetración en muy distintos ámbitos de la vida española —los sindicatos, el cine, la Iglesia, la universidad— era muy profunda. Sin embargo, será precisamente esa trayectoria lo que más perjudique al PCE, porque, para la mayoría de los españoles, el rostro de Carrillo no evocaba otra cosa que la guerra civil. El voto de izquierda terminará orientándose hacia la otra formación que, con gran respaldo internacional y la bendición del propio gobierno, le disputaba el voto: el PSOE de Felipe González.

Todo salió como el gobierno quería. Ganó UCD con 6,3 millones de votos y 165 diputados. Se consagró en la oposición el PSOE con 5,3 millones de votos y 118 diputados. Lejos quedaban el PCE, con 1,7 millones de votos y 20 diputados, y la plataforma formada por Manuel Fraga con otros grandes nombres del franquismo reformista, Alianza Popular, que se quedaba en 1,5 millones de votos y 16 diputados. El viejo Gil Robles, que se había presentado en una candidatura democristiana, no obtuvo escaño. En cuanto a los partidos que habían sido la base del

Movimiento Nacional, Falange y los carlistas, divididos ambos en varias facciones y con su imagen seriamente dañada por los atentados de Atocha y Montejurra, desaparecieron del mapa parlamentario.

A pie de calle, otras cosas preocupaban al español común. La inflación se había puesto en el 26 por ciento. El paro subía sin tregua. La deuda se multiplicaba por tres en dos años. El crecimiento se ralentizaba de forma alarmante. España entraba en recesión. El terrorismo golpeaba bajo diferentes formas: separatistas catalanes, separatistas canarios, el GRAPO y, por supuesto, ETA, que a lo largo de 1977 iba a asesinar a once personas. Nunca había parecido el Estado más frágil. ¿Era posible construir así una democracia estable? Ése iba a ser el reto.

61
LA ESPAÑA CONSTITUCIONAL

A partir de 1977 empiezan a ponerse los cimientos del nuevo sistema sobre las ruinas del sistema anterior. No se trata sólo de leyes: es toda la estructura del poder la que va a cambiar, y en todos los planos. Por supuesto, eso que se llama «poderes fácticos» se mantiene: la Iglesia, muy cercana a la transición en la persona del presidente de la Conferencia Episcopal, el cardenal Tarancón; el ejército, muy vinculado a la figura de Franco, pero obediente al rey; los poderes económicos, que en el nuevo sistema ven una salvaguarda contra la efervescencia revolucionaria de los sindicatos. Los poderes fácticos no están contra la transición, al revés: es el poder el que está haciendo la transición. Pero ésta va a abrir campo enseguida a otros poderes nuevos que a partir de ahora serán determinantes.

LOS NUEVOS PODERES

En el verano de 1977, antes de aprobarse la Constitución, empiezan a tomar forma los poderes regionales vasco y catalán. La cuestión catalana fue uno de los grandes problemas del reinado de Alfonso XIII, nunca bien resuelto. Se convirtió después en protagonista central de la II República y acabó siendo un quebradero de cabeza para el propio Frente Popular. Dormida bajo el régimen de Franco, la cuestión catalana reaparecía ahora encarnada, como siempre, en la gran burguesía local. Para

Juan Carlos y Suárez, integrar al catalanismo político en el nuevo sistema será una prioridad. En septiembre de 1977, el gobierno restablece la Generalidad catalana. Es un movimiento arriesgado, porque muchos ven ahí una grieta en la unidad nacional. El sistema hará lo imposible para que parezca lo contrario, y el propio catalanismo se esforzará por mostrarse extremadamente conciliador. El momento culminante es el retorno a España de Josep Tarradellas, presidente de la Generalidad en el exilio, al que se le reconoce en su cargo. Tarradellas abre el periodo preautonómico en Cataluña desde unos planteamientos integradores y de concordia.

Un proceso semejante se alienta en el País Vasco, donde el gobierno Suárez avala inicialmente la formación de una asamblea de parlamentarios vascos (formada por los diputados elegidos en las generales en las provincias vascas). Aquí surgirá enseguida un serio obstáculo por la cuestión Navarra, pues los nacionalistas vacos pretenden incluirla en su territorio. Esto hará que finalmente el poder regional vasco gravite sobre todo en torno a los partidos nacionalistas, con el respaldo de la izquierda. El gobierno, no obstante, no impedirá el proceso. En enero de 1978 se constituye el consejo preautonómico vasco. Aún no hay autonomías, pero la voluntad de Madrid es que estas regiones funcionen como tales. Tanto en el País Vasco como en Cataluña, es el gobierno central el que entrega la hegemonía política a los nacionalistas desde el primer momento. Es fundamental subrayar esto para entender la evolución política de España en los siguientes cuarenta años.

La cuestión regional será uno de los principales objetos de debate de la ponencia que nace en agosto de 1977, en el seno de las Cortes, para elaborar una Constitución que culmine el proceso abierto con la Ley para la Reforma Política. La ponencia se pondrá en manos de un conspicuo grupo de diputados de todas las tendencias: por la UCD, Miguel Hererro de Miñón, Gabriel Cisneros y Pérez Llorca; por Alianza Popular, Manuel Fraga; por el PSOE, Gregorio Peces Barba; por el PCE, el catalán Jordi Solá Tura, y por el nacionalismo catalán, Miquel Roca. Ellos elaborarán el texto constitucional. El nacionalismo vasco se mantuvo al margen. Entre bambalinas, los dos partidos principales, la UCD y el PSOE, negocian el entramado del nuevo orden a través de sus respectivos «número dos», Abril Martorell por la UCD y Alfonso Guerra por los socialistas.

Mientras tanto, el problema económico se ahonda y la temperatura social sube de forma alarmante. España atraviesa su peor crisis desde el fin de la guerra civil. Los sindicatos UGT (socialista), Comisiones Obreras (CC.OO., comunista) y CNT (anarquista) mueven la calle, con la consiguiente retracción de los empresarios. Como la situación es insostenible, el gobierno busca acordar unos pactos de Estado que garanticen cierta estabilidad para adoptar medidas de ajuste. Nacen así los Pactos de la Moncloa de octubre de 1977. En realidad se trata de dos bloques diferentes: un pacto político entre las fuerzas mayoritarias y otro de carácter económico que busca integrar a los sindicatos en el diálogo social. ¿Qué sindicatos? Los que cuentan con el respaldo de los partidos de izquierda. La CNT se marcha. UGT y CC.OO., entre grandes reticencias, terminan firmando. Los Pactos no dieron satisfacción a la mayor parte de las reivindicaciones laborales, pero, a partir de ese momento, UGT y CC.OO. monopolizarán la representación sindical. Y así nacía un nuevo poder que pronto tendría su contraparte en el lado de la patronal.

LA CONSTITUCIÓN DE 1978

La Constitución de 1978 dibujaba España como un Estado «social y democrático de derecho» donde la soberanía nacional reside en el pueblo español y regido por una monarquía parlamentaria. La corona renunciaba a todos los poderes ejecutivos recibidos de la legislación anterior (la de Franco) y se reservaba un difuso papel arbitral complementado con la jefatura, no menos difusa, de las fuerzas armadas. El texto estaba pensado con la evidente intención de que dentro del país cupiera la mayor cantidad posible de gente, y ésa fue sin duda su mejor virtud. Se proclamaba la «indisoluble unidad de la Nación española, patria común e indivisible de todos los españoles», y al mismo tiempo se garantizaba el derecho a la autonomía de las regiones y «nacionalidades», término este último que, por deliberadamente equívoco, iba a generar polémicas sin cuento. Se reconocía al mismo tiempo la libertad de cultos y el papel de la Iglesia como confesión mayoritaria de los españoles. Al ejército se le confería expresamente la misión de mantener la integridad territorial del Estado. Naturalmente, se consagraba la división de poderes, pero sin describir un mecanismo concreto para garantizar la indepedencia del poder judicial.

El texto constitucional fue ampliamente aprobado en el Congreso y en el Senado y, finalmente, sometido a referéndum el 6 de diciembre de 1978. Votó el 67 por ciento del censo. Ganó el «sí» a la constitución con un abrumador 91,81 por ciento de los votos. Ese día nació formalmente la España constitucional con el aval de la mayoría de los partidos. También la mayoría mediática avalará, entusiasta, la nueva situación: el franquismo había concluido y ahora empezaba una España nueva, libre, democrática, europea y risueña.

El referéndum de la Constitución fortaleció muy principalmente a los partidos que empezaban a funcionar ya como pilares del nuevo sistema: la UCD de Suárez en un centro-derecha que era más centro que derecha y el PSOE de Felipe González en un centro-izquierda que era más izquierda que centro. Ese monopolio de la representación se hizo aún más patente en las inmediatas elecciones legislativas, en marzo de 1979. La UCD revalidó su mayoría (6,2 millones de votos) y el PSOE se reafirmaba como segundo partido del país (5,4 millones de votos), ambos a mucha distancia de los comunistas y de la derecha de Manuel Fraga. De inmediato, en el mes de abril, se celebraron unas elecciones municipales que, en líneas generales, vinieron a acentuar ese perfil bipartidista de la política nacional. Un perfil, sin embargo, muy afectado por los problemas internos de cada cual.

En la UCD, el problema esencial era el hiperliderazgo de Suárez, que iba mucho más allá de lo previsto inicialmente por los propios promotores del partido. En una situación de crisis económica pertinaz y fuerte inestabilidad, con la violencia terrorista siempre presente, ese hiperliderazgo resultaba poco justificable. Muy pronto comenzaron los movimientos para menguar su poder. En la izquierda el problema era otro: ni las elecciones generales ni las municipales habían dado el poder al PSOE, y en la cúpula del socialismo se extendía la impresión de que ello se debía al carácter todavía demasiado radical del partido, excesivamente vinculado a posiciones maximalistas y a la retórica de la revolución, lo cual despertaba muchos recelos en una sociedad mayoritariamente moderada. Precisamente uno de los objetivos fundamentales de González será «templar» al PSOE. Habrá dos congresos sucesivos en 1979, con dimisión temporal de González incluida, que se saldarán con la renuncia del partido al marxismo como guía doctrinal. Para compensar el gesto, el PSOE se lanzará desde ese momento a una política de oposición feroz contra el gobierno Suárez.

En marzo de 1980 se celebraron elecciones autonómicas en el País Vasco y Cataluña. Las primeras. En el País Vasco ganó el Partido Nacionalista Vasco, cuya imagen de moderación se ofrecía como garantía frente al terrorismo de la ETA. El primer lehendakari fue Carlos Garaicoechea. En Cataluña también ganaron los nacionalistas; no Tarradellas, que con ochenta y un años abandonaba la política, sino alguien contra el que el propio Tarradellas había advertido: un tal Jordi Pujol.

EL GOLPE DEL 23-F

Pero, por debajo de la estructura institucional y de los juegos de poder, la realidad a pie de calle se iba haciendo insoportable. En 1980 hubo 395 actos terroristas que dejaron 132 muertos, además de 20 secuestros. Hubo atentados de ETA, del GRAPO, de los grupos de ultraderecha, de otros grupos de ultraizquierda y hasta de terroristas armenios. La estructura de la Policía y la Guardia Civil era aún la de los decenios anteriores, concebida para un modelo de seguridad y represión completamente diferente a lo que ahora se veía. Prácticamente dos tercios de esa ola de sangre —98 asesinatos— fueron responsabilidad directa de ETA, la organización terrorista del separatismo comunista vasco. ETA se había dividido en tres grupos —la rama «Político Militar», la «militar» y los Comandos Autónomos Anticapitalistas—, y entre ellos competían en violencia y crueldad. Las víctimas: muchos guardias civiles, policías y militares, pero también empresarios, políticos de la derecha, taxistas y hasta niños.

El gobierno de la UCD, temeroso de que la ola de muerte provocara otras respuestas violentas, optó por aplicar sordina a los duelos: los muertos eran enterrados en medio de un plúmbeo silencio y sacados de las iglesias por la puerta de atrás. A esta política de desprecio objetivo hacia las víctimas contribuyó especialmente la Iglesia, en particular el episcopado vasco en la persona del obispo de San Sebastián, José María Setién, ante la inhibición del conjunto de la Conferencia Episcopal, aún presidida por el cardenal Tarancón. La posición de la Iglesia será determinante para legitimar a ETA —deliberadamente o no— ante buena parte de la sociedad vasca. El nacionalismo del PNV, aunque formalmente alineado con el sistema constitucional, tampoco será ajeno a esta dinámica y tratará de sacar ventaja política del terror.

Y por debajo de todo esto, la sociedad española vivía atónita entre la perpetua calamidad económica, con un aumento sostenido del paro, las dentelladas del terrorismo, que nadie podía ocultar, y el discurso mayoritario de los medios, empeñados en mostrar la imagen de la España risueña. ¿Había motivos para sonreír? Si no los había, era preciso construirlos: por todas partes se enviará el mensaje de la joven España que disfruta de su libertad frente a los oscuros años de la represión franquista. A partir de este momento, la protesta de antifranquismo va a convertirse en una suerte de ritual en la escena pública, algo así como un salvoconducto para resultar aceptable. Con todo, las libertades públicas y el pluralismo alcanzarán niveles nunca vistos —y que, después, rara vez se volverán a ver.

El hecho, en cualquier caso, era que el sistema estaba fracasando. Había que buscar un culpable y todos apuntaron a Suárez, que había contraído incontables méritos para ello. Desde la primavera de 1980 no se hablaba de otra cosa en los mentideros. En mayo, el PSOE presenta una moción de censura en las cortes contra Suárez; los socialistas pierden, pero la imagen del presidente queda seriamente dañada. En el mes de octubre, distinguidos dirigentes socialistas se entrevistan con el general Alfonso Armada. ¿Quién es Armada? Un militar estrechamente vinculado al rey que está dejando caer aquí y allá la posibilidad de que, para salir de la crisis, los grandes partidos promuevan un cambio de gobierno y pongan a una personalidad independiente a la cabeza de un gabinete de concentración nacional. ¿Qué personalidad independiente? El propio Armada, claro. Desde 1979 Suárez había mandado a Armada a Lérida, para alejarle de Madrid, como jefe de la División de Montaña y gobernador militar de la plaza. El general había pedido volver a la capital, y el propio rey mediará para ello; Suárez se negará... mientras pueda, y cada vez podía menos. En el mes de noviembre, el ex presidente de la Generalidad, Tarradellas, propone públicamente un «golpe de timón». En el interior de la UCD, mientras tanto, se multiplican las maniobras para erosionar a Suárez. El presidente se está quedando sin partido. Se impone un cambio radical.

La siguiente escena se produce en el palacio de La Zarzuela, residencia del rey, el 23 de enero de 1981. Don Juan Carlos convoca a Adolfo Suárez y le hace comparecer en presencia de cuatro capitanes generales, entre ellos el de Valencia, Milans del Bosch. El rey sale de la estancia y deja sólo al estupefacto presidente con los militares. Éstos, amenazantes, le exigen a Suárez que dimita. Él se niega, pero el hecho es que el presidente, que ya había perdido el respaldo de buena parte de su partido, ahora se ha quedado también sin el apoyo del rey. El 29 de enero, Suárez se dirige a los españoles en televisión y anuncia su dimisión: «No quiero que el sistema democrático de convivencia sea, una vez más, un paréntesis en la historia de España». Ese mismo día, ETA secuestraba al ingeniero jefe de la construcción de la central nuclear de Lemóniz, José María Ryan, y amenazaba con matarlo si no se paralizaban las obras. Apenas cuatro días después, Alfonso Armada era trasladado a Madrid y tomaba posesión como segundo jefe del Estado Mayor del Ejército.

Aún faltaba un episodio clave: el 4 de febrero 1981, el rey acude a la Casa de Juntas de Guernica, centro histórico del nacionalismo vasco, para avalar con su presencia el proceso autonómico. Cuando va a tomar la palabra, un grupo de diputados de la izquierda separatista, vinculada a ETA, prorrumpe en cánticos y después increpa al rey, mientras otros diputados intentan acallarlos. Las fuerzas de seguridad terminaron evacuando a los diputados. Toda España lo vio en televisión. La conmoción fue enorme. Aún será mayor cuando, dos días después, ETA asesine al ingeniero Ryan.

El 23 febrero de 1981, a las 18.20 horas, el teniente coronel de la Guardia Civil Antonio Tejero entraba pistola en mano, al frente de un grupo de guardias, en el Congreso de los Diputados. Tejero no era un desconocido: ya había sido arrestado por su hostilidad política hacia la nueva situación. El Congreso votaba en aquel momento la investidura de Leopoldo Calvo-Sotelo tras la dimisión de Adolfo Suárez. Simultáneamente, el ejército acuartelaba a las tropas en todo el país y el capitán general de Valencia, Milans del Bosch, desplegaba carros de combate en la capital del Turia. Los diputados, ministros incluidos, quedaban secuestrados en el interior de las Cortes. Era un golpe de Estado.

¿Qué pasó exactamente? Hoy la hipótesis más plausible sobre el 23-F es la de un golpe «controlado» que se desvió y pudo ser reconducido a tiempo. El plan habría consistido en crear un «supuesto de inconstitucionalidad máxima» que permitiera la formación de un gobierno de concentración nacional, presidido por un militar, y refrendado después por el parlamento. El «supuesto» en cuestión sería el asalto al Congreso. El militar que habría de presidir el gobierno de concentración, el general Armada. La versión oficial sostuvo durante años que un sector ultraderechista del ejército se levantó para aniquilar la democracia y el rey Juan Carlos paró la intentona, pero esta tesis choca con el hecho de que los máximos jefes militares implicados, Armada y Milans del Bosch, eran los más próximos personalmente a la corona. También se ha dicho que el principal motor del golpe fue la ambición personal de Armada, pero éste, como ya hemos visto, acababa de ser promovido al puesto de segundo jefe del Estado Mayor del Ejército, antesala evidente de responsabilidades aún mayores.

¿Y ese gobierno quién lo habría compuesto? Todo deja pensar que aquí estuvo precisamente la causa del fracaso del golpe. La secuencia de hechos sería la siguiente: a las 23.50, Armada llega al Congreso y enseña a Tejero su lista de gobierno, que incluía socialistas y comunistas y sólo dejaba fuera a los nacionalistas vascos y catalanes. Tejero lee la lista, monta en cólera y le dice a Armada que, antes de aceptar eso, le pega un tiro y luego se mata él. Armada flaquea. Ése sería el verdadero fracaso del golpe. A las 01.14 del día 24 se emite por TVE el mensaje del rey asegurando que lo tiene todo bajo control. Media hora después, Milans del Bosch retira sus tropas de las calles. Y ahí se acabó, en realidad, el golpe. La gran pregunta será siempre cuánto sabía cada cual de lo que se estaba cocinando.

El golpe del 23-F tuvo un efecto casi milagroso sobre la situación política. La corona apareció ante todo el mundo como la salvadora de la democracia. Los nuevos poderes, desde los partidos mayoritarios hasta los sindicatos, pasando por los nacionalismos regionales, entendieron que su supervivencia dependía de que se mantuviera la monarquía constitucional. Más claramente: sólo el rey podía impedir que volviera una dictadura militar. En cuanto al ejército, Juan Carlos puso especial empeño en subrayar la lealtad de las fuerzas armadas a la corona y a la Constitución, lo cual no fue óbice para que en muy breve plazo se procediera al relevo de toda la cúpula militar adelantando la edad del retiro, mientras los discursos mediáticos se teñían de un acusado antimilitarismo. El 27 de febrero todos los partidos y sindicatos convocaron grandes manifestaciones en apoyo al sistema. Ese día puede decirse que concluyó, de hecho, la transición.

LA ESPAÑA DE FELIPE

Lo que pasó después puede escribirse desde muchas perspectivas. Aquí pondremos especial énfasis en el problema nacional, que es el que, cuarenta años después, iba a llevar a España, como realidad histórica, a una situación extremadamente crítica. Antes del golpe de Estado, el que iba a ser nuevo presidente del Gobierno, Leopoldo Calvo-Sotelo —sobrino de José Calvo Sotelo, el líder derechista asesinado en 1936 por el Frente Popular—, anunció un proyecto para encauzar el problema autonómico. Ese proyecto acabó materializándose en el verano de 1982 en la Ley Orgánica de Armonización del Proceso Autonómico (LOAPA), pactada con los socialistas. Se trataba de mitigar los efectos disgregadores de las autonomías poniendo un marco legal a la transferencia de poder a las regiones: pactos controlados, por así decirlo, que terminarían en la equiparación entre todas las regiones. La ley se aprobó. Los nacionalistas vascos y catalanes protestaron y recurrieron al Tribunal Constitucional. Éste dio la razón a los nacionalistas. No sería la primera vez.

Cuando el Tribunal Constitucional mutiló la LOAPA ya gobernaba en España el PSOE. Porque, en efecto, hubo elecciones en octubre de 1982 y las ganó el PSOE con una abrumadora mayoría absoluta. UCD naufragaba y en su lugar aparecía una derecha liberal-conservadora nítida, pero débil, en torno a la Alianza Popular de Manuel Fraga. La hegemonía socialista iba a prolongarse durante casi catorce años.

La izquierda en el poder hizo lo que la derecha no hubiera podido sin despertar enconadas resistencias. Para empezar, la entrada de España en la OTAN: el PSOE pasó de rubricar el tópico «Yankees go home» a defender que España ingresara en la Alianza Atlántica bajo el inequívoco liderazgo de Estados Unidos. Además, acometió las privatizaciones de los monopolios públicos del franquismo, y muy particularmente del conglomerado del INI, que irían poco a poco convirtiéndose en empresas privadas en un largo camino que se prolongaría con gobiernos posteriores. En torno al proceso se formaría una nueva elite económica que, naturalmente, guardó su porción de tarta para los nacionalistas vascos y catalanes. El PSOE fue también el primer gobierno español que mandó un contingente militar al exterior desde los tiempos de la División Azul: fue en 1996, con ocasión de la primera guerra de Estados Unidos y sus aliados contra el Irak de Sadam Hussein. Dos barcos y 1.200 hombres con abundancia de soldados de reemplazo, porque el servicio militar todavía era obligatorio.

Especialmente significativa fue la llamada «reconversión industrial», un proceso vinculado a la entrada de España en la Comunidad Europea. Desde mucho tiempo atrás, la entrada en la CE era un sentido anhelo de la clase política española y, desde la muerte de Franco, se había convertido en algo así como la entrada en el Paraíso terrenal. La «reconversión» no fue propiamente tal, sino que consistió más bien en el desmantelamiento de buena parte de la potencia industrial española. Todavía en 1974 España era la décima potencia industrial del mundo; ciertamente, el tejido industrial español necesitaba una actualización a fondo y un esfuerzo de competitividad, cosas que la crisis del petróleo, primero, y la crisis política después habían impedido. Los gobiernos de UCD apenas tocaron el problema y el PSOE, en el contexto de la entrada en la Europa comunitaria, optó por la solución más drástica: cerrar parte importante de la actividad naval, siderúrgica, etc. No era la única exigencia de Bruselas que hubo que acatar: también se forzó una severa reducción de la producción agraria. El resultado fue, en efecto, la entrada en «Europa»... y el aumento del paro hasta cifras nunca antes vistas.

El PSOE, por lo demás, se mostró como una implacable máquina de poder: creó redes de influencia por todas partes (bien regadas con dinero público), se las arregló para controlar la universidad (jubilando prematuramente a los viejos catedráticos), se lanzó a una abierta conquista del poder cultural, abrió el camino para la politización del poder judicial... En materia de conciencia nacional, consagró desde el poder la idea pesimista sobre la historia de España que venía desde el Regeneracionismo. Buena oportunidad para demostrarlo fue el quinto centenario del descubrimiento de América, en 1992, celebrado en un ambiente de general contrición. El PSOE, por otra parte, nunca había dejado de sostener un modelo federal para el país, de lo cual sacaron ventaja los nacionalismos regionales antiguos y nuevos, promovidos por el propio PSOE. Sin duda había un patriotismo socialista, pero tenía que ser a su manera; cualquier otra cosa era «franquista». Aun así, acontecimientos como la Exposición Universal de Sevilla o los Juegos Olímpicos de Barcelona, ambos en 1992, sirvieron para proyectar internacionalmente una imagen nueva del país.

Después de varias mayorías absolutas consecutivas, el poder de Felipe González terminó naufragando por la acumulación de casos de corrupción y una gestión económica catastrófica, con cifras insostenibles de paro y deuda. «A España no la va a conocer ni la madre que la parió», había dicho el que durante muchos años fue número dos del PSOE, Alfonso Guerra. Y fue verdad. Lo único que se mantuvo inalterable fue la violencia de ETA: alrededor de 370 muertos bajo el gobierno socialista, con atentados especialmente salvajes como el de Hipercor en Zaragoza o la casa cuartel de la Guardia Civil en Vich. El PSOE intentó, primero, una vía de combate «alternativa» que fue la creación de comandos extrapoliciales para golpear a ETA en sus bases: fueron los llamados Grupos Antiterroristas de Liberación (GAL), cuya actividad (1983-1987) resultó ostensiblemente ineficaz y terminó con once altos mandos políticos y militares en la cárcel. Más tarde el gobierno socialista buscó algún tipo de negociación con la banda (las conversaciones de Argel entre 1987 y 1989), pero sin resultado.

ETA estaba fuerte. Muy fuerte. Segura en sus bases de Francia ante la frecuente inhibición del gobierno francés, con recursos en países como Argelia, con dinero abundante por un depurado sistema de extorsión y, sobre todo, amparada por la situación creada en la sociedad vasca: una minoría apoyaba abiertamente (e impunemente) el terror ante el miedo o la cobardía de la mayoría social, mientras el poder regional, en manos de los nacionalistas, sacaba el máximo partido de la situación. Lo dijo con frase muy gráfica el líder nacionalista Xabier Arzallus: «Unos mueven el árbol y otros recogen las nueces». Las nueces las recogían Arzallus y los suyos.

ETA golpeó con su brutalidad característica en los últimos meses de gobierno socialista. En enero de 1995 asesinó al jefe de la derecha en San Sebastián, Gregorio Ordóñez. En abril atentó contra el que ya era presidente del Partido Popular y jefe de la oposición, José María Aznar; él salió ileso, pero la explosión mató a una anciana de setenta y tres años. En enero de 1996 la banda secuestró al funcionario de prisiones Ortega Lara. En los primeros meses de ese año cayeron el abogado socialista Fernando Múgica y el jurista Francisco Tomás y Valiente, ex presidente del Tribunal Constitucional, vinculado igualmente al PSOE. Y luego un inspector de la Ertzaintza, la policía autonómica vasca, miembro del PNV. La derecha llegó al poder en marzo de 1996. ETA siguió matando. En julio de 1997 secuestró a un joven concejal del pueblo vizcaíno de Ermua, Miguel Ángel Blanco. Lo mataron también. Pero ese día pudo haber cambiado todo.

LA ESPAÑA DE AZNAR

En marzo de 1996, la derecha, después de más de trece años de hegemonía socialista, había ganado unas elecciones. La vieja Alianza Popular de Manuel Fraga se llamaba desde años atrás Partido Popular (PP) y su líder era José María Aznar, un inspector de finanzas del Estado de cuarenta y tres años; una generación nueva. La victoria electoral del PP resultó muy ajustada. Sin mayoría absoluta, la única opción para Aznar fue pactar con los nacionalistas catalanes y vascos. Las cesiones de Aznar para poder gobernar en solitario fueron muchas y muy graves; entre otras, el desmantelamiento del propio PP en Cataluña.

Así como el PSOE hizo cosas que a la derecha no se le habrían tolerado, también el PP tomó decisiones que a la izquierda le habrían supuesto mucho más coste. Por ejemplo, la eliminación del servicio militar obligatorio. Por ejemplo, la condena del alzamiento del 18 de julio de 1936 en las Cortes (el 20 de noviembre de 2001). También por ejemplo, la aceleración de las transferencias de poder a las comunidades autónomas. Y todo ello en un contexto donde el principal problema era la política económica, terreno en el que el ejecutivo de Aznar obtuvo importantes logros. Las reformas económicas permitieron al país estar en condiciones de entrar en la moneda única europea. El aparato de comunicación del gobierno popularizó la expresión «España va bien». Era verdad. Menos en una cosa.

La Guardia Civil liberó a Ortega Lara el 1 de julio de 1997. El funcionario de prisiones había permanecido secuestrado en un minúsculo zulo durante 532 días. Las imágenes de su liberación impresionaron fuertemente a la sociedad española. ETA acusó el golpe. Reaccionó como solía: el 10 de julio secuestró al joven concejal del PP en la localidad vizcaína de Ermua, Miguel Ángel Blanco, y amenazó al gobierno con matarle si no acercaba a todos los presos de ETA a cárceles del País Vasco. El gobierno no podía ceder a la extorsión. ETA tiroteó a Blanco y lo abandonó en un descampado. Aunque fue hallado aún con vida, falleció el 13 de julio.

El asesinato de Miguel Ángel Blanco fue un puñetazo en el rostro de toda la sociedad española y muy especialmente de la sociedad vasca, sometida hasta entonces a una sórdida atmósfera de miedo e impotencia. Hubo manifestaciones por todas partes. Incluso el PNV, empujado por el clima social, rompió su habitual equidistancia. Por primera vez, el pueblo se lanzó contra ETA y, muy importante, contra sus apoyos políticos. Era patente que el terrorismo no existiría si no tuviera fuertes anclajes en el mundo institucional. Dicho de otro modo: una amplia mayoría social entendió que la fuerza del terrorismo se debía, muy principalmente, al peso que el propio sistema había conferido a los nacionalismos. Era el momento de actuar con ellos. Ese día todo pudo haber cambiado. No cambió porque el gobierno prefirió reorientar la indignación popular. Los nacionalismos periféricos formaban parte del sistema de 1978 desde su inicio; culpabilizarlos ahora sería tanto como rectificar un elemento básico del modelo. Así que, poco a poco, el llamado «espíritu de Ermua» se difuminó.

Quien sí sacó las consecuencias oportunas de la nueva atmósfera fue el nacionalismo, que se apresuró a fortalecer sus posiciones. El 16 de julio de 1998 los nacionalistas catalanes, vascos y gallegos firman en Barcelona una declaración donde reivindicación sus propias realidades nacionales. Al mismo tiempo, los nacionalistas vascos están negociando con ETA un pacto para lograr un alto el fuego a cambio de la creación de una «estructura institucional única y soberana» que abarque las tres provincias vascas y Navarra. En la misma senda, en septiembre de 1998 los partidos nacionalistas vascos, incluida Herri Batasuna, rostro político de ETA, firman en Estella un pacto inspirado en el proceso de paz en Irlanda que viene a reafirmar una posición semejante: la autodeterminación como horizonte para la paz. Ante la nueva situación, el gobierno Aznar abrió una ronda de conversaciones con ETA; no llegaron a ningún lado. Con quien sí pactó una tregua ETA fue con el PNV; acto seguido, el brazo político de la banda apoyaría al PNV en el parlamento vasco.

Hasta ese momento había existido un consenso de fondo entre la derecha y la izquierda españolas para hacer frente al problema terrorista. Todo eso empezará a cambiar a partir del año 2000. En las elecciones generales de marzo de ese año, el PP de Aznar había obtenido una rotunda mayoría absoluta. El PSOE se hundió. A la cabeza del partido llegó entonces un candidato que se había construido cierta fama de moderado renovador: José Luis Rodríguez Zapatero. En principio, nada hacía presagiar cambios de calado en la política española. De hecho, en diciembre de aquel mismo 2000 Zapatero suscribía con Aznar un Pacto antiterrorista que criticaba sin reservas a los nacionalistas vascos y subrayaba lo esencial: no cabía hacer ninguna concesión política a cambio del fin de la violencia. Ese año ETA iba a matar a 23 personas; entre ellos, al ex ministro socialista Ernest Lluch. Lo que nadie sabía entonces era que, mientras Zapatero firmaba el pacto, el socialista vasco Eguiguren, de acuerdo con su líder, abría una vía de diálogo con el mundo de ETA. Se estaba cocinando un brusco cambio.

El cambio llegó tras las elecciones vascas de mayo de 2001. Aquellos comicios fueron especialmente trascendentales porque, por primera vez, el PP y el PSOE presentaban una estrategia común para apartar al nacionalismo vasco del poder. Frente al nacionalismo, Constitución. La unión de ambos, sin embargo, no fue suficiente y, aunque por muy poco, el PNV logró mantener el gobierno. Algunas voces en la izquierda sacaron una conclusión nítida: nunca más ir de la mano de la derecha. El 18 de mayo, Juan Luis Cebrián, director del diario *El País,* cabecera de referencia de la izquierda española, publicaba un artículo titulado «El discurso del método» donde indicaba un nuevo camino para el PSOE: apartarse del PP y buscar acuerdos con los nacionalistas en Cataluña y el País Vasco. En otros términos: para Cebrián, los que no cabían en la Constitución ya no eran los nacionalistas, sino la derecha. La España constitucional, tal y como se había construido en 1978, estaba dejando de existir.

Zapatero tomará buena nota de la consigna, y no sólo él, sino también los nacionalistas tanto vascos como catalanes. A partir de ahora, el gran enemigo será Aznar, el PP, la derecha en general y, por extensión, la España unitaria. El gobierno Aznar estaba consiguiendo éxitos muy importantes en la lucha contra ETA: una nueva Ley de Partidos había dejado fuera de la ley a Batasuna, la representación institucional de los terroristas, y la actuación policial iba neutralizando poco a poco los centros neurálgicos de la organización. El PSOE, en principio, apoyaba esta política, pero, al mismo tiempo, tendía otros puentes. En diciembre de 2003, en Cataluña, los socialistas forman gobierno con los separatistas de Esquerra y con los comunistas y se comprometen, en el llamado Pacto del Tinell, a huir de cualquier acuerdo con el PP. Empieza a proponerse abiertamente un «cordón sanitario» contra la derecha. Un mes después, el vicepresidente de ese gobierno catalán, el independentista Carod Rovira, pactaba por separado una tregua con ETA. Algo muy inquietante surgía en el horizonte.

62

DEL 11-M, UN REY EN FUGA Y UN GOLPE SEPARATISTA

La cuestión internacional era en aquel momento, o debería haberlo sido, la cuestión política por excelencia. España era una potencia menor, pero era potencia, al fin y al cabo. La posición española había quedado fijada desde los tiempos del socialista González en cuatro ejes muy concretos: subordinación de la economía nacional a la comunidad europea, subordinación de la política de defensa a la Alianza Atlántica, proyección hacia Iberoamérica y mantenimiento de un *statu quo* lo menos conflictivo posible con Marruecos. Aznar no cambió sustancialmente la orientación, al revés: la subordinación a Bruselas culminó con la entrada en la moneda única europea, el euro, que ponía nuestra política monetaria en manos de las instituciones comunitarias, y la subordinación a la OTAN se completó con la entrada en la estructura militar de la organización; del mismo modo, la política iberoamericana se intensificó a través de las «cumbres» de jefes de Estado y de Gobierno, actos protocolarios acompañados de una decidida penetración comercial española al otro lado del mar.

Algunas cosas importantes, sin embargo, estaban cambiando en otros órdenes. La posición de Marruecos fue haciéndose más espinosa a partir de 1997: tanto el rey Hassan II como su hijo, Mohamed VI, que le heredaría dos años después, empezaron a presionar para que España reconociera la soberanía marroquí sobre el viejo Sáhara español y reconsiderara el estatuto de las ciudades de Ceuta y Melilla, cosas inaceptables para España.

A la altura de 2001, la tensión entre España y Marruecos había llegado al punto de retirar embajadores. Entonces el PSOE hizo algo sorprendente: su líder, Rodríguez Zapatero, viajó a visitar al rey de Marruecos sin autorización del gobierno español; la prensa marroquí presentó a Zapatero como «el próximo presidente del Gobierno de España».

GUERRA SIN CUARTEL CONTRA AZNAR

Al mismo tiempo, la Unión Europea (así se llamaba oficialmente desde 1993) emprendía un camino de creciente unificación bajo el liderazgo francoalemán que dejaba en segundo lugar a países como España o Italia. Aznar buscó una alternativa: acercarse a los Estados Unidos de consuno con países recién incorporados a la Unión Europea como Polonia. El Tratado de Niza (2001) fue una victoria para España. Resuelto a marcar territorio propio, Aznar inició un estrecho acercamiento a los Estados Unidos, presididos en aquel momento por George W. Bush. Frente al eje francoalemán, España —con Polonia y, por supuesto, el Reino Unido— se configuraba como el aliado clave de Washington en el espacio europeo.

Lo de Marruecos no era sólo provocación palaciega. En julio de 2002, y después de meses de alta tensión diplomática, gendarmes marroquíes ocupaban Perejil, un minúsculo islote español frente a la costa africana cuya soberanía reivindicaba Rabat. Nada hay en Perejil, nadie vive allí y la importancia estratégica del lugar es mínima, pero en aquel momento, y en aquellas circunstancias, el gesto tenía un altísimo simbolismo político. España reaccionó con prudencia: ante la invasión de Perejil, no fue España, sino la Unión Europea la que pidió a Marruecos que abandonara el lugar. Marruecos se negó y sólo entonces intervinieron unidades militares españolas que desalojaron a los marroquíes —sin bajas— y la situación volvió al punto de partida. Pero ya estaba claro que Marruecos iba a hacer cuanto estuviera en su mano para hostilizar al gobierno de España.

También estaba claro que la oposición iba a jugar todo lo fuerte que pudiera contra el gobierno. Cualquier cosa era susceptible de convertirse en arma contra Aznar. En noviembre de 2002 naufragaba a 52 kilómetros de las costas gallegas el petrolero griego *Prestige*. El vertido de petróleo llegó a la costa de Finisterre causando un serio daño ecológico. Un hábil aprovechamiento propagandístico del suceso, con abundancia de plataformas civiles y protestas populares, consiguió que el gobierno apareciera como responsable principal del naufragio, y de poco sirvió la ingente cantidad de dinero movilizada por el Ejecutivo para indemnizar a los afectados. La poca empatía del gobierno tampoco ayudó a calmar las cosas. El movimiento del «Nunca Mais» («nunca más» en gallego) demostró que el PP de Aznar, pese a su mayoría absoluta y las buenas cifras de su gestión, era muy vulnerable.

Lo que más claramente manifestó la vulnerabilidad de Aznar en términos de movilización popular fue la gran polémica nacional por la guerra de Irak, que iba a estallar muy poco después, en marzo de 2003. Los Estados Unidos habían sufrido el 11 de septiembre de 2001 una brutal cadena de atentados que, entre otras cosas, supuso el desplome de las torres gemelas del World Trade Center en Nueva York. Los atentados los perpetró la red yihadista Al Qaeda. Bajo el impacto del suceso, Washington proclamó la guerra total contra el terrorismo islámico, lo cual sirvió como argumento para multiplicar la presencia militar norteamericana en Oriente Próximo. El momento clave fue la ofensiva contra el Irak de Sadam Hussein, un régimen que ya había sido severamente castigado por Washington y que ahora se veía acusado de fabricar armas químicas. El presidente norteamericano Bush reunió en las Azores, en Portugal, a sus principales aliados europeos: el Reino Unido de Tony Blair y la España de Aznar. Ambos respaldaron la guerra contra Irak, bajo la convicción de que Sadam Hussein estaba fabricando armas químicas.

Desde el punto de vista del gobierno Aznar, el episodio era una excelente oportunidad para consolidarse como aliado preferencial de Estados Unidos en Europa y constituir un polo de poder alternativo a Francia y Alemania. En el plano social, por el contrario, nadie veía la necesidad, ni siquiera la conveniencia de avalar aquella guerra. Hubo manifestaciones. La izquierda aprovechó la circunstancia para organizar un movimiento, «No a la guerra», que capitalizó el descontento con notable éxito. España no iba a mandar tropas al frente (de hecho, las únicas unidades militares españolas que pisaron Irak lo hicieron ya concluidos los combates), pero eso era lo de menos. Aún fue todo peor cuando, pasados los meses, se constató que las armas químicas en cuestión no aparecían por ninguna parte. Estados Unidos había engañado a sus aliados (o, tal vez, éstos se habían dejado engañar).

El episodio mermó seriamente la imagen de solvencia que, hasta el momento, el gobierno Aznar había sabido transmitir. En el otro lado, la izquierda intentaba aprovechar la ola. En octubre de 2003, en el desfile de la fiesta nacional, el socialista Zapatero se convirtió en protagonista al permanecer sentado al paso de la bandera norteamericana; era un calculado gesto de desprecio que encerraba en sí mismo todo un programa. Si el consenso en política internacional ya estaba roto por la guerra, ahora se hacía irrecuperable. No iba a ser el único consenso roto.

En noviembre de 2003 se celebraban elecciones autonómicas en Cataluña. El gran tema: la redacción de un nuevo estatuto que ampliara aún más el autogobierno catalán. Los socialistas estaban en ese proyecto. Durante la campaña electoral, Zapatero se comprometió a aceptar el estatuto que aprobara el parlamento de Cataluña. La idea del socialismo catalán, en aquel momento, era caminar hacia una suerte de «federalismo asimétrico» que reorganizara España sobre la base de una federación de regiones donde algunas tuvieran mayor grado de autogobierno que otras. ¿Qué regiones deberían verse beneficiadas? Ante todo, el País Vasco y Cataluña. En el País Vasco, en aquel mismo momento, el presidente autonómico, el nacionalista Ibarretxe, presentaba un plan que iba aún más allá: reorganizar España como una confederación donde el País Vasco obtendría un estatuto semejante al de estado libre asociado. Las elecciones catalanas las ganaron los nacionalistas de Jordi Pujol, ahora liderados por Artur Mas, pero no obtuvieron suficiente mayoría; quienes formaron gobierno fueron los socialistas de Pascual Maragall con Esquerra Republicana y los comunistas, no menos nacionalistas que los anteriores.

EL 11-M

El escenario de la vida pública viró hacia un paisaje de abierta ruptura. En un lado, el Partido Popular de Aznar, el cual, por cierto, había anunciado que no volvería a presentarse y dejaba ahora el liderazgo en manos de un hombre de poco relieve, Mariano Rajoy; en otro lado, el PSOE de Zapatero, que ya no era el reformador moderado que había dicho ser, sino un izquierdista radical, y con él, los diversos nacionalismos regionales, cada vez más abiertamente lanzados a un proceso de disgregación del

Estado. Había elecciones generales el 14 de marzo de 2004. «Juntos vamos a más», decía el eslogan del PP. «Merecemos una España mejor», rezaba el del PSOE. Pocos días antes de las elecciones, las encuestas auguraban una mayoría absoluta del PP, pero muy ajustada. Y entonces llegó la catástrofe más brutal que cupiera imaginar.

El 11 de marzo de 2004, varias bombas estallaron en diversos trenes de cercanías en Madrid. Fue el mayor atentado de la historia de España. Muertos: 191. Heridos: 1.858. Traumatizados y víctimas colaterales: sin determinar. Éstas son aún hoy todas las certidumbres que tiene la sociedad española sobre aquellos atentados que cambiaron la vida del país. La versión oficial dirá que, aquel día, un grupo de terroristas islámicos se organizó para perpetrar diez explosiones casi simultáneas en cuatro trenes en la capital de España, en venganza por la posición del gobierno español en la guerra de Irak. Los explosivos habrían sido facilitados por una trama de tráfico ilícito desde la explotación asturiana de Mina Conchita. La matanza fue reivindicada por un grupo islamista mediante un vídeo. Días después, los supuestos autores del atentado eran localizados por la policía en la ciudad madrileña de Leganés. Al verse atrapados, los terroristas se volaron con explosivos adheridos a sus cuerpos. Eso fue lo que se contó.

La sociedad española quedó conmocionada. El gobierno, torpe y aturdido, responsabilizó inicialmente del atentado a ETA. ¿Por qué? Porque pocos días antes se había neutralizado una furgoneta de ETA cargada de explosivos. Porque sólo ETA tenía estructura suficiente para organizar un atentado tan complejo. Sobre todo, porque ningún servicio de información del Estado había captado la menor pista que apuntara a otra cosa. Sin embargo, a las pocas horas aparecieron numerosos indicios que parecían indicar una autoría islamista. El PSOE se apresuró a explotar la oportunidad... contra el gobierno. «Los españoles se merecen un gobierno que no les mienta», fue la consigna. Las manifestaciones populares de repulsa por el atentado terminaron «reorientándose» a protestas contra el Partido Popular, culpándole implícitamente de las muertes. Las elecciones se celebraron el 14 de marzo bajo el terrible impacto de la tragedia. El PSOE obtuvo 164 diputados por 148 del PP. Zapatero ganó.

¿Qué pasó realmente el 11-M? ¿Quién organizó los atentados? ¿Quién dio la orden? La única seguridad que dejó aquel episodio es que la versión oficial no es cierta o, al menos, que no encierra toda la verdad. La precisión y complejidad de los ataques requería un grado de organización muy elaborado. En su momento se apuntó al grupo islamista Al-Qaeda, pero el propio Tribunal Supremo terminó reconociendo que Al-Qaeda estaba exenta y en su lugar apuntó a un grupo yihadista autónomo. ¿Formado dónde y por quién? No hay respuesta. Los encausados como «autores intelectuales» fueron absueltos de ese cargo. Las mismas dudas aparecen cuando se repasan las conexiones entre los supuestos autores materiales de los atentados, asunto que nos mete en un verdadero laberinto sin solución, porque varios de ellos figuraban como confidentes de la policía.

En el juicio por los atentados aparecieron preguntas a las que nadie supo dar respuesta. ¿Quién suministró a los terroristas el Titadine, un material que no estaba en la mina de donde supuestamente se extrajo el explosivo? ¿Quiénes montaron las bombas? ¿Por qué se empezó a desguazar los trenes tan solo 48 horas después de la masacre, excepto uno que quedó varado en un almacén secreto? ¿Por qué no se analizaron los restos de los focos de las explosiones? ¿Por qué se destruyeron los escenarios del crimen sin analizar la composición de las bombas? Particularmente llamativo es el capítulo de las pruebas. En Alcalá de Henares se requisó una furgoneta en la que los perros policía no detectaron explosivos, pero esa misma furgoneta, al llegar a las dependencias policiales de Canillas, contenía detonadores y Goma 2-ECO. En la comisaría de Vallecas se halló, como por azar, una mochila-bomba que contenía metralla y que se consignó como prueba, pero las mochilas que estallaron en los trenes no contenían metralla. Más misterios: ¿por qué se impidió a la policía científica acceder a los cadáveres de los suicidas de Leganés hasta varios días después de su muerte? En suma, ¿quién manipuló la investigación desde el principio? ¿Y por qué?

ZAPATERO NEGOCIA CON ETA

Zapatero tomó posesión el 17 de abril de 2004. Lo primero que hizo fue ordenar la retirada de las tropas españolas enviadas a Irak, creando un conflicto importante con Estados Unidos. Lo segundo, el día 24, fue rendir visita al rey de Marruecos, Mohamed VI, para anunciar una nueva era de entendimiento y amistad con Rabat. Y por si no fueran suficientes giros, enseguida se abrió el sobre más secreto: Zapatero había intensificado los contactos con ETA para lograr un acuerdo que permitiera el fin de la violencia a cambio de concesiones políticas a la banda. Otros gobiernos, otras veces, habían abierto conversaciones con ETA, pero nunca nadie había aceptado tratar unas concesiones políticas que, invariablemente, afectaban a la unidad nacional. Por otra parte, en aquel momento ETA estaba al borde de la aniquilación por la acción policial; el proceso abierto por Zapatero significó un balón de oxígeno para la banda.

Las revelaciones sobre la negociación provocaron grandes manifestaciones contra el gobierno y fuertes disensiones dentro del propio partido. Se hizo célebre la carta que una veterana militante socialista, madre del también socialista Joseba Pagazaurtundúa, asesinado por ETA, escribió a Patxi López, alfil de Zapatero en el País Vasco: «Ya no me quedan dudas de que cerrarás más veces los ojos y dirás y harás muchas más cosas que me helarán la sangre, llamando a las cosas por los nombres que no son. A tus pasos los llamarán valientes. ¡Qué solos se han quedado nuestros muertos!». En una sorprendente actitud, Zapatero llegó a identificar la negociación con ETA (en su terminología, el «fin de la violencia») con su propio destino personal. Al recibir a Irene Villa, una niña a la que un atentado de ETA segó las piernas, el presidente del Gobierno le espetó que él también había sido víctima, pues un abuelo suyo fue fusilado en la guerra civil. El compromiso de Zapatero con el llamado «proceso de paz» llegó al extremo de frustrar una operación policial contra la red de extorsión económica de ETA avisando previamente a los terroristas desde el mismísimo Ministerio del Interior: fue el caso del bar Faisán. La negociación terminará rompiéndose y la banda volverá a la violencia, pero el PSOE mantendrá vías de contacto con las ramas políticas de ETA.

¿Por qué fue tan importante este giro de Zapatero? Porque modificó completamente la perspectiva con la que hasta entonces se había afrontado la política antiterrorista. ETA no era sólo una banda que asesinaba, secuestraba y extorsionaba; ETA hacía todo eso porque pretendía instaurar en el País Vasco una república socialista. ETA no era sólo un problema de orden público; era un desafío a la integridad del Estado y al sistema político. Por el contrario, el mensaje que Zapatero vino a enviar a la banda era éste: de todo puede hablarse, incluso de la independencia de un País Vasco socialista, porque todo cabe en democracia, pero para eso hay que dejar las armas. Dicho de otro modo: lo que hacía mala a ETA no era su proyecto político, sino el recurso a la violencia. Y bien, ¿realmente de todo podía hablarse? ¿De verdad podía aceptarse con normalidad el planteamiento de la ruptura de la unidad nacional? Para buena parte de la izquierda, en aquel momento, sí, podía aceptarse. Lo cual, en realidad, venía a legitimar indirectamente al terrorismo etarra, que quedaba así presentado como una lucha por objetivos justificables a través de procedimientos injustificables. Si renunciaban a los procedimientos... todo sería posible.

Simultáneamente, Zapatero había abierto de par en par las puertas a la deriva de la disgregación territorial. En el caso catalán, con su promesa de aceptar cualquier estatuto que viniera votado por el Parlamento de Cataluña. La promesa tenía un punto débil: en realidad, no era Zapatero quien tenía que aceptar nada, sino el Congreso de los Diputados y el Tribunal Constitucional. Vino un estatuto, en efecto, amparado por socialistas y nacionalistas, cuyo texto venía a constituir a Cataluña en nación. El texto acabó en el Tribunal, que declarará inconstitucional parte de su articulado en 2010. Mientras tanto, el nacionalismo vasco había promovido su propio programa soberanista con el llamado Plan Ibarretxe, por el nombre del presidente autonómico que lo defendió en las Cortes. El Plan, en esta ocasión, fue rechazado.

En cualquier caso, la atmósfera general era de progresiva disgregación de la nación. El propio Zapatero declaró que, a su modo de ver, el de nación es un «concepto discutido y discutible», lo cual tal vez sea cierto desde el punto de vista académico, pero adquiere otro color cuando quien pronuncia la frase es el presidente del Gobierno de la nación. No eran sólo los nacionalismos vasco y catalán: en todas las comunidades autónomas se intensificó un proceso que venía de años antes y que empujaba hacia el paulatino desvanecimiento del lazo nacional. La mera práctica del gobierno había conducido a las autonomías a construir fuertes oligarquías políticas con sus respectivas clientelas. En las comunidades con lengua propia, la singularidad lingüística empezó a usarse cada vez más como instrumento de cohesión interna, marginando e incluso vetando el empleo de la lengua española común en la administración, la enseñanza y hasta en los rótulos comerciales. Pronto se unirán otras regiones en el redescubrimiento o la invención de rasgos culturales propios que sirvan de cemento para consolidar el poder de la oligarquía política local. Todo esto no empezó con Zapatero ni fue cosa sólo de la izquierda y los nacionalistas, sino que también la derecha entró en la dinámica: el Estado de las Autonomías había generado ya su propia inercia de poder, y esa inercia empujaba hacia la fragmentación del tejido nacional.

¿Era posible fragmentar más a la sociedad española? Sí. En 2006 el gobierno Zapatero aprobaba una ley llamada de «memoria histórica» cuyo objetivo era resarcir a las víctimas de la dictadura de Franco (fallecido, recordemos, treinta y un años atrás) y, en realidad, criminalizar cualquier vestigio del régimen anterior. Una *damnatio memoriae* que, so capa de hacer justicia a las víctimas, venía a plantear un cambio de legitimidad en el sistema político: la democracia constitucional de 1978 ya no era herencia de la Ley de Reforma Política de 1976 (y, por tanto, de la España de Franco), sino que buscaba su linaje en la República de 1931. ¿Era posible semejante ejercicio de reinvención histórica? Sólo construyendo un relato enteramente ficticio sobre la República, la guerra civil, el franquismo, la transición y la propia democracia española. Ese relato ya se había venido construyendo desde la hegemonía de la izquierda en la universidad y la edición; ahora se impondría por ley. El «guerracivilismo» se convirtió en una constante de la vida pública. Desde la izquierda se predicaba un «cordón sanitario» que aislara al PP, es decir, a media España. Zapatero se ocupó también de dotar a la izquierda de una mayoría mediática con la creación de nuevas cadenas de televisión que le fueran fieles. Esto también aceleró la progresiva ruptura de la nación.

Al final, lo que acabó con Zapatero no fue ni el dislate de la negociación con ETA, ni la errática política exterior, ni su radical política social (aborto, matrimonios homosexuales, etc.) ni la ley de «memoria», sino algo mucho más prosaico: la catastrófica gestión económica. Durante sus primeros años de gobierno, Zapatero heredó la bonanza del periodo anterior y supo sacarle partido. Pero en 2008 estalló la gran crisis financiera mundial y el gobierno español, contra toda evidencia, se empeñó en asegurar que la crisis no existía. El PSOE ganó las elecciones en 2008, pero todo empezó a venirse abajo muy rápidamente. El paro aumentó de forma espectacular hasta los 5,2 millones de desempleados. Zapatero, desbordado, optó por ejecutar el mayor recorte del estado de bienestar que hasta entonces había vivido España. El anuncio de ETA de que suspendía la violencia fue, en realidad, la única buena noticia de aquellos años, y no fue tanto por el proceso de negociación abierto por Zapatero como por la detención consecutiva de los jefes político y «militar» de la banda. Cuando se celebraron elecciones en noviembre de 2011, el PSOE perdió cuatro millones de votos. Ganó el Partido Popular con Mariano Rajoy al frente.

SACRIFICAR A LA NACIÓN PARA SALVAR AL SISTEMA

La victoria del PP en 2011 fue completa: mayoría absolutísima en el Congreso y en el Senado. Además, la derecha disponía ya de un amplio control en la mayor parte de las comunidades autónomas y en los grandes municipios. Realmente, desde 1975 nunca nadie había tenido tanto poder en sus manos. Era el momento de invertir la corriente. Pero Rajoy no supo, no pudo o no quiso hacerlo.

La única obsesión del gobierno Rajoy fue la economía. Era comprensible, porque el paso de Zapatero por el poder había dejado al país completamente arruinado. Aun así, sorprendió y sigue sorprendiendo que, en lo demás, dejara intacta la obra de gobierno socialista, incluidas las leyes que el propio PP había recurrido en su día. Bajo el lema «la economía es lo único importante», Rajoy permitió que siguiera adelante el proceso de desvanecimiento de la unidad nacional, incluso en la política respecto a ETA. Tampoco rectificó lo más mínimo —más bien al contrario— la trayectoria disolvente del modelo autonómico, ni derogó la legislación guerracivilista anterior, ni atenuó (al contrario) la mayoría mediática de la izquierda. El PP no tardará en romperse por esta actitud.

Por otra parte, acontecimientos de muy grueso calado estaban haciendo que el sistema de 1978 se cuarteara por completo. En 2010 había estallado un caso de corrupción que implicaba directamente a Iñaki Urdangarin, esposo de la infanta Cristina, hija del rey. El acoso mediático contra la corona creció de forma exponencial. No tardaron en aparecer otras revelaciones que vinculaban al propio Juan Carlos I con operaciones financieras opacas. En 2012, el rey sufrió un accidente durante una cacería en Botsuana; pocos días antes, el propio Juan Carlos había pedido a los españoles «sacrificios» y «rigor» frente a la crisis económica. Tan profundo fue el bochorno que el rey, al salir del hospital, pidió perdón públicamente a los españoles. «No volverá a pasar», dijo. Y no volvió a pasar, en efecto, porque en los meses siguientes aparecieron nuevas informaciones que hicieron insostenible la situación. En junio de 2014, Juan Carlos I abdicaba de la corona y la resignaba en su hijo y heredero, Felipe VI. Acto seguido, se marchaba a vivir a los Emiratos Árabes.

Simultáneamente, en Cataluña las fuerzas nacionalistas, ya mayoritarias, se ponían de acuerdo para abrir un proceso que llevara a la autodeterminación. El entonces presidente de la Generalidad, Artur Mas, que había reemplazado a Jordi Pujol, firmaba en diciembre de 2012 con el líder del otro gran partido nacionalista, Oriol Junqueras, de Esquerra Republicana, un pacto de «gobernabilidad» que implicaba convocar un referéndum para la autodeterminación de Cataluña. Curiosa sincronía: el pacto separatista coincidía con la revelación pública de los negocios sucios de Jordi Pujol, el todopoderoso líder del nacionalismo catalán desde 1979. Cuando aparecieron las primeras informaciones sobre el millonario patrimonio que la familia Pujol mantenía oculto en el extranjero, no sólo el interesado negó que existiera, sino que el propio gobierno Rajoy dijo desconocer cualquier dato al respecto. Hasta ahí llegaba la influencia del líder nacionalista. Finalmente, el propio Pujol tuvo que reconocer en 2014 que ese dinero, efectivamente, existía. El «caso Pujol» comenzaba su camino judicial.

En septiembre de 2014 Pujol comparecía en el Parlamento catalán, en tono amenazante, para dar cuenta de su situación y lanzar una advertencia muy poco velada: «Si vas segando una parte de una rama, al final cae toda la rama y los nidos que hay en ella, y después caen todas las demás ramas». Y exactamente al mismo tiempo, el parlamento catalán aprobaba una ley de consultas para realizar su referéndum sobre la independencia. La ley fue suspendida por el Tribunal Constitucional, pero Artur Mas, desafiando al Tribunal y al gobierno Rajoy, siguió adelante y celebró la consulta. Fue en noviembre de 2014. No hubo intervención policial alguna para impedirlo. Votó sólo el 37 por ciento del censo; el 80 por ciento de los votantes se pronunció por la independencia.

El proceso independentista seguirá adelante con una mayoría separatista en el parlamento catalán. También seguirá adelante la recuperación económica, tarea en la que el gobierno Rajoy consiguió sus objetivos sin modificar sustancialmente la pesadísima estructura de gasto del Estado. Mientras tanto, la atención de la opinión pública estaba puesta en la ola de casos de corrupción que afectaba a todas las fuerzas clásicas del sistema del 78: los socialistas, por el desvío masivo de fondos públicos para el empleo; el PP, por la concesión de contratos públicos a cambio de financiación; el nacionalismo catalán, por el entramado de negocios de los Pujol; la Casa del Rey, por el cobro de comisiones ilegales de Iñaki Urdangarin. Y hubo más, muchos más. La mayoría mediática de la que disponía la izquierda, instalada por Zapatero y mantenida por Rajoy, se ocupó de que los casos que afectaban a la derecha tuvieran más relieve público que los otros. Éste era otro elemento del sistema de 1978 que entraba en crisis: la prensa, cada vez más concentrada en manos de grandes corporaciones con conexiones políticas y judiciales poco aconsejables. En cualquier caso, la atmósfera era simplemente hedionda. Dos nuevas fuerzas políticas trataron de capitalizar el descontento: Ciudadanos, en el espacio del centro, y Podemos, en el de la izquierda radical.

Cuando Rajoy convocó nuevas elecciones, en diciembre de 2015, se encontró con que había ganado pero no tenía mayoría suficiente para gobernar. Se entró así en un descabellado proceso de vacío de poder. El rey encargó a Rajoy formar gobierno como partido más votado. Rajoy declinó. El rey propuso entonces a Pedro Sánchez, el nuevo líder del PSOE. Éste aceptó y se sometió a la investidura en las Cortes, pero por dos veces perdió la votación. Hubo que ir a nuevas elecciones. Fue en junio de 2016. Nuevamente Rajoy ganó, con algo más de diferencia, pero siempre sin mayoría suficiente. Después de dos votaciones de investidura y con los votos de Ciudadanos, más la abstención del PSOE, que a su vez había entrado en una grave crisis interna, Rajoy pudo formar gobierno.

Nada sustancial cambió. Al revés, todo empeoró. El clima político siguió extremadamente crispado. La izquierda acosaba sin tregua al gobierno, cada vez más debilitado. El separatismo catalán mantenía su programa. En agosto de 2017, una célula islamista perpetró una brutal matanza en Barcelona. En la manifestación institucional que siguió, los nacionalistas se las arreglaron para que las protestas se dirigieran contra el gobierno español. Era sólo el anuncio de lo que enseguida vendría: un golpe de Estado institucional del separatismo catalán.

EL GOLPE CATALÁN

El 1 de octubre de 2017, el gobierno autonómico catalán celebraba un referéndum ilegal para votar la independencia de Cataluña. El golpe separatista de 2017 no fue un accidente ni un suceso imprevisible. Fue la culminación inevitable de un proceso que había empezado mucho tiempo atrás y que el sistema de 1978 no sólo no detuvo, sino que toleró. Durante el largo periodo de gobierno de Jordi Pujol, el nacionalismo catalán se había ofrecido a los sucesivos gobiernos del Estado como una garantía de estabilidad: «Dejadnos hacer aquí, y nosotros aseguraremos que podáis gobernar sin sobresaltos». ¿Y qué había que dejarles hacer? Lo que hicieron: la paulatina construcción de un sentimiento nacional catalanista desde las propias instituciones del Estado, con los medios del Estado, el dinero del Estado y una policía propia pagada por el conjunto del Estado, para terminar levantándose contra el Estado.

La Constitución, en efecto, dice una cosa, pero el sistema de poder construido durante la transición, que otorgó a los nacionalistas la hegemonía política en sus regiones, empujaba en otra dirección distinta. Durante largos años, con la complicidad de la izquierda y la connivencia de la derecha, el nacionalismo había impuesto sus reglas en Cataluña: adoctrinamiento en la enseñanza, monopolio ideológico en los medios de comunicación públicos, exclusión de la lengua española, creación de extensas clientelas escogidas en función de su fidelidad al credo nacionalista... Los que decidieron en octubre de 2017 convocar un referéndum ilegal y desafiar al ordenamiento constitucional no fueron agentes antisistema, sino los cargos públicos que en rigor desempeñaban la representación ordinaria del Estado en Cataluña. Fue un golpe institucional. El Estado había creado las condiciones para su propia destrucción.

Tan grave era el desafío que el rey Felipe VI abandonó su posición de neutralidad institucional para dirigirse al país en un discurso que reivindicaba la unidad nacional. Era lo que millones de españoles estaban deseando escuchar después de años y años de silencio. Los balcones de todo el país se llenaron de banderas de España. Se vivió una ola de patriotismo español como no se conocía desde decenios atrás. Nadie, ningún partido, ningún poder movió el huracán: fue un fenómeno absolutamente espontáneo y popular. El momento cumbre llegó el 8 de octubre en Barcelona, en una manifestación de un millón de personas a favor de la unidad nacional y contra el golpe separatista.

Lanzado por una pendiente imparable, el gobierno catalán declaró la independencia en el parlamento autonómico. Acto seguido, la suspendió, como Maciá en 1931, para abrir un «proceso de diálogo» con el gobierno español. Éste tardó once días en reaccionar: anunció que aplicaría el artículo 155 de la Constitución, un recurso de tipo administrativo que permite al gobierno de la nación intervenir «si una Comunidad Autónoma no cumpliere las obligaciones que la Constitución u otras leyes le impongan». El parlamento catalán aprobó la declaración unilateral de independencia en el mismo momento en que el Senado aprobaba la aplicación del artículo 155. Es interesante consignar quiénes se opusieron a la medida: todos los partidos nacionalistas, la ultraizquierda de Podemos y los expresidentes socialistas de Baleares y Cataluña, Antich y Montilla.

Parecía que esta vez Rajoy estaba decidido a que la nación prevaleciera sobre las disfunciones del sistema, pero no fue así. La intervención se limitó a una suerte de ocupación administrativa cuya responsabilidad se entregaba a políticos nacionalistas y con el horizonte de una inmediata convocatoria de elecciones en Cataluña para el 21 de diciembre. La aplicación del artículo 155 dejó intactos los instrumentos del golpe: la policía autonómica (financiada enteramente por el Estado), los medios de comunicación públicos catalanes, la política de exclusión de lo español en la región... La Justicia detuvo a varios políticos catalanes como responsables de delitos de rebelión, sedición y malversación. No así al presidente de la Generalidad, Puigdemont, que huyó al extranjero con la probable connivencia de la propia policía española. Pero incluso la denuncia judicial contra los separatistas fue iniciativa de partidos y personas ajenos al gobierno. Como en Ermua veinte años atrás, el sistema de poder se aplicó cuidadosamente a neutralizar la reacción ciudadana: ante todo, que el patriotismo popular no alterara la esencia del sistema.

Las elecciones autonómicas las ganó Ciudadanos, un partido constitucionalista que había nacido precisamente en Cataluña y se había distinguido por su defensa de la unidad nacional. Fue flor de un día: sin mayoría suficiente, los partidos separatistas, a pesar de sus problemas internos, se pusieron de acuerdo y acabaron formando gobierno. Los mismos partidos que habían promovido el golpe institucional volvían al frente de las instituciones catalanas gracias a aquellas elecciones convocadas por Mariano Rajoy. Y en su programa, un objetivo mayor: seguir construyendo el camino de la independencia.

A Rajoy le quedaban muy pocos meses en el poder. La acumulación de casos de corrupción y, sobre todo, la multiplicación mediática de sus efectos estaba deshaciendo al gobierno. En la izquierda, el PSOE había resuelto su crisis dando de nuevo el poder a Pedro Sánchez, que se presentaba como un decidido defensor del orden constitucional. Éste resolvió encabezar una moción de censura contra Rajoy en junio de 2018. Argumento mayor: una línea de una sentencia de la Audiencia Nacional donde se definía al PP como un «sistema de corrupción institucional». Luego se supo que estas apreciaciones fueron cosecha propia de uno de los jueces, que terminó amonestado por ello, pero en aquel momento sirvieron para legitimar la moción de censura. Rajoy podría haberla frustrado dimitiendo, pero no lo hizo. Quizá porque pensaba que el Partido Nacionalista Vasco, que le apoyaba en las Cortes, mantendría su respaldo. Pero no: el PNV cambió de bando y votó a Pedro Sánchez. Rajoy ni siquiera estuvo presente en la última votación. Así llegó al poder otra vez el PSOE. Su nuevo líder, Pedro Sánchez, firmaría el acta de defunción de la España constitucional de 1978.

63

LA DESCONSTRUCCIÓN DE ESPAÑA

Cuando la Historia se solapa con la actualidad, la última página es la que más rápidamente envejece. Este libro terminó de escribirse en 2023. Con toda seguridad el lector podrá añadir nuevas páginas desde su experiencia personal más directa. En Historia, por lo general, sabemos más sobre lo que pasó hace un siglo que sobre lo que pasó ayer por la tarde. Esto último siempre podrá escribirlo con más tino el propio lector. Aun así, nunca es inútil el ejercicio de retratar el presente, porque suele ocurrir que se entiende mejor si lo ponemos en el contexto del pasado.

Pedro Sánchez tomó posesión como presidente del Gobierno el 2 de junio de 2018. Había prometido convocar elecciones inmediatamente. En vez de eso, una vez en el poder, decidió agotar la legislatura. El plante del Parlamento le obligó a rectificar: hubo elecciones en abril de 2019. Ganó el PSOE, pero con una mayoría muy escasa. Obligado a pactar, escogió hacerlo con el grupo de ultraizquierda Podemos, con el que formó un gobierno de coalición apoyado en las Cortes por los nacionalistas vascos y baleares, entre otras formaciones, y con la abstención de los separatistas de Esquerra y de Bildu, es decir, un partido que acababa de dar un golpe de Estado en Cataluña y otro que enarbolaba la bandera política de ETA. En otros términos: el gobierno de España pasaba a descansar en fuerzas que aspiraban abiertamente a la desaparición de España.

¿Qué representaba Sánchez? ¿Un nuevo Frente Popular? Aparentemente sí, pero sólo en apariencia. Nada en el mundo mental de Sánchez empujaba a una política socialista de corte clásico, es decir, con apropiación popular de los medios de producción y todas esas cosas. Al revés, Sánchez se vio apoyado en su ascenso por la oligarquía financiera y, después, se mantuvo sumiso a las instrucciones dictadas por los organismos transnacionales. El siglo XXI había visto la aparición de un fenómeno nuevo llamado «globalismo» y que se caracteriza porque las decisiones que afectan a la vida colectiva dependen cada vez más de instancias transnacionales de poder. Sánchez se someterá gustoso a ese nuevo marco en cuestiones trascendentales como la política energética, la política agraria, la política de defensa, etc. Del mismo modo, abanderará de manera vehemente las líneas de lo que se denominó política «*woke*», nacida en Estados Unidos y convertida en horizonte de la izquierda del siglo XXI: ideología de género, victimismo histórico, apología de la transexualidad, obsesión climática, etc. Todo ello, es verdad, envuelto en el caso español en una retórica obrerista que permitía mantener la ilusión de que la izquierda clásica aún existía.

La palabra clave, la que mejor define el periodo sanchista, es «desconstrucción». Vale la pena explicar el concepto. Desconstrucción no es destrucción. La destrucción es derribar lo que está construido, al estilo de las revoluciones clásicas. La desconstrucción es otra cosa: es desmantelar una construcción, separar sus partes, atribuirle a cada una un significado diferente y volver a montar el edificio con esas piezas a las que se ha dado una significación distinta. Así se ha deconstruido la unidad nacional, las familias, el mundo laboral, el rol de los sexos, la historia del país, etc. Ése es el proceso general de Occidente en el siglo XXI y es también el espíritu que, por convicción o por conveniencia, mueve al sanchismo.

¿Era esto lo que votaron los españoles en 2019? No. Es tópico afirmar que todos los políticos mienten, pero habría que hurgar mucho en los anales universales de la política para encontrar un caso semejante al de Pedro Sánchez. La cuestión es que, aupado en esa mentira sistemática, el socialista emprendió un vasto programa de desconstrucción de la España constitucional cuyas consecuencias son todavía imprevisibles.

Pedro Sánchez, en su día, negó que pudiera pactar con un partido de ultraizquierda como Podemos porque, según sus palabras textuales, eso no le dejaría dormir. Era verosímil, porque Podemos, formado a partir de la fusión de las doce tribus perdidas de la ultraizquierda, era un

conglomerado explícitamente antisistema, que se situaba fuera de la Constitución, apostaba por la república, defendía la «lucha armada» de ETA y mantenía oscuros vínculos financieros con los sistemas neocomunistas iberoamericanos. Pero, para conseguir el poder, Sánchez pactó con Podemos, entregó a su socio varios ministerios y asumió como propias sus políticas más radicales, aun cuando se puso de manifiesto que causaban un daño social objetivo.

Pedro Sánchez, en su día, pidió que a los golpistas del 1-O catalán se los encausará por rebelión. Pero, una vez en el poder, promovió que se rebajara la acusación al delito más leve de sedición, indultó a los condenados y, aún peor, hizo que se modificaran los delitos de sedición y malversación para aliviar todavía más su situación personal. Todo ello mientras abría un proceso de negociación política con los sucesivos gobiernos separatistas catalanes, a los que entregó enormes partidas de recursos públicos. Con Sánchez se instaló la imagen de los gobiernos de España y Cataluña negociando en plano de igualdad, como si se tratara de dos realidades políticas equivalentes. En ese contexto, naturalmente, el separatismo catalán intensificó su política de marginación de la lengua española, adoctrinamiento nacionalista en las aulas, segregación de los catalanes hispanohablantes y, en definitiva, la construcción de una realidad nacional catalana al margen de la nación española común.

También en su día, Pedro Sánchez aseguró una y cien veces que jamás pactaría con Bildu, la nueva marca política del mundo de ETA. Pero, una vez en el poder, buscó el apoyo de Bildu y pactó acuerdos con esa formación en diferentes escenarios mientras mantenía una política de acercamiento masivo de presos etarras a cárceles del País Vasco, donde enseguida gozarían de un estatuto privilegiado. De los más de trescientos asesinatos de ETA que la Justicia no pudo resolver, nunca más se supo. A Sánchez acabaron gritándole por la calle «Que te vote Txapote», por el nombre de uno de los más siniestros asesinos de ETA. Simultáneamente, el PSOE formaba frente común con Bildu en Navarra y respaldaba las políticas de hispanofobia institucional en el País Vasco.

Muy poco después de formar gobierno, en febrero de 2020, estalló en todo el mundo la pandemia de la Covid-19, que cambió profundamente el paisaje en todas partes. El gobierno Sánchez, inicialmente, negó la gravedad de la enfermedad y aseguró que a España no llegaría: «A lo sumo un caso o dos», dijo el responsable de emergencias. Sánchez retrasó imprudentemente las medidas sanitarias de contención por razones de propaganda política; había que celebrar en la calle el Día de la Mujer. El resultado fue una calamitosa acumulación de casos mortales. Después, Sánchez hizo lo mismo que otros países occidentales: cierre a cal y canto de la vida social, confinamiento masivo de la población, lucha ímproba contra una enfermedad que desbordaba todas las previsiones... Al paso que se cobraba el silencio de los grandes medios de comunicación con abundantes subvenciones. Desde el punto de vista político, el gobierno se entregó a un ejercicio de autoritarismo como nunca se había visto, con medidas que, más tarde, el Tribunal Constitucional declararía inconstitucionales. Y desde el punto de vista económico, el país se hundió: España fue el país de la OCDE que más acusó la crisis, y también el que más tardaría en recuperarse.

En líneas generales, la política de Pedro Sánchez se ha caracterizado por prolongar y acelerar todos los procesos de disgregación del tejido nacional que el país estaba viviendo en los decenios anteriores. En esto jugó un papel decisivo su voluntad de intensificar el efecto guerracivilista de la ley de memoria histórica, aprobada en su día por Zapatero y mantenida después por Rajoy, con un nuevo texto legal: una ley llamada de «memoria democrática» que imponía la obligación de aceptar la visión oficial de la historia so pena de padecer multas y hasta prisión. Básicamente, venía a prohibirse cualquier interpretación de la Historia que subrayara algún aspecto positivo del régimen de Franco. Este libro que el lector tiene en sus manos, por ejemplo, es susceptible de infringir los preceptos de la ley de memoria democrática, su autor, sancionado, y el lector, quién sabe, interrogado como sospechoso. Lo más llamativo es que, a petición de Bildu, el periodo que la ley considera «franquista» se extiende hasta 1983. En suma, la ley Sánchez de memoria venía a deslegitimar toda la transición política a la democracia y las instituciones vigentes, empezando por la corona.

El momento culminante de la operación «memorialista» fue, sin duda, el tétrico espectáculo de la exhumación de Francisco Franco, retransmitido en directo por la televisión. La tumba del dictador en la basílica benedictina del Valle de los Caídos fue profanada —con la anuencia de la autoridad eclesiástica— y su cadáver transportado en helicóptero hasta el cementerio de El Pardo. A la familia no se le permitió decidir el destino de los restos del general. Otras exhumaciones siguieron. Sánchez dirá después que le gustaría pasar a la historia por este singular gesto. No defraudaremos aquí sus expectativas.

La reconstrucción de la memoria colectiva, por otro lado, no se limita a la época de Franco ni al ámbito de la Ley de Memoria. Desde muchos años atrás, y dentro de la creación de «conciencias locales» en las comunidades autónomas, los programas de enseñanza han apostado por reescribir la historia desde presupuestos ideológicos inequívocos: apología de las tribus prerromanas, elogio del islam invasor frente a la España cristiana de la Reconquista, condena de la conquista de América presentada como un genocidio, etc. Y eso cuando todas estas cosas se enseñan, porque los currículos de enseñanza media tienden a suprimir toda la historia previa a la Constitución de 1812. Lo más esperanzador es que, como reacción popular a todas estas políticas, por todas partes han surgido iniciativas que tratan de dibujar el verdadero perfil de la historia de España. Un pueblo que intenta reapropiarse de su historia. Ésa es, al margen de la España oficial, la gran cuestión de nuestro tiempo. Por eso hemos de contar de nuevo cuál ha sido nuestro camino.

La siguiente página le corresponde escribirla al lector.

BIBLIOGRAFÍA BÁSICA PARA SABER MÁS

CABALLERO JURADO, Carlos, *La División Azul*, La Esfera de los Libros, Madrid, 2022.

CONTRERAS, Emilio, *Suárez, acoso y derribo*, La Esfera de los Libros, Madrid, 2016.

ESPARZA, José Javier, *El terror rojo en España*, Áltera, Madrid, 2007.

—, *El libro negro de Carrillo*, Libros Libres, Madrid, 2010.

MOA, Pío, *Los años de hierro*, La Esfera de los Libros, Madrid, 2007.

—, *La transición de cristal*, Libros Libres, Madrid, 2011.

—, *Los mitos del franquismo*, La Esfera de los Libros, Madrid, 2015.

—, *Los mitos de la guerra civil*, La Esfera de los Libros, Madrid, 2022 (primera ed. 2002).

PABLO, José María de, *La cuarta trama: verdades y mentiras en el caso del 11-M*, Ciudadela, Madrid, 2009.

PAYNE, Stanley G., *40 preguntas fundamentales sobre la guerra civil*, La Esfera de los Libros, Madrid, 2021.

—, y PALACIOS, Jesús, *Franco*, Planeta, Barcelona, 2014.

RAMÍREZ, Pedro J., *El año que murió Franco*, La Esfera de los Libros, Madrid, 2015.

SUÁREZ FERNÁNDEZ, Luis, *Franco y el III Reich*, La Esfera de los Libros, Madrid, 2015.

